잘 외웠는지 확인해 보세요.

빨간색 필터를 오려서
본문을 가려 보세요.
검은 글씨만 보이므로
잘 외웠는지 스스로
확인해 보실 수 있습니다.

**찾으면
바로 외워지는**

박원길의
**한자
암기
사전**

박원길의 한자암기사전

초판 1쇄 발행 2010년 08월 25일
초판 4쇄 발행 2024년 7월 19일

글 박원길
펴낸이 최순영
기획 H₂_기획연대
책임 편집 배재성

펴낸곳 ㈜위즈덤하우스 **출판등록** 2000년 5월 23일 제13-1071호
주소 서울특별시 마포구 양화로 19 합정오피스빌딩 17층
전화 02) 2179-5600 **홈페이지** www.wisdomhouse.co.kr

ⓒ박원길, 2010
ISBN 978-89-5913-458-8 13710

- 이 책의 전부 또는 일부 내용을 재사용하려면 반드시 사전에 저작권자와 ㈜위즈덤하우스의 동의를 받아야 합니다.
- 인쇄·제작 및 유통상의 파본 도서는 구입하신 서점에서 바꿔드립니다.
- 책값은 뒤표지에 있습니다.

머리말

어려운 한자, 이렇게 익히세요.

찾기도 쉽고, 찾으면 바로바로 외워지는 명쾌한 어원으로 된 사전은 없을까? 꼭 필요한 글자만으로 꼭 필요한 정보만을 담아 가볍게 들고 다니며 언제라도 쉽게 찾아 바로바로 익힐 수 있게 만든 친절한 사전은 없을까?

지금까지의 한자 사전은 찾기도 어렵고, 찾아도 어떤 연유로 이런 모양에 이런 뜻의 글자가 되었다는 아무런 설명도 없이 그저 글자의 훈과 음만 대책 없이 나열해 놓고 단지 찾아보기만 하라는 불친절한 사전이었지요.

이런 점을 개선하여 〈한자암기사전〉은 이렇게 꾸몄어요.

1. 실생활에 가장 많이 쓰이는 한자 4,000자를 뽑아 명쾌한 어원으로 풀면서 그 글자로 된 단어와 고사성어도 활용 빈도에 따라 선별하여 실었어요.
2. 글자를 찾기 쉬운 가나다순으로 배열하면서 총획으로 찾기도 넣어 찾기도 쉽고 찾으면 바로바로 익혀지는 친절한 사전 겸 학습서가 되도록 했어요.
3. 총획수·급수·부수·영어·중국어·일본어도 실어 급수 시험은 물론 중국어·일본어 학습에 도움이 되도록 했어요.
4. 가볍게 들고 다니며 쉽게 찾아 바로바로 익히도록 작은 사이즈로 만들고 익힌 글자를 확인도 해 보도록 암기필터도 넣었어요.

이제는 복잡하고 어려운 한자, 이렇게 익히세요.

1. 한자에서 어원을 생각하는 방법은 아주 간단해요.

   글자를 딱 보아서 부수나 독립된 글자들로 쪼개지지 않으면 그 글자만으로 왜 이런 모양에 이런 뜻의 글자가 나왔는지 생각해 보고, 아래 예처럼 부수나 독립된 글자들로 쪼개지면 쪼개서 쪼개진 글자들의 뜻을 합쳐 보면 되거든요.

   예) **수곤인고**(囚困因固) – 에운 담(囗)으로 된 글자

   에워싸여(囗) 갇힌 사람(人)이 죄인이니 **죄인 수**(囚)

에워싸인(囗) 나무(木)는 자라기가 곤란하니 곤란할 곤(困)

에워싼(囗) 큰(大) 울타리에 말미암아 의지하니 말미암을 인, 의지할 인(因)

에워싸(囗) 오래(古) 두면 굳으니 굳을 고(固)

2. 한 글자에 둘 이상의 뜻이 있으면 반드시 그럴 이유가 있으니 무조건 외는 시간에 왜 그럴까를 생각해 보세요.

해의 둥근 모양과 가운데 흑점을 본떠서 만든 해 일(日)에 어찌 '날 일'의 뜻도 있을까? 생각해 보면 금방 "해가 뜨고 짐으로 날을 구분하니 날 일"이 되었음을 알게 되지요.

3. 한자를 익힐 때 그 글자가 쓰인 단어들까지 생각해 보세요.

글자를 익힐 때 그 글자가 쓰인 단어들까지 생각해 보면 "아하! 이 글자가 바로 이런 말에 쓰이는구나!" 하면서 많은 단어의 뜻을 분명히 알게 되고 그 글자를 더 확실히 익힐 수 있지요.

4. 어원으로 한자를 익히면 이런 효과가 있어요.

이 책을 읽으면서 "오! 이 글자가 바로 이렇게 되었구나! 아! 그래서 이 글자에 이런 뜻이 생겼구나!"라는 탄성이 저절로 나오며 짜릿한 희열마저 느껴질 거예요.

억지로 외는 시간에 그 글자가 만들어진 원리를 생각하기 때문에 읽다 보면 저절로 익혀지며 한자 몇 자 아는 데 그치지 않고 새로운 한자학습법이 숙달되어 어떤 한자라도 자신 있게 분석해 보고 뜻을 생각해 볼 수 있는 안목도 길러질 거예요.

어느덧 한자를 정복하고 중국어와 일본어까지 쉽게 정복하여 세계의 중심이 되어 가고 있는 한자문화권의 당당한 주역으로 우뚝 설 여러분들의 모습이 눈에 선합니다.

이 책이 나오기까지 원고를 정성스럽게 다루어 주신 많은 분들께 고마운 마음을 전합니다.

여러분을 사랑하는 저자 박원길 올림

내용 소개

1. 표제자
- **표제 글자 수** : 약 4,000자
- **선정 기준** :
    ① 교육부 선정 한문 교육용 기초 한자와 부수자
    ② 한국어문회가 주관하는 한자능력검정시험 1급에 해당하는 3,500자
    ③ 일상생활에 많이 쓰이며 어원 해설에 필요한 한자
- **표제자 풀이** : ① 대표 훈과 음 ② 어원 풀이 ③ 참고 사항 ④ 총획수·급수·부수·영어·중국어·일본어의 훈과 음 ⑤ 그 글자를 이용한 단어 중 활용 빈도가 높은 단어와 고사 성어

2. 배열
- 표제자의 대표원음을 가나다순으로 배열(두음법칙 적용 안함)
- 여러 음으로 쓰일 경우 대표음과 다른 음 부분에도 글자를 표시
- 단어와 고사 성어는 ① 훈이 같을 경우 가나다순으로 배열
  　　　　　　　　　② 훈이 다를 경우 각 훈의 순서에 따라 배열

3. 약어 풀이
㉠-원자, ㉡-속자, ㉢-약자, ㉣-글자 형태가 유사한 글자, ㉤-뜻이 같은 글자, ㉥-뜻이 반대되는 글자, ㉦-참고 글자, 인·지명용 한자-주로 인명(人名-사람 이름)이나 지명(地名-땅 이름)에만 쓰이는 한자(일반 용어에도 쓰이고 인명이나 지명에도 쓰이는 글자에는 이런 표시를 하지 않았음)

> - 원자(原字)-속자나 약자가 아닌 원래의 글자로, 정자(正字)라고도 함.
> - 속자(俗字)-정자(正字)는 아니나 속세에서 흔히 쓰는 글자.
> - 약자(略字)-쓰는 노력을 아껴 편리함을 도모하기 위하여 글자의 획 일부를 생략하거나 전체 구성을 간단히 줄인 글자. 중국에서는 간체자(簡體字)라고도 함.
> - 原(근원 원), 字(글자 자), 正(바를 정), 俗(저속할 속, 속세 속, 풍속 속), 略(간략할 략), 簡(편지 간, 간단할 간), 體(몸 체)

한자의 기초

1. 육서(六書)

한자가 만들어진 원칙으로 육서(六書)만 이해하면 한자를 익히는 데 큰 도움이 되지요.

① **상형(象形)** 눈에 보이는 사물의 모습(形)을 본떠서(象) 만든 그림과 같은 글자.
   예) **山** (높고 낮은 산의 모양을 본떠서 '산 산')

② **지사(指事)** 눈에 안 보이는 개념이나 일(事)을 점이나 선으로 나타낸(指) 부호와 같은 글자.
   예) **上** (기준선 위를 가리켜서 '위 상')

③ **회의(會意)** 이미 만들어진 둘 이상의 글자가 뜻(意)으로 모여(會) 이루어진 글자.
   예) **日 + 月 = 明** [해(日)와 달(月)이 같이 뜬 것처럼 밝으니 '밝을 명']

④ **형성(形聲)** 이미 만들어진 둘 이상의 글자가 일부는 뜻(形)의 역할로, 일부는 음(聲)의 역할로 이루어진 글자.
   예) **言 + 靑 = 請** [말씀 언(言)은 뜻을, 푸를 청(靑)은 음을 나타내어 '청할 청(請)']

   형성(形聲)에서 뜻을 담당하는 부분을 형부(形部), 음을 담당하는 부분을 성부(聲部)라고 하는데 실제 한자를 분석해 보면 성부(聲部)가 음만 담당하는 것이 아니라 뜻도 담당하고 있음을 알 수 있지요. 위에서 예로 든 청할 청(請)도 '말(言)을 푸르게(靑), 즉 희망 있게 청하니 청할 청(請)'으로 풀어지네요.
   그러면 會意와 形聲은 어떻게 구분할까? 합해서 새로 만들어진 글자의 독음이 합해진 글자들의 어느 한쪽과 같으면 형성(形聲), 같지 않으면 회의(會意)로 구분하세요.

⑤ **전주(轉注)** 이미 있는 글자의 뜻을 유추, 확대하여 다른 뜻으로 굴리고(轉) 끌어내어(注) 쓰는 글자. 한 글자에 둘 이상의 뜻이 있는 것은 전주 때문.
   예) **日** (해의 둥근 모양과 흑점을 본떠서 '해 일'인데, 해가 뜨고 짐으로 날을 구분하니 '날 일'이란 뜻이 붙음)

⑥ **가차(假借)** 비슷한 음의 글자를 임시로(假) 빌려(借) 쓰는 글자로, 외래어 표기에 사용됨.

　예) **아세아(亞細亞)** - Asia와 비슷한 음의 한자를 빌려서 쓴 것.

〈정리하면〉

상형(象形)·지사(指事)는 맨 처음에 만들어져 더 이상 쪼갤 수 없는 기본자로, 象形은 눈에 보이는 것을 본떠서 만든 글자, 指事는 눈에 안 보이는 것을 지시하여 만든 글자고, **회의(會意)·형성(形聲)**은 이미 만들어진 글자를 둘 이상 합하여 새로운 뜻의 글자를 만든 합성자로, 會意는 뜻으로, 形聲은 뜻과 음으로 합쳐진 글자며, **전주(轉注)·가차(假借)**는 이미 있는 글자를 다른 용도로 사용하는 것으로, 轉注는 한 글자를 여러 뜻으로, 假借는 음만 빌려 외래어를 표기하는 경우를 말하지요.

〈한자를 익힐 때는〉

글자를 부수나 독립된 글자로 나눠서 나눠지지 않으면 **상형(象形)**이나 **지사(指事)**로 된 글자니, 무엇을 본떠서 만들었는지 생각하여 본뜬 물건이 나오면 **象形**이고, 본뜬 물건이 나오지 않으면 무엇을 지시하여 만든 **指事**로 알면 되고, 부수나 독립된 글자로 나눠지면 **회의(會意)**와 **형성(形聲)**이니 나눠서 그 뜻을 합쳐 보면 그 글자의 뜻을 알 수 있고, 한 글자가 여러 뜻으로 쓰이는 **전주(轉注)**도 아무렇게나 붙여 쓰는 것이 아니고 그런 뜻이 붙게 된 이유가 분명히 있으니 무조건 외는 시간에 '어찌 이 글자에 이런 뜻도 있을까?'를 생각하면 그 이유가 생각나고 이렇게 이유를 생각하여 글자를 익히면 절대 잊히지 않지요. 뜻과는 상관없이 음만 빌려 외래어를 표시했으면 **가차(假借)**고요.

　象(코끼리 상, 모습 상, 본뜰 상), 形(모습 형), 指(손가락 지, 가리킬 지), 事(일 사, 섬길 사), 會(모일 회), 意(뜻 의), 聲(소리 성), 轉(구를 전), 注(물댈 주), 假(거짓 가, 임시 가), 借(빌릴 차), 亞(버금 아), 細(가늘 세)

2. 부수의 위치와 명칭

부수는 한자를 만드는 기본 글자들로 그 부수가 붙어서 만들어진 글자의 뜻을 짐작하게 하고, 옥편에서 모르는 한자를 찾을 때 길잡이 역할도 하지요. 부수의 명칭은 놓이는 위치에 따라 다음 일곱 가지로 구분되니 명칭만은 알아 두세요.

① **머리·두(頭)** - 글자의 머리 부분에 위치한 부수. *頭(머리 두)

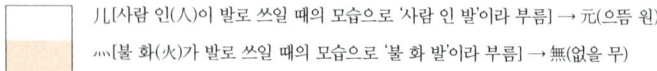
⊥(머리 부분 두) → 交(사귈 교), 亦(또 역)
艹[풀 초(草)가 부수로 쓰일 때의 모습으로 '초 두'라 부름] → 花(꽃 화)

② **발** - 글자의 발 부분에 위치한 부수.

儿[사람 인(人)이 발로 쓰일 때의 모습으로 '사람 인 발'이라 부름] → 元(으뜸 원)
灬[불 화(火)가 발로 쓰일 때의 모습으로 '불 화 발'이라 부름] → 無(없을 무)

③ **에운 담** - 글자를 에워싸고 있는 부수.

口(에운 담) → 囚(죄인 수), 固(굳을 고)
*門(문 문), 行(다닐 행)도 에운 담 형태이나 이 글자는 부수로 뿐만 아니라 홀로 독립하여 쓰이는 제부수로 봄.

④ **변(邊)** - 글자의 왼쪽 부분에 위치한 부수. *邊(가 변)

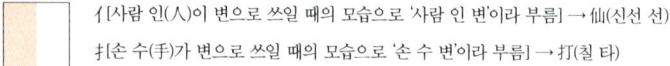
亻[사람 인(人)이 변으로 쓰일 때의 모습으로 '사람 인 변'이라 부름] → 仙(신선 선)
扌[손 수(手)가 변으로 쓰일 때의 모습으로 '손 수 변'이라 부름] → 打(칠 타)

⑤ **방(傍)** - 글자의 오른쪽 부분에 위치한 부수. *傍(곁 방)

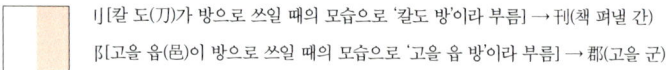
刂[칼 도(刀)가 방으로 쓰일 때의 모습으로 '칼도 방'이라 부름] → 刊(책 펴낼 간)
阝[고을 읍(邑)이 방으로 쓰일 때의 모습으로 '고을 읍 방'이라 부름] → 郡(고을 군)

⑥ **엄(掩)** - 글자의 위와 왼쪽을 가리고 있는 부수. *掩(가릴 엄)

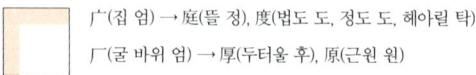
广(집 엄) → 庭(뜰 정), 度(법도 도, 정도 도, 헤아릴 탁)
厂(굴 바위 엄) → 厚(두터울 후), 原(근원 원)

⑦ **받침** - 글자의 왼쪽과 밑을 받치고 있는 부수.

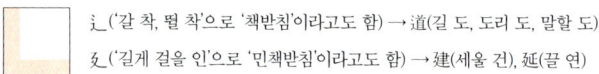
辶('갈 착, 쉬엄쉬엄 갈 착'으로 '책받침'이라고도 함) → 道(길 도, 도리 도, 말할 도)
廴('길게 걸을 인'으로 '민책받침'이라고도 함) → 建(세울 건), 延(끌 연)

⑧ **제부수** - 부수로만 쓰이는 글자(부수자)들과 달리 '木(나무 목), 馬(말 마), 鳥(새 조)'처럼 부수로도 쓰이고 홀로 독립하여 쓰이기도 하는 글자들을 이르는 말.

〈정리하면〉
부수가 글자의 머리 부분에 붙으면 **머리·두**, 발 부분에 붙으면 **발**, 에워싸고 있으면 **에운 담**, 왼쪽에 붙으면 **변**, 오른쪽에 붙으면 **방**('좌변우방'으로 외세요), 위와 왼쪽을 가리면 **엄**, 왼쪽과 아래를 받치면 **받침**, 부수로도 쓰이고 독립되어 쓰이기도 하면 **제부수**로 아세요.

3. 필순의 원칙

① 왼쪽부터 오른쪽으로 쓴다.
  예) 川 川 川, 外 外 外 外 外
② 위에서 아래로 쓴다.
  예) 三 三 三, 言 言 言 言 言 言 言
③ 가로획과 세로획이 교차될 때는 가로획을 먼저 쓴다.
  예) 十 十, 土 土 土
④ 좌·우 대칭을 이루는 글자는 가운데를 먼저 쓰고 좌·우의 순서로 쓴다.
  예) 小 小 小, 水 水 水 水
⑤ 몸과 안으로 된 글자는 몸부터 쓴다.
  예) 同 同 同 同 同 同, 固 固 固 固 固 固 固 固
⑥ 가운데를 꿰뚫는 획은 맨 나중에 쓴다.
  예) 中 中 中 中, 事 事 事 事 事 事 事 事
⑦ 허리를 끊는 획은 맨 나중에 쓴다.
  예) 子 子 子, 女 女 女
⑧ 삐침(丿)과 파임(乀)이 만날 때는 삐침을 먼저 쓴다.
  예) 人 人, 文 文 文 文
⑨ 오른쪽 위의 점은 맨 나중에 찍는다.
  예) 大 大 大 犬, 代 代 代 代 代
⑩ 뒤에서 아래로 에워싼 획은 먼저 쓴다.
  예) 刀 刀, 力 力
⑪ 받침으로 쓰이는 글자는 다음 두 가지로 구분한다.
  ㉠ 달릴 주(走)나 면할 면(免)은 먼저 쓴다.
    예) 起 起 起 起 起 起 起 起 起 起
  ㉡ 뛸 착, 갈 착(辶, = 辶)이나 길게 걸을 인(廴)은 맨 나중에 쓴다.
    예) 近 近 近 近 近 近 近 近

일러두기

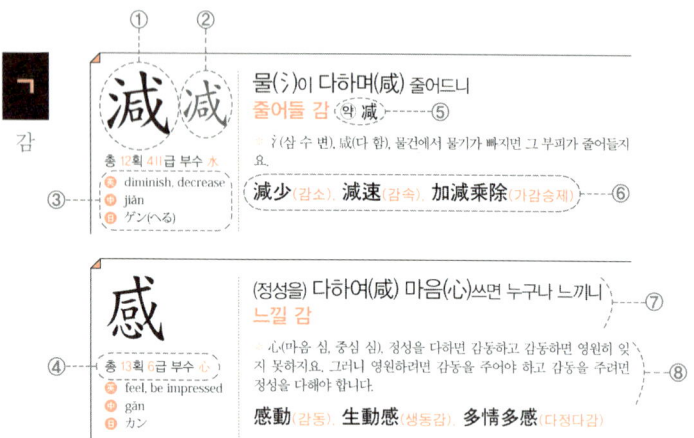

① **표제자** 실생활에서 많이 쓰이는 한자 중 약 4,000자를 추려서 가나다순으로 수록하였어요.
② **간체자** 정자(번체자)를 간단히 쓴 중국의 간체자(간략화한 한자)를 표기하였어요.
③ **영어, 중국어, 일본어** 한자의 훈에 해당하는 영어 단어를 제시하였고, 중국어 병음을 표기하였어요. 일본어의 경우, 가타카나로 음독을 히라가나로 훈독을 표기하였지요.
④ **총획과 한자능력검정시험 급수와 부수** 한자의 총획수와 한자능력검정시험의 급수를 표기하였어요.
⑤ **약자, 속자, 동자, 유사자 등** 표제자의 약자나 속자, 동자, 유사자 등이 있는 경우 원문자로 ㉰, ㉑, ㉞, ㉲와 같이 표시하고 표기하였어요.
⑥ **예시 단어** 각 한자로 이루어진 단어 중 활용 빈도가 높은 단어나 고사성어를 제시하였어요.
⑦ **글자 어원 풀이** 한자의 어원을 철저히 분석하여 원래의 어원에 충실하면서도 가장 쉽게 이해되고 암기되도록 필순에 맞추어 설명하였어요.
⑧ **참고사항** 어원 풀이 내용 중 추가적인 설명이 필요한 경우 보강하여 설명하였어요.

漢字

찾으면
바로 외워지는

박원길의
한자암기사전

위즈덤하우스

可

총 5획 5급 부수 口
- 英 right, enable
- 中 kě
- 日 カ(べし)

장정(丁)처럼 씩씩하게 말함(口)이 옳으니 **옳을 가**
또 옳으면 가히 허락하니 **가히 가, 허락할 가**

※ 丁(고무래 정, 못 정, 장정 정, 넷째 천간 정), 口(입 구, 말할 구, 구멍 구)
※ 가히 : ('-ㄹ 만하다', '-ㄹ 수 있다', '-ㅁ직하다' 따위와 함께 쓰여) '능히, 넉넉히'의 뜻을 나타내어, 영어의 can과 같은 뜻이지요.

可否(가부), **不問可知**(불문가지), **許可**(허가)

柯

총 9획 2급 부수 木
- 英 branch, handle
- 中 kē
- 日 カ(えだ)

나무(木)에서 가히(可) 뻗어 가는 가지니
가지 가
또 가지로 박아 쓰는 자루니 **자루 가**

※ 木(나무 목)

柯葉(가엽), **南柯一夢**(남가일몽), **斧柯**(부가)

呵

총 8획 1급 부수 口
- 英 scold, laugh
- 中 hē
- 日 カ(しかる)

입(口)으로 가히(可) 꾸짖거나 깔깔 웃으니
꾸짖을 가, 깔깔 웃을 가

呵責(가책) – 자기나 남의 잘못에 대하여 꾸짖어 책망함.
呵呵(가가), **呵呵大笑**(가가대소)

軻

총 12획 2급 부수 車
- 英 cart, carriage
- 中 kē
- 日 カ

수레(車) 중 가히(可) 탈 수 있도록 엉성하게
만든 수레니 **수레 가, 맹자 이름 가**

※ 車(수레 거, 차 차), 軻는 굴대만으로 엉성하게 만든 수레.

坎軻(감가),
孟軻(맹가) – 맹자의 본명. 중국 전국 시대의 사상가.

苛

총 9획 1급 부수 ⺿
- 英 harsh
- 中 kē
- 日 カ(さいなむ)

풀(⺿)만 가히(可) 먹도록 하면 가혹하니
가혹할 가

※ 가혹(苛酷) – 몹시 모질고 혹독함. 酷(심할 혹, 독할 혹)
※ ⺿[풀 초(草, = 艸)가 부수로 쓰일 때의 모습으로 주로 글자의 머리 부분에 붙으니 머리 두(頭)를 붙여 '초 두'라 부르지요.]

苛責(가책), **苛虐**(가학), **苛斂誅求**(가렴주구)

哥

총 10획 1급 부수 口
- 英 song, family name
- 中 gē
- 日 カ(うたう)

옳다(可) 옳다(可) 말하듯 기쁘게 부르는 노래니
노래 가 (= 歌)
또 노래하듯 상대를 얕잡아 부르는 접미사니 **접미사 가**

※ 성(姓) 뒤에 노래 가, 접미사 가(哥)를 붙이면 낮추어 부르는 말이고, 성 씨, 뿌리 씨(氏)를 붙이면 높이거나 보통으로 부르는 말이지요. 노래의 뜻으로는 주로 노래 가(歌)를 사용해요.

歌

총 14획 7급 부수 欠
- 英 song
- 中 gē
- 日 カ(うた)

옳다(可) 옳다(可)하며 하품(欠)하듯 입 벌리고
부르는 노래니 **노래 가**

※ 欠(하품 흠, 모자랄 흠)

歌曲(가곡), **歌手**(가수), **歌謠**(가요), **戀歌**(연가)

加

총 5획 5급 부수 力
- 英 add
- 中 jiā
- 日 カ(くわえる)

힘(力)쓰며 입(口)으로 기운을 더하니
더할 가

※ 어렵거나 힘든 일은 '아자아자, 으싸으싸, 어영차' 등등의 소리를 내면서 하면 효과가 더 크지요.
※ 力(힘 력), 口(입 구, 말할 구, 구멍 구)

加減(가감), **加重**(가중), **雪上加霜**(설상가상)

伽

총 7획 2급 부수 人
- 英 temple
- 中 gié, jiā, gā
- 日 カ(とぎ)

사람(亻)이 정성을 더하여(加) 수도하는 절이니
절 가

※ 亻[사람 인(人)이 글자의 왼쪽에 붙는 부수로 쓰일 때의 모습으로 '사람 인 변'이라 부르지요.]

伽藍(가람), **僧伽**(승가), **伽倻琴**(가야금)

架

총 9획 3II급 부수 木
- 英 forge, shelf
- 中 jià
- 日 カ(かかる)

더하여(加) 나무(木)로 꾸민 시렁이니
꾸밀 가, **시렁 가**

※ 木(나무 목), 시렁-물건을 얹어 놓기 위해 벽에 붙여 만든 선반.

架空(가공), **架橋**(가교), **架設**(가설), **書架**(서가)

袈

총 11획 1급 부수 衣
- 영 cassock
- 중 jiā
- 일 ケ

(스님이 옷 위에) 더하여(加) 입는 옷(衣)은 가사니
가사 가

* 가사(袈裟)-㉠털 옷. ㉡범어(梵語) Kasāya의 음역으로, 승려가 입는 법의(法衣). 장삼 위에 왼쪽 어깨에서 오른쪽 겨드랑이 밑으로 걸쳐 입음.
* 衣(옷 의), 裟(춤출 사, 범어 사), 法(법 법), 범어-고대 인도의 언어.

駕 驾

총 15획 1급 부수 馬
- 영 yoke, carriage, surpass
- 중 jià
- 일 ガ

더하여(加) 말(馬)을 부리는 멍에나 수레니
멍에 가, 수레 가
또 수레로 하면 몸으로 하는 것을 능가하니 **능가할 가**

* 능가(凌駕)하다-능력이나 수준 따위가 대상을 훨씬 넘어서다.
* 馬(말 마), 凌(능가할 릉, 업신여길 릉)

駕士(가사), **御駕**(어가), **駕御**(가어)

嘉

총 14획 1급 부수 口
- 영 beautiful, good
- 중 jiā
- 일 カ(よみする)

좋은(吉) 풀(艹)만 더하여(加) 아름다우니
아름다울 가

* 吉(길할 길, 상서로울 길), 艹[초 두(艸)의 약자(++)의 변형]
* 길하다-일이 좋거나 상서롭다.
* 상서(祥瑞)롭다-복되고 길한 일이 일어날 조짐이 있다.
* 祥(상서로울 상), 瑞(상서로울 서)

嘉慶(가경), **嘉德**(가덕), **嘉禮**(가례), **嘉尙**(가상)

迦

총 9획 2급 부수 辶
- 영 stop, Buddha' name
- 중 jiā
- 일 カ

더하고(加) 가도록(辶) 막으니 **막을 가**
또 믿음을 더하여(加) 가도록(辶) 가르쳤던
부처 이름이니 **부처이름 가**

* 범어(梵語) Kya의 음역 자.
* 석가모니(釋迦牟尼) : 불교의 개조(開祖). 세계 4대 성인 중 한 분.
* 辶[뛸 착, 갈 착(辵)이 부수로 쓰일 때의 모습으로, 辶으로도 씀].
* 開(열 개), 祖(할아버지 조, 조상 조)

家

총 10획 7급 부수 宀
- 영 house, professional
- 중 jiā
- 일 カ(いえ)

지붕(宀) 아래 돼지(豕)처럼 먹고 자는 집이니 **집 가**
또 어느 분야에 일가(一家)를 이룬 전문가니 **전문가 가**

* 宀(지붕으로 덮은 집을 본떠서 집 면), 豕(돼지 시).
* 일가(一家) : ㉠한 집안. ㉡성(姓)과 본이 같은 겨레붙이. ㉢학문·기술·예술 등의 분야에서 독자적인 경지나 체계를 이룬 상태. 여기서는 ㉢의 뜻.

家庭(가정), **家族**(가족), **作家**(작가), **一家見**(일가견)

嫁

총 13획 1급 부수 女
- 英 marry
- 中 jià
- 日 カ(よめ)

여자(女)가 남편 집(家)으로 시집가니
시집갈 가

☆ 女(여자 녀)

改嫁(개가), **再嫁**(재가), **轉嫁**(전가), **出嫁**(출가)

ㄱ

가

稼

총 15획 1급 부수 禾
- 英 plant
- 中 jià
- 日 カ(かせぐ)

(옛날에) 벼(禾)는 집(家)집마다 심었으니
심을 가

☆ 禾('벼 화'로 곡식의 대표). 한자가 만들어지던 옛날에는 모두 벼농사를 지었지요.

稼動(가동), **稼動率**(가동률), **稼得**(가득), **稼事**(가사)

段

총 9획 급외자 부수 又
- 英 lend, fault
- 中 jiǎ
- 日 カ

지붕(尸)을 두(二) 번이나 장인(コ)의 손(又)을 빌려
고쳤어도 새면 허물이 있으니 **빌릴 가, 허물 가**
또 계단을 차례로 만들어 놓은 모습으로도 보아
계단 단, 차례 단(段)의 속자

☆ 尸('주검 시, 몸 시'나 여기서는 지붕으로 봄), コ(장인 공, 만들 공, 연장 공(工)의 변형), 又(오른손 우, 또 우). 叚가 들어간 글자를 약자로 쓸 때는 叚 부분을 거꾸로 반, 뒤집을 반(反)으로 쓰지요.
☆ 급외자 - '급수 예외자'를 줄여 쓴 말.

假

총 11획 4II급 부수 人
- 英 false, feign, extra
- 中 jiǎ
- 日 カ(かり)

사람(亻)이 빌려(叚) 거짓으로 꾸민 임시니
거짓 가, 임시 가 약 仮 : 사람(亻)이 거꾸로(反) 꾸민 거짓이고 임시니 '거짓 가, 임시 가'

☆ 亻(사람 인 변)

假面(가면), **假飾**(가식), **假建物**(가건물), **假想**(가상)

暇

총 13획 4급 부수 日
- 英 free time, leisure
- 中 xiá
- 日 カ(ひま)

날(日)을 빌린(叚) 듯 겨를이 있고 한가하니
겨를 가, 한가할 가 약 昄 : 날(日)이 거꾸로(反) 흐른 듯 겨를이 있고 한가하니 '겨를 가, 한가할 가'

☆ 日(해 일, 날 일)

病暇(병가), **餘暇**(여가), **休暇**(휴가), **閑暇**(한가)

15

가

佳
총 8획 3II급 부수 人
- 🇬🇧 beautiful
- 🇨🇳 jiā
- 🇯🇵 カ

사람(亻)이 서옥(圭)으로 꾸며 아름다우니
아름다울 가 ㉮ 住(살 주)

※ 서옥(瑞玉) - 상서로운 구슬.
※ 圭(홀 규, 영토 규, 서옥 규), 瑞(상서로울 서), 玉(구슬 옥), 상서롭다 - 복되고 길한 일이 일어날 조짐이 있다.

佳境(가경), **佳約**(가약), **佳作**(가작), **佳節**(가절)

街
총 12획 4II급 부수 行
- 🇬🇧 street
- 🇨🇳 jiē
- 🇯🇵 ガイ(まち)

다닐(行) 수 있게 흙을 돋아(圭) 만든 거리니
거리 가

※ 行(다닐 행, 행할 행, 항렬 항), 圭['홀 규, 영토 규, 서옥 규'나 여기서는 흙 토(土)를 반복했으니 흙을 돋은 모양으로 봄]

街道(가도), **街路燈**(가로등), **街販**(가판), **商街**(상가)

賈 贾
총 13획 2급 부수 貝
- 🇬🇧 trade, family name
- 🇨🇳 gǔ, jiǎ
- 🇯🇵 コ, カ

덮어(襾) 재물(貝)을 쌓아 놓고 장사하는 값이니
장사 고, 값 가(= 價), **성씨 가**

※ 襾(덮을 아), 貝(조개 패, 재물 패), 賈는 가게를 가지고 하는 장사.
※ 장사(事) : 물건 파는 일. ※ 장수(手) : 물건 파는 사람.
※ 장사와 장수는 事(일 사, 섬길 사)와 手(손 수, 재주 수, 재주 있는 사람 수)로 구분하세요.

賈人(고인), **賈島**(가도) - 중국 당나라 때의 시인(779~843).

價 价
총 15획 5급 부수 人
- 🇬🇧 value, price, merit
- 🇨🇳 jià, jiè
- 🇯🇵 カ(あたい)

사람(亻)이 장사(賈)할 때 부르는 값이니 **값 가**
㉭ 价 : 사람(亻)이 물건을 덮어(襾) 놓고 파는 값이니 '값 가'

價値(가치), **單價**(단가), **原價**(원가), **定價**(정가)

各
총 6획 6급 부수 口
- 🇬🇧 each
- 🇨🇳 gè
- 🇯🇵 カク(おのおの)

(세상 만물의 이름이 각각 다름을 나타내기 위하여)
이름 명(名)을 변형시켜 각각 각

※ '뒤늦게 와(夂) 각각 다르게 말하니(口) 각각 각(各)'이라고도 하지요.
※ 夂(천천히 걸을 쇠, 뒤져 올 치), 口(입 구, 말할 구, 구멍 구)

各各(각각), **各人各色**(각인각색), **各種**(각종)

恪

총 9획 1급 부수 心
- 英 careful, true heart
- 中 kè
- 日 カク

마음(忄)을 여러모로 각각(各) 쓰며 삼가는 정성이니 **삼갈 각, 정성 각**

※ 忄[마음 심, 중심 심(心)이 글자의 왼쪽에 붙는 변으로 쓰일 때의 모습으로 '마음 심 변'이라 부르지요.]

恪勤(각근), **恪謹**(각근), **恪別**(각별), **恪愼**(각신)

閣 阁

총 14획 3II급 부수 門
- 英 pavilion, cabinet
- 中 gé
- 日 カク

문(門)이 각(各) 방향에 있는 누각이니 **누각 각**
또 각(各) 부문(門)의 일을 맡은 관료들의 모임인 내각이니 **내각 각**

※ 門(문 문)

樓閣(누각), **鐘閣**(종각), **內閣**(내각), **閣僚**(각료)

角

총 7획 6급 제부수
- 英 horn, angle, contest
- 中 jiǎo
- 日 カク(かど)

짐승의 뿔을 본떠서 **뿔 각**
또 뿔은 모서 서로 대고 겨루니 **모날 각, 겨룰 각**

※ 제부수 - 독립된 글자로도 쓰이고 부수자로도 쓰이는 글자.
※ 부수자 - 독립되어 쓰이지 못하고 글자의 부수로만 쓰이는 글자.

矯角殺牛(교각살우), **三角**(삼각), **角逐**(각축)

却

총 7획 3급 부수 卩
- 英 step back, reject
- 中 què
- 日 キャク

가서(去) 무릎 꿇려(卩) 물리치니
물리칠 각

※ 去(갈 거, 제거할 거), 卩(무릎 꿇을 절, 병부 절)

却說(각설), **却下**(각하), **忘却**(망각), **燒却**(소각)

脚

총 11획 3II급 부수 肉
- 英 leg
- 中 jiǎo
- 日 キャク(あし)

몸(月)이 물러날(却) 때 구부려 쓰는 다리니
다리 각

※ 月(달 월, 육 달 월)

橋脚(교각), **脚線美**(각선미), **二人三脚**(이인삼각)

각

ㄱ
각

刻
총 8획 4급 부수 刂
- 英 carve, time
- 中 kè
- 日 コク(きざむ)

돼지(亥) 뼈에 칼(刂)로 새기니 **새길 각**
또 눈금을 새겨 나타내는 시각이니 **시각 각**

※ 亥(돼지 해, 열두째 지지 해), 刂(칼 도 방), 하루 24시간을 96각법으로 계산하면 1각(刻)은 15분입니다.

刻骨難忘(각골난망), **木刻**(목각), **時時刻刻**(시시각각)

覺 觉
총 20획 4급 부수 見
- 英 conscious
- 中 jué
- 日 カク(おぼえる)

배우고(𦥯) 보면서(見) 이치를 깨달으니
깨달을 각 약 觉 : 점(丶) 점(丶) 점(丿) 덮인(冖) 것을 보고(见) 깨달으니 '깨달을 각'

※ 𦥯[배울 학(學)의 획 줄임], 見(볼 견, 뵐 현), 冖(덮을 멱)

覺書(각서), **覺醒**(각성), **視聽覺**(시청각), **自覺**(자각)

殼 壳
총 12획 1급 부수 殳
- 英 shell, skin
- 中 ké, qiào
- 日 カク(から)

군사(士)처럼 굳게 덮이고(冖) 하나(一)의 안석(几)처럼 되어 쳐도(殳) 끄떡없는 껍질이니 **껍질 각**
유 穀(곡식 곡)

※ 士(선비 사, 군사 사, 칭호나 직업 이름에 붙이는 말 사), 冖(덮을 멱), 几(안석 궤), 殳(칠 수, 창 수, 몽둥이 수)

殼果(각과), **甲殼類**(갑각류), **地殼**(지각)

珏
총 9획 2급 부수 王(玉)
- 英 a pair of jade
- 中 jué

구슬 옥 변(王)에 구슬 옥(玉)을 붙여서
쌍옥 각

※ 한 쌍의 옥을 일컫는 말.
※ 인·지명용 한자 – 일반 용어에는 잘 쓰이지 않고 주로 인명(人名-사람 이름)이나 지명(地名-땅 이름)에만 쓰이는 한자.
※ 王(임금 왕, 으뜸 왕, 구슬 옥 변), 名(이름 명, 이름날 명), 地(땅 지)

干
총 3획 4급 제부수
- 英 shield, commit, how much, dry
- 中 gān 日 カン(ほす)

손잡이 있는 방패를 본떠서 **방패 간**
또 방패 들고 얼마를 범하면 정이 마르니
얼마 간, **범할 간**, **마를 간**

干戈(간과), **若干**(약간), **干涉**(간섭), **干潮**(간조)

肝

총 7획 3II급 부수 肉
- 英 liver
- 中 gān
- 日 カン(きも)

몸(月)을 방패(干)처럼 보호해 주는 간이니
간 간

※ 月(달 월, 육 달 월), 간은 몸의 화학공장으로 몸에 필요한 여러 효소를 만들고, 몸에 들어온 독을 풀어 주는 역할을 한다고 하지요. 영어로도 간(肝)을 liver, 즉 생명을 주는 것이라고 하네요.

肝炎(간염), **肝腸**(간장), **九曲肝腸**(구곡간장)

奸

총 6획 1급 부수 女
- 英 wicked
- 中 jiān
- 日 カン

힘이 약한 여자(女)는 방패(干)처럼 자신을 보호하기 위해 간사하니 **간사할 간**

※ 간사(奸邪) - 이해관계에 따라 남의 비위를 맞추며 알랑거림.
※ 女(여자 녀), 邪(간사할 사)

奸巧(간교), **奸臣**(간신), **奸惡**(간악), **弄奸**(농간)

杆

총 7획 2급 부수 木
- 英 lever, stick
- 中 gān, găn

나무(木)를 방패(干)처럼 사용하는 지레나 몽둥이니
지레 간, 몽둥이 간

※ 木(나무 목), 지레 - 무거운 물건을 쳐들어 움직이는 데 쓰는 막대기. 지렛대.

杆棒(간봉), **槓杆**(공간)

刊

총 5획 3II급 부수 刀
- 英 publish
- 中 kān
- 日 カン

(옛날에는) 방패(干) 같은 널빤지에 칼(刂)로 새겨 책을 펴냈으니 **책 펴낼 간**

※ 刂(칼 도 방), 활자가 없었던 시대에는 널빤지에 칼로 글자를 새겨 책을 펴냈지요.

刊行(간행), **日刊**(일간), **週刊**(주간), **創刊**(창간)

竿

총 9획 1급 부수 竹
- 英 pole
- 中 gān
- 日 カン(さお)

대(⺮) 중에 방패(干)처럼 휘두를 수 있는 장대니
장대 간

※ ⺮[대 죽(竹)이 부수로 쓰일 때의 모습으로 정자보다 약간 짧지요.]

竿頭之勢(간두지세), **百尺竿頭**(백척간두)

ㄱ
간

간

幹 干
총 13획 3II급 부수 干
- 英 the management, trunk
- 中 gàn
- 日 カン(みき)

해 돋을(倝) 때부터 사람(人)과 방패(干)를 관리하는 간부니 **간부 간**
또 나무에서 간부처럼 중요한 줄기니 **줄기 간**

※ 간부(幹部) - 기관이나 조직체에서 중심이 되는 자리에 있는 사람.
※ 倝 : 나무 사이에 해(日) 돋는 모습에서 '해 돋을 간'

幹線(간선), **基幹産業**(기간산업), **根幹**(근간)

姦
총 9획 3급 부수 女
- 英 cunning, adultery
- 中 jiān
- 日 カン(かしましい)

세 여자(姦)나 사귀며 간사하게 간음하니
간사할 간, 간음할 간

※ '간사(奸邪)하다' 뜻으로는 奸(간사할 간)과도 통합니다.
※ 간음(姦淫) - 부부 아닌 남녀가 성적 관계를 맺음.
※ 女(여자 녀), 邪(간사할 사), 淫(음란할 음)

姦邪·奸邪(간사), **强姦**(강간)

看
총 9획 4급 부수 目
- 英 watch
- 中 kàn
- 日 カン

(눈이 부시거나 더 잘 보려고 할 때)
손(手)을 눈(目) 위에 얹고 보니 **볼 간**

※ 手(손 수, 재주 수, 재주 있는 사람 수), 目(눈 목, 볼 목, 항목 목)

看過(간과), **看病**(간병), **看護**(간호),
走馬看山(주마간산)

間 间
총 12획 7급 부수 門
- 英 gap
- 中 jiān
- 日 カン(あいだ)

문(門) 틈으로 햇(日)빛이 들어오는 사이니
사이 간

※ 門(문 문), 日(해 일, 날 일)

間隔(간격), **間食**(간식), **間接**(간접), **間歇**(간헐)

澗 涧
총 15획 1급 부수 水
- 英 mountain stream
- 中 jiàn
- 日 カン

물(氵) 중 산 사이(間)를 흐르는 산골 물이니
산골 물 간

※ 氵[물 수(水)가 글자의 변으로 쓰일 때의 모습으로 점이 셋이니 '삼수 변'이라 부르지요.]

澗畔(간반), **石澗**(석간)

簡 简

총 18획 4급 부수 竹
- 英 letter, simple
- 中 jiǎn
- 日 カン

(종이가 없던 옛날에) 대(竹)쪽 사이(間)에 적은 편지니 **편지 간**
또 대(竹)쪽 사이(間)에 적어 간단하니 **간단할 간**

※ 竹(대 죽), 좁은 대쪽에 적은 것은 간단한 것이겠지요.

書簡(서간), **簡單**(간단), **簡潔**(간결)

癎

총 17획 1급 부수 疒
- 英 fit, epilepsy
- 中 xián
- 日 カン

병(疒) 중 생활하는 사이(間)에 갑자기 발작하는 간질이니 **간질 간**

※ 간질(癎疾) - 생활하는 사이사이에 갑자기 경련을 일으키는 발작성 질환. 일명 '지랄병'('발작'은 병세가 갑자기 일어났다가 비교적 짧은 시간 안에 사라지는 것)
※ 疒(병들 녁), 疾(병 질, 빠를 질)

癎氣(간기), **癎癖**(간벽), **癎症**(간증)

艮

총 6획 2급 제부수
- 英 stop, go wrong
- 中 gěn, gèn
- 日 コン

눈(目)에 비수(匕)를 품고 멈추어 바라볼 정도로 어긋나니 **멈출 간, 어긋날 간, 괘 이름 간**

㉠ 良(좋을 량, 어질 량)

※ 目[눈 목, 볼 목, 항목 목(目)의 변형], 匕[비수 비, 숟가락 비(匕)의 변형]

艮卦(간괘), **艮方**(간방), **艮時**(간시), **艮坐**(간좌)

艱 艰

총 17획 1급 부수 艮
- 英 hard, difficult
- 中 jiān
- 日 カン

진흙(堇) 속에 멈추면(艮) 나오기가 어려우니
어려울 간

※ 堇[진흙 근(菫)의 변형] - '너무 끈끈하여 스물(卄) 한(一) 번이나 말하며(口) 하나(一) 같이 크게(大) 힘써 걸어야 할 진흙이니 진흙 근'으로도 풀어지네요.

艱苦(간고), **艱難**(간난), **艱難辛苦**(간난신고)

懇 恳

총 17획 3Ⅱ급 부수 心
- 英 sincere, request
- 中 kěn
- 日 コン(ねんごろ)

발 없는 벌레(豸)처럼 머물러(艮) 먹이를 구하는 마음(心)이 간절하니 **간절할 간**

※ 간절(懇切)하다 - 마음속에서 우러나와 바라는 정도가 매우 절실하다.
※ 豸(사나운 짐승 치, 발 없는 벌레 치), 心(마음 심, 중심 심), 切(모두 체, 끊을 절, 간절할 절)

懇曲(간곡), **懇求**(간구), **懇請**(간청)

墾 墾

총 16획 1급 부수 土
- 英 cultivate
- 中 kěn
- 日 コン

발 없는 벌레(豸)처럼 머물러(艮) 흙(土)을 파 개간하니 **개간할 간**

* 개간(開墾)-거친 땅이나 버려둔 땅을 일구어 논밭이나 쓸모 있는 땅으로 만듦.
* 土(흙 토), 開(열 개)

墾田(간전)

柬

총 9획 특Ⅱ급 부수 木
- 英 select, letter
- 中 jiǎn

나무(木)를 가려 그물(罒)코처럼 촘촘하게 쓰는 편지니 **가릴 간, 편지 간**

* 木(나무 목), 罒(그물 망, = 网, 㓁), 그물코-그물에 뚫려 있는 구멍.

柬理(간리), **發柬**(발간), **書柬**(서간)

揀 拣

총 12획 1급 부수 手
- 英 choose
- 中 jiǎn

손(扌)으로 가려(柬) 뽑으니
뽑을 간

* 扌[손 수, 재주 수, 재주있는 사람 수(手)가 글자의 왼쪽에 붙는 변으로 쓰일 때의 모습으로 '손 수 변'이라 부르지요.]

揀擇(간택), **揀選**(간선), **分揀**(분간)

諫 谏

총 16획 1급 부수 言
- 英 remonstrate
- 中 jiàn
- 日 カン(いさめる)

말(言)을 가려(柬) 윗사람에게 간하고 충고하니
간할 간, 충고할 간

* 言(말씀 언), 윗사람의 잘못을 말하거나 누구에게 충고할 때는 신중히 말을 가려 해야 하지요. 간(諫)하다-어른이나 임금께 옳지 못하거나 잘못된 일을 고치도록 말하다.

諫戒(간계), **諫官**(간관), **諫言**(간언), **司諫院**(사간원)

曷

총 9획 특Ⅱ급 부수 日
- 英 why, stop, finish
- 中 hé
- 日 カツ

해(日)를 피해 둘러싸인(勹) 곳으로 사람(人)이 숨으면(乚) 어찌 더위가 그쳐 다하지 않겠는가에서
어찌 갈, 그칠 갈, 다할 갈

* 日(해 일, 날 일), 勹(쌀 포), 乚(감출 혜, 덮을 혜, = 匸)

渇

총 12획 3급 부수 水
- 英 thirsty
- 中 kě
- 日 カツ(かわく)

물(氵)이 다하여(曷) 마르니
마를 갈

※ 氵(삼 수 변)

渴望(갈망), 渴症(갈증), 枯渴(고갈), 解渴(해갈)

喝

총 12획 1급 부수 口
- 英 chide, shout
- 中 hè
- 日 カツ

입(口)을 다하여(曷) 꾸짖거나 부르니
꾸짖을 갈, 부를 갈

※ 口(입 구, 말할 구, 구멍 구)

喝取(갈취), 恐喝(공갈), 拍手喝采(박수갈채)

竭

총 14획 1급 부수 立
- 英 exhaust
- 中 jié
- 日 カツ

서서(立) 정성을 다하니(曷)
정성 다할 갈

※ 立(설 립)

竭力(갈력), 竭盡(갈진), 竭忠報國(갈충보국)

褐

총 14획 1급 부수 衣
- 英 brown
- 中 hè
- 日 カツ

옷(衤)의 수명이 다한(曷) 듯 변한 갈색이니
갈색 갈
또 갈색의 베옷이니 **베옷 갈**

※ 衤(옷 의 변), 옷을 오래 입으면 색도 퇴색되지요.

褐色(갈색), 灰褐色(회갈색), 被褐懷玉(피갈회옥)

鞨

총 18획 2급 부수 革
- 英 nation
- 中 hé
- 日 カツ

가죽(革)으로 다(曷) 옷을 만들어 입는 오랑캐이름이니
오랑캐이름 갈

※ 말갈(靺鞨) - 중국 수당(隋唐) 시대에 동북 지방에서 한반도 북부에 거주한 퉁구스계 여러 민족의 총칭.
※ 革(가죽 혁, 고칠 혁), 靺(버선 말, 종족 이름 말), 隋(떨어질 타, 나라 이름 수), 唐(갑자기 당, 황당할 당, 당나라 당)

ㄱ

갈

葛

총 13획 2급 부수 ++
- 英 arrowroot
- 中 gé
- 日 カツ(くず)

풀(++) 중 힘을 다하여(曷) 뻗어 가는 칡이니
칡 갈

※ ++(초 두), 칡은 어딘가로 계속 뻗어가며 자라지요.

葛巾(갈건), **葛根**(갈근), **葛藤**(갈등), **葛粉**(갈분)

甘

총 5획 4급 제부수
- 英 sweet, glad
- 中 gān
- 日 カン(あまい)

단맛을 느끼는 혀 앞부분(甘)에 一을 그어
달 감
또 단맛은 먹기 좋아 기쁘니 **기쁠 감**

※ 한자에서 어느 부분을 강조할 때는 점 주(丶)나 한 일(一), 또는 삐침 별(丿)을 이용하지요.

甘味(감미), **甘受**(감수), **甘言利說**(감언이설)

柑

총 9획 1급 부수 木
- 英 mandarin orange
- 中 gān
- 日 カン(みかん)

나무(木)에 열리는 단(甘) 맛의 귤이니
귤 감

※ 木(나무 목)

柑果(감과), **柑子**(감자), **蜜柑**(밀감)

紺 绀

총 11획 1급 부수 糸
- 英 dark blue, purple
- 中 gàn
- 日 コン

실(糸)을 단(甘) 감으로 물들인 감색이니
감색 감

※ 감색(紺色) : 검푸른 남색.
※ 糸(실 사, 실 사 변), 色(색 색), 익지 않은 땡감으로 옷감에 물을 들이기도 하지요.

紺瞳(감동), **紺碧**(감벽), **紺靑**(감청)

邯

총 8획 2급 부수 邑
- 中 hán
- 日 カン

단(甘) 것이 많이 나는 고을(阝) 이름이니
고을이름 감, 조나라 서울 한

※ 한단(邯鄲) - 중국 하북성에 있는 도시. 기원전 4세기 전국시대 조(趙)나라의 수도.
※ 阝(고을 읍 방), 鄲(조나라의 서울 단, 땅이름 단)

邯鄲夢(한단몽), **邯鄲之夢**(한단지몽)

疳

총 10획 1급 부수 疒
- 영 a disease incident to childhood
- 중 gān
- 일 カン

병(疒) 중 단(甘) 맛도 모르는 감질이니
감질 감

※ 감질(疳疾) - ㉠젖을 먹이는 조절이 나빠서 어린이가 소화불량에 걸려 맛을 모르는 병. ㉡먹고 싶거나 갖고 싶어 몹시 애타는 마음.
※ 疒(병들 녁), 疾(병 질, 빠를 질)

疳病(감병), **疳瀉**(감사), **疳眼**(감안)

堪

총 12획 1급 부수 土
- 영 endure
- 중 kān
- 일 カン(たえる)

흙(土)처럼 심하게(甚) 다루어도 잘 견디니
견딜 감

※ 土(흙 토), 甚(심할 심)

堪耐(감내), **堪能**(감능), **堪當**(감당), **難堪**(난감)

勘

총 11획 1급 부수 力
- 영 collate consider, closing
- 중 kān
- 일 カン(かんがえる)

심하게(甚) 힘(力)으로 눌러 조사하고 생각하여 마치니
조사할 감, 생각할 감, 마칠 감

※ 力(힘 력)

勘考(감고), **勘放**(감방), **勘案**(감안), **磨勘**(마감)

敢

총 12획 4급 부수 攵
- 영 brave, dare
- 중 gǎn
- 일 カン(あえて)

적을 치고(攵) 귀(耳)를 잘라 옴이 용감하니
용감할 감, 감히 감

※ 攵(칠 복), 耳(귀 이), 옛날에는 잘라 온 귀의 수로 그 공을 따졌지요.
※ 감(敢)히 - ㉠두려움이나 송구함을 무릅쓰고, ㉡말이나 행동이 주제넘게.

勇敢(용감), **果敢**(과감), **敢不生心**(감불생심)

瞰

총 17획 1급 부수 目
- 영 look down
- 중 kàn
- 일 カン(みる)

눈(目)으로 용감하게(敢) 내려다보니
내려다볼 감

※ 目(눈 목, 볼 목, 항목 목)

瞰視(감시), **鳥瞰圖**(조감도)

減 减

총 12획 4Ⅱ급 부수 水
- 英 diminish, decrease
- 中 jiǎn
- 日 ゲン(へる)

물(氵)이 다하며(咸) 줄어드니
줄어들 감 약 减 : 얼음(冫)이 다(咸) 녹으면 부피가 줄어드니 '줄어들 감'

※ 氵(삼 수 변), 咸(다 함), 冫[얼음 빙(冰)이 부수로 쓰일 때의 모습으로 '이 수 변']. 물건에서 물기가 빠지면 그 부피가 줄어들지요.

減少(감소), **減速**(감속), **加減乘除**(가감승제)

感

총 13획 6급 부수 心
- 英 feel, be impressed
- 中 gǎn
- 日 カン

(정성을) 다하여(咸) 마음(心) 쓰면 누구나 느끼니
느낄 감

※ 心(마음 심, 중심 심). 정성을 다하면 감동하고 감동하면 영원히 잊지 못하지요. 그러니 영원하려면 감동을 주어야 하고 감동을 주려면 정성을 다해야 합니다.

感動(감동), **生動感**(생동감), **多情多感**(다정다감)

憾

총 16획 2급 부수 心
- 英 sorry
- 中 hàn
- 日 カン(うらむ)

마음(忄)의 느낌(感)대로 행하지 못함을
한탄하면 섭섭하니 **한탄할 감, 섭섭할 감**

※ 忄[마음 심(心)이 글자의 왼쪽에 붙는 변으로 쓰일 때의 모습으로 '마음 심 변'이라 부르지요.]

憾恨(감한), **私憾**(사감), **遺憾**(유감), **含憾**(함감)

監 监

총 14획 4Ⅱ급 부수 皿
- 英 watch, oversee
- 中 jiān
- 日 カン(みはる)

(거울이 없던 옛날에는) 엎드려(臥) 물(一) 있는
그릇(皿)에 비쳐 보았으니 **볼 감** 약 监 : 칼(刂)로 대(⺮)를 잘라 그릇(皿)을 만들려고 보니 '볼 감'

※ 臥(누울 와, 엎드릴 와), 一('한 일'이나 여기서는 평평한 물의 모습으로 봄), 皿(그릇 명), 刂(칼 도 방), ⺮[대 죽(竹)의 축약형]

監禁(감금), **監督**(감독), **監査**(감사), **監視**(감시)

鑑 鉴

총 22획 3Ⅱ급 부수 金
- 英 mirror, watch
- 中 jiàn
- 日 カン(かがみ)

쇠(金)로 보이도록(監) 갈아 만든 거울이니
거울 감
또 거울로 보니 **볼 감** 약 鉴

※ 金(쇠 금, 금 금, 돈 금, 성씨 김). 옛날에는 쇠로 거울을 만들었지요.

龜鑑(귀감), **鑑別**(감별), **鑑賞**(감상), **鑑定**(감정)

凵

총 2획 부수자
- 英 vessel
- 日 カン

입 벌린 모습이나 빈 그릇을 본떠서
입 벌릴 감, 그릇 감

㈜ 匚(감출 혜, 덮을 혜, = 匸), 匚(상자 방)

감

甲

총 5획 4급 부수 田
- 英 first, armor
- 中 jiǎ
- 日 コウ, カン

밭(田)에 씨앗을 뿌리면 뿌리(丨)가 처음 나듯 첫째니
첫째 갑, 첫째 천간 갑
또 밭(田)에 씨앗의 뿌리(丨)가 날 때 뒤집어쓴
껍질처럼 입은 갑옷이니 **갑옷 갑**

※ 田(밭 전), 丨('뚫을 곤'이나 여기서는 뿌리로 봄)

甲富(갑부), **甲種**(갑종), **回甲**(회갑), **鐵甲**(철갑)

총 8획 2급 부수 山
- 英 cape
- 中 jiǎ
- 日 コウ(みさき)

산(山)에서 갑옷(甲)처럼 단단한 산허리나 곶이니
산허리 갑, 곶 갑

※ 山(산 산), 곶 – 바다로 내민 반도보다 작은 육지.

岬寺(갑사), **岬城**(갑성), **岬角**(갑각)

총 13획 2급 부수 金
- 英 armor
- 中 jiǎ
- 日 コウ(よろい)

쇠(金)로 만든 갑옷(甲)이니
갑옷 갑 (= 甲)

※ 甲에도 '갑옷'의 뜻이 있지만 대부분의 갑옷은 쇠로 만든다는 데서 쇠 금(金)을 붙여 만든 글자지요.

鐵甲 · 鐵鉀(철갑) – 쇠로 만든 갑옷. 鐵(쇠 철)

총 13획 1급 부수 門
- 英 sluice
- 中 zhá
- 日 コウ(ひのくち)

문(門) 중 첫째(甲)로 큰일을 하는 갑문이니
갑문 갑

※ 門(문 문), 갑문(閘門) – (큰 저수지에 있는) 수량(水量) 조절용의 물문으로, 저수지에서 수량을 조절하는 갑문이 여러 문 중에서 제일 큰일을 한다고 생각하고 만든 글자.

排水閘門(배수갑문), **閘夫**(갑부)

匣

총 7획 1급 부수 匚
- 英 case
- 中 xiá
- 日 コウ(はこ)

상자(匚) 중 갑옷(甲)처럼 튼튼하게 만든 갑이나 상자니 **갑 갑, 상자 갑**

※ 匚(상자 방) ㈜ 匸(감출 혜, 덮을 혜, = 匸)-아래를 모나게 쓰면 '상자 방', 부드럽게 쓰면 '감출 혜, 덮을 혜'로 구분하세요.

文匣(문갑), **手匣**(수갑), **紙匣**(지갑)

江

총 6획 7급 부수 水
- 英 river
- 中 jiāng
- 日 コウ(え)

물(氵)이 흘러가며 만든(工) 강이니
강 강

※ 氵[물 수(水)가 글자의 왼쪽에 붙는 변으로 쓰일 때의 모습으로 점이 셋이니 '삼 수 변'이라 부르지요.]
※ 工(장인 공, 만들 공, 연장 공)

江山(강산), **江村**(강촌), **錦繡江山**(금수강산)

降

총 9획 4급 부수 阜
- 英 come down, surrender
- 中 jiàng, xiáng
- 日 コウ(おりる, ふる)

언덕(阝)을 천천히 걸어(夂) 소(牛)걸음으로 내려오니 **내릴 강**
또 내려와 몸을 낮추고 항복하니 **항복할 항**

※ 阝(언덕 부 변), 夂(천천히 걸을 쇠, 뒤져 올 치), 牛(소 우), 소는 빨리 걷지 못함을 생각하고 만든 글자네요.

降雨(강우), **昇降機**(승강기), **降伏·降服**(항복)

强

총 12획 6급 부수 弓
- 英 strong, stubborn
- 中 qiáng, jiàng
- 日 キョウ, ゴウ(つよい, つよまる)

활(弓)처럼 당겨 입(口)으로 벌레(虫)가 무는 힘이 강하니 **강할 강**
또 강하게 밀어붙이는 억지니 **억지 강**

※ '큰(弘) 벌레(虫)는 강하니 강할 강(強)'이 원자인데 속자인 强으로 많이 사용합니다. 弓(활 궁), 虫(벌레 충), 弘(클 홍, 넓을 홍)

强弱(강약), **自强不息**(자강불식), **强賣**(강매)

岡 冈

총 8획 2급 부수 山
- 英 mountain ridge
- 中 gāng
- 日 コウ(おか)

그물(冈)처럼 이어진 산(山)등성이니
산등성이 강

※ 冈 [网(그물 망)의 변형], 山(산 산), 높은 데서 산을 내려다보면 마치 그물을 친 것처럼 산등성이가 이어졌지요.

岡陵(강릉), **岡阜**(강부)

崗 岗

총 11획 2급 부수 山
- 영 mountain ridge
- 중 gāng
- 일 コウ

산(山)의 산등성이(岡)니
산등성이 강

❊ 岡의 속자

花崗石(화강석), **花崗巖**(화강암)

綱 纲

총 14획 3II급 부수 糸
- 영 head rope, main lines
- 중 gāng
- 일 コウ(つな)

실(糸) 중에 산등성이(岡)처럼 강한 벼리니 **벼리 강**
또 벼리처럼 큰 줄기가 대강이니 **대강 강**

❊ 糸(실 사, 실 사 변), 벼리 - 그물의 위쪽 코를 꿰어 오므렸다 폈다 하는 줄로, 그물에서 제일 중요한 줄이니 일이나 글의 뼈대가 되는 줄거리로 비유되기도 함. ❊ 대강(大綱) - (자세한 내용이 아닌) 큰 줄기. [대강 처리한다는 말은 일의 중요한 큰 부분만 대충 처리한다는 뜻]

綱領(강령), **紀綱**(기강), **要綱**(요강)

鋼 钢

총 16획 3II급 부수 金
- 영 steel
- 중 gāng, gàng
- 일 コウ(はがね)

쇠(金) 중에 산등성이(岡)처럼 강한 강철이니
강철 강

❊ 金(쇠 금, 금 금, 돈 금, 성씨 김)

鋼管(강관), **鋼鐵**(강철), **鋼板**(강판), **粗鋼**(조강)

剛 刚

총 10획 3II급 부수 刀
- 영 firm
- 중 gāng
- 일 コウ

산등성이(岡)도 자를 만큼 칼(刂)이 굳세고 단단하니
굳셀 강, 단단할 강

❊ 刂[칼 도(刀)가 글자의 오른쪽에 붙는 방으로 쓰일 때의 모습으로 '칼 도 방'이라 부르지요.]

剛健(강건), **剛直**(강직), **外柔內剛**(외유내강)

講 讲

총 17획 4II급 부수 言
- 영 exercise, lecture
- 중 jiǎng
- 일 コウ

말(言)을 쌓듯이(冓) 여러 번 익혀 강의하니
익힐 강, 강의할 강

❊ 冓 : 우물 틀(井)처럼 거듭(再) 쌓으며 짜니 '쌓을 구, 짤 구'
❊ 言(말씀 언), 井(우물 정, 우물 틀 정), 再(다시 재, 두 번 재)

講論(강론), **講習**(강습), **講義**(강의), **講師**(강사)

姜

총 9획 2급 부수 女
- 영 a surname
- 중 jiāng
- 일 キョウ

양(羊) 치는 여자(女)처럼 강한 성질의 성씨니
성씨 강

* 羊(양 양), 女(여자 녀)
* 치다 – 여러 뜻이 있지만 여기서는 '가축 따위를 기르다'의 뜻.

姜太公(강태공) – 주(周)나라 초기의 정치가이자 공신.

康

총 11획 4II급 부수 广
- 영 well-being
- 중 kāng
- 일 コウ

일 끝내고 집(广)에서 손(⺕)까지 물(氺)에 씻은 듯 편안하니 **편안할 강, 성씨 강**

* 广(집 엄), ⺕(고슴도치 머리 계, 오른손 우), 氺(물 수 발)

康健(강건), **健康**(건강), **壽福康寧**(수복강녕)

慷

총 14획 1급 부수 心
- 영 lament
- 중 kāng
- 일 コウ

(하고 싶은 말이나 행동을 못하고) 마음(忄)이나마 편안하게(康) 하려고 노력하는 상황은 슬프니 **슬플 강**

* 忄(마음 심 변).

慷慨之士(강개지사), **悲憤慷慨**(비분강개)

糠

총 17획 1급 부수 米
- 영 chaff, husk
- 중 kāng
- 일 コウ(ぬか)

쌀(米)을 편안히(康) 먹도록 벗겨 낸 겨니
겨 강

* 米(쌀 미), 겨 – 곡식을 찧어 벗겨 낸 껍질.

麥糠(맥강), **米糠**(미강), **糟糠之妻**(조강지처)

腔

총 12획 1급 부수 肉
- 영 cavity
- 중 qiāng
- 일 コウ

몸(月)속이 비었으니(空)
속 빌 강

* 月(달 월, 육 달 월), 空(빌 공, 하늘 공)

口腔(구강), **滿腔**(만강), **腹腔鏡**(복강경)

畺

총 13획 특Ⅱ급 부수 田
- 🇬🇧 boundary
- 🇨🇳 jiāng

밭(田)과 밭(田) 사이의 세 둑들(三)처럼 이루어진 경계니 **경계 강**

* 田(밭 전), 一('한 일'이나 여기서는 경계를 이루는 둑으로 봄)
* 후대로 오면서 경계는 주로 경계 강, 한계 강(疆)으로 쓰게 되지요.

彊

총 16획 2급 부수 弓
- 🇬🇧 strong, firm
- 🇨🇳 qiáng, qiǎng
- 🇯🇵 キョウ

활(弓)로 경계(畺)를 지킴이 굳세니 **굳셀 강** (= 強)

* 弓(활 궁)

彊求(강구), 自彊·自強(자강), 自彊不息(자강불식)

疆

총 19획 2급 부수 田
- 🇬🇧 border
- 🇨🇳 jiāng
- 🇯🇵 キョウ

(침략을 막기 위해) 굳세게(彊) 지켜야 할 땅(土)의 경계니 **경계 강**
또 경계처럼 더 이상 갈 수 없는 한계니 **한계 강**

* 土(흙 토), '지경 강'이라고도 하는데 '지경'은 ㉠땅의 경계. ㉡어떠한 처지나 형편의 뜻이지요.

疆界(강계), 疆土(강토), 萬壽無疆(만수무강)

薑 姜

총 17획 1급 부수 ⺿
- 🇬🇧 ginger
- 🇨🇳 jiāng
- 🇯🇵 キョウ

풀(⺿) 중 경계(畺)에 심는 생강이니 **생강 강**

* 생강(生薑) - 향긋한 냄새와 매운 맛이 있는 황색의 육질인 식물.
* ⺿(초 두), 지금은 생강을 논밭에 심지만 옛날에는 밭두둑의 경계에 심었던가 봐요. 주식이 아닌 반찬이나 한약 재료로 쓰였으니까요.

薑粉(강분), 片薑(편강)

介

총 4획 3Ⅱ급 부수 人
- 🇬🇧 intervene
- 🇨🇳 jiè
- 🇯🇵 カイ(すけ)

사람(人)의 사이(丨丨)에 끼이니 **끼일 개**

* 人(사람 인)

介入(개입), 媒介(매개), 紹介(소개), 仲介人(중개인)

介

총 6획 2급 부수 人
- 英 good
- 中 jiè
- 日 カイ

사람(亻)이 어디에 끼여도(介) 드러날 정도로 착하거나 크니 **착할 개, 클 개**

* 亻(사람 인 변)
* 인·지명용 한자

芥

총 8획 1급 부수 ⺾
- 英 mustard
- 中 jiè
- 日 カイ(あくた)

나물(⺾) 반찬을 만들 때 끼어(介) 들어가는 겨자나 갓이니 **겨자 개, 갓 개**
또 겨자처럼 작은 티끌이니 **티끌 개**

* ⺾('초 두'이나 여기서는 나물로 봄)

芥子(개자), **芥菜**(개채), **草芥**(초개)

改

총 7획 5급 부수 攵
- 英 improve
- 中 gǎi
- 日 カイ(あらためる)

자기(己) 잘못을 쳐(攵) 고치니
고칠 개

* 己(몸 기, 자기 기), 攵(칠 복, = 攴)

改良(개량), **改善**(개선), **改過不吝**(개과불인)

皆

총 9획 3급 부수 白
- 英 all, whole
- 中 jiē
- 日 カイ(みな)

나란히(比) 앉아 아뢰는(白) 모두 다니
다 개

* 比(나란할 비, 견줄 비), 白(흰 백, 밝을 백, 깨끗할 백, 아뢸 백)

皆骨山(개골산), **皆勤**(개근), **皆兵**(개병), **擧皆**(거개)

個 个

총 10획 4II급 부수 人
- 英 each piece
- 中 gè
- 日 コ

사람(亻) 성격이 굳어져(固) 개인행동을 하는 낱낱이니 **낱 개**
또 낱낱이 세는 개수니 **개수 개** (= 箇)

* 亻(사람 인 변), 固(굳을 고, 진실로 고)

個別(개별), **個性**(개성), **個人**(개인), **別個**(별개)

箇

총 14획 급 부수 竹
- 英 each piece
- 中 gè
- 日 カ

대(竹)처럼 지조가 굳어(固) 잡것과 섞이지 않는 낱낱이니 **낱 개**
또 낱낱이 세는 개수니 **개수 개** (= 個)

※ 낱 개(個)의 속자
※ 竹[대 죽(竹)이 부수로 쓰일 때의 모습]

箇箇(개개), **箇中**(개중), **箇數**(개수)

開 开

총 12획 6급 부수 門
- 英 open, begin
- 中 kāi
- 日 カイ(ひらく)

문(門) 빗장(一)을 받쳐 들(廾) 듯 잡아 여니
열 개
또 문을 열고 시작하니 **시작할 개**

※ 門(문 문), 一('한 일'이나 여기서는 빗장으로 봄), 廾(받쳐 들 공)

開發(개발), **開封**(개봉), **公開**(공개), **開會**(개회)

蓋 盖

총 14획 3급 부수 艹
- 英 cover, generally
- 中 gài
- 日 ガイ(ふた)

풀(艹)을 제거하듯(去) 베어 그릇(皿)을 덮으니
덮을 개
또 덮어 한꺼번에 말하는 대개니 **대개 개** 약 盖

※ 艹(초 두), 去(갈 거, 제거할 거), 皿(그릇 명)
※ 대개(大蓋) – 일의 큰 원칙으로 말하건대.

覆蓋(복개), **頭蓋骨**(두개골), **蓋然性**(개연성)

慨 慨

총 14획 3급 부수 心
- 英 lament
- 中 kǎi
- 日 ガイ

마음(忄)속으로 이미(旣) 때가 늦었음을 슬퍼하니
슬퍼할 개

※ 忄(마음 심 변), 旣(이미 기)

慨嘆(개탄), **感慨**(감개), **感慨無量**(감개무량), **憤慨**(분개)

槪 概

총 15획 3II급 부수 木
- 英 generally, outline
- 中 gài
- 日 ガイ

나무(木)가 이미(旣) 다 자라면 대개 대강 살피니
대개 개, 대강 개

※ 대개(大槪) – 일반적인 경우에. 대부분.
※ 대강(大綱) – (자세한 내용이 아닌) 큰 줄기.
※ 木(나무 목), 大(큰 대), 綱(벼리 강, 대강 강)

槪括(개괄), **槪論**(개론), **槪觀**(개관), **槪要**(개요)

ㄱ

개

개

漑 溉
총 14획 1급 부수 水
- 英 irrigate
- 中 gài
- 日 ガイ

물(氵)을 이미(既) 댔으니
물댈 개

* 氵(삼 수 변)

漑灌(개관), 灌漑(관개), 灌漑水(관개수)

塏 垲
총 13획 2급 부수 土
- 英 rand
- 中 kǎi
- 日 ガイ

흙(土)이 산(山)이나 제기(豆)처럼 쌓인 높은 땅이니
높은 땅 개

* 土(흙 토), 山(산 산), 豆(제기 두, 콩 두)

勝塏(승개), 李塏(이개) – 조선 전기의 문신(1417~1456).

凱 凯
총 12획 1급 부수 几
- 英 a triumphal return
- 中 kǎi
- 日 ガイ

(전쟁에 이겨 즐거우니) 어찌(豈) 안석(几)에만 앉아
있겠는가라면서 승전가를 부르며 개선하니
승전가 개, 개선할 개

* 개선(凱旋) – 전쟁이나 경기에서 이기고 돌아옴.
* 豈(어찌 기), 几(안석 궤, 책상 궤), 旋(돌 선)

凱歌(개가), 凱旋將軍(개선장군)

愾 忾
총 13획 1급 부수 心
- 英 angry, sigh
- 中 kài
- 日 ガイ

마음(忄)을 기운(氣)으로 드러내 성내거나 한숨 쉬니
성낼 개, 한숨 쉴 희

* 忄(마음 심 변), 氣(기운 기, 대기 기)

愾憤(개분), 敵愾心(적개심)

客
총 9획 5급 부수 宀
- 英 guest
- 中 kè
- 日 キャク, カク

집(宀)으로 각각(各) 찾아온 손님이니
손님 객

* 宀(집 면), 各(각각 각)

客觀(객관), 客室(객실), 客地(객지), 觀客(관객)

坑

총 7획 2급 부수 土
- 英 pit
- 中 kēng
- 日 コウ

흙(土)이 목(亢)구멍처럼 움푹 패인 구덩이니
구덩이 갱

※ 土(흙 토), 亢(목 항, 높을 항)

坑内(갱내), 坑道(갱도), 坑木(갱목), 坑夫(갱부)

羹

총 19획 1급 부수 羊
- 英 soup
- 中 gēng
- 日 コウ(あつもの)

양(羊) 고기를 불(灬)에 맛나게(美) 끓인 국이니
국 갱

※ 羊(양 양), 灬(불 화 발), 美(아름다울 미, 맛날 미)

羹粥(갱죽), 羹汁(갱즙), 肉羹(육갱)
羊羹(양갱) - 팥 앙금, 우무, 설탕이나 엿 따위를 함께 쑤어서 굳힌 과자.

更

고칠 경, 다시 갱 - 고칠 경(53쪽) 참고

※ 한 글자에 둘 이상의 독음이 있을 경우 가장 많이 쓰이는 음 부분에 풀이를 했어요.

醵

추렴할 갹, 추렴할 거 - 추렴할 거(37쪽) 참고

車

수레 거, 차 차 - 차 차(613쪽) 참고

去

총 5획 5급 부수 厶
- 英 leave, remove
- 中 qù
- 日 キョ(さる)

어떤 땅(土)으로 사사로이(厶) 가니
갈 거
또 가도록 제거하니 **제거할 거**

※ 土(흙 토), 厶(사사로울 사, 나 사)

去年(거년), 去來(거래), 去就(거취), 除去(제거)

ㄱ

거

巨

총 5획 4급 부수 工
- 영 great, large
- 중 jù
- 일 キョ

ㄷ자형의 큰 자를 손에 든 모습을 본떠서
클 거 ㉠ 臣(신하 신)

※ 지금도 큰 작업을 하는 분들은 ㄷ자나 T자 모양의 큰 자를 사용하지요. 원래는 '큰 자'라는 뜻이었는데, 후대로 내려오면서 '크다'의 뜻으로 쓰이게 되었어요.

巨金(거금), 巨物(거물), 巨富(거부), 巨人(거인)

拒

총 8획 4급 부수 手
- 영 reject, resist
- 중 jù
- 일 キョ(こばむ)

손(扌)으로 크게(巨) 막아 물리치니
막을 거, 물리칠 거

※ 扌(손 수 변)

拒否(거부), 拒逆(거역), 拒絶(거절), 抗拒(항거)

距

총 12획 3ㅣ급 부수 足
- 영 distant, distance
- 중 jù
- 일 キョ

발(足)로 크게(巨) 걸어야 할 정도로 떨어진 거리니
떨어질 거, 거리 거

※ 足(발 족, 넉넉할 족)

距離(거리), 近距離(근거리), 長距離(장거리)

渠

총 12획 1급 부수 水
- 영 ditch, big
- 중 qú
- 일 キョ

물(氵)이 큰(巨) 나무(木) 옆을 흐르는 도랑이니
도랑 거

또 물(氵)이 크게(巨) 나무(木) 옆을 흐르니 **클 거**

※ 氵(삼 수 변), 木(나무 목), 도랑 - 매우 좁고 작은 개울.

溝渠(구거), 渠大(거대), 渠輩(거배)

居

총 8획 4급 부수 尸
- 영 dwell, sit
- 중 jū
- 일 キョ(いる)

몸(尸)이 오래(古) 머물러 사니
살 거

또 몸(尸)이 오래(古) 머무르려고 앉으니 **앉을 거**

※ 尸(주검 시, 몸 시), 古(오랠 고, 옛 고)

居室(거실), 居住(거주), 同居(동거), 居間(거간)

倨

총 10획 1급 부수 人
- 영 haughty
- 중 jù
- 일 キョ

사람(亻)을 앉아서(居) 맞이하면 거만하니
거만할 거

⊕ 거만(倨慢) – 잘난 체하며 남을 업신여김.
⊕ 亻(사람 인 변), 慢(오만할 만), 일어서거나 나가서 대하지 않고 그대로 앉아서 대함은 거만한 것이지요.

倨慢(거만) ··· **謙遜**(겸손), **倨侮**(거모), **倨傲**(거오)

據 据

총 16획 4급 부수 手
- 영 depend
- 중 jù
- 일 キョ

손(扌)으로 범(虍)이나 돼지(豕) 같은 짐승을 기르며 의지하니 **의지할 거** 약 拠 : 손(扌)으로 어느 곳(处)을 잡고 의지하니 '의지할 거'

⊕ 扌(손 수 변), 虍(범 호 엄), 豕(돼지 시), 处[곳 처, 살 처, 처리할 처(處)의 약자]

據點(거점), **占據**(점거), **證據**(증거)

醵

총 20획 1급 부수 酉
- 영 collect money
- 중 jù
- 일 キョ

술(酉)도 빚고 범(虍)이나 돼지(豕) 같은 짐승도 잡아 잔치하기 위하여 추렴하니 **추렴할 갹, 추렴할 거**

⊕ 出斂(출렴 → 추렴) – 어떤 비용으로 여러 사람이 돈이나 물건 따위를 얼마씩 나누어 냄.
⊕ 酉(술 그릇 유, 술 유, 닭 유, 열째 지지 유), 虍(범 호 엄), 豕(돼지 시), 出(나올 출, 나갈 출), 斂(거둘 렴)

醵出(갹출·거출) – 한 가지 목적을 위해 여러 사람이 저마다 얼마씩 금품을 냄.

擧 举

총 18획 5급 부수 手
- 영 lift, raise
- 중 jǔ
- 일 キョ(あげる)

더불어(與) 손(手) 들고 행하여 일으키니
들 거, 행할 거, 일으킬 거 약 举 : 점(ヽ) 점(ヽ) 점(ノ) 하나(一)씩 나누어(八) 손(手)에 들고 행하여 일으키니 '들 거, 행할 거, 일으킬 거'

⊕ 與(줄 여, 더불 여, 참여할 여), 手(손 수, 재주 수, 재주 있는 사람 수)

擧手(거수), **擧動**(거동), **擧行**(거행), **擧事**(거사)

巾

총 3획 1급 제부수
- 영 towel
- 중 jīn
- 일 キン(はば)

성(冂)처럼 사람(丨)이 몸에 두르는 수건이니
수건 건

⊕ 수건(手巾) – 얼굴이나 몸을 닦기 위하여 만든 천 조각.
⊕ 冂(멀 경, 성 경), 丨('뚫을 곤'이나 여기서는 사람으로 봄), 手(손 수, 재주 수, 재주 있는 사람 수)

頭巾(두건), **網巾**(망건), **紅巾**(홍건)

件

총 6획 5급 부수 人
- 영 article, affair
- 중 jiàn
- 일 ケン

사람(亻)에게 소(牛)는 중요한 물건이니
물건 건
또 사람(亻)이 소(牛)에 받친 사건이니 **사건 건**

※ 牛(소 우), 옛날 농경시대에는 소로 논밭을 갈고 짐을 날랐으니 소가 중요한 물건이었지요.

件數(건수), **物件**(물건), **事件**(사건), **案件**(안건)

建

총 9획 5급 부수 廴
- 영 build
- 중 jiàn
- 일 ケン(たてる)

붓(聿)으로 길게 써 가며(廴) 계획을 세우니
세울 건

※ 聿(붓 율), 廴(길게 걸을 인)

建立(건립), **建物**(건물), **建設**(건설), **再建**(재건)

健

총 11획 5급 부수 人
- 영 strong, healthy
- 중 jiàn
- 일 ケン(すこやか)

사람(亻)은 몸을 바로 세워야(建) 건강하니
건강할 건

※ 자세가 나쁘면 건강이 나빠지고, 어디가 아프면 자세가 바르지 못하지요.

健康(건강), **健勝**(건승), **健全**(건전), **强健**(강건)

腱

총 13획 1급 부수 肉
- 영 tendon
- 중 jiàn
- 일 ケン

몸(月)을 세울(建) 때 쓰는 힘줄이니
힘줄 건

※ 月(달 월, 육 달 월), Achilles腱-㉠아킬레스 힘줄. ㉡강한 자가 가지고 있는 단 한 군데의 치명적인 약점. (아킬레스는 그리스 신화에 나오는 영웅이며, 호머의 서사시 일리아드의 주인공으로 불사신이었으나, 약점이었던 발뒤축에 화살을 맞고 죽었다는 데서 유래된 말이지요.)

鍵 键

총 17획 2급 부수 金
- 영 key, clavier
- 중 jiàn
- 일 ケン(かぎ)

쇠(金)를 세워(建) 채우는 자물쇠니
자물쇠 건

※ 金(쇠 금, 금 금, 돈 금, 성씨 김), 옛날의 자물쇠는 대부분 서 있는 모습임을 생각하고 만든 글자.

鍵盤(건반), **關鍵**(관건) - ㉠문빗장과 자물쇠. ㉡어떤 사물이나 문제 해결의 가장 중요한 부분.

건

乾
총 11획 3II급 부수 乙
- heaven, dry
- qián
- カン(かわく)

해 돋을(倝) 때 사람(亻)이 새(乙)처럼 고개 들고
바라보는 하늘이니 **하늘 건**
또 해 돋은 하늘 아래에서 물건은 마르니 **마를 건**

> 倝 : 나무 사이에 해(日) 돋는 모습에서 '해 돋을 간', 亻[사람 인(人)의 변형], 乙(새 을, 둘째 천간 을, 굽을 을)

乾坤(건곤), **乾坤一擲**(건곤일척), **乾燥**(건조)

虔
총 10획 1급 부수 虍
- sincerity
- qián
- ケン(つつしむ)

범(虍)은 무늬(文)만 보여도 두려워 정성스럽게
공경하니 **정성 건, 공경할 건**

> 虍(범 호 엄), 文(무늬 문, 글월 문, 성씨 문)

虔誠(건성), **敬虔**(경건), **恭虔**(공건), **不虔**(불건)

> '진지한 자세나 성의 없이 대충 하는 태도'라는 뜻으로 쓰이는 '건성'은 한자어가 아니네요.

乞
총 3획 3급 부수 乙
- beg
- qī
- コツ(こう)

사람(亻)이 몸을 새(乙)처럼 구부리고 비니
빌 걸

> 亻[사람 인(人)의 변형], 乙(새 을, 둘째 천간 을, 굽을 을)

乞客(걸객), **乞人**(걸인), **求乞**(구걸), **伏乞**(복걸)

桀

총 10획 2급 부수 木
- fierce
- jié
- ケツ

어긋난(舛) 사람을 나무(木) 위에 매달아 벌줌이
사나우니 **사나울 걸**
또 사납기로 대표적인 걸 임금이니 **걸 임금 걸**

> 舛(어긋날 천), 木(나무 목), 걸주(桀紂) - (폭군의 대표적인) 하(夏)나라의 걸왕(桀王)과 은(殷)나라의 주왕(紂王)을 일컫는 말.

姦桀(간걸) - 간교하고 사나운 사람.

傑 杰
총 12획 4급 부수 人
- outstanding, hero
- jié
- ケツ(すぐれる)

사람(亻)이 사납게(桀) 일하는 뛰어난 호걸이니
뛰어날 걸, 호걸 걸 (속) 杰

> 마음이 약하면 뛰어나지 못하지요. 한번 결심하면 어떤 어려움도 극복하는 사나움이 있어야 뛰어나게 된다는 어원이 우리에게 큰 교훈을 주네요.

傑作(걸작), **傑出**(걸출), **英雄豪傑**(영웅호걸)

ㄱ
걸

杰
총 8획 2급 부수 木
- 英 outstanding, hero
- 中 jié

나무(木)에 불(灬)이 활활 타듯이 열성인 뛰어난 호걸이니 **뛰어날 걸, 호걸 걸**

※ 뛰어날 걸, 호걸 걸(傑)의 속자(俗字)
※ 호걸(豪傑) - 지혜와 용기가 뛰어나고 기개와 풍모가 있는 사람.
※ 灬(불 화 발), 俗(세속 속, 저속할 속, 풍속 속), 字(글자 자), 豪(호걸 호)
※ 속자(俗字) - 원래 글자보다 획을 간단하게 하거나 아예 새로 만들어 속세에서 널리 쓰는 글자.

儉 俭
총 15획 4급 부수 人
- 英 frugality
- 中 jiǎn
- 日 ケン(つましい)

사람(亻)들은 대부분 다(僉) 검소하니
검소할 검 약 俭

※ 僉 : 사람(人)들이 모두 하나(一)같이 입들(口口)을 다물고 둘(从)씩 다 모이니 '다 첨, 모두 첨'
※ 僉이 들어간 글자를 약자로 쓸 때는 僉 부분을 佥으로 씁니다.

儉素(검소), **儉約**(검약), **勤儉**(근검)

檢 检
총 17획 4Ⅱ급 부수 木
- 英 inspect
- 中 jiǎn
- 日 ケン(しらべる)

나무(木)로 치며 다(僉) 검사하니
검사할 검 약 检

※ 木(나무 목)
※ 僉 : 사람(人)들은 모두 다 하나(一)같이 입(口)으로 말하며 사람(人)을 사귀니 '다 첨, 모두 첨'

檢査(검사), **檢事**(검사), **檢問**(검문)

劍 剑
총 15획 3Ⅱ급 부수 刀
- 英 sword
- 中 jiàn
- 日 ケン(つるぎ)

양쪽 다(僉) 칼날이 있는 칼(刂)이니
칼 검 (= 劒) 약 剑

※ 刂(칼 도 방), 칼날이 양쪽으로 된 칼은 칼 검(劍), 한쪽으로 된 칼은 칼 도(刀)이지요.

劍道(검도), **劍舞**(검무), **劍術**(검술), **槍劍**(창검)

총 16획 특Ⅱ급 부수 刀
- 英 sword
- 中 jiàn

양쪽 다(僉) 칼날(刃)이 있는 칼이니
칼 검 (= 劍)

※ 刃(칼날 인)

怯

총 8획 1급 부수 心
- 英 nervous
- 中 qiè
- 日 キョウ(ひるむ)

(무서워서) 마음(忄)이 먼저 도망갈(去) 정도로 겁내니
겁낼 겁

※ 忄(마음 심 변), 去(갈 거, 제거할 거), 겁나면 마음이 먼저 도망감을 생각하고 만든 글자네요.

怯弱(겁약), **怯劣**(겁열), **卑怯**(비겁), **虛怯**(허겁)

劫

총 7획 1급 부수 力
- 英 rob, menace, long time
- 中 jié
- 日 コウ

가서(去) 힘(力)으로 위협하여 빼앗으니
위협할 겁, 빼앗을 겁
또 위협하고 빼앗으면 긴 시간 동안 잊지 못하니
긴 시간 겁 (= 刦)

※ 力(힘 력), 刂(칼 도 방), 겁(劫) - 어떤 시간의 단위로도 계산할 수 없는 무한히 긴 시간. 하늘과 땅이 한 번 개벽한 때에서부터 다음 개벽할 때까지의 동안.

劫氣(겁기), **劫奪**(겁탈), **億劫**(억겁), **永劫**(영겁)

刦

총 7획 급외자 부수 刀
- 英 rob, menace, long time
- 中 jié

가서(去) 칼(刂)로 위협하여 빼앗으니
위협할 겁, 빼앗을 겁
또 위협하고 빼앗으면 긴 시간 동안 잊지 못하니
긴 시간 겁 (= 劫)

偈

총 11획 1급 부수 人
- 英 a Buddhist poem
- 中 jì, jié
- 日 ケイ

사람(亻)이 정성을 다하여(曷) 읊는 불교 시니
불교 시 게

※ 亻: 사람 인(人)이 글자의 왼쪽에 붙는 변으로 쓰일 때의 모습으로 '사람 인 변'
※ 曷(어찌 갈, 그칠 갈, 다할 갈)

揭句(게구), **偈頌**(게송) - 부처의 공덕이나 가르침을 찬양하는 노래.

〈주에 없는 글자 풀이는 앞 글자를 보세요〉

어원을 풀면서 그 글자의 구성 성분인 한자에도 다 주를 달았지만, 바로 앞에 나온 글자나 보통 수준이라면 다 알 수 있는 쉬운 한자는 주에서 뺐어요. 혹시 내용을 읽으시다가 모르는 한자가 있는데 주에도 없으면 바로 앞에 나온 글자를 보세요.

게

揭

총 12획 2급 부수 手
- 英 hoist, hang
- 中 jiē
- 日 ケイ(かかげる)

손(扌)으로 힘을 다하여(曷) 높이 거니
걸 게

※ 扌(손 수 변)

揭記(게기), **揭示**(게시), **揭揚**(게양), **揭載**(게재)

憩

총 16획 2급 부수 心
- 英 rest
- 中 qì
- 日 ケイ(いこい)

(입안의) 혀(舌)처럼 들어앉아 쉬니(息)
쉴 게

※ 입안에 있는 혀처럼 집에 들어앉아 쉰다는 데서 만든 글자.
※ 舌(혀 설), 息(쉴 식, 숨 쉴 식, 자식 식)

憩息(게식), **憩室**(게실), **休憩室**(휴게실)

格

총 10획 5급 부수 木
- 英 form, consider
- 中 gé
- 日 カク

나무(木)마다 있는 각각(各)의 자라는 격식이니
격식 격
또 격식에 맞게 헤아리니 **헤아릴 격**

- 격식(格式) - 격에 맞는 일정한 방식.
※ 木(나무 목), 各(각각 각), 式(법 식, 의식 식)

格言(격언), **格調**(격조), **格物致知**(격물치지)

檄

총 17획 1급 부수 木
- 英 declaration
- 中 xí
- 日 ゲキ

나무(木)를 하얗게(白) 깎아 사방(方)을 치듯이(攵) 격하게 글을 써 알리는 격문이니 **격문 격**

※ 종이가 귀하던 옛날에는 나무판에 글을 썼으니 이런 글자가 되었네요.
※ 격문(檄文) - ㉠어떤 일을 여러 사람에게 알리어 부추기는 글. ㉡급히 사람들에게 알리려고 각처로 보내는 글.
※ 白(흰 백, 밝을 백, 깨끗할 백, 아뢸 백), 方(모 방, 방향 방, 방법 방), 攵(칠 복, = 攴), 文(글월 문), 격하다 - ㉠갑작스럽게 성을 내거나 흥분하다. ㉡기세나 감정 따위가 급하고 거세다.

檄書(격서), **檄召**(격소), **檄致**(격치)

〈단어나 주에 나온 글자의 어원이 궁금하시면〉

여백만 있다면 약자, 속자 등 모든 한자의 어원을 풀었으니, 어떤 글자의 어원이 궁금하시면 가나다순의 위치나 그 글자의 원자(정자)의 위치를 찾아보세요.

激

총 16획 4급 부수 水
- 英 swash, violent
- 中 jī
- 日 ゲキ(はげしい)

물(氵)결이 하얗게(白) 일 정도로 사방(方)을 쳐(攵) 부딪치니 **물 부딪칠 격**

※ 氵(삼 수 변)

激突(격돌), **激勵**(격려), **激烈**(격렬), **自激之心**(자격지심)

擊 击

총 17획 4급 부수 手
- 英 strike
- 中 jī
- 日 ゲキ(うつ)

수레(車)가 산(山) 길을 갈 때 부딪치듯(殳) 손(手)으로 치니 **칠 격** ㉤ 繫(맬 계)

※ 車(수레 거, 차 차), 山(산 산), 殳(칠 수, 창 수, 몽둥이 수), 手(손 수, 재주 수, 재주 있는 사람 수)

擊破(격파), **突擊**(돌격), **反擊**(반격), **打擊**(타격)

覡 觋

총 14획 1급 부수 見
- 英 wizard
- 中 xí

무당(巫) 중 보기(見) 힘든 남자 무당이니 **남자 무당 격**

※ 무당은 대부분 여성이니 남자 무당은 보기 힘들지요. 남자 무당을 우리말로 '박수'라고 해요.
※ 巫(무당 무), 見(볼 견, 뵐 현)

巫覡(무격), **巫覡信仰**(무격신앙)

鬲 鬲

총 10획 특급 제부수
- 英 kettle, stop
- 中 lì, gé

하나(一)의 구멍(口)이 성(冂)처럼 패이고(八) 아래를 막은(丅) 솥의 모습에서 **솥 력, 막을 격**

※ 口(입 구, 말할 구, 구멍 구), 冂(멀 경, 성 경), 八(여덟 팔, 나눌 팔)

隔 隔

총 13획 3Ⅱ급 부수 阜
- 英 stop, separate
- 中 gé
- 日 カク(へだてる)

언덕(阝) 같은 장애물이 막으니(鬲) **막을 격**
또 무엇으로 막은 듯 사이가 뜨니 **사이 뜰 격**

※ 阝(언덕 부 변)

隔年(격년), **隔離**(격리), **隔差**(격차), **間隔**(간격)

ㄱ
격

膈 膈
총 14획 1급 부수 肉
- 英 breast, diaphragm
- 中 gé
- 日 カク

몸(月)에서 중요한 장기를 막아(鬲) 보호하는 가슴이니 **가슴 격**
또 가슴 역할을 하는 종각의 종 틀이니 **종 틀 격**

※ 月(달 월, 육 달 월), 종 틀-종을 다는 나무.
※ 가슴뼈는 간, 심장, 허파 등 중요한 장기를 보호하지요.

膈痰(격담), **膈膜**(격막)

犬
총 4획 4급 제부수
- 英 dog
- 中 quǎn
- 日 ケン(いぬ)

주인을 크게(大) 점(丶)찍어 따르는 개니
개 견

※ 개는 모르는 사람은 짖고 달려들지만 주인은 잘 따르지요.
※ 글자의 왼쪽에 붙는 변으로 쓰일 때는 '큰개 견(犭)'인데, 여러 짐승을 나타낼 때도 쓰이니 '개 사슴 록 변(犭)'으로도 부르지요.

犬馬之勞(견마지로), **狂犬**(광견), **愛犬**(애견)

見
총 7획 5급 제부수
- 英 see, meet
- 中 jiàn, xiàn
- 日 ケン(みる, みえる)

눈(目)으로 사람(儿)이 보니
볼 견, 뵐 현

㈜ 頁(머리 혈), 貝(조개 패, 재물 패)

※ 目(눈 목, 볼 목, 항목 목), 儿(어진 사람 인, 사람 인 발)
※ 뵈다 : ㉠웃어른을 대하여 보다. ㉡'보이다'의 준말.

見聞(견문), **見解**(견해), **所見**(소견), **謁見**(알현)

肩
총 8획 3급 부수 肉
- 英 shoulder
- 中 jiān
- 日 ケン(かた)

문(戶)처럼 몸(月)에서 쩍 벌어진 어깨니
어깨 견

※ 戶(문 호, 집 호), 月(달 월, 육 달 월)

肩骨(견골), **肩章**(견장), **比肩**(비견)

堅
총 11획 4급 부수 土
- 英 hard, firm
- 中 jiān
- 日 ケン(かたい)

신하(臣)처럼 오른손(又)을 땅(土)에 짚고 충성을 맹세함이 굳고 강하니 **굳을 견, 강할 견** **약 坚** : 칼(刂)을 손(又)으로 땅(土)에 꽂아 맹세함이 굳고 강하니 '굳을 견, 강할 견'

※ 臣(신하 신), 又(오른손 우, 또 우), 土(흙 토), 刂(칼 도 방)

堅固(견고), **堅實**(견실), **堅持**(견지), **堅强**(견강)

遣

총 14획 3급 부수 辵
- send, dispatch
- qiǎn
- ケン(つかう)

중심(中) 되는 한(一) 사람을 뽑아 언덕(目) 너머로 가게(辶) 보내니 **보낼 견** ㉮ 遺(남길 유, 잃을 유)

※ 中(가운데 중, 맞힐 중), 目[쌓일 퇴, 언덕 퇴(自)의 획 줄임]
※ 辶[뛸 착, 갈 착(辵)이 부수로 쓰일 때의 모습으로 辶으로 써도 됩니다.]

遣歸(견귀), **分遣**(분견), **增遣**(증견), **派遣**(파견)

譴

총 21획 1급 부수 言
- condemn
- qiǎn
- ケン(せめる)

말(言)로 귀양 보내며(遣) 심하게 꾸짖으니 **꾸짖을 견**

※ 言(말씀 언), 귀양-고려·조선 시대에, 죄인을 먼 시골이나 섬으로 보내어 일정한 기간 동안 제한된 곳에서만 살게 하던 형벌.

譴呵(견가), **譴怒**(견노), **譴罰**(견벌), **譴責**(견책)

絹

총 13획 3급 부수 糸
- silk
- juàn
- ケン(きぬ)

실(糸) 중 작은 벌레(肙)에서 나온 실로 짠 비단이니 **비단 견**

※ 비단은 누에에서 나온 실로 짬을 생각하고 만든 글자.
※ 糸(실 사, 실 사 변), 肙[입(口)만 유난히 큰 몸(月)의 작은 벌레니 '장구벌레 연, 작은 벌레 연']

絹絲(견사), **絹織物**(견직물), **人造絹**(인조견)

鵑

총 18획 1급 부수 鳥
- cuckoo
- juān

입(口)으로 온몸(月)의 피를 토하듯 슬프게 우는 새(鳥)는 두견새니 **두견새 견**

※ 月(달 월, 육 달 월), 鳥(새 조), 두견(杜鵑)-뻐꾸기와 비슷하나 좀 작음. [우는 소리가 애절하여 문학 작품에 많이 나와, 소쩍새, 접동새, 귀촉도(歸蜀道), 불여귀(不如歸), 자규(子規) 등 별명도 많지요.]

杜鵑酒(두견주), **杜鵑花**(두견화)

牽

총 11획 3급 부수 牛
- pull, drag
- qiān
- ケン(ひく)

검은(玄) 고삐로 묶어(冖) 소(牛)를 끄니 **끌 견**

※ 玄(검을 현, 아득할 현), 冖('덮을 멱'이나 여기서는 묶은 모습), 牛(소 우), 옛날에는 소의 코에 구멍을 뚫어 묶어 끌거나 부렸지요.

牽引(견인), **牽制**(견제), **牽牛織女**(견우직녀)

ㄱ
견

甄

총 14획 2급 부수 瓦
- 영 distinguish, clayware
- 중 zhēn

불길을 막고(垔) 살펴 기와(瓦)처럼 구워 만든 질그릇이니 **살필 견, 질그릇 견, 성씨 견**

※ 垔 : 서쪽(西)을 흙(土)으로 막으니 '막을 인'
※ 瓦(기와 와, 질그릇 와, 실패 와), 西(서쪽 서), 土(흙 토)

甄拔(견발), **甄別**(견별), **甄表**(견표), **甄萱**(견훤)

繭 茧

총 19획 1급 부수 糸
- 영 cocoon
- 중 jiān
- 일 ケン(まゆ)

풀(艹)에 성(冂)처럼 붙여(丨) 실(糸)로 벌레(虫)가 지어 놓은 고치니 **고치 견**

※ 艹(풀 초), 冂(멀 경, 성 경), 丨('뚫을 곤'이나 여기서는 붙인 모습으로 봄), 糸(실 사, 실 사 변), 虫(벌레 충)

繭價(견가), **繭綿**(견면), **繭絲**(견사), **繭蠶**(견잠)

決 决

총 7획 5급 부수 水
- 영 broken, decide
- 중 jué
- 일 ケツ(きめる)

물(氵)이 한쪽으로 터지니(夬) **터질 결**
또 물(氵)이 한쪽으로 터지듯(夬) 무엇을 한쪽으로 정하니 **정할 결**

※ 夬 : 가운데 앙(央)의 한쪽이 터지니 '터질 쾌'

決裂(결렬), **決定**(결정), **票決**(표결), **解決**(해결)

訣 诀

총 11획 3II급 부수 言
- 영 part, a key
- 중 jué
- 일 ケツ(わかれる)

말(言)을 터놓고(夬) 다하며 이별하니 **이별할 결**
또 꽉 막혔던 말(言)을 비로소 터지게(夬) 하는 비결이니 **비결 결**

※ 참고 지내다가도 막상 이별할 때는 할 말을 다 하지요.
※ 비결(秘訣) - 남이 알지 못하는 가장 효과적인 방법. 言(말씀 언), 秘(숨길 비, 신비로울 비)

訣別(결별), **永訣式**(영결식), **要訣**(요결)

缺

총 10획 4II급 부수 缶
- 영 deficient
- 중 quē
- 일 ケツ(かく)

약 欠

장군(缶)이 터지면(夬) 이지러지고 내용물이 빠지니 **이지러질 결, 빠질 결**

※ 缶(장군 부 - 옛날에 액체를 담았던 통으로, 나무나 도자기로 만들었지요.)

缺乏(결핍), **缺陷**(결함), **補缺**(보결), **缺席**(결석)

結 结

총 12획 5급 부수 糸
- 英 tie, join
- 中 jiē, jié
- 日 ケツ(むすぶ)

실(糸)로 보기 좋게(吉) 맺으니 **맺을 결**

※ 糸(실 사, 실 사 변), 吉(길할 길, 상서로울 길)
※ 길하다 - 운이 좋거나 일이 상서롭다.

結果(결과), **結論**(결론), **結婚**(결혼), **凝結**(응결)

潔 洁

총 15획 4II급 부수 水
- 英 clean, pure
- 中 jié
- 日 ケツ(いさぎよい)

물(氵)로 풀 무성하듯(丰) 더러워진 칼(刀)과
실(糸)을 씻어 깨끗하니 **깨끗할 결**
유 契(계약 계, 맺을 계)

※ 氵(삼 수 변), 丰(풀 무성한 모양 봉, 예쁠 봉), 刀(칼 도)

潔白(결백), **潔癖**(결벽), **純潔**(순결), **淸潔**(청결)

契

맺을 계, 애쓸 결, 부족 이름 글, 사람 이름 설 – 맺을 계
(56쪽) 참고

兼

총 10획 3II급 부수 八
- 英 combine
- 中 jiān
- 日 ケン(かねる)

(많이) 나뉜(八) 것을 한(一) 손(彐)에 두 개(||)씩
나누어(八) 겸하여 잡으니 **겸할 겸**
약 兼 : 따로(丶) 따로(丿) 있는 것도 한(一) 손(彐)에 두 개(||)씩 나누어(八) 겸하여 잡으니 '겸할 겸'

※ 八(여덟 팔, 나눌 팔), 彐(고슴도치 머리 계, 오른손 우)

兼備(겸비), **兼業**(겸업), **兼任**(겸임), **兼職**(겸직)

謙 谦

총 17획 3II급 부수 言
- 英 humble
- 中 qiān
- 日 ケン(へりくだる)

말(言)이 학식과 인품을 겸비한(兼) 사람처럼
겸손하니 **겸손할 겸**

※ 겸손(謙遜) – 남을 존중하고 자기를 내세우지 않는 태도가 있음.
※ 言(말씀 언), 兼(겸할 겸(兼)의 약자), 遜(겸손할 손)

謙恭(겸공), **謙讓**(겸양), **謙虛**(겸허)

京

총 8획 6급 부수 亠
- 英 capital
- 中 jīng
- 日 キョウ

높은(亠) 곳에도 작은(小) 집들이 많은 서울이니
서울 경

※ 亠[높을 고(高)의 획 줄임], 小(작을 소), 서울 같은 큰 도시는 땅이 부족하여 높은 곳까지 집을 짓고 살지요. 요즘은 정비되어 좋아졌지만 옛날에는 고지대에 달동네가 많았답니다.

京城(경성), **歸京**(귀경), **上京**(상경), **在京**(재경)

鯨 鲸

총 19획 1급 부수 魚
- 英 whale
- 中 jīng
- 日 ゲイ(くじら)

물고기(魚) 중 서울(京)처럼 큰 고래니
고래 경

※ 魚(물고기 어)

白鯨(백경), **捕鯨船**(포경선),
鯨戰蝦死(경전하사) - 고래 싸움에 새우가 죽음(새우 등 터짐).

景

총 12획 5급 부수 日
- 英 sunshine, scenery, large
- 中 jǐng
- 日 ケイ(けしき)

햇(日)볕이 서울(京)을 비추면 경치가 더 커 보이니
볕 경, 경치 경, 클 경

※ 日(해 일, 날 일), 어두우면 얼마 보이지 않다가 햇볕이 비추면 멀리 크게 보이지요.

景光(경광), **景致**(경치), **景福**(경복), **景福宮**(경복궁)

憬

총 15획 1급 부수 心
- 英 yearn
- 中 jǐng
- 日 ケイ

마음(忄)에 어떤 경치(景)가 좋았음을 깨닫고 동경하니 **깨달을 경, 동경할 경**

※ 동경(憧憬) - 어떤 것을 간절히 그리워하여 그것만을 생각함.
※ 忄(마음 심 변), 憧(그리워할 동), 세월이 지나면 그때가 좋았지 하면서 깨닫고 동경하지요.

憧憬心(동경심), **憧憬者**(동경자)

璟

총 16획 2급 부수 王(玉)
- 中 jǐng

옥(王)에서 볕(景)처럼 빛나는 옥빛이니
옥빛 경

※ 王(임금 왕, 으뜸 왕, 구슬 옥 변)
※ 인·지명용 한자 - (일상생활 용어에는 쓰이지 않고) 사람이나 땅의 이름에만 주로 쓰이는 한자.

炅

총 8획 2급 부수 火
- shine
- jiǒng

해(日)나 불(火)처럼 빛나니
빛날 경

- 日(해 일, 날 일), 火(불 화)
- 인·지명용 한자

庚

총 8획 3급 부수 广
- age
- gēng
- コウ(かのえ)

집(广)에서 손(彐)으로 사람(人)이 세어 보는 나이니
나이 경, 일곱째 천간 경

- 广(집 엄), 彐(고슴도치 머리 계, 오른손 우), 人(사람 인)

庚伏(경복) - 삼복(三伏)을 달리 이르는 말.
庚炎(경염), **庚辰**(경진)

耕

총 10획 3II급 부수 耒
- plough
- gēng
- コウ(たがやす)

가래(耒)로 우물(井)을 파듯 깊게 밭을 가니
밭 갈 경

- 耒(가래 뢰-밭을 가는 농기구), 井(우물 정, 우물 틀 정)

耕作(경작), **耕地**(경지), **晝耕夜讀**(주경야독),
休耕(휴경)

卿 卿

총 12획 3급 부수 卩
- take office, sir
- qīng
- ケイ, キョウ

의욕이 왕성하고(卯) 어진(皀) 사람이 벼슬하니
벼슬 경 (유) 鄕(고향 향, 시골 향)

- 장관 이상의 벼슬로, 임금이 신하를 부르는 말이나 상대를 높이는 말로도 쓰였어요.
- 卯(왕성할 묘, 토끼 묘, 넷째 지지 묘), 皀[良(좋을 량, 어질 량)의 변형]

公卿大夫(공경대부), **樞機卿**(추기경)

頃 顷

총 11획 3II급 부수 頁
- moment, nowadays, the ridge and furrow
- qǐng
- ケイ(ころ)

비수(匕)처럼 생각이 머리(頁)에 스치는 잠깐이니
잠깐 경, 또 잠깐 사이의 어떤 즈음이나 잠깐 사이에
만들어지는 이랑이니 **즈음 경, 이랑 경**

- 匕(비수 비, 숟가락 비, 비수-짧고 날카로운 칼), 頁(머리 혈)
- 이랑 - 갈아 놓은 밭의 한 두둑과 한 고랑을 아울러 이르는 말.

頃刻(경각), **~頃**(경), **萬頃蒼波**(만경창파)

경

傾 倾
총 13획 4급 부수 人
- 英 incline
- 中 qing
- 日 ケイ(かたむく)

사람(亻)은 잠깐(頃) 사이에 어느 쪽으로 기우니
기울 경

傾斜(경사), 傾聽(경청), 傾向(경향), 左傾(좌경)

巠 丕
총 7획 급외자 부수 巛
- 英 watercourse
- 中 jing

하나(一)의 냇물(巛)처럼 만들어지는(工) 물줄기니
물줄기 경 (= 坙)

* 坙 : 또(又) 흙(土) 위에 생긴 물줄기니 '물줄기 경'
* 工(장인 공, 만들 공, 연장 공), 巛 : 내 천(川)이 부수로 쓰일 때의 모습으로, 개미허리 같다 하여 '개미허리 천'이라 부름. 又(오른손 우, 또 우)
* 巠이 들어간 글자를 약자로 쓸 때는 巠 부분을 圣으로 씁니다.
* 일본식 약자는 圣, 중국식 간체자는 조

徑 径
총 10획 3II급 부수 彳
- 英 shortcut
- 中 jing
- 日 ケイ

걸을(彳) 때 물줄기(巠)처럼 빨리 가는 지름길이니
지름길 경 (= 逕) 약 径

* 逕-사람(亻)이 물줄기(巠)처럼 빨리 가는 지름길이니 '지름길 경'
* 坙 : 하나(一)의 냇물(人)이 만들어지니(工) 물줄기 경.
* 彳(조금 걸을 척), 人('사람 인'이나 여기서는 냇물로 봄)

徑路(경로), 半徑(반경), 直徑(직경), 捷徑(첩경)

輕 轻
총 14획 5급 부수 車
- 英 light
- 中 qing
- 日 ケイ(かるい)

수레(車)가 물줄기(巠)처럼 가볍게 달리도록
가벼우니 **가벼울 경** 약 軽

* 車(수레 거, 차 차)

輕減(경감), 輕微(경미), 輕傷(경상), 輕率(경솔)

經 经
총 13획 4II급 부수 糸
- 英 pass through, the Confucian classics
- 中 jing
- 日 ケイ(へる)

실(糸)이 물줄기(巠)같이 뻗어 가는 날실처럼
길게 지내니 **날 경, 지낼 경**
또 베를 짤 때 날실이 기본이듯이 사람 사는 기본을
적어 놓은 경서니 **경서 경** 약 経

* 베에서 긴 쪽의 실이 날(經), 좁은 쪽의 실이 씨(緯 : 씨 위).

經緯(경위), 經歷(경력), 經費(경비), 經書(경서)

脛 胫

총 11획 1급 부수 肉(月)
- 英 shin
- 中 jing
- 日 ケイ(すね)

몸(月)에서 물줄기(巠)처럼 길게 뻗은 정강이니
정강이 경

※ 月(달 월, 육 달 월), 정강이 – 아랫다리 앞쪽의 뼈가 있는 부분.

脛骨(경골), 脛衣(경의), 脛節(경절)

ㄱ
경

頸 颈

총 16획 1급 부수 頁
- 英 neck
- 中 jing
- 日 ケイ(くび)

물줄기(巠)처럼 길쭉한 머리(頁) 아래 목이니
목 경

※ 頁(머리 혈)

頸椎(경추), 延頸(연경), 刎頸之交(문경지교)

勁 劲

총 9획 1급 부수 力
- 英 strong
- 中 jin

물줄기(巠)처럼 힘(力) 있게 굳세니
굳셀 경

※ 力(힘 력)

勁健(경건), *敬虔(경건), 勁兵(경병), 勁松(경송)

莖 茎

총 11획 1급 부수 艹
- 英 stalk
- 中 jing
- 日 ケイ(くき)

풀(艹)에서 물줄기(巠)처럼 뻗어 가는 줄기니
줄기 경 약 茎

※ 艹(초 두)

球莖(구경), 根莖(근경), 陰莖(음경), 包莖(포경)

痙 痉

총 12획 1급 부수 疒
- 英 convulsion
- 中 jing
- 日 ケイ

병(疒)으로 몸이 물줄기(巠)처럼 한쪽으로만 굽어 펴지지 않게 경련이 일어나니 **경련 일어날 경**

※ 경련(痙攣) – 근육이 별다른 이유 없이 갑자기 수축하거나 떨게 되는 현상.
※ 疒(병들 녁), 攣(걸릴 련, 경련할 련)

痙攣症(경련증), 胃痙攣(위경련)

ㄱ
경

竟

총 11획 3급 부수 立
- 영 at last, finally
- 중 jing
- 일 キョウ

소리(音)치며 사람(儿)들이 마침내 일을 다했음을
알리니 **마침내 경, 다할 경** ㈜ 意(뜻 의)

※ 音(소리 음), 儿(어진 사람 인, 사람 인 발), 어려운 일을 끝내고는 그 동안 힘들었다고, 드디어 다했다고 기뻐하며 소리치지요.

畢竟(필경), **竟夜**(경야), **究竟**(구경)

境

총 14획 4II급 부수 土
- 영 boundary, situation
- 중 jing
- 일 キョウ(さかい)

땅(土)이 다한(竟) 경계니 **경계 경**
또 어떤 경계에 이른 형편이니 **형편 경**

※ 경계(境界) - 어떠한 기준에 의해서 구분되는 한계.
※ 土('흙 토'이나 여기서는 땅으로 봄), 界(경계 계, 세계 계)

國境(국경), **地境**(지경), **逆境**(역경)

鏡 镜

총 19획 4급 부수 金
- 영 mirror
- 중 jing
- 일 キョウ(かがみ)

쇠(金)를 갈아 마침내(竟) 비추도록 만든
거울이니 **거울 경**

※ 金(쇠 금, 금 금, 돈 금, 성씨 김), 유리가 없던 옛날에는 쇠로 거울을 만들었지요.

鏡臺(경대), **銅鏡**(동경), **眼鏡**(안경), **破鏡**(파경)

競 竞

총 20획 5급 부수 立
- 영 contest, compete
- 중 jing
- 일 キョウ(きそう)

마주 서서(立·立) 두 형(兄·兄)들이 겨루니
겨룰 경

※ 立(설 립), 兄(형 형, 어른 형)

競技(경기), **競買**(경매) ↔ **競賣**(경매), **競走**(경주)

慶 庆

총 15획 4II급 부수 心
- 영 festival, event
- 중 qing
- 일 ケイ(よろこぶ)

사슴(声)처럼 하나(一)씩 기쁜 마음(心)으로
서서히(夊) 모여드는 경사니 **경사 경**

※ 경사(慶事) - 축하할 만한 기쁜 일.
※ 声[사슴 록(鹿)의 획 줄임], 心(마음 심, 중심 심), 夊(천천히 걸을 쇠, 뒤져 올 치), 事(일 사, 섬길 사)

慶弔(경조), **慶祝**(경축), **慶賀**(경하)

敬

총 13획 5급 부수 攵
- 英 respect
- 中 jing
- 日 ケイ(うやまう)

진실한(苟) 마음이면 쳐도(攵) 공경하니
공경할 경

※ 공경(恭敬) – 공손히 섬김, 삼가 예를 표시함.
※ 苟(구차할 구, 진실로 구), 攵(칠 복, = 攴)

敬老(경로), **尊敬**(존경), **敬天愛人**(경천애인)

儆

총 15획 2급 부수 人
- 英 warn
- 中 jing

사람(亻)이 누구를 공경하면(敬) 경계하고
조심하니 **경계할 경, 조심할 경**

※ 인·지명용 한자

警

총 20획 4II급 부수 言
- 英 warn, remind
- 中 jing
- 日 ケイ

진실한(苟) 마음으로 채찍질(攵)하며 말(言)로
경계하고 깨우치니 **경계할 경, 깨우칠 경**

※ 경계(警戒) – 잘못이 없도록 주의시킴.
※ 言(말씀 언), 戒(경계할 계)

警笛(경적), **警護**(경호), **巡警**(순경), **警鐘**(경종)

驚 惊

총 23획 4급 부수 馬
- 英 frighten, surprise
- 中 jing
- 日 キョウ(おどろく)

진실한(苟) 마음으로 채찍질(攵)해도 말(馬)은
놀라니 **놀랄 경**

※ 馬(말 마)

驚異(경이), **驚蟄**(경칩), **畏驚**(외경),
驚天動地(경천동지)

更

총 7획 4급 부수 日
- 英 change, again
- 中 gēng, gèng
- 日 コウ(ふける)

한(一) 번 말(曰)하면 사람(人)들은 고치거나
다시 하니 **고칠 경, 다시 갱**

※ 曰(가로 왈, 말할 왈), 한 번 말하면 좋은 사람은 고치지만 그렇지
못한 사람은 다시 하지요.

更正(경정), **更迭**(경질), **變更**(변경), **更生**(갱생)

ㄱ
경

梗
총 11획 1급 부수 木
- 영 upright
- 중 gěng
- 일 コウ

나무(木)처럼 고쳐(更) 곧으니
곧을 경

* 木(나무 목), 대부분의 나무는 곧지요.

梗塞(경색), **梗**正(경정), **梗**直(경직), 剛**梗**(강경)

硬
총 12획 3II급 부수 石
- 영 hard
- 중 yìng
- 일 コウ(かたい)

돌(石)처럼 고쳐(更) 단단하니
단단할 경

* 石(돌 석)

硬度(경도), **硬**化(경화), 動脈**硬**化(동맥경화), 强**硬**(강경)

瓊 琼
총 19획 2급 부수 王(玉)
- 영 jewel
- 중 qióng
- 일 ケイ

옥(王) 중 사람(勹)과 성(冂) 안의 사람(人)들까지
눈(目)에 보이게 차고 다니도록(夂) 만든
아름다운 옥이니 **아름다운 옥 경**

* 王(임금 왕, 으뜸 왕, 구슬 옥 변), 勹[사람 인(人)의 변형], 冂(멀 경, 성 경), 目(눈 목, 볼 목, 항목 목), 夂(천천히 걸을 쇠, 뒤져 올 치)

瓊玉(경옥), **瓊**團(경단)

磬
총 16획 1급 부수 石
- 영 a kind of musical instrument made of stone or jade
- 중 qìng
- 일 ケイ

선비(士)가 몸(尸)을 묶어(丨) 치면(殳) 소리 나도록
돌(石)로 만든 경쇠니 **경쇠 경**

* 경쇠 - 틀에 옥돌을 달아, 뿔 망치로 쳐 소리를 내는 악기.
* 士(선비 사), 尸(주검 시, 몸 시), 丨('뚫을 곤'이나 여기서는 묶은 모습으로 봄), 殳(칠 수, 창 수, 몽둥이 수), 石(돌 석)

磬石(경석), **磬**聲(경성), 風**磬**(풍경)

冂

총 2획 부수자
- 영 distant, castle
- 중 jiōng
- 일 ケイ

멀리 떨어져 윤곽만 보이는 성이니
멀 경, 성 경

* 좌우 두 획은 문의 기둥이고 가로획은 빗장을 그린 것이지요.

系

총 7획 4급 부수 糸
- 영 connect, a family line
- 중 xì 일 ケイ

하나(ㄧ)의 실(糸)처럼 이어지는 혈통이니
이을 계, 혈통 계

※ ノ('삐침 별'이나 여기서는 하나로 봄), 糸(실 사, 실 사 변)

系列(계열), **直系卑屬**(직계비속), **母系**(모계)

係 系

총 9획 4II급 부수 人
- 영 tie, relation
- 일 ケイ(かかる)

사람(亻)들은 서로 이어져(系) 관계되니
관계될 계
또 관계되는 사람끼리 모인 계니 **계 계**

※ 관계(關係) - (두 가지 이상이 서로) 관련이 있음.
※ 亻(사람 인 변), 關(빗장 관, 관계 관)

因果關係(인과관계), **係員**(계원), **係長**(계장)

季

총 8획 4급 부수 子
- 영 youngest, season
- 중 jì
- 일 キ

벼(禾)의 아들(子) 같은 열매가 맺는 줄기 끝이니 **끝 계**
또 벼(禾)의 열매(子)가 익어 감을 보고 짐작했던
계절이니 **계절 계**

※ 禾(벼 화), 달력이 귀하던 옛날에는 농작물이 익어 감을 보고 계절을 짐작했겠지요. '끝 계'의 뜻으로는 형제 중 막내의 뜻으로 쓰이고, 보통 말하는 끝은 끝 종(終)이나 끝 말(末)로 많이 쓰지요.

季父(계부), **季節**(계절), **季刊**(계간), **四季**(사계)

悸

총 11획 1급 부수 心
- 영 throb
- 중 jì
- 일 キ

마음(忄)이 끝(季)날 것처럼 두근거리니
두근거릴 계

※ 忄(마음 심 변), 계률(悸慄) - 겁이 나서 가슴이 두근거리는 모양.

悸病(계병), **悸心痛**(계심통), **悸慄**(계률)

界

총 9획 6급 부수 田
- 영 boundary, world
- 중 jiè
- 일 カイ

밭(田) 사이에 끼어(介) 있는 경계니
경계 계
또 여러 나라의 경계로 나누어진 세계니 **세계 계**

※ 田(밭 전), 介(끼일 개)

境界(경계), **限界**(한계), **世界**(세계), **財界**(재계)

ㄱ
계

癸
총 9획 3급 부수 癶
- 英 north, estimate, menses
- 中 guǐ
- 日 キ(みずのと)

등지고(癶) 하늘(天)의 북방을 헤아리니
북방 계, 헤아릴 계, 열째 천간 계, 월경 계

※ 癶 : 등지고 걸어가는 모습에서 '등질 발, 걸을 발', 天(하늘 천)
※ 항상 남쪽을 향하여 앉던 임금의 등진 쪽은 북쪽이지요.

癸丑日記(계축일기), **癸期**(계기),
天癸(천계) - 월경(月經)을 한방에서 이르는 말.

契
총 9획 3II급 부수 大
- 英 join, bond
- 中 qì
- 日 ケイ(ちぎる)

풀 무성하듯(丰) 복잡한 일을 칼(刀)로 크게(大) 새겨서 확실하게 맺으려고 애쓰니
맺을 계, 애쓸 결, 부족 이름 글, 사람 이름 설

※ 丰(풀 무성한 모양 봉, 예쁠 봉), 刀(칼 도), 상(商)나라 시조 이름.

契機(계기), **契約**(계약), **契闊**(결활),
契丹(글단→거란)

計 计
총 9획 6급 부수 言
- 英 calculate, plan
- 中 jì
- 日 ケイ(はかる)

말(言)로 많이(十) 셈하며 꾀하니
셈할 계, 꾀할 계

※ 言(말씀 언), 十(열 십, 많을 십)

計算(계산), **計數**(계수), **設計**(설계), **凶計**(흉계)

桂
총 10획 3급 부수 木
- 英 laurel tree
- 中 guì
- 日 ケイ(かつら)

나무(木) 중 서옥(圭)처럼 아름다운 계수나무니
계수나무 계, 성씨 계 ㉯ 佳(아름다울 가)

※ 木(나무 목), 圭(홀 규, 영토 규, 서옥 규), 서옥 - 품질이 좋은 옥
※ 계수나무는 녹나무 과의 교목으로 중국 남방과 동인도에 많이 자생하는데 특이한 향기가 있어 가지와 껍질(계피)은 약재·과자·요리·향료의 원료로 쓰이지요.

桂冠(계관), **桂皮**(계피), **月桂樹**(월계수)

啓 启
총 11획 3II급 부수 口
- 英 enlighten
- 中 qǐ
- 日 ケイ

마음의 문(戶)을 치면서(攵) 말하여(口) 열리도록 일깨우니 **열 계, 일깨울 계**

※ 戶(문 호, 집 호), 攵(칠 복, = 攴), 口(입 구, 말할 구, 구멍 구)
※ 문 같은 물질적인 것을 열면 '열 개(開)',
마음의 문이 열리도록 일깨우면 '열 계, 일깨울 계(啓)'

啓導(계도), **啓蒙**(계몽), **啓發**(계발), **啓示**(계시)

戒

총 7획 4급 부수 戈
- 英 warn
- 中 jiè
- 日 カイ(いましめる)

창(戈)을 받쳐 들고(廾) 경계하니
경계할 계 ㊥ 戒(오랑캐 융)

※ 경계(警戒) – 옳지 않은 일이나 잘못된 일들을 하지 않도록 타일러 주의하게 함.
※ 戈(창 과), 廾(받쳐 들 공), 警(경계할 경, 깨우칠 경)

戒律(계율), **一罰百戒**(일벌백계)

械

총 11획 3II급 부수 木
- 英 machine
- 中 xiè
- 日 カイ

나무(木)로 죄지은 사람을 경계(戒)하고 벌주기 위하여 만든 형틀이니 **형틀 계**
또 형틀처럼 만든 기계니 **기계 계**

※ 木(나무 목)

機械(기계), **器械**(기계), **械器**(계기)

階 阶

총 12획 4급 부수 阜
- 英 stairs, class
- 中 jiē
- 日 カイ

언덕(阝)에 오르도록 다(皆) 같은 간격으로 만든 계단이니 **계단 계**
또 계단처럼 단계가 있는 계급이니 **계급 계**

※ 阝(언덕 부 변), 皆(다 개)

階層(계층), **段階**(단계), **層階**(층계), **階級**(계급)

溪

총 13획 3II급 부수 水
- 英 brook
- 中 xī
- 日 ケイ

물(氵)이라고 어찌(奚) 말할 수 없는 작은 시내니
시내 계

※ 奚(어찌 해, 종 해)

溪谷(계곡), **碧溪水**(벽계수), **清溪**(청계)

鷄 鸡

총 21획 4급 부수 鳥
- 英 chicken
- 中 jī
- 日 ケイ(にわとり)

(닭은 날지 못하니)
어찌(奚) 새(鳥)란 말인가에서 **닭 계**

※ 鳥(새 조)

鷄卵(계란), **群鷄一鶴**(군계일학), **蔘鷄湯**(삼계탕), **養鷄**(양계)

ㄱ

계

계

繫 系
총 19획 3급 부수 糸
- 英 bind, tie
- 中 xì
- 日 ケイ(つなぐ)

수레(車)가 산(山)길을 갈 때 부딪침(殳)을 대비하여 실(糸)로 단단히 매니 **맬 계** ㉠ 擊(칠 격)

* 車(수레 거, 차 차), 殳(칠 수, 창 수, 몽둥이 수), 糸(실 사, 실 사 변)

繫留(계류), **繫留場**(계류장), **連繫**(연계)

繼 継
총 20획 4급 부수 糸
- 英 succeed to
- 中 jì
- 日 ケイ(つぐ)

실(糸)로 상자(㠯) 속이나 밖을 조금(幺)씩 계속 이으니 **이을 계** ㉮ 継 : 실(糸)로 감춰(乚) 놓은 쌀(米)이 나오지 않도록 터진 곳을 이으니 '이을 계'

* 㠯[상자 방(匚)의 변형], 幺(작을 요, 어릴 요), 乚(감출 혜, 덮을 혜, = 匚), 米(쌀 미)

繼續(계속), **繼承**(계승), **繼走**(계주), **後繼**(후계)

屆
총 8획 특급 부수 尸
- 英 reach
- 中 jiè
- 日 かい(とどけ)

몸(尸)소 군사(士)가 있는 장소(凵)에 이르러 신고하니 **이를 계, 신고할 계**
㉮ 届 ㉠ 屈(굽을 굴, 굽힐 굴)

* 尸(주검 시, 몸 시), 士(선비 사, 군사 사), 凵('입 벌릴 감, 그릇 감'이나 여기서는 장소로 봄)

屆期(계기), **屆出**(계출), **缺席屆**(결석계)

古
총 5획 6급 부수 口
- 英 old, ancient
- 中 gǔ
- 日 コ(ふるい, ふるす)

많은(十) 사람의 입에 오르내린 말(口)처럼 이미 오래된 옛날이니 **오랠 고, 옛 고**
㉠ 右(오른쪽 우), 石(돌 석), 吉(길할 길, 상서로울 길)

* 十(열 십, 많을 십), 口(입 구, 말할 구, 구멍 구)

古物(고물), **中古品**(중고품), **東西古今**(동서고금)

姑
총 8획 3II급 부수 女
- 英 mother-in-law, a little while
- 中 gū
- 日 コ(しゅうとめ)

여자(女)가 오래(古)되면 시어미나 할미니 **시어미 고, 할미 고**
또 (세월이 빨라) 할미 되는 것은 잠깐이니 **잠깐 고**

* 女(여자 녀)

姑婦(고부), **姑母**(고모), **姑息之計**(고식지계)

枯

총 9획 3급 부수 木
- withered, die
- kū
- コ(かれる, からす)

나무(木)도 오래(古)되면 말라 죽으니
마를 고, 죽을 고

※ 木(나무 목)

枯渴(고갈), 枯木(고목), 枯死(고사), 枯葉(고엽)

故

총 9획 4Ⅱ급 부수 攵
- reason, ancient
- gù
- コ(ゆえ)

오래된(古) 일이지만 하나씩 짚으며(攵) 묻는
옛날의 연고니 **옛 고, 연고 고**

※ 연고(緣故) - ㉠사유(事由). ㉡혈통·정분·법률 따위로 맺어진 관계. ㉢인연(因緣).
※ 攵(칠 복, = 支), 오랠 고, 옛 고(古)는 단순히 시간상으로 옛날이고, 옛 고, 연고 고(故)는 연고 있는 옛날, 즉 사연 있는 옛날이지요.

故鄕(고향), 故意(고의), 過失(과실), 故事(고사)

苦

총 9획 6급 부수 ++
- bitter, painful
- kŭ
- ク(くるしい, にがい)

풀(++) 같은 나물도 오래(古)되면 쇠어서 쓰니 **쓸 고**
또 맛이 쓰면 괴로우니 **괴로울 고**

㊌ 若(만약 약, 같을 약, 반야 야)

※ ++(초 두), 쇠다 - 채소가 너무 자라서 줄기나 잎이 뻣뻣하고 억세게 되다.

苦杯(고배), 苦笑(고소), 苦樂(고락), 苦悶(고민)

辜

총 12획 1급 부수 辛
- crime
- gū
- コ

오랫(古)동안 고생스럽게(辛) 하는 허물이니
허물 고

※ 辛(매울 신, 고생할 신), 허물이 있으면 오랫동안 괴로움을 생각하고 만든 글자.

無辜(무고), 誣告(무고), 不辜(불고), 罪辜(죄고)

固

총 8획 5급 부수 □
- hard, firm, in verity
- gù
- コ(かたまる, かたい)

에워싸(□) 오래(古) 두면 굳으니
굳을 고
또 굳은 듯 진실로 변치 않으니 **진실로 고**

※ □(에운 담)

固體(고체), 固守(고수), 堅固(견고), 固所願(고소원)

錮 錮

총 16획 1급 부수 金
- 영 solder, confine
- 중 gù
- 일 コ(ふさく)

쇠(金)로 굳게(固) 막아 땜질하거나 가두니
땜질할 고, 가둘 고

※ 金(쇠 금, 금 금, 돈 금, 성씨 김)

禁錮(금고), ***金庫**(금고)

痼

총 13획 1급 부수 疒
- 영 chronic
- 중 gù
- 일 コ(しこり)

병(疒) 중 굳어져(固) 낫지 않는 고질병이니
고질병 고

※ 고질(痼疾) - 오래 앓아 고치기 어려운 병.
※ 疒(병들 녁), 疾(병 질, 빠를 질)

痼癖(고벽), **煙霞痼疾**(연하고질), **痼弊**(고폐)

告

총 7획 5급 부수 口
- 영 tell, ask
- 중 gào
- 일 コク(つげる)

소(牛)를 잡아 차려 놓고 입(口)으로 알려 뵙고 청하니
알릴 고, 뵙고 청할 곡

※ 牛[소 우(牛)의 변형], 口(입 구, 말할 구, 구멍 구). 옛날에는 제사에 소고기를 으뜸으로 쳤으니 소(牛)를 잡아 차려 놓고 입(口)으로 축문을 읊어 신께 알린다는 데서 '알릴 고(告)'지요.

告白(고백), **報告**(보고), **申告**(신고), **出必告**(출필곡)

孤

총 8획 4급 부수 子
- 영 lonely, orphan
- 중 gū
- 일 コ

자식(子)이 부모를 잃어 말라 버린 줄기에
오이(瓜)만 앙상하게 매달린 모습처럼 외로우니
외로울 고, 부모 없을 고

※ 子(아들 자, 첫째 지지 자, 자네 자, 접미사 자), 瓜(오이 과)

孤獨(고독), **孤軍奮鬪**(고군분투), **孤兒**(고아)

呱

총 8획 1급 부수 口
- 영 the first cry
- 중 guā, gū, guá
- 일 コ(なく)

입(口)으로 덩굴에 매달린 오이(瓜)처럼
탯줄에 매달린 아이가 태어나면서 우니
아이 태어나면서 울 고

※ 口(입 구, 말할 구, 구멍 구)

呱呱(고고), **呱呱之聲**(고고지성)

庫 庫

총 10획 4급 부수 广
- storehouse
- kù
- コ, ク

집(广)에 차(車) 같은 물건을 넣어 두는 창고니
창고 고

※ 广(집 엄), 車(수레 거, 차 차)

金庫(금고), 寶庫(보고), 在庫(재고), 車庫(차고)

鼓

총 13획 3II급 제부수
- drum, knock
- gǔ
- コ(つづみ)

세워 놓고(壴) 두 손으로 갈라(支) 북을 두드리니
북 고, 두드릴 고

※ 壴 : 악기를 좋게(吉) 받쳐(⺍) 세운 모습에서 '악기 세울 주'
※ 吉(길할 길, 상서로울 길), 支(다룰 지, 가를 지, 지출할 지)

鼓動(고동), 鼓舞(고무), 鼓吹(고취), 勝戰鼓(승전고)

高

총 10획 6급 제부수
- high
- gāo
- コウ(たかい)

지붕(亠)과 창틀(口)과 몸체(冂)와 출입구(口)가
있는 높은 누각을 본떠서
높을 고, 성씨 고

高價(고가), 高喊(고함), 提高(제고), 最高(최고)

稿

총 15획 3II급 부수 禾
- straw, manuscript
- gǎo
- コウ

벼(禾)를 수확하고 높이(高) 쌓아 놓은 볏짚이니
볏짚 고
또 볏짚이 무엇의 재료가 되듯 책의 재료가 되는 원고니
원고 고

※ 禾(벼 화), 볏짚을 이용하여 여러 가지 생활 도구를 만들었지요.

稿料(고료), 玉稿(옥고), 遺稿(유고), 投稿(투고)

敲

총 14획 1급 부수 攴
- knock
- qiāo
- コウ

높이(高) 손들어 두드리니(攴)
두드릴 고

※ 攴(칠 복, = 攵)

敲擊(고격), 推敲(퇴고), 敲氷求火(고빙구화)

膏

총 14획 1급 부수 肉
- 英 fat
- 中 gāo, gào
- 日 コウ

높은(高) 비율로 고기(月)에 들어 있는 기름이니
기름 고

* 月(달 월, 육 달 월), 고기에는 기름이 많지요.

膏藥(고약), 膏血(고혈), 石膏(석고), 軟膏(연고)

雇

총 12획 2급 부수 隹
- 英 farmhand, hire
- 中 gù
- 日 コ(やとう)

집(戶)에 갇힌 새(隹)처럼 남의 집에서 품 파는 머슴이니 **품 팔 고, 머슴 고**
또 남의 집(戶)에 알 낳는 새(隹)니 **뻐꾹새 호**

* 戶(문 호, 집 호), 隹(새 추)

雇價(고가), 雇傭(고용), 雇用(고용), 解雇(해고)

顧 顾

총 21획 3급 부수 頁
- 英 look back
- 中 gù
- 日 コ(かえりみる)

(주인에게 묻기 위하여) 머슴(雇)의 머리(頁)는 자주 돌아보니 **돌아볼 고**

* 頁(머리 혈), '뻐꾹새(雇)가 남의 둥지에 알을 낳아 놓고 잘 자라나 자꾸만 머리(頁)로 돌아본다는 데서 돌아볼 고(顧)'라고도 하지요.

顧客(고객), 顧問(고문), 回顧(회고),
三顧草廬(삼고초려)

皐

총 11획 2급 부수 白
- 英 hill
- 中 gāo
- 日 コウ

하얗게(白) 물이 양쪽(==)으로 많이(十) 쏟아지며 무엇을 부르는 소리를 내는 언덕이니
언덕 고, 부르는 소리 고

* 白(흰 백, 밝을 백, 깨끗할 백, 아뢸 백), 十(열 십, 많을 십), 폭포처럼 하얀 포말을 날리며 물이 쏟아지는 언덕을 생각하고 만든 글자.

皐蘭草(고란초), 皐復(고복) - 초혼하고 발상하는 의식.

考

총 6획 5급 부수 耂
- 英 watch, consider
- 中 kǎo
- 日 コウ(かんがえる)

노인(耂)처럼 크게(丂) 살피고 생각하니
살필 고, 생각할 고

* 耂[늙을 로(老)가 부수로 쓰일 때의 모습으로 '늙을 로 엄'], 丂[큰 대(大)의 변형]

考慮(고려), 考察(고찰), 再考(재고),
深思熟考(심사숙고)

拷

총 9획 1급 부수 手
- 영 strike
- 중 kǎo
- 일 ゴウ

손(扌)으로 살펴(考) 치니
칠 고

※ 扌[손 수, 재주 수, 재주 있는 사람 수(手)가 부수로 쓰일 때의 모습으로 '손 수 변']

拷問(고문), **拷訊**(고신), **拷打**(고타)

ㄱ

고

賈

장사 고, 성씨 가 - 성씨 가(16쪽) 참고

叩

총 5획 1급 부수 口
- 영 kowtow, knock
- 중 kòu
- 일 コウ(たたく)

말하면서(口) 무릎 꿇고(卩) 조아리며 두드리니
조아릴 고, 두드릴 고

※ 口(입 구, 말할 구, 구멍 구), 卩(무릎 꿇을 절, 병부 절), 조아리다 - 이마가 바닥에 닿을 정도로 머리를 자꾸 숙이다.

叩頭謝罪(고두사죄), **叩門**(고문),
叩盆之痛(고분지통)

股

총 8획 1급 부수 肉(月)
- 영 thigh
- 중 gǔ
- 일 コ(また, もも)

몸(月)에서 치기(殳) 좋은 넓적다리니
넓적다리 고

※ 月(달 월, 육 달 월), 殳(칠 수, 창 수, 몽둥이 수), 넓적다리는 살이 많아 치기에 좋다는 데서 생긴 글자네요.

股關節(고관절), **股肱之臣**(고굉지신) - '넓적다리와 팔뚝 같은 신하'로, 다리와 팔뚝에 비길 만한 신하.

袴

총 11획 1급 부수 衣
- 영 trousers
- 중 kù
- 일 コ(はかま)

옷(衤) 중에 크게(大) 걸치고(一) 크게(勹) 다리를 꿰도록 만든 바지니 **바지 고**

※ 衤(옷 의 변), 一('한 일'이나 여기서는 걸친 모습으로 봄), 勹[큰 대(大)의 변형]

袴衣(고의), **短袴**(단고)

曲

총 6획 5급 부수 日
- 英 bent, tune
- 中 qū, qǔ
- 日 キョク(まがる, まげる)

대바구니의 굽은 모양을 본떠서
굽을 곡
또 굽은 듯 올라가고 내려가는 가락의 노래니
노래 곡 ㊌ 由(말미암을 유)

曲線(곡선), **屈曲**(굴곡), **歌曲**(가곡), **名曲**(명곡)

谷

총 7획 3II급 제부수
- 英 valley
- 中 gǔ
- 日 コク(たに)

양쪽으로 벌어지고(八) 벌어져(八) 구멍(口)처럼 패인 골짜기니 **골짜기 곡**

* 八(여덟 팔, 나눌 팔), 口(입 구, 말할 구, 구멍 구)

溪谷(계곡), **深山幽谷**(심산유곡),
進退維谷(진퇴유곡)

哭

총 10획 3II급 부수 口
- 英 weep
- 中 kū
- 日 コク

여러 사람의 입들(口口)이 개(犬)처럼 소리 내어 슬프게 우니 **울 곡**

* 犬(개 견)
* 哭은 소리 내어 크게 우는 것이고, 울 읍(泣)은 소리 없이 눈물만 흘리며 우는 것입니다.

哭聲(곡성), **弔哭**(조곡), **痛哭**(통곡), **號哭**(호곡)

穀

총 15획 4급 부수 禾
- 英 grain
- 中 gǔ
- 日 コク(たなつもの)

껍질(殼) 속에 여물어 차 있는 벼(禾) 같은 곡식이니
곡식 곡 ㊌ 殼(껍질 각)

* 곡식(穀食) - 사람의 식량이 되는 것을 통틀어 이르는 말.
* 殼[껍질 각(殼)의 획 줄임], 禾(벼 화), 食(밥 식, 먹을 식)

穀氣(곡기), **穀物**(곡물), **雜穀**(잡곡)

梏

총 11획 1급 부수 木
- 英 handcuffs
- 中 gù
- 日 コク

나무(木)로 만들어 죄를 알리며(告) 채우는 수갑이니
수갑 곡

* 木(나무 목), 告(알릴 고, 뵙고 청할 곡), 수갑을 지금은 쇠로 만들지만 쇠가 귀하던 옛날에는 나무로 만들었지요.

桎梏(질곡) - ㉠옛 형구인 차꼬와 수갑을 아울러 이르는 말. ㉡몹시 속박하여 자유를 가질 수 없는 고통의 상태.

鵠 鵠

총 18획 1급 부수 鳥
- 영 swan, target
- 중 hú, gǔ
- 일 コク(くぐい)

무엇을 알리려는(告) 듯 목과 부리가 긴 새(鳥)는 고니니 **고니 곡**
또 고니의 부리처럼 뾰족한 화살로 맞추는 과녁이니 **과녁 곡**

※ 鳥(새 조), 고니 – 한국에는 겨울 철새로 10월 하순에 왔다가 이듬해 4월에 북쪽으로 되돌아 가지요. 천연기념물 201호.

鵠志(곡지), **鴻鵠之志**(홍곡지지), **正鵠**(정곡)

告

알릴 고, 뵙고 청할 곡 – 알릴 고(60쪽) 참고

困

총 7획 4급 부수 口
- 영 distress
- 중 kùn
- 일 コン(こまる)

에워싸인(口) 나무(木)는 자라기가 곤란하니 **곤란할 곤**

※ 口(에운 담), 나무는 적당한 햇빛과 수분 등이 있어야 잘 자라지요.

困難(곤난→곤란), **困境**(곤경), **貧困**(빈곤), **疲困**(피곤)

坤

총 8획 3급 부수 土
- 영 land
- 중 kūn
- 일 コン(ひつじさる)

흙(土)이 펼쳐진(申) 땅이니 **땅 곤**

※ 土(흙 토), 申(펼 신, 아뢸 신, 원숭이 신, 아홉째 지지 신)

坤靈(곤령), **乾坤**(건곤),
乾坤一擲(건곤일척) – '하늘과 땅을 한 번에 던짐'으로, 하늘과 땅(자기의 모든 것)을 걸고 단판걸이로 승부나 성패를 겨룸을 말함. = all in.

昆

총 8획 1급 부수 日
- 영 elder brother, many, bug
- 중 kūn
- 일 コン

살아온 날(日)이 동생에 비하여(比) 많은 맏이니 **맏을 곤, 맏이 곤**
또 많은 무리가 모여 사는 곤충이니 **곤충 곤**

※ 日(해 일, 날 일), 比(나란할 비, 견줄 비)

昆孫(곤손), **昆季**(곤계), **昆蟲**(곤충)

ㄱ
곤

棍
총 12획 1급 부수 木
- 영 cudgel, stick
- 중 gùn
- 일 コン

나무(木) 중 많이(昆) 들고 치는 몽둥이니
몽둥이 곤
또 몽둥이를 묶으니 **묶을 혼**

※ 木(나무 목), 昆(몽둥이들을 묶듯이 묶는다는 뜻도 있네요.

棍棒(곤봉), **棍杖**(곤장), **棍刑**(곤형)

袞
총 11획 1급 부수 衣
- 영 a royal robe
- 중 gǔn
- 일 コン

옷(衣) 중 팔(八) 방의 인구(口)를 다스리는
임금이 입는 곤룡포니 **곤룡포 곤**

※ 곤룡포(袞龍袍) - 임금이 입는 정복(正服). 누런빛이나 붉은빛의 비단으로 지음. 용포(龍袍)
※ 衣(옷 의), 口('입 구, 말할 구, 구멍 구'나 여기서는 인구로 봄), 龍(용 룡), 袍(두루마기 포), 正(바를 정), 服(옷 복)

袞馬(곤마), **袞冕**(곤면), **袞職**(곤직)

|
총 1획 부수자
- 영 perforate
- 중 gǔn
- 일 コン

위에서 아래를 뚫으니
뚫을 곤 ㈜ 亅(갈고리 궐), 丿(삐침 별)

骨
총 10획 4급 제부수
- 영 bone
- 중 gǔ, gū
- 일 コツ(ほね)

살 속에 들어 있는 뼈의 모습에서
뼈 골

骨材(골재), **骨折**(골절), **刻骨難忘**(각골난망)

汩
총 7획 1급 부수 水
- 영 fall, absorb
- 중 gǔ, mì

물(氵) 흐르듯 계속 말하며(曰) 무엇에 빠지니 **빠질 골**
또 물(氵)이 말하듯(曰) 소리 내는 강 이름이니
강 이름 멱

※ 氵(삼 수 변), 曰(가로 왈)

汩沒(골몰), **汩羅水**(멱라수)

工

총 3획 7급 제부수
- artisan, make, tool
- gōng
- コウ, ク

장인이 물건을 만들 때 쓰는 자를 본떠서
장인 공, 만들 공, 연장 공

※ 장인(匠人) - 물건 만드는 것을 업으로 삼는 사람. 기술자. ㉾ 장인(丈人) - 아내의 친아버지.
※ 匠(장인 장), 丈(어른 장, 길이 장)

木工(목공), **工業**(공업), **工作**(공작), **工具**(공구)

공

功

총 5획 6급 부수 力
- exploit, merits
- gōng
- コウ, ク

만드는(工) 데 힘(力) 들인 공이니
공 공, 공로 공

※ 공로(功勞) - 일에 애쓴 공적. 공.
※ 力(힘 력), 勞(수고할 로, 일할 로)

功過(공과), **功德**(공덕), **成功**(성공), **有功**(유공)

攻

총 7획 4급 부수 攵
- attack, train
- gōng
- コウ(せめる)

연장(工)으로 치며(攵) 닦으니
칠 공, 닦을 공

※ 攵(칠 복, = 攴)

攻擊(공격), **攻略**(공략), **侵攻**(침공), **專攻**(전공)

貢 贡

총 10획 3Ⅱ급 부수 貝
- tribute
- gòng
- コウ, ク(みつぐ)

만든(工) 재물(貝)을 바치니
바칠 공

※ 貝(조개 패, 재물 패)

貢納(공납), **貢物**(공물), **貢獻**(공헌), **朝貢**(조공)

空

총 8획 7급 부수 穴
- empty, sky
- kōng, kòng
- クウ(そら, むなしい)

굴(穴)처럼 만들어(工) 속이 비니
빌 공
또 크게 빈 공간은 하늘이니 **하늘 공**

※ 穴(구멍 혈, 굴 혈)

空白(공백), **空想**(공상), **蒼空**(창공), **航空**(항공)

控

총 11획 특II급 부수 手
- 英 pull, diminish
- 中 kòng
- 日 コウ(ひかえる)

손(扌)으로 비게(空) 당기거나 더니
당길 공, 덜 공

※ 扌(손 수 변)

控弦(공현), **控除**(공제), **基礎控除**(기초공제)

恐

총 10획 3II급 부수 心
- 英 fear
- 中 kǒng
- 日 キョウ(おそれる, おそろしい)

(잘 만드는) 장인(工)도 무릇(凡) 실수할까 봐
마음(心)속으로 두려우니 **두려울 공**

※ 凡(무릇 범, 보통 범), 心(마음 심, 중심 심)

恐龍(공룡), **恐怖**(공포), **可恐**(가공), **惶恐**(황공)

鞏 巩

총 15획 1급 부수 革
- 英 harden, bind
- 中 gǒng
- 日 キョウ

(중요한 것은) 장인(工)처럼 무릇(凡) 가죽(革)으로
굳게 묶으니 **굳을 공, 묶을 공**

※ 革(가죽 혁, 고칠 혁)

鞏固(공고), **鞏膜炎**(공막염),
鞏膜(공막) - 각막을 제외한 눈알의 바깥벽 전체를 둘러싸고 있는 막.

公

총 4획 6급 부수 八
- 英 fair, public, a young noble
- 中 gōng
- 日 コウ(おおやけ)

나눔(八)에 사사로움(厶) 없이 공정하니 **공정할 공**
또 공정한 사람이 대중에게 통하고 귀공자니
대중 공, 귀공자 공

※ 귀공자(貴公子) - 생김새나 몸가짐 등이 고상한 남자.
※ 八(여덟 팔, 나눌 팔), 厶(사사로울 사, 나 사), 貴(귀할 귀)

公平無私(공평무사), **公開**(공개), **愚公移山**(우공이산)

孔

총 4획 4급 부수 子
- 英 hole, family name
- 中 kǒng
- 日 コウ

새끼(子) 새(乚)가 자라는 구멍이니
구멍 공, 성씨 공, 공자 공

※ 乚 [을 을, 둘째 천간 을, 굽을 을(乙)이 부수로 쓰일 때의 모습], 새끼는 나무 구멍이나 둥근 둥우리에서 자라지요.

瞳孔(동공), **十九孔炭**(십구공탄), **孔孟**(공맹)

共

총 6획 6급 부수 八
- ⓔ together
- ⓒ gòng
- ⓙ キョウ(とも)

많은(廿) 사람들이 마당(一)에서 일을 나누어(八) 함께 하니 **함께 공**

※ 廿(스물 입), 一('한 일'이나 여기서는 마당으로 봄), 八(여덟 팔, 나눌 팔)

共同(공동), **共犯**(공범), **自他共認**(자타공인)

供

총 8획 3II급 부수 人
- ⓔ offer, supply
- ⓒ gōng, gòng
- ⓙ キョウ,ク(そなえる,とも)

사람(亻)이 함께(共) 살려고 서로 주면서 이바지하니 **줄 공, 이바지할 공**

※ 이바지하다 – ㉠도움이 되게 하다. ㉡물건들을 갖추어 바라지하다.

供給(공급), **供與**(공여), **供出**(공출), **提供**(제공)

拱

총 9획 1급 부수 手
- ⓔ fold one's arms, armful
- ⓒ gǒng
- ⓙ キョウ(こまぬく)

양손(扌)을 함께(共) 펴 팔짱끼거나 둥글게 안은 아름이니 **팔짱낄 공, 아름 공**

※ 아름 – 두 팔을 둥글게 모아서 만든 둘레.

拱手(공수), **拱揖**(공읍), **拱木**(공목), **拱把**(공파)

恭

총 10획 3II급 부수 心
- ⓔ respectful
- ⓒ gōng
- ⓙ キョウ(うやうやしい)

여럿이 함께(共) 살면 예절을 알아 마음(氺)이 공손하니 **공손할 공**

※ 공손(恭遜) – 공경하고 겸손함.
※ 遜(겸손할 손), 氺[마음 심, 중심 심(心)이 글자의 발로 쓰일 때의 모습으로 '마음 심 발']

恭敬(공경), **恭待**(공대), **恭賀新年**(공하신년)

廾

총 3획 부수자
- ⓔ hold

양손으로 물건을 받쳐 든 모습을 본떠서
받쳐 들 공 ⓡ 廾(스물 입, = 廿), 艹[초 두(艹)의 약자]

※ 위아래로 내려 그은 두 획이 모두 곧으면 스물 입(廾), 왼쪽의 한 획이 약간 휘면 받쳐 들 공(廾), 그리고 내려 그은 두 획이 곧으나 짧으면 초 두(艹)의 약자(艹)로 구분하세요.

ㄱ
과

戈
총 4획 2급 제부수
- 영 spear
- 중 gē
- 일 カ(ほこ)

몸체가 구부러지고 손잡이 있는 창을 본떠서
창 과

戈甲(과갑), 戈劍(과검), 戈矛(과모), 干戈(간과)

瓜
총 5획 2급 제부수
- 영 cucumber
- 중 guā
- 일 カ(うり)

넝쿨에 오이가 열린 모양을 본떠서
오이 과

瓜菜(과채), *果菜(과채), 瓜年(과년), *過年(과년)

果
총 8획 6급 부수 木
- 영 fruit, result
- 중 guǒ
- 일 カ(はたす)

과실(田)이 나무(木) 위에 열린 모양을 본떠서
과실 과
또 과실은 그 나무를 알 수 있는 결과니 **결과 과**

※ 田('밭 전'이나 여기서는 과일의 모습으로 봄). 좋은 과실이 열리면 좋은 나무이듯이, 과실을 보면 그 나무의 좋고 나쁨을 알 수 있지요.

果實(과실), 靑果(청과), 結果(결과), 成果(성과)

課 课
총 15획 5급 부수 言
- 영 levy, subject
- 중 kè
- 일 カ

말(言)을 들은 결과(果)로 세금을 부과하니 **부과할 과**
또 말(言)로 연구한 결과(果)를 적어 놓은 과목이니
과목 과

※ 부과(賦課) - 세금이나 부담금 따위를 매기어 부담하게 함.
※ 과목(課目) - ㉠할당된 항목. ㉡학과.
※ 言(말씀 언), 賦(세금 거둘 부, 줄 부), 目(눈 목, 볼 목, 항목 목)

課稅(과세), 附課(부과), 課程(과정)

顆 颗
총 17획 1급 부수 頁
- 영 kernel
- 중 kē
- 일 カ

과실(果)은 대부분 머리(頁)처럼 둥근 낱알이니
낱알 과

※ 頁(머리 혈)

顆粒(과립), 顆粒機(과립기)

菓

총 12획 2급 부수 ++
- 英 confectionery
- 中 guǒ
- 日 カ

나물(++)이나 과실(果)을 넣어 만든 과자니
과자 과

※ ++('초 두'이나 여기서는 나물로 봄)

菓子(과자), **茶菓**(다과), **氷菓**(빙과), **製菓**(제과)

과

科

총 9획 6급 부수 禾
- 英 article, subject
- 中 kē
- 日 カ

벼(禾)의 양을 말(斗)로 헤아려 나눠 놓은 조목이니
조목 과
또 지식을 조목조목 나누어 설명한 과목이니 **과목 과**
㉵ 料(헤아릴 료, 재료 료, 값 료)

※ 과목(科目) - (분야별로 나눈) 학문의 구분, 또는 교과를 구성하는 단위. 禾(벼 화), 斗(국자 두, 말 두), 目(눈 목, 볼 목, 항목 목)

科擧(과거), **眼科**(안과), **轉科**(전과), **學科**(학과)

過 过

총 13획 5급 부수 辶
- 英 past, excess, mistake
- 中 guò
- 日 カ(すぎる)

입이 비뚤어질(咼) 정도로 빨리 지나가(辶)
지나치니 **지날 과**, **지나칠 과**
또 지나쳐 생기는 허물이니 **허물 과**

※ 咼 : 입(口)이 비뚤어진 모습을 본떠서 '입 비뚤어질 괘·와'
※ 過가 접두사로 쓰이면 영어의 over 뜻이고, 뛰어넘을 초(超)가 접두사로 쓰이면 super의 뜻이지요.

過去(과거), **過速**(과속), **過食**(과식), **功過**(공과)

誇 夸

총 13획 3II급 부수 言
- 英 boast
- 中 kuā
- 日 コ(ほこる)

말(言)을 크게(大) 한(一) 번 하고도 또 크게(丂)
부풀려 자랑하니 **자랑할 과**

※ 言(말씀 언), 丂[큰 대(大)의 변형]

誇大(과대), **誇示**(과시), **誇張**(과장),
誇負(과부) – 자랑하며 자부함.

寡

총 14획 3II급 부수 宀
- 英 little, widow
- 中 guǎ
- 日 カ(すくない)

집(宀) 재산을 사람 머리(頁)수대로 칼(刀)로 나누면
몫이 적으니 **적을 과**
또 집(宀) 우두머리(頁)인 남편이 칼(刀) 들고
전쟁터에 나가 죽은 홀로된 아내를 뜻하여 **과부 과**

※ 宀(집 면), 頁(머리 혈), 刀(칼 도)

獨寡占(독과점), **衆寡不敵**(중과부적), **寡婦**(과부)

곽

郭
총 11획 3급 부수 邑
- 英 castle outer wall
- 中 guō
- 日 カク(くるわ)

행복을 누리도록(享) 고을(阝)마다 쌓은 성곽이니
성곽 곽, 성씨 곽

※ 성곽(城郭) – 성(城).
※ 享(누릴 향), 阝(고을 읍 방), 城(성 성), 성곽이 있으면 적이 침범하지 못하니 행복을 누릴 수 있지요.

郭内(곽내), **郭外**(곽외)

槨 椁
총 15획 1급 부수 木
- 英 outer coffin
- 中 guǒ
- 日 カク

나무(木)로 성곽(郭)처럼 둘러 막은 덧널이니
덧널 곽 참 棺(널 관)

※ 木(나무 목), 덧널 – 관을 넣는 궤.

木槨(목곽), **石槨**(석곽)

廓
총 14획 1급 부수 广
- 英 circumference, big
- 中 kuò
- 日 カク

집(广) 둘레를 성곽(郭)처럼 쌓아 둘레가 크니
둘레 곽, 클 확

※ 广(집 엄)

外廓(외곽), **輪廓**(윤곽), **胸廓**(흉곽), **廓大**(확대)

藿
총 20획 1급 부수 艹
- 英 bean leaves, brown seaweed
- 中 huò
- 日 カク

풀(艹) 중 비(雨) 맞은 새(隹)처럼 볼품없이 자라는 콩잎이나 미역이니 **콩잎 곽, 미역 곽**

※ 艹(초 두), 雨(비 우), 隹(새 추)

藿羹(곽갱), **藿湯**(곽탕), **藿耳**(곽이)

冠
총 9획 3Ⅱ급 부수 冖
- 英 crown, hat
- 中 guān, guàn
- 日 カン(かんむり)

덮어(冖) 쓰는 것 중 으뜸(元)으로 여겨 법도(寸)에 맞게 머리에 쓰는 갓이니 **갓 관**

※ 冖(덮을 멱), 元(원래 원, 으뜸 원), 寸(마디 촌, 법도 촌)

金冠(금관), **無冠**(무관), **王冠**(왕관), **月桂冠**(월계관)

款

총 12획 2급 부수 欠
- 🈯 sincerity, article, record
- 🇨🇳 kuǎn
- 🇯🇵 カン

선비(士)는 보이는(示) 쪽쪽 자기의 흠(欠)을 고치려고 정성을 다하여 조목마다 기록하니

정성 관, 조목 관, 기록 관

☞ 士(선비 사), 示(보일 시, 신 시), 欠(하품 흠, 모자랄 흠)

款待(관대), **約款**(약관), **定款**(정관), **落款**(낙관)

寬 宽

총 15획 3II급 부수 宀
- 🈯 generous
- 🇨🇳 kuān
- 🇯🇵 カン

집(宀)에 풀(艹)까지 살펴보는(見) 점(丶)이 너그러우니 **너그러울 관** 🅰 宽 : 집(宀)에서 풀(艹)까지 살펴봄(見)이 너그러우니 '너그러울 관'

☞ 宀(집 면), 艹(초 두), 丶(점 주, 불똥 주), 艹[초 두(艹)의 약자], 見(볼 견, 뵐 현)

寬待(관대), **寬大**(관대), **寬恕**(관서), **寬容**(관용)

貫 贯

총 11획 3II급 부수 貝
- 🈯 pierce
- 🇨🇳 guàn
- 🇯🇵 カン(つらぬく)

(옛날 돈인 엽전은 구멍이 있어서 일정한 양만큼 꿰어 보관했으니) 꿰어(毌) 놓은 돈(貝)의 무게를 생각하여 **꿸 관, 무게 단위 관**

☞ 毌(꿰뚫을 관), 貝(조개 패, 재물 패). 1관은 3.75kg.

貫通(관통), **始終一貫**(시종일관), **尺貫法**(척관법)

慣 惯

총 14획 3II급 부수 心
- 🈯 habit
- 🇨🇳 guàn
- 🇯🇵 カン(なれる)

마음(忄)에 꿰어져(貫) 버리지 못하는 버릇이니

버릇 관

☞ 忄(마음 심 변)

慣性(관성), **慣習**(관습), **慣行**(관행), **習慣**(습관)

關 关

총 19획 5급 부수 門
- 🈯 bolt, connection
- 🇨🇳 guān
- 🇯🇵 カン(せき)

문(門)의 작고(幺) 작은(幺) 이쪽(丬) 저쪽(卜)을 이어주는 빗장이니 **빗장 관**
또 빗장처럼 이어지는 관계니 **관계 관** 🅰 関

☞ 門(문 문), 幺(작을 요, 어릴 요), 빗장 – 문을 닫고 잠그는 것.
☞ 관계(關係) – (두 가지 이상이 서로) 관련이 있음.

關鍵(관건), **關門**(관문), **關聯**(관련), **無關**(무관)

萑

총 18획 급외자 부수 隹
- 영 stork
- 日 カン

풀(艹) 속에 여기저기 입(口口)을 넣어 먹이를 찾는 새(隹)는 황새니 **황새 관**

※ 황새는 물가에서 고기나 여러 생물을 잡아먹고 사니 다리도 길고 목과 부리도 길지요.
※ 隹(새 추), 萑이 들어간 글자를 약자로 쓸 때 萑 부분은 '오른손 우, 또 우(又)'나 글월 문(文), 또는 隺으로 쓰지요.

灌

총 21획 1급 부수 水
- 영 irrigate, wash
- 中 guàn
- 日 カン

물(氵)을 황새(萑) 목처럼 길게 대어 씻으니
물댈 관, 씻을 관
또 물(氵)가에 황새(萑) 목처럼 구부러지게 자라는 떨기나무니 **떨기나무 관**

灌漑(관개), **灌水**(관수), **灌腸**(관장),
灌木(관목) - 나무의 키가 작고, 원줄기가 분명하지 아니하며 밑동에서 가지를 많이 치는 나무. 무궁화·진달래·앵두나무 따위. 떨기나무. ↔ 교목(喬木), 喬(높을 교), 木(나무 목)

觀 观

총 25획 5급 부수 見
- 영 observe, look
- 中 guān
- 日 カン(みる)

황새(萑)처럼 목을 늘이고 보니(見)
볼 관 ㉳ 観, 观, 覌

※ 見(볼 견, 뵐 현)

觀光(관광), **觀覽**(관람), **觀相**(관상), **觀衆**(관중)

顴 颧

총 27획 1급 부수 頁
- 영 cheekbone
- 中 quán
- 日 ケン(ほかぼね)

황새(萑) 머리(頁)처럼 얼굴에서 드러난 광대뼈니
광대뼈 관, 광대뼈 권

※ 頁(머리 혈), 광대뼈 - 눈의 옆 아래쪽에 있는 뼈로 약간 튀어나온 모습이지요.

顴骨(관골), **顴骨筋**(관골근)

官

총 8획 4II급 부수 宀

- 英 a government office, take office
- 中 guān　日 カン

(옛날에) 집(宀)이 높은 언덕(自)에 있으면 주로 관청이었으니 **관청 관**

또 관청에 근무하게 되니 **벼슬 관**

※ 宀(집 면), 自["쌓일 퇴, 언덕 퇴(自)'의 획 줄임], 自: 흙이 비스듬히(丿) 쌓인(日) 모습에서 '쌓일 퇴, 언덕 퇴'

官權(관권), **官吏**(관리), **貪官汚吏**(탐관오리)

棺

총 12획 1급 부수 木

- 英 coffin
- 中 guān
- 日 カン(ひつぎ)

나무(木)로 벼슬(官)한 것처럼 잘 꾸미는 널이니 **널 관**

※ 木(나무 목)

木棺(목관), **石棺**(석관)

琯

총 12획 2급 부수 王(玉)

- 英 pipe
- 中 guǎn

옥(王)으로 관청(官)에서 좋은 소리를 내도록 만든 옥피리니 **옥피리 관**

※ 王(임금 왕, 으뜸 왕, 구슬 옥 변)
※ 인·지명용 한자.

館 馆

총 17획 3II급 부수 食

- 英 house, lodge
- 中 guǎn
- 日 カン(やかた)

출장 가면 먹고(食) 묵을 수 있도록 관리(官)들을 위해 지은 집이나 객사니 **집 관, 객사 관**　약 舘: 집(舍) 중 관리(官)들을 위해 지은 집이나 객사니 '집 관, 객사 관'

※ 객사(客舍) - ⑴객지의 숙소. ⑵고려·조선 시대에 다른 곳에서 온 관원을 묵게 하던 곳.
※ 食(밥 식, 먹을 식 변), 舍(집 사)

館長(관장), **本館**(본관), **旅館**(여관), **會館**(회관)

管

총 14획 4급 부수 竹

- 英 pipe, flute, management
- 中 guǎn　日 カン(くだ)

대(竹) 중 관청(官)에서 쓰이는 대롱이나 피리니 **대롱 관, 피리 관**

또 대(竹)로 만든 지휘봉을 들고 관리(官)처럼 관리하니 **관리할 관**

※ 竹(대 죽)

木管(목관), **血管**(혈관), **管理**(관리), **管掌**(관장)

ㄱ
관

串
총 7획 2급 부수 丨
- 英 thread, string
- 中 chuàn
- 日 カン(つらぬく)

(고대에 화폐로 사용되었던) 조개를 꿰어 놓은 꿰미니
꿸 관, 꿰미 천

또 무엇을 꿰어 놓은 꼬챙이처럼 바다 쪽으로 길게 뻗은
땅이름이니 **땅 이름 곶**

* 곶 – 바다로 좁고 길게 뻗은 반도보다 작은 육지.

串柿(관시), **長山串**(장산곶), **虎尾串**(호미곶)

綸

낚싯줄 륜, 다스릴 륜, 임금말씀 륜, 관건 관 – 낚싯줄 륜
(203쪽) 참고

莞

빙그레 웃을 완, 왕골 관 – 빙그레 웃을 완(459쪽) 참고

括
총 9획 1급 부수 手
- 英 enclose, include
- 中 kuò, guā
- 日 カツ(くくる)

손(扌)으로 혀(舌)처럼 휘어잡아 묶으니
묶을 괄

* 扌(손 수 변), 舌(혀 설), 혀는 부드럽게 휘두르며 입안의 음식을 이리
저리 섞지요.

括弧(괄호), **一括**(일괄), **總括**(총괄), **包括**(포괄)

刮
총 8획 1급 부수 刀
- 英 scrape, wash
- 中 guā
- 日 カツ

혀(舌)로 입 속을 휘젓듯 칼(刂)로 긁고 씻으니
긁을 괄, 씻을 괄

* 刂(칼 도 방)

刮摩(괄마), **刮目**(괄목),
刮目相對(괄목상대) – '눈을 비비고 서로 대함'으로, 다른 사람의
학식이나 재주가 놀랄 정도로 향상된 것을 말한다. ❍ 오(吳)나라 여몽(呂
蒙)이라는 장수는 용맹은 있으나 무식하였기에 손권(孫權)이 책읽기를
권했다. 얼마 뒤 노숙(魯肅)이라는 사람이 여몽을 만나 보니, 학문과 식
견이 여간 높은 것이 아니어서 깜짝 놀라 물었다. 그러자 여몽이 "선비
는 헤어진 지 사흘이 되면 학식의 진보에 놀라 서로 눈을 비비고 본다
(士別三日에 刮目相對)고 하지 않습니까?"라고 말하였다는 데서 유래.
目(눈 목, 볼 목, 항목 목), 刮(씻을 괄, 깎을 괄), 對(상대할 대, 대답할 대),
士(선비 사, 군사 사), 別(나눌 별, 다를 별)

狂

총 7획 3II급 부수 犬
- 영 mad
- 중 kuáng
- 일 キョウ(くるう)

개(犭)가 왕(王)이나 된 것처럼 날뛰며 미치니
미칠 광

※ 犭(큰개 견, 개 사슴 록 변), 王(임금 왕, 으뜸 왕, 구슬 옥 변)

狂亂(광란), **熱狂**(열광)
不狂不及(불광불급) - 미치지 않으면 이룰 수 없음.

廣 广

총 15획 5급 부수 广
- 영 wide
- 중 guǎng
- 일 コウ(ひろい)

집(广) 아래 누런(黃) 들판이 넓으니
넓을 광 약 広 : 집(广) 안에 사사로이(厶) 이용하는 땅이 넓으니 '넓을 광'

※ 广(집 엄), 黃(누를 황), 厶(사사로울 사, 나 사)

廣告(광고), **廣野**(광야), **廣場**(광장), **廣闊**(광활)

鑛 矿

총 23획 4급 부수 金
- 영 ore, mineral
- 중 kuàng
- 일 コウ(あらがね)

쇠(金)가 넓게(廣) 함유된 쇳돌이니
쇳돌 광 약 鉱

※ 金(쇠 금, 금 금, 돈 금, 성씨 김)

鑛物(광물), **鑛夫**(광부), **鑛山**(광산), **鑛石**(광석)

壙 圹

총 18획 1급 부수 土
- 영 burial hole
- 중 kuàng
- 일 コウ(あな)

흙(土)을 넓게(廣) 파 놓은 뫼 구덩이니
뫼 구덩이 광

※ 土(흙 토), 광(壙) - 시체를 묻기 위하여 판 구덩이.

壙內(광내), **壙中**(광중), **壙穴**(광혈)

曠 旷

총 19획 1급 부수 日
- 영 wide, empty
- 중 kuàng
- 일 コウ(むなしい)

햇(日)살처럼 넓게(廣) 퍼져 비었으니
넓을 광, 빌 광

※ 日(해 일, 날 일)

曠野(광야), **曠劫**(광겁), **曠年**(광년), **曠古**(광고)

광

匡
총 6획 1급 부수 匚
- 英 aid, correct
- 中 kuāng
- 日 キョウ(ただす)

은밀히(匚) 왕(王)을 도와 바르게 바루니
도울 광, 바룰 광

※ 匚(감출 혜, 덮을 혜, = 匸), 왕에게 잘못이 있으면 드러내지 않고 은밀히 도와 바르게 한다는 데서 생긴 글자.
※ 바루다 - 비뚤어지거나 구부러진 것, 잘못된 것을 바로잡음.

匡困(광곤), 匡諫(광간), 匡矯(광교), 匡正(광정)

光
총 6획 6급 부수 儿
- 英 light, scene
- 中 guāng
- 日 コウ(ひかる, ひかり)

작게(小) 땅(一)과 사람(儿)을 비치는 빛이니
빛 광
또 빛으로 말미암은 경치니 **경치 광**

※ 小(작을 소), 一('한 일'이나 여기서는 땅으로 봄), 儿(어진 사람 인, 사람 인 발)

光復(광복), 光澤(광택), 榮光(영광), 風光(풍광)

胱
총 10획 1급 부수 肉
- 英 bladder
- 中 guāng

몸(月)속의 노폐물이 빛(光)살처럼 모여드는 오줌통이니 **오줌통 광**

※ 月(달 월, 육 달 월)

膀胱(방광), 膀胱炎(방광염)

卦
총 8획 1급 부수 卜
- 英 divination sign
- 中 guà
- 日 ケ, カ

서옥(圭)처럼 점(卜)치면 반짝이며 나오는 점괘니
점괘 괘

※ 점괘(占卦) - 점을 쳐서 나온 괘.
※ 圭(홀 규, 영토 규, 서옥 규), 卜(점 복), 占(점칠 점, 점령할 점)

卦辭(괘사), 卦爻(괘효), 八卦(팔괘)

掛 挂
총 11획 3급 부수 手
- 英 hang
- 中 guà
- 日 ケイ(かける)

손(扌)으로 점괘(卦)를 기록하여 거니
걸 괘

※ 扌(손 수 변)

掛念(괘념), 掛圖(괘도), 掛鐘時計(괘종시계)

罨

그물(罒)처럼 점괘(卦)에 맞춰 그은 줄이니
줄 괘

※ 罒(그물 망, = 网, 网)

罫線(괘선), **罫紙**(괘지), **罫版**(괘판)

총 13획 1급 부수 罒
- 영 line
- 중 guà
- 일 ケイ

怪

마음(忄)이 또(又) 흙(土)처럼 흩어지면 괴이하니
괴이할 괴

※ 忄(마음 심 변), 又(오른손 우, 또 우), 土(흙 토)

怪異(괴이), **怪物**(괴물), **怪疾**(괴질),
奇巖怪石(기암괴석)

총 8획 3II급 부수 心
- 영 queer
- 중 guài
- 일 カイ(あやしい)

傀

사람(亻)이 귀신(鬼)에 홀린 것처럼 남에게
조종당하는 꼭두각시니 **꼭두각시 괴**

※ 鬼(귀신 귀), 꼭두각시 - ㉠여러 가지 이상야릇한 탈을 씌운 인형. ㉡기괴한 탈을 쓰고 노는 계집. ㉢주체성 없이 배후에 있는 남의 조종에 의하여 행동하는 자의 비유. 여기서는 ㉢의 뜻.

傀儡(괴뢰), **傀儡軍**(괴뢰군)

총 12획 2급 부수 人
- 영 puppet
- 중 guī, kuǐ
- 일 カイ

塊 块

흙(土)이 귀신(鬼)처럼 험상궂게 뭉친 덩어리니
덩어리 괴

※ 土(흙 토)

塊石(괴석), **金塊**(금괴), **銀塊**(은괴), **地塊**(지괴)

총 13획 3급 부수 土
- 영 lump
- 중 kuài
- 일 カイ(かたまり)

愧

마음(忄)으로 귀신(鬼)에게 벌받을 것을 걱정할
정도로 부끄러워하니 **부끄러워할 괴**

※ 잘못하면 비록 남이 모른다 해도 하늘이나 신에게 벌을 받을까 두렵고 부끄럽지요.

愧心(괴심), **自愧之心**(자괴지심), **慙愧**(참괴)

총 13획 3급 부수 心
- 영 bashful
- 중 kuì
- 일 キ

괴

槐
총 14획 2급 부수 木
- 英 a kind of locust tree
- 中 huái
- 日 カイ(えんじゅ)

나무(木) 중 귀신(鬼) 같은 영험이 있다는 회화나무니
회화나무 괴

※ 木(나무 목), 회화나무에 지성으로 빌면 병이 낫거나 집안이 화평해지거나 전염병이 피해 간다는 등의 전설이 있어 많이 심었지요. 중국의 수도 북경은 시를 상징하는 나무로 지정하여 가로수가 모두 회화나무랍니다.

槐木 (괴목), **槐夢** (괴몽), **槐山** (괴산)

魁
총 14획 1급 부수 鬼
- 英 chief
- 中 kuí
- 日 カイ(さきがけ)

재주가 귀신(鬼)처럼 뛰어나고 말(斗)처럼 솟은
우두머리니 **우두머리 괴**

※ 斗(국자 두, 말 두)

魁傑 (괴걸), **魁首** (괴수), **首魁** (수괴),
功首罪魁 (공수죄괴) - 공도 최고 죄도 최고임.

壞 坏
총 19획 3ǁ급 부수 土
- 英 collapse
- 中 huài
- 日 カイ(こわす)

흙(土)으로만 품으면(褱) 단단하지 못하여 무너지니
무너질 괴 약 坏 유 壤(고운 흙 양, 땅 양)

※ 壤 : 흙(土)이 많이(十) 그물(罒)이나 옷(衣)자락처럼 넓게 무너지니 '무너질 괴'
※ 土(흙 토), 褱(품을 회), 十(열 십, 많을 십), 罒(그물 망), 衣(옷 의)

壞滅 (괴멸), **壞變** (괴변), **崩壞** (붕괴), **破壞** (파괴)

乖
총 8획 1급 부수 丿
- 英 go wrong with, deviate
- 中 guāi
- 日 カイ

많이(千) 등져(北) 어긋나니
어긋날 괴

※ 千(일천 천, 많을 천), 北(등질 배, 달아날 배, 북쪽 북)

乖離 (괴리), **乖反** (괴반), **乖僻** (괴벽),
乖愎 (괴팍 →괴팍)

拐
총 8획 1급 부수 手
- 英 deceive, kidnap
- 中 guǎi
- 日 カイ

손(扌)으로 입(口)을 틀어막고 힘(力)으로 후리거나
유괴하니 **후릴 괴, 유괴할 괴**

※ 후리다 - 휘둘러 때리거나 치다.
※ 扌(손 수 변), 力(힘 력)

拐引 (괴인), **誘拐** (유괴), **誘拐犯** (유괴범)

宏

총 7획 1급 부수 宀
- 英 large
- 中 hóng
- 日 コウ(ひろい)

집(宀)에서는 많은(ナ) 사사로움(厶)도 크니
클 굉

※ 별것 아닌 일도 집에서는 크게 느껴지지요.
※ 宀(집 면), ナ[열 십, 많을 십(十)의 변형], 厶(사사로울 사, 나 사)

宏達(굉달), **宏圖**(굉도), **宏謀**(굉모), **宏壯**(굉장)

ㄱ
굉

肱

총 8획 1급 부수 肉
- 英 forearm
- 中 gōng
- 日 コウ(ひじ)

몸(月)에서 많이(ナ) 구부리는(厶) 팔뚝이니
팔뚝 굉 (참) 腕(팔 완)

※ 月(달 월, 육 달 월), 厶('사사로울 사, 나 사'나 여기서는 구부리는 모습으로 봄)

股肱之臣(고굉지신), **曲肱而枕之**(곡굉이침지)

轟

총 21획 1급 부수 車
- 英 rumble
- 中 hōng
- 日 ゴウ(とどろく)

수레 세 대(車車車)가 지나가는 것처럼 소리가 우렁우렁하니 **우렁우렁할 굉**

※ 車(수레 거, 차 차), 옛날에는 차가 없었으니 수레로 보았어요. 요즘 수레는 기술이 좋아 소음도 별로 없지만 옛날에는 소음이 아주 컸겠지요.

轟轟(굉굉), **轟笑**(굉소), **轟音**(굉음), **轟醉**(굉취)

串

꿸 관, 꿰미 천, 땅 이름 곶 - 꿸 관(76쪽) 참고

巧

총 5획 3Ⅱ급 부수 工
- 英 skilful
- 中 qiǎo
- 日 コウ(たくみ)

(예술을 하는) 장인(工)은 크게(丂) 교묘하니
교묘할 교

※ 예술작품을 보면 어떻게 이렇게 만들어 놓았을까 할 정도로 교묘하지요.
※ 교묘(巧妙) - 재치 있고 묘함.
※ 丂 : 큰 대(大)의 변형, 工(장인 공, 만들 공, 연장 공), 妙(묘할 묘, 예쁠 묘)

奸巧(간교), **計巧**(계교), **技巧**(기교), **精巧**(정교)

ㄱ
교

交
총 6획 6급 부수 亠
- 영 associate, come and go
- 중 jiāo
- 일 コウ(まじわる)

(옛날에는) 머리(亠)에 갓을 쓰고 아버지(父)는 사람을 사귀거나 오고갔으니 **사귈 교, 오고갈 교**

* 亠(머리 부분 두), 父(아비 부)
* 요즘도 어려운 사람을 맞을 때는 옷을 단정하게 입지요.

交際(교제), 交代(교대), 交易(교역), 交換(교환)

絞 绞
총 12획 2급 부수 糸
- 영 strangle
- 중 jiǎo
- 일 コウ(しぼる)

실(糸)로 교차하여(交) 목을 매니
목맬 교

* 糸(실 사, 실 사 변)

絞戮(교륙), 絞殺(교살), 絞首刑(교수형)

較 较
총 13획 3Ⅱ급 부수 車
- 영 compare
- 중 jiào
- 일 カク, コウ(くらべる)

차(車)를 오고가며(交) 타보고 다른 차와 비교하니
비교할 교

* 車(수레 거, 차 차)

較準(교준), 較差(교차), 比較(비교), 日較差(일교차)

咬
총 9획 1급 부수 口
- 영 bite, chirp
- 중 yǎo
- 일 コウ(かむ)

입(口)을 교차하여(交) 물거나 새가 지저귀니
물 교, 새 지저귈 교

* 口(입 구, 말할 구, 구멍 구)

咬傷(교상), 咬裂(교열), 咬咬(교교)

狡

총 9획 1급 부수 犬
- 영 sly
- 중 jiǎo
- 일 コウ(ずるい)

개(犭)를 사귄(交) 듯 교활하니
교활할 교

* 교활(狡猾) - (어떤 사람이) 악한 꾀를 쓰는 것에 능함.
* 犭(큰개 견, 개 사슴 록 변), 猾(교활할 활)

狡吏(교리), 狡詐(교사), 狡惡(교악), 狡智(교지)

皎

총 11획 1급 부수 白
- 英 white, moonshine, moonlight
- 中 jiǎo
- 日 コウ, キョウ

하얗게(白) 사귄(交) 듯이 빛나는 흰 달빛이니
흴 교, 달빛 교

※ 달빛은 하얗지요. 달빛이 비친 운동장을 보면 마치 흰눈이 가득 쌓인 것 같아요.
※ 白(흰 백, 밝을 백, 깨끗할 백, 아뢸 백)

皎皎(교교), 皎潔(교결), 皎朗(교랑), 皎月(교월)

蛟

총 12획 1급 부수 虫
- 中 jiāo
- 日 コウ

일반 벌레(虫)와 섞여(交) 사는 교룡이니 **교룡 교**

※ 교룡(蛟龍) – ㉠모양이 뱀과 같고 넓적한 네 발이 있다고 믿었던 상상의 동물. 물속에 살며 큰비를 만나면 하늘에 올라 용이 된다 함. ㉡'때를 못 만나 뜻을 이루지 못하는 영웅호걸'을 비유하여 이르는 말.
※ 虫(벌레 충), 龍(용 룡)

蛟龍得雲雨(교룡득운우)

校

총 10획 8급 부수 木
- 英 school, correct, officer
- 中 xiào, jiào
- 日 コウ, キョウ

나무(木)에 지주를 교차시켜(交) 바로잡듯이
사람을 바로잡는 학교니 **학교 교**
또 글을 바로잡아 교정보니 **교정볼 교**
또 사병을 바로잡는 장교니 **장교 교**

※ 교정(校正) – 교정쇄와 원고를 대조하여 바르게 고침.
※ 木(나무 목), 正(바를 정)

學校(학교), 校閱(교열), 將校(장교)

郊

총 9획 3급 부수 邑
- 英 field, suburb
- 中 jiāo
- 日 コウ

사귀듯(交) 자주 나가는 고을(阝)의 들이나 교외니
들 교, 교외 교

※ 교외(郊外) – 도시의 주변 지역.
※ 교외(校外) – 학교의 밖.
※ 阝(고을 읍 방), 外(밖 외)
※ 阜阝邑阝 – 阝는 글자의 어느 쪽에 쓰이느냐에 따라 그 뜻과 명칭이 달라져, 글자의 왼쪽에 쓰이면 언덕 부(阜)가 부수로 쓰인 경우로 '언덕 부 변', 오른쪽에 쓰이면 고을 읍(邑)이 부수로 쓰인 경우로 '고을 읍 방'이라 부르지요.

郊勞(교로), 郊迎(교영), 近郊(근교)

敎

총 11획 8급 부수 攵
- 英 teach
- 中 jiāo, jiào
- 日 キョウ(おしえる)

늙은이(耂)가 자식(子)을 치며(攵) 가르치니
가르칠 교

* 耂(늙을 로 엄), 子(아들 자, 첫째 지지 자, 자네 자, 접미사 자), 攵(칠 복, = 攴)

敎育(교육), **敎材**(교재), **說敎**(설교), **布敎**(포교)

喬 乔

총 12획 1급 부수 口
- 英 high, tall
- 中 qiáo
- 日 キョウ(たかい)

젊은(夭) 사람이 높이(髙) 올라가 높으니
높을 교

* 夭(젊을 요, 예쁠 요, 일찍 죽을 요), 髙 [높을 고(高)의 획 줄임]

喬幹(교간), **喬林**(교림), **喬木**(교목) ↔ **灌木**(관목)

僑 侨

총 14획 2급 부수 人
- 英 a temporary abode
- 中 qiáo
- 日 キョウ

(먹고 살기 위해) 사람(亻)이 높은(喬) 곳이라도
터 잡고 객지에 사니 **객지에 살 교**

* 亻(사람 인 변)

僑民(교민), **僑胞**(교포), **華僑**(화교),
僑軍(교군) - 다른 곳에서 온 병졸. 객병(客兵).

嬌 娇

총 15획 1급 부수 女
- 英 coquetry
- 中 jiāo
- 日 キョウ

여자(女)가 품위 높게(喬) 아리따우니
아리따울 교

* 女(여자 녀)
* 아리땁다 - (마음씨나 태도·몸가짐 따위가) 사랑스럽고 아름답다.

嬌面(교면), **嬌聲**(교성), **嬌態**(교태), **愛嬌**(애교)

橋 桥

총 16획 5급 부수 木
- 英 bridge
- 中 qiáo
- 日 キョウ(はし)

나무(木)로 높이(喬) 걸쳐 만든 다리니
다리 교

* 木(나무 목), 건축자재가 귀한 옛날에는 다리도 나무로 놓았지요.

橋脚(교각), **橋梁**(교량), **橋頭堡**(교두보), **架橋**(가교)

矯 矫

총 17획 3급 부수 矢
- 英 reform, correct
- 中 jiǎo, jiáo
- 日 キョウ(ためる)

화살(矢)을 높이(喬) 쏘려고 곧게 바로잡으니
바로잡을 교

* 교정(矯正) - (틀어지거나 굽은 것을) 곧게 바로잡음.
* 矢(화살 시), 正(바를 정), 화살은 곧아야 높고 멀리 나가지요.

矯導(교도), **矯角殺牛**(교각살우)

轎 轿

총 19획 1급 부수 車
- 英 sedan chair, palanquin
- 中 jiào

수레(車) 중 높이(喬) 들게 만든 가마니
가마 교

* 車(수레 거, 차 차)

轎軍(교군), **轎輿**(교여), **轎子**(교자)

驕 骄

총 22획 1급 부수 馬
- 英 proud
- 中 jiāo
- 日 キョウ(おごる)

말(馬)에 높이(喬) 올라앉은 것처럼 교만하니
교만할 교

* 교만(驕慢) - 자기의 부족한 점을 알지 못하고 자기 자신을 대단하고 훌륭한 존재라고 여기는 마음의 상태.
* 馬(말 마), 慢(게으를 만)

驕奢(교사), **驕色**(교색), **驕傲**(교오), **驕態**(교태)

攪 搅

총 23획 1급 부수 手
- 英 disturb, stir up
- 中 jiǎo
- 日 カク·コウ

손(扌)으로 깨닫도록(覺) 어지럽게 흔드니
어지러울 교, 흔들 교

* 扌(손 수 변), 覺(깨달을 각)

攪亂(교란), **攪拌**(교반), **攪土**(교토)

膠 胶

총 15획 2급 부수 肉
- 英 glue
- 中 jiāo
- 日 コウ(にかわ)

죽은 동물의 몸(月)을 높은(翏) 온도로 고아 만든 아교니 **아교 교**

* 아교(阿膠) - 가죽이나 나무를 붙이는 풀.
* 翏 : 새 깃(羽)처럼 사람(人)의 머리 털(彡)이 높이 나니 '높이 날 료'

膠着(교착), **膠着語**(교착어), **膠柱鼓瑟**(교주고슬)

ㄱ
구

口

총 3획 7급 제부수
- 영 mouth, say, hole
- 중 kǒu
- 일 コウ·ク(くち)

말하는 입이나 구멍을 본떠서
입 구, 말할 구, 구멍 구

口味(구미), 一口二言(일구이언), 出入口(출입구)

丘

총 5획 3II급 부수 一
- 영 hill
- 중 qiū
- 일 キュウ(おか)

도끼(斤)를 하나(一)씩 들고 적을 지키는 언덕이니
언덕 구, 성씨 구

※ 斤(도끼 근), 언덕은 숨어서 적을 지키기 좋은 곳이지요. 무기가 별로 없었던 옛날에는 도끼로도 싸웠던가 봐요.

丘陵(구릉), 靑丘永言(청구영언), 波丘(파구)

邱

총 8획 2급 부수 邑
- 영 hill
- 중 qiū
- 일 キュウ(おか)

언덕(丘) 중 고을(阝)처럼 큰 언덕이니
언덕 구 (= 丘)

※ 보통의 언덕보다 큰 언덕에 쓰이는 글자.
※ 阝(고을 읍 방), 고을 – 옛날에 관청이 있던 곳.

大邱(대구), 首邱初心(수구초심)

求

총 7획 4II급 부수 水
- 영 seek, purchase
- 중 qiú
- 일 キュウ(もとめる)

한(一) 방울(ヽ)의 물(氺)이라도 아쉬워 구하니
구할 구

※ ヽ('점 주, 불똥 주'나 여기서는 물방울로 봄), 氺(물 수 발)

求乞(구걸), 求道(구도), 求愛(구애), 求職(구직)

球

총 11획 6급 부수 王(玉)
- 영 round, ball
- 중 qiú
- 일 キュウ(たま)

구슬(王)을 구해(求) 본떠 만든 것처럼 둥근 공이니
둥글 구, 공 구

※ 王(임금 왕, 으뜸 왕, 구슬 옥 변), 대부분의 구슬은 둥글지요.

球根(구근), 地球(지구), 球技(구기), 排球(배구)

救

총 11획 5급 부수 攵
- 英 rescue, help
- 中 jiù
- 日 キュウ(すくう)

구하여(求) 쳐서라도(攵) 구원하고 도우니
구원할 구, 도울 구

* 구원(救援) - 위험이나 곤란에 빠져 있는 사람을 구하여 줌.
* 攵(칠 복), 援(도울 원, 당길 원), 내가 필요해서 구하면 구할 구(求), 남을 도와주면 구원할 구, 도울 구(救)로 구분하세요.

救命(구명), **救助**(구조), **救急**(구급)

九

총 2획 8급 부수 乙
- 英 nine, large, many
- 中 jiǔ
- 日 キュウ(ここのつ)

열 십(十)의 가로줄을 구부려 하나가 모자란 아홉이라는 데서 **아홉 구**
또 아홉은 단일 숫자 중에서 제일 크고 많으니
클 구, 많을 구

十九孔炭(십구공탄), **九牛一毛**(구우일모)

仇

총 4획 1급 부수 人
- 英 enemy, hate
- 中 chóu
- 日 キュウ(あだ)

사람(亻)이 크게(九) 죄 지으면 원수처럼 미워하니
원수 구, 미워할 구

仇隙(구극), **仇怨**(구원), **仇敵**(구적), **仇恨**(구한)

究

총 7획 4II급 부수 穴
- 英 study
- 中 jiū
- 日 キュウ(きわめる)

(보이지 않은) 굴(穴)의 많은(九) 부분까지 들어가 찾고 연구하니 **연구할 구**

* 연구(研究) - 어떤 일이나 사물에 대하여서 깊이 있게 조사하고 생각하여 진리를 따져 보는 일.
* 穴(구멍 혈, 굴 혈), 研(갈 연, 연구할 연)

究明(구명), **探究**(탐구), **學究**(학구)

鳩

총 13획 1급 부수 鳥
- 英 pigeon, gather
- 中 jiū
- 日 キュウ(はと)

구(九)구구하며 우는 새(鳥)는 비둘기니 **비둘기 구**
또 비둘기떼처럼 모이니 **모일 구**

* 鳥(새 조), 비둘기는 구구하며 울고, 여러 마리가 모여 살지요.

鳩舍(구사), **鳩巢**(구소), **鳩胸**(구흉),
鳩首會議(구수회의)

ㄱ

구

句
총 5획 4II급 부수 口
- 英 phrase, bent
- 中 jù
- 日 ク

몇 단어씩 싸서(勹) 입(口)으로 읽기 좋게 나눠 놓은 글귀니 **글귀 구**
또 구부리고(勹) 구멍(口)으로 들어가는 모습처럼 굽으니 **굽을 구** ㉭ 包(쌀 포), 旬(열흘 순)

※ 勹 (쌀 포), 口(입 구, 말할 구, 구멍 구)

句節(구절), **句讀點**(구두점), **句句節節**(구구절절)

枸
총 9획 1급 부수 木
- 英 the fruit of a boxthorn
- 中 gōu, gǒu
- 日 ク·コウ

나무(木) 중 구부러지며(句) 자라는 구기자니 **구기자 구**

※ 구기자(枸杞子) - 열매가 한약재로 쓰이는 나무. 구기자나무는 넝쿨처럼 구부러지며 자라지요.
※ 木(나무 목), 杞(구기자 기, 나라 이름 기), 子(아들 자, 첫째지지 자, 자네 자, 접미사 자)

枸杞茶(구기다), **枸櫞酸**(구연산)

拘
총 8획 3II급 부수 手
- 英 restrain
- 中 jū
- 日 コウ

손(扌)을 구부려(句) 잡으니 **잡을 구**

※ 扌(손 수 변)

拘禁(구금), **拘束**(구속), **拘礙**(구애), **拘引**(구인)

狗
총 8획 3급 부수 犬
- 英 puppy, dog
- 中 gǒu
- 日 ク·コウ(いぬ)

개(犭) 중 몸이 잘 구부려지는(句) 강아지니 **강아지 구**, **개 구**

※ 犭(큰개 견, 개 사슴 록 변), 강아지는 어려서 몸이 잘 구부러지지요.

狗盜(구도), **泥田鬪狗**(이전투구), **走狗**(주구)

駒
총 15획 1급 부수 馬
- 英 foal
- 中 jū
- 日 ク(こま)

말(馬) 중 몸이 잘 구부러지는(句) 망아지니 **망아지 구**

※ '아지(兒枝)'는 '아이 가지'라는 뜻으로, 소의 새끼는 송아지, 말의 새끼는 망아지처럼 '아지'가 들어가면 어린 새끼를 이르는 말입니다. '싹가지'라는 말도 풀잎의 어린 싹 '싹아지'에서 온 말이지요.
※ 馬(말 마), 兒(아이 아), 枝(가지 지)

駒馬(구마), **白駒過隙**(백구과극)

鉤 钩

총 13획 1급 부수 金
- 英 hook
- 中 gōu
- 日 コウ·ク(かぎ)

쇠(金)를 구부려(句) 만든 갈고리니
갈고리 구

※ 金(쇠 금, 금 금, 돈 금, 성씨 김)

鉤曲(구곡), **鉤餌**(구이), **單鉤**(단구), **雙鉤**(쌍구)

苟

총 9획 3급 부수 ++
- 英 poor, verity
- 中 gǒu

풀(++)처럼 굽어(句) 사는 모습이 구차하니 **구차할 구**
또 구차하지만 진실로 구하니 **진실로 구**

※ 구차(苟且) - 군색스럽고 구구함. 가난함.
※ ++(초 두), 且(또 차)

苟艱(구간), **苟免**(구면), **苟命徒生**(구명도생), **苟安**(구안)

具

총 8획 5급 부수 八
- 英 get ready, tool
- 中 jù
- 日 グ

재물(貝)을 하나(一)씩 갖추니
갖출 구
또 갖추어 놓고 쓰는 기구니 **기구 구, 성씨 구**

※ 貝(조개 패, 재물 패)

具備(구비), **家具**(가구), **工具**(공구), **玩具**(완구)

俱

총 10획 3급 부수 人
- 英 together, accompany
- 中 jù, jū
- 日 ク·グ

(필요한) 사람(亻)들을 갖추어(具) 함께 하니
함께 구

父母俱存(부모구존), **玉石俱焚**(옥석구분),
俱樂部(구락부) - 클럽의 음역어. '단체, 동아리'로 순화.

區 区

총 11획 6급 부수 匚
- 英 district, section
- 中 qū
- 日 ク

감추려고(匚) 물건(品)을 나누니 **나눌 구**
또 나눠 놓은 구역이니 **구역 구** 약 区 : 감추려고(匚) 베어(乂) 나누니 '나눌 구', 또 나눠 놓은 구역이니 '구역 구'

※ 匚(감출 혜, 덮을 혜, = 匸), 品(물건 품, 등급 품, 품위 품), 乂(벨 예, 다스릴 예, 어질 예)

區分(구분), **區劃**(구획), **區域**(구역), **區間**(구간)

ㄱ
구

嘔 呕

총 14획 1급 부수 口
- 英 vomit, sing
- 中 ōu
- 日 オウ

입(口)을 어떤 구역(區)으로 대고 토하거나 노래하니
토할 구, 노래할 구 약 呕

* 함부로 토하거나 노래하면 안 됨을 생각하고 만든 글자.

嘔逆(구역), **乾嘔逆**(건구역), **嘔吐**(구토)

驅 驱

총 21획 3급 부수 馬
- 英 drive away, run
- 中 qū
- 日 ク(かける, かる)

말(馬)을 어느 구역(區)으로 몰아 달리니
몰 구, 달릴 구 약 駆

* 馬(말 마)

驅軍(구군), **驅迫**(구박), **驅蟲**(구충), **驅步**(구보)

嶇 岖

총 14획 1급 부수 山
- 英 steep
- 中 qū

산(山)으로 된 구역(區)은 험하니
험할 구 약 岖

崎嶇(기구) - ㉠산길이 험함. ㉡(사람의) 세상살이가 순탄하지 못하고 험함. 山(산 산), 崎(험할 기)

謳 讴

총 18획 1급 부수 言
- 英 sing
- 中 ōu
- 日 オウ(うたう)

말(言)하듯 어떤 구역(區)에서 노래하니
노래할 구 약 讴

* 言(말씀 언)

謳歌(구가), **謳吟**(구음)

軀 躯

총 18획 1급 부수 身
- 英 body
- 中 qū
- 日 ク(からだ)

몸(身)의 나눠진 여러 구역(區)을 합쳐서
몸 구 약 躯

* 身(몸 신)

軀命(구명), **巨軀**(거구), **體軀**(체구)

鷗 鸥

총 22획 2급 부수 鳥
- 英 sea gull
- 中 ōu

일정한 구역(區)의 바다에만 사는 새(鳥)는 갈매기니 **갈매기 구** 약 鴎

※ 鳥(새 조)

鷗鷺(구로), **鷗盟**(구맹), **白鷗**(백구), **海鷗**(해구)

歐 欧

총 15획 2급 부수 欠
- 英 Europe
- 中 ōu
- 日 オウ

(옛날 중국에서 세상의) 구역(區) 중 모자라게(欠) 여겼던 구주니 **구주 구** 약 欧

※ 구주(歐洲) - 유럽.
※ 欠(하품 흠, 모자랄 흠), 洲(물가 주, 섬 주), 산업혁명이 일어나기 전까지 자원이 빈약한 서구 유럽은 아주 못 살았대요. 그래서 자원이 풍부하고 문화가 발달했던 중국에서 무시했다는 데서 만든 글자지요.

歐文(구문), **歐美**(구미), **西歐**(서구)

殿 殴

총 15획 1급 부수 殳
- 英 beat
- 中 ōu
- 日 オウ(なぐる)

몸의 어떤 부분(區)을 때리니(殳) **때릴 구** 약 殴

※ 殳(칠 수, 창 수, 몽둥이 수)

殿擊(구격), **殿縛**(구박), **殿打**(구타), **鬪殿**(투구)

龜 龟

총 16획 3급 제부수
- 英 turtle
- 中 qiū, jūn

거북의 머리(⺊)와 등판(⼞) 등뼈(丨)와 꼬리(乚) 양쪽 다리(⺕)를 본떠서 **거북 구, 거북 귀**
또 갈라진 거북 등처럼 터지니 **터질 균** 약 亀 : 머리(⺊)와 몸(日)과 등판(日) 아래 꼬리(乚) 있는 거북을 본떠서 '거북 구, 거북 귀'

龜尾(구미), **龜鑑**(귀감), **龜裂**(균열)

垢

총 9획 1급 부수 土
- 英 dirt, stain
- 中 gòu
- 日 コウ(あか)

흙(土) 같은 때가 임금(后)처럼 좋은 것에 끼어 더럽히니 **때 구, 더럽힐 구**

※ 土(흙 토), 后(임금 후, 왕후 후)

垢面(구면), **垢衣**(구의), **純眞無垢**(순진무구)

寇

총 11획 1급 부수 宀
- 영 thief, invader
- 중 kòu
- 일 コウ(あだ)

집(宀)에서 으뜸(元)가는 물건을 치고(攴) 빼앗는 도둑이니 **도둑 구** ㉮ 冠(갓 관)

* 宀(집 면), 元(원래 원, 으뜸 원), 攴(칠 복, = 攵)

倭寇(왜구), 海寇(해구),
窮寇勿追(궁구물추) – 궁지에 몰린 도둑은 쫓지 마라.

構 构

총 14획 4급 부수 木
- 영 implicate
- 중 gòu
- 일 コウ(かまえる)

나무(木)를 쌓아(冓) 얽으니
얽을 구

* 冓 : 우물 틀(井)처럼 거듭(再) 쌓으며 짜니 '쌓을 구, 짤 구'
* 井(우물 정, 우물 틀 정), 再(다시 재, 두 번 재)

構圖(구도), 構想(구상), 構成(구성), 虛構性(허구성)

購 购

총 17획 2급 부수 貝
- 영 buy
- 중 gòu
- 일 コウ(あがなう)

돈(貝)을 쌓듯(冓) 모아 물건을 사니
살 구

* 貝(조개 패, 재물 패)

購讀(구독), 購買(구매), 購入(구입), 購販場(구판장)

溝 沟

총 13획 1급 부수 水
- 영 ditch
- 중 gōu
- 일 コウ(みぞ)

물(氵)이 쌓여(冓) 흐르는 개울이니
개울 구

* 개울 – 골짜기나 들에 흐르는 작은 물줄기.

溝瀆(구독), 溝池(구지), 溝壑(구학), 怨溝(원구)

久

총 3획 3Ⅱ급 부수 丿
- 영 long time
- 중 jiǔ
- 일 キュウ, ク(ひさしい)

(뒤에서 잡아당기면 빨리 갈 수 없어서 시간이 오래 걸리니) 사람(人)을 뒤에서 잡아당기는 모습을 본떠서
오랠 구 ㉮ 夕(저녁 석), 夂(천천히 걸을 쇠, 뒤져 올 치)

* '늙어서 허리가 굽고 지팡이 짚은 노인의 모습으로 오래 살아 왔음을 나타내어 오랠 구(久)'라고도 해요.

耐久(내구), 永久(영구), 長久(장구), 恒久(항구)

玖

총 7획 2급 부수 王(玉)
- 영 a precious stone
- 중 jiŭ
- 일 キュウ, ク

옥(王) 성분이 오랫(久)동안 굳어서 된 옥돌이니
옥돌 구

※ 王(임금 왕, 으뜸 왕, 구슬 옥 변)
※ 인·지명용 한자

灸

총 7획 1급 부수 火
- 영 roast, cauterize
- 중 jiŭ
- 일 キュウ(やいと)

오랫(久)동안 불(火)로 굽거나 뜸뜨니
구울 구, 뜸뜰 구 ㈜ 炙(고기 구울 자)

※ 火(불 화)

蝦灸(하구), 灸師(구사), 灸治(구치), 鍼灸(침구)

柩

총 9획 1급 부수 木
- 영 coffin
- 중 jiù
- 일 キュウ(ひつぎ)

나무(木)로 덮어(匚) 오래(久) 가도록 만든 널이니
널 구

※ 木(나무 목), 匚(감출 혜, 덮을 혜, = 匸), 널-㉠널빤지, ㉡널뛰기할 때에 쓰는 널빤지, ㉢시체를 넣는 관이나 곽 따위를 통틀어 이르는 말. 여기서는 ㉢의 뜻.

柩車(구거), 運柩(운구), 靈柩(영구), 靈柩車(영구차)

矩

총 10획 1급 부수 矢
- 영 law, carpenters square
- 중 jŭ
- 일 ク(さしがね, のり)

화살(矢)로 맞추듯 크게(巨) 맞추어 재는
법이나 곱자니 **법 구, 곱자 구**

※ 곱자-방형(方形: 네모반듯한 모양)을 그리는 데 쓰는 자.
※ 矢(화살 시), 巨(클 거), 方(모날 방, 방위 방, 방법 방), 形(모양 형)

矩度(구도), 規矩(규구), 矩尺(구척), 矩形(구형)

臼

총 6획 1급 제부수
- 영 mortar
- 중 jiù
- 일 キュウ(うす)

절구를 본떠서 **절구 구** ㈜ 自(자기 자, 스스로 자, 부터 자), 白(흰 백, 밝을 백, 깨끗할 백, 아뢸 백)

※ 절구-곡식을 빻거나 찧거나 떡을 치기도 하는 기구. 통나무나 돌, 쇠 따위를 속이 우묵하게 만들어 곡식 따위를 넣고 절굿공이로 빻거나 찧음.

臼磨(구마), 臼狀(구상), 臼杵(구저), 臼齒(구치)

舊 旧

총 18획 5급 부수 臼
- 영 old
- 중 jiù
- 일 キュウ(ふるい)

풀(艹)로 새(隹)들이 절구(臼) 같은 둥지를 만듦은 오래된 옛날부터니 **오랠 구, 옛 구** 약 旧 : 일(丨) 일(日)만 지났어도 오래된 옛날이니 '오랠 구, 옛 구'

※ 艹(초 두), 隹(새 추)

舊殼(구각), **舊式**(구식), **舊態依然**(구태의연),
親舊(친구) - 친하게 오랫동안 사귄 벗.

舅

총 13획 1급 부수 臼
- 영 the husband's father, the wife's father
- 중 jiù
- 일 キュウ(しゅうと)

절구(臼)에 곡식을 조심해 찧듯 조심히 대해야 할 남자(男)는 시아비나 장인이니 **시아비 구, 장인 구**

※ 男(사내 남)

舅家(구가), **舅姑**(구고)

瞿

총 18획 특Ⅱ급 부수 目
- 영 see, stare
- 중 jù

두 눈(目目)을 새(隹)처럼 크게 뜨고 놀라서 보니 **볼 구, 놀라서 볼 구**

※ 目(눈 목, 볼 목, 항목 목), 隹(새 추)

懼 惧

총 21획 3급 부수 心
- 영 fear
- 중 jù
- 일 ク, グ(おそれる)

마음(忄)으로 놀라서 보며(瞿) 두려워하니 **두려워할 구**

※ 忄(마음 심 변)

疑懼(의구), **疑懼心**(의구심), **悚懼**(송구)

衢

총 24획 1급 부수 行
- 영 crossroads
- 중 qú

두 눈(目目)을 새(隹)처럼 크게 뜨고 조심히 가야(行) 할 사거리니 **사거리 구**

※ 行(다닐 행, 행할 행, 항렬 항)

衢街(구가), **衢路**(구로), **康衢煙月**(강구연월)

廄

총 14획 1급 부수 广
- stable
- jiù

집(广)에서 하얀(白) 비수(匕) 같은 몽둥이(殳)에 매놓고 말이나 소를 기르는 마구간이니 **마구간 구** (속) 厩

* 广(집 엄), 白(흰 백, 밝을 백, 깨끗할 백, 아뢸 백), 匕(비수 비, 숟가락 비), 殳(칠 수, 창 수, 몽둥이 수), 소나 말을 한두 마리씩 기르던 옛날에는 코를 뚫어 고삐를 달아 나무에 묶어 놓고 길렀지요.

廄舍(구사), **廄肥**(구비)

韭

총 9획 특급 제부수
- a Korean leek
- jiǔ

풀이 아닌(非) 듯 줄기만 땅(一) 위에 나 있는 부추니
부추 구 (= 韮)

* 非(어긋날 비, 아닐 비, 나무랄 비)
* 부추 - 백합과의 여러해살이풀로, 줄기와 가지와 잎이 있는 다른 풀과 달리 줄기만 있는데 이것을 베어서 나물로 이용하지요.
* 부추는 풀의 일종이니 위에 초 두(艹)를 붙여 韮로 쓰기도 해요.

局

총 7획 5급 부수 尸
- place, department
- jú
- キョク(つぼね)

자(⺆)로 재어 바둑판처럼 나눈 부분(口)이니
판 국, 부분 국

* ⺆ [자 척(尺)의 변형], 口('입 구, 말할 구, 구멍 구'지만 여기서는 나눈 부분으로 봄), 판 - 일이 벌어진 자리.

局面(국면), **局長**(국장), **局部**(국부), **局限**(국한)

國　国

총 11획 8급 부수 囗
- nation
- guó
- コク(くに)

사방을 에워싸고(囗) 혹시(或)라도 쳐들어올 것을 지키는 나라니 **나라 국**　(약) 国 : 에워싸고(囗) 백성을 구슬(玉)처럼 소중히 보살피는 나라니 '나라 국'

* 囗(에운 담), 或(혹시 혹), 玉(구슬 옥)

國歌(국가), **國境**(국경), **母國**(모국),
國利民福(국리민복)

菊

총 12획 3Ⅱ급 부수 艹
- chrysanthemum
- jú
- キク

풀(艹) 중 싸인(勹) 속에 쌀(米)알 모양의 꽃이 피는 국화니 **국화 국**

* 국화(菊花) - 국화과의 여러해살이풀로, 주로 가을에 꽃이 피어 관상용, 약용 등으로 쓰임.

山菊(산국), **水菊**(수국), **野菊**(야국), **黃菊**(황국)

鞠

총 17획 2급 부수 革
- 英 rear, ball, family name
- 中 jū
- 日 キク(まり)

가죽(革)처럼 튼튼히 싸서(勹) 쌀(米) 먹여 기르니
기를 국, 성씨 국
또 가죽(革)으로 싸(勹) 쌀(米) 자루처럼 만든 가죽 공이니 **가죽 공 국**
또 가죽 공처럼 차며 국문하니 **국문할 국** (= 鞫)

※ 鞫 - 가죽(革)처럼 둘러싸고(勹) 말하며(言) 기르니 '기를 국', 또 가죽(革)처럼 둘러싸고(勹) 말하도록(言) 국문하니 '국문할 국'
※ 革(가죽 혁, 고칠 혁), 勹(쌀 포), 米(쌀 미), 言(말씀 언)

鞠育(국육), **鞠問**(국문), **鞠正**(국정)

君

총 7획 4급 부수 口
- 英 king, husband, you
- 中 jūn
- 日 クン(きみ)

다스리며(尹) 입(口)으로 명령하는 임금이니
임금 군
또 임금처럼 섬기는 남편이나 그대니 **남편 군, 그대 군**

※ 尹(다스릴 윤, 벼슬 윤)

君臣(군신), **郎君**(낭군), **君不見**(군불견)

郡

총 10획 6급 부수 邑
- 英 district, county
- 中 jùn
- 日 グン(こおり)

임금(君)이 다스리는 고을(阝)이니
고을 군

※ 阝(고을 읍 방)

郡民(군민), **郡守**(군수), **州郡**(주군)

群

총 13획 4급 부수 羊
- 英 flock
- 中 qún
- 日 グン(むれる)

임금(君)을 따르는 양(羊) 떼처럼 많은 무리니
무리 군

※ 羊(양 양)

群島(군도), **群衆**(군중),
群鷄一鶴(군계일학) - '닭 무리 가운데 한 마리 학'으로, 여러 평범한 사람들 가운데 유독 뛰어난 사람을 이르는 말. 鷄(닭 계), 鶴(학 학)

窘

총 12획 1급 부수 穴
- 英 distressed
- 中 jiǒng

구멍(穴)에 숨은 임금(君)처럼 군색하고 어려우니
군색할 군, 어려울 군

* 군색(窘塞) – 살기가 구차함. 일이 뜻대로 되지 않아 곤란함.
* 穴(구멍 혈, 굴 혈), 塞(막을 색, 변방 새)

窘急(군급), **窘拙**(군졸), **窘乏**(군핍)

軍

총 9획 8급 부수 車
- 英 army
- 中 jūn
- 日 グン(いくさ)

덮어서(冖) 차(車)까지 위장한 군사니
군사 군

* 冖(덮을 멱), 車(수레 거, 차 차), 군사들은 적에게 들키지 않으려고 차까지도 주위 환경에 어울리게 덮어 위장하지요.

軍歌(군가), **軍紀**(군기), **孤軍奮鬪**(고군분투)

屈

총 8획 4급 부수 尸
- 英 bent, bend
- 中 qū
- 日 クツ(かがむ)

몸(尸)이 나가려고(出) 굽은 곳에서는 굽히니
굽을 굴, 굽힐 굴

* 尸(주검 시, 몸 시), 出(나올 출, 나갈 출)

屈曲(굴곡), **屈伏**(굴복), **百折不屈**(백절불굴)

掘

총 11획 2급 부수 手
- 英 dig
- 中 jué
- 日 クツ(ほる)

손(扌)을 굽혀(屈) 파니
팔 굴

* 扌(손 수 변)

掘鑿(굴착), **發掘**(발굴), **臨渴掘井**(임갈굴정)

窟

총 13획 2급 부수 穴
- 英 den
- 中 kū
- 日 クツ(いわや)

구멍(穴)이 굽어서(屈) 계속되는 굴이니
굴 굴

* 穴(구멍 혈, 굴 혈)

洞窟(동굴), **貧民窟**(빈민굴), **巢窟**(소굴)

弓

총 3획 3II급 제부수
- 영 bow
- 중 gōng
- 일 キュウ(ゆみ)

등이 굽은 활을 본떠서
활 궁

弓道(궁도), 洋弓(양궁), 傷弓之鳥(상궁지조)

躬

총 10획 1급 부수 身
- 영 personally
- 중 gōng
- 일 キュウ

몸(身)을 활(弓)처럼 구부리고 몸소 일하니
몸소 궁

* 身(몸 신)

躬耕(궁경), 躬犯(궁범), 躬進(궁진),
實踐躬行(실천궁행)

窮 穷

총 15획 4급 부수 穴
- 영 poor, exhaust
- 중 qióng
- 일 キュウ(きわめる)

굴(穴) 속에서 몸(身)을 활(弓)처럼 웅크리고 사는 모습이 곤궁하니 **곤궁할 궁**
또 무엇을 찾으려고 구멍(穴)까지 몸(身)을 활(弓)처럼 구부리고 최선을 다하니 **다할 궁**

* 穴(구멍 혈, 굴 혈)

窮乏(궁핍), 困窮(곤궁), 窮理(궁리), 無窮花(무궁화)

穹

총 8획 1급 부수 穴
- 영 sky, arch wise
- 중 qióng
- 일 キュウ

구멍(穴)이나 활(弓)처럼 굽은 하늘이니
하늘 궁, 활꼴 궁

* 지평선이나 수평선에서 하늘을 보면 활처럼 굽은 모습이지요.

穹蒼(궁창), 穹壤(궁양),
穹隆(궁륭) - 활이나 무지개같이 한가운데가 높고 길게 굽은 형상.

宮 宫

총 10획 4II급 부수 宀
- 영 palace
- 중 gōng
- 일 キュウ, グウ(みや)

집(宀) 여러 칸이 등뼈(呂)처럼 이어진 궁궐이니
궁궐 궁

* 宀(집 면), 呂(등뼈 려, 음률 려)
* 천자가 거처하는 황궁은 9999칸, 임금이 거처하는 궁궐은 999칸, 대부의 집은 99칸까지 지었다고 하지요.

宮闕(궁궐), 宮殿(궁전), 王宮(왕궁)

眷

총 11획 1급 부수 目
- care about, look back
- juàn
- ケン

팔(八)방을 사내(夫)가 두루 살피며(目) 돌보니
돌볼 권

※ 八(여덟 팔, 나눌 팔), 夫(사내 부, 남편 부), 目(눈 목, 볼 목, 항목 목)

眷顧(권고), **眷顧之恩**(권고지은), **眷屬**(권속)

ㄱ

권

拳

총 10획 3Ⅱ급 부수 手
- fist
- quán
- ケン, ゲン(こぶし)

구부려(丷) 손(手)을 말아 쥔 주먹이니
주먹 권 ㉳ 掌(손바닥 장, 맡을 장), 券(문서 권), 卷(책 권)

※ 手(손 수, 재주 수, 재주 있는 사람 수), 丷 : 팔(八)자 걸음으로 사내(夫)가 걸으며 구부정하게 구부리니 '구부릴 권' - 어원 풀이를 위해 추정해 본 글자로 실제 쓰이는 글자는 아님.

拳鬪(권투), **赤手空拳**(적수공권), **跆拳**(태권)

券

총 8획 4급 부수 刀
- bond
- quàn, xuàn
- ケン

구부리고(丷) 앉아 칼(刀)로 새겨 만든 문서니
문서 권

※ 刀(칼 도), 옛날에는 나무 조각에 칼로 글자를 새겨서 문서를 펴냈지요.

券書(권서), **福券**(복권), **食券**(식권), **旅券**(여권)

卷

총 8획 4급 부수 卩
- book
- juǎn, juàn
- カン(まき, まく)

허리 구부리고(丷) 무릎 꿇고(卩) 앉아 읽는 책이니
책 권

※ 卩(무릎 꿇을 절, 병부 절, = 㔾), 칼(刀)로 새겨 만든 문서면 문서 권(券), 무릎 꿇고 앉아 읽으면 책 권(卷)으로 구분하세요.

卷頭言(권두언), **壓卷**(압권), **手不釋卷**(수불석권)

倦

총 10획 1급 부수 人
- lazy
- juàn
- ケン(うむ)

사람(亻)이 책(卷) 읽는 데는 게으르니
게으를 권

倦憩(권게), **倦困**(권곤), **倦勤**(권근), **倦怠**(권태)

捲 卷

총 11획 1급 부수 手
- 英 roll, harvest
- 中 juǎn
- 日 ケン(まく)

손(扌)으로 책(卷)처럼 말아 거두니
말 권, 거둘 권

捲歸(권귀), **捲線**(권선),
捲土重來(권토중래) - '흙을 말며(흙 먼지를 일으키며) 다시 옴'으로, 실패한 사람이 힘을 가다듬어 다시 시작함.

圈

총 11획 2급 부수 囗
- 英 girth, cage
- 中 juān, juàn, quān
- 日 ケン

둘러싼(囗) 책(卷)의 둘레니 **둘레 권**
또 둘레를 막아 만든 우리니 **우리 권**

※ 囗(에운 담), 우리 - 짐승을 가두어 기르는 곳.

圈內(권내), **圈圜**(권환), **圈牢**(권뢰), **圈養**(권양)

權 权

총 22획 4Ⅱ급 부수 木
- 英 power
- 中 quán
- 日 ケン·ゴン

나무(木)에 앉은 황새(雚)처럼 의젓하여 권세나 권리가 있어 보이니 **권세 권, 권리 권, 성씨 권**
약 権, 权, 杈

※ 권세(權勢) - 권력과 세력을 아울러 이르는 말.
※ 木(나무 목), 雚(황새 관), 勢(기세 세)

權座(권좌), **權利**(권리), **棄權**(기권), **債權**(채권)

勸 劝

총 20획 4급 부수 力
- 英 advice
- 中 quàn
- 日 カン(すすめる)

황새(雚)처럼 의젓하도록 힘써(力) 권하니
권할 권 약 勧, 劝, 劝

※ 力(힘 력)

勸學(권학), **勸誘**(권유),
勸善懲惡(권선징악) - '선을 권하고 악을 징계함'으로, 착한 행실을 권장하고 악한 행실을 경계함.

顴

광대뼈 관, 광대뼈 권 - 광대뼈 관(74쪽) 참고

闕

총 18획 2급 부수 門
- 英 palace, absent
- 中 què, quē
- 日 ケツ(かける)

문(門)에서도 숨차게(欮) 많이 가야 하는 대궐이니
대궐 궐
또 문(門)에 숨차게(欮) 뛰어옴은 늦어서 빠지게 생겨서니 **빠질 궐**

※ 대궐은 크고 넓어서 문에서도 숨차게 가야 하지요.
※ 欮 : 거꾸로 서(屰) 있으면 산소가 모자라(欠 : 하품 흠, 모자랄 흠) 숨차니 '숨찰 궐'
※ 屰 : 사람이 거꾸로 선 모습에서 '거꾸로 설 역'

大闕(대궐), **補闕選擧**(보궐선거), **闕席裁判**(궐석재판)

厥

총 12획 3급 부수 厂
- 英 it, that
- 中 jué

굴 바위(厂) 아래는 숨차게(欮) 파 보아도
돌 그것뿐이니 **그 궐**

※ 厂(굴 바위 엄, 언덕 엄)

厥公(궐공), **厥物**(궐물), **厥初**(궐초)

蹶

총 19획 1급 부수 足
- 英 stand up, jump, fall
- 中 jué
- 日 ケツ

발(足)로 언덕(厂)에서 숨차도록(欮) 뛰며
일어나니 **일어날 궐, 일어날 궤**
또 발(足)로 언덕(厂)에서 숨차도록(欮) 뛰면
잘 넘어지니 **넘어질 궐**

※ 足(발 족, 넉넉할 족)

蹶起(궐기), **蹶然**(궐연), **蹶蹶**(궤궤), **蹶躓**(궐지)

##

총 1획 제부수
- 英 hook
- 中 jué

구부러진 갈고리 모양을 본떠서
갈고리 궐
㊌ ㅣ(뚫을 곤), ㄴ[새 을, 둘째 천간 을, 굽을 을(乙)이 부수로 쓰일 때의 모습]

궤

軌 (轨)
총 9획 3급 부수 車
- 英 track, rule
- 中 guī
- 日 キ

수레(車)도 다니도록 크게(九) 만든 길이니
길 궤
또 길처럼 따라가야 할 법이니 **법 궤**

※ 車(수레 거, 차 차), 九(아홉 구, 클 구, 많을 구)

軌道(궤도), **軌跡**(궤적), **挾軌**(협궤), **軌範**(궤범)

几
총 2획 1급 제부수
- 英 cushion, desk
- 中 jī
- 日 キ(つくえ)

안석이나 책상의 모습을 본떠서
안석 궤, 책상 궤

※ 안석(案席) - 앉을 때 몸을 기대는 방석.
※ 案(책상 안, 생각 안, 계획 안), 席(자리 석)

几席(궤석), **几案**(궤안), **几案眞樂**(궤안진락)

机
총 6획 1급 부수 木
- 英 desk
- 中 jī
- 日 キ(つくえ)

나무(木)로 안석(几)처럼 만든 책상이니 **책상 궤**
또 나무(木)를 패거나 자를 때 안석(几)처럼 받치는 모탕이니 **모탕 예**

※ 木(나무 목), 모탕-㉠나무를 패거나 자를 때에 받쳐 놓는 나무토막. ㉡곡식이나 물건을 땅바닥에 놓거나 쌓을 때 밑에 괴는 나무토막.

机案(궤안), **机上肉**(궤상육), **机下**(궤하)

詭 (诡)
총 13획 1급 부수 言
- 英 deceive
- 中 guǐ
- 日 キ(いつわる)

말(言)을 위험하게(危) 하며 속이니
속일 궤

※ 言(말씀 언), 危(위험할 위)

詭計(궤계), **詭道**(궤도), **詭謀**(궤모), **詭辯**(궤변)

潰 (溃)
총 15획 1급 부수 水
- 英 collapse, scatter
- 中 kuì, huì
- 日 カイ(ついえる)

물(氵)이 귀하게(貴) 되도록 제방이 무너져 흩어지니
무너질 궤, 흩어질 궤

※ 貴(귀할 귀)

潰滅(궤멸), **潰崩**(궤붕), **潰瘍**(궤양), **堤潰蟻穴**(제궤의혈)

匱 匮

총 14획 특급 부수 匚
- 英 chest
- 中 kuì
- 日 キ(ひつ)

귀한(貴) 것을 감추어(匚) 넣기 위해 만든 궤니
궤 궤 (= 櫃)

* 匚(감출 혜, 덮을 혜, = 匸)
* 궤(櫃) - 직육면체 꼴로 뚜껑이나 문짝이 있게 나무로 짠 그릇.

櫃 柜

총 18획 1급 부수 木
- 英 wooden box
- 中 guì
- 日 キ(ひつ)

나무(木)로 귀한(貴) 것을 감추어(匚) 넣기 위해
만든 궤니 **궤 궤** (= 匱)

* 궤는 대부분 나무로 만든다는 데서 匱에 나무 목(木)을 붙여 만든 글자.

櫃櫝(궤독), **櫃封**(궤봉)

貴 贵

총 12획 5급 부수 貝
- 英 noble
- 中 guì
- 日 キ(たっとい, とうとい)

가운데(中) 있는 하나(一)의 재물(貝)이 귀하니
귀할 귀

* 中(가운데 중, 맞힐 중), 貝(조개 패, 재물 패). 위험할 때는 물건들 사이에 귀한 것을 넣어 보관하지요.

貴重(귀중), **貴賤**(귀천), **高貴**(고귀),
富貴功名(부귀공명)

鬼

총 10획 3II급 제부수
- 英 ghost, demon
- 中 guǐ
- 日 キ(おに)

귀신 형상을 생각하고 만들어서
귀신 귀

鬼神(귀신), **鬼才**(귀재), **魔鬼**(마귀), **惡鬼**(악귀)

歸 归

총 18획 4급 부수 止
- 英 return
- 中 guī
- 日 キ(かえる)

쌓이고(𠂤) 그쳐(止) 있던 잡념을 비(帚)로
쓸어낸 듯 맑은 마음으로 돌아오니 **돌아올 귀** 약 归

* 止(그칠 지), 帚(비 추), 𠂤 : 흙이 비스듬히(丿) 쌓여 있는 모습에서
'쌓일 퇴, 언덕 퇴'로, '쌓일 퇴, 언덕 퇴(堆)'의 본자.

歸家(귀가), **歸結**(귀결), **歸路**(귀로), **歸鄕**(귀향)

龜

거북 구, 거북 귀, 터질 균 – 거북 구(91쪽) 참고

叫

총 5획 3급 부수 口
- 英 shout, cry
- 中 jiào
- 日 キョウ(さけぶ)

입(口)이 얽히도록(丩) 크게 부르짖으며 우니
부르짖을 규, 울 규

※ 丩 : 서로 얽힌 모습에서 '얽힐 규'

叫叫(규규), 叫聲(규성), 叫彈(규탄), 絶叫(절규)

糾

총 8획 3급 부수 糸
- 英 entangle, gather together, watch
- 中 jiū
- 日 キュウ

여러 갈래의 실(糸)이 서로 얽히듯(丩) 모이니
얽힐 규, 모일 규
또 얽힘을 풀려고 살피니 **살필 규**

※ 糸(실 사, 실 사 변)

紛糾(분규), 糾合(규합), 糾明(규명)

圭

총 6획 2급 부수 土
- 英 scepter, territory
- 中 guī
- 日 ケイ

(천자가 제후를 봉할 때 주는 신표로) 영토를 뜻하는
흙 토(土)를 두 번 반복하여 **홀 규, 영토 규**
또 홀을 만들던 상서로운 옥이니 **서옥 규**

※ 제후 – 천자의 영토 일부를 맡아 다스리는 일종의 지방 관리.
※ 상서롭다 – 복되고 길하다.
※ 규(圭) – 옥으로 만든 홀(笏). 위 끝은 뾰족하고 아래는 세모나 네모졌으며 예전에 중국에서 천자가 제후를 봉하거나 신을 모실 때 썼지요.

珪

총 10획 2급 부수 王(玉)
- 英 scepter
- 中 guī
- 日 ケイ

옥(王)으로 만든 홀(圭)이니
홀 규

※ 圭의 고자(古字).
※ 인·지명용 글자.

珪璋·圭璋(규장) – ㉠예식에서 장식으로 쓰는 옥. ㉡훌륭한 인품을 비유적으로 이르는 말. 璋(홀 장)

硅

총 11획 1급 부수 石
- 영 silicon
- 중 gui

돌(石)에서 서옥(圭)처럼 빛나는 규소니
규소 규

* 규소(硅素) - 비금속인 탄소족 원소의 하나.
* 石(돌 석), 素(흴 소, 바탕 소, 요소 소, 소박할 소)

硅砂(규사), **硅酸**(규산), **硅石**(규석)

ㄱ

규

奎

총 9획 2급 부수 大
- 영 sentence
- 중 kuí
- 일 ケイ

큰(大) 서옥(圭)처럼 빛나는 별이름이나 글이니
별이름 규, 글 규

* 규성(奎星) - 이십팔수(二十八宿)의 열다섯째 별자리에 있는 별들. 문운(文運)을 맡은 별.
* 星(별 성), 宿(잘 숙, 오랠 숙, 별 자리 수), 文(무늬 문, 글월 문), 運(옮길 운, 운수 운)

奎章(규장), **奎章閣**(규장각)

閨

총 14획 2급 부수 門
- 영 boudoir
- 중 guī
- 일 ケイ(ねや)

문(門)까지 서옥(圭)으로 꾸민 안방이니
안방 규

* 門(문 문)

閨房(규방), **閨範**(규범) • **規範**(규범), **閨秀**(규수)

逵

총 12획 1급 부수 辶
- 영 main street
- 중 kuí

흙(土)을 나누고(八) 또 흙(土)을 쌓아
다니도록(辶) 만든 큰길이니 **큰길 규**

* 土(흙 토), 八(여덟 팔, 나눌 팔), 辶(뛸 착, 갈 착, = 辵)

逵路(규로), **九逵**(구규)

規

총 11획 5급 부수 見
- 영 rule
- 중 guī
- 일 キ(のり)

사내(夫)가 눈여겨보아야(見) 할 법이니
법 규

* 夫(사내 부, 남편 부), 見(볼 견, 뵐 현), 혈기 왕성한 사내는 자칫 법을 어길 수 있으니 조심해야 하지요.

規格(규격), **規範**(규범), **規則**(규칙), **法規**(법규)

ㄱ
규

窺 窺

총 16획 1급 부수 穴
- 英 peep
- 中 kuī
- 日 キ(うかがう)

구멍(穴)으로 사내(夫)가 엿보니(見)
엿볼 규

* 穴(구멍 혈, 굴 혈)

窺間(규간), **窺觀**(규관), **窺視**(규시), **窺知**(규지)

揆

총 12획 2급 부수 手
- 英 consider, law
- 中 kuí
- 日 キ

손(扌)으로 헤아리는(癸) 법도니
헤아릴 규, 법도 규

* 扌(손 수 변), 癸(북방 계, 헤아릴 계, 열째 천간 계, 월경 계)

揆度(규탁), **一揆**(일규)

葵

총 13획 1급 부수 艹
- 英 sunflower, a curled mallow, hollyhock
- 中 kuí
- 日 キ(あおい)

풀(艹) 중 햇빛을 헤아려(癸) 꽃피는 것들이니
해바라기 규, 아욱 규, 접시꽃 규

* 艹(초 두)

葵藿(규곽), **葵花**(규화), **葵傾**(규경)

均

총 7획 4급 부수 土
- 英 equalize, uniform
- 中 jūn
- 日 キン(ならす)

흙(土)덩이를 없애고(勿) 평평하게 고르니
평평할 균, 고를 균

* 土(흙 토), 勿(없을 물, 말 물)

均等(균등), **均一**(균일), **均衡**(균형), **平均**(평균)

菌

총 12획 3ll급 부수 艹
- 英 mushroom, bacteria
- 中 jūn
- 日 キン(きのこ)

풀(艹)처럼 창고(囗)의 벼(禾)가 썩은 곳에 나는 버섯이나 세균이니 **버섯 균, 세균 균**

* 囗(에운 담), 禾(벼 화)

滅菌(멸균), **無菌**(무균), **殺菌**(살균), **細菌**(세균)

龜

거북 구, 거북 귀, 터질 균 – 거북 구(91쪽) 참고

橘

나무(木)에 창(矛) 찔린 모습으로 열려 성(冂) 같은 껍질을 벗겨(八) 입(口)으로 먹는 귤이니 **귤 귤**

총 16획 1급 부수 木

- 영 orange
- 중 jú
- 일 キツ(たちばな)

※ 木(나무 목), 矛(창 모), 冂(멀 경, 성 경), 八(여덟 팔, 나눌 팔), 귤은 꼭지가 마치 창에 찔린 모습이지요.

橘顆(귤과), **橘皮**(귤피), **柑橘**(감귤)

克

오래(古) 참은 사람(儿)이 능히 이기니
능할 극, 이길 극

총 7획 3II급 부수 儿

- 영 win, overcome
- 중 kè
- 일 コク(かつ)

※ 古(오랠 고, 옛 고), 儿(어진 사람 인, 사람 인 발), 능하다 – 서투르지 아니하고 익숙하다.
※ 한자의 어원을 생각하다 보면 이 글자처럼 교훈적이거나 삶의 진리를 담고 있는 경우가 아주 많답니다.

克明(극명), **克己**(극기), **克己復禮**(극기복례)

剋

능히(克) 칼(刂)까지 들고 이기니
이길 극

총 9획 1급 부수 刀

- 영 overcome
- 중 kèi

※ 刂 : 칼 도(刀)가 글자의 오른쪽에 붙는 방으로 쓰일 때의 모습으로 '칼 도 방'이라 부르지요.
※ 보통의 경우에 이기는 것은 克, 도리에 어긋나거나 사납게 이기는 것은 剋으로 구분하세요.

剋減(극감), **相剋**(상극), **下剋上**(하극상)

極 极

나무(木)에 새긴 하나(一)의 글귀(句)를 또(又) 한(一)번 끝까지 다하여 익히니 **끝 극, 다할 극**

총 13획 4II급 부수 木

- 영 utmost, extreme
- 중 jí
- 일 キョク·ゴク(きわめる)

※ 木(나무 목), 句(글귀 구, 굽을 구), 又(오른손 우, 또 우)

極端(극단), **南極**(남극), **至極**(지극), **極盡**(극진),
極惡無道(극악무도) – 지극히 악하고 도의심이 없음.
罔極之恩(망극지은) – '끝없이 베풀어 주는 은혜'로, 다함이 없는 임금이나 부모의 은혜.

劇 剧

- 총 15획 4급 부수 刀
- 英 violent, drama
- 中 jù
- 日 ゲキ(はげしい)

범(虍)과 돼지(豕)를 잡으려고 칼(刂)로 찌르는 것이 심하니 **심할 극**
또 실제와 똑같이 심하게 하는 연극이니 **연극 극**

※ 虍(범 호 엄), 豕(돼지 시), 刂(칼 도 방)

劇藥(극약), **劇場**(극장), **悲劇**(비극), **喜劇**(희극)

戟

- 총 12획 1급 부수 戈
- 英 spear
- 中 jǐ
- 日 ゲキ

해 돋는(倝) 것처럼 끝이 번쩍이는 창(戈)이니 **창 극**

※ 倝(해 돋을 간), 戈(창 과), 창 극(戟)은 끝이 두 가닥으로 갈라진 창, 창 과(戈)는 끝이 외가닥인 창.

戟盾(극순), **刺戟**(자극),
戟塵(극진) - 전진(戰塵). 싸움터에서 이는 먼지나 티끌.

棘

- 총 12획 1급 부수 木
- 英 thorn
- 中 jí
- 日 キョク(とげ)

가시(朿) 달린 가지가 옆으로 늘어지는 가시나무니
가시나무 극 (유) 棗(대추나무 조, 대추 조)

※ 朿(가시 자), 가시나무는 위로 반듯이 크지 못하고 옆으로 늘어지면서 크지요.

棘毛(극모), **棘針**(극침), **加棘**(가극), **荊棘**(형극)

隙

- 총 13획 1급 부수 阜
- 英 crack, gap
- 中 xì
- 日 ゲキ・ケキ(すき・ひま)

언덕(阝)처럼 조금(小) 해(日)가 비치다가 조금(小) 뒤에 없어지는 틈이니 **틈 극** (속) 隙

※ 阝(언덕 부 변), 小(작을 소), 少(적을 소, 젊을 소), 틈은 빛이 잠간 들었다가 없어지지요.

隙間(극간), **隙孔**(극공), **隙穴**(극혈), **間隙**(간극)

斤

- 총 4획 3급 제부수
- 英 ax, steelyard
- 中 jīn
- 日 キン

도끼나 저울을 본떠서 **도끼 근, 저울 근**

※ 옛날의 저울은 물건을 들어 올린 한쪽에 추를 달아 저울대를 평평하게 하여 무게를 달았지요.
※ 근(斤) - 재래식 척관법으로 나타내는 저울로 다는 무게 단위. 1근은 보통 약 600g이 원칙이나 약재 같은 것은 375g으로 재지요.

斤斧(근부), **斤量**(근량), **千斤萬斤**(천근만근)

近

총 8획 6급 부수 辶
- 英 near, resemble
- 中 jìn
- 日 キン(ちかい)

(저울에 물건을 달 때) 저울(斤)의 막대가 눈금에서 좌우로 옮겨 가는(辶) 거리처럼 가깝고 비슷하니
가까울 근, 비슷할 근

※ 辶(뛸 착, 갈 착), 저울에 물건을 달면 눈금을 가리키는 막대가 조금씩 좌우로 움직이지요.

附近(부근), 遠近(원근), 親近(친근), 近似(근사)

根

총 10획 6급 부수 木
- 英 root, origin
- 中 gēn
- 日 コン(ね)

나무(木)를 머물러(艮) 있게 하는 뿌리니
뿌리 근

※ 木(나무 목), 艮(멈출 간, 어긋날 간)

根幹(근간), 根據(근거), 根本(근본), 事實無根(사실무근)

筋

총 12획 4급 부수 竹
- 英 muscle
- 中 jīn
- 日 キン(すじ)

대(𥫗)쪽처럼 생겨 몸(月)에서 힘(力)쓰는 힘줄이니 **힘줄 근**

※ 𥫗(대 죽), 月(달 월, 육 달 월), 力(힘 력)

筋力(근력), 筋肉(근육), 心筋(심근), 鐵筋(철근)

菫

총 12획 특급 부수 艹
- 英 mud, violet
- 中 jǐn
- 日 キン

(너무 끈끈하여) 스물(廿) 한(一) 번이나 입(口)으로 하나(一)같이 숨 헐떡이며 걸어야 할 진흙(土)이니 **진흙 근**
또 진흙에서도 잘 자라는 제비꽃이니 **제비꽃 근**

※ 원래는 위가 4획의 초 두(艹)로 총획도 12획이나 약자 형태의 11획인 菫으로 많이 쓰이지요.
※ 진흙은 너무 끈끈하여 걷기가 힘들지요. 廿(스물 입)-아래를 막아서도 같으나 보다 분명하게 하려고 廿과 一로 나누어 풀었어요.

菫菜科(근채과)

僅 仅

총 13획 3급 부수 人
- 英 barely
- 中 jǐn
- 日 キン(わずか)

사람(亻)이 진흙(堇) 길을 겨우 가니
겨우 근

僅僅(근근), 僅僅圖生(근근도생), 僅少(근소)

근

謹 謹

총 18획 3급 부수 言
- 영 careful
- 중 jǐn
- 일 キン(つつしむ)

말(言)을 진흙(堇) 길 갈 때처럼 조심하고 삼가니
삼갈 근

※ 言(말씀 언)

謹愼(근신), **謹嚴**(근엄), **謹呈**(근정), **謹賀**(근하)

槿

총 15획 2급 부수 木
- 영 a rose of Sharon
- 중 jǐn
- 일 キン

나무(木) 중 진흙(堇)에서도 잘 자라는 무궁화니
무궁화 근

※ 木(나무 목)

槿域(근역), **槿花**(근화)

瑾

총 15획 2급 부수 王(玉)
- 중 jǐn

옥(王) 중에 진흙(堇)처럼 붉고 아름다운 옥이니
붉은 옥 근, 아름다운 옥 근

※ 王(임금 왕, 으뜸 왕, 구슬 옥 변)
※ 인·지명용 한자.

饉 饉

총 20획 1급 부수 食
- 영 have a bad harvest
- 중 jǐn
- 일 キン(うえる)

밥(食)으로 진흙(堇)이라도 먹어야 할 정도로
흉년 드니 **흉년 들 근**

※ 食(밥 식, 먹을 식 변)

饑饉(기근), **饑饉者**(기근자), **凶饉**(흉근)

覲 覲

총 18획 1급 부수 見
- 영 humbly see
- 중 jǐn

진흙(堇) 길처럼 가기 어려운 길을 가 뵈니(見)
뵐 근

※ 見(볼 견, 뵐 현), 시집간 딸은 친정을 잘 갈 수 없었던 옛날에 만든 글자.

覲親(근친) – 시집간 딸이 친정에 가서 부모를 뵘.
覲行(근행), **覲見**(근현)

勤

총 13획 4급 부수 力
- 英 diligent, work
- 中 qín
- 日 キン(つとめる)

진흙(堇) 같은 어려움 속에서도 힘(力)써 부지런히 하는 일이니 **부지런할 근, 일 근** ⑪ 勸(권할 권)

※ 力(힘 력)

勤儉(근검), **勤勉**(근면), **轉勤**(전근), **退勤**(퇴근)

契

맺을 계, 애쓸 결, 부족 이름 글, 사람 이름 설 – 맺을 계 (56쪽) 참고

今

총 4획 6급 부수 人
- 英 now, today
- 中 jīn
- 日 コン, キン(いま)

사람(人)이 하나(一) 같이 모여드는(㇇) 때가 바로 이제 오늘이니 **이제 금, 오늘 금**

※ ㇇[이를 급, 미칠 급(及)의 변형]

今時初聞(금시초문), **只今**(지금), **今日**(금일)

衾

총 10획 1급 부수 衣
- 英 bedclothes
- 中 qīn
- 日 キン

지금(今) 옷(衣)처럼 덮고 있는 이불이니 **이불 금**

※ 衣(옷 의)

衾具(금구), **衾枕**(금침), **鴛鴦衾**(원앙금)

琴

총 12획 3II급 부수 王(玉)
- 英 a Korean harp
- 中 qín
- 日 キン(こと)

구슬(王)과 구슬(王)이 지금(今) 바로 부딪친 듯 맑은 소리를 내는 거문고니 **거문고 금**

※ 王(임금 왕, 으뜸 왕, 구슬 옥 변)

琴瑟(금슬), **伽倻琴**(가야금), **心琴**(심금) – '마음의 거문고'로, 외부의 자극에 따라 미묘하게 움직이는 마음을 비유적으로 이르는 말.

禁

총 13획 4II급 부수 示
- 영 forbid
- 중 jìn, jīn
- 일 キン

수풀(林)은 보여도(示) 함부로 베지 못하도록 금하니 **금할 금, 성씨 금**

※ 林(수풀 림), 示(보일 시, 신 시)

禁忌(금기), **禁食**(금식), **禁止**(금지), **嚴禁**(엄금)

襟

총 18획 1급 부수 衣
- 영 lapel, collar, breast
- 중 jīn
- 일 キン(えり)

옷(衤)에서 다른 것을 금하도록(禁) 두껍고 깨끗이 한 옷깃이니 **옷깃 금**
또 옷깃이 여며지는 부분은 가슴이니 **가슴 금**

※ 衤(옷 의 변), 옷깃 - 저고리나 두루마기의 목에 둘러대어 몸의 가슴 부분에서 여며지는 부분.

襟帶(금대), **襟章**(금장), **胸襟**(흉금)

金

총 8획 8급 제부수
- 영 metal, gold, money, family name
- 중 jīn
- 일 キン(かね)

덮여 있는(人) 한(一) 곳의 흙(土) 속에 반짝반짝(丷) 빛나는 쇠는 금이니 **쇠 금, 금 금**
또 금처럼 귀한 돈이나 성씨로도 쓰여 **돈 금, 성씨 김**

※ 人('사람 인'이나 여기서는 덮여 있는 모양), 丷('점 주, 불똥 주'나 여기서는 반짝반짝 빛나는 모양), 土(흙 토)

金庫(금고), **金銀**(금은), **現金**(현금)

錦 锦

총 16획 3II급 부수 金
- 영 silk
- 중 jǐn
- 일 キン(にしき)

금(金)처럼 귀한 비단(帛)이니 **비단 금**

※ 옛날에는 비단이 귀하여 금처럼 귀한 것이라는 데서 비단 백, 폐백 백(帛)에 금 금(金)을 붙여 만든 글자네요.

錦衾(금금), **錦上添花**(금상첨화), **錦衣還鄕**(금의환향)

禽

총 13획 3II급 부수 内
- 영 birds
- 중 qín
- 일 キン(とり)

그물(人)로 씌워 잡는 날짐승(离)이니 **날짐승 금**

※ 人('사람 인'이나 여기서는 그물로 봄), 离 : 머리 부분(亠)에 베인(乂) 듯 입 벌린 모습(凵)의 입이 있는 짐승이 사사로이(厶) 성(冂) 같은 발자국을 남기고 떠나니 '짐승 리, 떠날 리'.
※ 亠(머리 부분 두), 乂(벨 예, 다스릴 예, 어질 예), 凵(입 벌릴 감, 그릇 감), 厶(사사로울 사, 나 사), 冂(멀 경, 성 경)

禽獸(금수), **禽獸魚蟲**(금수어충), **禽獸行**(금수행)

擒

총 16획 1급 부수 手
- 英 capture
- 中 qín

손(扌)으로 날짐승(禽)을 사로잡으니
사로잡을 금

※ 날짐승 - 날아다니는 짐승. 곧 새 종류를 말함.

擒生(금생), **擒**縱(금종), **擒**捉(금착), **擒**獲(금획)

及

총 4획 3II급 부수 又
- 英 reach, get to
- 中 jí
- 日 キュウ(およぶ)

곧(乃) 이르러 미치니(乀)
이를 급, 미칠 급

※ 乃(곧 내, 이에 내), 乀('파임 불'이나 여기서는 이르러 미치는 모습으로 봄)

及第(급제) ‥ 落**第**(낙제), **及**其也(급기야)

扱

총 7획 1급 부수 手
- 英 gather, handle, prick 中 chá, jí, xī
- 日 ソウ(あつかう)

손(扌)으로 이르러(及) 거두고 처리하니
거둘 급, 처리할 급
또 손(扌)으로 이르러(及) 꽂으니 **꽂을 삽**

稻**扱**機(도급기), 取**扱**(취급)

汲

총 7획 1급 부수 水
- 英 draw water
- 中 jí
- 日 キュウ(くむ)

물(氵)에 이르러(及) 물 길으니
물길을 급

※ 수도시설이 없었던 옛날에는 직접 물에 가서 물을 길었지요.

汲路(급로), **汲**水(급수), *給水(급수),
樵童**汲**婦(초동급부)

級 級

총 10획 6급 부수 糸
- 英 class, grade
- 中 jí
- 日 キュウ(しな)

실(糸)을 이을(及) 때 따지는 등급이니
등급 급

※ 糸(실 사, 실 사 변), 실을 이을 때는 아무 실이나 잇지 않고 굵기나 곱기의 등급을 따져 차례로 잇지요.

級數(급수), **級**友(급우), 等**級**(등급), 進**級**(진급)

ㄱ
급

ㄱ
급

給 给
총 12획 5급 부수 糸
- 영 give
- 중 gěi, jǐ
- 일 キュウ(たまう)

실(糸)을 합치듯(合) 이어 주니
줄 급

* 合(합할 합, 맞을 합)

給食(급식), **給與**(급여), **需給**(수급), **月給**(월급)

急
총 9획 6급 부수 心
- 영 hurry, rapid
- 중 jí
- 일 キュウ(いそぐ)

아무 사람(⺈)이나 손(⺕)으로 잡는 마음(心)은 급하니 **급할 급**

* ⺈[사람 인(人)의 변형], ⺕(고슴도치 머리 계, 오른손 우), 心(마음 심, 중심 심)

急求(급구), **急性**(급성), **急速**(급속), **急行**(급행)

肯
총 8획 3급 부수 肉
- 영 enjoy, permit
- 중 kěn
- 일 コウ(うべなう)

일 그치고(止) 몸(月)을 쉬며 즐기니 **즐길 긍**
또 즐기며 그러하다고 긍정하니 **긍정할 긍**
유 背(등 배, 등질 배)

* 긍정(肯定) - (어떤 사실, 현상, 사태 따위를) 그러하다고 인정함.
* 止(그칠 지), 月(달 월, 육 달 월), 定(정할 정, 인정할 정)

肯可(긍가), **肯意**(긍의), **首肯**(수긍)

兢
총 14획 2급 부수 儿
- 영 careful
- 중 jīng
- 일 キョウ

이기고(克) 또 이기기(克) 위하여 조심하니
조심할 긍

* 克(능할 극, 이길 극)

兢戒(긍계), **兢懼**(긍구), **戰戰兢兢**(전전긍긍)

矜
총 9획 1급 부수 矛
- 영 pride, pity
- 중 jīn, qín, guān
- 일 キョウキン(あわれむ)

창(矛)도 이제(今) 있음을 자랑하니
자랑할 긍
또 자랑만 일삼으면 모두 가엾이 여기니 **가엾이 여길 긍**

* 矛(창 모), 今(이제 금, 오늘 금), 항상 무기를 가지고 다니던 옛날에는 좋은 창이 있으면 자랑도 했겠지요.

矜持(긍지), **自矜心**(자긍심), **矜恤**(긍휼), **可矜**(가긍)

亘

총 6획 1급 부수 二
- 英 extend, spread
- 中 gèn
- 日 コウ(わたる)

하늘(一)과 땅(一) 사이에 햇(日)빛이 뻗치고 펴지니
뻗칠 긍, 펼 선 윤 므(아침 단)

※ 一('한 일'이나 여기서는 하늘과 땅으로 봄), 日(해 일, 날 일)

亘古(긍고), **亘萬古**(긍만고)

己

총 3획 5급 제부수
- 英 body, self
- 中 jǐ
- 日 コ・キ(おのれ)

몸을 엎드려 절하는 자기를 본떠서
몸 기, 자기 기, 여섯째 천간 기
윤 已(이미 이, 따름 이), 巳(뱀 사, 여섯째 지지 사),
卩(무릎 꿇을 절, 병부 절, = 㔾)

克己(극기), **知己**(지기), **知彼知己**(지피지기)

紀

총 9획 4급 부수 糸
- 英 principle, regular, year, record
- 中 jì
- 日 キ(のり)

실(糸) 중 몸(己)처럼 중요한 벼리니 **벼리 기**
또 벼리처럼 중요한 질서나 해니 **질서 기, 해 기**
또 벼리처럼 중요한 것은 기록하니 **기록할 기**

※ 벼리란 그물의 위쪽 코를 꿰어 오므렸다 폈다 하는 줄로 그물에서 제일 중요한 부분이지요.

紀綱(기강), **軍紀**(군기), **西紀**(서기), **紀行文**(기행문)

記 记

총 10획 7급 부수 言
- 英 record, remember
- 中 jì
- 日 キ(しるす)

말(言) 중에 자기(己)에게 필요한 부분은
기록하거나 기억하니 **기록할 기, 기억할 기**

※ 言(말씀 언)

記錄(기록), **登記**(등기), **書記**(서기), **記念**(기념)

杞

총 7획 1급 부수 木
- 英 name of a nation
- 中 qǐ
- 日 キ

나무(木) 중 몸 기(己)자처럼 구부러지며 자라는
구기자나 나라 이름이니 **구기자 기, 나라 이름 기**

※ 木(나무 목), 구기자는 넝쿨처럼 구부러지게 자라지요.

拘杞子(구기자), **杞憂**(기우)

ㄱ
기

忌
총 7획 3급 부수 心
- 영 avoid
- 중 jì
- 일 キ(いむ)

자기(己)를 생각하는 마음(心)이면
아무 일이나 함부로 못하고 꺼리니 **꺼릴 기**

※ 心(마음 심, 중심 심), 자기를 생각하면 아무 일이나 함부로 못하지요.

忌克(기극), **忌憚**(기탄), **禁忌**(금기), **妬忌**(투기)

起
총 10획 4II급 부수 走
- 영 rise, begin
- 중 qǐ
- 일 キ(おきる)

달리려고(走) 몸(己)이 일어나니
일어날 기

또 일어나 시작하니 **시작할 기**

※ 走(달릴 주, 도망갈 주)

起床(기상), **起死回生**(기사회생), **起工**(기공)

企
총 6획 3II급 부수 人
- 영 desire, plan
- 중 qǐ
- 일 キ(くわだてる)

사람(人)이 멈추어(止) 서서 무엇을 바라고 꾀하니
바랄 기, 꾀할 기

※ 止(그칠 지), 꾀하다 – 어떤 일을 이루려고 뜻을 두거나 힘을 쓰다.

企待(기대), **企圖**(기도), **企業**(기업), **企劃**(기획)

气
총 4획 부수자
- 영 power
- 중 qì

사람(𠂉) 입에서 입김(一)이 나오는(乁) 기운이니
기운 기

※ 𠂉[사람 인(人)의 변형], 구름이 피어오르는 모양을 본떠서, 또는 김이 곡선을 그으면서 솟아오르는 모양을 본떠서 만들었다고도 해요.

汽
총 7획 5급 부수 水
- 영 steam
- 중 qì
- 일 キ

물(氵)이 끓을 때 기운(气)차게 올라가는 김이니
김 기

※ 氵: 물 수(水)가 글자의 왼쪽에 붙는 변으로 쓰일 때의 모습으로 점이 셋이니 '삼 수 변'. ㉮ 冫: 얼음 빙(氷)이 부수로 쓰일 때의 모습으로 점이 둘이니 '이 수 변'이라 부르지요.

汽管(기관), **汽船**(기선), **汽笛**(기적), **汽車**(기차)

氣 气

총 10획 7급 부수 气
- 英 energy, weather
- 中 qì
- 日 キ·ケ

기운(气)이 쌀(米) 밥을 지을 때처럼 올라가니 **기운 기**
또 이런 기운으로 이루어지는 대기니 **대기 기**

약 气 : 기운(气)이 교차하는(乂) 모습에서 '기운 기', 또 이런 기운으로 이루어지는 대기 '대기 기'

※ 米(쌀 미), 대기(大氣) - 공기를 달리 이르는 말.

氣力(기력), **氣稟**(기품), **感氣**(감기), **氣象**(기상)

豈 岂

총 10획 3급 부수 豆
- 英 how
- 中 qǐ

어찌 산(山)에 콩(豆)을 심을까에서
어찌 기

※ 山(산 산), 豆(제기 두, 콩 두)

豈敢(기감), **豈敢毁傷**(기감훼상), **豈不**(기불)

旣

총 11획 3급 부수 旡
- 英 already
- 中 jì
- 日 キ(すでに)

날이 하얀(白) 비수(匕)로 이미 없애니(旡)
이미 기 약 既 : 그쳐(艮) 이미 없애니(旡) '이미 기'

※ 白(흰 백, 밝을 백, 깨끗할 백, 아뢸 백), 匕(비수 비, 숟가락 비), 旡(없을 무, = 无), 艮[멈출 간, 어긋날 간(艮)의 변형]

旣得權(기득권), **旣往之事**(기왕지사), **旣婚**(기혼)

棄 弃

총 12획 3급 부수 木
- 英 abandon
- 中 qì
- 日 キ(すてる)

머리(亠) 속의 사심(厶)을 하나(一)의 그릇(凵)에
담아 나무(木) 위로 던져버리니 **버릴 기**

약 弃 : 머리(亠) 속의 사심(厶)을 받쳐 들어(廾) 버리니 '버릴 기'

※ 亠(머리 부분 두), 厶(사사로울 사, 나 사), 凵(입 벌릴 감, 그릇 감), 木(나무 목), 廾(받쳐 들 공)

棄權(기권), **棄兒**(기아), **廢棄**(폐기), **拋棄**(포기)

其

총 8획 3II급 부수 八
- 英 it, that
- 中 qí, jī
- 日 キ(その)

단(甘) 것을 받침대(丌)에 올려 유인하는 그것이니
그 기

※ 원래는 키를 본떠서 만든 글자, 甘(달 감, 기쁠 감), 丌(무엇을 받친 대의 모습에서 '대 기')

其間(기간), **其實**(기실), **其餘**(기여), **其他**(기타)

기

箕

총 14획 2급 부수 竹
- 英 winnow
- 中 jī
- 日 キ(み)

(키는 대로 만들었으니) 대 죽(竹)을 (키를 본떠 만든) 그 기(其)에 더하여 **키 기**

* '키'는 곡식을 까불러 쭉정이나 티끌을 골라내는 도구로, 키를 나타내는 글자는 키를 본떠서 만든 其였는데, 후대로 내려오면서 其는 사물을 지시하는 '그 기'로 쓰이고, 키는 대로 만들었다는 데서 대 죽(竹)을 其 위에 더하여 '키 기(箕)'로 쓰지요.

箕斂(기렴), **箕子朝鮮**(기자조선)

棋

총 12획 2급 부수 木
- 英 baduk, korean checkers
- 中 qí 日 キ

나무(木)판에서 하는 바로 그(其) 놀이는 바둑이니
바둑 기 (= 棊, 碁)

* 棊 : 그(其) 나무(木) 판에서 하는 놀이는 바둑이니 '바둑 기'
* 碁 : 그(其) 돌(石)로 하는 놀이는 바둑이니 '바둑 기'

棋力(기력), **棋歷**(기력), **棋士**(기사), **棋院**(기원)

淇

총 11획 2급 부수 水
- 英 name of a river
- 中 qí

물(氵) 중에 바로 그(其) 물의 이름이니
물 이름 기

* 인·지명용 한자.

淇水(기수) – 중국 허난성(河南省) 안양시(安陽市)를 남서로 흐르는 강.

琪

총 12획 2급 부수 王(玉)
- 中 qí

옥(王) 중에 바로 그(其) 옥의 이름이니
옥 이름 기

* 王(임금 왕, 으뜸 왕, 구슬 옥 변)

琪花(기화), **琪花瑤草**(기화요초)

麒

총 19획 2급 부수 鹿
- 英 giraffe
- 中 qí
- 日 キ

사슴(鹿)과 비슷한 바로 그(其) 기린이니
기린 기

* 기린(麒麟) – ㉠기린과에 딸린 동물. ㉡성인(聖人)이 이 세상에 나면 나타난다고 하는 상상의 동물. ㉢가장 걸출한 인물을 비유하여 이르는 말.
* 鹿(사슴 록), 麟(기린 린)

麒麟兒(기린아), **麒麟草**(기린초)

騏 騏

총 18획 2급 부수 馬
- 英 an excellent horse
- 中 qí
- 日 キ

말(馬)이라면 바로 그(其) 준마니
준마 기

※ 준마(駿馬) - 빠르게 잘 달리는 말.
※ 馬(말 마), 駿(준마 준)

騏驎(기린), **騏驥**(기기)

欺

총 12획 3급 부수 欠
- 英 cheat
- 中 qī
- 日 ギ(あざむく)

그런(其) 저런 실속 없는 말을 하며 모자라게(欠) 속이니 **속일 기**

※ 欠(하품 흠, 모자랄 흠), 태도를 보면 그 마음을 알 수 있지요.

欺瞞(기만), **欺罔**(기망), **詐欺**(사기)

期

총 12획 5급 부수 月
- 英 period, promise
- 中 qī, jī
- 日 キ(ちぎる)

그(其) 달(月)의 모양으로 기간을 정하고 기약했으니
기간 기, 기약할 기

※ 月(달 월, 육 달 월), 달은 늘 그 모양이 변하니 약속하기에 좋아, 달의 어떤 모양일 때 다시 만나자고 할 수 있지요.

期間(기간), **婚期**(혼기), **期約**(기약), **期待**(기대)

朞

총 12획 1급 부수 月
- 英 anniversary
- 中 jī
- 日 キ

그(其) 때와 같은 달(月)에 든 날은 돌이니
돌 기

※ 돌 - ㉠어린아이가 태어난 날로부터 한 해가 되는 날. ㉡특정한 날이 해마다 돌아올 때, 그 횟수를 세는 단위.

朞年(기년), **朞年祭**(기년제), **一朞**(일기)

基

총 11획 5급 부수 土
- 英 site, base
- 中 jī
- 日 キ(もと)

그(其) 바탕에 흙(土)을 다진 터나 기초니
터 기, 기초 기

※ 터 - ㉠공사를 하거나 하였던 자리. ㉡일의 토대.

基幹(기간), **基盤**(기반), **基準**(기준), **基礎**(기초)

ㄱ

기

旗
총 14획 7급 부수 方
- 英 flag
- 中 qí
- 日 キ(はた)

사방(方) 사람(亠)들이 알아보는 그(其)것은 기니
기 기

* 方(모 방, 방향 방, 방법 방), 亠[사람 인(人)의 변형]

旗手(기수), **旗幟**(기치), **國旗**(국기), **叛旗**(반기)

幾 几
총 12획 3급 부수 幺
- 英 how many, somewhat
- 中 jǐ
- 日 キ(いく)

(아직은) 작고(幺) 작게(幺) 보이는 창(戈)과 사람(人)이지만 몇이나 되는지 살피는 기미니 **몇 기, 기미 기**

* 기미(幾微·機微) - (앞일에 대한 다소 막연한 예상이나 짐작이 들게 하는) 몇 가지 작은 조짐. 낌새. 조짐.
* 幺(작을 요, 어릴 요), 戈(창 과), 微(작을 미), 機(베틀 기, 기계 기, 기회 기)

幾十(기십), **幾何級數**(기하급수)

機 机
총 16획 4급 부수 木
- 英 loom, machine, chance
- 中 jī
- 日 キ(はた)

나무(木) 몇(幾) 개로 얽어 만든 베틀이니
베틀 기
또 베틀같이 짜인 기계나 기회니 **기계 기, 기회 기**

* 木(나무 목), 기회(機會) - 일을 하는 데 적절한 시기나 경우.

斷機之戒(단기지계), **機械**(기계), **契機**(계기)

璣 玑
총 16획 2급 부수 王(玉)
- 英 gem
- 中 jī

옥(王)과 몇(幾) 프로 비슷한 구슬이니
구슬 기
또 구슬처럼 반짝이는 별 이름이니 **별 이름 기**

* 王(임금 왕, 으뜸 왕, 구슬 옥 변), 기(璣) - 북두칠성의 셋째별을 이르는 말.

天璣(천기), **璇璣玉衡**(선기옥형)

譏 讥
총 19획 1급 부수 言
- 英 look about, censure
- 中 jī
- 日 キ(そしる)

말(言)로 상대의 기미(幾)를 살피며 나무라니
살필 기, 나무랄 기

* 言(말씀 언), 나무랄 때는 상대방의 태도를 살펴야 하지요.

譏察(기찰), **譏弄**(기롱), **譏謗**(기방), **譏笑**(기소)

畿

총 15획 3II급 부수 田
- 영 imperial domain
- 중 jī
- 일 キ

서울에서 얼마(幾) 떨어지지 않은 밭(田) 같은 땅이 경기니 **경기 기**

※ 경기(京畿) - 왕도(王都)의 둘레 500리(里) 이내의 땅.
※ 幾[몇 기, 기미 기(幾)의 획 줄임], 田(밭 전), 京(서울 경), 都(도시 도, 모두 도, 성씨 도), 里(마을 리, 거리 리)

畿甸(기전), **畿伯**(기백), **畿湖**(기호)

飢 饥

총 11획 3급 부수 食
- 영 starve, hungry
- 중 jī
- 일 キ(うえる)

밥(食)을 못 먹어 책상(几)에 기대야 할 정도로 굶주리니 **굶주릴 기** (= 饑)

※ 食(밥 식, 먹을 식 변), 几(안석 궤, 책상 궤)

飢渴(기갈), **飢餓**(기아), **療飢**(요기), **虛飢**(허기)

饑 饥

총 21획 특II급 부수 食
- 영 starve, hungry
- 중 jī
- 일 キ(うえる)

먹을(食) 기미(幾)만 살필 정도로 굶주리니 **굶주릴 기** (= 飢)

※ 배고프면 먹을 것만 살피게 되지요.

肌

총 6획 1급 부수 肉(月)
- 영 flesh, skin
- 중 jī
- 일 キ(はだ)

몸(月) 중 안석(几)에 닿는 살이나 살갗이니 **살 기, 살갗 기**

※ 月(달 월, 육 달 월), 几(안석 궤, 책상 궤)

肌骨(기골), **肌膚**(기부), **肌痺**(기비)

器

총 16획 4II급 부수 口
- 영 vessel, utensil
- 중 qì
- 일 キ(うつわ)

개(犬) 여러 마리 입들(吅)이 둘러싸고 먹이를 먹는 그릇이나 기구니 **그릇 기, 기구 기**

※ 犬(개 견)
※ '개(犬) 고기를 삶아 놓고 둘러앉아 덜어 먹는 그릇이나 기구니 그릇 기, 기구 기'라고도 해요.

大器晩成(대기만성), **武器**(무기), **食器**(식기)

기

耆

총 10획 2급 부수 耂
- 英 an old person
- 中 qí
- 日 キ

늙어(老) 하는 일 없이 날(日)만 보내는 늙은이니
늙은이 기

※ 老(늙을 로), 日(해 일, 날 일), 늙은이 기(耆)는 60세 이상의 늙은이를 말하지요.

耆年(기년), **耆德**(기덕), **耆老**(기로)

嗜

총 13획 1급 부수 口
- 英 enjoy, be fond of
- 中 shì
- 日 シ(たしなむ)

입(口)에 맞는 것만 늙은이(老)는 날(日)마다 즐기며 좋아하니 **즐길 기, 좋아할 기**

※ 늙으면 특별히 하는 일 없이 날마다 입에 맞는 것만 찾아 즐기며 좋아한다는 데서 생긴 글자.

嗜酒(기주), **嗜玩**(기완), **嗜好**(기호)

技

총 7획 5급 부수 手
- 英 skill
- 中 jì
- 日 ギ(わざ)

손(扌)으로 무엇을 다루는(支) 재주니
재주 기 (= 伎)

※ 支(다룰 지, 가를 지, 지출할 지)

技巧(기교), **技術**(기술), **競技**(경기), **特技**(특기)

伎

총 6획 1급 부수 人
- 英 skill
- 中 jì
- 日 キ·ギ(わざ)

사람(亻)이 무엇을 다루는(支) 재주니
재주 기 (= 技)

伎倆(기량), **雜伎**(잡기)

妓

총 7획 1급 부수 女
- 英 prostitute
- 中 jì
- 日 キ·ギ

여자(女) 중 불러 다룰(支) 수 있는 기생이니
기생 기

※ 기생(妓生) - 잔치나 술자리에서 노래나 춤 또는 풍류로 흥을 돋우는 것을 직업으로 하는 여자.
※ 女(여자 녀)

妓女(기녀), **官妓**(관기), **名妓**(명기)

岐

총 7획 2급 부수 山
- 영 a forked road
- 중 qí
- 일 キ(わかれる)

산(山)이 갈라진(支) 곳에 생긴 갈림길이니
갈림길 기

※ 요즘에는 좋은 장비가 있어서 험한 산도 뚫고 강이나 바다로 다리를 놓아 어디에나 마음대로 길을 낼 수 있지만 옛날에는 산 따라 물 따라 길이 생겼지요.

岐路(기로), **分岐點**(분기점)

奇

총 8획 4급 부수 大
- 영 novel, an odd (uneven) number
- 중 qí, jī
- 일 キ(くし)

크게(大) 옳으면(可) 기이하니 **기이할 기**
또 기이함이 둘도 없는 홀수니 **홀수 기, 성씨 기**

※ 기이(奇異)하다 - 기묘하고 이상하다.
※ 大(큰 대), 可(옳을 가, 가히 가, 허락할 가), 異(다를 이)

奇異(기이), **奇特**(기특), **好奇心**(호기심), **奇數**(기수)

綺 绮

총 14획 1급 부수 糸
- 영 silk
- 중 qǐ
- 일 キ

실(糸)로 기이하게(奇) 짠 비단이니
비단 기

※ 糸(실 사, 실 사 변)

綺羅(기라), **綺羅星**(기라성), **綺麗**(기려), **綺語**(기어)

畸

총 13획 1급 부수 田
- 영 a piece of a field, cripple
- 중 jī
- 일 キ

밭(田) 중 기이하게(奇) 남은 뙈기밭이니 **뙈기밭 기**
또 뙈기밭처럼 생긴 불구자니 **불구자 기**

※ 뙈기밭 - 큰 토지로 나누고 남은 귀퉁이 땅. 체비지. 우수리.
※ 불구(不具) - 몸의 어느 부분이 온전하지 못함. 또는 그런 상태.
※ 田(밭 전), 具(갖출 구, 기구 구)

畸人(기인), **畸形**(기형), **畸兒**(기아)

騎 骑

총 18획 3I급 부수 馬
- 영 ride
- 중 qí
- 일 キ

말(馬)을 기이하게(奇) 타니
말 탈 기

※ 馬(말 마)

騎馬隊(기마대), **騎馬戰**(기마전), **騎士**(기사), **騎手**(기수)

崎

총 11획 1급 부수 山
- 영 rough
- 중 qí
- 일 キ(さき)

산(山)이 기이할(奇) 정도로 험하니
험할 기

崎嶇(기구) - ㉠산길이 험함. ㉡(사람의) 세상살이가 순탄하지 못하고 온갖 어려움을 겪는 상태. 嶇(험할 구)

崎嶇險路(기구험로), **崎嶇罔測**(기구망측)

琦

총 12획 2급 부수 王(玉)
- 영 novel
- 중 qí

옥(王) 중에 기이한(奇) 옥 이름이니
옥 이름 기, 기이할 기

* 王(임금 왕, 으뜸 왕, 구슬 옥 변)

琦行(기행)

寄

총 11획 4급 부수 宀
- 영 lodge, attach
- 중 jì
- 일 キ(よる, よせる)

집(宀)에 기이하게(奇) 붙어사니
붙어살 기
또 붙어살도록 부치니 **부칠 기**

* 宀(집 면), 부치다 - 편지나 물건 따위를 일정한 수단이나 방법을 써서 상대에게로 보내다.

寄生(기생), **寄宿舍**(기숙사), **寄稿**(기고), **寄贈**(기증)

沂

총 7획 2급 부수 水
- 영 name of a river
- 중 yí

물(氵) 중 저울(斤)대처럼 평평하게 흐르는
물 이름이니 **물 이름 기**

* 斤(도끼 근, 저울 근)

沂水(기수) - 중국 허난성 안양시를 남서로 흐르는 강.
浴沂(욕기) - 기수(沂水)에서 목욕함.

祈

총 9획 3Ⅱ급 부수 示
- 영 pray
- 중 qí
- 일 キ(いのる)

신(示) 앞에 두 손을 도끼(斤) 날처럼 모으고 비니
빌 기

* 示(보일 시, 신 시)

祈求(기구), **祈禱**(기도), **祈願**(기원), **祈雨祭**(기우제)

冀

총 16획 2급 부수 八
- 영 hope
- 중 ji

서로 등지고(北) 다른(異) 것을 바라니
바랄 기 ㉲ 翼(날개 익)

※ 北(등질 배, 달아날 배, 북쪽 북), 異(다를 이)

冀圖(기도) * **企圖**(기도), **冀望**(기망), **冀願**(기원)

驥

총 26획 2급 부수 馬
- 영 an excellent horse
- 중 ji
- 일 キ

말(馬) 중에 누구나 가지기를 바라는(冀) 천리마니
천리마 기

※ 馬(말 마), 천리마(千里馬) - 하루에 천 리를 달릴 수 있을 정도로 좋은 말.

騏驥(기기), **驥足**(기족), **駿驥**(준기)

羈

총 24획 1급 부수 网
- 영 bridle, tie
- 중 ji
- 일 キ

그물(罒)처럼 가죽(革)으로 말(馬)을 얽매는
굴레니 **굴레 기, 맬 기**
또 무엇에 매여 어렵게 살아야 하는 타관살이니
타관살이 기

※ 罒(그물 망, = 网, 㓁), 革(가죽 혁, 고칠 혁), 타향에 살면 자유롭지 못하고 여러 가지에 신경 쓰며 살아야 하지요.

羈束(기속), **羈寓**(기우), **羈旅**(기려), **羈愁**(기수)

緊

총 14획 3II급 부수 糸
- 영 urgent, important
- 중 jǐn
- 일 キン(しめる)

신하(臣)처럼 또(又) 실(糸)을 급하게 찾아 긴요하게
쓰니 **급할 긴, 긴요할 긴** ㉱ 紧 : 칼(刂)로 또(又) 실(糸)을
급하게 끊어 긴요하게 쓰니 '급할 긴, 긴요할 긴'

※ 긴요(緊要) - 꼭 필요하고 중요함.
※ 臣(신하 신), 又(오른손 우, 또 우), 糸(실 사, 실 사 변), 刂(칼 도 방), 要(중요할 요, 필요할 요)

緊急(긴급), **緊密**(긴밀), **緊迫**(긴박), **緊縮**(긴축)

명언 **氣山心海**(기산심해) 기상은 산과 같이, 마음은 바다와 같이. ▶氣(기운 기, 대기 기), 山(산 산), 心(마음 심, 중심 심), 海(바다 해)

吉

총 6획 5급 부수 口
- 英 lucky, auspicious
- 中 jí
- 日 キチ・キツ(よし)

선비(士)의 말(口)처럼 길하고 상서로우니
길할 길, 상서로울 길, 성씨 길

* 길하다 – 운이 좋거나 일이 상서롭다.
* 상서(祥瑞)롭다 – 복되고 좋은 일이 있을 듯하다.
* 士(선비 사), 口(입 구, 말할 구, 구멍 구), 祥(상서로울 상), 瑞(상서로울 서)

吉運(길운), 吉日(길일), 吉兆(길조), 吉凶(길흉)

拮

총 9획 1급 부수 手
- 英 toil, endure
- 中 jié
- 日 キツ

손(扌)으로 길하도록(吉) 바쁘게 일하고 버티니
바쁘게 일할 길, 버틸 길

拮居(길거), 拮抗(길항),
拮抗作用(길항작용) – 생물체의 어떤 현상에 대하여, 두 개의 요인이 동시에 작용하면서 서로 그 효과를 줄이는 작용.

金

쇠 금, 금 금, 돈 금, 성씨 김 – 쇠 금(112쪽) 참고

喫

총 12획 1급 부수 口
- 英 drink, eat
- 中 chī
- 日 キツ

입(口)을 맺듯이(契) 대고 마시거나 먹으니
마실 끽, 먹을 끽

* 契(계약 계, 맺을 계)

喫茶(끽다), 喫煙(끽연), 滿喫(만끽)

〈한자가 만들어지던 시절을 생각하세요〉

한자 어원이 어렵고 잘 생각나지 않는 것은 시대와 문화가 변해서 그럴 수 있지요. 그러니 한자의 어원을 생각할 때는 항상 그 글자가 만들어진 옛날을 생각해야 해요. 한자가 만들어질 당시는 모두 농사를 지었고 옷을 직접 해 입었으니 농사나 곡식, 옷과 관련된 글자가 많네요.

那

총 7획 3급 부수 阝
- 英 how, moment
- 中 nà, nā, nǎ, nèi
- 日 ナダ(なんぞ)

칼(刀) 두(二) 개로 고을(阝)을 어찌 지킬 것인가에서 **어찌 나**
또 칼(刀) 두(二) 개로 고을을 지키면 짧은 시간에 당하니 **짧은 시간 나** ㈜ 邦(나라 방)

※ 刀(칼 도), 阝(고을 읍 방)

那邊(나변), **那落**(나락), **刹那**(찰나) … **劫**(겁)

儺 傩

총 21획 1급 부수 人
- 英 exorcism
- 中 nuó
- 日 ダ・ナ

사람(亻)을 어렵게(難) 하는 역귀를 쫓으니 **역귀 쫓을 나**

※ 역귀(疫鬼) - 전염병을 퍼뜨린다는 귀신.
※ 難(어려울 난, 비난할 난), 疫(염병 역), 鬼(귀신 귀)

儺禮(나례), **儺禮都監**(나례도감), **儺儀**(나의)

懦

총 17획 1급 부수 心
- 英 feeble
- 中 nuò
- 日 ダ

(대담하지 못하고) 마음(忄)을 자꾸 쓰며(需) 나약하니 **나약할 나**

※ 나약(懦弱) - 의지가 굳세지 못함.
※ 需(구할 수, 쓸 수), 弱(약할 약)

懦怯(나겁), **懦薄**(나박), **懦夫**(나부)

拏

총 9획 1급 부수 手
- 英 arrest
- 中 ná, rú
- 日 ナ・ダ

종(奴)처럼 직접 손(手)으로 잡으니 **잡을 나**

※ 잡을 나(拿)의 본자.
※ 奴(종 노), 手(손 수, 재주 수, 재주 있는 사람 수)

拏捕(나포), **漢拏山**(한나산→한라산)

拿

총 10획 1급 부수 手
- 英 arrest
- 中 ná
- 日 ダ

합하여(合) 손(手)으로 잡으니 **잡을 나**

※ 잡을 나(拏)의 속자.
※ 合(합할 합, 맞을 합)

拿來(나래), **拿囚**(나수), **拿引**(나인), **拿致**(나치)

內
안 내, 나인 나 – 안 내(131쪽) 참고

奈
어찌 내, 어찌 나 – 어찌 내(131쪽) 참고

懶
게으를 나 – 게으를 라(168쪽) 참고

羅
새 그물 라, 벌릴 나, 비단 나, 성씨 나 –
새 그물 라(168쪽) 참고

諾 诺
총 16획 3II급 부수 言
- 영 allow, answer
- 중 nuò
- 일 ダク(うべなう)

청하는 말(言)과 같이(若) 허락하고 대답하니
허락할 낙, 대답할 낙

※ 言(말씀 언), 若(만약 약, 같을 약, 반야 야)

許諾(허낙 → 허락), **承諾**(승낙),
唯唯諾諾(유유낙낙) - 유(唯)는 빠른 대답, 낙(諾)은 느린 대답으로, 일의 좋고 나쁨을 가리지 않고 무조건 따르거나 두말없이 승낙함을 이르는 말.

難 难
총 19획 4II급 부수 隹
- 영 difficult, blame
- 중 nán, nàn
- 일 ナン(かたい)

진흙(堇)에 빠진 새(隹)는 날기가 어려우니
어려울 난

또 어려우면 남을 비난하니 **비난할 난**

※ 堇[진흙 근(菫)의 변형] - 너무 끈끈하여 스물(卄) 한(一) 번이나 말하며(口) 하나(一)같이 크게(大) 힘써 걸어야 할 진흙이니 '진흙 근'
※ 隹(새 추), 卄(스물 입 = 廿), 일이 힘들거나 살기가 어려우면 자기 탓으로 여기지 않고 대부분 남을 비난하기 쉽지요.

難堪(난감), **難解**(난해), **苦難**(고난), **非難**(비난)

暖

총 13획 4II급 부수 日
- 英 warm
- 中 nuǎn
- 日 ダン(あたたかい)

해(日) 빛을 끌어당기면(爰) 따뜻하니
따뜻할 난

※ 爰 : 손(爫)으로 한(一) 명의 벗(友)을 이에 끌어당기니 '이에 원, 끌 원, 당길 원'
※ 爫(손톱 조), 友(벗 우)

暖氣(난기), 暖帶(난대), 暖流(난류), 暖陽(난양)

煖

총 13획 1급 부수 火
- 英 warm
- 中 nuǎn, xuān

불(火)을 끌어당기면(爰) 따뜻하니
따뜻할 난

※ 해 일, 날 일(日)이 들어간 난(暖)은 날씨, 즉 햇볕으로 인하여 따뜻하다는 말이고, 불 화(火)가 들어간 난(煖)은 불을 때서, 즉 불로 인하여 따뜻하다는 말이지요.

煖爐(난로), 煖房(난방), 煖衣(난의), 冷煖房(냉난방)

捏

총 10획 1급 부수 手
- 英 knead, adjust
- 中 niē
- 日 ネツ·デツ(こねる)

손(扌)으로 햇(日)살이 흙(土)에 비치듯이 두루
반죽하여 꿰어 맞추니 **반죽할 날, 꿰어 맞출 날**

※ 扌(손 수 변)

捏和(날화),
捏造(날조) – 사실이 아닌 것을 사실인 것처럼 거짓으로 꾸밈.

捺

총 11획 1급 부수 手
- 英 stamp
- 中 nà
- 日 ナツ(おす)

손(扌)으로 어찌(奈)할지 몰라 누르니
손으로 누를 날

※ 奈(어찌 나, 어찌 내)

捺印(날인), 捺染(날염),
記名捺印(기명날인) – 이름을 쓰고 도장을 눌러 찍음.

涅

개흙 열(녈, 날) – 개흙 열(441쪽) 참고

난

男

총 7획 7급 부수 田
- 영 man, male
- 중 nán
- 일 ダン·ナン(おとこ)

밭(田)에서 힘(力)써 일하는 사내니
사내 남

※ 田(밭 전), 力(힘 력), 논밭에 나가 일하는 사람은 주로 남자지요.

美男(미남), **男負女戴**(남부여대),
無男獨女(무남독녀) - 아들 없는 집안의 외동딸.

南

총 9획 8급 부수 十
- 영 south
- 중 nán
- 일 ナン(みなみ)

많은(十) 성(冂)마다 양쪽(丷)으로 열리는
방패(干) 같은 문이 있는 남쪽이니 **남쪽 남, 성씨 남**

※ 十(열 십, 많을 십), 冂(멀 경, 성 경), 干(방패 간, 범할 간, 얼마 간, 마를 간)
※ 우리가 사는 북반구에서는 대부분의 성을 남향으로 짓고 남쪽에 방패처럼 넓은 문이 있지요.

南國(남국), **南半球**(남반구), **南方**(남방), **南向**(남향)

納 纳

총 10획 4급 부수 糸
- 영 receive, pay
- 중 nà
- 일 ノウ(おさめる)

실(糸)을 안(內)으로 들여 바치니
들일 납, 바칠 납

※ 糸(실 사, 실 사 변), 內(안 내, 나인 나), 화폐가 없었던 옛날에는 곡식이나 천이나 실을 돈처럼 사용했다지요.

納付(납부), **納稅**(납세), **未納**(미납), **返納**(반납)

衲

총 9획 1급 부수 衣
- 영 patch, a priest's robe
- 중 nà

옷(衤)의 안(內)쪽을 기우니 **기울 납**
또 (헝겊을 모아) 기워서 만든 승복이니 **승복 납**

※ 衤(옷 변), 기울 때는 밖에 드러나지 않게 옷의 안쪽을 기우지요.
※ 헝겊 - 천의 조각.

衲僧(납승), **衲衣**(납의), **衲子**(납자), **靑衲**(청납)

娘

총 10획 3II급 부수 女
- 영 a young lady
- 중 niáng
- 일 ジョウ(むすめ)

여자(女) 중 젊어서 좋아(良) 보이는 아가씨니
아가씨 낭

※ 良(좋을 량, 어질 량)

娘子(낭자)‥**郎君**(낭군), **娘子軍**(낭자군)

囊

총 22획 1급 부수 口
- 🔤 pocket, sack
- 🇨🇳 náng
- 🇯🇵 ノウ(ふへろ)

옷(衣) 가운데(中)에 덮인(冖) 구멍(口)과 구멍(口)을 우물 틀(井)처럼 하나(一)씩 박아 만든 주머니니 **주머니 낭**
또 주머니처럼 만든 자루니 **자루 낭**

※ 衣(옷 의), 中(가운데 중, 맞힐 중), 冖(덮을 멱), 井(우물 정, 우물틀 정)

背囊(배낭), **寢囊**(침낭), **囊中之錐**(낭중지추)

乃

총 2획 3급 부수 丿
- 🔤 hereupon, directly
- 🇨🇳 nǎi
- 🇯🇵 ダイ·ナイ(すなわち)

(세월이 빨라) 사람은 지팡이(丿)에 의지할 허리 굽은 (ㄋ) 사람으로 이에 곧 늙으니 **이에 내, 곧 내**

※ 이에 - 이리하여 곧.
※ 丿('삐침 별'이나 여기서는 지팡이로 봄), 세월은 빠르고 인생은 짧으니 백년을 살아도 삼만 육천오백일밖에 안 되네요.

乃至(내지), **終乃**(종내), **人乃天**(인내천)

內

총 4획 7급 부수 入
- 🔤 inner, a court lady
- 🇨🇳 nèi, nà
- 🇯🇵 ナイ·ダイ(うち)

성(冂)으로 들어(入)간 안이니 **안 내**
또 궁궐 안에서 임금을 모시는 나인이니 **나인 나**

※ 나인 - 고려·조선 시대에, 궁궐 안에서 왕과 왕비를 가까이 모시는 내명부를 통틀어 이르던 말.
※ 멀 경, 성 경(冂)에 들 입(入)을 씀이 원칙이나 사람 인(人)을 쓰기도 하지요. 사람 인(人)이 둘이면 '고기 육(肉)'입니다.

內容(내용), **內科**(내과), **外柔內剛**(외유내강)

奈

총 8획 3급 부수 大
- 🔤 why
- 🇨🇳 nài
- 🇯🇵 ナ(いかん)

(자기 잘못이) 커(大) 보이니(示) 어찌할까에서 **어찌 내, 어찌 나**

※ 大(큰 대), 示(보일 시, 신 시)
※ 나락(奈落·那落) - 범어(梵語) Naraka의 음역(音譯)으로, ㉠지옥. ㉡벗어나기 어려운 절망적인 상황을 비유하여 이르는 말.

奈何(내하), **莫無可奈**(막무가내)

耐

총 9획 3II급 부수 而
- 🔤 patient, endure
- 🇨🇳 nài
- 🇯🇵 タイ(たえる)

이어지는(而) 고통도 법도(寸)에 따라 참고 견디니 **참을 내, 견딜 내**

※ 而(말 이을 이, 어조사 이), 寸(마디 촌, 법도 촌)

忍耐(인내), **耐久性**(내구성), **耐震**(내진), **耐乏**(내핍)

女

총 3획 8급 제부수
- 영 female
- 중 nǚ
- 일 ジョ(おんな)

두 손 모으고 앉아 있는 여자 모습을 본떠서
여자 녀

男女(남녀), **淑女**(숙녀), **南男北女**(남남북녀)

疒

총 5획 부수자
- 영 be sick
- 중 chuáng
- 일 ダク(やまい)

머리 부분(亠)을 침대(爿)에 대고 누워 있어야 할 정도로 병드니 **병들 녁**

※ 亠(머리 부분 두), 爿[뉘(나무 조각 장)의 약자이나 여기서는 침대로 봄]

年

총 6획 8급 부수 干
- 영 year, age
- 중 nián
- 일 ネン(とし)

낮(午)이 숨은(乚) 듯 가고오고 하여 해가 바뀌고 나이를 먹으니 **해 년, 나이 년**

※ 午(말 오, 일곱째 지지 오, 낮 오), 乚(감출 혜, 덮을 혜, = 匸)

年俸(연봉), **送年**(송년), **豊年**(풍년), **年歲**(연세), **靑年**(청년)

撚

비틀 연(년), 꼴 연(년) – 비틀 연(438쪽) 참고

涅

개흙 열(녈, 날) – 개흙 열(441쪽) 참고

念

총 8획 5급 부수 心
- 영 think
- 중 niàn
- 일 ネン(おもう)

지금(今) 마음(心)에 있는 생각이니
생각 념

※ 今(이제 금, 오늘 금), 心(마음 심, 중심 심)

念慮(염려), **念願**(염원), **信念**(신념), **專念**(전념)

寧 宁

총 14획 3Ⅱ급 부수 宀
- 英 why, peaceful
- 中 níng, nìng
- 日 ネイ(やすい)

집(宀)에서 마음껏(心) 그릇(皿)에 음식을 담아 먹는 장정(丁)이니 어찌 편안하지 않을까에서
어찌 녕, 편안할 녕 약 寍 : 집(宀)에서 마음(心)껏 음식을 그릇(皿)으로 먹을 수 있으니 어찌 편안하지 않을까에서 '어찌 녕, 편안할 녕'

※ 宀(집 면), 皿(그릇 명), 丁(고무래 정, 못 정, 장정 정, 넷째 천간 정)

寧日(영일), **安寧**(안녕), **壽福康寧**(수복강녕)

ㄴ

녕

奴

총 5획 3Ⅱ급 부수 女
- 英 slave
- 中 nú
- 日 ド(やつ やっこ)

여자(女)의 손(又)처럼 힘들게 일하는 사람이니
종 노, 남을 흉하게 부르는 접미사 노

※ 又(오른손 우, 또 우), 주로 남자 종에 쓰이고, 매국노(賣國奴)·수전노(守錢奴)처럼 남을 흉하게 부르는 접미사로도 쓰이죠. 여자 종은 '계집종 비(婢)'가 따로 있어요.

奴名(노명), **奴婢**(노비), **奴隷**(노예), **賣國奴**(매국노)

努

총 7획 4Ⅱ급 부수 力
- 英 endeavor
- 中 nǔ
- 日 ド(つとめる)

종(奴)처럼 일에 힘(力)쓰니
힘쓸 노

※ 力(힘 력)

努力(노력), **努力家**(노력가)

怒

총 9획 4Ⅱ급 부수 心
- 英 angry
- 中 nù
- 日 ド(いかる)

일이 힘든 종(奴)의 마음(心)처럼 성내니
성낼 노

※ 心(마음 심, 중심 심), '너그럽지 못하고 종(奴)처럼 마음(心)을 쓰니 성낼 노(怒)'라고도 해요.

怒發大發(노발대발), **激怒**(격노), **忿怒**(분노), **震怒**(진노)

弩

총 8획 1급 부수 弓
- 英 catapult
- 中 nǔ
- 日 ド

시키는 일만 하는 종(奴)처럼 조준해 놓은 대로만 쏘아지는 활(弓)이 쇠뇌니 **쇠뇌 노**

※ 弓(활 궁), 쇠뇌 – 여러 개의 화살이 잇달아 나가게 만든 활의 한 가지.

弩手(노수), **弩砲**(노포), **弓弩**(궁노)

駑 驽

총 15획 1급 부수 馬
- 英 padnag
- 中 nú
- 日 ド

종(奴)처럼 시키는 일만 하는 둔한 말(馬)이니
둔한 말 노

* 馬(말 마)

駑鈍(노둔), 駑馬(노마), 駑馬十駕(노마십가)

農 农

총 13획 7급 부수 辰
- 英 agriculture
- 中 nóng
- 日 ノウ

허리 구부리고(曲) 별(辰) 있는 새벽부터 짓는
농사니 **농사 농**

* 曲(굽을 곡, 노래 곡), 辰(별 진, 날 신, 다섯째 지지 진), 농사는 힘든 육체노동이지요.

農夫(농부), 農繁期(농번기), 農村(농촌), 都農(도농)

濃 浓

총 16획 2급 부수 水
- 英 thick
- 中 nóng
- 日 ノウ(こい)

물(氵)이 넉넉하여 농사(農)가 잘되면 곡식의 색도
짙으니 **짙을 농**

* 氵(삼 수 변)

濃淡(농담), 濃度(농도), 濃霧(농무), 濃厚(농후)

膿 脓

총 17획 1급 부수 肉
- 英 pus
- 中 nóng
- 日 ノウ(うみ)

몸(月)에서 농사(農) 짓다 다치면 나오는 피와
고름이니 **고름 농**

* 月(달 월, 육 달 월), 힘든 농사일을 하다 보면 잘 다치지요.

膿尿(농뇨), 燭膿(촉농), 蓄膿症(축농증), 血膿(혈농)

腦 脑

총 13획 3ll급 부수 肉
- 英 brain
- 中 nǎo
- 日 ノウ

몸(月)에서 흐르는 냇물(巛)처럼 쉴 새 없이 생각하는
정수리(囟)에 있는 뇌니 **뇌 뇌** 약 脑

* 巛 : 내 천(川)이 부수로 쓰일 때의 모습으로, 개미허리 같다 하여 '개미허리 천'이라 부름.
* 囟(정수리 신), 정수리-머리 위에 있는 자리.

腦裏(뇌리), 頭腦(두뇌), 洗腦(세뇌), 首腦(수뇌)

惱 恼

어떤 마음(忄)이 냇물(巛)처럼 정수리(囟)에 계속 흐르게 괴로워하며 생각하니 **괴로워할 뇌, 생각할 뇌**

약 悩 : 마음(忄)속에 점들(丷)처럼 떠오르는 흉한(凶) 것을 괴로워하며 생각하니 '괴로워할 뇌, 생각할 뇌'

※ 脳 : 몸(月)의 머릿속에 점들(丷)처럼 흉한(凶) 모습으로 들어 있는 뇌니 '뇌 뇌'

- 총 12획 3급 부수 心
- 영 vexed, think
- 중 nǎo
- 일 ノウ(なやむ)

苦惱(고뇌), **煩惱**(번뇌), **百八煩惱**(백팔번뇌)

尿

주검(尸)으로 소화되어 나오는 물(水)이 오줌이니
오줌 뇨

※ 尸(주검 시, 몸 시), 水(물 수)

- 총 7획 2급 부수 尸
- 영 urine
- 중 niào, suī
- 일 ニョウ(ゆばり)

糖尿(당뇨), **放尿**(방뇨), **糞尿**(분뇨), **泌尿器**(비뇨기)

訥 讷

말(言)이 입안(內)에서만 맴돌아 더듬으니
말더듬을 눌

※ 言(말씀 언), 內(안 내, 나인 나)

- 총 11획 1급 부수 言
- 영 stammer
- 중 nè
- 일 トツ

訥辯(눌변)··**達辯**(달변), **訥言**(눌언), **語訥**(어눌)

紐 纽

실(糸)처럼 소(丑)를 매는 끈이니
맬 뉴, 끈 뉴

※ 糸(실 사, 실 사 변), 丑(소 축, 둘째 지지 축)

- 총 10획 1급 부수 糸
- 영 tie, cord
- 중 niǔ
- 일 チュウ(ひも)

紐帶(유대), **結紐**(결뉴), **革紐**(혁뉴)

能

곰은 주둥이(厶)와 몸뚱이(月), 그리고 네 발(匕)로 재주 부림이 능하니 **능할 능**

※ 厶('사사로울 사, 나 사'나 여기서는 곰의 주둥이로 봄), 月(달 월, 육 달 월), 匕('비수 비, 숟가락 비' 둘이나 여기서는 곰의 네 발로 봄)

- 총 10획 5급 부수 肉
- 영 ability
- 중 néng
- 일 ノウ(あたう)

能動(능동), **能力**(능력), **可能**(가능), **有能**(유능)

尼

총 5획 2급 부수 尸
- 英 a Buddhist nun
- 中 ní
- 日 ニ(あま)

몸(尸)의 머리털을 비수(匕)로 깎은 여승이니
여승 니

* 尸(주검 시, 몸 시), 匕(비수 비, 숟가락 비)
* 비수 – 짧고 날카로운 칼.

尼僧(이승), **比丘尼**(비구니), **釋迦牟尼**(석가모니)

泥

총 8획 3Ⅱ급 부수 水
- 英 mud
- 中 ní, nì
- 日 デイ(どろ)

물(氵)에 이겨 집의 몸(尸) 같은 벽에 비수(匕) 같은 흙손으로 바르는 진흙이니 **진흙 니**

泥工(이공), **泥路**(이로), **泥田鬪狗**(이전투구)

溺

총 13획 2급 부수 水
- 英 drown
- 中 nì
- 日 デキ(おぼれる)

물(氵)에 약하면(弱) 빠지니
물에 빠질 닉 참 泳(헤엄칠 영)

* 弱(약할 약)

溺死(익사), **溺愛**(익애), **耽溺**(탐닉)

匿

총 11획 1급 부수 匚
- 英 hide
- 中 nì
- 日 トク(かくす)

감추어(匚) 만약(若)의 것까지 숨기고 숨으니
숨길 닉, 숨을 닉

* 匚(감출 혜, 덮을 혜, = 匸), 若(만약 약, 같을 약, 너 약)

匿名(익명), **隱匿**(은닉)

명언 **三思一言**(삼사일언) 세 번 생각하고 한 번 말하라.
▶思(생각 사), 言(말씀 언)

多

총 6획 6급 부수 夕
- 🇬🇧 many
- 🇨🇳 duō
- 🇯🇵 タ(おおい)

(세월이 빨라) 저녁(夕)과 저녁(夕)이 거듭되어 많으니
많을 다

※ 夕(저녁 석), 세월이 빨라 하루하루가 금방금방 감을 생각하고 만든 글자지요.

多讀(다독), **多多益善**(다다익선), **多福**(다복)

茶

총 10획 3II급 부수 ++
- 🇬🇧 tea
- 🇨🇳 chá
- 🇯🇵 チャ·サ

풀(++)처럼 사람(人)이 나무(木) 잎을 끓여 마시는 차니 **차 차, 차 다**

※ ++(초 두), 人(사람 인), 木(나무 목)

綠茶(녹차), **葉茶**(엽차), **花茶**(화차), **茶菓**(다과)

丹

총 4획 3II급 부수 丶
- 🇬🇧 red
- 🇨🇳 dān
- 🇯🇵 タン(あか)

성(冂) 안에 불똥(丶) 하나(一)가 붉으니
붉을 단
또 붉게 피는 모란이니 **모란 란** ㈜ 舟(배 주)

※ 冂(멀 경, 성 경), 丶(점 주, 불똥 주), 모란은 꽃도 좋고 뿌리는 한약재로 사용되니 화초명은 '모란', 약초명은 '목단'이라 하지요.

丹心(단심), **丹粧**(단장), **丹楓**(단풍), **牡丹**(모란)

旦

총 5획 3II급 부수 日
- 🇬🇧 morning
- 🇨🇳 dàn
- 🇯🇵 タン(あした)

해(日)가 지평선(一) 위로 떠오르는 아침이니
아침 단

※ 日(해 일, 날 일), 一('한 일'이나 여기서는 지평선으로 봄), 아침 단(旦)은 설날 같은 아주 특별한 아침에, 아침 조(朝)는 보통의 아침에 쓰이지요.

元旦(원단), **早旦**(조단), **一旦**(일단)

但

총 7획 3II급 부수 人
- 🇬🇧 only, merely
- 🇨🇳 dàn
- 🇯🇵 タン(ただし)

사람(亻)은 아침(旦)이면 다만 그날 일만 생각하니
다만 단

※ 다만-다른 것이 아니라 오로지.

但只(단지), **但書**(단서), *端緒(단서), **非但**(비단)

短

총 12획 6급 부수 矢
- 英 short, deficient
- 中 duǎn
- 日 タン(みじかい)

화살(矢)이 콩(豆)만하여 짧고 모자라니
짧을 단, 모자랄 단

※ 矢(화살 시), 豆(제기 두, 콩 두)

短縮(단축) ↔ **延長**(연장), **長短**(장단), **短點**(단점)

團 团

총 14획 5급 부수 囗
- 英 round, be gathered
- 中 tuán
- 日 ダン

에워싼(囗) 듯 오로지(專) 하나로 둥글게 모이니
둥글 단, 모일 단 약 団 : 에워싼(囗) 듯 법도(寸)에 맞게 둥글게 모이니 '둥글 단, 모일 단'

※ 중국어 간체자는 团, 일본어 약자는 団이네요.
※ 囗(에운 담), 專(오로지 전, 마음대로 할 전), 寸(마디 촌, 법도 촌)

瓊團(경단), **團結**(단결), **團合**(단합), **集團**(집단)

端

총 14획 4Ⅱ급 부수 立
- 英 end, neat, clue
- 中 duān
- 日 タン(はし)

서(立) 있는 곳이 산(山)으로 이어진(而) 끝이니
끝 단
또 끝에 서면 마음이나 옷차림을 단정히 하여
다음 일의 실마리를 찾으니 **단정할 단, 실마리 단**

※ 立(설 립), 而(말 이을 이, 어조사 이)

末端(말단), **尖端**(첨단), **端整**(단정), **端緖**(단서)

湍

총 12획 2급 부수 水
- 英 torrent
- 中 tuān
- 日 タン

물(氵)이 산(山)으로 이어진(而) 좁은 곳을 흐르는
여울이니 **여울 단** 유 瑞(상서로울 서)

※ 여울 – 강이나 바다의 바닥이 얕거나 폭이 좁아 물살이 세차게 흐르는 곳.

湍水(단수), **急湍**(급단)

亶

총 13획 특Ⅱ급 부수 亠
- 英 high, credit
- 中 dǎn, dàn
- 日 タン

머리(亠) 돌려(回) 아침(旦)부터 일에 열중하면
높고 믿음직스러우니 **높을 단, 믿음 단**

※ 행단(杏亶·杏壇) – 학문을 닦는 곳을 이르는 말. (공자가 은행나무 단상에서 제자를 가르쳤다는 고사에서 유래)
※ 亠(머리 부분 두), 回(돌 회, 돌아올 회, 횟수 회), 旦(아침 단), 杏(살구나무 행, 은행 행)

壇 坛

흙(土)을 높이(亶) 쌓아 만든 제단이나 단상이니
제단 단, 단상 단

※ 제단(祭壇) - 제사를 드리는 단.

壇上(단상), **教壇**(교단), **論壇**(논단), **登壇**(등단)

- 총 16획 5급 부수 土
- 영 altar, platform
- 중 tán
- 일 ダン

檀

나무(木) 중 단단하여 높이(亶) 만들 때 쓰는
박달나무나 향나무니 **박달나무 단, 향나무 단**

※ 박달나무는 단단하여 높은 단상을 만들고 도장을 파거나 방망이 등 여러 생활도구를 만드는 데 쓰이지요.

※ 단군신화를 보면 하늘의 왕 환인의 아들 환웅이 태백산(지금의 묘향산) 신단수(神檀樹) 아래로 내려오는데, 여기에 나오는 신단수(神檀樹)에 박달나무 단(檀)이 들었으니 단군(檀君)에도 박달나무 단(檀)을 쓰나 봐요.

※ 神(귀신 신, 신비할 신), 樹(세울 수, 나무 수)

檀君(단군), **檀紀**(단기), **震檀**(진단)

- 총 17획 4II급 부수 木
- 영 a kind of birch, aromatic trees
- 중 tán
- 일 ダン(まゆみ)

斷 断

상자(匸)의 물건을 조금(幺)씩 꺼내어 도끼(斤)로
끊으니 **끊을 단**
또 끊듯이 무슨 일을 결단하니 **결단할 단** 약 断 : 감춰(匸) 놓은 쌀(米)이 나오도록 도끼(斤)로 끊으니 '끊을 단', 또 끊듯이 무슨 일을 결단하니 '결단할 단'

※ 匚[상자 방(匚)의 변형], 幺(작을 요, 어릴 요), 斤(도끼 근, 저울 근), 匸(감출 혜, 덮을 혜, = 匚), 米(쌀 미)

斷念(단념), **斷食**(단식), **決斷**(결단), **勇斷**(용단)

- 총 18획 4II급 부수 斤
- 영 cut, decide
- 중 duàn
- 일 ダン(たつ)

段

언덕(阝)을 치고(殳) 깎아서 일정한 간격으로 만든
계단이니 **계단 단**
또 계단 같은 차례니 **차례 단** 속 段 : 빌릴 가, 허물 가, 계단 단, 차례 단(段)의 속자.

※ 阝[언덕 애(厓)의 변형], 殳(칠 수, 창 수, 몽둥이 수)

階段(계단), **段階**(단계), **昇段**(승단), **初段**(초단)

- 총 9획 4급 부수 殳
- 영 stair, order
- 중 duàn
- 일 ダン

단

鍛 锻
- 총 17획 2급 부수 金
- 英 refine
- 中 duàn
- 日 タン(きたえる)

쇠(金)를 차례(段)로 불에 달구어 두드리니 **쇠 불릴 단**
또 쇠 불리듯 단련하니 **단련할 단**

* 金(쇠 금, 금 금, 돈 금, 성씨 김),
* 쇠 불리다-쇠를 불에 달구어 성질을 변화시키다.

鍛鋼(단강), 鍛工(단공), 鍛金(단금), 鍛鍊(단련)

緞 缎
- 총 15획 1급 부수 糸
- 英 satin
- 中 duàn
- 日 タン

실(糸)을 차례(段)로 짠 비단이니 **비단 단** 참 緋(비단 비, 붉을 비)

* 糸(실 사, 실 사 변)

緞屬(단속), 緞子(단자), 綢緞(주단), 紬緞(주단)

單 单
- 총 12획 4II급 부수 口
- 英 single, lonely
- 中 dān, chán
- 日 タン(ひとつ)

식구들의 입들(口口)을 굶기지 않기 위해 밭(田)에 많이(十) 나가 일하는 혼자니 **홑 단, 오랑캐 임금 선**

약 单 : 반짝이는 불꽃처럼(丷) 밭(田)에 많이(十) 나가 일하는 혼자니 '홑 단'

* 田(밭 전), 十(열 십, 많을 십), 홑-낱, 하나.

單價(단가), 單獨(단독), 單數(단수), 單于(선우)

簞 箪
- 총 18획 1급 부수 竹
- 英 a bamboo basket, a lunch basket
- 中 dān 日 タン

대(竹) 하나(單)로 만든 소쿠리나 밥그릇이니 **소쿠리 단, 밥그릇 단**

* 소쿠리-대나 싸리로 엮어 위가 트이고 테가 둥근 그릇.
* 竹(대 죽), 그릇이 귀하던 옛날에는 대로 소쿠리나 밥그릇 등 여러 생활도구를 만들어 썼지요.

簞食瓢飮(단사표음), 簞瓢陋巷(단표누항)

蛋
- 총 11획 1급 부수 虫
- 英 bird's egg
- 中 dàn
- 日 タン

발(疋) 없는 벌레(虫)는 새알이니 **새알 단** 유 蠶(누에 잠)

* 疋(짝 필, 발 소), 虫(벌레 충), 새알은 살아 있지만 발은 없지요.

蛋白質(단백질), 蛋黃(단황), 鷄蛋(계단)

象

총 9획 특II급 부수 彑
- 영 cut
- 중 tuàn

엇갈려(彑) 돼지(豕)가 여기저기를 물어 끊으니
끊을 단

* 彑(엇갈리는 모양), 豕(돼지 시)
* 원래는 彑로 나누어 부수가 彑이네요. 크(고슴도치 머리 계, 오른손 우)는 변형하여 彑로도 쓰이니까요.

단

達 达

총 13획 4II급 부수 辶
- 영 reach, achieve
- 중 dá
- 일 タツ(たち)

흙(土)에만 살던 양(羊)도 뛰어서(辶) 풀밭에 잘도 이르니 **이를 달**
또 이르도록 익혀 통달하니 **통달할 달**

* 통달(通達) – (어떤 일에) 막힘없이 통하여 훤히 앎.
* 羊(양 양), 辶(뛸 착, 갈 착, = 辶), 通(통할 통)

達成(달성), **傳達**(전달), **達辯**(달변), **達人**(달인)

撻 挞

총 16획 1급 부수 手
- 영 cane
- 중 tà
- 일 タツ

손(扌)으로 빨리 이르도록(達) 매질하니
매질할 달

撻楚(달초), **鞭撻**(편달), **指導鞭撻**(지도편달)

疸

총 10획 1급 부수 疒
- 영 jaundice
- 중 dǎn

병(疒)으로 아침(旦) 햇빛처럼 누렇게 되는
황달이니 **황달 달** ㉰ 疸(등창 저)

* 황달(黃疸) – 살빛이 누렇게 되며 대변은 회백색, 소변은 황색으로 변하는 병.
* 疒(병들 녁), 旦(아침 단), 黃(누를 황)

疸氣(달기), **疸病**(달병), **疸症**(달증), **酒疸**(주달)

淡

총 11획 3II급 부수 水
- 영 clear, pure
- 중 dàn
- 일 タン(あわい)

물(氵)을 덥게(炎) 끓여 소독하면 맑고 깨끗하니
맑을 담, **깨끗할 담**

* 炎(더울 염, 염증 염)

淡水(담수), **濃淡**(농담), **淡淡**(담담), **淡白**(담백)

談 谈

총 15획 5급 부수 言
- 영 converse
- 중 tán
- 일 ダン

말(言) 중 따뜻한(炎) 난롯가에서 주고받는 말씀이니
말씀 담

※ 言(말씀 언)

談笑(담소), **談合**(담합), **美談**(미담), **情談**(정담)

痰

총 13획 1급 부수 疒
- 영 phlegm
- 중 tán
- 일 タン

아플(疒) 때 덥게(炎) 열나면서 목에 생기는 가래니
가래 담

※ 疒(병들 녁)

痰氣(담기), **痰聲**(담성), **祛痰劑**(거담제), **血痰**(혈담)

擔 担

총 16획 4Ⅱ급 부수 手
- 영 load, take charge of
- 중 dān, dàn
- 일 タン(になう)

짐을 손(扌)으로 살펴(詹) 메거나 맡으니
멜 담, 맡을 담   약) 担 : 손(扌)으로 아침(旦)마다 짐을 메거나 맡으니 '멜 담, 맡을 담'

※ 詹(이를 첨, 살필 첨)

擔當(담당), **擔保**(담보), **負擔**(부담), **分擔**(분담)

膽 胆

총 17획 2급 부수 肉
- 영 the gall, courage
- 중 dǎn
- 일 タン(きも)

몸(月) 상태를 살펴(詹) 필요한 만큼의 쓸개즙을 내는
쓸개니 **쓸개 담**
또 쓸개와 관련 있는 담력이니 **담력 담**   약) 胆

※ 담력(膽力) - 겁이 없고 용감한 기운.

膽囊(담낭), **膽石**(담석), **膽大**(담대), **大膽**(대담)

憺

총 16획 1급 부수 心
- 영 peace, anxious
- 중 dàn
- 일 タン(やすらか)

마음(忄)을 가만히 살펴(詹)보면 편안하거나
불안하니 **편안할 담, 불안할 담**

※ 忄(마음 심 변)

憺然(담연), **憺畏**(담외), **慘憺**(참담)

澹

총 16획 1급 부수 水
- 英 pure, indifferent
- 中 dàn

물(氵)이 밑바닥까지 살필(詹) 수 있도록 맑으니 **맑을 담**
또 맑아서 담박하니 **담박할 담**

※ 담박(澹泊)하다(≒ 담백하다) – ㉠욕심이 없고 마음이 깨끗하다. ㉡ 아무 맛이 없이 싱겁다. ㉢음식이 느끼하지 않고 산뜻하다. ㉣빛깔이 진하지 않고 산뜻하다. 泊(배댈 박, 묵을 박, 산뜻할 박)

暗澹(암담), **澹艷**(담염) – 산뜻하고 아름다움.

覃

총 12획 특Ⅱ급 부수 襾
- 英 deep, wide, reach
- 中 tán

덮여(襾) 일찍(早)부터 생겨 깊고 넓게 미치니
깊을 담, 넓을 담, 미칠 담

※ 襾(덮을 아), 早(일찍 조)

譚

총 19획 1급 부수 言
- 英 discourse
- 中 tán
- 日 タン

말(言)로 깊은(覃) 속마음을 털어놓는 이야기니
이야기 담 (≒ 談)

※ 言(말씀 언)

譚論·談論(담론), **譚詩**(담시), **民譚**(민담)

潭

총 15획 2급 부수 水
- 英 pool
- 中 tán

물(氵)이 깊은(覃) 못이니
못 담

潭水(담수), **潭深**(담심), **潭陽郡**(담양군),
白鹿潭(백록담)

曇

총 16획 1급 부수 日
- 英 cloudy
- 中 tán
- 日 ドン(くもる)

해(日) 아래 구름(雲)이 있으면 흐리니
흐릴 담

※ 雲(구름 운)

曇天(담천), **晴曇**(청담) – (날씨의) 맑음과 흐림. 晴(날 갤 청)

畓

총 9획 3급 부수 田
- 英 rice field
- 中 dá

물(水)을 밭(田)에 넣어 만든 논이니
논 답

※ 水(물 수), 田(밭 전)

田畓 (전답), **門前沃畓** (문전옥답), 宗畓 (종답)

沓

총 8획 특급 부수 水
- 英 unite, lively
- 中 tà, dá
- 日 トウ

물(水)이 햇(日)볕에 증발하여 활발하게 합하니
활발할 답, 합할 답

※ 日(해 일, 날 일)

沓合 (답합), 沓雜 (답잡)

踏

총 15획 3II급 부수 足
- 英 tread
- 中 tà, tā
- 日 トウ(ふむ)

발(足)을 활발하게(沓) 움직여 밟으니
밟을 답

※ 足(발 족, 넉넉할 족)

踏步 (답보), 踏査 (답사), 踏襲 (답습), 踏破 (답파)

答

총 12획 7급 부수 竹
- 英 answer, repay
- 中 dá, dā
- 日 トウ(こたえる)

대(竹)쪽에 글을 써 물음에 맞게(合) 대답하고 갚으니
대답할 답, 갚을 답

※ 竹(대 죽), 종이가 없던 시절에는 대쪽에 글을 써서 주고받았지요.

答辯 (답변), 應答 (응답), 答禮 (답례), 報答 (보답)

遝

총 14획 1급 부수 辵
- 英 flows into one place
- 中 tà

그물(罒)처럼 좌우로 퍼져(氺) 몰려가니(辶)
몰릴 답 ㉮ 還(돌아올 환), 鰥(홀아비 환)

※ 罒(그물 망, = 网, 罓), 辶(뛸 착, 갈 착, = 辵)

遝至 (답지) - 한 군데로 몰려듦. 至(이를 지, 지극할 지)

唐

총 10획 3II급 부수 口
- 영 dismay, fabulous, name of a nation
- 중 táng 일 トウ(から)

집(广)에서라도 손(크)에 회초리(丨) 들고
입(口)으로 갑자기 소리치면 황당하니
갑자기 당, 황당할 당, 당나라 당

※ 广(집 엄), 크(고슴도치 머리 계, 오른손 우), 丨('뚫을 곤'이나 여기서는 회초리로 봄), 황당(荒唐) - (언행이) 거칠고 거짓이 많음.

唐突(당돌), **唐惶**(당황), **荒唐無稽**(황당무계)

糖

총 16획 3II급 부수 米
- 영 sugar, candy
- 중 táng
- 일 トウ

쌀(米) 밥에 엿기름을 넣으면 갑자기(唐) 단맛으로
바뀌어 되는 사탕이니 **사탕 당·탕**

※ 米(쌀 미)

糖度(당도), **糖分**(당분), **糖水肉**(탕수육), **雪糖**(설탕)

塘

총 13획 2급 부수 土
- 영 pond
- 중 táng
- 일 トウ

흙(土)으로 갑자기(唐) 막혀 물이 고인 연못이니
연못 당

※ 土(흙 토)

池塘(지당), **春塘臺**(춘당대),
盆唐(분당) - 경기도 성남시 남부에 있는 지역.

當 当

총 13획 5급 부수 田
- 영 suitable, confront
- 중 dāng, dàng
- 일 トウ(あたる)

숭상하여(尚) 전답(田)을 잘 가꾸는 일처럼
마땅하니 **마땅할 당**
또 마땅하게 어떤 일을 당하니 **당할 당** 약 当

※ 尚(오히려 상, 높을 상, 숭상할 상), 田(밭 전), 옛날에는 모두 농사를 지었으니 전답을 생명처럼 가꿨지요.

當然(당연), **當爲**(당위), **當到**(당도), **當番**(당번)

棠

총 12획 1급 부수 木
- 영 crab apple, sweetbrier
- 중 táng

숭상하여(尚) 기르는 나무(木)는
아가위나 해당화니 **아가위 당, 해당화 당**

※ 아가위 - 아가위나무 열매로, 한방에서는 산사자(山査子)라고 함.
※ 해당화(海棠花) - 장미과의 낙엽 활엽 교목. 바닷가의 모래땅이나 산기슭에 남.
※ 海(바다 해), 花(꽃 화)

당

黨 党

총 20획 4II급 부수 黑
- 영 group
- 중 dǎng
- 일 トウ(たむら)

높은(尙) 뜻을 품고 어두운(黑) 현실을 개척하려고 모인 무리니 **무리 당** 약 党 : (어떤 뜻을) 숭상하는(尙) 사람(儿)들의 무리니 '무리 당'

※ 黑(검을 흑), 儿(어진 사람 인, 사람 인 발)

黨派(당파), **朋黨**(붕당), **作黨**(작당), **不偏不黨**(불편부당) - 어느 쪽으로 치우치지도 않고 무리 짓지도 않음.

堂

총 11획 6급 부수 土
- 영 hall, commanding
- 중 táng
- 일 ドウ

높이(尙) 흙(土)을 다져 세운 집이니
집 당
또 집에서처럼 당당하니 **당당할 당**

講堂(강당), **食堂**(식당), **殿堂**(전당),
正正堂堂(정정당당) - 바르고 당당함.

螳

총 17획 1급 부수 虫
- 영 mantis
- 중 táng
- 일 トウ

벌레(虫) 중 당당한(堂) 모습인 버마재비니
버마재비 당

※ 虫(벌레 충), 버마재비 - 사마귀.

螳螂拒轍(당랑거철), **螳螂窺蟬**(당랑규선)

撞

총 15획 1급 부수 手
- 영 hit
- 중 zhuàng
- 일 ドウ(つく)

손(扌)으로 아이(童)처럼 무엇을 치니
칠 당

※ 童(아이 동), 아이들은 손을 가만 놓아두지 않고 무엇을 하거나 침을 생각하고 만든 글자.

撞球(당구), **撞棒**(당봉), **自家撞着**(자가당착)

大

총 3획 8급 제부수
- 영 big, great
- 중 dà, dài
- 일 ダイ(おお)

양팔 벌려(一) 사람(人)이 큼을 나타내서
큰 대

※ 一('한 일'이나 여기서는 양팔 벌린 사람의 모습으로 봄), 세상에서 제일 큰 것은 하늘이지만 그 형상을 본떠 그릴 수 없기 때문에 양팔 벌린 사람의 모습으로 크다는 뜻을 나타내게 되었지요.

大量(대량), **大望**(대망), **大同小異**(대동소이)

- 총 5획 6급 부수 人
- 英 instead of, generation
- 中 dài
- 日 ダイ(かわる)

(전쟁터에서) 사람(亻)이 할 일을 주살(弋)이 대신하니
대신할 대
또 할아버지 아버지를 대신하는 세대니
세대 대 유 伐(칠 벌)

※ 弋(주살 익), 화살이나 주살은 멀리 떨어져 있는 적을 향해 쏠 수도 있고 글이나 불을 묶어 보낼 수도 있으니 사람이 할 일을 대신하지요. '주살'은 줄을 매어 쏘는 화살.

代價(대가), **代辯**(대변), **代表**(대표),
代代孫孫(대대손손) - 오래도록 내려오는 여러 대.

대

- 총 8획 2급 부수 土
- 英 house site
- 中 dài
- 日 しきち

농사짓는 대신(代) 집을 짓는 땅(土)이 집터니
집터 대

垈田(대전), **垈地**(대지), **裸垈地**(나대지)

- 총 12획 3II급 부수 貝
- 英 lend
- 中 dài
- 日 タイ(かす)

사는 대신(代) 돈(貝) 주고 빌리니
빌릴 대

※ 貝(조개 패, 재물 패)

貸與(대여), **貸付**(대부), **貸出**(대출), **賃貸**(임대)

- 총 11획 1급 부수 衣
- 英 sack, bag
- 中 dài
- 日 タイ(ふくろ)

보자기 대신(代) 옷(衣)처럼 씌우는 자루니
자루 대

※ 衣(옷 의)

袋鼠(대서), **布袋**(포대), **包袋**(포대),
酒袋飯囊(주대반낭) - '술 자루 밥 주머니'로, 무능하여 오직 밥이나 축내고 술이나 치우는 아주 쓸모없는 사람을 이르는 말. ≒ 주낭반대(酒囊飯袋).

待

총 9획 6급 부수 彳
- 英 treat, wait
- 中 dài
- 日 タイ(まつ)

천천히 걸어(彳) 절(寺)에 가며 남을 대접하여 같이 가려고 기다리니 **대접할 대, 기다릴 대**

※ 彳(조금 걸을 척), 寺(절 사, 관청 시)

待接(대접), **待期**(대기),
鶴首苦待(학수고대) – 학의 머리처럼 길게 늘여 애타게 기다림.

帶 带

총 11획 4II급 부수 巾
- 英 belt, wear
- 中 dài
- 日 タイ(おび)

장식을 꿰어 만든 끈(卅)으로 덮어(冖) 수건(巾)처럼 띠를 차니 **띠 대, 찰 대**

※ 冖(덮을 멱), 巾(수건 건)

腰帶(요대), **帶同**(대동), **帶妻僧**(대처승)

隊 队

총 12획 4II급 부수 阝
- 英 group, troop
- 中 duì
- 日 タイ

언덕(阝)에 여덟(八) 마리의 돼지(豕)가 모인 무리니 **무리 대**
또 무리를 이루는 군대니 **군대 대**

※ 阝(언덕 부 변), 八(여덟 팔, 나눌 팔), 豕(돼지 시)

隊員(대원), **軍隊**(군대), **入隊**(입대), **除隊**(제대)

對 对

총 14획 6급 부수 寸
- 英 reply, answer
- 中 duì
- 日 タイ, ツイ(こたえる)

풀 무성하듯(丵) 많은 사람이 자리(一)에 앉아 정해진 법도(寸)에 따라 상대하고 대답하니 **상대할 대, 대답할 대** 약 対 : 글(文)로 법도(寸)에 따라 상대하고 대답하니 '상대할 대, 대답할 대'

※ 一('한 일'이나 여기서는 자리로 봄), 寸(마디 촌, 법도 촌), 丵 : 매울 신(辛) 위에 점 셋을 더 붙여 풀 무성한 모양을 나타내어 '풀 무성할 착'

對決(대결), **對立**(대립), **對話**(대화), **對答**(대답)

##

별 태, 나 이, 기쁠 이, 누각 대, 정자 대(臺)의 약자 – 별 태(682쪽) 참고

臺 台

총 14획 3II급 부수 至
- 영 high ground, tower, pavilion
- 중 tái 일 ダイ

좋게(吉) 덮어서(冖) 꾸며 이르는(至) 돈대나 누각이니 **돈대 대, 누각 대** 약 台, 坮

※ 吉(길할 길, 상서로울 길), 冖(덮을 멱), 至(이를 지, 지극할 지), 돈대-물건을 얹는 높고 평평한 곳.
※ 누각(樓閣)-사방을 바라볼 수 있도록 문과 벽이 없이 다락처럼 높이 지은 집. 樓(다락 루, 누각 루, 층 루), 閣(누각 각, 내각 각)

舞臺(무대), **寢臺**(침대), **土臺**(토대), **展望臺**(전망대)

ㄷ

대

擡 抬

총 17획 1급 부수 手
- 영 raise
- 중 tái
- 일 タイ(もたげる)

손(扌)으로 누각(臺)처럼 높이 드니
들 대 약 抬

擡頭(대두) - (어떤 현상이) 고개를 듦. 頭(머리 두, 우두머리 두)

戴

총 17획 2급 부수 戈
- 영 respect, carry on the head
- 중 dài 일 タイ(いただく)

끊어(𢦏) 버리고 다른(異) 사람을 추대하여 받드니
받들 대, 또 받들듯 머리에 이니 **머리에 일 대**

※ 𢦏 : 많이(十) 창(戈)으로 찍어 끊으니 '끊을 재' - 실제 쓰이는 글자는 아니나 여러 글자를 참고하여 추정해 본 글자.
※ 十(열 십, 많을 십), 戈(창 과), 異(다를 이)

推戴(추대), **戴冠式**(대관식), **男負女戴**(남부여대)

宅

집 택, 집 댁 - 집 택(683쪽) 참고

悳

총 12획 2급 부수 心
- 영 virtue
- 중 dé

바르게(直) 대하는 마음(心)이 덕이니
덕 덕

※ 德(덕 덕, 클 덕)의 고자(古字).
※ 고자(古字) - (옛날에는 많이 쓰였으나 지금은 잘 쓰이지 않는) 옛글자.
※ 덕(德) - 공정하고 남을 넓게 이해하고 받아들이는 마음이나 행동.
※ 直(곧을 직, 바를 직), 心(마음 심, 중심 심), 古(오랠 고, 옛 고), 字(글자 자)

德

총 15획 5급 부수 彳
- 英 virtue, big
- 中 dé
- 日 トク

행실(彳)이 덕스러우니(悳) **덕 덕**
또 덕이 있으면 크게 쓰이니 **클 덕**

※ 悳[덕 덕(惠)의 변형] - 罒('그물 망'이나 여기서는 눈 목(目)을 눕혀 놓은 모습으로 봄. 덕 덕(悳)에 행동을 강조하는 조금 걸을 척(彳)을 붙여 덕 덕, 클 덕(德)이 된 것이지요.

德談(덕담), **背恩忘德**(배은망덕), **德用**(덕용)

挑

총 9획 3급 부수 扌
- 英 incite
- 中 tiāo, tiǎo
- 日 チョウ(いどむ)

손(扌)으로 조짐(兆)을 보여 끌어내니
끌어낼 도

※ 兆(조짐 조, 조 조)

挑發(도발), **挑戰**(도전), **挑出**(도출)

桃

총 10획 3II급 부수 木
- 英 peach
- 中 táo
- 日 トウ(もも)

나무(木)에 열린 조(兆) 자 모양의 무늬가 있는
복숭아니 **복숭아 도**

※ 木(나무 목), 복숭아나 앵두에는 조(兆) 자 모양의 무늬가 있지요.

桃花(도화), **黃桃**(황도), **武陵桃源**(무릉도원)

逃

총 10획 4급 부수 辶
- 英 runaway, escape
- 中 táo
- 日 トウ(にげる)

조짐(兆)을 알아차리고 뛰어(辶) 달아나니
달아날 도

※ 辶(뛸 착, 갈 착, = 辵)

逃亡(도망), **逃走**(도주), **逃避**(도피)

跳

총 13획 3급 부수 足
- 英 jump
- 中 tiào
- 日 チョウ(はねる)

발(足)로 무슨 조짐(兆)이라도 본 듯 뛰니
뛸 도

※ 足(발 족, 넉넉할 족)

跳舞(도무), **跳躍**(도약),
棒高跳(봉고도) - 장대 높이 뛰기, 棒(몽둥이 봉), 高(높을 고)

刀

총 2획 3II급 제부수
- 영 knife
- 중 dāo
- 일 トウ(かたな)

칼을 본떠서
칼 도

※ 칼 도(刀)가 글자의 방으로 쓰일 때는 '칼 도 방(刂)'이지요.

短刀(단도), **面刀**(면도), **一刀兩斷**(일도양단)

到

총 8획 5급 부수 刂
- 영 reach, arrive, elaborate
- 중 dào
- 일 トウ

무사히 목적지에 이르려고(至) 위험을 대비하여 칼(刂)을 가지고 이를 정도로 주도면밀하니
이를 도, 주도면밀할 도

※ 주도면밀(周到綿密) - (주의가) 두루 이르러(미쳐) 자세하고 빈틈이 없음.
※ 至(이를 지, 지극할 지), 刂(칼 도 방), 周(두루 주, 둘레 주), 綿(솜 면, 자세할 면, 이어질 면), 密(빽빽할 밀, 비밀 밀)

到達(도달), **殺到**(쇄도), **用意周到**(용의주도)

倒

총 10획 3II급 부수 人
- 영 fall, reverse
- 중 dǎo, dào
- 일 トウ(たおれる)

사람(亻)에 이르는(至) 것이 칼(刂)이면 찔려 넘어지고 거꾸로 되니 **넘어질 도, 거꾸로 도**

罵倒(매도), **卒倒**(졸도), **倒置**(도치),
主客顚倒(주객전도)

徒

총 10획 4급 부수 彳
- 영 only, walk, crowd
- 중 tú
- 일 ト(いたずら)

한갓 걷거나(彳) 달리는(走) 무리니
한갓 도, 걸을 도, 무리 도

※ 彳 : 사거리를 본떠서 만든 다닐 행(行)의 왼쪽 부분으로 '조금 걸을 척', 走(달릴 주, 도망갈 주)

徒勞無功(도로무공), **無爲徒食**(무위도식),
徒步(도보), **信徒**(신도)

途

총 11획 3II급 부수 辶
- 영 road
- 중 tú
- 일 ト(みち)

여유 있게(余) 걸어 다닐(辶) 수 있도록 만든 길이니 **길 도**

※ 余[나 여, 남을 여(餘)의 속자], 辶(뛸 착, 갈 착, = 辵)

途上(도상), **途中**(도중), **中途**(중도), **仕途**(사도)

塗 涂

총 13획 3급 부수 土
- 英 paint, mud
- 中 tú
- 日 ト(ぬる)

물(氵)을 남은(余) 흙(土)에 부어 이겨 바르는 진흙이니 **바를 도, 진흙 도**

※ '길 도(途)'의 뜻으로도 쓰입니다.
※ 진흙 - ㉠빛깔이 붉고 차진 흙. ㉡질척질척하게 짓이겨진 흙.

塗色(도색), **糊塗**(호도), **一敗塗地**(일패도지)

盜 盗

총 12획 4급 부수 皿
- 英 thief
- 中 dào
- 日 トウ(ぬすむ)

침(氵) 흘리며 하품하듯(欠) 입 벌리고 그릇(皿)의 음식을 먹으려고 훔치니 **훔칠 도**

※ 氵('삼 수 변'이나 여기서는 침으로 봄), 欠(하품 흠), 皿(그릇 명)

盜用(도용), **盜聽**(도청), **强盜**(강도), **竊盜**(절도)

度

총 9획 6급 부수 广
- 英 law, level, consider
- 中 dù, duó
- 日 ド(たび)

집(广)에서 스물(廿) 한(一) 번이나 손(又)으로 법도에 따라 정도를 헤아리니
법도 도, 정도 도, 헤아릴 탁

※ 广(집 엄), 廿(스물 입), 又(오른손 우, 또 우), 廿은 아래를 막아도 스물 입(廿)이나 보다 분명하도록 나누어 풀었어요.

制度(제도), **程度**(정도), **强度**(강도), **忖度**(촌탁)

渡

총 12획 3ⅠI급 부수 水
- 英 cross over
- 中 dù
- 日 ト(わたる)

물(氵) 깊이를 헤아려(度) 건너니
물 건널 도

渡江(도강), **渡河**(도하), **不渡**(부도), **過渡期**(과도기)

鍍 镀

총 17획 1급 부수 金
- 英 gild
- 中 dù
- 日 ト

쇠(金) 표면을 법도(度)에 맞게 칠하여 도금하니
도금할 도

※ 金(쇠 금, 금 금, 돈 금, 성씨 김)

鍍金(도금), **眞金不鍍**(진금부도) - '진짜 금은 도금하지 아니함'으로, 참으로 유능한 사람은 겉치레를 하지 않음을 비유하여 이르는 말.

圖 图

총 14획 6급 부수 口
- 英 picture, attempt
- 中 tú
- 日 ズ, ト(はかる)

종이(口)에 말하듯(口) 머리(亠) 돌리며(回)
그림을 그리고 꾀하니 **그림 도, 꾀할 도** 약 図

※ 口('에운 담'이지만 여기서는 종이로 봄), 口(입 구, 말할 구, 구멍 구), 亠(머리 부분 두), 回(돌 회, 돌아올 회, 횟수 회), 꾀하다 – 어떤 일을 이루려고 뜻을 두거나 힘을 쓰다.

圖案(도안), **地圖**(지도), **試圖**(시도), **意圖**(의도)

도

滔

총 13획 1급 부수 水
- 英 overflow
- 中 tāo
- 日 トウ

물(氵)이 퍼낸(舀) 듯이 넘치니
물 넘칠 도

※ 舀 – 손(爫)으로 절구(臼)에서 퍼내니 '절구 요, 퍼낼 요'
※ 爫(손톱 조), 臼(절구 구)

滔滔(도도), **滔天**(도천), **滔蕩**(도탕)

蹈

총 17획 1급 부수 足
- 英 tread on
- 中 dǎo
- 日 トウ(ふむ)

발(足)로 절구(舀)에 곡식을 찧는 것처럼 밟으니
밟을 도

※ 足(발 족, 넉넉할 족), 옛날에는 디딜방아로 방아를 찧었는데, 절구 속에 곡식을 넣고 발로 방아를 밟아 찧었지요.

蹈海(도해), **舞蹈**(무도), **舞蹈會**(무도회), **足蹈**(족도)

稻

총 15획 3급 부수 禾
- 英 rice plant
- 中 dào
- 日 トウ(いね)

(옛날에 벼는 절구로 찧었으니)
벼 화(禾)에 절구 요(舀)를 붙여서 **벼 도**

※ 禾(벼 화)

稻作(도작), **稻熱病**(도열병), **立稻先賣**(입도선매)

道

총 13획 7급 부수 辶
- 英 road, truth, speak
- 中 dào
- 日 ドウ(みち)

머리(首) 두르고 가는(辶) 길이니 **길 도**
또 가는 길처럼 사람이 지켜야 할 도리니 **도리 도**
또 도리에 맞게 말하니 **말할 도, 행정구역의 도**

※ 首(머리 수, 우두머리 수), 辶(뛸 착, 갈 착, = 辵)

道路(도로), **修道**(수도), **倡道**(창도), **道伯**(도백)

ㄷ

導 导
총 16획 4II급 부수 寸
- 英 guide
- 中 dǎo
- 日 ドウ(みちびく)

도리(道)와 법도(寸)에 맞게 인도하니
인도할 도

* 인도(引導) - ㉠끌어 인도함. ㉡가르쳐 일깨움.
* 寸(마디 촌, 법도 촌), 引(끌 인)

啓導(계도), **善導**(선도), **領導**(영도), **指導**(지도)

悼
총 11획 2급 부수 心
- 英 grieve
- 中 dào
- 日 トウ(いたむ)

마음(忄)에 높아진(卓) 감정으로 슬퍼하니
슬퍼할 도

* 卓(높을 탁, 우뚝할 탁, 탁자 탁), 슬프면 마음이 격해지지요.

悼歌(도가), **悼詞**(도사), **哀悼**(애도), **追悼**(추도)

掉
총 11획 1급 부수 手
- 英 shake
- 中 diào
- 日 トウ, チョウ

손(扌)을 높이(卓) 들어 흔드니
흔들 도

掉頭(도두), **掉尾**(도미)

堵 堵
총 12획 1급 부수 土
- 英 wall
- 中 dǔ
- 日 ト(かき)

흙(土)으로 사람(者)이 쌓은 담이니
담 도

* 者(놈 자, 것 자), 흙으로 쌓은 담을 토담이라 하지요.

堵列(도열), **安堵**(안도), **安堵感**(안도감) - '편안하게 담 안에 있는 느낌'으로, 안심이 되는 마음.

賭 赌
총 16획 1급 부수 貝
- 英 gamble
- 中 dǔ
- 日 ト(かける)

돈(貝)을 걸고 사람(者)이 내기하거나 도박하니
내기 도, 도박 도

* 貝(조개 패, 재물 패)

賭技(도기), **賭博**(도박), **定賭**(정도)

睹 睹

총 14획 1급 부수 目
- 영 see
- 중 dǔ

눈(目)으로 사람(者)이 보니
볼 도

※ 目(눈 목, 볼 목, 항목 목)

睹聞(도문), **目睹**(목도)

都 都

총 12획 5급 부수 邑
- 영 city, all
- 중 dōu, dū
- 일 ト, ツ(みやこ)

사람(者)들이 많이 사는 고을(阝)은 도시니 **도시 도**
또 도시는 사람이 많아 모두 모인 것 같으니
모두 도, 성씨 도

※ 阝(고을 읍 방)

都農(도농), **首都**(수도), **都合**(도합), **都賣商**(도매상)

屠 屠

총 12획 1급 부수 尸
- 영 slaughter, butcher
- 중 tú
- 일 ト(ほふる)

(짐승을) 주검(尸)처럼 사람(者)이 죽여 잡으니
죽일 도, 잡을 도

※ 尸(주검 시, 몸 시)

屠戮(도륙), **屠殺**(도살), **浮屠**(부도)

島 島

총 10획 5급 부수 山
- 영 island
- 중 dǎo
- 일 トウ(しま)

(바다에서) 새(鳥)들이 사는 산(山)처럼 높은 섬이니
섬 도 (= 嶋)

※ 鳥 [새 조(鳥)의 획 줄임], 山(산 산)

島嶼(도서), **群島**(군도), **半島**(반도), **列島**(열도)

嶋

총 14획 특II급 부수 山
- 영 island
- 중 dǎo

(바다에서) 산(山)처럼 높아 새(鳥)들이 사는 섬이니
섬 도 (= 島) 참 嶼(섬 서)

搗 搗

총 13획 1급 부수 手
- 영 pound, thrash
- 중 dǎo
- 일 トウ(つく)

손(扌)으로 물결이 섬(島)을 때리듯 곡식이나
빨래를 찧거나 두드리니 **찧을 도, 두드릴 도**

＊ 扌(손 수 변)

搗精(도정), 七分搗(칠분도), 搗砧(도침)

陶

총 11획 3Ⅱ급 부수 阜
- 영 earthenware, be intoxicated
- 중 táo
- 일 トウ

언덕(阝)의 가마(匋)에서 구워 만든 질그릇이니
질그릇 도
또 질그릇으로 술을 마시며 즐기니 **즐길 도**

＊ 匋 : 싸(勹) 장군(缶)처럼 만드니 '질그릇 도, 질그릇 가마 도'
＊ 阝(언덕 부 변), 勹(쌀 포), 缶(장군 부)

陶工(도공), 陶器(도기), 陶磁器(도자기), 陶醉(도취)

淘

총 11획 1급 부수 水
- 영 wash, clean out
- 중 táo
- 일 トウ(よなげる)

물(氵)에 질그릇(匋)으로 곡식을 이니
일 도

＊ 일다-바가지·조리 따위의 기구로 물속에 있는 것을 흔들어서, 쓸 것과 못 쓸 것을 가려내는 일. 옛날에는 바가지나 조리 따위의 기구가 없어서 질그릇으로 인다고 한 것이지요.

淘金(도금), 淘淸(도청), 淘汰(도태)

萄

총 12획 1급 부수 艹
- 영 grape, wild grape
- 중 táo
- 일 ドウ

풀(艹) 덩굴이 가마(匋)처럼 덮은 아래에 열리는
포도나 머루니 **포도 도, 머루 도**

＊ 포도나 머루는 덩굴이 위를 덮고 그 아래에 열매가 열리지요.

葡萄(포도), 乾葡萄(건포도), 靑葡萄(청포도)

濤 涛

총 17획 1급 부수 水
- 영 billow
- 중 tāo
- 일 トウ

물(氵)에서 나무의 나이(壽)테처럼 밀려오는
물결이니 **물결 도** 약 涛

＊ 壽(목숨 수, 나이 수, 장수할 수)
＊ 나이테-나무의 줄기를 가로로 자른 면에 나타나는 둥근 테. 1년마다 하나씩 생기므로 그 나무의 나이를 알 수 있지요.

濤雷(도뢰), 濤聲(도성), 怒濤(노도), 波濤(파도)

禱 祷

총 19획 1급 부수 示
- 영 pray
- 중 dǎo
- 일 トウ(いのる)

신(示)에게 목숨(壽)을 보호해 달라고 비니
빌 도 약 祷

※ 示(보일 시, 신 시), 礻(보일 시, 신 시 변), 寿[목숨 수, 나이 수, 장수할 수(壽)의 약자]

禱堂(도당), **祈禱**(기도), **默禱**(묵도), **祝禱**(축도)

燾 焘

총 18획 2급 부수 火
- 영 illuminate, cover, hide
- 중 tāo, dào
- 일 トウ

오랫(壽)동안 불(灬)로 비추니 **비출 도**
또 오랫(壽)동안 불(灬)로 덮고 가리니
덮을 도, 가릴 도 약 焘

※ 壽('목숨 수, 나이 수, 장수할 수'나 여기서는 '오래'의 뜻으로 봄), 灬(불 화 발)

燾育(도육)

毒

총 8획 4Ⅱ급 부수 母
- 영 poison
- 중 dú
- 일 ドク

주인(主)이나 어미(母)는 강하고 독하니 **독할 독**
또 독한 독이니 **독 독**

※ 주인이나 어미가 되면 강하고 독하지요.
※ 主(주인 주), 母(어미 모)

毒感(독감), **毒舌**(독설), **至毒**(지독), **消毒**(소독)

督

총 13획 4Ⅱ급 부수 目
- 영 supervise
- 중 dū
- 일 トク

아저씨(叔)가 보며(目) 감독하니
감독할 독

※ 叔(작은아버지 숙, 아저씨 숙), 目(눈 목, 볼 목, 항목 목)

監督(감독), **督勵**(독려), **督納**(독납), **督促**(독촉)

篤 笃

총 16획 3급 부수 竹
- 영 hearty
- 중 dǔ
- 일 トク(あつい)

대(竹)로 말(馬)을 타던 어린 시절 친구처럼 정이
두터우니 **두터울 독**

※ 竹(대 죽), 馬(말 마), 놀이기구가 없었던 옛날에는 대로 말을 타면서 놀았기 때문에 어린 시절의 친구를 죽마고우(竹馬故友)라 하지요.

篤實(독실), **敦篤**(돈독), **篤志家**(독지가), **危篤**(위독)

獨 独
총 16획 5급 부수 犬
- 영 alone, lonesome
- 중 dú
- 일 ドク(ひとり)

개(犭)와 애벌레(蜀)의 관계처럼 어울릴 수 없어 홀로 지내니 **홀로 독**
또 늙어서 홀로 지내는 자식 없는 사람이니
자식 없을 독 (약) 独

※ 犭(큰개 견, 개 사슴 록 변), 蜀(애벌레 촉, 나라이름 촉)

獨立(독립), **孤獨**(고독), **鰥寡孤獨**(환과고독)

讀 读
총 22획 6급 부수 言
- 영 read, paragraph
- 중 dú, dòu
- 일 ドク(よむ)

말(言)하여 물건을 팔(賣)듯 소리 내어 읽으니
읽을 독
또 띄어 읽는 글의 구절이니 **구절 두** (약) 読

※ 言(말씀 언), 賣(팔 매)

愛讀(애독), **晝耕夜讀**(주경야독), **句讀點**(구두점)

瀆 渎
총 18획 1급 부수 水
- 영 dirty, ditch
- 중 dú
- 일 トク(けがす)

물(氵)이 팔리듯(賣) 조금씩 흐르는 도랑이니
도랑 독
또 도랑은 잘 오염되어 더러우니 **더러울 독**

溝瀆(구독), **瀆汚**(독오), **瀆職**(독직), **冒瀆**(모독)

禿
총 7획 1급 부수 禾
- 영 be short of, bald
- 중 tū
- 일 トク(はげ、はげる)

벼(禾)가 사람(儿)처럼 꼿꼿이만 서 열매 없이 모자라지니 **모자라질 독**
또 모자라진 대머리니 **대머리 독**

※ 禾(벼 화), 儿(어진 사람 인, 사람 인 발), 모자라다 – 물건의 끝이 닳아서 없어지다. 벼가 익으면 고개를 숙여야 하는데 사람처럼 꼿꼿이만 서 있음은 병에 걸려 열매가 익지 않았거나 모자라진 것이지요.

禿山(독산), **禿木**(독목), **禿頭**(독두)

豚
총 11획 3급 부수 豕
- 영 pig
- 중 tún
- 일 トン(ぶた)

(다른 짐승에 비해) 살(月)이 많은 돼지(豕)니
돼지 돈

※ 月(달 월, 육 달 월), 돼지는 다른 짐승에 비해 살이 많기 때문에 돼지 시(豕)에 육 달 월(月)을 붙여 만든 글자.

豚舍(돈사), **豚肉**(돈육), **養豚**(양돈), **種豚**(종돈)

惇

- 총 11획 2급 부수 心
- 영 generous
- 중 dūn
- 일 トン(あつい)

마음(忄)이 기쁨을 누리도록(享) 도타우니
도타울 돈 (= 敦)

※ 忄(마음 심 변), 享(누릴 향), 도탑다 – (인정이나 사랑이) 깊고 많다.

惇大(돈대), **惇德**(돈덕), **惇信**(돈신), **惇惠**(돈혜)

敦

- 총 12획 3급 부수 攵
- 영 warm-hearted
- 중 dūn
- 일 トン(あつい)

행복을 누리도록(享) 치면서(攵) 가르치는
부모의 마음은 도타우니 **도타울 돈**

※ 享(누릴 향), 攵(칠 복, = 攴)

敦篤(돈독), **敦厚**(돈후)

燉

- 총 16획 2급 부수 火
- 영 shine, glitter
- 중 dùn
- 일 トン

불(火)이 도탑게(敦) 빛나며 이글거리니
빛날 돈, 불 이글거릴 돈

※ 火(불 화)
※ 인·지명용 한자

沌

- 총 7획 1급 부수 水
- 영 turbid
- 중 dùn
- 일 トン

물(氵)에 묻힌(屯) 듯 싸여 엉기니
엉길 돈

※ 屯(묻힐 둔, 진칠 둔)

混沌(혼돈), **混沌酒**(혼돈주)

頓

- 총 13획 2급 부수 頁
- 영 kowtow, arrangement
- 중 dùn, dú
- 일 トン(とみに)

묻히도록(屯) 머리(頁) 숙여 조아리며 정돈하니
조아릴 돈, 정돈할 돈

※ 頁(머리 혈), 조아리다 – 상대편에게 존경의 뜻을 보이거나 애원하느라고 이마가 바닥에 닿을 정도로 머리를 자꾸 숙이다.

頓首再拜(돈수재배), **査頓**(사돈), **整頓**(정돈)

突

총 9획 3II급 부수 穴
- 영 suddenly, collide, chimney
- 중 tū
- 일 トツ(つく)

구멍(穴)에서 개(犬)가 갑자기 튀어나와 부딪치니
갑자기 돌, 부딪칠 돌
또 집에서 갑자기 내민 연돌이니 **내밀 돌, 연돌 돌**

※ 옛날에는 개를 풀어놓고 길렀는데 개가 쥐약을 먹거나 쥐약 먹고 죽은 쥐를 먹으면 아궁이 같은 구멍에 들어가 몸부림치지요.
※ 穴(구멍 혈, 굴 혈), 犬(개 견), 연돌(煙突)-굴뚝

突發(돌발), **衝突**(충돌), **突起**(돌기), **溫突**(온돌)

乭

총 6획 2급 부수 石
- 영 name

돌 석(石)과 새 을(乙)의 음과 훈을 결합하여
이름 돌

※ 인·지명용 한자

東 东

총 8획 8급 부수 木
- 영 east
- 중 dōng
- 일 トウ(ひがし)

나무(木) 사이로 해(日)가 떠오르는 동쪽이니 **동쪽 동**
또 동쪽에 앉는 주인이니 **주인 동**
⊕ 柬(가릴 간, 편지 간), 束(묶을 속)

※ 옛날에는 신분에 따라 앉는 방향이 달라서 임금은 북쪽, 신하는 남쪽, 주인은 동쪽, 손님은 서쪽에 자리하고 앉았지요.

東問西答(동문서답), **東奔西走**(동분서주)

棟 栋

총 12획 2급 부수 木
- 영 ridgepole
- 중 dòng
- 일 トウ(むね)

나무(木) 중 집에서 주인(東)처럼 큰 역할을 하는 대들보니 **대들보 동**

※ 대들보-기둥과 기둥을 이어주는 '들보'에, 큰 나무를 사용한다는 데서 큰 대(大)를 붙여 이르는 말.

棟梁之材(동량지재), **汗牛充棟**(한우충동)

凍 冻

총 10획 3II급 부수 冫
- 영 freeze
- 중 dòng
- 일 トウ(こおる)

얼음(冫)은 동쪽(東)에 더 많이 어니
얼 동

※ 冫: 얼음 빙(氷)이 부수로 쓰일 때의 모습으로 '이 수 변'
※ 아침 햇살만 잠깐 비치는 동쪽으로 향한 언덕이 서쪽보다 얼음이 더 많이 언다는 데서 만든 글자.

凍傷(동상), **不凍液**(부동액), **凍足放尿**(동족방뇨)

同

총 6획 7급 부수 口
- 영 same
- 중 tóng
- 일 ドウ(おなじ)

성(冂)에서 하나(一)의 출입구(口)로 같이 다니니
같을 동

※ 冂(멀 경, 성 경), 口(입 구, 말할 구, 구멍 구)

同一(동일), **同苦同樂**(동고동락),
表裏不同(표리부동) - 겉과 속이 같지 않음.

洞

총 9획 7급 부수 水(氵)
- 영 village, cave, be versed in
- 중 dòng
- 일 ドウ(ほら)

물(氵)을 같이(同) 쓰는 마을이나 동굴이니
마을 동, 동굴 동
또 물(氵)과 같이(同) 맑아 사리에 밝으니 **밝을 통**

洞里(동리), **洞窟**(동굴), **洞察**(통찰) * **通察**(통찰)

桐

총 10획 2급 부수 木
- 영 paulownia
- 중 tóng
- 일 トウ(きり)

나무(木) 결이 한결같은(同) 오동나무니
오동나무 동

※ 木(나무 목), 오동나무는 가볍고 부드러우며 좀이 슬지 않아 예로부터 거문고 등의 악기나 귀중한 물건을 넣는 장롱 등을 만들 때 사용하지요.

桐梓(동재), **梧桐**(오동), **碧梧桐**(벽오동)

銅

총 14획 4II급 부수 金
- 영 copper
- 중 tóng
- 일 ドウ(あかがね)

금(金) 같은(同) 빛깔의 구리니
구리 동

※ 金(쇠 금, 금 금, 돈 금, 성씨 김), 색을 몇 가지로 밖에 구분하지 못하던 옛날에 구리와 금을 같은 색으로 보고 만든 글자.

銅鏡(동경), **銅賞**(동상), **銅像**(동상), **銅錢**(동전)

胴

총 10획 1급 부수 肉(月)
- 영 the body
- 중 dòng
- 일 ドウ

몸(月)속에 소화된 음식물이 같이(同) 모이는
큰창자나 몸통이니 **큰창자 동, 몸통 동**

※ 동(胴) - ㉠격검(擊劍)할 때 가슴을 가리기 위하여 대는 물건. ㉡동체(胴體) - 물체의 중심을 이루는 부분. 특히 비행기의 날개와 꼬리를 제외한 몸체 부분. 擊(칠 격), 劍(칼 검), 體(몸 체)

胴體(동체), **胴衣**(동의), **救命胴衣**(구명동의)

動 动

총 11획 7급 부수 力
- 英 move
- 中 dòng
- 日 ドウ(うごく)

무거운(重) 것도 힘(力)쓰면 움직이니
움직일 동

※ 重(무거울 중, 귀중할 중, 거듭 중), 力(힘 력)

動力(동력), **動産**(동산), **動搖**(동요), **生動感**(생동감)

董

총 13획 2급 부수 ++
- 英 conceal, control
- 中 dǒng
- 日 トウ(ただす)

풀(++)을 거듭(重) 쌓아 감추니
감출 동
또 풀(++)을 거듭(重) 쌓는데 감독하니 **감독할 동**

骨董品(골동품), **董督**(동독), **董率**(동솔)

童

총 12획 6급 부수 立
- 英 child
- 中 tóng
- 日 ドウ(わらべ)

서서(立) 마을(里)에 노는 사람은 주로 아이니
아이 동

※ 立(설 립), 里(마을 리, 거리 리), 어른들은 일터에 나가고 노는 사람은 주로 아이들임을 생각하고 만든 글자.

童心(동심), **童詩**(동시), **童話**(동화), **神童**(신동)

憧

총 15획 1급 부수 心
- 英 pine for, yearn
- 中 chōng
- 日 ドウ(あこがれる)

마음(忄)은 항상 어린(童) 시절을 그리워하니
그리워할 동

憧憬(동경), **憧憬心**(동경심)

瞳

총 17획 1급 부수 目
- 英 pupil of the eye
- 中 tóng
- 日 ドウ(ひとみ)

눈(目)에서 아이(童)처럼 작은 눈동자니
눈동자 동

※ 目(눈 목, 볼 목, 항목 목)

瞳孔(동공), **瞳子**(동자)

총 5획 7급 부수 冫
- ⓔ winter
- ⓒ dōng
- ⓙ トウ(ふゆ)

(사철 중) 뒤에 와서(夂) 물이 어는(冫) 겨울이니
겨울 동

※ 夂(천천히 걸을 쇠, 뒤져 올 치), 冫['얼음 빙(氷)'이 부수로 쓰일 때의 모습으로 '이 수 변']

冬至(동지), **嚴冬雪寒**(엄동설한),
異常暖冬(이상난동) - 이상하리만치 따뜻한 겨울.

총 10획 1급 부수 疒
- ⓔ painful
- ⓒ téng
- ⓙ トウ(うずく)

병(疒)으로 겨울(冬)의 추위처럼 떨리고 아프니
아플 동

疼痛(동통) - (신경 자극에 의하여) 몸이 쑤시게 느껴지는 아픔.
疒(병들 녁), 痛(아플 통)

총 4획 4Ⅱ급 제부수
- ⓔ scoop, a unit of measure
- ⓒ dòu, dŏu   ⓙ ト(ます)

자루 달린 국자를 본떠서 **국자 두**
또 국자처럼 곡식을 퍼 올려 되는 말이니 **말 두**

※ 지금은 물건의 양을 무게로 환산하여 그램(g)이나 킬로그램(kg)으로 표시하지만, 얼마 전까지만 해도 되(升:되 승)나 말(斗)에 곡식을 담아 헤아렸어요. 열 되가 한 말이고 한 말은 8kg이지요.

北斗七星(북두칠성), **泰山北斗**(태산북두)

총 2획 부수자
- ⓔ head
- ⓒ tóu

(옛날 갓을 쓸 때)
상투를 튼 머리 부분 모습에서 **머리 부분 두**

총 7획 4Ⅱ급 제부수
- ⓔ bowl, bean
- ⓒ dòu
- ⓙ トウ(まめ)

제기(祭器)를 본떠서 **제기 두**
또 제기처럼 둥근 콩이니 **콩 두**

※ 제기(祭器) - 제사 때 쓰는 그릇.
※ 祭(제사 제, 축제 제), 器(그릇 기, 기구 기)

豆腐(두부), **豆油**(두유)

頭 头

총 16획 6급 부수 頁
- 英 head, top
- 中 tóu
- 日 トウ(あたま)

콩(豆)처럼 둥근 머리(頁)니 **머리 두**
또 머리처럼 위에 있는 우두머리니 **우두머리 두**

* 頁(머리 혈)

頭角(두각), **頭痛**(두통), **頭目**(두목), **頭領**(두령)

痘

총 12획 1급 부수 疒
- 英 smallpox
- 中 dòu
- 日 トウ(もがさ)

병(疒) 중 콩(豆) 같은 부스럼이 생기는 천연두니 **천연두 두**

* 疒(병들 녁), 천연두(天然痘) – 법정 전염병의 하나. 고열과 온몸에 발진(發疹)이 생겨 잘못하면 얼굴이 얽어 곰보가 됨.
* 然(그러할 연), 發(쏠 발, 일어날 발), 疹(발진할 진, 역병 진)

痘面(두면), **痘疫**(두역), **種痘**(종두)

兜

총 11획 1급 부수 儿
- 英 helmet
- 中 dōu
- 日 ト, トウ(かぶと)

투구(㓉) 쓴 사람(儿)의 형상을 본떠서 **투구 두, 도솔가 도**

* 투구 – 예전에, 군인이 전투할 때에 적의 화살이나 칼날로부터 머리를 보호하기 위하여 쓰던 쇠로 만든 모자.
* 도솔가(兜率歌) – 신라 경덕왕 때 월명사가 지었다는 4구체 향가. (4월 초하룻날 두 개의 해가 나타나는 괴변이 일어났는데, 이 노래를 지어 부르자 사라졌다고 함)

杜

총 7획 2급 부수 木
- 英 shut out, family name
- 中 dù
- 日 ト(もり)

나무(木)와 흙(土)으로 집을 지어 비바람을 막으니 **막을 두, 성씨 두**

* 木(나무 목), 土(흙 토)

杜絶(두절), **杜門不出**(두문불출),
杜甫(두보) – 중국 당나라 때의 시인(712~770).

屯

총 4획 3급 부수 屮
- 英 cover, camp
- 中 tún
- 日 トン(たむろ)

땅(一)에 싹(屮)이 묻혀 있는 모습에서 **묻힐 둔**
또 묻히듯이 숨어 병사들이 진치니 **진칠 둔**

* 一('한 일'이나 여기서는 땅의 모습), 屮 [屮(싹 날 철)의 변형]
* 군사들이 적에게 들키지 않게 숨어 진을 칠 생각하고 만든 글자.
* 진칠 진(陣) – 군사들을 배치한 것. 또는 그 군사가 있는 곳.

屯防(둔방), **屯營**(둔영), **駐屯**(주둔), **退屯**(퇴둔)

鈍 钝

총 12획 3급 부수 金
- 英 dull, obtuse
- 中 dùn
- 日 ドン(にぶい)

쇠(金)에 묻힌(屯) 것처럼 둔하니
둔할 둔

※ 金(쇠 금, 금 금, 돈 금, 성씨 김), 몸이 무거우면 행동이 둔하지요.

鈍感(둔감), **鈍器**(둔기), **鈍濁**(둔탁), **愚鈍**(우둔)

遁

총 13획 1급 부수 辶
- 英 escape, hide
- 中 dùn
- 日 トン(のがれる)

힘이 약하면 방패(盾) 들고 뛰어(辶) 달아나 숨으니
달아날 둔, 숨을 둔

※ 盾(방패 순), 辶(뛸 착, 갈 착, = 辵), 힘이 약하면 도망하여 숨는 것이 상책이지요.

隱遁(은둔), **遁甲**(둔갑), **遁俗**(둔속), **遁術**(둔술)

臀

총 17획 1급 부수 肉
- 英 buttocks, hip
- 中 tún
- 日 デン

큰집(殿)처럼 살(月)이 많은 볼기나 궁둥이니
볼기 둔, 궁둥이 둔

※ 殿(큰 집 전), 月(달 월, 육 달 월), 몸에서 살이 많은 곳은 볼기나 궁둥이지요.

臀部(둔부), **臀肉**(둔육), **臀圍**(둔위), **臀腫**(둔종)

得

총 11획 4II급 부수 彳
- 英 obtain
- 中 dé, děi
- 日 トク(える)

걸어가(彳) 아침(旦)부터 법도(寸)에 맞게 일하면 무엇이나 얻으니 **얻을 득** (유) 碍(막을 애 = 礙)

※ 彳(조금 걸을 척), 旦(아침 단), 寸(마디 촌, 법도 촌)

得道(득도), **得點**(득점), **自業自得**(자업자득)

等

총 12획 6급 부수 竹
- 英 same, group, order
- 中 děng
- 日 トウ(ひとしい)

대(竹)가 절(寺) 주변에 같은 무리를 이루고 차례로 서 있으니 **같을 등, 무리 등, 차례 등**

※ 竹(대 죽), 寺(절 사, 관청 시), 대부분의 절에도 그렇지만 밀양 표충사에 가면 이런 모습을 분명히 볼 수 있지요.

等號(등호), **平等**(평등), **吾等**(오등), **一等**(일등)

둔

登

총 12획 7급 부수 癶
- 영: climb, record
- 중: dēng
- 일: トウ(のぼる)

걸어(癶) 제기(豆)처럼 높은 곳에 오르니
오를 등
또 올려 기재하니 **기재할 등**

※ 豆(제기 두, 콩 두), 癶 : 등지고 걸어가는 모습에서 '등질 발, 걸을 발'

登山(등산), **登**壇(등단), **登**記(등기), **登**錄(등록)

燈 灯

총 16획 4II급 부수 火
- 영: lamp
- 중: dēng
- 일: トウ(ひ)

불(火)을 올려(登) 켜는 등불이니
등불 등 약 灯 : 불(火)을 고무래(丁) 같은 등잔에 올려 켠 등불이니 '등불 등'

※ 火(불 화), 丁(고무래 정, 못 정, 장정 정, 넷째 천간 정)

燈臺(등대), **燈**下不明(등하불명),
消**燈**(소등)‥ 點**燈**(점등)

橙

총 16획 1급 부수 木
- 영: orange
- 중: chéng
- 일: トウ(だいだい)

나무(木) 중 올라가며(登) 높이 자라는
등자나무니 **등자나무 등, 등자 등**

※ 등자(橙子) - 등자나무 열매. (둥글며 맛이 몹시 시고 쌉쌀하나 향기가 있으며, 향료의 원료나 땀을 나게 하거나 위를 튼튼하게 하는 약으로 쓰임. 귤과 비슷함)

橙色(등색)

鄧 邓

총 15획 2급 부수 邑
- 영: name of a nation, family name
- 중: dèng

올라간(登) 높은 고을(阝)에 세운 나라니
나라 이름 등, 성씨 등 약 邓

※ 阝(고을 읍 방)

鄧小平(등소평) - 중국의 정치가(1904~1997).

謄 誊

총 17획 2급 부수 言
- 영: copy
- 중: téng
- 일: トウ(うつす)

몸(月) 구부리고(癶) 앉아 말(言)을 베끼니
베낄 등

※ 月(달 월, 육 달 월), 癶 : 팔(八)자 모습처럼 사내(夫)가 걸으며 구부정하게 구부리니 '구부릴 권'

謄本(등본), **謄**寫(등사), 戶籍**謄**本(호적등본)

騰 騰

총 20획 3급 부수 馬
- 영 spring, climb
- 중 téng
- 일 トウ(あがる)

몸(月)을 구부려(关) 말(馬)에 뛰어오르니
오를 등

※ 馬(말 마)

騰落(등락), 反騰(반등), 沸騰(비등), 暴騰(폭등)

藤

총 19획 2급 부수 ⺿
- 영 wisteria
- 중 téng
- 일 トウ(ふじ)

풀(⺿) 중 몸(月)을 구부려(关) 물(氺)줄기처럼 뻗어가는 등나무니 **등나무 등**

※ 氺(물 수 발), 등나무 - 콩과의 낙엽 덩굴성 식물. 줄기는 길이가 10미터 정도로 뻗고 마디가 있음.

藤架(등가), 葛藤(갈등)

등

〈어원으로 익히는 한자 학습법〉

한자에는 글자마다 그 글자가 만들어진 유래(由來), 즉 어원(語源)이 있으니 어원으로 접근하면 쉽고도 재미있게 글자와 뜻을 알 수 있지요.

어떤 글자를 보아서 부수나 독립된 글자들로 쪼개지지 않으면 그 글자만으로 왜 이런 모양에 이런 뜻의 글자가 나왔는지 생각해 보고, 부수나 독립된 글자들로 쪼개지면 쪼개서 쪼개진 글자들의 뜻을 합쳐 보세요.

정확한 語源은 아니라도 각자 나름대로 語源을 생각해 보면 "아! 이 글자가 이렇게 되었구나!"라는 생각이 들면서 분명하게 익혀지고 오래도록 잊히지도 않는답니다.

한자의 어원을 생각해 보는 것은 단순히 글자나 익히는 차원이 아니라 한자에 담긴 세상의 진리와 번뜩이는 아이디어를 익혀 생활에 100배, 1000배 활용할 수도 있지요.

▶由(말미암을 유), 來(올 래), 語(말씀 어), 源(근원 원)

〈그 글자가 쓰인 단어도 생각해 보세요〉

글자를 익히면 그 글자가 쓰인 단어도 생각해 보는 습관을 들이세요. 그러면 '어? 이 글자가 이런 말에도 쓰이네!' 하면서 그 글자를 더 분명히 알 수 있을뿐더러 그 글자가 쓰인 단어들까지도 정확히 알 수 있지요.

단어 풀이도 무조건 단어와 뜻을 외지 마시고 그렇게 외는 시간에 먼저 글자대로 직접 해석해 보고, 다음에 의역(意譯)해 보는 습관을 들이세요. 이런 습관이 바로 정확하고 풍부한 어휘력을 기를 수 있는 지름길이지요.

라

裸

총 13획 2급 부수 衣
- 英 nude
- 中 luǒ
- 日 ラ(はだか)

옷(衤)을 벗은 결과(果) 드러나는 벌거숭이니
벌거숭이 라

※ 衤(옷 의 변), 果(과실 과, 결과 과)

裸木(나목), **裸**體(나체), 半**裸**(반라), 赤**裸裸**(적나라)

螺

총 17획 1급 부수 虫
- 英 conch, top-shell
- 中 luó
- 日 ラ(にし)

벌레(虫) 중 껍질이 여러(累) 번 도는 모습의 소라니
소라 라

※ 虫(벌레 충), 累(포갤 루, 여러 루, 폐 끼칠 루), 糸(실 사, 실 사 변)

螺絲(나사), **螺**線(나선), **螺**旋(나선), **螺**鈿(나전)

羅

총 19획 4II급 부수 网
- 英 net, spread, silk
- 中 luó
- 日 ラ

그물(罒) 중 실(糸)로 새(隹)를 잡으려고 만든
새 그물을 벌리니 **새 그물 라, 벌릴 라**
또 그물 같은 얇은 비단도 뜻하여 **비단 라, 성씨 나**

※ 罒(그물 망, = 网, 冈), 隹(새 추)

網**羅**(망라), **羅**列(나열), 綺**羅**(기라), 綾**羅**(능라)

邏

총 23획 1급 부수 辶
- 英 go on a patrol
- 中 luó
- 日 ラ

그물(羅)처럼 훑고 지나가며(辶) 순행하니
순행할 라

※ 순행(巡行) - (어떤 목적을 가지고) 이곳저곳을 돌아다님.
※ 辶(뛸 착, 갈 착, = 辶), 巡(돌 순)

邏卒(나졸), 巡**邏**(순라), 巡**邏**軍(순라군)

懶

총 19획 1급 부수 心
- 英 lazy
- 中 lǎn

마음(忄)에 의지할(賴) 무엇이 있으면 게으르니
게으를 라

※ 賴(힘입을 뢰, 의지할 뢰), 꼭 이것을 해야 한다는 간절함이 없이 이것 아니면 딴 것도 있다고 안일하게 생각하면 게을러지지요.

懶慢(나만), **懶**性(나성), **懶**惰(나타), **懶**怠(나태)

癩 癩

총 21획 1급 부수 疒
- 영 leprosy
- 중 lài
- 일 ライ(かったい)

병(疒) 중 걸리면 격리되어 한 곳에만
의지하고(賴) 살아야 하는 문둥병이니 **문둥병 라**

※ 疒(병들 녁), 문둥병은 잘 낫지 않고 전염이 잘 되어 한 곳에 격리시켜 치료했지요.
※ 나병(癩病) – 문둥병. 지금은 '한센 병'이라 함.

癩菌(나균), **癩患者**(나환자), **救癩**(구라)

剌

총 9획 부수 刂

어그러질 랄, 물고기 뛰는 소리 랄, 수라 라 – 어그러질 랄(173쪽) 참고

洛

총 9획 2급 부수 水
- 영 name of a river
- 중 luò
- 일 ラク

물(氵) 중 각(各) 방향으로 흐르는 물 이름이니
물 이름 락

※ 各(각각 각)
※ 인·지명용 한자

洛陽(낙양) – 중국의 7대 고도(古都)의 하나.

烙

총 10획 1급 부수 火
- 영 brand
- 중 lào, luò
- 일 ラク

불(火)로 각(各) 부분을 지지니
지질 락

※ 오래 지워지지 않게 불로 지져 표시하기도 하지요.

烙刑(낙형), **烙印**(낙인) – 쇠붙이로 만들어 불에 달구어 찍는 도장, 목재나 기구, 가축 따위에 주로 찍고 옛날에는 죄인의 몸에 찍는 일도 있었음. '불도장'으로 순화.

絡 絡

총 12획 3II급 부수 糸
- 영 connect
- 중 luò, lào
- 일 ラク(からむ)

실(糸)로 각각(各)을 이으니
이을 락

※ 糸(실 사, 실 사 변)

經絡(경락), **脈絡**(맥락), **連絡**(연락), **聯絡網**(연락망)

라

酪

총 13획 1급 부수 酉
- 영 cheese
- 중 lào
- 일 ラク

술(酉) 담그듯 소나 양의 젖을 각각(各) 발효하여 만든 진한 유즙이니 **진한 유즙 락** ㉤ 酩(술 취할 명)

※ 酉(술 그릇 유, 술 유, 닭 유, 열째 지지 유)

酪農(낙농), **乾酪**(건락), **羊酪**(양락)

駱 駱

총 16획 1급 부수 馬
- 영 camel
- 중 luò
- 일 ラク

말(馬)처럼 생겼는데 등에 혹이 각각(各) 두 개나 있는 낙타니 **낙타 락**

※ 낙타(駱駝) - 낙타과의 포유동물. (등에 지방을 저장해 두는 큰 혹이 하나나 두 개가 있어 며칠 동안 먹이를 먹지 않아도 견딜 수 있고, 콧구멍을 자유로이 여닫을 수 있으며 속눈썹이 길고 빽빽이 나 있어 사막 생활에 알맞게 되어 있음. 초식성이며 온순하고 힘이 세어 운반용 등으로 많이 이용됨). 駝(낙타 타)

落

총 13획 5급 부수 ++
- 영 fall down, village
- 중 luò, là, lào
- 일 ラク(おちる)

풀(++)에 맺힌 물(氵)방울이 각각(各) 떨어지니
떨어질 락
또 여기저기 떨어져 있는 부락이니 **부락 락**

※ 부락(部落) - 시골에서 여러 민가가 모여 이룬 마을.
※ ++(초 두), 氵(삼 수 변), 部(나눌 부, 마을 부, 거느릴 부)

落心(낙심), **落葉**(낙엽), **脫落**(탈락), **村落**(촌락)

樂

풍류 악, 즐길 락, 좋아할 요 - 풍류 악(410쪽) 참고

卵

총 7획 4급 부수 卩
- 영 egg
- 중 luǎn
- 일 ラン(たまご)

물고기의 두 개 알주머니를 본떠서
알 란 ㉤ 卯(왕성할 묘, 토끼 묘, 넷째 지지 묘)

※ 물고기는 보통 두 개씩의 알주머니를 가지고 있지요.

卵生(난생), **卵巢**(난소), **鷄卵**(계란), **産卵**(산란),
鷄卵有骨(계란유골) - '달걀에 뼈가 있음'으로, 운수가 나쁜 사람은 좋은 기회를 만나도 역시 잘 안됨을 말함. 鷄(닭 계), 有(가질 유, 있을 유), 骨(뼈 골)

亂 乱

총 13획 4급 부수 乙
- 영 disorderly, confuse
- 중 luàn
- 일 ラン(みだれる)

손(爫)에 창(ㄫ) 들고 성(冂)을 지키는 군인들이 사사로운(厶) 욕심으로 또(又) 새(乚) 떼처럼 난리를 일으켜 어지러우니 **어지러울 란**

약 乱 유 辭(말씀 사, 글 사, 물러날 사)

※ 爫('손톱 조'나 여기서는 '손'의 뜻), ㄫ[창 모(矛)의 획 줄임], 冂(멀 경, 성 경), 厶(사사로울 사, 나 사), 乚[새 을, 둘째 천간 을, 굽을 을(乙)이 부수로 쓰일 때의 모습]

亂動(난동), **騷亂**(소란), **昏亂**(혼란), **混亂**(혼란)

乱

총 7획 4급 부수 乙
- 영 dizzy

혀(舌)를 함부로 놀려 새(乚)처럼 지저귀면 어지러우니 **어지러울 란**

※ 어지러울 란(亂)의 약자
※ 舌(혀 설)

闌

총 17획 특급 부수 門
- 영 cut off
- 중 lán, làn
- 일 ラン(てすり)

문(門)을 가려(束) 막으니 **막을 란**

※ 門(문 문), 束(가릴 간, 편지 간)

闌入(난입), ***亂入**(난입), **興闌**(흥란)

欄 栏

총 21획 3II급 부수 木
- 영 railing, hoop
- 중 lán
- 일 ラン(てすり)

(사람이 떨어지지 않도록) 나무(木)로 막은(闌) 난간이나 테두리니 **난간 란, 테두리 란**

※ 木(나무 목)

欄干(난간), **空欄**(공란),
餘滴欄(여적란) - '남은 물방울 같은 란'으로, 신문이나 잡지 따위에서 여록(餘錄)이나 가십 따위를 실으려고 마련한 지면. 餘(남을 여), 滴(물방울 적), 錄(기록할 록)

란

란

爛 烂

총 21획 2급 부수 火
- 英 bright, get ripe
- 中 làn
- 日 ラン(ただれる)

불(火)을 바람 막고(闌) 켜 놓아 빛나고
분위기가 무르익으니 **빛날 란, 무르익을 란**

* 火(불 화)

燦爛(찬란), 豪華燦爛(호화찬란),
能手能爛(능수능란) - 일 따위에 익숙하고 솜씨가 좋음.

瀾 澜

총 20획 1급 부수 水
- 英 billow
- 中 lán
- 日 ラン

물(氵)결이 막은(闌) 곳도 넘치는 큰 물결이니
큰 물결 란

狂瀾(광란), *狂亂(광란), 波瀾萬丈(파란만장)

蘭 兰

총 21획 3Ⅱ급 부수 艹
- 英 orchid
- 中 lán
- 日 ラン(あららぎ)

풀(艹) 중 문(門) 안에 장소를 가려(柬) 키우는
난초니 **난초 란**

* 柬(가릴 간, 편지 간)
* 난초(蘭草)는 직사광선이 없는 반그늘 상태에서 잘 자란다지요.

梅蘭菊竹(매난국죽), 芝蘭之交(지란지교)

鸞

총 30획 1급 부수 鳥
- 中 luán

실(絲)처럼 계속 말(言)소리가 이어지는 난새(鳥)니
난새 란
또 난새처럼 소리 나도록 수레에 단 방울이니
수레 방울 란

* 絲(실 사), 言(말씀 언), 鳥(새 조), 난새 - 중국 전설에 나오는 상상의 새. 이 글자는 임금의 수레에 달았던 방울이나 지붕의 무게를 버티도록 기둥 위에 설치한 구조를 뜻하기도 하지요.

鸞鳳(난봉), 鸞刀(난도) *亂刀(난도), 鸞駕(난가)

##

붉을 단, 모란 란 - 붉을 단(137쪽) 참고

辣

총 14획 1급 부수 辛
- 英 peppery, vicious
- 中 là
- 日 ラツ

매운(辛) 것으로 묶인(束) 듯 매우니
매울 랄

※ 辛(매울 신, 고생할 신), 束(묶을 속)

辛辣(신랄), **惡辣**(악랄)

剌

총 9획 1급 부수 刀
- 英 deviate, fresh, a royal meal
- 中 là, lá
- 日 ラツ(もとる)

묶어(束) 놓은 것을 칼(刂)로 베어 버리면
어그러지니 **어그러질 랄**
또 물고기 뛰는 소리나 임금께 올리는 수라도 나타내어
물고기 뛰는 소리 랄, 수라 라 參 刺(찌를 자)

※ 어그러지다 – ㉠잘 맞물려 있는 물체가 틀어서서 맞지 아니하다. ㉡지내는 사이가 나쁘게 되다. ㉢계획이나 예상 따위가 빗나가거나 달라져 이루어지지 아니하다.
※ 수라(水剌) – 궁중에서, 임금에게 올리는 밥을 높여 이르던 말.

跋剌(발랄), **潑剌**(발랄)

濫

총 17획 3급 부수 水
- 英 overflow
- 中 làn
- 日 ラン(みだり)

물(氵)이 밖으로 보이게(監) 넘치니
넘칠 람 략 滥

※ 監(볼 감)

濫用(남용), **濫發**(남발), **氾濫**(범람), **猥濫**(외람)

藍

총 18획 2급 부수 ⺾
- 英 indigo
- 中 lán
- 日 ラン(あい)

풀(⺾) 중 잘 보이는(監) 물감이 나오는 쪽이니
쪽 람 략 蓝

※ 쪽 – 마디풀과에 딸린 한해살이풀.

藍色(남색), **伽藍**(가람),
靑出於藍(청출어람) – '푸른색은 쪽풀에서 나옴'으로, 제자가 스승보다 나음을 이름. = 氷出於水(빙출어수)

○ 靑出於藍而靑於藍(청출어람이청어람)
　氷出於水而冷於水(빙출어수이냉어수)
　– '푸른색은 쪽풀에서 나왔으나 쪽풀보다 푸르고 얼음은 물에서 나왔으나 물보다 차다'에서 유래.

籃

총 20획 1급 부수 竹
- 영 basket
- 중 lán
- 일 ラン

대(竹)로 속이 보이게(監) 만든 바구니니
바구니 람 ㈱ 篮

※ 竹(대 죽)

籃輿(남여), **搖籃**(요람), **搖籃歌**(요람가) - 자장가.

覽

총 21획 4급 부수 見
- 영 look at, see
- 중 lǎn
- 일 ラン(みる)

보고(監) 또 보니(見)
볼 람 ㈱ 览, 覧

※ 見(볼 견, 뵐 현)

觀覽(관람), **博覽**(박람), **要覽**(요람), **展覽會**(전람회)

拉

총 8획 2급 부수 手
- 영 kidnap
- 중 lā
- 일 ラツ(ひしぐ)

손(扌)으로 세워(立) 끌고 가니
끌고 갈 랍

※ 扌(손 수 변), 立(설 립)

拉北(납북), **拉致**(납치), **被拉**(피랍)

臘

총 19획 1급 부수 肉
- 영 the last month of the year
- 중 là
- 일 ロウ

몸(月)에 털 난 짐승(巤)을 잡아 놓고 섣달에 지내는
납향이니 **섣달 랍, 납향 랍**

※ 납향(臘享) - 납일(臘日)에 그 해의 농사를 비롯한 여러 가지 일을 아뢰기 위하여 지내는 제사.
※ 섣달 - 음력으로 한 해의 마지막 달.
※ 납일 - 동지 뒤의 셋째 미일(未日).
※ 巤 : 내(巛)처럼 흘러내린 목(囟)에 털이 난 (᎒) 목 갈기니 '목 갈기 렵, 털 난 짐승 렵'
※ 巛[내 천(川)이 부수로 쓰일 때의 모습으로 개미허리 같다 하여 '개미허리 천'이라 부름]

臘日(납일), **臘月**(납월), **舊臘**(구랍)

蠟 蜡

총 21획 1급 부수 虫
- 영 wax
- 중 là
- 일 ロウ

벌레(虫)가 털 난 짐승(鼠) 모양으로 만들어 놓은 밀이니 **밀 랍**
또 밀로 만든 초니 **밀초 랍**

※ 虫(벌레 충), 밀–벌집을 만들기 위하여 꿀벌이 분비하는 물질. 누런 빛깔로 상온에서 단단하게 굳어지는 성질이 있음.

棱蠟(접랍), **接蠟**(접랍)

浪

총 10획 3II급 부수 水
- 영 wave, random
- 중 làng
- 일 ロウ

물(氵)이 보기 좋게(良) 출렁이는 물결이니
물결 랑
또 물결치듯 함부로 하니 **함부로 랑**

※ 良(좋을 량, 어질 량)

放浪(방랑), **流浪**(유랑), **風浪**(풍랑), **浪費**(낭비)

狼

총 10획 1급 부수 犬
- 영 wolf, chaotic
- 중 láng
- 일 ロウ(おおかみ)

개(犭)처럼 좋게(良) 생긴 이리니 **이리 랑**
또 개(犭)처럼 좋은(良)척하며 어지럽게 구니
어지러울 랑

※ 犭(큰개 견, 개 사슴 록 변), 이리–갯과의 포유동물. 개와 비슷하게 생겼음.

虎狼(호랑), **狼狽**(낭패), **狼藉**(낭자)

朗

총 11획 5급 부수 月
- 영 bright, cheerful
- 중 lǎng
- 일 ロウ(ほがらか)

어짊(良)이 달(月)처럼 밝으니
밝을 랑 약 朗

※ 月(달 월, 육 달 월)

朗讀(낭독), **朗報**(낭보), **朗誦**(낭송), **明朗**(명랑)

郎

총 10획 3II급 부수 邑
- 영 man
- 중 láng, làng
- 일 ロウ

어짊(良)이 고을(阝)에서 뛰어난 사내니
사내 랑 약 郞

※ 阝(고을 읍 방)

郎君(낭군)‥ **娘子**(낭자), **新郎**(신랑), **花郎**(화랑)

廊

총 13획 3II급 부수 广
- 영 corridor
- 중 láng
- 일 ロウ

집(广)에서 주로 사내(郞)가 거처하는 행랑이니
행랑 랑 약 廊

※ 행랑(行廊) - 한옥에서 대문의 양쪽이나 문간 옆에 있는 방.
※ 广(집 엄), 行(다닐 행, 행할 행, 항렬 항)

舍廊房(사랑방), **畫廊**(화랑), **回廊**(회랑)

來 来

총 8획 7급 부수 人
- 영 come
- 중 lái
- 일 ライ(くる)

나무(木) 밑으로 두 사람(人人)이 오니
올 래 약 来 : 한(一) 톨의 쌀(米)이라도 구하려고 오니 '올 래'

※ 木(나무 목), 米(쌀 미)

來日(내일), **去來**(거래), **往來**(왕래), **傳來**(전래)

萊 莱

총 12획 2급 부수 ++
- 영 goosefoot
- 중 lái

풀(++) 중 오고(來) 갈 때 지팡이로 쓰는 명아주니
명아주 래
또 풀(++)이 난(來) 묵은밭이니 **묵은밭 래**

※ 명아주 - 명아주과의 일년초. 줄기는 1m가량 자람. 명아주대로 만든 지팡이가 청려장(靑藜杖)이지요.
※ 靑(푸를 청, 젊을 청), 藜(명아주 려), 杖(지팡이 장, 몽둥이 장)

東萊(동래), **萊蕪**(내무)

冷

총 7획 5급 부수 冫
- 영 cold
- 중 lěng
- 일 レイ(つめたい)

얼음(冫)처럼 상관의 명령(令)은 차니
찰 랭

※ 令(하여금 령, 명령할 령), 冫-얼음 빙(氷)이 부수로 쓰일 때의 모습으로 점이 둘이니 '이 수 변'이라 부르지요.

冷氣(냉기), **冷溫**(냉온), **冷戰**(냉전), **冷情**(냉정)

略

총 11획 4급 부수 田
- 영 summary, capture
- 중 lüè
- 일 リャク(ほぼ)

밭(田)의 경계를 각각(各)의 발걸음으로 정하여 간략하게 빼앗으니 **간략할 략, 빼앗을 략**

※ 田(밭 전), 길이를 재는 자가 귀하던 옛날에는 발걸음으로 간략히 정하거나 빼앗기도 했다는 데서 생긴 글자.

略圖(약도), **略式**(약식), **省略**(생략), **侵略**(침략)

掠

총 11획 3급 부수 手
- 英 plunder
- 中 lüè, lüě
- 日 リャク(かすめる)

손(扌)으로도 서울(京)서는 노략질하니
노략질할 략

※ 노략(擄掠) - 재물 따위를 빼앗아 감.
※ 京(서울 경), 擄(노략질 로)

掠奪(약탈) - 폭력을 써서 남의 것을 억지로 빼앗음.

良

총 7획 5급 부수 艮
- 英 good, merciful
- 中 liáng
- 日 リョウ(よい)

점(丶) 같은 작은 잘못도 그치면(艮) 좋고 어지니
좋을 량, 어질 량

※ 丶(점 주, 불똥 주), 艮(멈출 간, 어긋날 간)

良質(양질), **改良**(개량), **良心**(양심),
賢母良妻(현모양처) - (자식에게는) 어진 어머니이면서 (남편에게는) 착한 아내.

亮

총 9획 2급 부수 亠
- 英 bright
- 中 liàng
- 日 リョウ(あきらか)

높게(亠) 배운 사람(儿)은 사리에 밝으니
밝을 량

※ 사리(事理) - 사물의 이치.
※ 亠[높을 고(高)의 획 줄임], 儿(어진 사람 인, 사람 인 발), 事(일 사, 섬길 사), 理(이치 리, 다스릴 리)

貞亮(정량), **淸亮**(청량), **諸葛亮**(제갈량)

涼

총 11획 3Ⅱ급 부수 水
- 英 cool
- 中 liáng, liàng
- 日 リョウ(すずしい)

물(氵) 있는 곳은 서울(京)도 서늘하니 **서늘할 량**

㊗ 凉 : 얼음(冫)이 얼면 서울(京)도 서늘하니 '서늘할 량'

※ 氵 : 물 수(水)가 글자의 변으로 쓰일 때의 모습으로, 점이 셋이니 '삼 수 변', 冫 : 얼음 빙(氷)이 부수로 쓰일 때의 모습으로 점이 둘이니 '이 수 변'이라 부르지요.

納凉(납량), **淸凉**(청량), **淸凉劑**(청량제), **荒凉**(황량)

諒

총 15획 3급 부수 言
- 英 understand
- 中 liàng
- 日 リョウ(あきらか)

말하려고(言) 서울(京)처럼 넓게 살피니
살필 량

※ 言(말씀 언)

諒知(양지), **諒察**(양찰), **諒解**(양해), **海諒**(해량)

量

총 12획 5급 부수 里
- 英 measure, capacity
- 中 liáng, liàng
- 日 リョウ(はかる)

아침(旦)마다 그날 가야 할 거리(里)를 헤아리니 **헤아릴 량**
또 헤아려 담는 용량이니 **용량 량**

* 旦(아침 단), 里(마을 리, 거리 리)

雅量(아량), **裁量**(재량), **減量**(감량), **數量**(수량)

糧 粮

총 18획 4급 부수 米
- 英 food
- 中 liáng
- 日 リョウ(かて)

쌀(米) 등의 곡식을 먹을 만큼 헤아려(量) 들여놓는 양식이니 **양식 량**

* 양식(糧食) - 생존을 위하여 필요한 사람의 먹을거리.
* 米(쌀 미), 食(밥 식, 먹을 식)

糧穀(양곡), **糧政**(양정), **軍糧米**(군량미)

兩 两

총 8획 4Ⅱ급 부수 入
- 英 both, pair
- 中 liǎng
- 日 リョウ(ふたつ)

하나(一)의 성(冂)을 둘로 나누어(丨) 양쪽에 들어(入) 있는 둘이나 짝이니 **두 량, 짝 량**
또 화폐의 단위로도 쓰여 **양 량** (유)雨(비 우)
(약) 両 : 하나(一)의 성(冂)이 산(山) 때문에 나뉜 둘이니 '두 량, 짝 량'

* 冂(멀 경, 성 경), 丨('뚫을 곤'이나 여기서는 나뉜 모습), 入(들 입)

兩面(양면), **兩論**(양론), **兩立**(양립), **萬兩**(만량)

倆 俩

총 10획 1급 부수 人
- 英 talent
- 中 liǎ, liǎng
- 日 リョウ(たくみ)

사람(亻)이 둘(兩) 이상의 역할도 하는 재주니 **재주 량**

技倆(기량)

輛 辆

총 15획 2급 부수 車
- 英 cart
- 中 liàng
- 日 リョウ

수레(車) 중 양(兩)쪽으로 바퀴 달린 수레니 **수레 량**

* 車(수레 거, 차 차)

車輛(차량)

ㄹ
량

梁

총 13획 1급 부수 米
- 英 millet
- 中 liáng
- 日 リョウ

물(氵)에 칼(刀)을 양쪽(八)으로 휘젓듯 일어 쌀(米)처럼 이용하는 기장이니 **기장 량**

※ 刀(칼 도), 米(쌀 미), 기장-쌀과 비슷한 곡식, 일다 -바가지·조리 따위의 기구로 물속에 있는 것을 흔들어서 쓸 것과 못 쓸 것을 가려내는 일.

粱肉(양육), **高粱酒**(고량주), **膏粱珍味**(고량진미)

梁

총 11획 3II급 부수 木
- 英 beam, bridge
- 中 liáng
- 日 リョウ(はり)

물(氵)의 양쪽(八)에 칼(刀)로 나무(木)를 잘라 들보처럼 올려놓은 다리니
들보 량, 다리 량, 성씨 양 (= 樑)

※ 들보-기둥과 기둥 위에 들러 올린 나무로, 튼튼하게 큰 나무를 사용하니 큰 대(大)를 붙여 '대들보'라고도 하지요.

上梁(상량), **梁上君子**(양상군자), **橋梁**(교량)

樑

총 15획 2급 부수 木
- 英 beam
- 中 liáng

나무(木)로 만든 들보(梁)니
들보 량 (= 梁)

※ 木(나무 목)

棟樑(동량), **棟樑之材**(동량지재), **柱樑**(주량)

旅

총 10획 5급 부수 方
- 英 soldier, traveler
- 中 lǚ
- 日 リョ(たび)

사방(方)의 사람(𠂉)들이 씨족(氏)처럼 많이 모인 군사니 **군사 려**
또 군사처럼 자주 이동하는 나그네니 **나그네 려**

※ 方(모 방, 방향 방, 방법 방), 𠂉[사람 인(人)의 변형], 氏(성 씨, 뿌리 씨)

旅團(여단), **旅券**(여권), **旅費**(여비), **旅行**(여행)

慮 慮

총 15획 4급 부수 心
- 英 consider, worry
- 中 lǜ
- 日 リョ(おもんぱかる)

범(虍)은 생각(思)만 나도 염려하니
염려할 려

※ 虍(범 호 엄), 思(생각 사)

念慮(염려), **考慮**(고려), **思慮**(사려), **憂慮**(우려)

濾 滤

총 18획 1급 부수 水
- 英 filter
- 中 lǜ
- 日 リョ(こす)

물(氵)로 염려되는(慮) 것을 거르니
거를 려

濾過(여과), 濾過器(여과기), 壓濾器(압려기)

廬 庐

총 19획 2급 부수 广
- 英 cot, inn
- 中 lú

(세간이 없고) 집(广)에 항아리(盧)만 있는 오두막집이니 **오두막집 려**
또 오두막집처럼 허름한 여인숙이니 **여인숙 려** 약 庐

＊ 广(집 엄), 盧(항아리 로, 성씨 로)

草廬(초려), 三顧草廬(삼고초려), 廬舍(여사)

勵 励

총 17획 3II급 부수 力
- 英 encourage
- 中 lì
- 日 レイ(はげむ)

굴 바위(厂) 밑에서도 많이(萬) 힘(力)쓰니
힘쓸 려 유 勸(권할 권) 약 励

＊ 厂(굴 바위 엄, 언덕 엄), 萬(일만 만, 많을 만), 力(힘 력)

激勵(격려), 督勵(독려), 獎勵(장려)

礪 砺

총 20획 2급 부수 石
- 英 whetstone, sharpen
- 中 lì
- 日 レイ(と)

돌(石) 중 굴 바위(厂)처럼 걸어 놓고 칼을 많이(萬) 가는 숫돌이니 **숫돌 려, 갈 려**

＊ 石(돌 석), 갈다 - 칼날을 날카롭게 세우기 위하여, 또는 표면을 매끄럽게 하기 위하여 다른 물건에 대고 문지르다.
＊ 숫돌 - 칼이나 낫 따위의 연장을 갈아 날을 세우는 데 쓰는 돌.

礪石(여석), 礪行(여행)

麗 丽

총 19획 4II급 부수 鹿
- 英 beautiful, shine
- 中 lì
- 日 レイ(うるわしい)

서로 붙어서(丽) 떼 지어 다니는 사슴(鹿)처럼 곱고
빛나니 **고울 려, 빛날 려** 약 丽 : 하나(一)같이 둘(||)씩 어울려 이리저리(ˇˇ) 다니는 사슴(鹿)의 모습처럼 곱고 빛나니 '고울 려, 빛날 려'

＊ 丽(붙을 려), 鹿(사슴 록)

秀麗(수려), 流麗(유려), 華麗(화려),
美辭麗句(미사여구) - 아름다운 말과 훌륭한 글귀.

驪 骊

총 29획 2급 부수 馬
- 英 black horse
- 中 lí
- 日 リ(くろうま)

말(馬)의 색이 고운(麗) 검은 말이니
검은 말 려, 검은 말 리

※ 馬(말 마), 털빛이 온통 검은 말로, 가라말이라고도 하지요.

驪騾犢特(여라독특)

呂 吕

총 7획 2급 부수 口
- 英 backbone, tune, family name
- 中 lǚ
- 日 リョ,ロ(せぼね)

등뼈가 서로 이어진 모양을 본떠서 **등뼈 려**
또 등뼈처럼 소리의 높낮음이 이어진 음률이나 성씨니
음률 려, 성씨 여

六呂(육려), **律呂**(율려)

侶 侣

총 9획 1급 부수 人
- 英 companion
- 中 lǚ
- 日 リョ(ともがら)

사람(亻) 중 등뼈(呂)처럼 이어지는 짝이니
짝 려

伴侶(반려), **伴侶者**(반려자), **僧侶**(승려)

閭 闾

총 15획 1급 부수 門
- 英 village
- 中 lǘ
- 日 リョ(むら)

집집의 문(門)이 등뼈(呂)처럼 이어진 마을이니
마을 려

※ 門(문 문)

閭閻(여염), **閭巷**(여항)

戾

총 8획 1급 부수 戶
- 英 turn back
- 中 lì
- 日 レイ(もどす)

문(戶)에 있는 사나운 개(犬) 때문에 일이 어그러져
되돌리니 **어그러질 려, 되돌릴 려**

※ 戶(문 호, 집 호), 犬(개 견), 어그러지다 – ㉠(짜여 있어야 할 것이) 각각 제자리에서 물러나 서로 맞지 아니하다. ㉡(생각했던 일이나 기대했던 일이) 그대로 되지 아니하다. ㉢사이가 좋지 않게 되다.

戾道(여도), **悖戾**(패려), **返戾**(반려)

黎

- 총 15획 1급 부수 黍
- 🌏 black, numerous
- 🇨🇳 lí
- 🇯🇵 レイ(あけぼの)

기장(黍)을 싸(勹) 두고 퍼(丿) 쓰는 통 속은 검고 낱알이 많으니 **검을 려, 많을 려**

※ 黍(기장 서), 勹(쌀 포), 기장-볏과의 한해살이풀로, 쌀처럼 음식의 재료로 쓰임. 기장을 싸 두는 자루나 통 속은 어두워 검고 낱알이 많다는 데서 생긴 글자.

黎明(여명), **黎民**(여민)

力

- 총 2획 7급 제부수
- 🌏 power, strength
- 🇨🇳 lì
- 🇯🇵 リョク, リキ(ちから)

팔에 힘줄이 드러난 모습에서
힘 력

※ 칼 도(刀)의 칼날(丿)을 연장하여 칼 같은 무기가 있으니 힘이 있다는 데서 생긴 글자라고도 하지요.

力說(역설), **努力**(노력), **能力**(능력), **風力**(풍력)

曆 历

- 총 16획 3II급 부수 日
- 🌏 calendar
- 🇨🇳 lì
- 🇯🇵 レキ(こよみ)

굴 바위(厂) 밑에 벼들(禾禾)을 쌓아 놓고 살면서 날짜(日)를 보는 달력이니 **달력 력** 동 曆

※ 厂(굴 바위 엄, 언덕 엄), 禾(벼 화). 언덕 같은 집에 곡식을 쌓아 놓고 겨울을 나면서 날짜를 보던 모습. 달력이 귀하던 옛날에는 곡식이 자라고 익어 감을 보고 날짜를 짐작했지만 겨울에는 단지 달력으로만 알았겠지요.

曆法(역법), **陽曆**(양력), **陰曆**(음력), **冊曆**(책력)

歷 历

- 총 16획 5급 부수 止
- 🌏 pass through, experience
- 🇨🇳 lì
- 🇯🇵 レキ(へる)

굴 바위(厂) 밑에 벼들(禾禾)을 쌓아 놓고 하던 일을 그치고(止) 겨울을 지내니 **지낼 력**
또 지내면서 겪으니 **겪을 력** 동 歴

※ 止(그칠 지)

歷史(역사), **歷程**(역정), **歷任**(역임), **經歷**(경력)

瀝 沥

- 총 19획 1급 부수 水
- 🌏 filter, drop
- 🇨🇳 lì
- 🇯🇵 レキ

물(氵)처럼 무엇을 지나(歷) 스미거나 방울져 떨어지니 **스밀 력, 물방울 떨어질 력**

瀝血(역혈), **瀝滴**(역적) - 물방울이 똑똑 떨어짐. 또는 그 물방울.

礫 砾

총 20획 1급 부수 石
- 英 pebble
- 中 lì
- 日 レキ(つぶて)

돌(石) 중 가지고 즐길(樂) 만한 좋은 조약돌이니
조약돌 력

※ 石(돌 석), 樂(풍류 악, 즐길 락, 좋아할 요)

礫巖(역암), **瓦礫**(와력 ·와륵) - '기와와 자갈'로, 하찮은 물건이나 사람을 비유적으로 이르는 말.

煉 炼

총 13획 2급 부수 火
- 英 refine, briquet
- 中 liàn
- 日 レン(ねる)

불(火)에 녹여 불순물을 가려(柬)내니 **쇠 불릴 련**
또 불(火)에 잘 타는 것을 가려(柬) 만든 연탄이니
연탄 련

※ 柬(가릴 간, 편지 간), 쇠 불리다 – 쇠를 불에 달구어 불순물을 가려내고 성질을 변화시키다.

煉瓦(연와), **煉乳**(연유), **煉炭**(연탄)

練 练

총 15획 5급 부수 糸
- 英 practice
- 中 liàn
- 日 レン(ねる)

실(糸)을 가려(柬) 잿물에 익히듯 무엇을 가려 익히니 **익힐 련**

※ 처음 뽑아낸 실을 잿물에 익혀 하얗게 했지요.
※ 糸(실 사, 실 사 변), 잿물 – 짚이나 나무를 태운 재를 우려낸 물로, 옛날에 빨래할 때 사용했음.

練習(연습), ***演習**(연습), **修練**(수련), **訓練**(훈련)

鍊

총 17획 3II급 부수 金
- 英 refine
- 中 liàn
- 日 レン

쇠(金)의 성질을 가려(柬) 불에 달구어 단련하니
단련할 련

※ 金(쇠 금, 금 금, 돈 금, 성씨 김)

敎鍊(교련), **老鍊**(노련), **鍛鍊**(단련), **試鍊**(시련)

憐 怜

총 15획 3급 부수 心
- 英 pity
- 中 lián
- 日 レン(あわれむ)

마음(忄)에 반딧불(㷠) 깜빡이듯 불쌍히 여기는 마음이 이니 **불쌍히 여길 련**

※ 㷠 : 쌀(米)처럼 작은 불이 서로 어긋나게(舛) 반짝이는 반딧불이니 '반딧불 린',
※ 米(쌀 미), 舛(어긋날 천)

憐憫(연민), **可憐**(가련), **同病相憐**(동병상련)

련

聯 联

총 17획 3II급 부수 耳
- 英 associate
- 中 lián
- 日 レン(つらなる)

바늘 귀(耳)에 실을 꿰어 작고(幺) 작게(幺) 이쪽(丬) 저쪽(卩)을 이으니 **이을 련** 약 联 : 바늘 귀(耳)에 양쪽(丬)으로 하나(一)같이 크게(大) 이으니 '이을 련'

* 耳(귀 이), 幺(작을 요, 어릴 요)

聯立(연립), **聯想**(연상), **聯合**(연합), **關聯**(관련)

戀 恋

총 23획 3II급 부수 心
- 英 yearn, love
- 中 liàn
- 日 レン(こう)

실(絲)처럼 말(言)과 마음(心)이 이어지며 사모하니 **사모할 련** 약 恋 : 또(亦) 자꾸 마음(心)에 생각하며 사모하니 '사모할 련'

* 絲(실 사), 言(말씀 언), 心(마음 심, 중심 심), 亦(또 역)

戀慕(연모), **戀人**(연인), **戀情**(연정), **悲戀**(비련)

連 连

총 11획 4II급 부수 辶
- 英 connect
- 中 lián
- 日 レン(つらなる)

차(車)가 지나간(辶) 자국처럼 길게 이으니 **이을 련**

* 車(수레 거, 차 차), 辶(뛸 착, 갈 착, = 辶)

連結(연결), **連絡**(연락), **連戰連勝**(연전연승)

蓮 莲

총 15획 3II급 부수 艹
- 英 lotus
- 中 lián
- 日 レン(はす)

풀(艹) 중 뿌리가 이어지며(連) 자라는 연이니 **연 련**

* 연(蓮)은 뿌리가 땅속으로 뻗어가며 자라지요.

蓮根(연근), **蓮池**(연지), **白蓮**(백련), **紅蓮**(홍련)

漣 涟

총 14획 2급 부수 水
- 英 ripple
- 中 lián
- 日 レン

물(氵)에 계속 이어지는(連) 잔물결이니 **잔물결 련** 또 잔물결처럼 계속 눈물 흘리는 모양이니 **눈물 흘리는 모양 련**

漣痕(연흔), **漣漣**(연연)

輦 (辇)

총 15획 1급 부수 車
- 영 emperor's carriage, handcart
- 중 niǎn
- 일 レン

사내(夫)와 사내(夫)들이 맞잡아 끄는 임금이 타는 수레(車)니 **임금 타는 수레 련, 손수레 련**

※ 夫(사내 부, 남편 부), 車(수레 거, 차 차), 輿(가마 여, 무리 여)

輦輿(연여) - 임금이 타는 수레.

劣

총 6획 3급 부수 力
- 영 inferior
- 중 liè
- 일 レツ(おとる)

적은(少) 힘(力)이면 못나니
못날 렬

※ 少(적을 소, 젊을 소), 力(힘 력), 힘이 적다는 말은 능력이 적다는 말이지요.

劣等(열등), **劣勢**(열세), **劣惡**(열악), **優劣**(우열)

列

총 6획 4II급 부수 刀
- 영 arrange in order
- 중 liè
- 일 レツ(つらねる)

짐승을 잡아(歹) 칼(刂)로 넓게 벌이니
벌일 렬
또 벌여 서는 줄이니 **줄 렬**

※ 歹(뼈 부서질 알, 죽일 사 변), 刂(칼 도 방)
※ 벌이다 - 여러 가지 물건을 늘어놓다.

列擧(열거), **列車**(열차), **系列**(계열), **行列**(행렬)

烈

총 10획 4급 부수 火
- 영 fierce, severe
- 중 liè
- 일 レツ(はげしい)

거세게 퍼지는(列) 불(灬)길처럼 세차고 매우니
세찰 렬, 매울 렬

※ 灬(불 화 발)

强烈(강렬), **熾烈**(치열), **烈女**(열녀), **痛烈**(통렬)

裂

총 12획 3급 부수 衣
- 영 tear, break
- 중 liè, liě
- 일 レツ(さく)

벌인(列) 듯 찢어진 옷(衣)이니
찢어질 렬, 터질 렬

※ 衣(옷 의)

決裂(결렬), **分裂**(분열), **龜裂**(균열), **炸裂**(작렬)

廉

- 총 13획 3급 부수 广
- 영 integrity, cheap
- 중 lián
- 일 レン(やすい)

집(广) 살림까지 겸하면(兼) 생활이 검소하고 청렴하니 **청렴할 렴**, 또 청렴하게(이익을 조금 남기고) 팔아 값싸니 **값쌀 렴**, **성씨 염**

※ 청렴(淸廉) - 성품이 고결하고 탐욕이 없음.
※ 广(집 엄), 兼(겸할 겸), 淸(맑을 청)

廉恥(염치), **廉價**(염가), **低廉**(저렴)

濂

- 총 16획 2급 부수 水
- 영 frivolous, name of a river
- 중 lián

물(氵) 중 청렴하듯(廉) 엷게 흐르는 물 이름이니 **엷을 렴**, **물 이름 렴**

※ 인·지명용 한자.
※ 중국 호남성 영능현에 있는 시내. 주돈이(周敦頤)가 살던 곳.

簾 帘

- 총 19획 1급 부수 竹
- 영 bamboo blind
- 중 lián
- 일 レン(すだれ)

대(竹)로 청렴하듯(廉) 얇게 만들어 문에 치는 발이니 **발 렴**

※ 竹(대 죽)

垂簾聽政(수렴청정), **珠簾**(주렴)

殮 殓

- 총 17획 1급 부수 歹
- 영 shroud
- 중 liàn

죽으면(歹) 온몸을 다(僉) 염하니 **염할 렴** 약 殓

※ 歹(뼈 부서질 알, 죽을 사 변), 僉(다 첨, 모두 첨), 염습(殮襲) - 죽은 사람의 몸을 씻긴 뒤에 옷을 입히고 염포로 묶는 일. 줄여서 '염(殮)'이라 하지요.

改殮(개렴), **棺殮**(관렴)

斂 敛

- 총 17획 1급 부수 攵
- 영 withdraw
- 중 liàn
- 일 レン

다(僉) 쳐서(攵) 거두니 **거둘 렴** 약 敛

※ 攵(칠 복, = 攴)

收斂(수렴) ↔ **發散**(발산), **後斂**(후렴),
出斂(출렴·추렴) - 모임이나 놀이 또는 잔치 따위의 비용으로 여럿이 각각 얼마씩의 돈을 내어 거둠.

獵 猎

총 18획 3급 부수 犬
- 영 hunt
- 중 liè
- 일 リョウ(かり)

개(犭)가 짐승의 목 갈기(巤)를 물며 사냥하니
사냥할 렵 ㉻ 獵(쥐 서) 약 猎

※ 犭(큰개 견, 개 사슴 록 변), 巤: 내(巛)처럼 흘러내린 목(囟)에 털이 난(㲞) 목 갈기니 '목 갈기 렵, 털 난 짐승 렵'
※ 巛[내 천(川)이 부수로 쓰일 때의 모습으로 개미허리 같다 하여 '개미허리 천'이라 부름], 개가 짐승을 잡을 때는 짐승의 목을 물지요.

獵師(엽사), 獵銃(엽총), 狩獵(수렵)

令

총 5획 5급 부수 人
- 영 let, order
- 중 ling, lǐng
- 일 レイ(いいつけ)

사람(人)으로 하여금 하나(一)같이 무릎 꿇게(卩) 명령하니 **하여금 령, 명령할 령**

※ 卩(무릎 꿇을 절, 병부 절), 令은 문서로 내리는 명령, 令에 입 구(口)를 더한 명령할 명, 목숨 명(命)은 입으로 하는 명령이지요.

假令(가령), 命令(명령), 待令(대령), 指令(지령)

玲

총 9획 2급 부수 王(玉)
- 영 clear and bright
- 중 líng
- 일 レイ

옥(王)이 명령하듯(令) 부딪혀 내는 옥소리가 고우니
옥 소리 령, 고울 령

※ 王(임금 왕, 으뜸 왕, 구슬 옥 변)

玲瓏(영롱), 五色玲瓏(오색영롱)

鈴 铃

총 13획 1급 부수 金
- 영 bell
- 중 líng
- 일 レイ, リン(すず)

쇠(金)로 명령하듯(令) 무엇을 알리려고 만든 방울이니 **방울 령**

※ 金(쇠 금, 금 금, 돈 금, 성씨 김)

啞鈴(아령), 耳懸鈴鼻懸鈴(이현령비현령), 風鈴(풍령)

齡 龄

총 20획 1급 부수 齒
- 영 age
- 중 líng
- 일 レイ(よわい)

(옛날에) 이(齒)의 개수로 하여금(令) 알았던 나이니
나이 령 약 齡

※ 齒(이 치, 나이 치), 사람니는 나이가 들어야 나지요. 과학이 발달하지 못한 옛날에는 사람의 나이도 이(齒)의 숫자로 짐작했답니다. 지금도 짐승의 나이는 이의 개수로 세지요.

年齡(연령), 高齡(고령), 老齡(노령), 適齡(적령)

零

총 13획 3급 부수 雨
- 영 drop, zero
- 중 líng
- 일 レイ(こぼれる)

비(雨)와 명령(令)처럼 위에서 아래로 떨어지니
떨어질 령
또 떨어지면 영이니 **영 령**

＊ 雨(비 우)

零細(영세), 零點(영점), 零下(영하)

囹

총 8획 1급 부수 口
- 영 prison
- 중 líng
- 일 レイ

명령하여(令) 죄인을 가둔(囗) 옥이니
옥 령

＊ 囗(에운 담)

囹圄(영어), 囹圄(영어) - 죄수를 가두는 곳. 감옥.

領

총 14획 5급 부수 頁
- 영 command, lead
- 중 lǐng
- 일 リョウ(えり)

명령하여(令) 거느리는 우두머리(頁)니
거느릴 령, 우두머리 령

＊ 頁(머리 혈)

領導(영도), 大統領(대통령), 首領(수령), 占領(점령)

嶺

총 17획 3II급 부수 山
- 영 ridge
- 중 lǐng
- 일 レイ(みね)

산(山)을 거느린(領) 고개나 재니
고개 령, 재 령

＊ 우리나라 지형에서 영동(嶺東) 영서(嶺西)는 대관령(大關嶺)을 중심으로 동서로 나눈 것이고, 경상남북도를 가리키는 영남(嶺南)은 문경에 있는 조령(鳥嶺)의 남쪽이란 데서 붙여진 말이지요.

分水嶺(분수령), 峻嶺(준령), 泰山峻嶺(태산준령)

靈

총 24획 3II급 부수 雨
- 영 spirit, divine
- 중 líng
- 일 レイ, リョウ(たま)

비(雨) 오게 해달라고 여러 사람의 입들(口口口)이
무당(巫)처럼 비는 신령스러운 신령이니
신령스러울 령, 신령 령 약 霊, 灵

＊ 雨(비 우), 巫(무당 무), 신령하다 - 신기하고 영묘하다.

靈感(영감), 靈肉(영육), 靈魂(영혼), 靈藥(영약)

逞

총 11획 1급 부수 辶
- 英 delightful, flourishing
- 中 chěng
- 日 テイ(たくましい)

(무엇이든) 드리며(呈) 다닐(辶_) 수 있으면 마음도 쾌하니 **쾌할 령**
또 마음이 쾌하면 활동도 왕성하니 **왕성할 령**

* 쾌(快)하다 – 상쾌하고 기분이 좋다. 마음이 유쾌하다.
* 呈(드릴 정), 辶(뛸 착, 갈 착, = 辵), 快(상쾌할 쾌), 누구에게 무엇인가 줄 수 있다는 것은 기분 좋은 일이지요.

不逞(불령), **逞兵**(영병)

例

총 8획 6급 부수 人
- 英 form, example
- 中 lì
- 日 レイ(たとえる)

사람(亻)이 물건을 벌여(列) 놓는 법식과 보기니 **법식 례, 보기 례**

* 법식(法式) – 법도와 양식.
* 列(벌일 렬, 줄 렬), 法(법 법), 式(법 식, 의식 식)

例規(예규), **條例**(조례), **例示**(예시), **例外**(예외)

禮 礼

총 18획 6급 부수 示
- 英 etiquette
- 中 lǐ
- 日 レイ

신(示) 앞에 풍성한(豊) 음식을 차리는 것은
신에 대한 예도니 **예도 례** 역 礼 : 신(礻) 앞에 몸을 새(乚)처럼 구부리고 표하는 예도니 '예도 례'

* 示(보일 시, 신 시), 豊(풍성할 풍), 礻[보일 시, 신 시(示)가 부수로 쓰일 때의 모습으로 '보일 시, 신 시 변'], 乚[새 을, 둘째 천간 을, 굽을 을(乙)이 부수로 쓰일 때의 모습]

禮度(예도), **禮物**(예물), **禮拜**(예배), **禮節**(예절)

醴

총 20획 2급 부수 酉
- 英 sweet wine
- 中 lǐ

술(酉)처럼 많이(豊) 발효시켜 만든 단술이니 **단술 례**

* 단술 – 쌀밥에 엿기름가루 우린 물을 부어 삭혀 생강과 설탕을 넣고 끓여 식힌 뒤 건더기는 밥알을 띄운 음료. 감주(甘酒), 식혜(食醯).
* 酉(술 그릇 유, 술 유, 닭 유, 열째 지지 유), 甘(달 감, 기쁠 감), 酒(술 주), 食(밥 식, 먹을 식, 밥 사), 醯(초 혜)

醴酒(예주), **醴泉**(예천)

老

총 6획 7급 부수 耂
- 英 old, aged
- 中 lǎo
- 日 ロウ(おいる、ふける)

흙(土)에 지팡이(丿)를 비수(匕)처럼 꽂으며 걸어야 할 정도로 늙으니 **늙을 로**

* 匕(비수 비, 숟가락 비)
* 耂 : '늙을 로(老)'가 부수로 쓰일 때의 모습으로 '늙을 로 엄'

老益壯(노익장), **敬老**(경로), **元老**(원로), **偕老**(해로)

령

勞 劳

총 12획 5급 부수 力
- 英 toil
- 中 láo
- 日 ロウ(つかれる)

불(火)과 불(火)로 덮인(冖) 곳에서도 힘(力)써 수고하며 일하니 **수고할 로, 일할 로** 약 労 : 불꽃(灬)으로 덮인(冖) 곳에서도 힘써(力) 수고하며 일하니 '수고할 로, 일할 로'

※ 火(불 화), 冖(덮을 멱), 力(힘 력)

勞苦(노고), **過勞**(과로), **徒勞無功**(도로무공) - 한갓(헛되이) 애만 쓰고 공(보람)이 없음.

撈 捞

총 15획 1급 부수 手
- 英 catch
- 中 lāo

(물에서) 손(扌)으로 힘써(勞) 잡아 건져 내니 **잡을 로, 건져 낼 로**

撈採(노채), **漁撈**(어로)

盧 卢

총 16획 2급 부수 皿
- 英 jar, pot, family name
- 中 lú
- 日 ロ(さかばく、くろ)

범(虍)처럼 입이 크고 밭(田)처럼 가운데가 넓은 그릇(皿)이 항아리니 **항아리 로, 성씨 로**

※ 虍(범 호 엄), 田(밭 전), 皿(그릇 명)
※ 盧가 들어간 글자를 약자로 쓸 때는 盧 부분을 문 호, 집 호(戶)로 씁니다.

毘盧峯(비로봉), **盧生之夢**(노생지몽)

爐 炉

총 20획 3II급 부수 火
- 英 brazier, stove
- 中 lú
- 日 ロ(いろり)

불(火)을 담는 항아리(盧)가 화로니 **화로 로** 약 炉 : 불(火)을 담는 집(戶) 같은 화로니 '화로 로'

※ 火(불 화), 戶(문 호, 집 호), 화로(火爐) - 불을 담아 두는 그릇.

煖爐(난로), **香爐**(향로), **鎔鑛爐**(용광로)

蘆 芦

총 20획 2급 부수 ⺾
- 英 reed
- 中 lú, lǘ
- 日 ロ(あし)

풀(⺾) 중 키가 커 항아리(盧)도 덮는 갈대니 **갈대 로**

※ ⺾[풀 초(草, = 艸)가 부수로 쓰일 때의 모습으로 주로 글자의 머리 부분에 붙으니 머리 두(頭)를 붙여 '초 두'라 부름]

蘆笛(노적), **蘆花**(노화)

虜 虜

총 13획 1급 부수 虍
- 英 capture
- 中 lǔ
- 日 リョ(とりこ)

범(虍)을 꿰듯(毌) 힘(力)으로 사로잡으니
사로잡을 로

＊ 虍(범 호 엄), 毌(꿰뚫을 관), 力(힘 력)

虜獲(노획), **捕虜**(포로)

擄 擄

총 16획 1급 부수 手
- 英 plunder
- 中 lǔ

손(扌)으로 사로잡으며(虜) 노략질하니
노략질할 로

＊ 노략(擄掠) - 떼를 지어 돌아다니며 사람을 해치거나 재물을 강제로 빼앗음.
＊ 掠(노략질할 략)

魯 魯

총 15획 2급 부수 魚
- 英 stupid
- 中 lǔ
- 日 ロ

물고기(魚)가 해(日)를 따라나와 말라 죽듯이 자기 죽는 줄도 모르게 어리석으니 **어리석을 로**

＊ 魚(물고기 어), 日(해 일, 날 일)

魚魯不辨(어로불변), **愚魯**(우로)

路

총 13획 6급 부수 足
- 英 road
- 中 lù
- 日 ロ(じ)

발(足)로 각각(各) 걸어 다니는 길이니
길 로

＊ 足(발 족, 넉넉할 족), 各(각각 각)

路邊(노변), **路線**(노선), **路資**(노자), **迷路**(미로)

露

총 20획 3II급 부수 雨
- 英 dew, reveal
- 中 lòu, lù
- 日 ロ, ロウ(つゆ)

비(雨)온 듯 길(路)에 어려 이슬이 드러나니
이슬 로, 드러날 로

＊ 雨(비 우)

寒露(한로), **露出**(노출), **吐露**(토로), **暴露**(폭로)

로

鷺 鷺

총 23획 2급 부수 鳥
- 英 egret
- 中 lù
- 日 ロ(さぎ)

길(路)에서 잘 보이는 새(鳥)는 해오라기니
해오라기 로

※ 鳥(새 조), 해오라기는 키가 크고 흰색이며 물가에 사는 새라 눈에 잘 띄지요. '해오라비'는 경상도 방언.

白鷺(백로)

鹿

총 11획 3급 제부수
- 英 deer
- 中 lù
- 日 ロク(しか)

사슴을 본떠서
사슴 록

鹿角(녹각), **鹿茸**(녹용)

麓

총 19획 1급 부수 鹿
- 英 the foot of a mountain
- 中 lù 日 ロク(ふもと)

수풀(林) 속 사슴(鹿)이 뛰노는 산기슭이니
산기슭 록

※ 林(수풀 림)

南麓(남록), **山麓**(산록)

彔

총 8획 특급 부수 彐
- 英 shave, carve, essence
- 中 lù 日 ロク(きざむ)

엇갈리게(彑) 한(一)곳으로 물(氺) 같은 진액이
나오도록 나무를 깎고 새기니 **나무 깎을 록, 새길 록**
⑨ 彖(끊을 단)

※ 彑(엇갈리는 모양), 氺(물 수 발)
※ 원래는 彑로 나누어 부수가 彑이지요. 彐(고슴도치 머리 계, 오른손 우)는 변형하여 彑로도 쓰이니까요.

錄 录

총 16획 4II급 부수 金
- 英 record, document
- 中 lù
- 日 ロク(しるす)

쇠(金)에 새겨(彔) 기록하니
기록할 록

※ 金(쇠 금, 금 금, 돈 금, 성씨 김)

錄音(녹음), **錄畵**(녹화), **記錄**(기록), **附錄**(부록)

祿 禄

- 총 13획 3급 부수 示
- 英 salary, pay
- 中 lù

신(示)께 나무 깎아(彔) 만든 위패를 모시고 제사지내면 복을 주듯이 일하면 주는 봉급이니 **봉급 록**

※ 봉급(俸給) - 어떤 직장에서 계속적으로 일하는 사람이 그 일의 대가로 정기적으로 받는 일정한 보수.
※ 示(보일 시, 신 시)

祿俸(녹봉), **福祿**(복록)

綠 绿

- 총 14획 6급 부수 糸
- 英 green
- 中 lǜ, lù
- 日 ロク(みどり)

실(糸)이 나무 깎을(彔) 때 나오면 푸르니 **푸를 록** ㊥ 緣(인연 연)

※ 糸(실 사, 실 사 변), 실은 나무나 풀 넝쿨의 섬유질을 뽑아 만들지요.

綠陰(녹음), **綠茶**(녹차), **常綠樹**(상록수)

碌 碌

- 총 13획 1급 부수 石
- 英 stony, incompetent
- 中 lù
- 日 ロク

돌(石)은 깎아도(彔) 돌 모양이니 **돌 모양 록**
또 돌처럼 무능하니 **무능할 록**

※ 石(돌 석)

勞碌(노록), **碌碌**(녹록) - '돌 모양'으로, ㉠평범하고 보잘것없는 모양. ㉡만만하고 호락호락한 모양.

論 论

- 총 15획 4II급 부수 言
- 英 discuss, argue
- 中 lùn, lún
- 日 ロン(のべる)

말(言)로 모여서(侖) 논하고 평하니 **논할 론, 평할 론**

※ 言(말씀 언), 侖(둥글 륜, 모일 륜)

論述(논술), **論議**(논의), **論爭**(논쟁), **論評**(논평)

弄

- 총 7획 3II급 부수 廾
- 英 trifle
- 中 nòng
- 日 ロウ(もてあそぶ)

구슬(王)을 두 손에 들고(廾) 희롱하듯 가지고 노니 **희롱할 롱, 가지고 놀 롱**

※ 희롱(戱弄) - (말이나 행동으로) 실없이 놀림.
※ 王(임금 왕, 으뜸 왕, 구슬 옥 변), 廾(받쳐 들 공), 戱(놀 희, 희롱할 희)

弄談(농담) ↔ **眞談**(진담), **弄調**(농조), **嘲弄**(조롱)

록

롱

瓏 珑

총 20획 1급 부수 王(玉)
- 英 sound of gem, clear and bright
- 中 lóng

옥(玉)이 구르며 용(龍)처럼 내는 소리가 영롱하니
옥 소리 롱, 영롱할 롱

※ 영롱(玲瓏) - ㉠구슬에 반사되거나 비치는 빛처럼 맑고 아름다움. ㉡(옥을 굴리는 것처럼) 소리가 맑고 아름다움.
※ 龍(용 룡), 玲(옥 소리 령, 고울 령)

籠 笼

총 22획 2급 부수 竹
- 英 basket
- 中 lóng, lōng
- 日 ロウ(かご)

대(竹)조각을 용(龍)처럼 구부려 만든 바구니니
바구니 롱 ㉱ 篭

※ 竹(대 죽)

籠球(농구), 籠城(농성), 鳥籠(조롱), 鐵籠(철롱)

壟 垅

총 19획 1급 부수 土
- 英 ridge, hill
- 中 lǒng
- 日 ロウ

구불구불한 용(龍)처럼 흙(土)으로 만든 밭두둑이니
밭두둑 롱
또 밭두둑처럼 생긴 언덕이니 **언덕 롱**

疇壟(주롱), 丘壟(구롱), 壟斷(농단) - ㉠깎아 세운 듯한 높은 언덕. ㉡이익이나 권리를 독차지함을 이르는 말. (어떤 사람이 시장에서 높은 곳에 올라가 사방을 살펴보고 자기 물건을 팔기에 적당한 곳으로 가서 상업상의 이익을 독점하였다는 데서 유래). 斷(끊을 단, 결단할 단)

聾 聋

총 22획 1급 부수 耳
- 英 deaf
- 中 lóng
- 日 ロウ(つんぼ)

용(龍)트림 같은 큰 소리도 귀(耳)로 들을 수 없는 귀머거리니 **귀머거리 롱**

※ 耳(귀 이)

聾啞(농아), 全聾(전롱), 癡聾(치롱)

龐

클 방, 어지러울 방, 살찔 롱 - 클 방(268쪽) 참고

雷

총 13획 3급 부수 雨
- 영 thunder
- 중 léi
- 일 ライ(かみなり)

비(雨)올 때 밭(田) 같은 구름 사이에서 내는 천둥이니 **천둥 뢰, 우레 뢰**

※ 雨(비 우), 田(밭 전), 천둥 = 雨雷(우뢰→우레)

雷聲(뇌성), **地雷**(지뢰), **附和雷同**(부화뇌동)

賴 赖

총 16획 3II급 부수 貝
- 영 owe, depend on
- 중 lài
- 일 ライ(たのむ)

묶어(束) 놓은 칼(刀)과 재물(貝)에 힘입어 의지하니 **힘입을 뢰, 의지할 뢰** 약 頼

※ 束(묶을 속), 刀(칼 도), 貝(조개 패, 재물 패), 칼 같은 무기나 돈이 있으면 어려움을 당할 때 의지할 수 있지요.

信賴(신뢰), **依賴**(의뢰), **無賴漢**(무뢰한)

磊

총 15획 1급 부수 石
- 영 pile of stones, large hearted
- 중 lěi
- 일 ライ(いし)

돌(石)이 많이 쌓인 돌무더기니 **돌무더기 뢰**

또 돌무더기도 거뜬히 넘으며 대범하니 **대범할 뢰**

※ 石(돌 석), 대범하다 - 성격이나 태도가 사소한 것에 얽매이지 않으며 너그럽다.

磊磊(뇌뢰), **磊落**(뇌락)

牢

총 7획 1급 부수 牛
- 영 pen, strong, prison
- 중 láo
- 일 ロウ

집(宀) 중 소(牛)를 굳게 가두는 우리니 **우리 뢰, 굳을 뢰**

또 우리처럼 가두는 감옥이니 **감옥 뢰**

※ 宀(집 면), 牛(소 우)

亡羊補牢(망양보뢰), **牢却**(뇌각), **牢獄**(뇌옥)

儡

총 17획 1급 부수 人
- 영 failure, puppet
- 중 lěi
- 일 ライ

사람(亻)이 밭 사이(畾)에서 서성거려야 할 정도로 실패하니 **실패할 뢰**

또 실패한 듯 남에게 조종당하는 꼭두각시니 **꼭두각시 뢰**

※ 꼭두각시 - 주체성 없이 배후에 있는 남의 조종에 의하여 행동하는 자의 비유. 畾(밭 사이 땅 뢰)

儡身(뇌신), **傀儡**(괴뢰)

賂 賂

- 총 13획 1급 부수 貝
- 英 bribe
- 中 lù
- 日 ロ(まいなう)

재물(貝)로 각각(各) 주는 뇌물이니
뇌물 뢰

* 貝(조개 패, 재물 패), 各(각각 각)

賂物(뇌물), **受賂**(수뢰)

了

- 총 2획 3급 부수 亅
- 英 finish
- 中 liǎo, liào
- 日 リョウ(おわる)

아들(子)이 양팔 붙이고 모체에서 나온 모습으로 나왔으니 고통을 마쳤다는 데서 **마칠 료**

㊟ 子(아들 자, 첫째 지지 자, 자네 자, 접미사 자)

滿了(만료), **修了**(수료), **完了**(완료), **終了**(종료)

料

- 총 10획 5급 부수 斗
- 英 estimate, stuff, price
- 中 liào
- 日 リョウ(はかる)

쌀(米)의 양을 말(斗)로 헤아려 무엇을 만드는 재료로 쓰거나 값을 지불하니 **헤아릴 료, 재료 료, 값 료**

* 米(쌀 미), 斗(국자 두, 말 두), 옛날부터 쌀은 모든 곡식의 대표로 물물 거래의 기준이었지요.

料量(요량), **思料**(사료), **材料**(재료), **無料**(무료)

僚

- 총 14획 3급 부수 人
- 英 colleague
- 中 liáo
- 日 リョウ(つかさ)

사람(亻) 중 불 밝히고(尞) 함께 일하는 동료니
동료 료

* 尞 : 크게(大) 양쪽(ヽ丶)에 해(日)처럼 불을 켜 밑에 작은(小) 것까지 보이도록 밝게 밝히니 '밝을 료, 밝힐 료' – 어원 해설을 위한 참고용으로 실제 쓰이는 글자는 아님.

同僚(동료), **閣僚**(각료), **官僚**(관료), **幕僚**(막료)

燎

- 총 16획 1급 부수 火
- 英 bonfire
- 中 liáo, liǎo
- 日 リョウ

불(火) 중 밝게(尞) 피우는 화톳불이니
화톳불 료

* 火(불 화), 화톳불 – 한데다가 장작 따위를 모으고 질러 놓은 불.

燎火(요화), **郊燎**(교료), **燭燎**(촉료)

瞭 了

총 17획 1급 부수 目
- 영 bright
- 중 liǎo
- 일 リョウ(あきらか)

눈(目)에 잘 보이도록 밝으니(尞)
밝을 료

※ 目(눈 목, 볼 목, 항목 목)

明瞭(명료), **簡單明瞭**(간단명료), **一目瞭然**(일목요연)

寮

총 15획 1급 부수 宀
- 영 colleague, house
- 중 liáo
- 일 リョウ

집(宀)에서 불 밝히고(尞) 함께 일하는 동료니
동료 료 (= 僚), **집 료**

※ 동료(同寮·同僚) – 같은 직장이나 같은 부문에서 함께 일하는 사람.
※ 宀(집 면), 同(같을 동)

寮舍(요사)

療 疗

총 17획 2급 부수 疒
- 영 heal, cure
- 중 liáo
- 일 リョウ(いやす)

병(疒)을 밝게(尞) 고치니
병 고칠 료

※ 疒(병들 녁)

療法(요법), **療養**(요양), **診療**(진료), **治療**(치료)

遼 辽

총 16획 2급 부수 辶
- 영 distant
- 중 liáo
- 일 リョウ(はるか)

불까지 밝히며(尞) 가야(辶) 할 길이 머니
멀 료

※ 辶('뛸 착, 갈 착'으로 辶으로 써도 됩니다. 위에 점이 둘이면 아래를 한 번 구부리고, 점이 하나면 아래를 두 번 구부리죠.)

遼遠(요원), **遼東半島**(요동반도), **廣遼**(광료)

聊

총 11획 1급 부수 耳
- 영 depend, just, delight
- 중 liáo
- 일 リョウ(いささか)

귀(耳)를 토끼(卯)처럼 세움에 힘입어 겨우 들으며 즐거워하니 **힘입을 료, 애오라지 료, 즐거워할 료**

※ 耳(귀 이), 卯(왕성할 묘, 토끼 묘, 둘째 지지 묘)
※ 애오라지 – '겨우, 오로지'를 강조하여 이르는 말.

聊賴(요뢰), **無聊**(무료)

寥

총 14획 1급 부수 宀
- 영 solitary
- 중 liáo
- 일 リョウ

집(宀)에 새 깃(羽)처럼 사람(人)의 머리 털(彡)만 날려 쓸쓸하니 **쓸쓸할 료**

※ 宀(집 면), 羽(날개 우, 깃 우), 彡(터럭 삼, 긴 머리 삼)

寥闊(요활), **寥寥無聞**(요요무문)

龍

총 16획 4급 제부수
- 영 dragon
- 중 lóng
- 일 リュウ(たつ)

머리 세우고(立) 몸(月)을 꿈틀거리며 하늘로 오르는 용을 생각하여 **용 룡, 성씨 용** 약 竜 : 머리를 세우고(立) 몸을 길게 펴며(电) 하늘로 오르는 용이니 '용 룡'

※ 立(설 립), 月(달 월, 육 달 월), 电[펼 신(申)의 변형], 용은 전설 속의 동물로 신성하게 여겨 임금이나 큰 인물을 나타내기도 하지요.

龍頭蛇尾(용두사미), **恐龍**(공룡), **臥龍**(와룡)

累

총 11획 3II급 부수 糸
- 영 several, be piled up, trouble
- 중 lèi, léi, lěi
- 일 ルイ(かさなる)

밭(田)이랑이나 실(糸)타래처럼 여러 갈래로 쌓이니 **여러 루, 쌓일 루**

또 여러 번 하여 폐 끼치니 **폐 끼칠 루**

※ 田(밭 전), 糸(실 사, 실 사 변), 누(累) - 남의 잘못으로 말미암아 받게 되는 정신적인 괴로움이나 물질적인 손해.

累計(누계), **累積**(누적), **累增**(누증), **連累**(연루)

樓 楼

총 15획 3II급 부수 木
- 영 tower
- 중 lóu
- 일 ロウ(たかどの)

나무(木)를 쌓아(婁) 세운 다락이나 누각이니 **다락 루, 누각 루**

또 다락처럼 위에 지은 층이니 **층 루** 약 楼 : 땔 나무(木)나 쌀(米)을 여자(女)가 넣어두는 다락이나 누각이니 '다락 루, 누각 루'

※ 婁 : 쌓인 것(毌)을 여자(女)가 끄는 모습에서 '끌 루, 쌓을 루'

摩天樓(마천루), **望樓**(망루), **鐘樓**(종루)

屢 屡

총 14획 3급 부수 尸
- 영 frequently
- 중 lǚ
- 일 ル(しばしば)

몸(尸)에 실력이 쌓이도록(婁) 여러 번 반복하니 **여러 루**

※ 尸(주검 시, 몸 시)

屢屢(누누), **屢代**(누대), **屢歲**(누세), **屢次**(누차)

료

淚 泪

총 11획 3급 부수 水
- 영 tear
- 중 lèi
- 일 ルイ(なみだ)

물(氵) 중 일이 어그러질(戾) 때 흘리는 눈물이니
눈물 루 참 涕(눈물 체)

※ 戾(어그러질 려, 되돌릴 려)

落淚(낙루), 催淚(최루), 催淚彈(최루탄), 血淚(혈루)

漏

총 14획 3II급 부수 水
- 영 leak
- 중 lòu
- 일 ロウ(もる, もれる)

물(氵)이 뚫어진 지붕(尸)에서 비(雨)만 오면 새니
샐 루

※ 尸['주검 시, 몸 시'나 여기서는 '지붕'의 모습으로 봄], 雨(비 우)

漏落(누락), 漏泄(누설), 漏水(누수), 脫漏(탈루)

陋

총 9획 1급 부수 阜
- 영 narrow, shabby
- 중 lòu
- 일 ロウ(いやしい)

언덕(阝)이 남쪽(丙)의 햇볕을 가려(ㄴ)
좁고 더러우니 **좁을 루, 더러울 루**

※ 阝(언덕 부 변), 丙(남쪽 병, 밝을 병, 셋째 천간 병), ㄴ(감출 혜, 덮을 혜, = 匸), 햇볕이 들지 않으면 항상 습기가 있고 더럽지요.

固陋(고루), 陋名(누명), 陋醜(누추)

壘 垒

총 18획 1급 부수 土
- 영 fort, a military camp
- 중 lěi
- 일 ルイ(とりで)

밭을 쌓아놓은(畾) 것처럼 튼튼히 흙(土)을 쌓아
만든 보루나 진이니 **보루 루, 진 루** 약 垒

※ 보루(堡壘) – ㉠적의 접근을 저지하기 위하여 돌·흙·콘크리트 같은 것으로 만든 견고한 구축물. ㉡가장 튼튼한 발판.

本壘(본루), 殘壘(잔루), 進壘(진루), 陣壘(진루)

柳

총 9획 4급 부수 木
- 영 willow, family name
- 중 liǔ
- 일 リュウ(やなぎ)

나무(木) 중 왕성하게(卯) 자라 늘어지는 버들이니
버들 류, 성씨 유

※ 卯(왕성할 묘, 토끼 묘, 넷째 지지 묘), 버드나무는 생명력이 강하여 이른 봄에 제일 먼저 푸른빛을 띠어 늦가을까지도 푸른 모습으로 있고, 굵은 줄기를 그냥 꽂아도 살고, 가지를 쳐도 금방 왕성하게 자라지요.

楊柳(양류), 花柳界(화류계)

流

총 10획 5급 부수 水
- 英 flow, spread
- 中 liú
- 日 リュウ(ながす)

물(氵)이 소리 내며(云) 내(川)처럼 흘러 번져 나가니 **흐를 류**, **번져 나갈 류**

※ 云(말할 운), 川(내 천)

流浪(유랑), **流失**(유실), **流言蜚語**(유언비어)

硫

총 12획 2급 부수 石
- 英 sulphur
- 中 liú
- 日 リュウ

돌(石) 중 화산에서 소리 내며(云) 내(川)처럼 흘러 굳어진 유황이니 **유황 류**

※ 유황(硫黃) − 비금속 원소로서 황색·무취의 파삭파삭한 결정체. 화약·성냥 등의 원료로 쓰임.
※ 石(돌 석), 黃(누를 황)

脫硫(탈류)

琉

총 11획 1급 부수 王(玉)
- 英 glass
- 中 liú

옥(王)처럼 석영이 소리 내며(云) 내(川)처럼 흘러 굳어진 유리니 **유리 류** (= 瑠)

※ 瑠 : 구슬(王) 성분이 머물러(留) 된 유리니 '유리 류'.
※ 유리(琉璃) − ㉠칠보(七寶)의 하나. 청색의 보옥(寶玉). ㉡석영(石英)을 원료로 하여 만든 투명한 제품. 글라스(glass). ㉢석영·탄산소다·석회암을 원료로 하여 고온에서 융해시켜 식힌 물질. 단단하고 잘 깨지며 투명함. 王(임금 왕, 구슬 옥 변), 留(머무를 류), 璃(유리 리), 寶(보배 보)

類 类

총 19획 5급 부수 頁
- 英 class, resemble
- 中 lèi
- 日 ルイ(たぐい)

쌀(米)밥을 보고 달려오는 개(犬)들의 머리(頁)처럼 닮은 무리니 **닮을 류**, **무리 류**

※ 米(쌀 미), 犬(개 견), 頁(머리 혈)

類似(유사), **類類相從**(유유상종), **貝類**(패류)

謬 谬

총 18획 2급 부수 言
- 英 error, deceive
- 中 miù
- 日 ビュウ

말(言)이 사실을 떠나서 높이 날아(翏) 그릇되고 속이니 **그릇될 류**, **속일 류**

※ 翏 : 새 깃(羽)처럼 사람(人)의 머리 털(彡)이 높이 나니 '높이 날 료'.
※ 言(말씀 언), 羽(날개 우, 깃 우), 彡(터럭 삼, 긴 머리 삼)

謬見(유견), **誤謬**(오류), **悖謬**(패류)

劉 刘

총 15획 2급 부수 刀
- 영 family name
- 중 liú
- 일 リュウ(かつ)

왕성하게(卯) 쇠(金)로 칼(刂)을 만드는 성씨니
성씨 류, 묘금도 류

※ 卯[왕성할 묘, 토끼 묘, 넷째 지지 묘(卯)의 변형], 金(쇠 금, 금 금, 돈 금, 성씨 김), 刂(칼 도 방), '묘금도 류'는 글자 뜻과 상관없이 글자가 [묘(卯)+금(金)+도(刂)]로 나뉘짐을 일컫는 말로, 성씨에 버들 류(柳)와 묘금도 류(劉)가 있어 구분하기 위한 것이지요.

留

총 10획 4II급 부수 田
- 영 stay
- 중 liú
- 일 リュウ(とまる)

왕성하게(卯) 일하려고 밭(田)에 머무르니
머무를 류

※ 집에 갔다 오는 시간까지 아끼려고 머무른다는 말이네요.

留任(유임), 保留(보류), 押留(압류), 滯留(체류)

溜

총 13획 1급 부수 水
- 영 drip
- 중 liū, liù
- 일 リュウ(たまる)

물(氵)이 지붕에 머물러(留) 조금씩 떨어지는
처맛물이니 **처맛물 류**
또 물(氵)기가 머물러(留) 김 서리니 **김 서릴 류**

溜槽(유조), *油槽(유조), 蒸溜(증류),
蒸溜水(증류수)

瘤

총 15획 1급 부수 疒
- 영 wen
- 중 liú
- 일 リュウ(こぶ)

병(疒) 중 몸에 머무르듯(留) 나 있는 혹이니
혹 류

※ 疒(병들 녁), 혹-병적으로 불거져 나온 살덩이.

瘤腫(유종), 靜脈瘤(정맥류), 脂瘤(지류)

六

총 4획 8급 부수 八
- 영 six
- 중 liù
- 일 ロク(むつ)

하늘(亠) 아래 나눠지는(八) 방향이 동서남북상하의
여섯이니 **여섯 륙**

※ 亠('머리 부분 두'나 여기서는 하늘로 봄), 八(여덟 팔, 나눌 팔)

六旬(육순), 死六臣(사육신), 五臟六腑(오장육부)

陸 陆

총 11획 5급 부수 阜
- 영 land
- 중 lù
- 일 リク(おか)

언덕(阝)과 언덕(坴)이 높고 낮게 깔린 육지니
육지 륙, 성씨 육

* 坴 : 흙(土)이 나누어져(八) 양쪽으로 흙(土)이 쌓인 언덕이니 '언덕 륙'-어원 해설을 위한 참고용으로, 실제 쓰이는 글자는 아님.
* 阝언덕 부 변), 八(여덟 팔, 나눌 팔)

陸地(육지), **大陸**(대륙), **離陸**(이륙), **着陸**(착륙)

戮

총 15획 1급 부수 戈
- 영 kill
- 중 lù
- 일 リク

새 깃(羽)처럼 사람(人)의 머리 털(彡)이 날리도록
창(戈)으로 찍어 죽이니 **죽일 륙**

* 羽(날개 우, 깃 우), 彡(터럭 삼, 긴 머리 삼), 戈(창 과)

屠戮(도륙), **殺戮**(살륙), **誅戮**(주륙)

侖 仑

총 8획 특II급 부수 人
- 영 congregate, round
- 중 lún
- 일 リン

사람(人)이 한(一) 권씩 책(冊)을 들고 둥글게
모이니 **둥글 륜, 모일 륜**

* 冊[책 책, 세울 책(冊, = 冊)의 변형]

倫 伦

총 10획 3II급 부수 人
- 영 moral
- 중 lún
- 일 リン(すじみち)

사람(亻)이 모이면(侖) 지켜야 할 윤리니
윤리 륜

* 윤리(倫理) - 사람으로서 마땅히 행하거나 지켜야 할 도리.
* 理(이치 리, 다스릴 리)

不倫(불륜), **人倫**(인륜), **悖倫**(패륜)

輪 轮

총 15획 4급 부수 車
- 영 wheel, round, rotate
- 중 lún
- 일 リン(わ)

수레(車)의 둥근(侖) 바퀴니
둥글 륜, 바퀴 륜
또 바퀴는 잘 도니 **돌 륜**

* 車(수레 거, 차 차)

輪廓(윤곽), **車輪**(차륜), **輪番**(윤번), **輪廻**(윤회)

綸 纶

총 14획 1급 부수 糸
- 英 fishline, manage
- 中 lún, guān
- 日 リン(いと)

실(糸)을 둥글게(侖) 꼬아 질기게 만든 낚싯줄이니
낚싯줄 륜
또 낚싯줄을 조정하듯 다스리는 임금 말씀이니
다스릴 륜, 임금말씀 륜
또 낚싯줄처럼 질긴 실로 만든 관건이니 **관건 관**

※ 관건(綸巾)-㉠비단으로 만든 두건, 제갈량이 늘 쓴 것이라 하여 제갈건이라고도 함. ㉡풍류인(風流人)이 쓰는 두건.

經綸(경륜), **綸言**(윤언)

淪 沦

총 11획 1급 부수 水
- 英 sink
- 中 lún
- 日 リン

물(氵)가에 모여(侖) 놀다 보면 잘 빠지니
빠질 륜

淪落(윤락), **隱淪**(은륜), **沈淪**(침륜)

崙

총 11획 2급 부수 山
- 中 lún

산(山) 중 둥근(侖) 모습의 산 이름이니
산 이름 륜

※ 곤륜산(崑崙山)-중국 전설 속에 나오는 산.
※ 崑(산 이름 곤)

律

총 9획 4Ⅱ급 부수 彳
- 英 law, rhythm
- 中 lǜ
- 日 リツ, リチ

행할(彳) 법을 붓(聿)으로 적은 법률이니 **법률 률**
또 법률처럼 일정하게 반복되는 음률이니
음률 률

※ 彳(조금 걸을 척), 聿(붓 율)

律法(율법), **戒律**(계율),
二律背反(이율배반)-'두 가지 법률이 서로 등지고 거꾸로 함'으로, 서로 모순되는 사실이 한 행동이나 사건 속에 주장되는 일. 背(등 배, 등질 배), 反(거꾸로 반, 뒤집을 번)
音律(음률)

率

총 11획 3II급 부수 玄
- 영 rate, lead, openhearted
- 중 lǜ, shuài
- 일 リツ, ソツ(ひきいる)

우두머리(亠)가 작은(幺) 사람을 양쪽에 둘(冫 冫)씩, 아래에 열(十)의 비율로 거느리니 **비율 률, 거느릴 솔**
또 잘 거느리려고 솔직하니 **솔직할 솔**

※ 亠(머리 부분 두), 幺(작을 요, 어릴 요), 솔직해야 믿고 따르지요.

比率(비율), 換率(환율), 引率(인솔), 率直(솔직)

栗

총 10획 3II급 부수 木
- 영 chestnut
- 중 lì
- 일 リツ(くり)

가시로 덮인(覀) 나무(木) 열매는 밤이니
밤 률 ㈜ 粟(벼 속, 조 속)

※ 覀(덮을 아), 木(나무 목), 米(쌀 미)

栗木(율목), 棗栗梨柿(조율이시) - 대추·밤·배·감.

慄

총 13획 1급 부수 心
- 영 tremble
- 중 lì
- 일 リツ(おののく)

마음(忄)에 밤(栗)송이처럼 가시 돋치게 두려우니
두려울 률

慄然(율연), 戰慄(전율)

隆

총 12획 3II급 부수 阜
- 영 high, prosperous
- 중 lóng
- 일 リュウ

언덕(阝)도 차분히(夊) 오르며 하나(一)같이 잘
살려고(生) 노력하는 모습이 높고 성하니
높을 륭, 성할 륭

※ 阝(언덕 부 변), 夊(천천히 걸을 쇠, 뒤져 올 치),
生(날 생, 살 생, 사람을 부를 때 쓰는 접사 생)

隆起(융기), 隆冬(융동), 隆盛(융성)

肋

총 6획 1급 부수 肉
- 영 rib
- 중 lèi, lē
- 일 ロク(あばら)

몸(月)속의 중요한 장기를 힘(力)써 보호하는
갈빗대니 **갈빗대 륵**

※ 月(달 월, 육 달 월), 力(힘 력)
※ 갈빗대는 간·쓸개·허파 등 몸의 중요한 장기를 보호하지요.

肋骨(늑골), 肋膜(늑막), 肋膜炎(늑막염), 鷄肋(계륵)

勒

총 11획 1급 부수 力
- (영) bridle, forcibly, govern
- (중) lè, lēi
- (일) ロク

가죽(革)으로 힘(力)지게 만든 굴레니 **굴레 륵**
또 굴레를 씌워 마소를 억지로 다스리니
억지로 할 륵, 다스릴 륵

* 革(가죽 혁, 고칠 혁), 力(힘 력)

勒買(늑매), **勒兵**(늑병)

凜

총 15획 1급 부수 冫
- (영) cold, soldierly
- (중) lin
- (일) リン

얼음(冫)같이 차가워 머리(亠) 돌리거나(回)
벼(禾)처럼 고개 숙이게 하니 **찰 름**
또 차가움에도 늠름하니 **늠름할 름**

* 冫(이 수 변), 亠(머리 부분 두), 回(돌 회, 돌아올 회, 횟수 회), 禾(벼 화), 너무 차면 머리를 돌리거나 고개를 숙이지요.

凜烈·凜冽(늠렬), **凜凜**(늠름)

름

夌

총 8획 급외자 부수 夊
- (영) high, hill
- (중) ling
- (일) リョウ(こえる)

흙(土)이 나누어져(八) 천천히 걸어야(夊) 할
높은 언덕이니 **높을 릉, 언덕 릉**

* 八(여덟 팔, 나눌 팔), 夊(천천히 걸을 쇠, 뒤져 올 치)
* 급외자 - 급수 외 글자(급수 시험에 제외된 글자나 다른 글자 어원 풀이를 위해 넣은 글자).

陵

총 11획 3II급 부수 阝
- (영) a royal tomb, hill
- (중) ling
- (일) リョウ(みささぎ)

언덕(阝)처럼 높이(夌) 만든 임금 무덤이나
큰 언덕이니 **임금 무덤 릉, 큰 언덕 릉**

* 阝(언덕 부 변)

王陵(왕릉), **丘陵**(구릉), **武陵桃源**(무릉도원)

凌

총 10획 1급 부수 冫
- (영) exceed, despise
- (중) ling
- (일) リョウ(しのぐ)

차갑게(冫) 높은(夌) 데서 내려다보듯
능가하거나 업신여기니 **능가할 릉, 업신여길 릉**

* 능가(凌駕) - 능력이나 수준 따위가 비교 대상을 훨씬 넘어섬.
* 冫[얼음 빙(冰)이 부수로 쓰일 때의 모습으로 '이 수 변'], 駕(멍에 가, 수레 가, 능가할 가)

凌蔑(능멸), **凌辱**(능욕)

稜

총 13획 1급 부수 禾
- 英 corner
- 中 léng, ling
- 日 リョウ(かど)

벼(禾)를 높이(夌) 모나게 쌓은 모니
모 릉

※ 벼는 차곡차곡 모나게 쌓지요.
※ 禾(벼 화), 모-선이나 면이 만나는 구석이나 모퉁이.

稜線(능선), **側稜**(측릉)

綾 绫

총 14획 1급 부수 糸
- 英 silk
- 中 ling
- 日 リョウ(あや)

실(糸)로 품위 높게(夌) 짠 비단이니
비단 릉

※ 糸(실 사, 실 사 변)

綾羅(능라), **綾羅綢緞**(능라주단), **文綾**(문릉)

菱

총 12획 1급 부수 ⺿
- 英 water chestnut
- 中 líng
- 日 リョウ(ひし)

풀(⺿) 중 물에 높이(夌) 떠 사는 마름이니
마름 릉 (= 蔆)

※ 蔆-풀(⺿) 중 물(氵)에 높이(夌) 떠 사는 마름이니 '마름 릉'
※ 마름-㉠이엉을 엮어 말아 놓은 단. ㉡지주의 위임을 받아 소작지를 관리하던 사람. ㉢마름과의 일년초. 연못이나 늪에 나서 뿌리는 흙 속에 내리고 줄기는 길게 자라 물 위에 뜨며 여름에 흰 꽃이 핌. 가시가 있고 네모진 열매는 먹을 수 있으며 민간에서 약재로도 쓰임. 여기서는 ㉢의 뜻.

楞

총 13획 2급 부수 木
- 英 edge
- 中 léng

나무(木)로 그물(罒)코처럼 네모(方)지게 만드니
네모질 릉, 모 릉

※ 木(나무 목), 罒(그물 망, = 网, 㓁), 方(모 방, 방향 방, 방법 방)
※ 그물코-그물에 뚫려 있는 구멍.

楞伽經(능가경) - 대승 불교 경전의 하나.
楞嚴經(능엄경) - 불경의 하나

명언 **己千精神**(기천정신) (남이 한 번 할 때) 자기는 천 번을 한다는 정신. ▶己(몸 기, 자기 기), 千(일천 천), 精(정밀할 정, 찧을 정), 神(귀신 신, 신비할 신)

里

총 7획 7급 제부수
- 영 village, distance
- 중 lǐ, li
- 일 リ(さと)

먹을거리를 주는 전(田)답이 있는 땅(土)에 형성된 마을이니 **마을 리**

또 마을의 거리를 재는 단위로도 쓰여 **거리 리**

※ 田(밭 전), 土(흙 토), 숫자 개념이 없었던 옛날에는 어느 마을에서 어느 마을까지의 몇 배 정도로 거리를 셈했던가 봐요. 그러다가 후대로 내려오면서 1리는 400m, 10리는 4km로 정하여 쓰게 되었지요.

里長(이장), **洞里**(동리), **里程標**(이정표), **千里眼**(천리안)

理

총 11획 6급 부수 王(玉)
- 영 reason, regulate
- 중 lǐ
- 일 リ(ことわり)

왕(王)이 마을(里)을 이치에 맞게 다스리니 **이치 리, 다스릴 리**

※ 원래는 구슬(王)을 가공할 때 여기저기 흩어져 있는 마을(里)처럼 여기저기 있는 무늬가 잘 나타나도록 이치에 맞게 잘 다스린다는 데서 이치 리, 다스릴 리(理)지요.

理論(이론), **合理**(합리), **管理**(관리), **處理**(처리)

俚

총 9획 1급 부수 人
- 영 vulgar
- 중 lǐ
- 일 リ

사람(亻)이 마을(里) 사람과 어울려 속되고 상스러우니 **속될 리, 상스러울 리**

※ 속되다 → ㉠고상하지 못하고 천하다. ㉡평범하고 세속적이다.

俚言(이언), **俚諺**(이언), **詞俚不載**(사리부재) - 글이 속되어 (문헌에) 싣지 않음.

裏 裡

총 13획 3II급 부수 衣
- 영 inside
- 중 lǐ
- 일 リ(うら)

마치 옷(衣)으로 둘러싸인 마을(里)처럼 무엇으로 둘러싸인 속이니 **속 리** (= 裡)

※ 衣(옷 의)

裏面(이면), **裏書**(이서), **表裏不同**(표리부동) - 겉과 속이 같지 않음. 表(겉 표), 不(아닐 불·부), 同(같을 동)

裡

총 12획 1급 부수 衣
- inside
- li
- リ(うち)

마치 옷(衤)으로 둘러싸인 마을(里)처럼 무엇으로 둘러싸인 속이니 **속 리**(= 裏)

* 衤(옷 의 변)
* 裏와 동자(同字)
* 동자(同字) - 뜻이 같은 글자. 同(같을 동), 字(글자 자)

釐

총 18획 1급 부수 里
- regulate
- li
- リ(あたえる)

아니(未) 친(攵), 즉 미개척된 언덕(厂)에 마을(里)을 이루어 다스리니 **다스릴 리**
또 수·척도·무게·돈의 단위로도 쓰여 **리 리** ㉿ 厘

* 未(아닐 미, 아직 ~ 않을 미), 攵(칠 복, = 攴), 厂(굴 바위 엄, 언덕 엄)

釐正(이정), **毫釐**(호리), **毫釐之差**(호리지차)

利

총 7획 6급 부수 刀
- benefit, sharp
- li
- リ(きく)

벼(禾)를 낫(刂)으로 베어 수확하면 이로우니 **이로울 리**
또 이로움에는 모두 날카로우니 **날카로울 리**

* 禾(벼 화), 刂('칼 도 방'이나 여기서는 '낫'으로 봄)
* 이로울 리(利)에 어찌 '날카로울 리'의 뜻이 있을까? 이익 취하는 데는 모두 날카롭다는 데서 붙여졌지요. 이렇게 한 글자에 둘 이상의 뜻이 있으면 억지로 외는 시간에 왜 그럴까를 생각해 보세요.

利己(이기) ↔ **利他**(이타), **利潤**(이윤), **銳利**(예리)

悧

총 10획 1급 부수 心
- clever
- li
- リ

마음(忄)을 이롭게(利) 쓰며 영리하니
영리할 리(= 俐)

* 俐 : 사람(亻)이 이롭게(利) 행동하며 영리하니 '영리할 리'
* 영리(伶悧·怜悧)하다 - 눈치가 빠르고 똑똑하다. 伶(영리할 령), 怜(영리할 령)

梨

총 11획 3급 부수 木
- pear
- li
- リ(なし)

(여러모로) 이로운(利) 나무(木) 열매는 배니
배 리

* 배는 식용·약용으로도 많이 쓰이니 이롭지요.

梨花(이화), **烏飛梨落**(오비이락),
棗栗梨柿(조율이시) - 대추·밤·배·감.

痢

총 12획 1급 부수 疒
- ⊗ dysentery
- ⊕ lì
- ⊙ リ

병(疒) 중 먹는 것에 날카롭게(利) 반응하는
이질이니 **이질 리**

※ 이질(痢疾) – 변에 곱이 섞여 나오며 뒤가 잦은 증상을 보이는 법정 전염병.
※ 疒(병들 녁), 疾(병 질, 빠를 질), 이질에 걸리면 먹는 것에 조심해야 하지요.

滯痢(체리) – 체증으로 생기는 이질.

李

총 7획 6급 부수 木
- ⊗ plum, family name
- ⊕ lǐ
- ⊙ リ(すもも)

나무(木)에 열린 아들(子)처럼 귀한 오얏이니
오얏 리, 성씨 이

※ 子(아들 자, 첫째 지지 자, 자네 자, 접미사 자), 오얏은 자도(紫桃)로, '자두'로도 부르지요. 옛날에는 자두가 매우 귀하였던가 봐요.

李下不整冠(이하부정관), **投桃報李**(투도보리)

吏

총 6획 3Ⅱ급 부수 口
- ⊗ officer
- ⊕ lì
- ⊙ リ

한(一)결같이 중립(中)에 서서 공정하게 일해야 하는
사람(人)이 관리니 **관리 리**

※ 관리(官吏) – 관직에 있는 사람.

清白吏(청백리), **貪官汚吏**(탐관오리)

離 离

총 19획 4급 부수 隹
- ⊗ leave
- ⊕ lí
- ⊙ リ(はなれる)

짐승(离)이나 새(隹)처럼 기약 없이 헤어지니
헤어질 리 ⑳ 难

※ 离 : 머리 부분(亠)에 베인(乂) 듯 입 벌린 모습(凵)의 입이 있는 짐승이 사사로이(厶) 성(冂) 같은 발자국을 남기고 떠나니 '짐승 리, 떠날 리'. 亠(머리 부분 두), 乂(벨 예, 다스릴 예, 어질 예), 凵(입 벌릴 감, 그릇 감), 厶(사사로울 사, 나 사), 冂(멀 경, 성 경), 隹(새 추)

離別(이별), **離散**(이산), **會者定離**(회자정리)

籬 篱

총 25획 1급 부수 竹
- ⊗ fence, strainer
- ⊕ lí
- ⊙ リ(まがき)

대(竹)로 집과 떨어지게(離) 둘러친 울타리니
울타리 리
또 대(竹)로 만들어 좋은 것과 나쁜 것을
헤어지게(離) 걸러내는 조리니 **조리 리**

籬菊(이국), **籬窺**(이규), **笊籬**(조리)

罹

총 16획 1급 부수 罒
- 英 suffer from, incur
- 中 lí
- 日 リ(かかる)

그물(罒)에는 오직(惟) 움직이는 동물이 걸리고 해를 입으니 **걸릴 리, 입을 리**

* 罒(그물 망, = 网, ⺲), 惟(생각할 유, 오직 유)

罹病(이병), **罹災民**(이재민)

履

총 15획 3ⅠⅠ급 부수 尸
- 英 shoe, tread
- 中 lǚ
- 日 リ(はく)

몸(尸)이 가거나 돌아올(復) 때 신을 신고 밟으니 **신 리, 밟을 리**

* 尸(주검 시, 몸 시), 復(다시 부, 회복할 복)

曳履聲(예리성), **履行**(이행), **履歷書**(이력서)

吝

총 7획 1급 부수 口
- 英 grudge, stingy
- 中 lìn
- 日 リン(やぶさか)

글(文)로 쓰듯 필요한 말(口)만 하며 아끼니 **아낄 린**

* 文(무늬 문, 글월 문, 성씨 문), 口(입 구, 말할 구, 구멍 구), 말로 하면 장황하고 두서없는 말도 글로 쓰면 꼭 할 말만 짧게 아껴서 하지요.

吝嗇(인색), **改過不吝**(개과불인) - 허물 고침에 인색하지 않음.

㷠

총 12획 급외자 부수 米
- 英 firefly light
- 中 lín

쌀(米)처럼 작은 불이 서로 어긋나게(舛) 다니며 반짝이는 반딧불이니 **반딧불 린**

* 舛 : 저녁(夕)에는 하나(一)씩 덮어(乚) 꿰어도(丨) 어긋나니 '어긋날 천'
* 米(쌀 미), 夕(저녁 석), 乚(감출 혜, 덮을 혜, = 匸), 丨(뚫을 곤)

隣 邻

총 15획 3급 부수 阝
- 英 neighbor
- 中 lín
- 日 リン(となる)

언덕(阝)에 반딧불(㷠)이 어우러져 반짝이듯 서로 어우러져 사는 이웃이니 **이웃 린**

㊒ 憐(불쌍히 여길 련)

* 阝(언덕 부 변)

隣近(인근), **隣接**(인접), **近隣**(근린), **善隣**(선린)

鱗 鱗

총 23획 1급 부수 魚
- 영 scale
- 중 lin
- 일 リン(うろこ)

물고기(魚)에서 반딧불(粦)처럼 반짝이는
비늘이니 **비늘 린**

※ 魚(물고기 어)

角鱗(각린), **硬鱗**(경린), **片鱗**(편린)

燐 磷

총 16획 1급 부수 火
- 영 elf fire, phosphorus
- 중 lin
- 일 リン

불(火)이 반딧불(粦)처럼 깜박이는
도깨비불이나 인이니 **도깨비 불 린, 인 린**

※ 인(燐) – 질소 원소의 한 가지로 황린·적린·흑린 따위가 있는데, 황린은 습한 공기 속에서 빛을 내지요. 황린은 쥐약에, 적린은 성냥 제조나 농약의 합성 등에 쓰입니다.

燐火(인화), **鬼燐**(귀린), **赤燐**(적린)

麟

총 23획 2급 부수 鹿
- 영 giraffe
- 중 lin
- 일 リン

사슴(鹿)처럼 생겨 반딧불(粦)처럼 빛나는
무늬가 있는 기린이니 **기린 린**

※ 鹿(사슴 록)

麒麟(기린), **麒麟兒**(기린아)

躪 躙

총 27획 1급 부수 足
- 영 trample
- 중 lin
- 일 リン

발(足)로 풀(艹)을 문(門) 안의 새(隹)처럼 짓밟으니
짓밟을 린

※ 유린(蹂躪) – ㉠짓밟음. ㉡폭력으로 남의 권리나 인격을 누름.
※ 足(발 족, 넉넉할 족), 門(문 문), 隹(새 추), 蹂(밟을 유)

林

총 8획 7급 부수 木
- 영 forest
- 중 lin
- 일 リン(はやし)

나무(木)와 나무(木)가 우거진 수풀이니
수풀 림, 성씨 임

※ 木(나무 목)

林野(임야), **林産物**(임산물), **密林**(밀림), **山林**(산림)

淋

총 11획 1급 부수 水
- 영 drip, gonorrhea
- 중 lin, lin
- 일 リン(さびしい)

물(氵)을 수풀(林)에 뿌리니 **물 뿌릴 림**
또 물 뿌린 듯 고름이 나오는 임질이니
임질 림 (= 痳)

淋漓(임리), **淋**疾(임질) - 임균이 일으키는 성병.

臨 临

총 17획 3급 부수 臣
- 영 confront
- 중 lin
- 일 リン(のぞむ)

누운(臥) 듯 엎드려 물건(品)에 임하니
임할 림 약 临

* 임하다 - 가까이 다가가다.
* 臥(누울 와), 品(물건 품, 등급 품, 품위 품)

臨迫(임박), **臨**終(임종), 降**臨**(강림), 君**臨**(군림)

立

총 5획 7급 제부수
- 영 stand
- 중 lì
- 일 リツ, リュウ(たつ)

사람이 팔다리 벌리고 땅(一)에 서 있는 모습에서
설 립

* 一('한 일'이나 여기서는 땅으로 봄)

立志(입지), 建**立**(건립), 獨**立**(독립), 自**立**(자립)

粒

총 11획 1급 부수 米
- 영 grain
- 중 lì
- 일 リュウ(つぶ)

쌀(米)을 하나하나 세운(立) 낟알이니
낟알 립

* 米(쌀 미)

粒子(입자), 顆**粒**(과립), 微**粒**子(미립자), 小**粒**(소립)

笠

총 11획 1급 부수 竹
- 영 bamboo hat
- 중 lì
- 일 リュウ(かさ)

대(竹)로 만들어 세워(立) 쓰는 삿갓이니
삿갓 립

* 竹(대 죽), 삿갓 - 대나 갈대로 거칠게 엮어서 비나 볕을 가리는 갓.

蓑**笠**(사립), 草**笠**(초립), 敝袍破**笠**(폐포파립)

馬 马

- 총 10획 5급 제부수
- 영 horse
- 중 mǎ
- 일 バ(うま)

서 있는 말을 본떠서
말 마, 성씨 마

馬力(마력), **馬術**(마술), **乘馬**(승마),
走馬看山(주마간산)

麻

- 총 11획 3II급 제부수
- 영 hemp, dope
- 중 má
- 일 マ(あさ)

집(广) 주위에 수풀(林)처럼 빽빽이 기르는 삼이니
삼 마
또 삼에 있는 성분의 마약이니 **마약 마**

* 여기서 말하는 삼(麻)은 인삼(人蔘)이나 산삼(山蔘)과 달리 베를 짜는 식물의 한 종류. 삼은 껍질을 벗겨 가공하여 삼베를 짜지만, 잎은 마약 성분이 있는 대마초(大麻草)로, 재배하려면 허가를 받아 집 인근에 심어야 하니 글자에 집 엄(广)이 들어가고, 곁가지가 나지 않도록 수풀처럼 빽빽이 기르는 수풀 림(林)이 들어가지요.
* 㭰[수풀 림(林)의 변형], 蔘(인삼 삼), 草(풀 초)

麻布(마포), **麻醉**(마취), **大麻草**(대마초)

摩

- 총 15획 2급 부수 手
- 영 touch, rub
- 중 mó, mā
- 일 マ(する)

삼(麻)을 손질(手)하듯 문지르고 어루만지니
문지를 마, 어루만질 마

* 手(손 수, 재주 수, 재주 있는 사람 수)

摩擦(마찰), **摩天樓**(마천루), **撫摩**(무마), **按摩**(안마)

磨

- 총 16획 3급 부수 石
- 영 grind
- 중 mó, mò
- 일 マ(みがく)

삼(麻) 껍질을 벗기려고 돌(石)에 문지르듯이 가니
갈 마

* 石(돌 석), 삼 껍질 중 섬유질이 아닌 부분을 없애기 위해 돌에 문지르지요.

磨滅(마멸), **磨耗**(마모), **硏磨**(연마),
磨斧爲針(마부위침) - '도끼를 갈아서 바늘을 만듦'으로, 꾸준히 노력함을 말함. = 마부작침(磨斧作針), 斧(도끼 부), 爲(할 위, 위할 위), 針(바늘 침), 作(지을 작)

魔

총 21획 2급 부수 鬼
- 영 devil, demon
- 중 mó
- 일 マ

마약(麻) 먹은 귀신(鬼)처럼 행동하는 마귀니
마귀 마

* 鬼(귀신 귀), 마귀(魔鬼) - 요사스러운 잡귀의 통칭.

魔術(마술), 惡魔(악마), 好事多魔(호사다마)

痲

총 13획 2급 부수 疒
- 영 numb
- 중 má
- 일 マ(しびれる)

병(疒)으로 몸이 수풀(林)처럼 뻣뻣해지며 저리니
저릴 마

* 저리다 - ㉠뼈마디나 몸의 일부가 오래 눌려서 피가 잘 통하지 못하여 감각이 둔하고 아리다. ㉡뼈마디나 몸의 일부가 쑥쑥 쑤시듯이 아프다. ㉢가슴이나 마음 따위가 못 견딜 정도로 아프다. 여기서는 ㉠의 뜻.

痲痺(마비), 痲藥(마약), 痲醉(마취)

莫

총 11획 3II급 부수 艹
- 영 do not exist, not, most
- 중 mò
- 일 バク(なし)

풀(艹)에는 해(日)처럼 큰(大) 영향을 미치는 것이
없으니 **없을 막, 말 막**
또 풀(艹)에는 해(日)가 가장 큰(大) 영향을 미치니
가장 막

莫論(막론), 莫逆(막역), 莫强(막강), 莫重(막중)

漠

총 14획 3II급 부수 水
- 영 desert, boundless
- 중 mò
- 일 バク

물(氵)이 없어서(莫) 생기는 사막이니
사막 막
또 사막처럼 아무것도 없으면 막막하니 **막막할 막**

* 물이 없으면 사막이 되지요.

沙漠·砂漠(사막), 漠漠(막막), 漠然(막연)

膜

총 15획 2급 부수 肉
- 영 membrane
- 중 mó
- 일 マク

몸(月)속의 여러 기관들이 섞이지 않도록(莫) 경계를
이루는 얇은 막이니 **막 막**

* 月(달 월, 육 달 월)

鼓膜(고막), 肋膜(늑막), 網膜(망막), 粘膜(점막)

寞

총 14획 1급 부수 宀
- 영 silent, lonely
- 중 mò
- 일 バク

집(宀)에 아무도 없어(莫) 고요하고 쓸쓸하니
고요할 막, 쓸쓸할 막

※ 宀(집 면)

索寞(삭막), 寂寞(적막)

幕

총 14획 3II급 부수 巾
- 영 curtain
- 중 mù
- 일 マク

없는(莫) 것처럼 수건(巾) 같은 천으로 덮은 장막이니
장막 막

※ 巾(수건 건)

幕間(막간), 幕舍(막사), 內幕(내막), 閉幕(폐막)

萬 万

총 13획 8급 부수 艹
- 영 ten thousand, plenty
- 중 wàn 일 マン

풀(艹) 밭에는 원숭이(禺)도 많으니
일만 만, 많을 만 약 万 : 하늘(一) 아래 싸여(勹) 있는 만물이니 '일만 만, 많을 만'

※ 禺(원숭이 우)

萬能(만능), 萬物(만물), 萬福(만복), 萬歲(만세)

滿 満

총 14획 4II급 부수 水
- 영 full
- 중 mǎn
- 일 マン(みちる)

물(氵)이 그릇(凵)의 양(兩)쪽에 가득 차니
찰 만 약 満

※ 凵(입 벌릴 감, 그릇 감), 兩(두 량, 짝 량)
※ 兩 : 하나(一)의 성(冂)이 산(山) 때문에 나뉘어 둘이니 '두 량, 짝 량'

滿開(만개), 滿期(만기), 圓滿(원만), 充滿(충만)

瞞 瞒

총 16획 1급 부수 目
- 영 deceive
- 중 mán
- 일 マン(あざむく)

눈(目)을 그릇(凵)의 양(兩)면처럼 이중으로 뜨고
속이니 **속일 만**

※ 目(눈 목, 볼 목, 항목 목), 凵(입 벌릴 감, 그릇 감)

瞞過(만과), 瞞報(만보), 瞞着(만착), 欺瞞(기만)

만

蠻 蛮
총 25획 2급 부수 虫
- 영 savage
- 중 mán
- 일 バン

실(絲)처럼 말(言)이 길고 벌레(虫)처럼 행동하는 오랑캐니 **오랑캐 만** ㉣ 蛮 : 또(亦) 벌레(虫)처럼 행동하는 오랑캐니 '오랑캐 만'

＊ 絲(실 사), 言(말씀 언), 虫(벌레 충), 오랑캐 - ㉠예전에, 두만강 일대의 만주 지방에 살던 여진족을 멸시하여 이르던 말. ㉡'이민족(異民族)'을 낮잡아 이르는 말로, 예의범절을 모르고 야만스럽다고 여겼음.

蠻勇(만용), **蠻行**(만행), **野蠻**(야만)

彎 弯
총 22획 1급 부수 弓
- 영 bend
- 중 wān
- 일 ワン(まがる)

실(絲)처럼 말(言)이 길고 행동은 활(弓)처럼 굽으니 **굽을 만** ㉣ 弯 : 또(亦) 활(弓)처럼 굽으니 '굽을 만'

＊ 弓(활 궁), 亦(또 역)

彎曲(만곡), **彎弓**(만궁), **彎月**(만월)

灣 湾
총 25획 2급 부수 水
- 영 bay
- 중 wān
- 일 ワン

물(氵)이 육지로 굽어(彎)들어 온 물굽이니 **물굽이 만** ㉣ 湾

＊ 육지가 바다 쪽으로 조금 뻗으면 곶(串), 많이 뻗어 나가면 반도(半島), 굽어들어 오면 만(灣)이지요.

迎日灣(영일만), **港灣**(항만), **臺灣**(대만)

卍
총 6획 1급 부수 十
- 영 swastika
- 중 wàn
- 일 マン(まんじ)

부처의 가슴에 있었다는 만(卍)자를 본떠서 **만자 만**

＊ 卍(만) - ㉠불교의 표지. ㉡인도에 전해 오는 길상(吉祥)의 표상.
＊ 吉(길할 길, 상서로울 길), 祥(상서로울 상)

娩
총 10획 2급 부수 女
- 영 bear
- 중 miǎn

(아이 밴) 여자(女)가 고생을 면하고(免) 해산하니 **해산할 만**

＊ 女(여자 녀), 免(면할 면)

分娩(분만) - '나누어 해산함'으로, 산모가 아이를 낳음.

총 11획 3II급 부수 日
- 英 late
- 中 wǎn
- 日 バン

해(日)가 면하여(免) 넘어가 늦으니
늦을 만

※ 면하다 – 어떤 상태나 처지에서 벗어나다.

晩年(만년), **晩餐**(만찬), **晩學**(만학), **早晩間**(조만간)

총 10획 1급 부수 手
- 英 draw
- 中 wǎn
- 日 バン(ひく)

손(扌)으로 위험을 면하게(免) 당기니
당길 만

挽歌(만가), **挽留**(만류), **挽回**(만회)

총 14획 1급 부수 車
- 英 pull
- 中 wǎn
- 日 バン(ひく)

수레(車)로 고통을 면하게(免) 끄니
끌 만

※ 車(수레 거, 차 차)

輓歌(만가), **輓具**(만구), **輓馬**(만마), **輓推**(만추)

총 11획 특II급 부수 曰
- 英 long, wide
- 中 màn
- 日 マン

말하면(曰) 그 말이 그물(罒)처럼 또(又) 길고 넓게 퍼지니 **길 만, 넓을 만**

※ 曰(가로 왈), 罒(그물 망, = 网, 𦉰), 발 없는 말이 천리 간다는 속담도 있지요.

曼辭(만사), **曼壽**(만수), **曼麗**(만려), **曼行**(만행)

총 14획 3급 부수 心
- 英 idle, haughty
- 中 màn
- 日 マン(あなどる)

마음(忄)이 넓게(曼) 늘어져 게으르고 오만하니
게으를 만, 오만할 만

※ 오만(傲慢) – 잘난 체하며 남을 업신여기는 데가 있음. ↔ 겸손(謙遜)
※ 傲(거만할 오, 업신여길 오), 謙(겸손할 겸), 遜(겸손할 손)

慢性(만성), **怠慢**(태만), **倨慢**(거만), **驕慢**(교만)

漫

총 14획 3급 부수 水
- 英 diffuse, vain
- 中 màn
- 日 マン(そぞろ)

물(氵)이 넓게(曼) 퍼져 흩어지니 **흩어질 만**
또 흩어지면 부질없으니 **부질없을 만**

※ 부질없다 - 대수롭지 않고 쓸모가 없다.

散漫(산만), **漫談**(만담), **漫評**(만평), **漫畫**(만화)

饅 饅

총 20획 1급 부수 食
- 英 dumpling
- 中 mán
- 日 マン

음식(食)을 넓게(曼) 펴서 만든 만두니
만두 만

※ 만두 - 밀가루 따위를 반죽하여 소를 넣어 빚은 음식.
※ 飠(밥 식, 먹을 식 변)

饅頭(만두), **素饅頭**(소만두), **胡饅頭**(호만두)

鰻 鰻

총 22획 1급 부수 魚
- 英 eel
- 中 mán
- 日 マン(うなぎ)

물고기(魚) 중 모양이 긴(曼) 뱀장어니
뱀장어 만

※ 魚(물고기 어)

鰻鯉(만리), **養鰻**(양만), **海饅**(해만)

만

蔓

총 15획 1급 부수 ++
- 英 vine
- 中 wàn, mán, màn
- 日 マン(つる)

풀(++)이 길게(曼) 뻗어가는 덩굴이니
덩굴 만

蔓莖(만경), **蔓生**(만생), **蔓性**(만성), **蔓延**(만연)

末

총 5획 5급 부수 木
- 英 end
- 中 mò
- 日 マツ(すえ)

나무(木)에서 긴 가지(一) 끝이니
끝 말 ㉿ 未(아닐 미, 아직 ~ 않을 미, 여덟째 지지 미)

※ 나무 목(木) 위에 한 일(一)을 길게 그어 긴 가지 끝을 나타내면 '끝 말(末)', 짧게 그어 아직 자라지 않았음을 나타내면 '아닐 미, 아직 ~않을 미, 여덟째 지지 미(未)'로 알아 두세요.

末期(말기), **末端**(말단), **結末**(결말), **本末**(본말)

抹

총 8획 1급 부수 手
- 英 paint, remove
- 中 mò, mā, mò
- 日 マツ

손(扌)으로 끝(末)나게 칠하거나 없애니
칠할 말, 없앨 말

抹去(말거), **抹殺**(말살), **抹消**(말소), **一抹**(일말)

沫

총 8획 1급 부수 水
- 英 bubble, foam, froth
- 中 mò
- 日 マツ(あわ)

물(氵)의 끝(末)에서 생기는 물거품이니
물거품 말

飛沫(비말), **泡沫**(포말)

靺

총 14획 2급 부수 革
- 中 mò

가죽(革)으로 끝(末)까지 옷을 해 입는 종족 이름이니
종족 이름 말

※ 말갈(靺鞨) - 만주 동북 지방에 있던 퉁구스(Tungus)족.
※ 革(가죽 혁, 고칠 혁), 鞨(종족 이름 갈)

襪

총 20획 1급 부수 衣
- 英 sock
- 中 wà, mò

옷(衤) 중에 업신여긴(蔑) 듯 발에 신는
버선이나 양말이니 **버선 말, 양말 말**

※ 衤(옷 의 변), 蔑(업신여길 멸)

洋襪(양말), **木洋襪**(목양말) - 무명실로 짠 양말.

亡

총 3획 5급 부수 亠
- 英 ruin, escape, die
- 中 wáng
- 日 ボウ(ない)

머리(亠)를 감추어야(乚) 할 정도로 망하여 달아나
죽으니 **망할 망, 달아날 망, 죽을 망**

※ 亠(머리 부분 두), 乚(감출 혜, 덮을 혜, = 匸)

亡國(망국), **亡身**(망신), **逃亡**(도망), **死亡**(사망)

망

忙

총 6획 3급 부수 心
- 英 busy
- 中 máng
- 日 ボウ(いそがしい)

마음(忄)이 망(亡)할 정도로 바쁘니
바쁠 망

※ 忄: 마음 심, 중심 심(心)이 글자의 왼쪽에 붙는 변으로 쓰일 때의 모습으로 '마음 심 변'

忙中閑(망중한) ↔ 閑中忙(한중망), 奔忙(분망), 悤忙(총망)

忘

총 7획 3급 부수 心
- 英 forget
- 中 wàng
- 日 ボウ(わすれる)

망한(亡) 마음(心)처럼 잊으니 **잊을 망**

※ 忙·忘의 구별 - 글자를 구성하는 성분은 같지만 연결되는 순서가 다르니 순서대로 풀어서 '마음(忄)이 망할(亡) 정도로 바쁘면 바쁠 망(忙)', '망한(亡) 마음(心)이면 잊을 망(忘)'으로 구분하세요.

忘却(망각), 健忘症(건망증), 勿忘草(물망초), 不忘(불망)

妄

총 6획 3II급 부수 女
- 英 absurd
- 中 wàng
- 日 ボウ(みだり)

(정신이) 망한(亡) 여자(女)처럼 망령들게 행동하니
망령들 망

※ 망령(妄靈) - 정신이 흐려서 말과 행동이 정상을 벗어난 상태.
※ 靈(신령스러울 령, 신령 령)

妄動(망동), 輕擧妄動(경거망동), 妄想(망상), 妖妄(요망)

芒

총 7획 1급 부수 ++
- 英 awn
- 中 máng
- 日 ボウ(すすき)

풀(++)이 망가진(亡) 까끄라기니
까끄라기 망

※ ++(초 두), 까끄라기 - 벼·보리 따위의 깔끄러운 수염, 또는 그 동강.

芒然(망연), 芒鞋(망혜), 竹杖芒鞋(죽장망혜)

茫

총 10획 3급 부수 ++
- 英 vast, faraway
- 中 máng
- 日 ボウ

풀(++)까지 물(氵)에 잠겨 없어져(亡)
망망하고 아득하니 **망망할 망, 아득할 망**

※ 망망하다 - ㉠넓고 멀다. ㉡막연하고 아득하다.

茫茫大海(망망대해), 茫然(망연), 茫然自失(망연자실)

望

총 11획 5급 부수 月
- 영 want, hope, fifteen days
- 중 wàng
- 일 ボウ(のぞむ)

망가진(亡) 달(月)을 보고 왕(王) 같은 보름달이 뜨기를 바라니 **바랄 망, 보름 망**

* 月(달 월, 육 달 월), 王(임금 왕, 으뜸 왕, 구슬 옥 변)

所望(소망), **熱望**(열망), **希望**(희망), **望月**(망월)

网

총 6획 부수자
- 영 net
- 중 wǎng
- 일 ボウ(あみ)

양쪽 기둥에 그물을 얽어 맨 모양을 본떠서
그물 망 (= 罔, 皿)

* 罔은 4획, 皿은 5획이지요.

罔

총 8획 3급 부수 网
- 영 not
- 중 wǎng

그물(网)로 고기를 잡아 죽이면(亡) 없으니
없을 망

* 网[그물 망(网, = 罔, 皿)의 변형]

罔極(망극), **罔測**(망측), **昊天罔極**(호천망극)

網 网

총 14획 2급 부수 糸
- 영 net
- 중 wǎng
- 일 ボウ(あみ)

실(糸)로 만들어 없는(罔) 것처럼 쳐 놓은 그물이니
그물 망

* 糸(실 사, 실 사 변)

法網(법망), **一網打盡**(일망타진), **投網**(투망)

惘

총 11획 1급 부수 心
- 영 absent minded
- 중 wǎng
- 일 ボウ

(아무) 마음(忄)도 없는(罔) 듯 멍하니
멍할 망

惘惘(민망), **悵惘**(창망)

買 买

총 12획 5급 부수 貝
- 영 buy
- 중 mǎi
- 일 バイ(かう)

그물(罒)을 돈(貝) 주고 사니
살 매

※ 罒(그물 망), 貝(조개 패, 재물 패)

買占(매점), **競買**(경매) ↔ **競賣**(경매), **豫買**(예매)

賣 卖

총 15획 5급 부수 貝
- 영 sell
- 중 mài
- 일 バイ(うる)

산(買) 물건을 열(十) 한(一) 배의 이익을 남기고 파니 **팔 매** 약 売 : 선비(士)가 덮어(冖) 놓고 사람(儿)에게 물건을 파니 '팔 매'

※ 士(선비 사, 군사 사), 冖(덮을 멱), 儿(어진 사람 인, 사람 인 발)

賣買(매매), **賣物**(매물), **強賣**(강매),
買占賣惜(매점매석)

罵 骂

총 15획 1급 부수 网
- 영 abuse
- 중 mà
- 일 バ(ののしる)

그물(罒)로 말(馬)을 싸듯이 묶어 놓고 꾸짖으며 욕하니 **꾸짖을 매, 욕할 매**

※ 馬(말 마)

罵倒(매도), **罵聲**(매성), **唾罵**(타매)

埋

총 10획 3급 부수 土
- 영 bury
- 중 mái, mán
- 일 マイ(うまる)

흙(土)으로 마을(里) 부근에 묻으니
묻을 매

※ 里(마을 리, 거리 리)

埋沒(매몰), **埋藏**(매장), **埋葬**(매장), **生埋葬**(생매장)

每

총 7획 7급 부수 母
- 영 every
- 중 měi
- 일 マイ(ごと)

사람(⺊)은 항상 어머니(母)를 생각하니
항상 매

※ ⺊[사람 인(人)의 변형], 母(어미 모)

每番(매번), **每日**(매일), **每週**(매주)

매

梅

총 11획 3II급 부수 木
- 英 plum tree
- 中 méi
- 日 バイ(うめ)

나무(木) 중 항상(每) 가까이하는 매화나무니
매화나무 매

※ 매화는 이른 봄 추위 속에서 피는 절개 있는 꽃으로 사군자(四君子)의 으뜸이고, 열매인 매실은 약효가 뛰어나 정원에 심어 가꾸며 꽃도 보고 열매도 이용하지요. '사군자'는 동양화에서 고결함이 군자와 같다는 뜻으로 매난국죽(梅蘭菊竹)을 일컫는 말입니다.

梅花(매화), **梅實**(매실), **梅實茶**(매실차)

枚

총 8획 2급 부수 木
- 英 piece
- 中 méi
- 日 マイ(ひら)

나무(木)로 치며(攵) 세는 낱낱이니
낱 매

※ 木(나무 목), 攵(칠 복, = 攴), 종이나 유리 같은 장으로 세는 물건의 단위.

枚擧(매거), **枚數**(매수), **枚移**(매이), **枚陳**(매진)

妹

총 8획 4급 부수 女
- 英 younger sister
- 中 mèi
- 日 マイ(いもうと)

여자(女) 중 나보다 아니(未) 큰 여동생이니
여동생 매 반 姉(누나 자)

※ 未(아닐 미, 아직 ~않을 미)

妹夫(매부), **妹弟**(매제), **男妹**(남매), **姉妹**(자매)

昧

총 9획 1급 부수 日
- 英 dark, dim
- 中 mèi
- 日 マイ(くらい)

해(日)가 아직(未) 뜨지 않아 어두우니
어두울 매 유 眛(눈 어두울 매)

※ 아닐 미, 아직 ~않을 미(未)에 해 일, 날 일(日)이면 '어두울 매(昧)', 눈 목, 볼 목, 항목 목(目)이면 '눈 어두울 매(眛)'로 구분하세요.

昧冥(매명), **無知蒙昧**(무지몽매), **曖昧**(애매)

寐

총 12획 1급 부수 宀
- 英 sleep
- 中 mèi

집(宀)의 나무 조각(爿)으로 만든 침대에서 아직(未) 일어나지 않고 잠자니 **잠잘 매**

※ 宀(집 면), 爿(나무 조각 장)

夢寐間(몽매간), **寤寐不忘**(오매불망) - 깨나자나(자나깨나) 잊지 못함.

매

魅

총 15획 2급 부수 鬼
- 영 bugbear, phantom, be bewitched
- 중 mèi
- 일 ミ(みいる)

귀신(鬼)이 아니(未) 된 도깨비니 **도깨비 매**
또 도깨비 같은 것에 홀리니 **홀릴 매**

※ 鬼(귀신 귀), 도깨비 - ㉠동물이나 사람의 형상을 한 잡된 귀신의 하나. 비상한 힘과 재주를 가지고 있어 사람을 홀리기도 하고 짓궂은 장난이나 심술궂은 짓을 많이 한다고 함. ㉡주책없이 망나니짓을 하는 사람을 비유적으로 이르는 말로도 쓰임.

魅力(매력), **魅了**(매료), **魅惑**(매혹)

煤

총 13획 1급 부수 火
- 영 smoke, soot
- 중 méi
- 일 バイ(すす)

불(火)에 아무(某)것이나 넣으면 잘 타지 않아 연기 나며 생기는 그을음이니 **연기 매, 그을음 매**

※ 火(불 화), 某(아무 모)

煤氣(매기), **煤煙**(매연), **煤田**(매전), **煤炭**(매탄)

媒

총 12획 3∥급 부수 女
- 영 matchmaking
- 중 méi
- 일 バイ(なかだち)

여자(女)를 누구(某)에게 중매하니 **중매할 매**

※ 중매(仲媒) - 중간에서 혼인이 이루어지도록 하는 일.
※ 女(여자 녀), 仲(버금 중, 중매할 중)

媒介(매개), **媒婆**(매파), **觸媒**(촉매)

邁 迈

총 17획 1급 부수 辵
- 영 encourage, noble
- 중 mài
- 일 マイ(ゆく)

만(萬) 번이나 뛰며(辶) 힘쓰는 모습이 고매하니 **힘쓸 매, 고매할 매**

※ 고매(高邁) - 인격이나 품성, 학식, 재질 따위가 높고 빼어남.
※ 萬(일만 만, 많을 만), 辶(뛸 착, 갈 착, = 辵), 高(높을 고)

邁進(매진), **一路邁進**(일로매진) - 한 길로 곧장 거침없이 나아감.

呆

총 7획 1급 부수 口
- 영 foolish
- 중 dāi
- 일 ボウ(あきれる)

입(口)을 나무(木)에 올려놓은 듯 말만 잘하고 어리석으니 **어리석을 매**

※ 口(입 구, 말할 구, 구멍 구), 말보다 실천이 중요함을 생각하고 만든 글자네요.

癡呆(치매) - 정상적인 정신 능력을 잊어버린 상태.

脈 脉

총 10획 4II급 부수 肉
- 영 blood vessel, range
- 중 mài
- 일 ミャク

몸(月)에서 바위(厂) 사이로 뻗은 나무뿌리(氏) 같은 혈관이나 힘줄이니 **혈관 맥, 줄기 맥**

약 脉 : 몸(月)에서 길게(永) 이어지는 혈관이나 힘줄이니 '혈관 맥, 줄기 맥' 유 派(물갈래 파, 파벌 파)

※ 月(달 월, 육 달 월), 厂(굴 바위 엄, 언덕 엄), 氏(성 씨, 뿌리 씨), 永(길 영, 오랠 영)

脈度(맥도), **脈動**(맥동), **脈搏**(맥박), **山脈**(산맥)

麥 麦

총 11획 3II급 제부수
- 영 barley
- 중 mài
- 일 バク(むぎ)

(봄이) 오면(來) 천천히(夂) 거두는 보리니 **보리 맥** 약 麦 : 주인(主)이 천천히(夂) 거두는 보리니 '보리 맥'

※ 來(올 래), 夂(천천히 걸을 쇠, 뒤져 올 치), 보리는 가을에 심어 여름이 오기 전 늦은 봄에 거두지요. 主(주인 주)

麥糠(맥강), **麥類**(맥류), **麥芽**(맥아), **麥酒**(맥주)

맥

貊

총 13획 2급 부수 豸
- 영 barbarian
- 중 mò
- 일 バク(えびす)

발 없는 벌레(豸)처럼 한 곳에 많이(百) 머물러 사는 종족 이름이니 **종족 이름 맥**

※ 예맥(濊貊) - ㉠우리 민족의 선민(先民)들을 총칭하던 호칭. ㉡고조선 때 있었던 나라 이름.

※ 豸(사나운 짐승 치, 발 없는 벌레 치), 百(일백 백, 많을 백), 濊(더러울 예), 先(먼저 선), 民(백성 민), 先民(선민) - 선대의 사람.

盲

총 8획 3II급 부수 目
- 영 blind, ignorant
- 중 máng
- 일 モウ(めしい)

망한(亡) 눈(目)이면 장님이니 **장님 맹** 또 장님처럼 보지 못하면 무지하니 **무지할 맹**

※ 亡(망할 망, 달아날 망, 죽을 망), 글자를 모르면 '문맹(文盲), 컴퓨터를 모르면 '컴맹(盲)'이라 하듯이 어느 분야에 무지한 경우 盲을 붙여 말하지요.

盲動(맹동), **盲啞**(맹아), **盲人**(맹인), **色盲**(색맹)

孟

총 8획 3II급 부수 子
- 영 first, eldest
- 중 mèng
- 일 ボウ(かしら)

자식(子)을 첫째로 알고 그릇(皿)에 목욕시키며 기르니 **첫 맹, 맹자 맹, 성씨 맹**

※ 子(아들 자, 첫째 지지 자, 자네 자, 접미사 자), 皿(그릇 명)

孟冬(맹동), **孟夏**(맹하), **孔孟**(공맹), **孟母三遷**(맹모삼천)

225

猛

총 11획 3II급 부수 犭
- 英 quick, fierce
- 中 měng
- 日 モウ(たけし)

개(犭)를 고를 때 첫째(孟)로 꼽는 날램과 사나움이니
날랠 맹, 사나울 맹

※ 犭(개 사슴록 변), 옛날에는 개로 사냥을 많이 했으니 이런 어원이 가능하지요.

猛烈(맹렬), **猛犬**(맹견), **猛獸**(맹수), **勇猛**(용맹)

盟

총 13획 3II급 부수 皿
- 英 oath
- 中 méng
- 日 メイ(ちかう)

분명히(明) 그릇(皿)에 물 떠 놓고 맹세하니
맹세할 맹

※ 明(밝을 명), 옛날에는 그릇에 물을 떠 놓고 맹세했으니 그것을 생각하고 만든 글자네요.

盟誓(맹서→맹세), **盟約**(맹약), **同盟**(동맹), **血盟**(혈맹)

萌

총 12획 1급 부수 ⺾
- 英 bud
- 中 méng
- 日 ボウ(もえる)

풀(⺾)씨에서 밝은(明) 쪽으로 솟아나는 싹이니
싹 맹

※ 식물의 싹은 밝은 쪽으로 솟아나고 뻗어 가지요.

萌動(맹동), **萌芽**(맹아)

黽

힘쓸 민, 맹꽁이 맹 – 힘쓸 민(251쪽) 참고

冖

총 2획 부수자
- 英 cover
- 中 mì
- 日 ベキ(おおう)

보자기로 덮은 모양을 본떠서
덮을 멱　⊕ 宀(지붕으로 덮인 집을 본떠서 '집 면')

총 11획 2급 부수 見
- 영 search for
- 중 mì
- 일 ベキ

손톱(爫)으로 긁으며 보려고(見) 찾으니
찾을 멱

- 爫(손톱 조), 見(볼 견, 뵐 현)

覓去(멱거), **覓句**(멱구), **覓來**(멱래)

총 7획 3II급 부수 儿
- 영 avoid
- 중 miǎn
- 일 メン(まぬかれる)

덫에 걸린 토끼(兎)가 꼬리(丶)만 잘리고 죽음을 면하니 **면할 면**

- 兎(토끼 토), 丶('점 주, 불똥 주'나 여기서는 꼬리의 모양)
- 면하다 - 어떤 상태나 처지에서 벗어나다.

免稅(면세), **免疫**(면역), **免除**(면제), **免職**(면직)

총 9획 2급 부수 人
- 영 bend
- 중 miǎn
- 일 ベン(うつむく)

사람(亻)이 책임을 면하지(免) 못하여 고개 숙이니
고개 숙일 면

俛首(면수), **俛仰**(면앙), **俛仰亭歌**(면앙정가)

총 9획 4급 부수 力
- 영 strive
- 중 miǎn
- 일 ベン(つとめる)

책임을 면하려고(免) 힘(力)쓰니
힘쓸 면

- 力(힘 력)

勉學(면학), **勤勉**(근면), **勤勉誠實**(근면성실)

총 11획 2급 부수 冂
- 영 crown
- 중 miǎn
- 일 ベン

성(冂)에 두(二) 줄 빙 두른 모습으로 만들어 큰일을 마친(免) 분에게 씌우는 면류관이니 **면류관 면**

- 글자의 위가 日(해 일, 날 일)이지만 부수가 冂(멀 경, 성 경)이라 이것에 맞추어 풀었어요.

冕旒冠(면류관), **袞冕**(곤면)

眠

총 10획 3II급 부수 目
- 영 sleep
- 중 mián
- 일 ミン(ねむる)

눈(目) 감고 백성(民)들은 자니
잘 면 ㉤ 眼(눈 안)

※ 民(백성 민)

冬眠(동면), **不眠症**(불면증), **睡眠**(수면), **休眠**(휴면)

綿 绵

총 14획 3II급 부수 糸
- 영 cotton, detail, get joined on
- 중 mián
- 일 メン(わた)

실(糸) 뽑아 흰(白) 천(巾)을 짜는 솜이니 **솜 면**
또 솜이 (가는 실로 촘촘하게 이어지듯) 자세하게 이어지니
자세할 면, 이어질 면 ㉤ 錦(비단 금, 폐백 금)

※ 白(흰 백, 밝을 백, 깨끗할 백, 아뢸 백), 巾(수건 건)

純綿(순면), **綿密**(면밀), **周到綿密**(주도면밀), **綿綿**(면면)

棉

총 12획 1급 부수 木
- 영 cotton plant
- 중 mián
- 일 メン(わた)

나무(木) 중 하얀(白) 수건(巾)처럼 목화가 피는
목화나무니 **목화나무 면**

※ 木(나무 목)
※ 목화나무는 '목화나무 면(棉)', 목화나무 열매에서 나온 솜은 '솜 면, 자세할 면, 이어질 면(綿)'

棉實(면실), **棉作**(면작), **棉花**(면화)

面

총 9획 7급 제부수
- 영 face, turn towards
- 중 miàn
- 일 メン(おも)

사람의 얼굴을 정면에서 본떠서 **얼굴 면**
또 얼굴 향하고 볼 정도의 작은 행정구역이니
향할 면, 볼 면, 행정구역의 면

※ 一은 머리, ╱은 이마, 나머지는 눈과 코와 입이 있는 얼굴
※ 면(面) - 시(市)나 군(郡)에 속한 지방 행정 구역 단위의 하나. 몇 개의 리(里)로 구성됨.

假面(가면), **面談**(면담), **面會**(면회), **面長**(면장)

緬 缅

총 15획 1급 부수 糸
- 영 far, thread
- 중 miǎn
- 일 メン

실(糸)이 얼굴(面) 두른 듯 한쪽으로 뻗어감이 머니
멀 면
또 멀리 실을 늘이면 되는 가는 실이니 **가는 실 면**

※ 糸(실 사, 실 사 변), 실을 늘이면 가늘어지지요.

緬憶(면억), **緬然**(면연), **緬羊·綿羊**(면양)

면

麪

- 총 15획 1급 부수 麥
- 🇰 noodles, wheat flour
- 🇨 miàn
- 🇯 ベン

보리(麥)나 밀의 가린(丏) 껍질을 깨고 빻아 만든 밀가루니 **밀가루 면**
또 밀가루로 만든 국수니 **국수 면** (= 麵)

※ 丏 : 아래(下)를 길게(ㅣ) 가리니(ㄴ) '가릴 면'
※ 下(아래 하, 내릴 하), ㄴ(감출 혜, 덮을 혜, = ㄷ)

冷麪(냉면), ↔ **溫麪**(온면), **素麪·素麵**(소면)

麵 面

- 총 20획 특Ⅱ급 부수 麥
- 🇰 noodle, wheat flour
- 🇨 miàn
- 🇯 メン

보리(麥)나 밀의 얼굴(面), 즉 껍질을 벗겨 만든 밀가루니 **밀가루 면**
또 밀가루로 만든 국수니 **국수 면** (= 麪)

※ 麥(보리 맥)

麵類(면류), **麵棒**(면봉), **煮醬麵**(자장면)

眄

- 총 9획 1급 부수 目
- 🇰 squint, a one-eyed person
- 🇨 miàn

한쪽 눈(目)을 가리고(丏) 애꾸눈처럼 곁눈질하니
애꾸눈 면, 곁눈질할 면

眄視(면시), **顧眄**(고면), **左顧右眄**(좌고우면) - '좌우를 자주 돌아봄'으로, 무슨 일을 빨리 결정짓지 못함을 이르는 말.

沔

- 총 7획 2급 부수 水
- 🇰 stream
- 🇨 miǎn

물(氵)은 아무리 가려도(丏) 어디론가 흐르니
물 흐를 면

沔沔(면면), **唐津郡 沔川面**(당진군 면천면)

宀

- 총 3획 부수자
- 🇰 house
- 🇨 mián

지붕으로 덮인 집을 본떠서
집 면 ㉴ ㄇ(덮을 멱)

滅 灭

총 13획 3II급 부수 水
- 영 disappear, be all gone
- 중 miè
- 일 メツ(ほろびる)

물(氵)을 개(戌)에 붙은 불(火)에 뿌리면 꺼지니
꺼질 멸
또 꺼지듯 멸하니 **멸할 멸**

* 戌(구월 술, 개 술, 열한 번째 지지 술), 火(불 화)

滅菌(멸균), **滅亡**(멸망), **滅私奉公**(멸사봉공)

蔑

총 15획 2급 부수 ++
- 영 despise
- 중 miè
- 일 ベツ(さげすむ)

풀(++)로 만든 엉성한 그물(罒)로 개(戌)를 잡으려
하면 모두 업신여기니 **업신여길 멸**

* 罒(그물 망, = 网, 罓)

蔑視(멸시), **蔑稱**(멸칭), **輕蔑**(경멸), **凌蔑**(능멸)

命

총 8획 7급 부수 口
- 영 order, life, destiny
- 중 mìng
- 일 メイ, ミョウ(いのち)

입(口)으로 명령하니(令) **명령할 명**
또 명령으로 좌우되는 목숨이나 운명이니
목숨 명, 운명 명

* 令(하여금 령, 명령할 령), 운명(運命) - 인간을 포함한 모든 것을 지배하는 필연적이고 초월적인 힘, 또는 그 힘으로 말미암아 생기는 길흉화복. 타고난 운수나 수명.

命令(명령), **救命**(구명), **生命**(생명), **薄命**(박명)

明

총 8획 6급 부수 日
- 영 bright
- 중 míng
- 일 メイ, ミョウ(あかり)

해(日)와 달(月)이 같이 뜬 것처럼 밝으니
밝을 명, 성씨 명

* 月(달 월, 육 달 월)

明朗(명랑), **明白**(명백), **明快**(명쾌), **鮮明**(선명)

鳴 鸣

총 14획 4급 부수 鳥
- 영 chirp, sound
- 중 míng
- 일 メイ(なく)

입(口)으로 새(鳥)처럼 우니
울 명 ㉨ 嗚(탄식할 오)

* 鳥(새 조)

悲鳴(비명), **自鳴鐘**(자명종), **春雉自鳴**(춘치자명)

名

총 6획 7급 부수 口
- 영 name, famous
- 중 míng
- 일 メイ(な)

저녁(夕)에 보이지 않아 입(口)으로 부르는 이름이니
이름 명
또 이름이 알려져 이름나니 **이름날 명**

※ 夕(저녁 석), 오늘날의 이름은 낮이나 밤이나 그 사람을 대표하는 말이지만, 원래의 이름은 눈에 보이지 않는 어두운 저녁에 소리 내어 부르는 말이었지요.

改名(개명), **姓名**(성명), **名家**(명가), **名品**(명품)

銘 铭

총 14획 3Ⅱ급 부수 金
- 영 engrave
- 중 míng
- 일 メイ

쇠(金)에 이름(名)을 새기니
새길 명

※ 金(쇠 금, 금 금, 돈 금, 성씨 김)

銘心(명심), **感銘**(감명), **碑銘**(비명), **座右銘**(좌우명)

酩

총 13획 1급 부수 酉
- 영 get drunk
- 중 míng
- 일 メイ(よう)

술(酉)에 이름날(名) 정도로 취하니
술 취할 명 ㉮ 酩(진한 유즙 락)

※ 酉(술 그릇 유, 술 유, 닭 유, 열째 지지 유)

酩酊(명정) - 만취. 酊(술 취할 정)

冥

총 10획 3급 부수 冖
- 영 dark, the other world, far away
- 중 míng 일 メイ(くらい)

덮이듯(冖) 넘어가는 해(日) 때문에 오후 여섯(六)시 정도면 어두우니 **어두울 명**
또 어두우면 저승 같고 아득하니 **저승 명, 아득할 명**

※ 冖(덮을 멱), 六(여섯 륙), 계절에 따라 다르지만 평균 여섯 시 정도면 어두워지지요.

冥冥(명명), **冥福**(명복), **冥想**(명상)

溟

총 13획 1급 부수 水
- 영 sea
- 중 míng

물(氵)이 어둡도록(冥) 짙푸른 바다니
바다 명

東溟(동명), **北溟**(북명), **鴻溟**(홍명)

暝

총 14획 1급 부수 日
- 英 dark
- 中 míng

해(日)가 져 어두우니(冥)
어두울 명

暝想(명상), **暝目**(명목) – 눈을 어둡게 함(감음).

瞑

총 15획 특Ⅱ급 부수 目
- 英 close the eyes
- 中 míng
- 日 メイ(つぶる)

눈(目)을 어둡게(冥) 감으니
눈감을 명

※ 目(눈 목, 볼 목, 항목 목)

瞑目(명목), **瞑想·冥想**(명상), **死不瞑目**(사불명목)

螟

총 16획 1급 부수 虫
- 英 pearl moth
- 中 míng
- 日 メイ

벌레(虫) 중 어두운(冥) 곳에 사는 명충이니
명충 명

※ 명충(螟蟲) – 식물의 줄기 속을 파먹는 곤충의 총칭. 마디충.
※ 虫[벌레 충(蟲)의 약자와 부수]

螟蛾(명아), **二化螟蟲**(이화명충)

皿

총 5획 1급 제부수
- 英 vessel
- 中 min
- 日 ベイ(さら)

받침 있는 그릇을 본떠서
그릇 명 � 罒(그물 망, = 网, 𦉫), 血(피 혈)

器皿(기명), **器皿圖**(기명도) – (진귀한 옛날) 그릇을 본떠서 그린 그림.

袂

총 9획 1급 부수 衣
- 英 sleeve
- 中 mèi
- 日 ベイ(たもと)

웃옷(衤)의 터진(夬) 소매 부분이니
소매 몌

※ 衤(옷 의 변), 夬(터질 쾌), 衣(옷 의)는 웃옷을 본떠 만든 글자로 웃옷을 대표하거나 웃옷을 뜻하는 말로 쓰이지요.

袂別(몌별), **短袂**(단몌), **衣袂**(의몌)

毛

총 4획 4II급 제부수
- 영 wool
- 중 máo
- 일 モウ(け)

짐승의 꼬리털 모양을 본떠서
털 모 ㈜ 手(손 수, 재주 수, 재주 있는 사람 수)

毛髮(모발), 毛皮(모피), 九牛一毛(구우일모), 羊毛(양모)

耗

총 10획 1급 부수 耒
- 영 waste
- 중 hào
- 일 モウ(へらす)

쟁기(耒)로 밭 갈듯 기계로 털(毛)을 가공하면 줄어드니 **줄어들 모**

* 耒(쟁기 뢰)

耗減(모감), 減耗(감모), 磨耗(마모), 消耗(소모)

矛

총 5획 2급 제부수
- 영 spear
- 중 máo
- 일 ム(ほこ)

손잡이 있는 창을 본떠서
창 모 ㈜ 予[줄 여, 나 여, 미리 예(豫)의 약자]

矛戈(모과), 矛盾(모순)

茅

총 9획 2급 부수 ++
- 영 a kind of reed
- 중 máo
- 일 ボウ(かや)

풀(++) 중 창(矛)처럼 길고 뾰족하게 자라는 띠니
띠 모

* '띠'는 마디 없이 곧고 길게 자라는 질긴 풀로, 이것을 베어다 지붕을 이고 여러 생활 도구를 만들었지요.

茅舍(모사), 茅屋(모옥), 茅簷(모첨)

母

총 5획 8급 부수 母
- 영 mother
- 중 mǔ
- 일 ボ(はは)

여자(女) 중 젖(:)을 드러낸 어미니
어미 모 ㈜ 毋(말 무)

* 점(ヽ)이 위아래로 있어 젖을 나타내면 '어미 모(母)', 안 된다는 금지의 가위표(十)가 있으면 '말 무, 없을 무(毋)'로 구분하세요.

母國(모국), 母情(모정), 慈母(자모), 子母(자모)

侮

총 9획 3급 부수 人
- 영 insult
- 중 wǔ
- 일 ブ(あなどる)

(인격 수양이 덜 된) 사람(亻)은 항상(每) 남을 업신여기니 **업신여길 모**

※ 亻(사람 인 변), 每(항상 매)
※ 사람들은 자칫 자신을 망각하고 우쭐대며 남을 업신여기지요.

侮蔑(모멸), **侮辱**(모욕), **受侮**(수모)

模

총 15획 4급 부수 木
- 영 model, imitate, vague
- 중 mó, mú
- 일 モ, ボ(かたどる)

나무(木)로 없어질(莫) 것을 대비하여 본보기로 본떠 만드니 **본보기 모, 본뜰 모**
또 본떠 만들면 아무리 잘해도 차이가 나 모호하니 **모호할 모** ㈜ 糢

※ 木(나무 목), 莫(없을 막, 말 막, 가장 막)

模範(모범), **模倣**(모방), **曖昧模糊**(애매모호)

糢

총 17획 1급 부수 米
- 영 model, imitate, vague
- 중 mó

쌀(米)로 없어질(莫) 것을 대비하여 본보기로 본떠 만드니 **본보기 모, 본뜰 모**
또 본떠 만들면 아무리 잘해도 차이가 나 모호하니 **모호할 모**

※ 模의 속자로 쓰임.

模糊·糢糊(모호) – 흐리어 똑똑하지 못함. 糊(풀 호, 모호할 호)

摸

총 14획 1급 부수 手
- 영 grope
- 중 mō, mó
- 일 ボ(うつす)

손(扌)으로 없어진(莫) 물건을 더듬어 찾으니 **찾을 모**

摸索(모색), **暗中摸索**(암중모색)

謨 谟

총 18획 2급 부수 言
- 영 plan
- 중 mó

말(言) 없이(莫) 마음속으로 꾀를 생각하고 계획하니 **꾀 모, 계획할 모**

※ 言(말씀 언)

謨訓(모훈), **鴻謨**(홍모)

募

총 13획 3급 부수 力
- 영 enlist
- 중 mù
- 일 ボ(つのる)

없는(莫) 힘(力)을 보충하려고 사람을 모집하니
모집할 모

※ 모집(募集) – 사람이나 작품, 물품 따위를 일정한 조건 아래 널리 알려 뽑아 모음.
※ 力(힘 력), 集(모일 집, 책 집)

募金(모금), **公募**(공모), **應募**(응모)

慕

총 15획 3II급 부수 心
- 영 longing
- 중 mù
- 일 ボ(したう)

정신이 없을(莫) 정도로 마음(㣺)에 사모하니
사모할 모

※ 사모(思慕) – 애틋하게 생각하고 그리워함.
※ 누구를 사모할 때는 제정신이 아니지요.
※ 㣺 : 마음 심(心)이 글자의 발로 쓰일 때의 모습으로 '마음 심 발'

愛慕(애모), **戀慕**(연모), **追慕**(추모)

모

暮

총 15획 3급 부수 日
- 영 dusk
- 중 mù
- 일 ボ(くれる)

없어지듯(莫) 해(日)가 넘어가 날이 저무니
저물 모

日暮(일모), **歲暮**(세모), **朝令暮改**(조령모개)

貌

총 14획 3II급 부수 豸
- 영 form
- 중 mào
- 일 ボウ(かお)

웅크리고 노려보며(豸) 흰(白) 탈을 쓴 사람(儿) 모양이니 **모양 모** 약 皃 : 깨끗한(白) 사람(儿) 모양이니 '모양 모'

※ 豸(사나운 짐승 치, 발 없는 벌레 치), 白(흰 백, 밝을 백, 깨끗할 백, 아뢸 백), 儿(어진 사람 인, 사람 인 발)

貌樣·模樣(모양), **面貌**(면모), **美貌**(미모), **全貌**(전모)

某

총 9획 3급 부수 木
- 영 anyone, who
- 중 mǒu
- 일 ボウ(それがし)

단(甘) 열매가 열리는 나무(木)는 아무나 찾으니
아무 모

※ 甘(달 감, 기쁠 감), 아무 – 꼭 누구라고 말하거나, 꼭 무엇이라고 지정하지 않고 가리킬 때 쓰는 말.

某某(모모), **某年**(모년), **某種**(모종), **某處**(모처)

謀 谋

총 16획 3II급 부수 言
- 英 plot, plan
- 中 móu
- 日 ボウ(はかる)

말(言)이나 행동을 아무(某)도 모르게 꾀하고 도모하니 **꾀할 모, 도모할 모**

※ 言(말씀 언)

謀略(모략), **謀議**(모의), **謀陷**(모함), **主謀**(주모)

冒

총 9획 3급 부수
- 英 dare, risk
- 中 mào
- 日 ボウ(おかす)

아무것이나 말하고(曰) 눈(目)으로 보면 위험을 무릅쓰니 **무릅쓸 모**

※ 曰(가로 왈), 目(눈 목, 볼 목, 항목 목), 부수가 冂(멀 경, 성 경)임이 특별하네요.

冒瀆(모독), **冒頭**(모두), **冒險**(모험)

帽

총 12획 2급 부수 巾
- 英 hat
- 中 mào
- 日 ボウ

수건(巾) 두르듯 위험을 무릅쓰지(冒) 않도록 머리에 쓰는 모자니 **모자 모**

※ 巾(수건 건), 모자는 멋으로도 쓰지만 위험을 막기 위해서도 쓰지요.

帽子(모자), **帽標**(모표), **着帽**(착모), **脫帽**(탈모)

牟

총 6획 2급 부수 牛
- 英 barley, desire
- 中 móu, mù

사사로이() 소(牛)가 보리를 탐내니 **보리 모, 탐낼 모, 성씨 모**

※ 厶(사사로울 사, 나 사), 牛(소 우), 보리 같은 곡식을 소가 좋아하지요.

牟麥(모맥), **牟利**(모리),
釋迦牟尼(석가모니) - 불교의 개조(開祖).

牡

총 7획 1급 부수 牛
- 英 male
- 中 mǔ
- 日 ボウ(おす)

소(牛) 중 힘이 세어 땅(土)도 잘 가는 수컷이니 **수컷 모** ㊒ 牧(칠 목) ㊤ 牝(암컷 빈)

※ 牛(소 우 변), 土('흙 토'이나 여기서는 땅으로 봄)

牡牛(모우) … **牝牛**(빈우), **牡瓦**(모와), **牡丹**(모란)

木

총 4획 8급 제부수
- 英 tree
- 中 mù
- 日 ボク, モク(き)

가지 달린 나무를 본떠서
나무 목

木刻(목각), 木器(목기), 木材(목재), 伐木(벌목)

沐

총 7획 2급 부수 水
- 英 take a bath
- 中 mù
- 日 モク

물(氵)을 나무(木)에 주듯이 물을 부어 머리 감거나 목욕하니 **머리 감을 목, 목욕할 목**

沐髮(목발), 沐浴(목욕), 沐間(목간), 沐露(목로)

목

牧

총 8획 4II급 부수 牛
- 英 bring up
- 中 mù
- 日 ボク(まき)

소(牛)를 치며(攵) 기르니
기를 목 ㉮ 枚(줄기 매, 낱 매)

* 牛(소 우 변), 攵(칠 복, = 攴)

牧童(목동), 牧夫(목부), 牧場(목장), 牧畜(목축)

目

총 5획 6급 제부수
- 英 eye, see, item
- 中 mù
- 日 モク, ボク(め, みる)

둥글고 눈동자 있는 눈을 본떠서 **눈 목**
또 눈으로 보니 **볼 목**
또 눈에 잘 보이게 만든 항목이니 **항목 목**

目前(목전), 注目(주목), 項目(항목), 條目(조목)

睦

총 13획 3II급 부수 目
- 英 harmonious
- 中 mù
- 日 ボク(むつまじい)

눈(目)을 언덕(坴)처럼 높이 뜨고 대하면 화목하니
화목할 목, 성씨 목 (= 穆) ㉮ 陸(육지 륙)

* 坴 : 흙(土)이 나누어져(八) 양쪽으로 흙(土)이 쌓인 언덕이니 '언덕 륙' – 어원 해설을 위한 참고용으로 실제 쓰이는 글자는 아님.
* 기쁘거나 좋으면 눈을 빛내며 크게 뜨고 높이 우러러보지요.

和睦(화목), 不睦(불목), 親睦(친목)

穆

총 16획 2급 부수 禾
- 英 harmonious, reverent
- 中 mù

벼(禾)를 하얗게(白) 찧어 조금씩(小) 털(彡)만큼이라도 나눠 먹으면 화목하니 **화목할 목** (= 睦)
또 화목하면 모두 공경하고 보기에도 아름다우니
공경할 목, 아름다울 목

※ 禾(벼 화), 白(흰 백, 밝을 백, 깨끗할 백, 아뢸 백), 小(작을 소), 彡(터럭 삼, 긴 머리 삼)

和穆·和睦(화목), **穆然**(목연)

沒

총 7획 3II급 부수 水
- 英 sink, exhaust, not have
- 中 méi, mò
- 日 ボツ

물(氵)에서 힘(力)써도 또(又) 빠져 다하여 없으니
빠질 몰, 다할 몰, 없을 몰

※ 力[힘 력(力)의 변형], 又(오른손 우, 또 우)
※ 沒은 중국어에서 영어 'not'처럼 부정사로 쓰이지요.

沒入(몰입), **沈沒**(침몰), **沒殺**(몰살), **沒人情**(몰인정)

歿

총 8획 1급 부수 歹
- 英 die
- 中 mò
- 日 ボツ

죽을(歹) 지경에 사람(亻)이 또(又) 빠져 죽거나 생을 마치니 **죽을 몰, 마칠 몰**

※ 歹(뼈 부서질 알, 죽을 사 변)

戰歿(전몰), **歿後**(몰후)

夢 梦

총 14획 3II급 부수 夕
- 英 dream
- 中 mèng
- 日 ム(ゆめ)

풀(艹)로 만든 그물(罒) 같은 이불을 덮고(冖) 자는 저녁(夕)에 꾸는 꿈이니 **꿈 몽** 속 梦 : 수풀(林) 속에서나 저녁(夕)에 잘 때 꾸는 꿈이니 '꿈 몽'

※ 罒(그물 망, = 网, 罓), 冖(덮을 멱), 夕(저녁 석), 林(수풀 림)

吉夢(길몽) ↔ **凶夢**(흉몽), **惡夢**(악몽), **胎夢**(태몽), **晝思夜夢**(주사야몽) - '낮에 생각한 것이 밤에 꿈으로 나타남'으로, 평소에 생각하던 것이 꿈으로 나타난다는 말. 晝(낮 주), 思(생각할 사), 夜(밤 야)

蒙

총 14획 3II급 부수 ++
- 영 ignorant, young
- 중 méng, mēng
- 일 モウ(こうむる)

풀(++)로 덮인(冖) 곳에 사는 한(一) 마리 돼지(豕)처럼 어리석고 어리니 **어리석을 몽, 어릴 몽**

※ 豕(돼지 시)

啓蒙(계몽), 無知蒙昧(무지몽매), 蒙固(몽고)

墓

총 14획 4급 부수 土
- 영 grave
- 중 mù
- 일 ボ(はか)

없는(莫) 것처럼 흙(土)으로 덮어 놓은 무덤이니 **무덤 묘**

※ 莫(없을 막, 말 막, 가장 막)

墓碑(묘비), 墓所(묘소), 墳墓(분묘), 省墓(성묘)

廟 庙

총 15획 3급 부수 广
- 영 shrine
- 중 miào
- 일 ビョウ

집(广) 중에 아침(朝)마다 제사 지내는 사당이니 **사당 묘** ㉠ 庿 ㈜ 庙

※ 广(집 엄), 朝(아침 조, 조정 조, 뵐 조), ㉠ – 옛 글자.

廟堂(묘당), 廟社(묘사), 宗廟(종묘)

苗

총 9획 3급 부수 ++
- 영 sprout
- 중 miáo
- 일 ビョウ(なえ)

풀(++)처럼 밭(田)에 나는 싹이니 **싹 묘** ㈜ 笛(피리 적)

※ ++(초 두), 田(밭 전)

苗木(묘목), 苗板(묘판), 育苗(육묘), 種苗(종묘)

描

총 12획 1급 부수 手
- 영 draw
- 중 miáo
- 일 ビョウ(えがく)

손(扌)으로 풀싹(苗)처럼 그리니 **그릴 묘**

描寫(묘사), 描出(묘출), 描破(묘파), 素描(소묘)

猫

총 12획 1급 부수 犭
- 英 cat
- 中 māo, máo
- 日 ビョウ(ねこ)

짐승(犭) 중 콧수염이 풀싹(苗)처럼 긴 고양이니
고양이 묘 ㈜ 錨(닻 묘)

※ 犭(큰개 견, 개 사슴 록 변), 고양이의 콧수염은 풀처럼 길지요.

猫睛(묘정), **猫頭懸鈴**(묘두현령),
猫鼠同處(묘서동처)

卯

총 5획 3급 부수 卩
- 英 excellent, rabbit
- 中 mǎo
- 日 ボウ(う)

(봄기운이 왕성하여) 두 문짝을 활짝 열어 놓은 모양을
본떠서 **왕성할 묘**
또 귀를 쫑긋 세운 토끼로 보아 **토끼 묘**
또 토끼는 넷째 지지니 **넷째 지지 묘**
㈜ 卬(나 앙, 높을 앙), 卵(알 란)

昴

총 9획 2급 부수 日
- 英 Pleiades
- 中 mǎo
- 日 ボウ(すばる)

해(日)처럼 왕성하게(卯) 빛나는 별 이름이니
별 이름 묘 ㈜ 昂(오를 앙, 높을 앙)

※ 日(해 일, 날 일)

昴星(묘성)

杳

총 8획 1급 부수 木
- 英 boundless, deep
- 中 yǎo

나무(木) 밑으로 해(日)가 지면 어두워 아득하니
아득할 묘
㈜ 査(조사할 사), 杏(살구 행, 은행 행), 香(향기 향)

杳冥(묘명), **杳然**(묘연)

妙

총 7획 4급 부수 女
- 英 exquisite, pretty
- 中 miào
- 日 ミョウ(たえ)

여자(女)가 젊으면(少) 묘하고도 예쁘니
묘할 묘, 예쁠 묘

※ 少(적을 소, 젊을 소)

妙技(묘기), **妙案**(묘안), **絶妙**(절묘), **妙齡**(묘령)

渺

총 12획 1급 부수 水
- 英 faraway
- 中 miǎo
- 日 ビョウ

눈물(氵)이 눈(目)에 어린 듯 적고(少) 아득하게 보이니 **아득할 묘**

※ 目(눈 목, 볼 목, 항목 목), 少(적을 소, 젊을 소)

渺漠(묘막), 渺然(묘연), 渺遠(묘원)

畝 亩

총 10획 1급 부수 田
- 英 the ridge and furrow
- 中 mǔ
- 日 ボウ, ホ(うね, あぜ)

머리 부분(亠)처럼 약간 높게 밭(田)에 오래(久)가도록 만든 이랑이니 **이랑 무, 이랑 묘**

※ 亠(머리 부분 두), 田(밭 전), 久(오랠 구), 이랑 - 갈아 놓은 밭의 한 두둑과 한 고랑을 아울러 이르는 말
※ 묘(畝) - 전답의 면적 단위. 30평(坪).

畝溝(묘구)

묘

戊

총 5획 3급 부수 戈
- 英 exuberant
- 中 wù
- 日 ボ(つちのえ)

초목(丿)이 창(戈)처럼 자라 무성하니 **무성할 무, 다섯째 천간 무** (유) 戉(도끼 월)

※ 戊는 주로 다섯째 천간으로 쓰이고, '무성하다'의 뜻으로는 茂(무성할 무)를 많이 쓰지요.
※ 丿['삐침 별'이나 여기서는 서 있는 초목의 모습], 戈(창 과)

戊夜(무야), 戊午士禍(무오사화)

茂

총 9획 3Ⅱ급 부수 艹
- 英 flourishing, exuberant
- 中 mào 日 モ(しげる)

풀(艹)이 무성하게(戊) 우거지니 **무성할 무, 우거질 무**

茂林(무림), 茂盛(무성),
松茂柏悅(송무백열) - '소나무가 무성하면 잣나무가 기뻐함'으로, 벗이나 형제가 잘됨을 기뻐한다는 말.

武

총 8획 4Ⅱ급 부수 止
- 英 military, weapon
- 中 wǔ
- 日 ブ, ム(つよい)

하나(一)의 주살(弋)로도 적의 침략을 그치게(止) 하는 군사니 **군사 무**
또 군사들이 사용하는 무기니 **무기 무**

※ 弋(주살 익), 止(그칠 지)

武功(무공), 武力(무력), 武裝(무장), 文武(문무)

貿 贸

총 12획 3II급 부수 貝
- 英 trade, exchange
- 中 mào
- 日 ボウ(かえる)

왕성하게(卯) 재물(貝)을 무역하며 바꾸니
무역할 무, 바꿀 무

※ 卯[왕성할 묘, 토끼 묘, 넷째 지지 묘(卯)의 변형], 貝(조개 패, 재물 패)

貿易(무역), **密貿易**(밀무역), **貿穀**(무곡)

務 务

총 11획 4II급 부수 力
- 英 endeavor
- 中 wù
- 日 ム(つとめる)

창(矛)으로 적을 치듯이(攵) 일에 힘(力)쓰니
힘쓸 무

※ 矛(창 모), 攵(칠 복, = 攴), 力(힘 력)

勤務(근무), **實務**(실무), **任務**(임무), **休務**(휴무)

霧 雾

총 19획 3급 부수 雨
- 英 fog
- 中 wù
- 日 ム(きり)

비(雨)가 힘차게(務) 내릴 때 생기는 안개니
안개 무

※ 雨(비 우)

霧散(무산), **濃霧**(농무), **雲霧**(운무), **噴霧器**(분무기)

毋

총 4획 1급 제부수
- 英 forbidden, nothing
- 中 wú
- 日 ブ, ム(なかれ)

여자 녀(女)에 뚫을 곤(丨)을 붙여 금지와 부정을 나타내어 **말 무, 없을 무** 유 母(어미 모)

※ 점(丶)이 위아래로 있어 젖을 나타내면 '어미 모(母)', 안 된다는 금지의 가위표(十)가 있으면 '말 무, 없을 무(毋)'로 구분하세요.

毋論(무론), **毋望之福**(무망지복), **毋害**(무해)

拇

총 8획 1급 부수 手
- 英 thumb
- 中 mǔ
- 日 ボ

손(扌)에서 어미(母) 역할을 하는 엄지손가락이니
엄지손가락 무

拇印(무인), **拇指**(무지) - 엄지손가락. 指(손가락 지, 가리킬 지)

무

無 无

총 12획 5급 부수 火
- 英 not have, not
- 中 wú
- 日 ブ, ム(ない)

사람(亠)이 장작더미를 쌓아서(無) 그 밑에 불(灬)을 지핀 모양으로 불타면 없으니 **없을 무** 약 无

※ 亠[사람 인(人)의 변형], 灬(불 화 발)

無難(무난), **無能**(무능), **無線**(무선), **無情**(무정)

无

총 4획 특Ⅱ급 제부수
- 英 not have
- 中 wú

(태초에는) 하늘과 땅(二) 사이에 사람(儿)도 없었으니 **없을 무** (= 无)

※ 없을 무(無)의 고자(古字)이나 현재는 약자로 쓰임.
※ 旡 : 하나(一)도 숨은(ㄴ) 사람(儿)이 없으니 '없을 무'
※ 二('두 이'나 여기서는 하늘과 땅으로 봄), 儿(어진 사람 인, 사람 인 발), 古(오랠 고, 옛 고), 字(글자 자), ㄴ(감출 혜, 덮을 혜, = 匸)

憮 怃

총 15획 1급 부수 心
- 英 caress, daze
- 中 wǔ
- 日 ブ

마음(忄)에 불만이 없도록(無) 어루만지니
어루만질 무 (= 撫)
또 마음(忄)에 아무 생각 없이(無) 멍하니 **멍할 무**

懷憮(회무), **憮然**(무연) - 크게 낙심하여 허탈해하거나 멍해 있음.

撫 抚

총 15획 1급 부수 手
- 英 soothe, rub, console
- 中 fǔ
- 日 ブ(なでる)

손(扌)으로 불만이 없도록(無) 어루만지니
어루만질 무

撫摩(무마), **撫養**(무양), **宣撫**(선무), **愛撫**(애무)

蕪 芜

총 16획 1급 부수 ++
- 英 waste, desert
- 中 wú
- 日 ブ(かぶら, あれる)

풀(++)만 질서 없이(無) 우거져 거치니
거칠 무

※ ++(초 두)

蕪繁(무번), **荒蕪地**(황무지), **靑蕪**(청무)

舞

총 14획 4급 부수 舛
- 英 dance
- 中 wǔ
- 日 ブ(まう)

정신없이(無) 발을 어긋나게(舛) 디디며 춤추니 **춤출 무**

※ 無 [없을 무(無)의 획 줄임], 舛(어긋날 천)

舞臺(무대), **舞踊**(무용), **歌舞**(가무), **鶴舞**(학무)

巫

총 7획 1급 부수 工
- 英 witch
- 中 wū
- 日 フ(みこ)

하늘(一)과 땅(一)을 연결하여(ㅣ) 사람들(人人)의 악귀를 쫓는 무당이니 **무당 무**

※ 一('한 일'이나 여기서는 하늘과 땅으로 봄)

巫女(무녀), **巫俗**(무속), **巫覡信仰**(무격신앙)

무

誣 诬

총 14획 1급 부수 言
- 英 cheat
- 中 wū
- 日 フ(しいる)

말(言)을 무당(巫)처럼 꾸며서 속이니 **속일 무**

※ 言(말씀 언)

誣告(무고), **誣欺**(무기), **誣言**(무언), **惑世誣民**(혹세무민) - 세상 사람을 미혹하게 하고 백성을 속임.

畝

이랑 무, 이랑 묘 – 이랑 묘(241쪽) 참고

黙

총 16획 3ll급 부수 黑
- 英 silence, quiet
- 中 mò
- 日 モク(だまる)

캄캄하고(黑) 개(犬)도 짖지 않는 밤처럼 말없이 고요하니 **말없을 묵, 고요할 묵**

※ 黑(검을 흑), 犬(개 견)

黙過(묵과), **黙黙不答**(묵묵부답), **黙認**(묵인), **沈黙**(침묵)

墨

총 15획 3II급 부수 土
- 영 chinese ink
- 중 mò
- 일 ボク(すみ)

검은(黑) 흙(土)으로 만든 먹이니
먹 묵

※ 黑(검을 흑), 土(흙 토)
※ 먹 – 벼루에 물을 붓고 갈아서 글씨를 쓰거나 그림을 그릴 때 사용하는 검은 물감.

墨畫(묵화), **水墨畫**(수묵화), **白墨**(백묵)

門 门

총 8획 8급 제부수
- 영 gate
- 중 mén
- 일 モン(かど)

문짝이 두 개 있는 문을 본떠서
문 문

※ 한 짝으로 된 문 모양을 본떠서는 '문 호, 집 호(戶)'

門中(문중), **家門**(가문), **門前成市**(문전성시)

問 问

총 11획 7급 부수 口
- 영 ask
- 중 wèn
- 일 モン(とう)

문(門) 앞에서 말하여(口) 물으니
물을 문

※ 口(입 구, 말할 구, 구멍 구), 어른께는 문 열지 않고 문 앞에서 묻지요.

問答(문답), **問安**(문안), **問題**(문제), **問責**(문책)

聞 闻

총 14획 6급 부수 耳
- 영 hear
- 중 wén
- 일 ブン(きく)

문(門)에 귀(耳) 대고 들으니
들을 문

※ 耳(귀 이)

見聞(견문), **所聞**(소문), **前代未聞**(전대미문)

文

총 4획 7급 제부수
- 영 pattern, sentence
- 중 wén
- 일 ブン(ふみ)

머리(亠) 속의 생각을 다스려(乂) 무늬처럼 써 놓은 글월이니 **무늬 문, 글월 문, 성씨 문**

㊌ 攵(칠 복, = 攴), 交(사귈 교, 오고갈 교)

※ 亠(머리 부분 두), 乂(벨 예, 다스릴 예, 어질 예), 글월 – 글이나 문장.

文匣(문갑), **文庫**(문고), **文盲**(문맹), **文集**(문집)

汶

총 7획 2급 부수 水
- 英 name of a river
- 中 wèn

물(氵)이 글(文) 읽는 소리를 내며 흐르는 물 이름이니
물 이름 문

* 인·지명용 한자

汶山(문산) - 경기도 파주시에 있는 지명.

蚊

총 10획 1급 부수 虫
- 英 mosquito
- 中 wén
- 日 ブン(か)

벌레(虫) 중 글(文) 읽는 소리를 내는 모기니
모기 문

* 虫(벌레 충), 모기 소리를 글 읽는 소리로 보았네요.^^

蚊群(문군), **見蚊拔劍**(견문발검),
聚蚊成雷(취문성뢰)

紋 纹

총 10획 3II급 부수 糸
- 英 streak
- 中 wén
- 日 モン

실(糸)로 글(文)처럼 수놓은 무늬니
무늬 문

* 糸(실 사, 실 사 변)

紋身(문신), **紋樣**(문양), **指紋**(지문), **波紋**(파문)

紊

총 10획 2급 부수 糸
- 英 dizzy
- 中 wěn
- 日 ビン

글(文)을 실(糸)처럼 어지럽게 써 어지러우니
어지러울 문

* 문란(紊亂) - 도덕이나 질서가 어지러움.
* 糸(실 사, 실 사 변), 亂(어지러울 란)

國憲紊亂(국헌문란)

勿

총 4획 3II급 부수 勹
- 英 not, stop, don't
- 中 wù
- 日 ブツ, モチ(なかれ)

싸(勹) 놓은 것을 털어 버리면(丿丿) 없으니
없을 물
또 이처럼 털어 버리지 말라는 데서 **말 물**

* 勹(쌀 포), 丿('삐침 별'이나 여기서는 터는 모습)

勿驚(물경), **勿念**(물념), **勿論**(물론), **勿忘草**(물망초)

物

총 8획 7급 부수 牛
- thing, matter
- wù
- ブツ, モツ(もの)

소(牛)를 팔아 없애서(勿) 사는 물건이니
물건 물

※ 牛(소 우 변), 옛날에는 소가 집안의 재산목록 1호였으니 큰 일이 있으면 소를 팔아서 그 돈으로 필요한 물건을 샀지요.

寶物(보물), 膳物(선물), 物各有主(물각유주)

未

총 5획 4II급 부수 木
- not, not ~yet
- wèi
- ミ(いまだ)

나무(木)에서 짧은 가지(一)가 아직 자라지 않았다는 데서
아닐 미, 아직 ~않을 미, 여덟째 지지 미 ㈜ 末(끝 말)

※ 未는 아닐 불·부(不)나 아닐 막(莫)처럼 완전부정사로 해석해서는 안 되고 가능성을 두어 '아직 ~ 아니다'로 해석해야 합니다.

未開(미개), 未歸(미귀), 未知(미지),
前人未踏(전인미답)

味

총 8획 4II급 부수 口
- taste, savor
- wèi
- ミ(あじ)

입(口)으로 아니(未) 삼키고 보는 맛이니
맛 미

※ 口(입 구, 말할 구, 구멍 구)

味覺(미각), 加味(가미), 甘味(감미), 別味(별미)

尾

총 7획 3II급 부수 尸
- tail, end
- wěi
- ビ(お)

몸(尸)에서 털(毛)만 난 꼬리니
꼬리 미

또 꼬리처럼 무엇의 끝이니 **끝 미**

※ 尸(주검 시, 몸 시), 毛(털 모)

尾行(미행), 交尾(교미), 末尾(말미), 後尾(후미)

美

총 9획 6급 부수 羊
- beautiful
- měi
- ビ(うつくしい)

양(羊)이 크는(大) 모습처럼 아름다우니
아름다울 미

※ 羊(양 양)이 들어간 글자는 대부분 좋은 뜻입니다.

美觀(미관), 美德(미덕), 美術(미술), 美人(미인)

眉

총 9획 3급 부수 目
- 英 eyebrow
- 中 méi
- 日 ビ, ミ(まゆ)

눈썹(尸)이 눈(目) 위에 있음을 본떠서
눈썹 미

※ 目(눈 목, 볼 목, 항목 목)

眉間(미간), **白眉**(백미), **蛾眉**(아미), **焦眉**(초미)

媚

총 12획 1급 부수 女
- 英 flatter, pretty
- 中 mèi
- 日 ビ(こびる)

여자(女)가 눈썹(眉)을 그리고 아첨하는 모습이
예쁘니 **아첨할 미, 예쁠 미**

媚笑(미소), ※**微笑**(미소), **明媚**(명미)

米

총 6획 6급 제부수
- 英 rice
- 中 mǐ
- 日 ベイ(こめ)

(벼를 찧으면 쌀눈이 보이니)
벼 화(禾)에 한 점(丶)을 찍어서 **쌀 미**

※ '팔(八) 십(十) 팔(八) 번의 농부 손이 가야 만들어지는 쌀이라는 데서 쌀 미(米)'라고도 하지요.
※ 丶(점 주, 불똥 주)

米飮(미음), **白米**(백미), **精米**(정미), **玄米**(현미)

迷

총 10획 3급 부수 辶
- 英 confused
- 中 mí
- 日 メイ(まよう)

사방으로 뚫린 길(米)이라 어디로 갈지(辶) 헷갈리니
헷갈릴 미

※ 米('쌀 미'나 여기서는 사방으로 뚫린 길의 모습)

迷宮(미궁), **迷路**(미로), **迷兒**(미아), **昏迷**(혼미)

彌 弥

총 17획 2급 부수 弓
- 英 pervasion
- 中 mí
- 日 ミ, ビ(あまねし)

활(弓)로 찢어진 곳을 그(爾)는 두루 꿰매 더욱 오래이
게 하니 **두루 미, 꿰맬 미, 더욱 미, 오랠 미** 약 弥

※ 弓(활 궁), 爾(너 이, 그 이, 어조사 이)

彌滿(미만), **彌縫策**(미봉책), **彌成**(미성), **彌久**(미구)

微

총 13획 3II급 부수 彳
- 영 small, trivial, hide
- 중 wēi
- 일 ビ(かすか)

걸어(彳) 산(山)에 가서 한(一) 개의 안석(几)을 만들기 위해 나무를 치고(攵) 보니 작다는 데서 **작을 미**

또 작으면 잘 숨으니 **숨을 미**

※ 안석(案席) – 앉을 때 몸을 기대는 방석.
※ 彳(조금 걸을 척), 几(안석 궤, 책상 궤), 攵(칠 복, = 攴), 案(책상 안, 생각 안, 계획 안), 席(자리 석)

微動(미동), 微微(미미), 微笑(미소), 微行(미행)

薇

총 17획 1급 부수 艹
- 영 rose, flowering fern
- 중 wēi
- 일 ビ(ぜんまい)

풀(艹) 속에 숨어(微) 피는 장미나 고비니 **장미 미, 고비 미**

※ 고비 – 고사리 같은 나물의 일종.

薔薇(장미), 薇菜(미채), 薇湯(미탕)

靡

총 19획 1급 부수 非
- 영 fall down
- 중 mí, mǐ
- 일 ビ(なびく)

마약(麻)을 먹고 제 정신이 아닌(非) 듯 쓰러지니 **쓰러질 미**

※ 麻(삼 마, 마약 마), 非(어긋날 비, 아닐 비, 나무랄 비)

靡費(미비), 風靡(풍미), 從風而靡(종풍이미)

敏

총 11획 3급 부수 攵
- 영 quick, alert
- 중 mǐn
- 일 ビン(さとい)

항상(每) 치며(攵) 지도하면 행동이 민첩하니 **민첩할 민**

※ 每(항상 매), 攵(칠 복, = 攴), 민첩하고 절도 있는 어린이로 기르기 위해서 사랑의 매도 때리지요.

敏感(민감), 敏捷(민첩), 英敏(영민)

명언 龍豈池中物(용기지중물) 乘雷欲上天(승뢰욕상천)
용이 어찌 못 속의 물건이랴. 천둥타고 하늘로 오르려 하네 – 〈삼국지〉 ▶龍(용 룡), 豈(어찌 기), 池(못 지), 中(가운데 중, 맞힐 중), 物(물건 물), 乘(탈 승, 곱할 승), 欲(바랄 욕), 上(위 상, 오를 상), 天(하늘 천)

玟

총 8획 2급 부수 王(玉)
- 英 a precious stone
- 中 mín
- 日 ビン(あやいし)

구슬(王)처럼 무늬(文) 있는 옥돌이니
옥돌 민 (= 珉)

* 王(임금 왕, 으뜸 왕, 구슬 옥 변), 文(무늬 문, 글월 문, 성씨 문)
* 인·지명용 한자

旼

총 8획 2급 부수 日
- 英 mild
- 中 mín

해(日)처럼 따뜻한 내용의 글(文)을 읽으면 온화하니
온화할 민

* 인·지명용 한자

旻

총 8획 2급 부수 日
- 英 sky
- 中 mín

해(日)가 무늬(文)로 보이는 높은 하늘이니
하늘 민 昊(하늘 호)

旻天(민천), **蒼旻**(창민)

悶 悶

총 12획 1급 부수 心
- 英 agonize
- 中 mèn, mèn
- 日 モン(もだえる)

문(門)에서 들어갈까 말까 마음(心)으로 번민하니
번민할 민

* 번민(煩悶) – 마음이 번거롭고 답답하여 괴로워함.
* 門(문 문), 心(마음 심, 중심 심), 煩(번거로울 번)

煩悶(번민), **悶死**(민사), **苦悶**(고민)

閔 閔

총 12획 2급 부수 門
- 英 sorry, family name
- 中 mín

초상집 대문(門)에 붙은 조문(文)을 보면 민망하니
민망할 민, 성씨 민

* 민망(憫·憫憫) – 답답하고 딱하여 안타까움.
* 文(무늬 문, 글월 문, 성씨 문), 憫(명할 망), 민망함은 마음으로 느낀 것이니 주로 마음 심 변(忄)을 붙여 쓰지요.

閔妃(민비) – 명성 황후.

憫 憫

총 15획 3급 부수 心
- 英 pity
- 中 mǐn
- 日 ビン

마음(忄)으로 문(門)에 붙은 조문(文)을 보고 불쌍히 여기니 **불쌍히 여길 민**

憫憫(민망), 憫然(민연), 憫情(민정), 憐憫(연민)

民

총 5획 8급 부수 氏
- 英 people
- 中 mín
- 日 ミン(たみ)

모인(冖) 듯 여러 씨(氏)족들로 된 백성이니
백성 민

※ 冖('덮을 멱'이나 여기서는 모여 있는 모습), 氏(성 씨, 뿌리 씨)

民間(민간), 民官(민관), 以民爲天(이민위천)

珉

총 9획 2급 부수 王(玉)
- 英 a precious stone
- 中 mín

구슬(王)처럼 백성(民)들이 좋아하는 옥돌이니
옥돌 민 (= 玟)

※ 玟 : 구슬(王)처럼 무늬(文)도 있는 옥돌이니 '옥돌 민'
※ 王(임금 왕, 으뜸 왕, 구슬 옥 변), 文(무늬 문, 글월 문)
※ 인·지명용 한자

黽 黾

총 13획 특급 제부수
- 英 endeavor, a kind of small round frog
- 中 mǐn, miǎn

무엇에 매여 힘쓰는 모습이나 맹꽁이를 본떠서
힘쓸 민, 맹꽁이 맹

※ 맹꽁이 - ㉠맹꽁이과의 양서류. 개구리를 닮았으나 뚱뚱하며 물갈퀴는 없음. 흐린 날이나 비가 내릴 때 맹꽁맹꽁 하고 소리를 냄. ㉡소견이 좁고 아둔한 사람을 이르는 말.

黽勉(민면), 水黽(수민)

謐 谧

총 17획 1급 부수 言
- 英 quiet
- 中 mì
- 日 ヒツ

말(言)을 반드시(必) 그릇(皿)에 담아둘 정도로
필요한 말만 하며 고요하니 **고요할 밀**

※ 言(말씀 언), 皿(그릇 명)

靜謐(정밀), 精密(정밀), 安謐(안밀)

密

총 11획 4II급 부수 宀
- 英 closely, secret
- 中 mì
- 日 ミツ(みそか)

몰래(宓) 산(山)의 수풀처럼 빽빽하게 숨긴 비밀이니
빽빽할 밀, 비밀 밀

※ 宓 : 집(宀)의 귀중품은 반드시(必) 몰래 숨기니 '몰래 밀'
※ 집(宀)을 반드시(必) 산(山)속에 짓고 살면 빽빽할 정도로 많은 비밀이 있으니 '빽빽할 밀, 비밀 밀(密)'이라고도 하지요.
※ 宀(집 면), 必(반드시 필)

密度(밀도), **密林**(밀림), **密告**(밀고), **密輸**(밀수)

蜜

총 14획 3급 부수 虫
- 英 honey
- 中 mì
- 日 ミツ

몰래(宓) 벌레(虫)가 저장하고 있는 꿀이니
꿀 밀

※ 신혼여행(新婚旅行)을 '허니문(honeymoon)'이라고 하는데, 이 말을 한자로 풀면 밀월여행(蜜月旅行)이지요. 이처럼 한자에는 영어와 같은 의미로 된 말도 많아요.
※ 新(새로울 신), 婚(결혼할 혼), 旅(나그네 려, 군사 려), 行(다닐 행, 행할 행, 항렬 항)

蜜柑(밀감), **蜜月旅行**(밀월여행),
口蜜腹劍(구밀복검) – '입에는 꿀 배에는 칼'로, 겉으로는 달콤한 태도로 상대를 유혹하면서 속으로는 상대를 해칠 생각을 가짐. ≒ 면종복배(面從腹背). 腹(배 복), 劍(칼 검), 面(얼굴 면, 향할 면, 볼 면, 행정구역의 면), 從(좇을 종, 따를 종), 背(등 배, 등질 배)

〈한 글자에 여러 뜻이 있으면〉

한자도 처음 만들어질 때는 하나의 글자에 하나의 뜻(一字一意)이었지만 생각이 커지고 문화가 발달할수록 더 많은 글자가 필요하게 되었어요. 그럴 때마다 새로운 글자를 만든다면 너무 복잡해지니 이미 있던 글자에 다른 뜻을 덧붙여 쓰게 되었지요.
그러나 아무렇게나 붙여 쓰는 것이 아니고 그런 뜻이 붙게 된 이유가 분명히 있으니 무조건 외는 시간에 "이 글자에 왜 이런 뜻도 있을까"를 생각하여 "아! 그래서 이 글자에 이런 뜻이 붙었구나!"를 느끼면서 익히면 훨씬 효과적이죠. 예를 들어 '쓸 고, 괴로울 고(苦)'의 경우를 보세요. '쓸 고'에 어찌 '괴로울 고'의 뜻도 있을까? 생각해 보면 맛이 쓰면 괴로우니 '괴로울 고'의 뜻이 붙었음을 금방 알게 되지요.
이처럼 한 글자에 둘 이상의 뜻이 있으면 반드시 그럴 이유가 있으니 무조건 외는 시간에 왜 그럴까를 생각해 보세요. 단순한 암기는 얼마 안 가지만 생각해서 익히면, 즉 이해가 바탕이 된 암기는 분명하게 익혀지고 오래도록 잊히지 않는답니다.

朴

총 6획 6급 부수 木

- 영 simple, family name
- 중 Piáo, pǔ, pò
- 일 ボク(ほお)

나무(木) 껍질이나 점(卜)칠 때 쓰는 거북 등처럼 투박하여 순박하니 **순박할 박, 성씨 박**

* 투박하다 - 생김새가 볼품없이 둔하고 튼튼하기만 하다.
* 순박(淳朴)하다 - 거짓이나 꾸밈이 없이 순수하며 인정이 두텁다.
* 木(나무 목), 卜(점 복), 淳(순박할 순)

素朴(소박), **質朴·質樸**(질박)

拍

총 8획 4급 부수 手

- 영 strike
- 중 pāi
- 일 ハク, ヒョウ(うつ)

손(扌)으로 무엇을 아뢰려는(白) 듯 치니 **칠 박**

* 扌(손 수 변), 白(흰 백, 밝을 백, 깨끗할 백, 아뢸 백), 손을 쳐서 무엇을 알리기도 하지요.

拍手(박수), **拍掌大笑**(박장대소), **拍車**(박차)

珀

총 9획 1급 부수 王(玉)

- 영 amber
- 중 pò
- 일 ハク

구슬(王)처럼 밝게(白) 빛나는 호박이니 **호박 박**

* 호박(琥珀) - 땅 속에 묻힌 소나무·잣나무 따위의 진이 변하여 생긴 화석. 빛은 황색·갈색·암갈색 등이 있는데 장식품으로 쓰임.
* 王(임금 왕, 으뜸 왕, 구슬 옥 변), 琥(호박 호)

琥珀光(호박광), **琥珀色**(호박색)

粕

총 11획 1급 부수 米

- 영 lees
- 중 pò
- 일 ハク(かす)

쌀(米)로 빚은 술을 짜내고 남은 하얀(白) 지게미니 **지게미 박**

또 술 지게미처럼 기름을 짜면 남는 깻묵이니 **깻묵 박**

* 지게미 - 술을 짜낸 찌꺼기. 米(쌀 미).

酒粕(주박), **糟粕**(조박), **大豆粕**(대두박)

舶

총 11획 2급 부수 舟

- 영 big ship
- 중 bó
- 일 ハク

배(舟)에 흰(白) 돛을 달던 큰 배니 **큰 배 박**

* 舟(배 주), 요즘 배는 작으나 크나 동력을 이용하여 다니지만, 옛날에는 작은 배는 노로, 큰 배는 돛을 달고 다녔지요.

舶來(박래), **舶載**(박재), **賈舶**(고박), **船舶**(선박)

泊

총 8획 3급 부수 水
- 英 moor, stay, clear
- 中 bó
- 日 ハク(とまる)

물(氵)이 하얗게(白) 보이도록 배들이 항구에 대고 묵으니 **배댈 박, 묵을 박**
또 물(氵)에 깨끗이(白) 씻으면 마음도 산뜻하니
산뜻할 박

* 옛날 배는 돛을 달았고 돛은 대부분 흰색이었으니, 물이 하얗게 보임은 배들이 모여 묵는 것이지요. 여기서 '묵다'는 일정한 곳에서 나그네로 날짜를 보낸다는 뜻.

碇泊(정박), 宿泊(숙박), 外泊(외박), 淡泊(담박)

箔

총 14획 1급 부수 竹
- 英 blind, foil
- 中 bó
- 日 ハク

대(竹)로 만들어 문에 대고(泊) 치는 발이니 **발 박**
또 발처럼 금속을 얇게 늘인 박이니 **박 박**

* 발 – 가늘고 긴 대를 엮거나 줄 따위를 나란히 늘어뜨려 만든 물건. 주로 무엇을 가리려고 치지요.
* 박(箔) – 금속을 두드려서 종이처럼 얇고 판판하게 편 것.

簾箔(염박), 金箔(금박), 蠶箔(잠박)

박

迫

총 9획 3II급 부수 辵
- 英 urgent, threaten
- 中 pò
- 日 ハク(せまる)

하얗게(白) 질린 얼굴로 뛰어갈(辶) 정도로 무슨 일이 닥치니 **닥칠 박**

* 辶(뛸 착, 갈 착, = 辵)

迫頭(박두) – 기일이나 시기가 가까이 닥쳐옴.
迫力(박력), 促迫(촉박), 逼迫(핍박)

博

총 12획 4II급 부수 十
- 英 extensive
- 中 bó
- 日 ハク(ひろい)

많은(十) 방면에 두루 펴(尃) 넓으니
넓을 박

* 尃 : 널리(甫) 마디마디(寸) 펴 두루 알리니 '펼 부, 두루 알릴 부'.
* 十(열 십, 많을 십), 甫(클 보, 넓을 보), 寸(마디 촌, 법도 촌)

博士(박사), 博識(박식), 博愛(박애), 該博(해박),
博學多識(박학다식) – 널리 배우고 많이 앎. 學(배울 학), 多(많을 다), 識(알 식, 기록할 지)

〈주에 없는 글자 풀이는 앞 글자를 보세요〉

어원을 풀면서 그 글자의 구성 성분인 한자에도 다 주를 달았지만, 바로 앞에 나온 글자나 보통 수준이라면 다 알 수 있는 쉬운 한자는 주에서 뺐어요. 혹시 내용을 읽으시다가 모르는 한자가 있는데 주에도 없으면 바로 앞에 나온 글자를 보세요.

搏

총 13획 1급 부수 手
- 英 strike
- 中 bó
- 日 ハク(うつ)

손(扌)을 펴(尃) 치니
칠 박

搏動(박동), 搏殺(박살), 脈搏(맥박),
龍虎相搏(용호상박)

縛 缚

총 16획 1급 부수 糸
- 英 bind
- 中 fù
- 日 バク(しばる)

실(糸)을 펴(尃) 묶으니
묶을 박

※ 糸(실 사, 실 사 변)

結縛(결박), 束縛(속박), 捕縛(포박),
自繩自縛(자승자박)

膊

총 14획 1급 부수 肉
- 英 forearm, slices of dried meat
- 中 bó

몸(月)에서 잘 펴지는(尃) 팔뚝이니
팔뚝 박
또 고기(月)를 펴(尃) 말린 포니 **포 박**

※ 月(달 월, 육 달 월), 포 - 말린 고기.

上膊(상박), 下膊(하박), 上膊筋(상박근)

薄

총 17획 3Ⅱ급 부수 ⺿
- 英 thin, weak
- 中 báo, bó
- 日 ハク(うすい)

풀(⺿)처럼 물(氵)에 펴져(尃) 엷으니
엷을 박

薄待(박대), 薄命(박명), 薄弱(박약), 淺薄(천박)

剝 剥

총 10획 1급 부수 刀
- 英 strip
- 中 bāo, bō
- 日 ハク(はぐ)

나무 깎듯이(彔) 칼(刂)로 껍질을 벗기니
벗길 박

※ 彔(나무 깎을 록, 새길 록), 刂(칼 도 방)

剝製(박제), 剝脫(박탈), 剝奪(박탈), 剝皮(박피)

박

撲 扑

총 15획 1급 부수 手
- 英 beat
- 中 pū
- 日 ボク(なぐる)

손(扌)으로 무더기(業)를 두드리니
두드릴 박

※ 業 : 풀 무성하듯(丵) 큰(大) 무더기니 '무더기 복, 번거로울 복',
※ 丵 : 매울 신(辛) 위에 점 셋을 더 붙여 풀 무성한 모양을 나타내어 '풀 무성할 착' – 어원 해설을 위해 생각해 본 글자로 실제 쓰이는 글자는 아님.

撲滅(박멸), **撲殺**(박살), ***搏殺**(박살), **打撲**(타박)

樸 朴

총 16획 1급 부수 木
- 英 log, honest
- 中 pǔ, piáo, pō
- 日 ボク

나무(木)가 무더기(業)처럼 자른 채로 있는 통나무니
통나무 박
또 통나무처럼 꾸미지 않아 순박하니 **순박할 박** (= 朴)

※ 통나무 – 자르기만 하고 아직 다듬지 않은 나무.
※ 朴(순박할 박, 성씨 박)

樸直(박직), **樸厚**(박후), **質朴**·**質樸**(질박)

駁 驳

총 14획 1급 부수 馬
- 英 piebald horse, argue
- 中 bó
- 日 バク

말(馬) 중 점괘(爻) 같은 무늬가 있는 얼룩말이니
얼룩말 박
또 얼룩말처럼 보통 말과 다른 점을 논박하니
논박할 박

※ 馬(말 마), 爻(점괘 효, 사귈 효, 본받을 효)
※ 논박(論駁) – 잘못된 것을 공격하여 말함.

駁馬(박마), **面駁**(면박), **反駁**(반박),
甲論乙駁(갑론을박)

半

총 5획 6급 부수 十
- 英 half
- 中 bàn
- 日 ハン(なかば)

나누어(八) 둘(二)로 자른(丨) 반이니
반 반

※ 八(여덟 팔, 나눌 팔), 丨('뚫을 곤'이나 여기서는 자르는 모양으로 봄)

半開(반개), **半月**(반월), **半折**(반절), **過半**(과반),
得失相半(득실상반) – '이익과 손실이 서로 반반임'으로, 별로 이익도 손실도 없음을 이르는 말.
半信半疑(반신반의) – 반쯤 믿고 반쯤 의심함.

伴

총 7획 3급 부수 人
- 英 couple, friend, accompany
- 中 bàn
- 日 ハン(ともなう)

사람(亻)의 반(半)쪽을 채워 주는 짝이니 **짝 반**
또 짝을 따르니 **따를 반**

※ 사람은 둘에서 나뉘어 반쪽으로 되었으니 둘이 합쳐야 온전한 사람이 된다고 하지요. 그래서 둘이 합쳐 온전한 원을 이루라고 결혼식에서 둥근 모양의 반지를 주고받는답니다.

伴侶者(반려자), **同伴者**(동반자), **伴奏**(반주), **隨伴**(수반)

拌

총 8획 1급 부수 手
- 英 divide, throw away
- 中 bàn
- 日 ハン

손(扌)으로 반(半)씩 쪼개 버리거나 뒤섞으니
쪼갤 반, 버릴 반, 뒤섞을 반

拌蚌(반방), **攪拌**(교반)

반

畔

총 10획 1급 부수 田
- 英 ridge
- 中 pàn
- 日 ハン(あぜ)

밭(田)을 반(半)으로 나누는 두둑이니
두둑 반

※ 田(밭 전), 두둑 - 밭이나 논의 경계를 표시하기 위하여 약간 높게 쌓은 부분.

河畔(하반), **湖畔**(호반),
終身讓畔不失一段(종신양반불실일단)

絆 绊

총 11획 1급 부수 糸
- 英 bind
- 中 bàn
- 日 ハン(きずな)

실(糸)로 반(半)씩 얽으니
얽을 반
또 얽는 줄이니 **줄 반**

※ 糸(실 사, 실 사 변)

絆籠(반롱), **絆瘡膏**(반창고), **脚絆**(각반)

反

총 4획 6급 부수 又
- 英 reverse, turn over
- 中 fǎn
- 日 ハン(そらす)

가린(厂) 것을 손(又)으로 거꾸로 뒤집으니
거꾸로 반, 뒤집을 번

※ 厂('굴 바위 엄, 언덕 엄'이나 여기서는 가린 모습), 又(오른손 우, 또 우)

反對(반대), **反抗**(반항), **違反**(위반), **反田**(번전)

叛

총 9획 3급 부수 又
- 英 rebel
- 中 pàn
- 日 ハン(そむく)

반(半)씩 나누어도 거꾸로(反) 배반하니
배반할 반

※ 배반(背叛) - 믿음과 의리를 저버리고 돌아섬. 背(등 배, 등질 배)

叛骨(반골), **叛起**(반기), **叛逆**(반역)

返

총 8획 3급 부수 辶
- 英 return
- 中 fǎn
- 日 ヘン(かえす)

거꾸로(反) 가게(辶) 돌이키니
돌이킬 반

返納(반납), **返送**(반송), **返品**(반품), **返還**(반환)

飯 饭

총 13획 3II급 부수 食
- 英 meal
- 中 fàn
- 日 ハン(めし)

먹을(食) 때 혀로 뒤집으며(反) 씹는 밥이니
밥 반

※ 食(밥 식, 먹을 식 변)

飯店(반점), **飯饌**(반찬), **飯酒**(반주), **白飯**(백반)

般

총 10획 3II급 부수 舟
- 英 remove, general, usual
- 中 bān
- 日 ハン(はこぶ)

옛날 배(舟)는 창(殳) 같은 노를 저어 옮겨 감이
일반이었으니 **옮길 반, 일반 반**

※ 舟(배 주), 殳(칠 수, 창 수, 몽둥이 수), 이 글자는 주로 '일반 반'으로 쓰이고, '옮기다'의 뜻으로는 '옮길 반, 나를 반(搬)'을 쓰지요.

一般(일반) - 전체에 두루 해당됨.
全般(전반), **諸般**(제반), **彼此一般**(피차일반)

搬

총 13획 2급 부수 扌
- 英 transfer, carry
- 中 bān
- 日 ハン(はこぶ)

손(扌)으로 옮겨(般) 나르니
옮길 반, 나를 반

搬送(반송), **搬入**(반입), **搬出**(반출), **運搬**(운반)

槃

총 14획 1급 부수 木
- 영 tray, enjoy
- 중 pán
- 일 ハン

옮기기(般) 편하게 나무(木)로 만든 쟁반이니
쟁반 반 (= 盤)
또 쟁반처럼 넓은 곳에서 즐기니 **즐길 반**

※ 木(나무 목)

錚槃 · 錚盤(쟁반), 小槃 · 小盤(소반), 涅槃(열반)

盤 盘

총 15획 3ǁ급 부수 皿
- 영 tray, support
- 중 pán
- 일 バン

음식을 옮길(般) 때 쓰는 그릇(皿)이 쟁반이니
쟁반 반

※ 쟁반 – 둘레가 얇고 넓고 큰 그릇.
※ 皿(그릇 명)

盤石(반석), 盤松(반송), 骨盤(골반), 基盤(기반)

班

총 10획 6급 부수 王(玉)
- 영 divide, nobility
- 중 bān
- 일 ハン

구슬(王)과 구슬(王)을 칼(刂)로 나누니 **나눌 반**
또 옛날에 서민과 나누어 대접했던 양반이니 **양반 반**

※ 양반(兩班) – ㉠고려 · 조선시대에 지배층을 이루던 신분. ㉡점잖고 예의 바른 사람. ㉢자기 남편을 남에게 이르는 말.
※ 王(임금 왕, 으뜸 왕, 구슬 옥 변), 刂(칼 도 방), 兩(둘 량, 짝 량)

班長(반장), 越班(월반), 班常(반상)

斑

총 12획 1급 부수 文
- 영 spot
- 중 bān
- 일 ハン(まだら)

구슬(王)과 구슬(王) 사이에 무늬(文)처럼 있는
얼룩이니 **얼룩 반**

※ 文(무늬 문, 글월 문, 성씨 문)

斑點(반점), 白斑(백반), 黑斑(흑반) – 검은 빛깔의 얼룩점.

潘

총 15획 2급 부수 水
- 영 the washing water of rice, family name
- 중 pān

물(氵)에 곡식을 차례(番)로 씻을 때 생기는 뜨물이니
뜨물 반, 뜨물 번, 성씨 반

※ 番(차례 번, 번지 번), 뜨물 – ㉠곡식을 씻어 낸 부연 물. ㉡'진딧물'의 방언. 여기서는 ㉠의 뜻. 처음 뜨물은 흐리고 탁하지만 씻을수록 좋아져 이것으로 국을 끓이지요.

潘沐(반목), 羅州市 潘南面(나주시 반남면)

磻

총 17획 2급 부수 石
- 英 name of a river
- 中 pán

돌(石)이 차례(番)로 드러난 강 이름이니
강 이름 반

* 큰비가 올 때만 물이 흐르고 보통 때는 돌이 드러나 있는 강.
* 반계(磻溪) - 중국 섬서성의 동남쪽으로 흘러 위수(渭水)로 흘러드는 강으로 강태공(姜太公)이 이 강에서 낚시질을 하였다지요. 溪(시내 계)

蟠

총 18획 1급 부수 虫
- 英 coil
- 中 pán
- 日 ハン(わだかまる)

벌레(虫)가 차례(番)로 서리니
서릴 반

* 서리다 - ㉠수증기가 찬 기운을 받아 물방울이 되어 엉기다. ㉡(뱀 따위가 몸을) 똬리처럼 감다. 사리다. 여기서는 ㉡의 뜻.

蟠居(반거), **蟠龍**(반룡), **蟠蜿**(반완)

攀

총 19획 1급 부수 手
- 英 climb up
- 中 pān
- 日 ハン(よじる)

나무(木)가 얽힌(爻) 나무(木) 사이를 크게(大) 손(手)으로 끌어 잡으니 **끌어 잡을 반**

* 爻('점괘 효, 사귈 효, 본받을 효'지만 여기서는 이리저리 얽힌 모습으로 봄), 手(손 수, 재주 수, 재주 있는 사람 수)

攀登(반등), **攀龍附鳳**(반룡부봉), **登攀**(등반)

礬

총 20획 1급 부수 石
- 英 alum
- 中 fán
- 日 バン

나무(木)로 얽힌(爻) 나무(木)처럼 많은 성분이 크게(大) 얽힌 돌(石) 같은 명반이니 **명반 반**

* 명반(明礬) - 백반(白礬). 떫은맛이 나는 무색투명한 정팔면체의 결정으로, 물에 녹으며 수용액은 산성을 나타냄.
* 木(나무 목), 石(돌 석), 明(밝을 명), 白(흰 백, 밝을 백, 깨끗할 백, 아뢸 백)

礬水(반수), **白礬**(백반)

頒 颁

총 13획 1급 부수 頁
- 英 grizzle haired, promulgate
- 中 bān　日 ハン(わかつ)

나누어(分) 일부만 머리(頁)가 희끗희끗하니
머리 희끗희끗할 반
또 나누어(分) 머리(頁) 속의 지혜를 펴 반포하니
반포할 반

* 分(나눌 분, 단위 분, 단위 푼, 신분 분, 분별할 분, 분수 분), 頁(머리 혈)

頒白(반백), **頒布**(반포)

犮

총 5획 급외자 부수 犬
- 英 run, select

개(犬)가 발을 쭉(丿) 뽑아 달리니
뽑을 발, 달릴 발

※ 犬(개 견)
※ 급외자 - 급수 외 한자.

拔

총 8획 3II급 부수 手
- 英 select
- 中 bá
- 日 バツ(ぬく, ぬかす)

손(扌)으로 가려 뽑으니(犮)
뽑을 발

拔本塞源(발본색원), **拔萃**(발췌), **拔擢**(발탁),
選拔(선발)

跋

총 12획 1급 부수 足
- 英 tread, epilogue
- 中 bá
- 日 バツ

발(足)을 쭉 뽑아(犮) 밟으니 **밟을 발**
또 책의 밟는 부분(뒷부분)에 쓴 발문이니 **발문 발**

※ 발문(跋文) - 책의 끝 부분에 본문 내용의 대강(大綱)이나 간행 경위에 관한 사항을 간략하게 적은 글.
※ 足(발 족, 넉넉할 족), 文(무늬 문, 글월 문), 綱(벼리 강, 대강 강)

跋涉(발섭), **跋文**(발문), ↔ **序文**(서문), **跋辭**(발사)

魃

총 15획 1급 부수 鬼
- 英 drought
- 中 bá
- 日 バツ

귀신(鬼)도 놀라 달려(犮) 갈 정도로 가무니
가물 발 참 旱(가물 한)

※ 가물다 - 땅이 바싹 마를 정도로 오랫동안 계속해서 비가 오지 않다.
※ 鬼(귀신 귀)

旱魃(한발), **耐旱魃性**(내한발성) - 가뭄을 견디는 성질.

髮 发

총 15획 4급 부수 髟
- 英 hair
- 中 fà
- 日 ハツ(かみ)

긴(镸) 털(彡)도 뽑을(犮) 수 있는 머리털이니
머리털 발

※ 镸[길 장(長)의 옛 글자], 彡(터럭 삼, 긴 머리 삼)

髮毛(발모), **短髮**(단발), **白髮**(백발), **長髮**(장발)

孛

총 7획 특급 부수 子
- 영 comet
- 중 bèi, bó

많이(十) 무엇에 싸여(冖) 태어나는 자식(子)처럼 떠가는 혜성이니 **혜성 패**
또 혜성처럼 갑자기 안색이 변하니 **안색 변할 발**

* 혜성(彗星) - ㉠가스 상태의 빛나는 긴 꼬리를 끌고 태양을 초점으로 긴 타원이나 포물선에 가까운 궤도를 그리며 운행하는 천체. 꼬리별. 꽁지별. ㉡어떤 분야에서 갑자기 뛰어나게 드러나는 존재를 비유적으로 이르는 말. 彗(비 혜, 꽁지별 혜), 星(별 성)

勃

총 9획 1급 부수 力
- 영 suddenly rise
- 중 bó
- 일 ボツ(おこる)

혜성(孛)처럼 힘(力)쓰며 갑자기 일어나니
갑자기 일어날 발

* 力(힘 력)

勃起(발기), **勃泥**(발니), **勃發**(발발), **勃興**(발흥)

渤

총 12획 2급 부수 水
- 중 bó

물(氵)결이 갑자기 일어나는(勃) 바다 이름이니
바다 이름 발

* 발해(渤海) - ㉠중국 산동 반도와 요동 반도 사이에 있는 바다 이름. ㉡고구려 옛 땅이었던 만주 지방에 세웠던 나라 이름. 海(바다 해)

癶

총 5획 부수자

등지고 걸어가는 모습을 본떠서
등질 발, 걸을 발

發 发

총 12획 6급 부수 癶
- 영 shoot, occur
- 중 fā
- 일 ハツ(はなつ)

걸어가(癶) 활(弓)과 창(殳)을 쏘면 싸움이 일어나니
쏠 발, 일어날 발 약 发 : 걸어가(癶) 두(二) 사람(儿)이 활을 쏘면 싸움이 일어나니 '쏠 발, 일어날 발'

* 弓(활 궁), 殳(칠 수, 창 수, 몽둥이 수), 儿(어진사람 인, 사람 인 발)

發射(발사), **發砲**(발포), **發動**(발동), **發效**(발효)

潑 泼

총 15획 1급 부수 水
- 英 lively, sprinkle
- 中 pō
- 日 ハツ

물(氵)을 쏘듯이(發) 활발하게 뿌리니
활발할 발, 물 뿌릴 발

❋ 활발(活潑)하다 – 생기 있고 힘차며 시원스럽다. 活(살 활)

潑剌(발랄), 潑墨(발묵)

撥 拨

총 15획 1급 부수 手
- 英 regulate, overturn
- 中 bō
- 日 ハツ(はねる)

손(扌)으로 일어나는(發) 것을 다스려 뒤집으니
다스릴 발, 뒤집을 발

撥亂(발란), 撥簾(발렴), 擺撥馬(파발마), 反撥(반발)

醱 酦

총 19획 1급 부수 酉
- 英 brew
- 中 pō, fā
- 日 ハツ

술(酉)을 담그면 거품이 일며(發) 괴니
술 괼 발

❋ 酉(술 그릇 유, 술 유, 닭 유, 열째 지지 유), 괴다 – 술·간장·식초 따위가 발효하여 거품이 일다.

醱酵(발효), 醱酵菌(발효균), 醱酵乳(발효유)

鉢 钵

총 13획 2급 부수 金
- 英 bowl
- 中 bō
- 日 ハチ

쇠(金)로 바닥(本)을 다듬어 만든 바리때니
바리때 발

❋ 金(쇠 금, 금 금, 돈 금, 성씨 김), 本(근본 본, 뿌리 본), 바리때 – 절에서 쓰는 중의 밥그릇. 나무로 대접처럼 만들어 안팎에 칠을 올림.
㊛ 바리

鉢盂(발우), 沙鉢(사발), 周鉢(주발), 托鉢(탁발)

方

총 4획 7급 제부수
- 英 square, direction, method
- 中 fāng
- 日 ホウ(かた)

(쟁기로 갈아지는 흙이 모나고 넘어가는 방향이 일정하니) 쟁기로 밭가는 모습을 본떠서 **모 방, 방향 방**
또 쟁기는 밭을 가는 중요한 방법이니 **방법 방, 성씨 방**

❋ 지금은 논밭을 트랙터로 갈지만 옛날에는 쟁기로 갈았지요.

方圓(방원), 雙方(쌍방), 方法(방법), 處方(처방)

妨

총 7획 4급 부수 女
- 英 hinder
- 中 fāng, fáng
- 日 ボウ(さまたげる)

여자(女)가 사방(方)에서 유혹하여 방해하니
방해할 방

妨害(방해) - 남의 일에 해를 끼침. 害(해칠 해)
無妨(무방) - 거리낄 것이 없이 괜찮음. 無(없을 무)

防

총 7획 4II급 부수 阜
- 英 bank, protect
- 中 fáng
- 日 ボウ(ふせぐ)

언덕(阝)처럼 일정한 방향(方)에 둑을 쌓아 막으니
둑 방, 막을 방

※ 阝(언덕 부 변)

堤防(제방), **防犯**(방범), **防禦**(방어), **防音**(방음)

紡 纺

총 10획 2급 부수 糸
- 英 spin
- 中 fǎng
- 日 ボウ(つむぐ)

실(糸)을 일정한 방향(方)으로 뽑으니
실 뽑을 방

※ 糸(실 사, 실 사 변)

紡絲(방사), **紡績**(방적), **紡織**(방직), **混紡**(혼방)

訪 访

총 11획 4II급 부수 言
- 英 visit
- 中 fǎng
- 日 ホウ(おとずれる)

말씀(言)을 듣기 위해 어느 방향(方)으로
찾아가 방문하니 **찾아갈 방, 방문할 방**

※ 言(말씀 언)

巡訪(순방), **尋訪**(심방), **探訪**(탐방), **訪問**(방문)

坊

총 7획 1급 부수 土
- 英 village
- 中 fāng, fáng
- 日 ボウ, ボッ

흙(土)으로 사방(方)에 집을 짓고 사는 동네니
동네 방

※ 土(흙 토), 옛날에는 흙으로 집을 지었지요.

坊內(방내), **洞內坊內**(동내방내),
坊坊曲曲(방방곡곡)

彷

총 7획 1급 부수 彳
- 영 wander, similar
- 중 páng, fǎng
- 일 ホウ

조금씩 걸으며(彳) 방향(方) 없이 방황하니
방황할 방
또 방황하면 발전하지 못하고 그대로 비슷하니
비슷할 방

* 방황(彷徨) - 분명한 방향이나 목표를 정하지 못하고 갈팡질팡함.
* 방불(彷彿) - 거의 비슷함.
* 彳(조금 걸을 척), 徨(방황할 황), 彿(비슷할 불)

枋

총 8획 1급 부수 木
- 영 sappanwood
- 중 fāng

나무(木) 중 사방(方)으로 쓰이는 다목이니
다목 방
또 다목은 중방이나 뗏목에도 쓰였으니 **중방 방, 뗏목 방**

* 다목 - 활엽 교목의 하나. 따뜻한 곳에서 재배하는데, 목재는 활을 만드는 데 쓰고, 속의 붉은 부분은 염료 및 약재로 씀.
* 중방(中枋) - ㉠벽의 중간에 가로지르는 나무. ㉡벽의 양쪽을 버티어 지르는 기둥 막대기.

昉

총 8획 1급 부수 日
- 영 bright
- 중 fǎng

해(日)가 사방(方)을 비춰 밝으니
밝을 방

* 日(해 일, 날 일)
* 인·지명용 한자

肪

총 8획 1급 부수 肉
- 영 animal fat
- 중 fáng
- 일 ボウ(あぶら)

몸(月)을 사방(方)으로 늘어나게 하는 기름이니
기름 방

* 月(달 월, 육 달 월), 기름, 즉 지방이 몸을 살찌게 하지요.

脂肪(지방), **脂肪分**(지방분), **脂肪油**(지방유)

芳

총 8획 3Ⅱ급 부수 ⺾
- 영 flowery
- 중 fāng
- 일 ホウ(かんばしい)

풀(⺾) 향기가 사방(方)으로 퍼져 꽃다우니
꽃다울 방

芳甘(방감), **芳年**(방년), **芳香**(방향),
流芳百世(유방백세)

房
총 8획 4II급 부수 戶
- 英 room
- 中 fáng
- 日 ボウ(ふさ)

집(戶)의 어떤 방향(方)에 설치한 방이니
방 방, 성씨 방

＊ 戶(문 호, 집 호)

煖房(난방), 獨房(독방), 貰房(셋방), 廚房(주방)

放
총 8획 6급 부수 攵
- 英 release
- 中 fàng
- 日 ホウ(はなす)

어떤 방향(方)으로 가도록 쳐(攵) 놓으니
놓을 방

＊ 攵(칠 복, = 攴)

放牧(방목), 放置(방치), 放學(방학), 釋放(석방)

倣 仿
총 10획 3급 부수 人
- 英 imitate
- 中 fǎng
- 日 ホウ(ならう)

사람(亻)이 주체성을 놓아버리고(放) 남을 모방하니
모방할 방

＊ 모방(模倣) - 다른 것을 본뜨거나 본받음.
＊ 模(본보기 모, 본뜰 모)

倣古(방고), 倣似(방사)

旁
총 10획 2급 부수 方
- 英 broad
- 中 páng
- 日 ボウ(かたわら)

서(亠) 있는 방향(方)의 곁을 두루 넓게 살피니
곁 방, 두루 방, 넓을 방

＊ 두루 - 빠짐없이 골고루.
＊ 亠 [설 립(立)의 변형]

旁系(방계), 旁求(방구), 旁通(방통),
神通旁通(신통방통)

傍
총 12획 3급 부수 人
- 英 beside
- 中 bàng
- 日 ボウ(かたわら)

사람(亻)이 두루(旁) 마음써야 하는 곁이니
곁 방

＊ 조금만 잘못해도 서운해하니 가까울수록 더욱 조심하며 신경써야 하지요.

傍系(방계), 傍觀(방관), 傍聽客(방청객),
傍若無人(방약무인)

榜

총 14획 1급 부수 木
- 英 placard
- 中 bǎng
- 日 ボウ(たてふだ)

나무(木) 판에 써 붙여 두루(旁) 알리는 방이니
알릴 방, 방 방

❖ 木(나무 목), 旁(榜)은 요즘의 광고 같은 것이죠.

榜文(방문), **落榜**(낙방), **及第**(급제),
標榜(표방) - 어떤 명목을 붙여 주의나 주장 또는 처지를 앞에 내세움.

膀

총 14획 1급 부수 肉
- 英 bladder
- 中 páng
- 日 ボウ

몸(月)에서 넓게(旁) 늘어나는 오줌보니
오줌보 방

❖ 月(달 월, 육 달 월), 오줌보는 풍선처럼 넓게 늘어나 공이 없었던 옛날에는 돼지 오줌보로 공을 차기도 했답니다.

膀胱(방광), **膀胱炎**(방광염)

謗

총 17획 1급 부수 言
- 英 speak ill of
- 中 bàng
- 日 ボウ(そしる)

말(言)로 두루(旁) 요모조모 헐뜯으니
헐뜯을 방

❖ 言(말씀 언)

謗議(방의), **誹謗**(비방), **毁謗**(훼방)

邦

총 7획 3급 부수 邑
- 英 country
- 中 bāng
- 日 ホウ(くに)

풀 무성하듯(丰) 고을(阝)이 번성하여 이루어지는 나라니 **나라 방**

❖ 丰(풀 무성한 모양 봉, 예쁠 봉), 阝(고을 읍 방), 한자가 만들어지던 옛날에는 많은 나라가 생겨나고 없어졌지요.

邦境(방경), **友邦**(우방), **異邦人**(이방인), **合邦**(합방)

尨

총 7획 1급 부수 尢
- 英 shaggy dog, grand
- 中 máng
- 日 ボウ(むく)

개(尢) 중 털(彡)이 긴 삽살개니 **삽살개 방**
또 개(尢)에 털(彡)이 길면 크게 보이니 **클 방** (= 厖)

❖ 尢['더욱 우, 허물 우'나 여기서는 '개 견(犬)으로 봄], 彡(터럭 삼, 긴 머리 삼)

尨犬(방견), **尨大**(방대), **尨然**(방연)

幫 帮

총 17획 특급 부수 巾
- 英 help
- 中 bāng

봉하듯(封) 비단(帛)으로 두르며 도우니
도울 방

※ 봉하다 - ㉠문·봉투·그릇 따위를 열지 못하게 꼭 붙이거나 싸서 막다. ㉡임금이 신하에게 일정 정도의 영지를 내려주고 영주(領主)로 삼다. 여기서는 ㉠의 뜻.
※ 주로 약자인 도울 방(帮)으로 많이 쓰이요.
※ 封(봉할 봉), 帛(비단 백, 폐백 백)

帮

총 12획 1급 부수 巾
- 英 help
- 中 bāng
- 日 ホウ

봉하듯(封) 수건(巾)으로 두르며 도우니
도울 방

※ 도울 방(幫)의 약자로, 원자보다 약자로 많이 씁니다.
※ 巾(수건 건)

帮助(방조), **帮**助罪(방조죄) - '도와준 죄'로, 남의 범죄 행위를 도움으로써 성립하는 범죄.

龐 庞

총 19획 2급 부수 龍
- 英 large, dizzy, fat
- 中 páng
- 日 ホウ

집(广)이 용(龍)도 살 정도로 커 어지러우니
클 방, 어지러울 방
또 크게 살찌니 **살찔 롱**

※ 广(집 엄), 龍(용 룡), 큰 공간에 들어서면 어지럽지요.

龐眉皓髮(방미호발), **龐**錯(방착), **龐龐**(농롱)

匚

총 2획 부수자
- 英 box
- 中 fāng
- 日 ホウ

네모나고 한쪽이 터진 상자를 본떠서
상자 방

※ 모나게 쓰면 상자 방(匚), 모나지 않게 쓰면 감출 혜, 덮을 혜(匸 = ㄴ)로 구분하세요.

杯

총 8획 3급 부수 木
- 英 cup, glass
- 中 bēi
- 日 ハイ(さかずき)

나무(木)로 만든 그릇이 아닌(不) 잔이니
잔 배 얍 盃 : 보통이 아니게(不) 만든 그릇(皿)이니 '잔 배'

※ 木(나무 목), 不(아닐 불·부), 皿(그릇 명)

杯盤(배반), 乾**杯**(건배), 苦**杯**(고배), 祝**杯**(축배), 世界**杯**(세계배) - 월드컵(World cup)

胚

총 9획 1급 부수 肉
- 영: pregnant
- 중: pēi
- 일: ハイ

자기 몸(月)이 아닌(不) 하나(一)의 아기를 배니
아기 밸 배

* 月(달 월, 육 달 월), 不(아닐 불·부)
* '아이를 배다'라는 말의 '배다'도 胚에서 나왔지요.

胚胎(배태), **胚芽**(배아), **胚芽米**(배아미)

北

총 5획 8급 부수 匕
- 영: turn against, escape, north
- 중: běi, bèi
- 일: ホク(きた)

두 사람이 등지고 달아나는 모습에서
등질 배, 달아날 배
또 항상 남쪽을 향하여 앉는 임금의 등진 북쪽이니
북쪽 북

유: 比(나란할 비, 견줄 비), 兆(조짐 조, 조 조)

* 옛날에는 신분에 따라 앉는 방향이 달라서 임금은 북쪽, 신하는 남쪽, 주인은 동쪽, 손님은 서쪽에 자리하고 앉았답니다. 임금은 어느 장소에서나 그곳의 북쪽에서 남쪽을 향하여 앉았으니, 항상 남쪽을 향하여 앉는 임금의 등진 쪽이라는 데서 '등질 배, 달아날 배(北)'에 '북쪽 북'이라는 뜻이 붙어 지금은 주로 '북쪽 북'으로 쓰이지요.

敗北(패배), **北極**(북극), **北進**(북진), **北韓**(북한)

ㅂ

배

背

총 9획 4II급 부수 肉
- 영: back, turn against
- 중: bēi, bèi
- 일: ハイ(せ, そむく)

등진(北) 몸(月)의 등이니
등 배, 등질 배 유: 肯(즐길 긍, 긍정할 긍)

* 月(달 월, 육 달 월), 북쪽의 뜻으로는 주로 北을 쓰고, '등지다'의 뜻으로는 주로 背를 쓰지요.

背景(배경), **背囊**(배낭), **背叛**(배반), **背信**(배신)

配

총 10획 4II급 부수 酉
- 영: divide, couple
- 중: pèi
- 일: ハイ(くばる)

(혼례식에서) 술(酉)을 자기(己)와 나누어 마신 짝이니
나눌 배, 짝 배

* 酉(술 그릇 유, 술 유, 닭 유, 열째 지지 유), 己(몸 기, 자기 기)

配達(배달), **配列**(배열), **配偶者**(배우자), **配匹**(배필), **天生配匹**(천생배필) - '하늘이 낸 배필'로, 마치 하늘에서 정해준 것처럼 나무랄 데 없이 꼭 알맞은 한 쌍의 부부를 이르는 말.

倍

총 10획 5급 부수 人
- 英 double
- 中 bèi
- 日 バイ(ます)

사람(亻)이 물건을 갈라(咅) 숫자를 곱으로 만들어 더하니 **곱 배, 더할 배**

* 곱 - 배, 곱절.
* 咅 : 서서(立) 입(口)씨름하다가 갈라지니 '갈라질 부' - 어원해설을 위하여 추정해 본 글자로 실제 쓰이는 글자는 아님.

倍加(배가), **倍數**(배수), **倍率**(배율), **倍前**(배전)

培

총 11획 3II급 부수 土
- 英 nourish
- 中 péi
- 日 バイ(つちかう)

흙(土)을 갈라지게(咅) 부셔서 나무가 잘 자라도록 북돋우고 더하니 **북돋울 배, 더할 배**

* 土(흙 토)

培養(배양), **栽培**(재배), **培植**(배식), **肥培**(비배)

賠 赔

총 15획 2급 부수 貝
- 英 indemnify
- 中 péi
- 日 バイ

재물(貝)을 갈라(咅) 배상하니 **배상할 배**

* 배상(賠償) - (남에게 끼친 손해를) 갚아 줌.
* 貝(조개 패, 재물 패), 償(갚을 상, 보상할 상)

賠償金(배상금), **損害賠償**(손해배상)

陪

총 11획 1급 부수 阝
- 英 serve
- 中 péi
- 日 バイ

언덕(阝)처럼 양쪽으로 갈라져(咅) 모시니 **모실 배**

* 阝(언덕 부 변)

陪觀(배관), **陪賓**(배빈), **陪席**(배석)

俳

총 10획 2급 부수 人
- 英 actor
- 中 pái
- 日 ハイ

사람(亻) 중 실제가 아닌(非) 행동을 꾸며서 연기하는 배우니 **배우 배**

* 非(어긋날 비, 아닐 비, 나무랄 비)

俳優(배우), **俳諧**(배해), **嘉俳**(가배)

排

총 11획 3II급 부수 手
- 英 reject, arrange
- 中 pái
- 日 ハイ

손(扌)으로 아니(非)라며 물리치니 **물리칠 배**
또 손(扌)으로 그게 아니(非)라며 다시 배열하니
배열할 배

排他(배타), 排斥(배척), 排列(배열), 按排(안배)

徘

총 11획 1급 부수 彳
- 英 wander
- 中 pái
- 日 ハイ

조금씩 걸어가며(彳) 목적지가 아니게(非) 배회하니
배회할 배

☞ 배회(徘徊) - 목적지 없이 이리저리 거닒.
☞ 彳(조금 걸을 척), 徊(배회할 회)

徘徊顧眄(배회고면) - 목적 없이 이리저리 거닐면서 여기저기 기웃거림.

輩

총 15획 3II급 부수 車
- 英 fellow
- 中 bèi
- 日 ハイ(ともがら)

어긋날(非) 정도로 수레(車)에 많이 탄 무리니
무리 배

☞ 車(수레 거, 차 차)

輩出(배출), 先輩(선배) ↔ 後輩(후배),
不良輩(불량배)

裵

총 14획 2급 부수 衣
- 英 stroll, family name
- 中 péi

옷(衣)자락이 어긋날(非) 정도로 재미있게 노니니
노닐 배, 성씨 배 (= 裴)

☞ 노닐다 - 한가하게 이리저리 왔다 갔다 하면서 놀다.

裵裨將傳(배비장전) - 작가 미상의 조선시대 소설.

拜

총 9획 4II급 부수 手
- 英 a bow
- 中 bài
- 日 ハイ(おがむ)

손(手)과 손(手)을 하나(一)로 모아 절하니
절 배

☞ 手(손 수, 재주 수, 재주 있는 사람 수)

敬拜(경배), 禮拜(예배), 歲拜(세배), 崇拜(숭배)

湃

총 12획 1급 부수 水
- 英 wave
- 中 pài

물(氵)이 절(拜)하는 모양으로 구부렸다 폈다 하며
물결치니 **물결칠 배**

澎湃 (팽배) - 기세 좋게 넘쳐 일어남. 澎(물결 부딪치는 기세 팽)

白

총 5획 8급 제부수
- 英 white, bright, clear, say
- 中 bái
- 日 ハク(しろ)

빛나는(丿) 해(日)는 희고 밝으니 **흰 백, 밝을 백**
또 흰색처럼 깨끗하니 **깨끗할 백**
또 깨끗하게 분명히 아뢰니 **아뢸 백, 성씨 백**

白色 (백색), 明白 (명백), 潔白 (결백), 告白 (고백)

배

伯

총 7획 3II급 부수 人
- 英 elder, leader
- 中 bó
- 日 ハク

사람(亻) 머리가 희면(白) 맏이고 우두머리니
맏 백, 우두머리 백 속 佰

※ 나이 들수록 머리가 희어지니 머리 흰 사람이 어른이지요.

伯父 (백부), 伯仲之勢 (백중지세), 道伯 (도백)

柏

총 9획 2급 부수 木
- 英 cypress, thuja
- 中 bǎi
- 日 ハク(かしわ)

나무(木) 껍질과 잎에 흰(白) 색이 도는
잣나무와 측백나무니 **잣나무 백, 측백나무 백** 속 栢

※ 木(나무 목), 잣나무나 측백나무를 자세히 보면 줄기와 잎에 흰빛이 돌지요.

松柏 (송백), 松茂栢悅 (송무백열), 側柏 (측백)

魄

총 15획 1급 부수 鬼
- 英 soul
- 中 pò
- 日 ハク(たましい)

(몸속에 살아서) 말한다는(白) 귀신(鬼)은 넋이니
넋 백

※ 鬼(귀신 귀), 넋 - ㉠사람의 몸에 있으면서 몸을 거느리고 정신을 다스리는 비물질적인 것. 몸은 죽어도 영원히 남아 있다고 생각하는 초자연적인 것. ㉡정신이나 마음.

氣魄 (기백), 魂魄 (혼백), 魂飛魄散 (혼비백산)

帛

총 8획 1급 부수 巾
- 英 silk
- 中 bó
- 日 ハク(きぬ)

하얀(白) 수건(巾) 같은 비단이니 **비단 백**
또 비단에 싸 보내는 폐백이니 **폐백 백**

※ 폐백(幣帛) - 신부가 처음으로 시부모를 뵐 때 올리는 것.
※ 巾(수건 건), 幣(돈 폐, 폐백 폐), 하얀 누에고치에서 뽑은 실로 짠 베가 비단인데 원래 흰색이지요.

帛書(백서) - 비단에 쓴 글. 또는 글이 쓰인 비단.

百

총 6획 7급 부수 白
- 英 hundred, many
- 中 bǎi
- 日 ヒャク(もも)

하나(一)부터 시작하여 소리치는(白) 단위는
일백이니 **일백 백**
또 일백이면 많으니 **많을 백**

※ 물건을 셀 때 속으로 세다가도 큰 단위에서는 소리침을 생각하고 만든 글자지요. 일백에 많다는 뜻이 있듯이 백을 나타내는 우리의 옛말 '온'도 '온통' '온 세상' 등에 쓰이네요.

一當百(일당백), **百姓**(백성), **百貨店**(백화점)

番

총 12획 6급 부수 田
- 英 order, number
- 中 fān
- 日 バン(つがい)

나눈(釆) 밭(田)에 붙인 차례와 번지니
차례 번, 번지 번

※ 釆(분별할 변, 나눌 변), 田(밭 전)

當番(당번), **輪番**(윤번), **週番**(주번), **地番**(지번)

飜

총 21획 3급 부수 飛
- 英 overturn, translation
- 中 fān
- 日 ホン(ひるがえす)

차례(番)로 날아(飛) 오르게 뒤집으니 **뒤집을 번**
또 말을 뒤집어 번역하니 **번역할 번**

유 翻(날 번, 뒤집을 번)

※ 飛(날 비, 높을 비, 빠를 비)

飜覆·翻覆(번복), **飜譯**(번역), **飜案**(번안)

蕃

총 16획 1급 부수 ++
- 英 luxuriant
- 中 fán, bō
- 日 ばん(しげる)

풀(++)을 차례(番)로 무성하게 꽂고 싸우는
오랑캐니 **무성할 번, 오랑캐 번**

※ 전쟁할 때는 적에게 들키지 않으려고 옷에 주위 환경과 어울리게 풀을 꽂는데 이렇게 꽂고 싸움만 일삼으니 오랑캐라는 말이지요.

蕃盛(번성)·**繁盛**(번성), **蕃國**(번국)

ㅂ

백

藩

총 19획 1급 부수 ++
- 英 fence
- 中 fān
- 日 ハン(まがき)

풀(++)이나 물(氵)을 차례(番)로 둘러 친 울타리니
울타리 번

※ 옛날에는 풀이나 나무로 몇 겹을 빙 두르거나 내를 파 물을 흐르게 하여 울타리를 만들었지요.

藩籬(번리) - 울타리. 籬(울타리 리)

煩 烦

총 13획 3급 부수 火
- 英 troublesome
- 中 fán
- 日 ハン(わずらう)

불(火)난 것처럼 머리(頁) 속이 번거로우니
번거로울 번

※ 번거롭다 - 일의 갈피가 어수선하고 복잡한 데가 있다.
※ 火(불 화), 頁(머리 혈)

煩惱(번뇌), **煩悶**(번민), **煩雜**(번잡), **頻煩**(빈번)

繁

총 17획 3II급 부수 糸
- 英 prosper
- 中 fán
- 日 バン(しげる)

(실 뽑는 집에서) 민첩하게(敏) 실(糸)을 뽑아내면 번성하니 **번성할 번**

※ 번성(繁盛)하다 - 한창 성하게 일어나 퍼지다.
※ 敏(민첩할 민), 糸(실 사, 실 사 변), 盛(성할 성)

繁殖(번식), **繁榮**(번영), **繁昌**(번창)

反

거꾸로 반, 뒤집을 번 - 거꾸로 반(257쪽) 참고

伐

총 6획 4II급 부수 人
- 英 cut down, attack
- 中 fá
- 日 バツ(うつ)

사람(亻)이 창(戈)으로 적을 치니
칠 벌 ㊛ 代(세대 대, 대신할 대)

※ 戈(창 과)

伐木(벌목), **伐草**(벌초), **征伐**(정벌), **討伐**(토벌),
十伐之木(십벌지목) - '열 번 찍의 나무'로, 열 번 찍어서 넘어가지 않는 나무가 없음, 즉 쉬지 않고 하면 마침내 이루어진다는 말.

筏

총 12획 2급 부수 竹
- raft
- fá
- バツ(いかだ)

대(⺮)를 쳐서(伐) 엮어 만든 뗏목이니
뗏목 벌

※ 뗏목 – 통나무를 떼로 가지런히 엮어서 물에 띄워 사람이나 물건을 운반할 수 있도록 만든 것.
※ 竹(대 죽)

筏橋(벌교), **筏流**(벌류), **筏夫**(벌부)

閥 阀

총 14획 2급 부수 門
- pedigree
- fá
- バツ

문(門)까지 사람(亻)이 창(戈) 들고 지키는 집의 문벌이니 **문벌 벌**

※ 門(문 문), 戈(창 과), 문벌(門閥) – 대대로 내려오는 그 집안의 사회적 신분이나 지위.

財閥(재벌), **派閥**(파벌), **學閥**(학벌)

罰 罚

총 14획 4Ⅱ급 부수 罓
- punishment
- fá
- バツ

법망(罒)에 걸린 사람을 말(言)로 꾸짖고 칼(刂)로 베어 벌주니 **벌줄 벌**

※ 법망(法網) – '법의 그물'로, 죄를 지은 사람에게 제재를 할 수 있는 법률이나 그 집행기관을 비유적으로 이르는 말.
※ 罒(그물 망, = 网, 㓁), 言(말씀 언), 刂(칼 도 방), 網(그물 망)

罰金(벌금), **罰則**(벌칙), **一罰百戒**(일벌백계)

泛

총 8획 1급 부수 水
- float
- fàn
- ハン

물(氵)에 비뚤어지게(丿) 떠가는(之) 모습으로 뜨니 **뜰 범** (= 汎)

※ 之(갈 지, ~의 지, 이 지), 물건이 물에 뜨면 약간 삐뚤어짐을 생각하고 만든 글자.

泛舟(범주), **泛聽**(범청)

凡

총 3획 3Ⅱ급 부수 几
- in general, common
- fán
- ボン(およそ)

(공부하는) 책상(几)에 점(丶)이 찍힘은 무릇 보통이니
무릇 범, 보통 범

※ 几(안석 궤, 책상 궤), 丶(점 주, 불똥 주), 무릇 – 종합하여 살펴보건대, 헤아려 생각하건대, 대체로 보아.

凡例(범례), **凡常**(범상), **非凡**(비범), **平凡**(평범)

汎

- 총 6획 2급 부수 水
- 英 float, broad, overflow
- 中 fàn
- 日 ハン

물(氵)에는 무릇(凡) 물건이 뜨니 **뜰 범** (= 泛)
또 물(氵)은 무릇(凡) 넓게 퍼지고 넘치니
넓을 범, 넘칠 범 (= 氾)

汎舟 · 泛舟(범주), 汎愛(범애), 汎濫 · 氾濫(범람)

帆

- 총 6획 1급 부수 巾
- 英 sail
- 中 fān
- 日 ハン(ほ)

수건(巾) 같은 천을 무릇(凡) 이어 단 돛이니
돛 범

* 巾(수건 건)

帆船(범선) - 돛단배.
帆影(범영), 出帆(출범)

梵

- 총 11획 1급 부수 木
- 英 sanskrit
- 中 fàn
- 日 ボン

수풀(林)처럼 무릇(凡) 고요한 글을 적은 불경이니
불경 범
또 불경을 기록한 범어니 **범어 범**

* 林(수풀 림), 불교에 대한 사물에 붙여 씀.
* 범어(梵語) - 고대 인도의 언어. 산스크리트(Sanskrit) 어.

梵鐘(범종), 梵唄(범패)

犯

- 총 5획 4급 부수 犬
- 英 offend
- 中 fàn
- 日 ハン(おかす)

개(犭)처럼 무릎 꿇어야(㔾) 할 정도로 죄를 범하니
범할 범

* 犭(큰개 견, 개 사슴 록 변), 㔾(무릎 꿇을 절, 병부 절, = 卩)

犯人(범인), 犯罪(범죄), 防犯(방범),
邪不犯正(사불범정)

氾

- 총 5획 1급 부수 水
- 英 overflow
- 中 fàn
- 日 ハン

물(氵)이 경계를 넘어 무릎 꿇은(㔾) 모습으로
넘치니 **넘칠 범** (= 汎) 㕊 犯(범할 범)

* 물이 무엇을 넘치는 모습은 자신을 낮추어 무릎 꿇은 모습 같지요.

氾濫 · 汎濫(범람), 氾溢(범일)

范

총 9획 2급 부수 ⺾
- 英 family name
- 中 fàn
- 日 ハン(のり)

풀(⺾) 중 물(氵)속에서 무릎 꿇은(㔾) 모습으로 자라는 풀 이름이니 **풀 이름 범**, **성씨 범**

※ 인·지명용 한자

範 范

총 15획 4급 부수 竹
- 英 law, standard
- 中 fàn
- 日 ハン(のり)

대(⺮)로 둘러 친 수레(車)에 범인을 무릎 꿇려(㔾) 압송하며 법의 엄중함을 본보기로 보이니 **법 범**, **본보기 범**

※ 옛날에 죄인을 호송하는 방법을 생각하고 만든 글자.

敎範(교범), **規範**(규범), **模範**(모범), **率先垂範**(솔선수범)

法

총 8획 5급 부수 水
- 英 law
- 中 fǎ
- 日 ホウ(のり)

물(氵)이 흘러가듯(去) 순리에 맞아야 하는 법이니 **법 법**

※ 去(갈 거, 제거할 거), 물은 구덩이가 있으면 반드시 채우고 넘쳐야 흐르며 위에서 아래로 흐르지요.

立法(입법), **遵法**(준법), **法遠拳近**(법원권근)

碧

총 14획 3II급 부수 石
- 英 blue
- 中 bì
- 日 ヘキ(あお)

옥(王)으로 된 흰(白) 돌(石)은 희다 못해 푸르니 **푸를 벽**

※ 王(임금 왕, 으뜸 왕, 구슬 옥 변), 石(돌 석)

碧眼(벽안), **碧海**(벽해), **碧梧桐**(벽오동), **碧溪水**(벽계수)

辟

총 13획 특급 부수 辛
- 英 repulse, king, incline
- 中 bì
- 日 ヘキ(きみ)

몸(尸)과 입(口)으로 백성들의 어려움(辛)을 물리치는 임금이니 **물리칠 벽**, **임금 벽**
또 물리치면 한쪽으로 치우치니 **치우칠 벽**

※ 尸(주검 시, 몸 시), 辛(매울 신, 고생할 신)

辟穀(벽곡), **辟邪**(벽사), **辟邪進慶**(벽사진경), **辟陋**(벽루)

僻

총 15획 2급 부수 人
- 英 secluded
- 中 pì
- 日 ヘキ(ひがむ)

사람(亻)이 한쪽으로 치우치니(辟)
치우칠 벽

僻村(벽촌), 僻地(벽지), 乖僻(괴벽), 窮僻(궁벽)

壁

총 16획 4Ⅱ급 부수 土
- 英 wall
- 中 bì
- 日 ヘキ(かべ)

물리치려고(辟) 흙(土)으로 막은 벽이니
벽 벽

* 土(흙 토)

壁報(벽보), 壁紙(벽지), 壁畫(벽화), 絕壁(절벽)

劈

총 15획 1급 부수 刀
- 英 rend
- 中 pī
- 日 ヘキ(つんざく)

치우친(辟) 부분을 칼(刀)로 쪼개니
쪼갤 벽

* 刀(칼 도)

劈開(벽개), 劈頭(벽두), 劈破(벽파)

擘

총 17획 1급 부수 手
- 英 thumb
- 中 bò

임금(辟)처럼 우두머리 역할을 하는
엄지손(手)가락이니 **엄지손가락 벽**

* 手(손 수, 재주 수, 재주 있는 사람 수)

擘指(벽지), 巨擘(거벽) - '큰 엄지손가락'으로, 학식이나 어떤 전문적인 분야에서 뛰어난 사람.

璧

총 18획 1급 부수 王(玉)
- 英 jewel
- 中 bì
- 日 ヘキ(たま)

임금(辟)이나 사용하는 귀한 구슬(玉)이니
구슬 벽

* 벽(璧) - 얇게 고리 모양으로 만든 옥. 중국 주(周)나라 때부터 한(漢)나라에 걸쳐 제기(祭器)·보물(寶物)·장식품(裝飾品)으로 애호되었는데 여러 무늬가 있다네요.

璧玉(벽옥), 璧人(벽인), 完璧(완벽), 雙璧(쌍벽)

癖

총 18획 1급 부수 疒
- 英 habit
- 中 pī
- 日 ヘキ(くせ)

병(疒)처럼 한쪽으로만 치우치는(辟) 버릇이니
버릇 벽

※ 疒(병들 녁)

潔癖(결벽), 怪癖(괴벽), 盜癖(도벽), 性癖(성벽)

闢 辟

총 21획 1급 부수 門
- 英 open, repulse
- 中 pi
- 日 ヘキ(ひらく)

문(門)을 열어 물리치니(辟)
열 벽, 물리칠 벽 (= 辟)

※ 門(문 문)

開闢(개벽), 辟邪·闢邪(벽사),
闢異端(벽이단) - 이단을 물리침.

辨

총 16획 3급 부수 辛
- 英 distinguish
- 中 biàn
- 日 ベン

어려운 일 틈에 끼어(辛 辛) 칼(刂)로 딱 자르듯이
시비를 분별하니 **분별할 변** ㊀ 辦(힘쓸 판)

※ 辛(매울 신, 고생할 신) 둘로 어려운 일 틈을 나타냈어요. 刂(칼 도 방)

辨理士(변리사), 辨明(변명), 辨償(변상), 辨濟(변제)

辯 辩

총 21획 4급 부수 辛
- 英 dispute
- 中 biàn
- 日 ベン

어려운 일 틈에 끼어(辛 辛) 말(言)로 잘 따져서
답변하니 **말 잘할 변, 따질 변**

※ 言(말씀 언)

達辯(달변), 雄辯(웅변), 詭辯(궤변), 辯護(변호)

邊 边

총 19획 4Ⅱ급 부수 辶
- 英 edge
- 中 biān
- 日 ヘン(あたり)

스스로(自) 구멍(穴) 뚫린 방향(方)을 찾아
가면(辶) 끝나는 가니 **끝 변, 가 변** ㊁ 辺, 边

※ 自(자기 자, 스스로 자, 부터 자), 穴(구멍 혈, 굴 혈), 方(모 방, 방향 방, 방법 방), 辶(뛸 착, 갈 착, = 辶), 가 - 둘레나 끝에 해당되는 부분. 가장자리.

邊境(변경), 邊方(변방), 周邊(주변), 海邊(해변)

變 変

총 23획 5급 부수 言
- 영 change
- 중 biàn
- 일 ヘン(かわる)

실(絲)처럼 길게 말하며(言) 치면(攵) 변하니
변할 변 ㉔ 戀(사모할 련) ㉱ 変, 变

※ 変 : 또(亦) 천천히(夂) 변하니 '변할 변'
※ 変 : 또(亦) 또(又) 변하니 '변할 변'
※ 絲(실 사), 言(말씀 언), 攵(칠 복, = 攴), 亦(또 역), 夂(천천히 걸을 쇠, 뒤져 올 치), 又(오른손 우, 또 우)

變更(변경), **變動**(변동), **變遷**(변천), **變化**(변화),
處變無變(처변무변) - 변화에 처해도 변함이 없음.

총 4획 2급 부수 卜
- 영 hasty, family name
- 중 biàn
- 일 ベン

아래(下)에서 위를 뚫을 정도로 조급하니
조급할 변, 성씨 변

卞急(변급) - 참을성 없이 매우 급함.

弁

총 5획 2급 부수 廾
- 영 a peaked hat
- 중 biàn
- 일 ベン

사사로이(厶) 받쳐 들고(廾) 머리에 쓴 고깔이니
고깔 변

※ 厶(사사로울 사, 나 사), 廾(받쳐 들 공)

武弁(무변), **弁韓**(변한) - 낙동강 하류 지방에 있었던 부족국가.

釆

총 7획 부수자
- 영 divide
- 중 biàn
- 일 ヘン

분별하여(丿) 쌀(米)을 나누니
분별할 변, 나눌 변

※ 米(쌀 미), 丿('삐침 별'이나 여기서는 분별하는 모습으로 봄)
※ 짐승의 발가락이 갈라져 있는 모양을 본떠 만든 글자라고도 해요.
※ 한자의 어원은 한자가 만들어지던 시대를 생각해 보면 쉽게 이해되지요. 한자가 만들어지던 시대에는 모두 농사를 지었기 때문에 농사나 곡식과 관련된 글자가 많고 이웃 종족과 싸움도 많이 했기 때문에 칼과 활 같은 무기나 전쟁과 관련된 글자도 많답니다.

便

편할 편, 똥오줌 변 - 편할 편(697쪽) 참고

別

총 7획 6급 부수 刀
- 英 parting, different
- 中 bié
- 日 ベツ(わかれる)

입(口)으로 먹기 위해 힘(力) 있게 칼(刂)로 나누어 다르게 하니 **나눌 별, 다를 별** (속) 别

※ 口(입 구, 말할 구, 구멍 구), 力[힘 력(力)의 변형], 刂(칼 도 방)

別個(별개), **別居**(별거), **別名**(별명), **差別**(차별)

瞥

총 17획 1급 부수 目
- 英 glance at
- 中 piē
- 日 ベツ

깨진(敝) 틈으로 슬쩍 보니(目)
슬쩍 볼 별

※ 敝(해질 폐, 깨질 폐), 目(눈 목, 볼 목, 항목 목)

瞥見(별견), **瞥觀**(별관), **瞥眼間**(별안간), **一瞥**(일별)

鼈 鱉

총 25획 1급 부수 黽
- 英 turtle
- 中 biē
- 日 ベツ

뚫린(敝) 머리 구멍이 있고 맹꽁이(黽)처럼 생긴 자라니 **자라 별** (참) 鱉(자라 별)-특Ⅱ급

※ 黽(힘쓸 민, 맹꽁이 맹), 자라는 머리가 들어갔다 나왔다 하는 구멍이 있지요.

鼈甲(별갑), **鼈主簿**(별주부), **鼈湯**(별탕), **魚鼈**(어별)

丿

총 1획 부수자
- 中 piě

우측 위에서 좌측 아래로 삐친 모양을 본떠서
삐침 별

兵

총 7획 5급 부수 八
- 英 soldier
- 中 bīng
- 日 ヘイ(つわもの)

언덕(丘) 밑에 여덟(八) 명씩 있는 군사니
군사 병

※ 丘(언덕 구), 옛날 군대의 작은 단위는 여덟 명씩으로 편성되었는데, 지금도 1개 분대는 약 8~9명으로 편성되지요.

兵士(병사), **將兵**(장병), **千兵萬馬**(천병만마)

竝 并

총 10획 3급 부수 立
- parallel
- bìng
- ヘイ(ならぶ)

둘이 나란히 서니(立·立)
나란히 설 병 ㊵ 並

※ 並 - 둘로 나누면 설 립(立)이 둘이지요.

竝列(병렬), **竝設**(병설), **竝進**(병진), **竝行**(병행)

幷

총 8획 특Ⅱ급 부수 干
- side by side, combine
- bìng
- ヘイ

나란히(〃) 방패(干)와 방패(干)를 아울러 합하니
아우를 병, 합할 병 ㊗ 并

※ 〃['삐침 별(丿)' 둘이나 여기서는 나란한 모양], 干(방패 간, 범할 간, 얼마 간, 마를 간), 아우르다 - 여럿을 모아 한 덩어리나 한 판이 되게 하다.

倂

총 10획 2급 부수 人
- side by side
- bìng
- ヘイ(あわせる)

사람(亻)이 아울러(幷) 있으니
아우를 병

※ 竝·幷·倂 - 세 글자 모두 같은 뜻의 글자.

倂記(병기), **倂殺**(병살), **倂合**(병합), **合倂症**(합병증)

餅 饼

총 17획 1급 부수 食
- rice cake
- bǐng
- ヘイ(もち)

음식(食)에서 층을 나란히 아우르게(幷) 만든
떡이니 **떡 병**

※ 食(밥 식, 먹을 식 변), 시루떡을 보면 고물과 쌀 부분이 각각 층을 이루지요.

煎餅(전병), **切餅**(절병), **畵中之餅**(화중지병)

甁 瓶

총 11획 1급 부수 瓦
- bottle
- píng
- ビン(かめ)

양쪽 선이 나란히 아우러진(幷) 질그릇(瓦)처럼
만든 병이니 **병 병**

※ 瓦(기와 와, 질그릇 와, 실패 와), 병은 양쪽 선이 나란히 대칭을 이루지요.

空甁(공병), **花甁**(화병), **火焰甁**(화염병)

屏 屏

총 11획 3급 부수 尸
- 英 screen
- 中 ping
- 日 ヘイ

몸(尸)처럼 생긴 틀에 나란히(并) 천을 붙여 만든 병풍이니 **병풍 병**

※ 병풍(屛風) - 바람을 막거나 무엇을 가리거나 또는 장식용으로 방 안에 치는 물건.
※ 尸(주검 시, 몸 시), 風(바람 풍, 풍속·경치·모습·기질·병 이름 풍)

屏巖(병암), **繡屏**(수병)

丙

총 5획 3II급 부수 一
- 英 south, bright, third of 10stems
- 中 bing
- 日 ヘイ(ひのえ)

(우리가 사는 북반구의) 하늘(一)에서는 안쪽(内)이 남쪽이고 밝으니 **남쪽 병, 밝을 병, 셋째 천간 병**

※ 一('한 일'이나 여기서는 하늘로 봄), 内 [안 내, 나인 나(内)의 속자] - 内는 들 입(入)으로 씀이 원칙이나 사람 인(人)으로 많이 쓰지요.

丙種(병종), **丙子胡亂**(병자호란)

柄

총 9획 2급 부수 木
- 英 handle, authority
- 中 bing
- 日 ヘイ(がら)

나무(木)로 밝게(丙), 즉 분명히 박은 자루니 **자루 병**
또 자루처럼 잡고 휘두르는 권세니 **권세 병** (= 棅)

※ 棅 : 나무(木)로 잡게(秉) 만든 자루니 '자루 병', 또 자루처럼 잡고 휘두르는 권세니 '권세 병'
※ 木(나무 목), 秉(잡을 병)

柄部(병부), **斗柄**(두병), **權柄**(권병) - 권력으로써 사람을 마음대로 좌우할 수 있는 힘.

炳

총 9획 2급 부수 火
- 英 bright
- 中 bing
- 日 ヘイ(あきらか)

불(火)처럼 밝으니(丙)
밝을 병

※ 火(불 화)

炳然(병연), **炳映**(병영), **炳燿**(병요), **炳煜**(병욱)

昞

총 9획 2급 부수 日
- 英 bright
- 中 bing

해(日)처럼 밝으니(丙)
밝을 병 (= 昺)

※ 인·지명용 한자

병

昺

총 9획 2급 부수 日
- 영 bright
- 중 bǐng

해(日)처럼 밝으니(丙)
밝을 병 (= 昞)

※ 인·지명용 한자

病

총 10획 6급 부수 疒
- 영 disease, anxiety
- 중 bìng
- 일 ビョウ(やまい)

병들어(疒) 밤새 불 밝혀(丙) 놓고 간호하며 근심하니 **병들 병, 근심할 병**

※ 병이 심하면 저녁에도 불을 켜 놓고 간호하며 근심하지요.
※ 疒: 머리(亠)를 침대(丬)에 대고 누워 있어야 할 정도로 병드니 '병들 녁', 丬[爿(나무 조각 장)의 약자], 亠(머리 부분 두)

病苦(병고), **病歷**(병력), **病魔**(병마), **鬪病**(투병)

총 8획 2급 부수 禾
- 영 hold
- 중 bǐng

벼(禾)를 손(彐)으로 잡으니
잡을 병

※ 禾(벼 화), 彐(고슴도치 머리 계, 오른손 우)

秉權(병권), **秉彝**(병이), **秉燭**(병촉) - 촛불을 손에 잡음.

총 7획 4II급 부수 止
- 영 walk
- 중 bù
- 일 ホ(あるく)

그쳤다가(止) 조금씩(少) 발을 옮기며 걷는 걸음이니 **걸음 보**

※ 止(그칠 지), 少[적을 소, 젊을 소(少)의 획 줄임], 한 발 한 발 걷는 모습을 생각하고 만든 글자.

步幅(보폭), **步行**(보행), **速步**(속보), **進步**(진보)

普

총 12획 4급 부수 日
- 영 widely, general
- 중 pǔ
- 일 フ(あまねく)

나란히(並) 해(日)가 있는 것처럼 비춤이 넓으니
넓을 보
또 널리 통하면 보통이니 **보통 보**

※ 並[나란히 설 병(竝)의 속자]

普及(보급), **普通**(보통) - 특별하지 않고 평범함.
普遍性(보편성) ↔ **特殊性**(특수성)

譜 谱

말(言)로 널리(普) 계보를 따져 정리한 족보나 악보니
족보 보, 악보 보

총 19획 3Ⅱ급 부수 言
- 英 genealogy, music
- 中 pǔ
- 日 フ

※ 족보(族譜) - 한 가문의 계통과 혈통 관계를 적어 기록한 책.
※ 言(말씀 언), 族(겨레 족)

系譜(계보), **年譜**(연보), **樂譜**(악보)

潽

물(氵)이 넓게(普) 흐르는 곳의 물 이름이니
물 이름 보

총 15획 2급 부수 水
- 英 name of a river
- 中 pǔ

※ 인·지명용 한자

甫

많이(十) 쓰이도록(用) 점(ヽ)까지 찍어가며
크고 넓게 살피니 **클 보, 넓을 보**

총 7획 2급 부수 用
- 英 large, wide
- 中 fǔ
- 日 ホ

※ 十(열 십, 많을 십), 用(쓸 용), ヽ(점 주, 불똥 주)
※ 술보, 졸보, 울음보처럼 사람의 별명에 쓰이기도 하지요.

甫田(보전), **酒甫**(주보), **拙甫**(졸보), **甫吉島**(보길도)

補 补

옷(衤)에 난 큰(甫) 구멍을 기워 보충하니
기울 보, 보충할 보

총 12획 3Ⅱ급 부수 衣
- 英 patch, repair
- 中 bǔ
- 日 ホ(おぎなう)

※ 衤(옷 의 변)

補强(보강), **補缺**(보결), **補償**(보상), **補充**(보충)

輔 辅

차(車)로 널리(甫) 도우니
도울 보

총 14획 2급 부수 車
- 英 assist, help
- 中 fǔ
- 日 ホ(すけ)

※ 車(수레 거, 차 차), 수레나 차는 생활에 많은 도움이 되지요.

輔國(보국), **輔導**(보도), **輔弼**(보필), **輔佐**(보좌)

報 报

총 12획 4Ⅱ급 부수 土
- 영 report, repay
- 중 bào
- 일 ホウ(むくいる)

다행히(幸) 재산을 잘 다스려(攵) 소식도 알리고 은혜도 갚으니 **알릴 보, 갚을 보**

※ 攵 : 무릎 꿇도록(卩) 손(又)으로 잡아 다스리니 '다스릴 복'
※ 幸(행복할 행, 바랄 행), 卩(무릎 꿇을 절, 병부 절, = 㔾), 又(오른손 우, 또 우)

報告(보고), **速報**(속보), **報答**(보답), **報酬**(보수)

寶 宝

총 20획 4Ⅱ급 부수 宀
- 영 treasure
- 중 bǎo
- 일 ホウ(たから)

집(宀) 안의 구슬(王)과 장군(缶) 속에 간직한 재물(貝) 같은 보배니 **보배 보**   약 宝 : 집(宀)에 있는 구슬(玉) 같은 보배니 '보배 보'

※ 宀(집 면), 王(임금 왕, 으뜸 왕, 구슬 옥 변), 缶(옛날 물 같은 액체를 담던 그릇으로 '장군 부'), 貝(조개 패, 재물 패), 玉(구슬 옥)

寶庫(보고), **寶物**(보물), **寶石**(보석), **國寶**(국보)

保

총 9획 4Ⅱ급 부수 人
- 영 keep, guard
- 중 bǎo
- 일 ホ(たもつ)

(말로 화를 입는 경우가 많아)
사람(亻)은 입(口)을 말 없는 나무(木)처럼 지키고 보호하니 **지킬 보, 보호할 보**

※ 정말 진리가 담긴 어원이지요. 수천 년 전에 어떻게 이런 진리를 깨달아 글자를 만들었는지 생각할수록 감탄스럽네요. 입으로 나쁜 말을 하여 죄를 지을 수도 있고 나쁜 음식을 먹어 건강이 나빠질 수도 있으니 이목구비(耳目口鼻) 중에서 입을 잘 지켜야 하겠어요.
※ 木(나무 목), 耳(귀 이), 目(눈 목, 볼 목, 항목 목), 鼻(코 비, 비롯할 비)

保健(보건), **保守**(보수), **保證**(보증), **保險**(보험)

堡

총 12획 1급 부수 土
- 영 fort
- 중 bǎo
- 일 ホ

보호하기(保) 위하여 흙(土)을 쌓아 만든 작은 성이니 **작은 성 보**

※ 土(흙 토)

堡壘(보루), **堡障**(보장),
橋頭堡(교두보) - 다리를 엄호하기 위하여 쌓은 보루.

洑

저수지 보, 스며들 복 – 스며들 복(287쪽) 참고

菩

총 12획 1급 부수 ++
- 영 bodhisattva
- 중 pú
- 일 ボ

풀(++)처럼 잎이 갈라진(㗊) 모습으로 자라는
보리수니 **보리수 보**
또 보리수 아래에서 수도했다는 보살이니 **보살 보**

※ 㗊 : 서서(立) 입(口)씨름하다가 갈라지니 '갈라질 부' – 어원해설을 위하여 추정해 본 글자로 실제 쓰이는 글자는 아님.
※ 보살(菩薩) – ㉠위로는 부처를 따르고 아래로는 중생을 제도하는 부처 다음 가는 성인. ㉡불교를 믿는 나이 든 여자를 대접하여 이르는 말. 薩(보살 살)

菩提樹(보제수 →보리수)

布

베 포, 펼 포, 보시 보 – 베 포, 펼 포(701쪽) 참고

卜

총2획 3급 제부수
- 영 divination, family name
- 중 bǔ
- 일 ボク(うらなう)

(옛날에 점치던) 갈라진 거북 등 모양을 본떠서
점 복, 성씨 복

※ 옛날에는 거북이 등을 태워 갈라진 부위를 보고 점쳤다지요.

卜居(복거), **卜吉**(복길), **卜年**(복년), **卜債**(복채)

伏

총 6획 4급 부수 人
- 영 lie down, hide
- 중 fú
- 일 フク(ふせる)

사람(亻)이 개(犬)처럼 엎드리니
엎드릴 복

※ 犬(개 견)

伏乞(복걸), **伏望**(복망), **起伏**(기복), **降伏**(항복)

洑

총 9획 1급 부수 水
- 영 reservoir, under flow
- 중 fù, fú

물(氵)을 막아 흐르지 못하게 엎드린(伏) 모습으로
쌓아 만든 저수지니 **저수지 보**
또 저수지처럼 물이 고이면 일부는 아래로 스며드니
스며들 복

※ 보(洑) – 논에 물을 대기 위하여 자그마하게 둑을 쌓고, 흐르는 냇물을 막아 두는 곳.

洑稅(보세), **洑水稅**(보수세), **洑主**(보주)

服

총 8획 6급 부수 月
- 영 clothes, eat, obey
- 중 fú
- 일 フク

몸(月)을 잘 다스려(.) 보호하기 위해서는 옷도 입어야 하고 밥도 먹어야 하며, 상관의 명령에도 복종해야 하니 **옷 복, 먹을 복, 복종할 복**

* 𠬝 : 무릎 꿇도록(卩) 손(又)으로 잡아 다스리니 '다스릴 복'
* 卩(무릎 꿇을 절, 병부 절, = 㔾), 又(오른손 우, 또 우)

服裝(복장), 洋服(양복), 服用(복용), 服從(복종)

腹

총 13획 3II급 부수 肉
- 영 belly
- 중 fù
- 일 フク(はら)

몸(月)에서 거듭(复) 포개진 내장이 들어 있는 배니 **배 복**

* 复 : 사람(.)들은 해(日)가 지면 천천히 걸어(夊) 집으로 다시 돌아오니 '다시 부, 돌아올 복'
* 𠂉[사람 인(人)의 변형], 夊(천천히 걸을 쇠, 뒤져 올 치)

腹部(복부), 腹案(복안), 腹痛(복통), 空腹(공복)

復

총 12획 4II급 부수 彳
- 영 return, repeat
- 중 fù
- 일 フク(また)

걸어서(彳) 다시 돌아오니(复) **다시 부, 돌아올 복**

* 彳(조금 걸을 척)

復活(부활), 復興(부흥), 復舊(복구), 回復(회복)

複 复

총 14획 4급 부수 衣
- 영 duplication
- 중 fù
- 일 フク

옷(衤)을 거듭(复) 입어 겹치니 **겹칠 복**

* 衤(옷 의 변)

複寫(복사), 複線(복선), 複數(복수), 複雜(복잡)

馥

총 18획 2급 부수 香
- 영 fragrant
- 중 fù
- 일 フク(かおる)

향기(香)가 거듭(复) 풍겨 향기로우니 **향기로울 복**

* 香(향기 향)

馥馥(복복), 馥郁(복욱), 郁馥(욱복)

복

鰒 鰒

총 20획 1급 부수 魚
- 英 abalone
- 中 fù
- 日 フク

물고기(魚)와 함께 바다에서 거듭(复) 엉겨 붙어 자라는 전복이니 **전복 복**

※ 魚(물고기 어), 전복은 무엇에 엉겨 붙어 자라지요.

全鰒(전복), **鰒卵**(복란), **乾鰒**(건복)

覆

총 18획 3Ⅱ급 부수 襾
- 英 cover, overturn
- 中 fù
- 日 フク(おおう)

덮어(襾) 버리고 다시(復) 하도록 뒤집으니
덮을 복, 뒤집을 복

※ 원래는 '덮을 부, 뒤집을 복'인데 오늘날은 모두 '복'으로 통일하여 씁니다.
※ 襾(덮을 아)

覆蓋(복개), **覆面**(복면), **飜覆**(번복), **顚覆**(전복)

僕 仆

총 14획 1급 부수 人
- 英 servant
- 中 pú
- 日 ボク(しもべ)

사람(亻) 중 무더기(業)로 많은 일을 처리하는 종이니
종 복

※ 業(무더기 복, 번거로울 복) - 두드릴 박(撲) - 256쪽 참고

公僕(공복), **奴僕**(노복), **忠僕**(충복)

福

총 14획 5급 부수 示
- 英 blessing
- 中 fú
- 日 フク(さいわい)

신(示)이 채워 준다는(畐) 복이니
복 복

※ 示(보일 시, 신 시)
※ 畐 : 한(一) 사람의 입(口)은 밭에서 난 곡식만으로도 차니 '찰 복'

福券(복권), **福音**(복음), **祝福**(축복), **幸福**(행복)

輻 辐

총 16획 1급 부수 車
- 英 spoke, gather
- 中 fú
- 日 フク(や)

수레(車) 바퀴 안에 찬(畐) 바퀴살이니
바퀴살 복
또 바퀴살처럼 한 곳으로 모여드니 **모여들 폭**

※ 車(수레 거, 차 차)

輻射(복사), *複寫(복사), **輻射熱**(복사열), **輻輳**(폭주)

匍

총 11획 1급 부수 勹
- 英 crawl
- 中 fú
- 日 フク

싸(勹) 가득 차게(畐) 무엇을 가진 듯 엎드려 기니
길 복

※ 勹(쌀 포), 가득 차게 무엇을 가지면 걷지 못하고 기어가지요.

匍步(복보), **匍枝**(복지) - 누운 가지.
匍匐(포복) - 배를 땅에 대고 김.

攵

총 4획 부수자
- 英 tap
- 中 pū

이리(丿) 저리(一) 엇갈리게(乂) 치니
칠 복 (= 攴) 유 夂(천천히 걸을 쇠, 뒤져 올 치)

※ 攴 : 점(卜)칠 때 오른손(又)에 회초리를 들고 툭툭 치면서 점치니 '칠 복'
※ 칠 복(攵, = 攴)은 4획, 천천히 걸을 쇠, 뒤져 올 치(夂)는 3획
※ 卜(점 복), 又(오른손 우, 또 우)

복

本

총 5획 6급 부수 木
- 英 origin, root
- 中 běn
- 日 ホン(もと)

나무 목(木)의 아래, 즉 뿌리 부분에 일(一)을 그어 나무에서는 뿌리가 제일 중요한 근본임을 나타내어
뿌리 본, 근본 본

※ 木(나무 목)

拔本塞源(발본색원), **根本**(근본), **本論**(본론), **本性**(본성)

奉

총 8획 5급 부수 大
- 英 serve
- 中 fèng
- 日 ホウ(たてまつる)

하늘 땅(二)같이 큰(大) 분을 많이(丰) 받드니
받들 봉, 성씨 봉

※ 二('두 이'이나 여기서는 하늘과 땅의 모습), 大(큰 대), 丰[일천 천, 많을 천(千)의 변형]

奉命(봉명), **奉仕**(봉사), **奉養**(봉양), **奉行**(봉행)

俸

총 10획 2급 부수 人
- 英 salary
- 中 fèng
- 日 ホウ

사람(亻)이 받들어(奉) 일하고 받는 봉급이니
봉급 봉 참 祿(봉급 록)

※ 봉급(俸給) - 어떤 직장에서 계속적으로 일하는 사람이 그 일의 대가로 정기적으로 받는 일정한 보수.

俸祿(봉록), **減俸**(감봉), **年俸**(연봉)

捧

총 11획 1급 부수 手
- 영 hold up
- 중 pěng
- 일 ホウ(ささげる)

두 손(扌)으로 받들어(奉) 드니
받들어 들 봉

捧讀(봉독), **捧納**(봉납),
加捧女(가봉녀) - 전 남편의 딸. 의붓딸.

棒

총 12획 1급 부수 木
- 영 bar
- 중 bàng
- 일 ボウ

나무(木) 중 받들고(奉) 치는 몽둥이니
몽둥이 봉

※ 木(나무 목)

棒高跳(봉고도), **指揮棒**(지휘봉),
針小棒大(침소봉대)

鋒 鋒

총 15획 1급 부수 金
- 영 edge, pointed
- 중 fēng
- 일 ホウ(きっさき)

쇠(金)의 양끝이 만나는(夆) 부분은 뽀족하니
뽀족할 봉

※ 夆 : 뒤져오더라도(夂) 예쁜(丰) 것을 이끌어 만나니 '이끌 봉, 만날 봉'
※ 金(쇠 금, 금 금, 돈 금, 성씨 김), 夂(천천히 걸을 쇠, 뒤져 올 치),
丰(풀 무성한 모양 봉, 예쁠 봉)

先鋒(선봉), **銳鋒**(예봉), **筆鋒**(필봉)

烽

총 11획 1급 부수 火
- 영 beacon
- 중 fēng
- 일 ホウ

불(火)을 이끌어(夆) 신호하는 봉화니
봉화 봉

※ 봉화(烽火) - 나라에 병란이나 사변이 있을 때 신호로 올리던 불.

烽軍(봉군), **烽燧臺**(봉수대)

蜂

총 13획 3급 부수 虫
- 영 bee
- 중 fēng
- 일 ホウ(はち)

벌레(虫) 중 만난(夆) 듯 무리지어 사는 벌이니
벌 봉

※ 虫(벌레 충), 벌은 여왕을 중심으로 수만 마리가 모여 살지요.

蜂起(봉기) - 벌떼처럼 떼 지어 세차게 일어남.
分蜂(분봉), **養蜂**(양봉)

봉

峯

- 총 10획 3II급 부수 山
- 英 peak
- 中 fēng

산(山)의 양끝이 만나는(夆) 산봉우리니
산봉우리 봉 (= 峰)

雪峰(설봉), **連峰**(연봉), **雲峰**(운봉), **最高峰**(최고봉)

逢

- 총 11획 3II급 부수 辶
- 英 meet
- 中 féng
- 日 ホウ(あう)

만나려고(夆) 가서(辶) 만나니
만날 봉

※ 辶(뛸 착, 갈 착, = 辶)

逢變(봉변), **逢別**(봉별), **逢着**(봉착), **相逢**(상봉)

縫 缝

- 총 17획 2급 부수 糸
- 英 sew
- 中 féng
- 日 ホウ(ぬう)

베 조각을 실(糸)로 만나게(逢) 꿰매니
꿰맬 봉

※ 糸(실 사, 실 사 변)

縫製(봉제), **縫合**(봉합), **假縫**(가봉), **天衣無縫**(천의무봉)

蓬

- 총 15획 2급 부수 ++
- 英 mugwort
- 中 péng
- 日 ホウ(よもぎ)

풀(++) 중 흔하여 어디서나 만나는(逢) 쑥이니
쑥 봉 (= 蒿)

※ 蒿 : 풀(++) 중에 최고(高)는 쑥이니 '쑥 호'
※ 쑥은 생명력이 강해 아무 곳이나 잘 자라니 어디서나 볼 수 있고, 여러 용도로 쓰이니 풀 중에 최고인 셈이지요.

蓬頭亂髮(봉두난발), **蓬頭垢面**(봉두구면)

鳳 凤

- 총 14획 3II급 부수 鳥
- 英 chinese phoenix
- 中 fèng
- 日 ホウ(おおとり)

(신성하게 여겨) 안석(几)에 새기는 하나(一)의 새(鳥)는 봉황새니 **봉황새 봉**

※ 几(안석 궤), 봉황새를 신성하게 여겨 귀한 분의 의자나 안석, 상장의 테두리 등에 새기지요. 봉(鳳)은 수컷, 봉황새 황(凰)은 암컷.

鳳仙花(봉선화), **龍味鳳湯**(용미봉탕)

封

총 9획 3II급 부수 寸
- 英 seal up, prince
- 中 fēng
- 日 フウ

영토(圭)를 마디(寸) 마디 나누어 봉하니 **봉할 봉**

※ 봉하다 – ㉠문·봉투·그릇 따위를 열지 못하게 꼭 붙이거나 싸서 막다. ㉡임금이 신하에게 영지를 내려주고 영주(領主)로 삼다. 여기서는 ㉡의 뜻.
※ 圭(홀 규, 영토 규, 서옥 규), 寸(마디 촌, 법도 촌), 領(거느릴 령), 主(주인 주)

封建(봉건), **封**鎖(봉쇄), **封**印(봉인), 開**封**(개봉)

夫

총 4획 7급 부수 大
- 英 man, husband
- 中 fū
- 日 フ(おっと)

한(一) 가정을 거느릴 정도로 큰(大) 사내나 남편이니
사내 부, 남편 부

大丈**夫**(대장부), 農**夫**(농부), **夫**婦(부부)

扶

총 7획 3II급 부수 手
- 英 assist
- 中 fú
- 日 フ(たすける)

손(扌)으로 남편(夫)을 도우니
도울 부

扶養(부양), 相**扶**相助(상부상조),
抑强**扶**弱(억강부약) – 강한 자를 누르고 약한 자를 도움.

芙

총 8획 1급 부수 ⺾
- 英 lotus flower
- 中 fú
- 日 フ(はす)

풀(⺾)에 핀 사내(夫)처럼 큰 연꽃이니
연꽃 부

芙蓉(부용), 木**芙**蓉(목부용)

父

총 4획 8급 제부수
- 英 father
- 中 fù
- 日 フ(ちち)

(사람이 알아야 할 것을 조목조목) 나누어(八) 어질게(乂) 가르치는 아비니 **아비 부**
⊕ 爻(점괘 효, 사귈 효, 본받을 효)

※ 八(여덟 팔, 나눌 팔), 乂(벨 예, 다스릴 예, 어질 예), 父는 '남자 미칭 보'로도 쓰임.

父母(부모), **父**子(부자), **父**親(부친), 祖**父**(조부)

斧

총 8획 1급 부수 斤
- 영 an ax
- 중 fǔ
- 일 フ(おの)

(너무 위험하여)
아버지(父)만 쓰는 도끼(斤)니 **도끼 부**

* 斤(도끼 근, 저울 근)

斧柯(부가), **斧斤**(부근), **斧鉞**(부월)

釜

총 10획 2급 부수 金
- 영 a cauldron
- 중 fǔ
- 일 フ(かま)

아버지(父)처럼 크게 쇠(岳)로 만든 가마니
가마 부

* 岳[쇠 금, 금 금, 돈 금, 성씨 김(金)의 획 줄임], 가마 – 가마솥.
가마솥 – 아주 크고 우묵한 솥.

釜中魚(부중어), **釜中生魚**(부중생어),
釜山(부산) – 지명의 유래를 확실히는 알 수 없지만 가마 모양의 산에서 붙여진 것 같지요.

負

총 9획 4급 부수 貝
- 영 burden, defeat, owe
- 중 fù
- 일 フ(まける)

사람(ク)이 재물(貝)을 가져가려고 짐지니
짐질 부
또 싸움에도 지고 빚도 지니 **질 부, 빚질 부**

* ク[사람 인(人)의 변형], 貝(조개 패, 재물 패)

負荷(부하), **男負女戴**(남부여대), **勝負**(승부), **負債**(부채)

赴

총 9획 3급 부수 走
- 영 inform, reach
- 중 fù
- 일 フ(おもむく)

달려(走) 목적지에 다다라 점(卜)친 것을 알리니
다다를 부, 알릴 부

* 走(달릴 주, 도망갈 주), 卜(점 복)

赴任(부임), **赴援**(부원), **赴告**(부고)

訃

총 9획 1급 부수 言
- 영 obituary
- 중 fù
- 일 フ(しらせ)

말(言)로 살아생전에 알았던 사람을 점(卜)치듯 가려서
알리는 부고니 **부고 부**

* 부고(訃告) – 사람이 죽은 것을 알리는 통지. 누가 죽으면 살아생전에 누구를 알았던가를 점치듯 가려서 알리지요. 告(알릴 고, 뵙고 청할 곡)

訃聞(부문), **訃報**(부보), **訃信**(부신), **訃音**(부음)

孚

총 7획 특II급 부수 子
- 영 hatch, bring up
- 중 fú
- 일 フ

새가 발톱(爫)으로 알(子)을 품어 굴리며 알까게
기르는 모습이 미쁘니 **알 깔 부**, **기를 부**, **미쁠 부**

※ 爫(손톱 조), 子('아들 자, 자네 자, 첫째 지지 자, 접미사 자'나 여기서는 '알'로 봄), 알은 품으면서 적당히 굴려 고루 따뜻하게 해야 부화되지요.
※ 미쁘다 - 믿음성이 있다.

孚佑(부우), **見孚**(견부) - '보고 기름'으로, 남에게 신용을 얻음.

浮

총 10획 3II급 부수 水
- 영 float
- 중 fú
- 일 フ(うく)

물(氵) 위에 새가 알 깔(孚) 때의 모습으로 뜨니
뜰 부

浮上(부상), **浮沈**(부침), **浮萍草**(부평초) - '물 위에 떠 있는 풀'로, 정처 없이 떠돌아다니는 신세를 이르는 말.

孵

총 14획 1급 부수 子
- 영 hatch
- 중 fū
- 일 フ(かえる)

알(卵)을 품어 기르면(孚) 알이 까니
알 깔 부 (유) **乳**(젖 유)

※ 卵(알 란)

孵卵(부란), **孵化**(부화) - 동물의 알 속에서 새끼가 껍질을 깨고 밖으로 나옴. 또는 그렇게 되게 함.

婦 妇

총 11획 4II급 부수 女
- 영 wife, a daughter in law
- 중 fù
- 일 フ(おんな)

여자(女) 중 비(帚) 들고 집일을 하는
아내나 며느리니 **아내 부**, **며느리 부**

※ 帚(비 추)

姑婦(고부), **夫婦有別**(부부유별), **新婦**(신부),
主婦(주부)

部

총 11획 6급 부수 邑
- 영 divide, village, command
- 중 bù
- 일 ブ(ベ)

갈라(音) 놓은 것처럼 고을(阝)의 여기저기 나뉘진
마을이니 **나눌 부**, **마을 부**
또 나눠진 마을을 함께 거느리니 **거느릴 부**

※ 音 : 서서(立) 입(口)씨름하다가 갈라지니 '갈라질 부' - 어원 해설을 위해 가정해 본 글자로 실제 쓰이지는 않음. 阝(고을 읍 방)

部品(부품), **部落**(부락), **部隊**(부대), **部下**(부하)

剖

총 10획 1급 부수 刀
- 英 divide
- 中 pōu
- 日 ボウ(さく)

갈라지게(咅) 칼(刂)로 쪼개니
쪼갤 부

※ 刂(칼 도 방)

剖檢(부검), **剖棺斬屍**(부관참시), **解剖**(해부)

副

총 11획 4II급 부수 刀
- 英 preparation, second
- 中 fù
- 日 フク(そう、そえる)

차(畐) 있는 재산을 칼(刂)로 잘라내어 다음(버금)을 예비하니 **버금 부, 예비 부**

※ 畐 : 한(一) 사람의 입(口)은 밭에서 난 곡식만으로도 차니 '찰 복'
※ '버금'은 으뜸의 바로 아래로, '다음, 두 번째'의 뜻.

副本(부본), **副業**(부업), **副作用**(부작용), **正副**(정부)

富

총 12획 4II급 부수 宀
- 英 rich, plenty
- 中 fù
- 日 フ(とむ、とみ)

집(宀)에 재물이 차(畐) 넉넉한 부자니
넉넉할 부, 부자 부 약 冨

※ 宀(집 면)

富强(부강), **巨富**(거부), **貧富貴賤**(빈부귀천), **豊富**(풍부)

付

총 5획 3II급 부수 人
- 英 give, request
- 中 fù
- 日 フ(つける)

사람(亻)들은 촌수(寸) 가까운 친척끼리 서로 주기도 하고 부탁도 하니 **줄 부, 부탁할 부**

※ 寸(마디 촌, 법도 촌)

結付(결부), **交付**(교부), **發付**(발부), **付託**(부탁)

附

총 8획 3II급 부수 阜
- 英 add to, attached
- 中 fù
- 日 フ(つく)

언덕(阝)이 산에 부탁하는(付) 모습으로 붙어 가까이 하니 **붙을 부, 가까이 할 부**

※ 阝(언덕 부 변)

附錄(부록), **附屬**(부속), **附和雷同**(부화뇌동), **附近**(부근)

咐

총 8획 1급 부수 口
- 英 command
- 中 fù
- 日 フ

입(口)으로 부탁하듯(付) 분부하니
분부할 부

※ 분부(吩咐) - 윗사람이 아랫사람에게 명령이나 지시를 내림.
※ 口(입 구, 말할 구, 구멍 구), 吩(분부할 분)

咐囑(부촉), 嚴分咐(엄분부)

駙 䮛

총 15획 1급 부수 馬
- 英 extra horse
- 中 fù
- 日 フ

말(馬)을 예비로 부탁하여(付) 몰고 다니는
부마니 **부마 부**

※ 부마(駙馬) - ㉠부거(副車)에 붙이는 말. ㉡임금의 사위. ㉢'부마도위(駙馬都尉)'의 준말. 副(버금 부), 車(수레 거, 차 차), 馬(말 마), 都(도시 도, 모두 도), 尉(벼슬 위)
※ 부거(副車) - 예비로 끌고 다니던 수레.
※ 부마도위(駙馬都尉) - 부거의 말에 관한 일을 관장하던 사람.

符

총 11획 3II급 부수 竹
- 英 tally, symbol, coincidence
- 中 fú
- 日 フ

대(⺮)에 글을 써 주었다가(付) 나중에 증거로 삼는
부절이나 부호니 **부절 부, 부호 부**
또 부절처럼 들어맞으니 **들어맞을 부**

※ ⺮(대 죽), 인쇄술이 발달하지 않았던 옛날에는 대나 옥으로 똑같이 만들어 나누어 가졌다가 훗날 신표(信標)로 삼았으니 이것이 부절(符節)이지요.

符籍(부적), 符號(부호), 符合(부합),
名實相符(명실상부) - '이름과 실제가 서로 꼭 들어맞음'으로, 알려진 것과 실제 상황이나 능력에 차이가 없음.

府

총 8획 4II급 부수 广
- 英 government office, village, warehouse
- 中 fǔ
- 日 フ

집(广)에서 문서를 주고(付)받는 관청이 있는
마을이니 **관청 부, 마을 부**
또 집(广)에서 줄(付) 물건을 넣어 두는 창고니
창고 부

※ 广(집 엄), '마을 부'로는 옛날 행정 구역의 하나로 쓰였지요.

政府(정부), 司法府(사법부), 府尹(부윤), 府庫(부고)

ㅂ
부

俯

총 10획 1급 부수 人
- 영 look down, bend
- 중 fǔ
- 일 フ(うつむく)

(옛날에는) 사람(亻)이 관청(府)에 들어가면 구부렸으니 **구부릴 부** (반) 仰(우러를 앙)

俯瞰(부감), **俯視**(부시), **俯仰**(부앙), **俯察**(부찰)

腑

총 12획 1급 부수 肉
- 영 bowel
- 중 fǔ
- 일 フ

몸(月)에서 창고(府) 같은 장부니
장부 부

※ 장부(臟腑) - '오장육부'를 줄여서 일컫는 말.
※ 오장육부(五臟六腑) - 폐장·심장·비장·간장·신장의 다섯 가지 내장과, 대장·소장·위·쓸개·방광·삼초(三焦)의 여섯 가지 기관(器官).

肺腑(폐부) - ㉠허파. ㉡마음의 깊은 속.

腐

총 14획 3II급 부수 肉
- 영 rotten
- 중 fǔ
- 일 フ(くさる)

창고(府)에 있는 고기(肉)도 오래두면 썩으니
썩을 부

※ 肉(고기 육)

腐蝕(부식), **腐敗**(부패), **防腐劑**(방부제), **陳腐**(진부)

膚 肤

총 15획 2급 부수 肉
- 영 skin
- 중 fū
- 일 フ(はだ)

범(虍) 무늬와 위(胃)의 주름처럼 생긴 살갗이니
살갗 부

※ 虍(범 호 엄), 胃(밥통 위)

膚見(부견), **皮膚**(피부)

賦 赋

총 15획 3II급 부수 貝
- 영 duty, give, gifted
- 중 fù
- 일 フ

재물(貝)을 무력(武)으로 세금 거둬 필요한 곳에 주니 **세금 거둘 부, 줄 부**
또 하늘이 준 듯 태어날 때 타고나니 **타고날 부**
또 무슨 일에 써 주는 문체 이름이니 **문체 이름 부**

※ 貝(조개 패, 재물 패), 武(군사 무, 무기 무)

賦課(부과), **賦與**(부여), **天賦**(천부), **赤壁賦**(적벽부)

尃

총 10획 급외자 부수 寸
영 open, tell

널리(甫) 마디마디(寸) 펴 두루 알리니
펼 부, 두루 알릴 부
유 專(오로지 전, 마음대로 할 전)

* 甫(클 보, 넓을 보), 寸(마디 촌, 법도 촌)

傅

총 12획 2급 부수 人
영 teacher
중 fù
일 フ(かしずく)

사람(亻) 중 두루 펴(尃) 가르치는 스승이니
스승 부 유 傳(전할 전, 이야기 전) 참 師(스승 사, 전문가 사, 군사 사)

傅育(부육), **師傅**(사부)

賻

총 17획 1급 부수 貝
영 contribute
중 fù

상가에 돈(貝)을 펴(尃) 주는 부의니
부의 부

* 부의(賻儀) – 초상집에 부조로 내는 돈이나 물품. 또는 그 일.
* 貝(조개 패, 재물 패), 儀(거동 의, 법도 의)

賜賻(사부), **弔賻**(조부)

簿

총 19획 3Ⅱ급 부수 竹
영 account book
중 bù
일 ボ

대(⺮)를 물(氵)처럼 넓게 펴(尃) 글을 적은 장부니
장부 부 유 薄(엷을 박)

* 장부(帳簿) – 물건의 출납이나 돈의 수지(收支) 계산을 적어 두는 책.
* ⺮(대 죽), 帳(장막 장, 장부 장), 收(거둘 수), 支(다룰 지, 가를 지, 지출할 지)

簿記(부기), **名簿**(명부), **帳簿**(장부), **學籍簿**(학적부)

敷

총 15획 2급 부수 攵
영 spread, give
중 fū
일 フ(しく)

크게(甫) 어떤 방향(方)으로 쳐서(攵) 펴고 베푸니
펼 부, 베풀 부 약 旉

* 方(모 방, 방향 방, 방법 방), 攵(칠 복, = 攴)

敷設(부설), **敷衍**(부연), **敷地**(부지),
高水敷地(고수부지) – 큰물이 날 때만 물에 잠기는 하천 언저리 터. 둔치. 강턱.

阜

총 8획 2급 제부수
- 영 hill
- 중 fù
- 일 フウ

흙이 쌓이고(自) 많이(十) 쌓인 언덕이니
언덕 부

※ 自 : 비스듬하게(ノ) 흙이 쌓여 있는 모습에서 '쌓일 퇴, 언덕 퇴'로, '쌓일 퇴, 언덕 퇴(堆)'의 본자.
※ 글자의 왼쪽에 붙는 阝는 언덕 부(阜)가 글자의 변으로 쓰이는 경우로 '언덕 부 변'이라 부르고, 글자의 오른쪽에 붙는 阝는 고을 읍(邑)이 글자의 방으로 쓰이는 경우로 '고을 읍 방'이라 부르죠.
※ 중국 산동성에 있는 곡부(曲阜)라는 도시는 공자님의 유적을 모신 곳으로 유네스코가 지정한 세계문화유산이랍니다.

阜傍(부방), **高阜**(고부), **丘阜**(구부)

埠

총 11획 1급 부수 土
- 영 wharf
- 중 bù
- 일 フ

(물가에) 흙(土)을 언덕(阜)처럼 쌓아 만든 부두니
부두 부

※ 土(흙 토)

埠頭(부두) - 선창. 배를 대고 짐도 싣고 사람을 태우는 곳.

不

아닐 불·부 – 아닐 불(304쪽) 참고

否

총 7획 4급 부수 口
- 영 deny, be stuck for
- 중 fǒu, pǐ
- 일 ヒ(いな)

아니(不)라고 말하니(口) **아닐 부**
또 아니 되게 막히니 **막힐 비**

※ 口(입 구, 말할 구, 구멍 구)

可否(가부), **安否**(안부), **否塞**(비색),
曰可曰否(왈가왈부) - '옳다고도 말하고 옳지 않다고도 말함'으로, 어떤 일에 대하여 구구하게 입씨름함을 이르는 말. 曰(가로 왈), 可(옳을 가, 가히 가, 허락할 가)

北

등질 배, 달아날 배, 북쪽 북
– 등질 배, 달아날 배(269쪽) 참고

총 4획 6급 부수 刀
- 영 divide, unit, social position, classify
- 중 fēn, fèn
- 일 ブン(わける)

여덟(八) 번이나 칼(刀)로 나누니 **나눌 분**
또 나누어 놓은 단위나 신분이니
단위 분, 단위 푼, 신분 분
또 나누어 분별할 줄 아는 분수니 **분별할 분, 분수 분**

* 분수(分數) – 주어진 자기의 처지. 제 신분에 알맞은 한도.
* 八(여덟 팔, 나눌 팔), 刀(칼 도), 數(셀 수, 두어 수, 빽빽할 촉, 자주 삭, 운수 수)

兩分(양분), 一分(일분), 分錢(푼전), 身分(신분), 分別(분별), 安分知足(안분지족) – 편안한 마음으로 제 분수를 지키며 만족할 줄을 앎. 安(편안할 안), 知(알 지), 足(발 족, 넉넉할 족)

총 10획 4급 부수 米
- 영 flour, powder
- 중 fěn
- 일 フン(こ)

쌀(米) 같은 곡식을 나눈(分) 가루니
가루 분

* 米(쌀 미)

粉食(분식), 粉碎(분쇄), 粉骨碎身(분골쇄신)

총 10획 3II급 부수 糸
- 영 confused
- 중 fēn
- 일 フン(まぎれる)

실(糸)을 나누면(分) 헝클어져 어지러우니
어지러울 분

* 糸(실 사, 실 사 변), 실을 나눠 놓으면 헝클어져 어지럽지요.

紛糾(분규), 紛亂(분란), 紛爭(분쟁), 內紛(내분)

총 7획 1급 부수 口
- 영 command
- 중 fēn
- 일 フン

입(口)으로 일을 나누어(分) 분부하니
분부할 분

* 분부(吩咐) – 윗사람이 아랫사람에게 명령이나 지시를 내림. 또는 그 명령이나 지시.
* 口(입 구, 말할 구, 구멍 구)

嚴吩咐(엄분부) – 엄한 분부.

扮

총 7획 1급 부수 手
- 英 decorate, adorn
- 中 bàn
- 日 フン

손(扌)으로 나누어(分) 꾸미니
꾸밀 분

扮飾(분식), 扮裝(분장)

芬

총 8획 2급 부수 ++
- 英 perfume
- 中 fēn
- 日 フン(かおり)

풀(++)에서 나누어(分) 나오는 향기니
향기 분

芬芳(분방), 芳芬(방분)

雰

총 12획 1급 부수 雨
- 英 fog
- 中 fēn
- 日 フン

비(雨)가 작게 나누어져(分) 안개나 눈 오는 모양으로 날리니 **안개 분, 눈 오는 모양 분**

＊雨(비 우)

雰圍氣(분위기), 雰雰(분분)

忿

총 8획 1급 부수 心
- 英 anger
- 中 fèn
- 日 フン(いかる)

나누어지는(分) 마음(心)으로 성나니
성날 분

＊心(마음 심, 중심 심), 마음이 차분하지 못하고 이 생각 저 생각으로 나눠짐은 성남이지요.

忿怒(분노), 忿然(분연), 激忿(격분)

盆

총 9획 1급 부수 皿
- 英 basin
- 中 pén
- 日 ボン

위가 나누어진(分) 듯 벌어진 그릇(皿)이 동이니
동이 분

＊동이 - ㉠질그릇의 하나. 흔히 물 긷는 데 쓰는 것으로 보통 둥글고 배가 부르고 아가리가 넓으며 양 옆으로 손잡이가 달려 있음. ㉡물 따위를 담아 그 분량을 세는 단위.
＊皿(그릇 명)

盆栽(분재), 盆地(분지), 花盆(화분)

奔

총 8획 3II급 부수 大
- 영 busy, run away
- 중 bēn
- 일 ホン(はしる)

발걸음을 크고(大)도 많이(卉) 내딛으며 바쁘게 달아나니 **바쁠 분, 달아날 분**

※ 大(큰 대), 卉(풀 훼, 많을 훼)

奔忙(분망), **東奔西走**(동분서주), **狂奔**(광분)

奮 奋

총 16획 3II급 부수 大
- 영 rouse
- 중 fèn
- 일 フン(ふるう)

큰(大) 새(隹)가 밭(田)에서 먹이를 찾으려고 다른 일을 떨치고 힘쓰니 **떨칠 분, 힘쓸 분**

※ 隹(새 추), 田(밭 전), 떨치다 - ㉠위세나 명성 같은 것이 널리 알려지다. ㉡세게 떨어지게 하다. 여기서는 ㉡의 뜻.

奮起(분기), **奮發**(분발), **興奮**(흥분), **孤軍奮鬪**(고군분투) - '외로운 군사로 힘써 싸움'으로, 수가 적고 후원이 없는 외로운 군대가 적과 용감하게 싸움. 또는 적은 인원의 약한 힘으로 남의 도움도 받지 않고 힘에 겨운 일을 함을 말할 때 쓰는 말.

賁 贲

총 12획 특II급 부수 貝
- 영 big, decorate
- 중 bēn, bì

많은(卉) 재물(貝)을 들여 크게 꾸미니 **클 분, 꾸밀 비**

※ 卉(풀 훼, 많을 훼), 貝(조개 패, 재물 패)

賁飾(비식), **賁然**(비연)

噴 喷

총 15획 1급 부수 口
- 영 spout
- 중 pēn
- 일 フン(ふく)

입(口)으로 크게(賁) 뿜으니 **뿜을 분**

※ 口(입 구, 말할 구, 구멍 구)

噴霧(분무), **噴射**(분사), **噴水**(분수), **噴出**(분출)

명언 **玉不琢**이면 **不成器**요 **人不學**이면 **不知道**라. 옥은 쪼지 않으면 그릇이 되지 못하고, 사람은 배우지 않으면 도를 모른다. -〈예기〉 ▶玉(구슬 옥), 不(아닐 불·부), 琢(쪼을 탁), 成(이룰 성), 器(그릇 기, 기구 기), 學(배울 학), 知(알 지), 道(길 도, 도리 도, 말할 도)

憤 愤

총 15획 4급 부수 心
- 영 indignant
- 중 fèn
- 일 フン(いきどおる)

마음(忄)에 크게(賁) 분하고 성나니
분할 분, 성날 분

憤慨(분개), **憤敗**(분패), **憤怒**(분노), **激憤**(격분)

墳 坟

총 15획 3급 부수 土
- 영 grave
- 중 fén
- 일 フン

흙(土)으로 크게(賁) 쌓아 올린 무덤이니
무덤 분

※ 土(흙 토)

墳墓(분묘), **墳上**(분상), **古墳**(고분), **封墳**(봉분)

焚

총 12획 1급 부수 火
- 영 burn
- 중 fén
- 일 フン(たく)

수풀(林)처럼 쌓아 놓고 불(火)사르니
불사를 분

※ 林(수풀 림), 火(불 화)

焚書坑儒(분서갱유), **焚燒**(분소), **焚身**(분신), **焚香**(분향)

糞

총 17획 1급 부수 米
- 영 excrement
- 중 fèn
- 일 フン(くそ)

쌀(米) 같은 곡식이 소화되어 다르게(異) 된
똥이니 **똥 분**

※ 米(쌀 미), 異(다를 이)

糞尿(분뇨), **糞土**(분토), **鷄糞**(계분), **人糞**(인분)

不

총 4획 7급 부수 一
- 영 no, not
- 중 bù
- 일 フ

하나(一)의 작은(小) 잘못도 하지 않으니
아닐 불·부

※ 小(작을 소), 아닐 불·부(不)는 'ㄷ, ㅈ' 앞에서는 '부'로 발음되지요.

不潔(불결), **不滿**(불만), **不當**(부당), **不正**(부정)

弗

총 5획 2급 부수 弓
- 영 not, dollar
- 중 fú
- 일 フツ(ドル)

하나의 활(弓)로 동시에 두 개의 화살(丨丨)은 쏘지 않으니 **아닐 불**
또 글자가 미국 돈 달러($)와 비슷하니 **달러 불**

※ 弓(활 궁), 丨('뚫을 곤'이나 여기서는 화살로 봄), 한 활에 동시에 두 개의 화살을 쏘면 힘이 약하고 조준이 어려우니 잘 쏘지 않지요.
※ 아닐 불·부(不)와 아닐 불(弗)은 같은 뜻의 부정사지만, 아닐 불·부(不)를 많이 쓰는 것은 습관 때문 같아요.

中人弗勝(중인불승), **弗貨**(불화), **歐洲弗**(구주불)

拂

총 8획 3II급 부수 扌
- 영 brush away
- 중 fú
- 일 フツ(はらう)

손(扌)으로 아니라며(弗) 떨치니
떨칠 불 〔약〕払 : 손(扌)으로 사사로운(厶) 것을 떨치니 '떨칠 불'

※ 弗이 들어간 글자를 약자로 쓸 때는 弗 부분을 사사로울 사, 나 사(厶)로 쓰지요.

拂拭(불식), **先拂**(선불), **完拂**(완불), **支拂**(지불)

ㅂ

불

佛

총 7획 4II급 부수 人
- 영 buddha, France
- 중 fó
- 일 ブツ(ほとけ)

사람(亻)이 아닌(弗) 듯 도를 깨친 부처니 **부처 불**
또 발음이 프랑스와 비슷하니 **프랑스 불** 〔약〕仏 : 사람(亻)이 사사로이(厶) 모시는 부처니 '부처 불'

※ 부처 – ⓐ큰 도를 깨친 불교의 성자. ⓑ화낼 줄 모르고 자비심이 두터운 사람을 비유하여 이르는 말.
※ 프랑스를 한자로 불란서(佛蘭西)라 하는데, 이는 프랑스와 발음이 비슷한 한자를 빌려 쓴 것이지요.

佛敎(불교), **佛經**(불경), **念佛**(염불), **佛語**(불어)

彿

총 8획 1급 부수 彳
- 영 similar
- 중 fú

조금씩 걷지도(彳) 않으면(弗) 처음과 비슷하니
비슷할 불

※ 彳(조금 걸을 척)

彿燃(불연), **不燃**(불연), **彷彿**(방불)

沸

끓을 비, 용솟음칠 불 – 끓을 비(313쪽) 참고

朋

총 8획 3급 부수 月
- 英 friend, group
- 中 péng
- 日 ホウ(とも)

몸(月)과 몸(月)이 비슷한 벗들의 무리니
벗 붕, 무리 붕

* 月(달 월, 육 달 월)
* 똑같은 月 둘로 되었으니 같은 또래의 벗을 말하지요.

朋結(붕결), **朋友**(붕우), **朋輩**(붕배), **朋黨**(붕당)

棚

총 12획 1급 부수 木
- 英 shelf
- 中 péng
- 日 ホウ(たな)

나무(木)로 똑같이 무리(朋) 지어 만든 선반이니
선반 붕

* 木(나무 목), 선반 - 물건을 얹어 두기 위하여 까치발을 받쳐서 벽에 달아 놓은 긴 널빤지.

大陸棚(대륙붕) - 대륙 주위에 분포하는 극히 완만한 경사의 해저.

硼

총 13획 1급 부수 石
- 英 borax
- 中 péng
- 日 ホウ

돌(石)처럼 무리(朋) 지어 있는 붕사니
붕사 붕

* 붕사(硼砂) - 붕산나트륨의 흰 결정(結晶). 특수 유리의 원료나 도자기 유약의 원료 및 방부제 따위에 쓰임.
* 石(돌 석), 砂(모래 사), 結(맺을 결), 晶(수정 정, 맑을 정)

硼素(붕소)

鵬 鹏

총 19획 2급 부수 鳥
- 英 chinese phoenix
- 中 péng
- 日 ホウ

무리(朋)처럼 큰 새(鳥)는 붕새니
붕새 붕

* 크기가 수 천리에 달하고 한 번에 구만리를 난다는 상상의 새.

鵬程(붕정), **鵬程萬里**(붕정만리)

崩

총 11획 3급 부수 山
- 英 collapse
- 中 bēng
- 日 ホウ(くずれる)

산(山)처럼 무거운 것이 누르면 무리(朋)도 무너지니
무너질 붕

崩壞(붕괴), **崩潰**(붕궤), **崩城之痛**(붕성지통)

繃 绷

총 17획 1급 부수 糸
- 영 bind
- 중 bēng
- 일 ホウ

실(糸)로 무너지지(崩) 않도록 묶으니
묶을 붕

※ 繃帶(붕대) - 약 바르고 감는 소독한 베.
※ 糸(실 사, 실 사 변), 帶(띠 대, 찰 대)

匕

총 2획 1급 제부수
- 영 dagger, spoon
- 중 bǐ
- 일 ヒ

비수를 본떠서 **비수 비**
또 비수처럼 입에 찔러 먹는 숟가락이니 **숟가락 비**

※ 비수(匕首) - 짧고 날이 날카로운 칼.

匕箸(비저) - 숟가락과 젓가락을 아울러 이르는 말. 首(머리 수, 우두머리 수), 箸(젓가락 저)

比

총 4획 5급 제부수
- 영 be in a line, compare
- 중 bǐ 일 ヒ(くらべる)

두 사람이 나란히 앉은 모습을 본떠서
나란할 비
또 둘을 나란히 앉혀 놓고 견주니 **견줄 비**

⊕ 北(등질 배, 달아날 배, 북쪽 북)

比較(비교), **比喩**(비유), **比率**(비율), **櫛比**(즐비)

批

총 7획 4급 부수 手
- 영 criticize
- 중 pī
- 일 ヒ

손(扌)으로 견주어(比) 비평하니
비평할 비

※ 비평(批評) - ㉠(사물의 미추(美醜)·선악·장단·시비를) 평가하여 가치를 판단하는 것. ㉡남의 결점을 드러내어 말하는 것.
※ 評(평할 평), 美(아름다울 미), 醜(추할 추)

批正(비정), **批准**(비준), **批判**(비판)

妣

총 7획 1급 부수 女
- 영 deceased mother
- 중 bǐ

여자(女)를 볼 때 견주어(比) 보는
죽은 어미나 어미니 **죽은 어미 비, 어미 비**

※ 어머니를 보면 그 딸을 알 수 있고, 딸을 보면 그 어머니를 알 수 있다고 하지요.

妣位(비위), **先妣**(선비) ↔ **先考**(선고), **祖妣**(조비)

붕

砒

총 9획 1급 부수 石
- 英 arsenic
- 中 pī
- 日 ヒ

(일부) 돌(石)에 일정 비율(比) 섞인 비상이니
비상 비

* 비상(砒霜) - 비석(砒石)을 가열 승화하여 얻은 결정. 무서운 독이 있음.
* 石(돌 석), 霜(서리 상)

砒酸(비산), **砒素**(비소)

秕

총 9획 1급 부수 禾
- 英 chaff
- 中 bǐ

벼(禾)에 일정 비율(比)만 알이 든 쭉정이니
쭉정이 비 (= 粃)

* 粃 : 쌀(米)이 일정 비율(比)만 들어 있는 쭉정이니 '쭉정이 비'
* 쭉정이 - ㉠껍질만 있고 속에 알맹이가 거의 들지 아니한 곡식이나 과일 따위의 열매. ㉡쓸모없게 되어 사람 구실을 제대로 하지 못하는 사람을 비유하여 이르는 말.

秕糠 · 粃糠(비강), **秕政**(비정)

毘

총 9획 2급 부수 比
- 英 assist
- 中 pí
- 日 ヒ

밭(田)에서 나란히(比) 일하며 도우니
도울 비 (= 毗)

* 田(밭 전)

毘補(비보), **毘益**(비익), **毘盧峰**(비로봉), **茶毘**(다비)

琵

총 12획 1급 부수 王(玉)
- 英 Korean mandolin
- 中 pí
- 日 ビ

옥(王)과 옥(王)이 구르는 소리와 견줄(比) 만한 소리가 나는 비파니 **비파 비**

* 王(임금 왕, 으뜸 왕, 구슬 옥 변), 비파(琵琶) - 타원형의 몸통에 곧고 짧은 자루가 달린 현악기(絃樂器)의 하나. 4줄의 당비파와 5줄의 향비파가 있지요.

琵琶聲(비파성), **唐琵琶**(당비파)

毖

총 9획 2급 부수 比
- 英 prudent
- 中 bì

견주고(比) 반드시(必) 따지며 삼가니
삼갈 비

懲毖(징비) - '징계하고 삼감'으로, 실패를 교훈삼아 다시 실패하지 않도록 삼감. 必(반드시 필), 懲(징계할 징)

庇

총 7획 1급 부수 广
- 英 cover
- 中 bì
- 日 ヒ(ひさし)

안전하도록 집(广) 안에 나란히(比) 숨겨 덮으니 **덮을 비**

※ 广(집 엄)

庇匿(비닉), 庇佑(비우), 庇蔭(비음), 庇護(비호)

泌

총 8획 2급 부수 水
- 英 roll on, secrete
- 中 mì, bì
- 日 ヒ

물(氵)은 반드시(必) 어디론가 흐르니 **물 흐를 필**
또 물 흐르듯 분비하니 **분비할 비**

※ 분비(分泌) - 샘세포의 작용에 의하여 특수한 액즙을 만들어 배출함. 또는 그런 기능.
※ 必(반드시 필), 分(나눌 분, 단위 분, 단위 푼, 신분 분, 분별할 분, 분수 분)

分泌物(분비물), 泌尿器科(비뇨기과)

비

妃

총 6획 3II급 부수 女
- 英 queen
- 中 fēi
- 日 ヒ

여자(女) 중 몸(己)처럼 소중히 모셔야 할 왕비니 **왕비 비**

※ 女(여자 녀), 己(몸 기, 자기 기)

王妃(왕비), 妃嬪(비빈), 妃氏(비씨)

肥

총 8획 3II급 부수 肉
- 英 fatten, plump, manure
- 中 féi
- 日 ヒ(こえる)

몸(月)이 뱀(巴) 먹이 먹는 모양처럼 불룩하게 살쪄 기름지니 **살찔 비, 기름질 비**
또 살찌게 하는 거름이니 **거름 비**

※ 月(달 월, 육 달 월), 巴(뱀 파, 땅 이름 파 - 뱀은 먹이를 통째로 삼켜 내려가는 부분이 불룩하게 보이지요)

肥大(비대), 肥滿(비만), 肥沃(비옥), 肥料(비료)

飛

총 9획 4II급 제부수
- 英 fly, high, fast
- 中 fēi
- 日 ヒ(とぶ, とばす)

새가 날개 치며 날아오르는(升) 모양을 본떠서 **날 비**
또 날면 높고 빠르니 **높을 비, 빠를 비**

※ 升(되 승, 오를 승)

飛行(비행), 雄飛(웅비), 飛躍(비약), 飛虎(비호)

非

총 8획 4II급 제부수
- 英 wrong, not, scold
- 中 fēi
- 日 ヒ(あらず)

새의 날개가 양쪽으로 어긋나 있음을 본떠서
어긋날 비
또 어긋나면 아니라며 나무라니 **아닐 비, 나무랄 비**

非理(비리), **是非**(시비), **非常**(비상), **非難**(비난)

緋

총 14획 1급 부수 糸
- 英 silk, red
- 中 fēi
- 日 ヒ(あけ, あか)

보통 실(糸)이 아닌(非) 것으로 짠 비단이니 **비단 비**
또 비단은 대부분 붉게 물들여 붉으니 **붉을 비**

※ 비단(緋緞) - 명주실로 짠 광택이 나는 피륙을 통틀어 이르는 말. 가볍고 빛깔이 우아하며 촉감이 부드러워 최고의 천으로 여겼지요.
※ 糸(실 사, 실 사 변), 緞(비단 단)

緋甲(비갑), **緋**玉(비옥)

誹

총 15획 1급 부수 言
- 英 slander
- 中 fěi
- 日 ヒ(そしる)

말(言)을 사실과 어긋나게(非) 하면서 비방하니
비방할 비

※ 비방(誹謗) - 남을 헐뜯어 욕함.
※ 言(말씀 언), 謗(헐뜯을 방)

誹笑(비소), **誹**毁(비훼)

悲

총 12획 4II급 부수 心
- 英 sad
- 中 bēi
- 日 ヒ(かなしい)

아니(非) 된다고 느끼는 마음(心)은 슬프니
슬플 비

※ 心(마음 심, 중심 심), 일이 어긋날(非) 때 느끼는 마음(心)은 슬프니 '슬플 비(悲)'라고도 하지요.

悲歌(비가), **悲**觀(비관), 喜**悲**(희비),
興盡**悲**來(흥진비래) ↔ 苦盡甘來(고진감래)

蜚

총 14획 1급 부수 虫
- 英 cockroach, fly
- 中 fēi, fěi
- 日 ヒ

(예상치 못할 방향으로) 어긋나게(非) 날거나 뛰는
벌레(虫)는 바퀴벌레나 방아깨비니
바퀴벌레 비, 방아깨비 비, 날 비 (≒ 飛)

※ 虫(벌레 충), 바퀴벌레나 방아깨비가 어긋나게 뛰거나 날아감을 보고 만든 글자.

流言**蜚**語(유언비어), 三年不**蜚**(삼년불비)

翡

총 14획 1급 부수 羽
- 英 cock kingfisher
- 中 fēi
- 日 ヒ

깃(羽) 색깔이 서로 어긋난(非) 물총새니
물총새 비

※ 羽(날개 우, 깃 우), 물총새는 위가 청록색, 아래가 오렌지색으로 서로 어긋나지요.

翡色(비색), 翡玉(비옥), 翡翠(비취), 翡翠簪(비취잠)

扉

총 12획 1급 부수 戶
- 英 door
- 中 fēi
- 日 ヒ(とびら)

문(戶) 살을 어긋나게(非) 꽂아 만든 문짝이나
사립문이니 **문짝 비, 사립문 비**

※ 戶(문 호, 집 호), 옛날 문은 문틀에 문살을 어긋나게 꽂아 만들었지요.

扉窓(비창), 開扉(개비), 柴扉(시비), 竹扉(죽비)

匪

총 10획 2급 부수 匚
- 英 thief
- 中 fěi
- 日 ヒ

물건을 상자(匚)에 어긋나게(非) 담아 가는
비적이니 **비적 비**

※ 비적(匪賊) - 떼를 지어 다니며 살인·약탈 등을 일삼는 도둑.
※ 匚(상자 방), 賊(도둑 적)

匪徒(비도), 匪擾(비요), 共匪(공비),
武裝共匪(무장공비)

備

총 12획 4II급 부수 人
- 英 prepare
- 中 bèi
- 日 ヒ(そなえる)

짐승 기르는 사람(亻)들은 풀(艹)을 바위(厂) 위에
말려 겨울에 쓸(用) 건초를 갖추니 **갖출 비**

※ 艹[풀 초(艹)의 약자], 厂(굴 바위 엄, 언덕 엄), 用(쓸 용), 그냥 흙에 말리는 것보다 바위 같은 곳에 말려야 잘 마르지요.

備忘錄(비망록), 備蓄(비축), 備品(비품),
有備無患(유비무환) - 갖춤이 있으면 근심이 없음.

憊

총 16획 1급 부수 心
- 英 tired out
- 中 bèi
- 日 バイ

갖추고(備) 대기해야 하는 마음(心)은 고달프니
고달플 비

※ 心(마음 심, 중심 심)

憊困(비곤), 憊色(비색), 憊衰(비쇠), 憊臥(비와)

卑

총 8획 3II급 부수 十
- 英 low, vulgar
- 中 bēi
- 日 ヒ(いやしい)

찢어진(ノ) 갑옷(甲)을 입은 많은(十) 병사들은 낮고 천하니 **낮을 비, 천할 비**

※ ノ('삐침 별'이나 여기서는 '찢어진 모습'으로 봄), 甲(첫째 갑, 첫째 천간 갑, 갑옷 갑), 十(열 십, 많을 십)

卑屈(비굴), **卑俗**(비속), **卑劣**(비열), **卑賤**(비천)

婢

총 11획 3II급 부수 女
- 英 maidservant
- 中 bì
- 日 ヒ(はしため)

여자(女) 중 신분이 낮은(卑) 여자종이니 **여자종 비**

婢女(비녀), **婢僕**(비복), **婢妾**(비첩), **奴婢**(노비)

碑

총 13획 4급 부수 石
- 英 monument
- 中 bēi
- 日 ヒ(いしぶみ)

돌(石)을 깎아 낮게(卑) 세운 비석이니 **비석 비**

※ 石(돌 석)

碑石(비석), **碑文**(비문), **墓碑**(묘비), **詩碑**(시비)

脾

총 12획 1급 부수 肉
- 英 spleen
- 中 pí
- 日 ヒ

몸(月)속에 낮게(卑) 붙어 있는 지라니 **지라 비**

※ 비장(脾臟) - 소화 기관의 하나. 위의 뒤쪽에 가로로 길게 붙어 있고 누르스레한 잿빛이며 소화액을 분비함. 우리말로 '지라'라 하지요.
※ 月(달 월, 육 달 월), 臟(오장 장)

脾熱(비열), **脾炎**(비염), **脾胃**(비위)

裨

총 13획 1급 부수 衣
- 英 add, aid
- 中 pí
- 日 ヒ

옷(衤)을 낮은(卑) 사람에게 더하여 주며 도우니 **더할 비, 도울 비**

※ 衤(옷 의 변)

裨補(비보), **裨益**(비익), **裨將**(비장), **裨助**(비조)

비

痺

총 13획 1급 부수 疒
- 영 numb
- 중 bì
- 일 ヒ(しびれる)

병(疒)든 것처럼 낮게(卑) 주저앉도록 저리니
저릴 비 (= 痹)

* 疒(병들 녁)

痲痺·麻痺(마비), 腦性麻痺(뇌성마비), 痛痺(통비)

鼻

총 14획 5급 제부수
- 영 nose, begin
- 중 bí
- 일 ビ(はな)

자기(自)의 밭(田)처럼 생긴 얼굴에 대(丌)처럼
우뚝 솟은 코니 **코 비**
또 코로 숨을 쉬기 시작하는 것으로부터 생명이
비롯하니 **비롯할 비**

* 自(자기 자, 스스로 자, 부터 자), 田(밭 전), 丌(대 기)

鼻笑(비소), 鼻炎(비염), 鼻音(비음), 鼻祖(비조)

丕

총 5획 2급 부수 一
- 영 great
- 중 pī

(보통이) 아닌(不) 하나(一)가 크니
클 비

* 不(아닐 불·부)

丕基(비기), 丕業(비업), 丕績(비적), 丕訓(비훈)

沸

총 8획 1급 부수 水
- 영 boil
- 중 fèi
- 일 フツ(わく)

물(氵)이 아닌(弗) 듯 끓어 용솟음치니
끓을 비, 용솟음칠 불

* 弗(아닐 불, 달러 불)

沸騰(비등), 沸點(비점), 沸湯(비탕), 沸水(불수)

費 费

총 12획 5급 부수 貝
- 영 consume, spend, cost 중 fèi
- 일 ヒ(ついやす)

귀하지 않게(弗) 재물(貝)을 쓰니
쓸 비
또 쓰는 비용이니 **비용 비**

* 비용(費用) - 어떤 일을 하는 데 드는 비용.
* 貝(조개 패, 재물 패), 用(쓸 용)

浪費(낭비), 消費(소비), 費用(비용), 旅費(여비)

臂

총 17획 1급 부수 肉
- 英 arm
- 中 bì
- 日 ヒ(ひじ)

(몸통에서) 치우친(辟) 쪽으로 난 몸(月)의 팔이니

팔 비

※ 辟(물리칠 벽, 임금 벽, 치우칠 벽), 月(달 월, 육 달 월), 팔은 위아래로 있지 않고 좌우로 나 있음을 생각하고 만든 글자.

臂膊(비박), **臂痛**(비통), **臂環**(비환), **肩臂**(견비)

譬

총 20획 1급 부수 言
- 英 compare
- 中 pì
- 日 ヒ(たとえる)

임금(辟)의 말씀(言)처럼 비유하여 말하니

비유할 비

※ 직설적으로 말하면 상처를 줄 수 있으니 높은 사람은 비유하여 말한다고 본 것.
※ 비유(譬喩) - (직접 말하지 않고) 그와 비슷한 다른 현상이나 사물을 끌어다 표현하는 일. 喩(깨우칠 유, 말할 유)

祕

총 10획 4급 부수 示
- 英 conceal, mystery
- 中 mì
- 日 ヒ(ひめる)

신(示)은 반드시(必) 모습을 숨겨서 신비롭게 행동하니 **숨길 비, 신비로울 비** 속 秘 : 옛날 곡식이 귀하던 시절에 벼(禾)는 반드시(必) 숨겨야 한다는 데서 '숨길 비, 신비로울 비'

※ 신비(神祕) - (사람의 지혜로는 도저히 이해할 수 없는) 신묘한 비밀.
※ 示(보일 시, 신 시), 必(반드시 필), 神(귀신 신), 禾(벼 화)

祕訣(비결), **祕密**(비밀), **祕境**(비경), **祕藏**(비장)

鄙

총 14획 1급 부수 邑
- 英 humble, stingy
- 中 bǐ
- 日 ヒ(ひな)

입(口)에 먹을 것만 찾아 머리(亠) 돌리는(回) 고을(阝)처럼 더럽고 인색하니 **더러울 비, 인색할 비**

※ 亠(머리 부분 두), 回(돌 회, 돌아올 회, 횟수 회)
※ 啚 : 입(口)에 먹을 것만 찾아 머리(亠)를 돌리니(回) '더러울 비, 인색할 비'

鄙陋(비루), **鄙劣**(비열), **貪鄙**(탐비), **鄙吝**(비린)

否

아닐 부, 막힐 비 – 아닐 부(300쪽) 참고

賁

클 분, 꾸밀 비 - 클 분(303쪽) 참고

貧 贫

총 11획 4II급 부수 貝
- poor
- pín
- ヒン(まずしい)

나눈(分) 재물(貝)이면 몫이 적어 가난하니
가난할 빈 ㈜ 貪(탐낼 탐)

※ '조개(貝) 한 마리도 나누어(分) 먹을 정도로 가난하니 가난할 빈(貧)'이라고도 해요. 오죽 가난하면 조개 한 마리도 나누어 먹을까요.
※ 分(나눌 분, 단위 분, 단위 푼, 신분 분, 분별할 분, 분수 분), 貝(조개 패, 재물 패)

貧困(빈곤), **貧富**(빈부), **貧弱**(빈약), **淸貧**(청빈),
外貧內富(외빈내부) - '겉으로는 가난한 것 같지만 안으로는 부자임'으로, 몸치장을 하지 않아서 겉으로 보기에는 초라한 것 같지만 실속이 있다는 말. ↔ 外華內貧(외화내빈)

賓 宾

총 14획 3급 부수 貝
- guest
- bīn
- ヒン(まろうど)

집(宀)에 온 한(一) 젊은이(少)는 재물(貝)을 가지고 온 손님이니 **손님 빈**

※ 宀(집 면), 少[少(적을 소, 젊을 소)의 획 줄임]

國賓(국빈), **貴賓**(귀빈), **外賓**(외빈), **迎賓館**(영빈관)

嬪 嫔

총 17획 1급 부수 女
- a court lady
- pín
- ヒン

여자(女) 중 손님(賓)처럼 조심히 대해야 할
아내나 궁녀니 **아내 빈, 궁녀 빈**

※ 궁녀 - 고려·조선 시대에, 궁궐 안에서 왕과 왕비를 가까이 모시는 내명부를 통틀어 이르던 말.

嬪宮(빈궁), **嬪氏**(빈씨), **嬪妾**(빈첩)

殯 殡

총 18획 1급 부수 歹
- shroud, funeral
- bìn

죽은(歹) 분을 손님(賓)처럼 모셔 두는 빈소니
빈소 빈

※ 빈소(殯所) - 발인 때까지 관을 놓아 두는 방.
※ 歹(뼈 부서질 알, 죽을 사 변), 所(바 소, 장소 소)

殯禮(빈례), **殯殿**(빈전)

濱 滨

총 17획 1급 부수 水
- 英 approach, beach
- 中 bīn
- 日 ヒン(はま)

물(氵)이 손님(賓)처럼 다가오는 물가니
다가올 빈, 물가 빈 (= 瀕)

濱死·瀕死(빈사), 海濱·海瀕(해빈)

頻 频

총 16획 3급 부수 頁
- 英 frequently
- 中 pín
- 日 ヒン(しきり)

걸을(步) 때도 머리(頁)에 자주 생각나니
자주 빈

※ 步(걸음 보), 頁(머리 혈)

頻起(빈기), 頻度(빈도), 頻發(빈발), 頻繁(빈번)

瀕 濒

총 19획 1급 부수 水
- 英 approach, beach
- 中 bīn
- 日 ヒン

물(氵)이 자주(頻) 다가오는 물가니
다가올 빈, 물가 빈 (= 濱)

瀕死(빈사), 瀕海(빈해)

嚬

총 19획 1급 부수 口
- 英 frown
- 中 pín

(말하거나 먹을 때 찡그려지는) 입(口) 주위처럼
자주(頻) 얼굴을 찡그리니 **찡그릴 빈**

※ 口(입 구, 말할 구, 구멍 구)

嚬笑(빈소), 嚬呻(빈신), 嚬蹙(빈축)

彬

총 11획 2급 부수 彡
- 英 brilliant
- 中 bīn
- 日 ヒン(あきらか)

수풀(林)처럼 머릿결(彡)이 빛나니
빛날 빈

※ 林(수풀 림), 彡(터럭 삼, 긴 머리털 삼)

彬彬(빈빈), 彬蔚(빈위) – 문체가 찬란함. 蔚(성할 울, 아름다울 위)

氷

총 5획 5급 부수 水
- 英 ice
- 中 bing
- 日 ヒョウ(こおり)

한 덩어리(丶)로 물(水)이 얼어붙은 얼음이니
얼음 빙 원 冰 유 永(길 영, 오랠 영)

❀ 冫 : 얼음 빙(氷)이 부수로 쓰일 때의 모습으로, '차다, 얼다'의 뜻이지요. 물(氵)이 얼면 한 덩어리인데 두 점으로 쓴 것은 글자의 균형을 잡기 위한 것으로, 점이 둘이므로 '이 수 변'이라 부르고, 점이 셋이면 물 수(水)가 부수로 쓰일 때의 모습으로 '삼 수 변(氵)'이라 부릅니다.

氷菓(빙과), 氷山(빙산), 氷水(빙수), 解氷(해빙)

聘

총 13획 3급 부수 耳
- 英 invite, marry
- 中 pin
- 日 ヘイ

귀(耳)로 말미암아(由) 들리도록 크게(丂) 부르니
부를 빙
또 하객들을 불러 놓고 장가드니 **장가들 빙**

❀ 耳(귀 이), 由(말미암을 유), 丂[큰 대(大)의 변형]

招聘(초빙), 聘母(빙모), 聘父(빙부), 聘丈(빙장)

馮 冯

총 12획 2급 부수 馬
- 英 mount, rely, family name
- 中 píng, Féng
- 日 ヒョウ

얼음(冫)이나 말(馬) 위에 올라타 의지하니
올라탈 빙, 의지할 빙, 성씨 풍

❀ 馬(말 마)

馮虛(빙허), 馮據(빙거)

憑 凭

총 16획 1급 부수 心
- 英 rely, evidence
- 中 ping
- 日 ヒョウ(つく)

의지하는(馮) 마음(心)이니
의지할 빙
또 의지하는 자료는 증거니 **증거 빙**

❀ 心(마음 심, 중심 심), 사건 처리에서 의지하는 최고의 자료는 증거지요.

憑藉(빙자), 憑公營私(빙공영사), 信憑(신빙), 證憑(증빙)

명언 **勤爲無價之寶**(근위무가지보)**요, 愼是護身之符**(신시호신지부)**라.** 부지런함은 값이 없는(값으로 칠 수 없는) 보배요, 삼감은 몸을 보호하는 부적이다. ▶勤(부지런할 근), 爲(할 위, 위할 위), 無(없을 무), 價(값 가, 가치 가), 之(갈 지, ~의 지, 이 지), 寶(보배 보), 愼(삼갈 신), 是(옳을 시, 이 시, be동사 시), 護(보호할 호), 身(몸 신), 符(부절 부, 들어맞을 부)

四

총 5획 8급 부수 口
- 英 four
- 中 sì
- 日 シ(よ)

에워싼(口) 부분을 사방으로 나누어(八)
넉 사

※ 口(에운 담), 八(여덟 팔, 나눌 팔)

四季(사계), **四骨**(사골), **四分五裂**(사분오열)

泗

총 8획 2급 부수 水
- 英 name of a river
- 中 sì

물(氵) 중 네(四) 갈래로 흐르는 물 이름이니
물 이름 사

※ 인·지명용 한자.
※ 사비성(泗沘城) – 백마강가에 있는 부소산성.
※ 사비수(泗沘水) – '백마강'의 삼국 시대 이름.
※ 沘(강 이름 비), 城(성 성)

사

史

총 5획 5급 부수 口
- 英 history
- 中 shǐ
- 日 シ(ふびと)

중립(中)을 지키는 사람(人)이 써야 하는 역사니
역사 사 ㈌ 吏(관리 리)

※ 역사(歷史) – 인류 사회의 변천과 흥망의 과정. 또는 그 기록. 歷(지낼 력, 겪을 력)
※ 역사는 후대 사람들에게 가르침이 되도록 함이 목적이니, 어느 쪽으로도 치우치지 않는 중립을 지키는 사람이 사실대로 써야 하지요.

史觀(사관), **史劇**(사극), **略史**(약사)

使

총 8획 6급 부수 人
- 英 let, employ
- 中 shǐ
- 日 シ(つかう)

사람(亻)이 관리(吏)로 하여금 일을 하도록 부리니
하여금 사, 부릴 사

※ 하여금 – ('으로' 뒤에 쓰여) 누구를 시키어.

使命(사명), **使童**(사동), **使役**(사역), **勞使**(노사)

士

총 3획 5급 제부수
- 英 scholar, soldier
- 中 shì
- 日 シ

열(十)까지 하나(一)를 배우면 아는 선비니
또 선비처럼 뛰어난 사람이니
선비 사, 군사 사, 칭호나 직업 이름에 붙이는 말 사

※ 선비 – 학식이 있고 행동과 예절이 바르며 의리와 원칙을 지키고 관직과 재물을 탐내지 않는 고결한 인품을 지닌 사람을 이르는 말.

士農工商(사농공상), **軍士**(군사), **壯士**(장사)

仕

총 5획 5급 부수 人
- 英 official, serve
- 中 shì
- 日 シ(つかえる)

사람(亻)이 선비(士)처럼 벼슬하여 백성을 섬기니
벼슬할 사, 섬길 사

※ 벼슬-관아에 나가 나랏일을 맡아 다스리는 자리. 또는 그런 일.

仕途(사도), 仕路(사로), 給仕(급사), 奉仕(봉사)

寺

총 6획 4II급 부수 寸
- 英 temple
- 中 sì
- 日 ジ(てら)

일정한 땅(土)에서 법도(寸)를 지키는
절이나 관청이니 **절 사, 관청 시**

※ 土(흙 토), 寸(마디 촌, 법도 촌), 어느 사회에나 일정한 규칙이 있지만 절 같은 사원(寺院)이 더욱 엄격함을 생각하고 만든 글자.

寺院(사원), 寺刹(사찰), 山寺(산사)
寺正(시정) - 조선시대에 둔 시(寺)의 으뜸 벼슬.

社

총 8획 6급 부수 示
- 英 society
- 中 shè
- 日 シャ(やしろ)

신(示) 중에 토지(土)를 주관하는 토지 신이니
토지 신 사
또 토지 신께 제사 지낼 때처럼 모이니 **모일 사**

※ 示(보일 시, 신 시), 옛날에 먹거리를 주는 토지신께 제사지낼 때는 모두 모였다네요.

社稷(사직), 社交(사교), 社屋(사옥), 會社(회사)

死

총 6획 6급 부수 歹
- 英 die, death
- 中 sǐ
- 日 シ(しぬ)

뼈 앙상하게(歹) 비수(匕)에 찔려 죽으니
죽을 사

※ 歹(뼈 앙상할 알, 죽을 사 변, = 歺), 匕(비수 비, 숟가락 비)

死境(사경), 死亡(사망), 決死(결사), 生死(생사)

似

총 7획 3급 부수 人
- 英 resemble, similar
- 中 sì
- 日 ジ(にる)

사람(亻)들은 써(以) 같거나 닮았으니
같을 사, 닮을 사

※ 以(써 이, 까닭 이)

近似(근사), 類似(유사), 似而非(사이비), 恰似(흡사)

사

紗

총 10획 1급 부수 糸
- 英 thin silk
- 中 shā
- 日 サ, シャ

실(糸) 중에 적은(少), 즉 가는 실로 짠 깁이니
깁 사

※ 糸(실 사, 실 사 변), 少(적을 소, 젊을 소), '깁'은 얇은 비단.

紗羅(사라), **紗帽**(사모), **紗窓**(사창), **靑紗**(청사)

沙

총 7획 3II급 부수 水
- 英 sand
- 中 shā
- 日 サ, シャ

물(氵)로 인하여 돌이 작아져서(少) 된 모래니
모래 사 (= 砂)

※ 少('적을 소'이나 여기서는 '작다' 뜻으로 봄)

沙金(사금), **沙漠·砂漠**(사막), **沙上樓閣**(사상누각)

砂

총 9획 특II급 부수 石
- 英 sand
- 中 shā
- 日 サ, シャ(すな)

돌(石)이 작아져서(少) 된 모래니
모래 사 (= 沙)

※ 少('적을 소'이나 여기서는 '작다' 뜻으로 봄)

娑

총 10획 1급 부수 女
- 英 dance
- 中 suō
- 日 シャ, サ

모래(沙)가 날리듯이 여자(女)가 가볍게 춤추니
춤출 사, 범어 사

※ 범어(梵語) 'Sa'의 음역 자. 범어-고대 인도어, 산스크리트 어.
※ 娑婆(사파→사바) - ㉠너울너울 춤추는 모양. ㉡범어(梵語) 'Saba'의 음역으로, 괴로움이 많은 이 세상을 이르는 말. 婆(할미 파)

娑婆世界(사바세계)

ム

총 2획 부수자
- 英 private, self
- 中 sī

팔로 사사로이 나에게 끌어당기는 모습에서
사사로울 사, 나 사

※ 지금은 부수로만 쓰이고 '사사롭다'의 글자로는 사사로울 사(私)를 쓰지요.

私

총 7획 4급 부수 禾
- 英 private
- 中 sī
- 日 シ(わたくし)

벼(禾)를 소유함이 사사로우니(厶)
사사로울 사

※ 禾(벼 화)

私有(사유), **私利私慾**(사리사욕),
公私多忙(공사다망) - 공적·사적인 일로 많이 바쁨.

舍

총 8획 4II급 부수 舌
- 英 house
- 中 shè
- 日 シャ

사람(人)이 입 속의 혀(舌)처럼 깃들어 사는 집이니
집 사

※ 舌(혀 설)

舍廊(사랑), **官舍**(관사), **寄宿舍**(기숙사), **幕舍**(막사)

捨 舍

총 11획 3급 부수 手
- 英 throw away
- 中 shě
- 日 シャ(すてる)

손(扌)으로 집(舍) 밖에 버리니
버릴 사 ㈜ 拾(열 십, 주울 습)

喜捨(희사), **四捨五入**(사사오입),
取捨選擇(취사선택) - 취할(쓸) 것과 버릴 것을 가림.

事

총 8획 7급 부수 亅
- 英 work, business, serve
- 中 shì
- 日 ジ, ズ(こと)

한(一) 입(口)이라도 더 먹이기 위해 손(彐)에
갈고리(亅) 들고 일하며 섬기니 **일 사, 섬길 사**

※ 彐(고슴도치 머리 계, 오른손 우), 亅(갈고리 궐)

事故(사고), **事理**(사리), **農事**(농사), **事大**(사대)

巳

총 3획 3급 부수 己
- 英 snake
- 中 sì
- 日 シ(み)

뱀이 몸을 사리고 꼬리를 든 모습에서 **뱀 사**
또 뱀은 여섯째 지지니 **여섯째 지지 사**
㈜ 己(몸 기, 자기 기), 已(이미 이, 따름 이)

※ 사람이 엎드려 절하는 모습에서 '몸 기, 자기 기, 여섯째 천간 기(己)', 己의 한 쪽이 약간 올라가면 '이미 이, 따름 이(已)', 완전히 붙으면 '뱀 사(巳)'로 구분하세요.

祀

총 8획 3II급 부수 示
- 英 sacred rites
- 中 sì
- 日 シ

신(示)께 올리는 큰 제사는 사시(巳時)에 지냈으니
제사 사

* 제사(祭祀) - 신령이나 죽은 사람의 넋에게 음식을 바치면서 추모하는 일.
* 示(보일 시, 신 시), 사시(巳時) - 오전 9시부터 11시까지 2시간.
* 祭(제사 제, 축제 제)

查

총 9획 5급 부수 木
- 英 investigate
- 中 chá
- 日 サ

나무(木)까지 또(且) 조사하니
조사할 사

* 조사(調查) - (사물의 내용을) 고르게 살핌.
* 木(나무 목), 且(또 차), 調(고를 조, 어울릴 조, 가락 조)

監查(감사), **檢查**(검사), **踏查**(답사), **審查**(심사)

思

총 9획 5급 부수 心
- 英 think
- 中 sī
- 日 シ(おもう)

나눠 놓은 밭(田)처럼 요모조모 마음(心)으로
생각하니 **생각할 사**

* 田(밭 전), 心(마음 심, 중심 심)

思考(사고), **思慕**(사모), **思想**(사상),
思母曲(사모곡) - '어머니를 생각하며 부르는 노래'라는 뜻이지요. 이 말에서 어미 모(母) 대신 아비 부(父)를 넣으면 '아버지를 생각하며 부르는 노래'가 되네요. 이렇게 글자만 바꾸면 얼마든지 새로운 말을 만들 수 있는 것도 한자의 장점입니다.

見利思義(견리사의) - '이로움을 보면 의로움을 생각함'으로, 이익을 보면 그것이 의에 맞는가 어떤가를 먼저 생각하라는 말.

唆

총 10획 2급 부수 口
- 英 incite, stir up
- 中 suō
- 日 サ(そそのかす)

입(口)으로 가도록(夋) 부추기니
부추길 사

* 夋: 믿음직스럽도록(允) 의젓하게 천천히 걸어(夂) 가니 '의젓하게 걸을 준, 갈 준'
* 允(진실로 윤, 믿을 윤, 허락할 윤), 夂(천천히 걸을 쇠, 뒤져 올 치)

唆囑(사촉), **教唆**(교사), **示唆**(시사)

師 师

총 10획 4II급 부수 巾
- 영 teacher, specialist, soldier
- 중 shī
- 일 シ

쌓이듯(𠂤) 많은 제자들이 빙 둘러(帀) 있는 스승이나 전문가니 **스승 사, 전문가 사**
또 많이(𠂤) 둘러싼(帀) 군사니 **군사 사** 약 师

※ 𠂤 : 흙이 비스듬히(丿) 쌓여 있는 모습에서 '쌓일 퇴, 언덕 퇴'로, '쌓일 퇴, 언덕 퇴(堆)'의 본 자.
※ 帀 : 머리(一)에 수건(巾) 두른 모습에서 '두를 잡'. 一('한 일'이나 여기서는 머리로 봄), 巾(수건 건)

師弟(사제), **敎師**(교사), **醫師**(의사), **師團**(사단)

獅 狮

총 13획 1급 부수 犬
- 영 lion
- 중 shī
- 일 シ

짐승(犭)들의 스승(師) 뻘 되는 사자니
사자 사

※ 犭('큰개 견, 개 사슴 록 변'으로, 짐승을 나타내는 글자에 부수로 쓰임)

獅子(사자), **獅子舞**(사자무), **獅子吼**(사자후)

射

총 10획 4급 부수 寸
- 영 shoot
- 중 shè
- 일 シャ(いる)

활이나 총을 몸(身)에 대고 조준하여 손마디(寸)로 당겨 쏘니 **쏠 사**

※ 身(몸 신), 寸(마디 촌, 법도 촌), 활이나 총을 몸에 대고 조준하여 쏘지요.

射擊(사격), **射倖心**(사행심), **反射**(반사), **注射**(주사)

謝 谢

총 17획 4II급 부수 言
- 영 thank, refuse, beg
- 중 xiè
- 일 シャ(あやまる)

말(言)을 쏘듯이(射) 갈라 끊어 분명하게 사례하고 사절하며 비니 **사례할 사, 사절할 사, 빌 사**

※ 言(말씀 언)

謝禮(사례), **謝絶**(사절), **謝過**(사과), **謝罪**(사죄)

麝

총 21획 1급 부수 鹿
- 영 musk deer
- 중 shè
- 일 ジャ

사슴(鹿) 중 쏘듯이(射) 진한 향기가 나는 사향노루니 **사향노루 사**

※ 鹿(사슴 록)

麝鹿(사록), **麝香**(사향), **蘭麝**(난사)

사

邪

총 7획 3II급 부수 邑
- 英 wicked
- 中 xié
- 日 ジャ

어금니(牙)나 구석진 고을(阝)처럼 숨어서
간사하게 구니 **간사할 사**

* 간사(奸邪) - 성질이 간교하고 행실이 바르지 못함.
* 牙(어금니 아), 阝(고을 읍 방), 奸(간사할 간)

邪惡(사악), **妖邪**(요사), **破邪顯正**(파사현정)

蛇

총 11획 3II급 부수 虫
- 英 snake
- 中 shé
- 日 ジャ(へび)

벌레(虫)처럼 집(宀) 안에서 비수(匕) 같은 혀를
날름거리는 뱀이니 **뱀 사**

* 虫(벌레 충), 宀(집 면), 匕(비수 비, 숟가락 비)

毒蛇(독사), **長蛇陣**(장사진), **龍頭蛇尾**(용두사미)

斜

총 11획 3II급 부수 斗
- 英 inclined
- 中 xié
- 日 シャ(ななめ)

남은(余) 곡식을 말(斗)로 되어 비스듬히 기울이니
비스듬할 사, 기울 사

* 말로 된 다음 다른 곳에 기울여 붓지요.
* 余[나 여, 남을 여(餘)의 속자], 斗(국자 두, 말 두), 되다 - 말·되·홉 따위로 가루·곡식·액체 따위의 분량을 헤아리다.

斜線(사선), **斜陽**(사양), **傾斜**(경사)

赦

총 11획 2급 부수 赤
- 英 pardon, set free
- 中 shè
- 日 シャ(ゆるす)

(용서는 하지만 두고 보기 위하여)
붉게(赤) 칠하고 쳐서(攵) 놓아주니 **용서할 사**

* 赤(붉을 적), 攵(칠 복, = 攴), 눈에 잘 띄도록 붉게 표시했겠지요.

赦過(사과), **赦免**(사면), **赦罪**(사죄), **特赦**(특사)

糸

총 6획 특급 제부수
- 英 thread
- 日 シ(いと)

감아 놓은 실타래를 본떠서
실 사, 실 사 변

* 아주 드물게 '가는 실 멱'으로도 쓰입니다.
* 타래 - 사리어 뭉쳐 놓은 실이나 노끈 따위의 뭉치.

絲 丝

총 12획 4급 부수 糸
- 英 thread
- 中 sī
- 日 シ(いと)

실타래의 겹쳐진 모양을 본떠서
실 사

螺絲(나사), 一絲不亂(일사불란), 鐵絲(철사)

詐 诈

총 12획 3급 부수 言
- 英 deceive
- 中 zhà
- 日 サ(いつわる)

말(言)을 잠깐(乍) 사이에 꾸며대며 속이니
속일 사

* 言(말씀 언), 乍(잠깐 사)

詐巧(사교), 詐欺(사기), 詐取(사취), 詐稱(사칭)

司

총 5획 3II급 부수 口
- 英 manage, department
- 中 sī
- 日 シ(つかさ)

허리 구부리고(コ) 한(一) 사람의 입(口)에서 나온 명령을 맡으니 **맡을 사**
또 (취직할 곳이 관청밖에 없었던 옛날) 관청에서 일을 맡아 벼슬하니 **벼슬 사** ㊒ 可(옳을 가, 가히 가, 허가할 가)

* 벼슬-관청에서 일을 맡아 다스리는 자리, 또는 그런 일.

司牧(사목), 司正(사정), 司會(사회), 上司(상사)

#

총 7획 특II급 부수 人
- 英 watch
- 中 sì
- 日 シ(うかがう)

사람(亻)이 맡은(司) 일을 잘하나 엿보니
엿볼 사

伺隙(사극), 伺察(사찰), *査察(사찰)

#

총 12획 3II급 부수 言
- 英 words, letters
- 中 cí
- 日 シ(ことば)

말(言)을 맡아서(司) 하는 말이나 쓰는 글이니
말 사, 글 사

* 言(말씀 언)

歌詞(가사), 感歎詞(감탄사), 臺詞(대사), 作詞(작사)

人

사

飼 饲

총 14획 2급 부수 食
- 英 feed, bring up
- 中 sì
- 日 シ(かう)

먹이(食)를 맡아(司) 먹이고 기르니
먹일 사, 기를 사

※ 食(밥 식, 먹을 식 변)

飼料(사료), **飼養**(사양), **飼育**(사육), **放飼**(방사)

祠

총 10획 1급 부수 示
- 英 ancestral temple
- 中 cí
- 日 シ(ほこら)

신(示)을 맡아(司) 모시는 사당이니
사당 사

※ 사당(祠堂) - 조상의 신주(神主 : 죽은 사람의 위패)를 모셔 놓은 집.
※ 示(보일 시, 신 시), 堂(집 당, 당당할 당), 神(귀신 신, 신비할 신), 主(주인 주)

神祠(신사), **忠烈祠**(충렬사), **顯忠祠**(현충사)

사

嗣

총 13획 1급 부수 口
- 英 inherit
- 中 sì
- 日 シ(つぐ)

조상이 말(口)과 책(冊)으로 남긴 뜻을 맡아(司)
이으니 **이을 사**

※ 口(입 구, 말할 구, 구멍 구), 冊(책 책, 세울 책, = 册)

嗣孫(사손), **嗣王**(사왕), **嗣子**(사자), **後嗣**(후사)

斯

총 12획 3급 부수 斤
- 英 this
- 中 sī
- 日 シ(かく)

그(其) 도끼(斤)가 바로 이 도끼라는 데서
이 사

※ 其(그 기), 斤(도끼 근, 저울 근), 원래는 그(其) 것을 도끼(斤)로 자른다는 뜻이었으나 지금은 바뀌어 지시대명사 '이 사(斯)'로 쓰이네요.

斯界(사계), **斯文**(사문), **斯民**(사민)

寫 写

총 15획 5급 부수 宀
- 英 sketch, copy
- 中 xiě
- 日 シャ(うつす)

집(宀)에 절구(臼)와 아궁이에 싸여(勹) 있는
불(灬)을 소재로 그리니 **그릴 사**
또 그리듯 베끼니 **베낄 사** 약 写 : 덮어놓고(冖) 주어진(与)
대로만 그리고 베끼니 '그릴 사, 베낄 사'

※ 宀(집 면), 臼(절구 구), 勹(쌀 포), 灬(불 화 발), 冖(덮을 멱), 与(줄 여)

寫本(사본), **寫眞**(사진), **複寫**(복사), **透寫**(투사)

瀉 泻

총 18획 1급 부수 水
- 영 pour down
- 중 xiè
- 일 シャ

물(氵)로 그림 그리(寫) 듯 씻어 쏟으니
쏟을 사

泄瀉(설사), 一瀉千里(일사천리), 止瀉劑(지사제),
吐瀉(토사) - 상토하사(上吐下瀉). 위로는 토하고 아래로는 설사함.

賜 赐

총 15획 3급 부수 貝
- 영 give, bestow
- 중 cì
- 일 シ(たまわる)

재물(貝)을 쉽게(易) 취급하여 아무나 주니
줄 사

※ 貝(조개 패, 재물 패), 易(쉬울 이, 바꿀 역)

賜藥(사약), 膳賜(선사), 下賜(하사), 厚賜(후사)

辭 辞

총 19획 4급 부수 辛
- 영 speech, sentence, retire
- 중 cí
- 일 ジ(やめる)

손(爫)에 창(マ) 들고 성(冂)을 지키는 군인들이 사사로운(厶) 욕심으로 또(又) 매서운(辛) 말씀이나 글을 쓰고 물러나니 **말씀 사, 글 사, 물러날 사**

약) 辞 유) 亂(어지러울 란)

※ 爫('손톱 조'나 여기서는 손의 뜻), マ[창 모(矛)의 획 줄임], 冂(멀 경, 성 경), 厶(사사로울 사, 나 사), 又(오른손 우, 또 우), 辛(매울 신, 고생할 신)

辭典(사전), 祝辭(축사), 辭意(사의), 辭讓(사양)

辞

총 13획 급외자 부수 辛
- 영 speech, sentence, retire

혀(舌)로 매서운(辛) 말씀이나 글을 쓰고 물러나니
말씀 사, 글 사, 물러날 사

※ 말씀 사, 글 사, 물러날 사(辭)의 약자
※ 舌(혀 설), 辛(고생할 신, 매울 신)

명언 虎視牛步(호시우보) 눈빛은 호랑이가 먹이를 노리는 것처럼 날카롭게 현실을 직시하되, 마음은 조급하게 먹지 않고 소처럼 우직하게 한결같이 한 걸음 한 걸음 내딛으라.
▶虎(범 호), 視(볼 시), 牛(소 우), 步(걸음 보)

蓑

총 14획 1급 부수 ++
- 英 a straw raincoat
- 中 suō
- 日 サ(みの)

풀(++)로 쇠하게(衰), 즉 얇게 엮어 만든 도롱이니
도롱이 사 (= 簑)

※ 도롱이 – 비닐이 없었던 옛날에 풀이나 대를 엮어 만든 비옷으로, 무겁지 않게 얇게 만들었지요.
※ 簑 : 대(竹)로 쇠하게(衰), 즉 얇게 엮어 만든 도롱이니 '도롱이 사'

蓑笠(사립), **蓑衣**(사의), **綠蓑衣**(녹사의)

些

총 7획 1급 부수 二
- 英 few
- 中 xiē
- 日 サ

단지 이(此)것 두(二) 개뿐이라 적으니
적을 사

※ 此(이 차)

些略(사략), **些末**(사말), **些事**(사사), **些少**(사소)

奢

총 12획 1급 부수 大
- 英 luxury
- 中 shē
- 日 シャ(おごる)

크게(大) 사람(者)이 꾸며 사치하니
사치할 사 참 侈(사치할 치)

※ 사치(奢侈) – 자기 분수에 맞지 않게 치레함.
※ 大(큰 대), 者(놈 자, 것 자)

奢麗(사려), **奢傲**(사오), **豪奢**(호사)

徙

총 11획 1급 부수 彳
- 英 move
- 中 xǐ
- 日 シ(うつる)

가서(彳) 멈추어(止) 살 곳을 점쳐(卜) 사람(人)이 옮기니 **옮길 사**

※ 彳(조금 걸을 척), 止(그칠 지), 卜(점 복)

徙植(사식), **移徙**(이사),
徙家忘妻(사가망처) – '집을 옮기면서 아내를 잊고(두고) 감'으로, 무엇을 잘 잊음을 비유적으로 이르는 말.

食

밥 식, 먹을 식, 밥 사 – 밥 식(397쪽) 참고

它

다를 타, 뱀 사 – 다를 타(673쪽) 참고

削

총 9획 3II급 부수 刀
- 英 cut
- 中 xiāo
- 日 サク(けずる)

작게(肖) 칼(刂)로 깎으니
깎을 삭

※ 肖(같을 초, 작을 초), 刂(칼 도 방)

削減(삭감), **削髮**(삭발), **削除**(삭제), **添削**(첨삭)

朔

총 10획 3급 부수 月
- 英 the 1st day of the lunar month, north
- 中 shuò
- 日 サク(ついたち)

거꾸로 선(屰) 모습의 달(月)이 생기기 시작하는
초하루니 **초하루 삭**

또 초하루부터 새로 시작하는 달이니 **달 삭**

※ 屰 : 사람이 거꾸로 선 모습에서 '거꾸로 설 역'
※ 달은 차서 보름달을 거쳐 그믐달이 되었다가 다시 거꾸로(반대의 모습으로) 초승달이 되지요.

朔望(삭망), **朔月貰**(삭월세), **滿朔**(만삭)

人

사

索

동아줄 삭, 찾을 색, 쓸쓸할 삭 – 찾을 색(340쪽) 참고

數

셀 수, 두어 수, 빽빽할 촉, 운수 수, 자주 삭
– 셀 수(378쪽) 참고

山

총 3획 8급 제부수
- 英 mountain
- 中 shān
- 日 サン(やま)

높고 낮은 산을 본떠서
산 산

山林(산림), **山脈**(산맥), **山紫水明**(산자수명)

疝

총 8획 1급 부수 疒
- 英 colic
- 中 shàn
- 日 セン

병(疒) 중에 산(山)처럼 붓는 산증이니
산증 산

※ 산증(疝症) - 한방에서, 아랫배와 불알에 탈이 생겨 붓고 아픈 병을 이르는 말.
※ 疒(병들 녁), 症(병세 증)

疝氣(산기), **疝病**(산병), **疝痛**(산통) ＊ **算筒**(산통)

産 产

총 11획 5급 부수 生
- 英 product
- 中 chǎn
- 日 サン(うむ)

머리(亠) 받치고(ノ) 바위(厂)에 의지하여 새끼를 낳으니(生) **낳을 산**
또 아이를 낳듯이 물건을 생산하니 **생산할 산** (= 产)

※ 亠(머리 부분 두), 厂(굴 바위 엄, 언덕 엄), 生(날 생, 살 생, 사람을 부를 때 쓰는 접사 생)
※ 厂 위를 文(무늬 문, 글월 문, 성씨 문)으로 써서, '글(文) 공부를 바위(厂) 밑에서 전념하여 좋은 작품을 써 내니(生) 낳을 산(産)'이라고도 해요.

産苦(산고), **産母**(산모), **出産**(출산), **産業**(산업)

傘 伞

총 12획 2급 부수 人
- 英 umbrella
- 中 sǎn
- 日 サン(かさ)

위가 덮인(人) 아래에 우산살(枀)이 있고 십(十)자 모양의 손잡이도 있는 우산이니 **우산 산**

※ 人('사람 인'이나 여기서는 덮인 모습으로 봄), 枀[사람 인(人) 넷이나 여기서는 우산살로 봄]

雨傘(우산), **傘下**(산하), **陽傘**(양산), **日傘**(일산)

算

총 14획 7급 부수 竹
- 英 count
- 中 suàn
- 日 サン

대(竹)로 눈(目)알처럼 깎아 만든 주산을 받쳐 들고(廾) 셈하니 **셈할 산**

※ 竹(대 죽), 目(눈 목, 볼 목, 항목 목), 廾(받쳐 들 공)
※ 주판 – 옛날 셈을 하는 데 쓰였던 도구. 수판. 주산.

算數(산수), **加算**(가산)‥ **減算**(감산), **精算**(정산),
利害打算(이해타산) - 이해관계를 쳐(따져) 셈함. 利(이로울 리, 날카로울 리), 害(해칠 해), 打(칠 타)

酸

총 14획 2급 부수 酉
- 영 acid
- 중 suān
- 일 サン(すい)

발효시킨 술(酉)은 시간이 가면(夋) 시어져 시니
실 산

※ 夋 : 믿음직스럽도록(允) 의젓하게 천천히 걸어(夊) 가니 '의젓하게 걸을 준, 갈 준'
※ 酉(술 그릇 유, 술 유, 닭 유, 열째 지지 유), 允(진실로 윤, 믿을 윤, 허락할 윤), 夊(천천히 걸을 쇠, 뒤져 올 치)

酸味(산미), **酸性**(산성), **酸素**(산소), **炭酸**(탄산)

刪 删

총 7획 1급 부수 刀
- 영 cut
- 중 shān
- 일 サン(けずる)

책(冊)처럼 넓적하게 칼(刂)로 깎으니
깎을 산 (= 删)

※ 冊(책 책, 세울 책, = 册), 刂(칼 도 방)

刪改(산개), **刪蔓**(산만), **刪補**(산보), **刪削**(산삭)

珊 珊

총 9획 1급 부수 王(玉)
- 영 coral
- 중 shān
- 일 サン

구슬(王)을 세워(冊) 놓은 것처럼 아름다운
산호니 **산호 산** (= 珊)

※ 산호(珊瑚) - 산호과의 자포동물을 통틀어 이르는 말. 나뭇가지 모양의 군체(群體)를 이루고 사는데, 죽으면 살이나 기관은 썩고 뼈만 남음.
※ 瑚(산호 호), 群(무리 군), 體(몸 체)

散

총 12획 4급 부수 攵
- 영 scatter
- 중 sǎn
- 일 サン(ちらす, ちる)

풀(艹)이 난 땅(一)에 고기(月)를 놓고 치면(攵)
여러 조각으로 흩어지니 **흩어질 산**

※ 一('한 일'이나 여기서는 땅으로 봄), 月(달 월, 육 달 월), 攵(칠 복, = 攴)

散髮(산발), **散發**(산발), **散在**(산재), **離散**(이산)

撒

총 15획 1급 부수 手
- 영 sprinkle
- 중 sǎ
- 일 サン(まく)

손(扌)으로 흩어지게(散) 뿌리니
뿌릴 살

撒肥(살비), **撒砂**(살사), **撒水**(살수), **撒布**(살포)

殺 杀

총 11획 4II급 부수 殳
- 英 kill, fast, decrease
- 中 shā
- 日 サツ, サイ(ころす)

베고(乂) 나무(木)로 찍고(丶) 쳐서(殳) 죽여 빨리 없애니 **죽일 살, 빠를 쇄, 감할 쇄**
- ㉥ 刹(짧은 시간 찰, 절 찰)

※ 乂(벨 예, 다스릴 예, 어질 예), 丶('점 주, 불똥 주'나 여기서는 찍는 모습으로 봄), 殳(칠 수, 창 수, 몽둥이 수), 감(減 : 줄어들 감)하다-적어지다. 줄다. 줄이다.

殺蟲(살충), **殺到**(쇄도), **減殺**(감쇄), **相殺**(상쇄)

煞

총 13획 1급 부수 火
- 英 kill
- 中 shā, shà
- 日 サツ(ころす)

사람(勹)을 손(크)으로 치며(攵) 불(灬)태워 죽이니 **죽일 살** (= 殺)
또 이런 짓은 악귀나 하는 짓이니 **악귀 짓 살**

※ 勹(사람 인(人)의 변형), 크(고슴도치 머리 계, 오른손 우), 灬(불 화 발), 죽일 살(殺)과 같은 글자로, 주로 사람을 해치는 악귀의 짓에 쓰이요.

驛馬煞(역마살), **凶煞**(흉살)

薩 萨

총 18획 1급 부수 ⺿
- 英 Buddhist saint
- 中 sà
- 日 サツ(ぼさつ)

풀(⺿)을 언덕(阝)에서 생산하여(產) 먹으며 수도하는 보살이니 **보살 살**

※ 보살(菩薩)-㉠위로는 부처를 따르고 아래로는 중생을 제도하는 부처 다음 가는 성인. ㉡불교를 믿는 나이든 여자를 대접하여 이르는 말.
※ 阝(언덕 부 변), 產(낳을 산, 생산할 산, = 産), 菩(보리수 보, 보살 보)

三

총 3획 8급 부수 一
- 英 three
- 中 sān
- 日 サン(み)

나무토막 세 개를 옆으로 놓은 모양에서 **석 삼**

吾鼻三尺(오비삼척), **作心三日**(작심삼일)

森

총 12획 3II급 부수 木
- 英 forest, serious
- 中 sēn
- 日 シン(もり)

나무(木)가 수풀(林)보다 더 빽빽하니 **나무 빽빽할 삼**
또 나무(木)가 수풀(林)처럼 엄숙하게 늘어선 모양에서 **엄숙한 모양 삼**

※ 木(나무 목), 林(수풀 림)

森林(삼림), **森羅萬象**(삼라만상), **森嚴**(삼엄)

긴 머리털이 가지런히 나 있는 모양을 본떠서
터럭 삼, 긴 머리 삼

총 3획 부수자
- 영 hair
- 중 shān
- 일 サン

참여할 참, 석 삼 - 참여할 참(618쪽) 참고

물(氵)에 참여하듯(參) 적시니
적실 삼 약 渗

총 14획 1급 부수 水
- 영 wet
- 중 shèn
- 일 シン(しみる)

渗透壓(삼투압) - '적셔 뚫는 압력'으로, 삼투 현상이 일어날 때 반투막(半透膜)이 받는 압력. 透(뚫을 투), 壓(누를 압), 半(반 반), 膜(막 막), 参[참여할 참, 석 삼(參)의 약자]

풀(艹) 중 병자 세(參) 사람이나 구할 수 있다는 인삼이니 **인삼 삼**

총 15획 2급 부수 艹
- 영 ginseng
- 중 shēn
- 일 サン

* 인삼은 약효가 뛰어나 사람을 셋이나 살릴 수 있다는 데서 만든 글자이지요.

蔘鷄湯(삼계탕), 乾蔘(건삼), 山蔘(산삼), 紅蔘(홍삼)

손(扌)으로 가래(臿)를 땅에 꽂으니
꽂을 삽 원 插 약 挿

총 12획 2급 부수 手
- 영 insert
- 중 chā
- 일 ソウ(さす)

* 臿 : 자루(千)를 절구(臼)처럼 꽂아 땅을 파는 가래니 '가래 삽' - 손 수 변(扌)에 가래 삽(臿)을 써야 원자인데, 요즘은 조금 변형시킨 속자 '꽂을 삽(插)'으로 많이 쓰네요.
* 千('일천 천'이나 여기서는 자루로 봄), 臼(절구 구), 가래-흙을 파헤치거나 떠서 던지는 기구.

插木(삽목), 插入(삽입), 插畵(삽화), 插話(삽화)

澁

총 15획 1급 부수 水
- 영 rough
- 중 sè
- 일 ジュウ(しぶ)

물(氵)처럼 마시다 그치고(止) 그치고(止) 그쳐야(止) 할 듯 맛이 떫고 껄끄러우니
떫을 삽, 껄끄러울 삽

※ 止(그칠 지)

澁味(삽미), 澁滯(삽체), 難澁(난삽) – (글이나 말이 매끄럽지 못하면서) 어렵고 까다로움.

扱

거둘 급, 처리할 급, 꽂을 삽 – 거둘 급(113쪽) 참고

上

총 3획 7급 부수 一
- 영 above, high, climb
- 중 shàng
- 일 ジョウ(うえ)

일정한 기준(一)보다 위로 높이 오르니
위 상, 높을 상, 오를 상

浮上(부상), 雪上加霜(설상가상), 上官(상관), 上京(상경)

床

총 7획 4II급 부수 广
- 영 wooden bedstead, desk
- 중 chuáng
- 일 ショウ(とこ, ゆか)

집(广)처럼 나무(木)로 받쳐 만든 평상이나 책상이니
평상 상, 책상 상

※ 广(집 엄), 木(나무 목), 평상(平床) – 나무로 만든 침상의 하나.

病床(병상), 臨床(임상), 寢床(침상), 冊床(책상)

相

총 9획 5급 부수 目
- 영 mutual, looks, stare, premier
- 중 xiāng, xiàng
- 일 ソウ(あい)

나무(木)처럼 마주서서 서로의 모습을 보니(目)
서로 상, 모습 상, 볼 상
또 임금과 서로 이야기하는 재상이니 **재상 상**

※ 재상(宰相) – 임금을 돕고 모든 관원을 지휘하고 감독하는 이품 이상의 벼슬.
※ 目(눈 목, 볼 목, 항목 목), 宰(주관할 재, 재상 재)

相扶相助(상부상조), 眞相(진상), 觀相(관상), 首相(수상)

想

총 13획 4Ⅱ급 부수 心
- 영 imagine
- 중 xiǎng
- 일 ソウ(おもう)

서로(相) 마음(心)으로 생각하니
생각할 상

※ 心(마음 심, 중심 심)

想念(상념), **想像**(상상), **構想**(구상), **發想**(발상)

箱

총 15획 2급 부수 竹
- 영 box
- 중 xiāng
- 일 ソウ(はこ)

대(竹)를 서로(相) 걸어 짠 상자니
상자 상

※ 竹(대 죽). 자재가 귀하던 옛날에는 상자도 대로 만들었지요.

箱子(상자), **書箱**(서상),
箱子褶曲(상자습곡) - 상자 모양으로 된 습곡의 하나. 습곡(褶曲) - 지층이 물결 모양으로 주름이 지는 현상.

霜

총 17획 3Ⅱ급 부수 雨
- 영 frost
- 중 shuāng
- 일 ソウ(しも)

비(雨) 같은 습기가 서로(相) 얼어붙은 서리니
서리 상

※ 雨(비 우)

霜雪(상설), **傲霜孤節**(오상고절), **秋霜**(추상),
風霜(풍상)

孀

총 20획 1급 부수 女
- 영 widow
- 중 shuāng

여자(女) 중 남편이 죽어 서리(霜) 맞은 모습의
과부니 **과부 상**

孀老(상로), **孀婦**(상부), **靑孀**(청상),
靑孀寡婦(청상과부)

狀 狀

총 8획 4Ⅱ급 부수 犬
- 영 shape, document
- 중 zhuàng
- 일 ジョウ

나무 조각(爿)에 개(犬)를 새긴 모습이니
모습 상
또 (글자가 없던 옛날에) 모습을 새겨 작성했던 문서니
문서 장 약 状

※ 爿(나무 조각 장), 犬(개 견), 丬[나무 조각 장(爿)의 약자]

症狀(증상), **形狀**(형상), **答狀**(답장), **案內狀**(안내장)

桑

- 총 10획 3II급 부수 木
- 英 mulberry tree
- 中 sāng
- 日 ソウ(くわ)

여러 손들(又又又)이 잎을 따 누에를 먹이는 뽕나무(木)니 **뽕나무 상** 약 桒

※ 又(오른손 우, 또 우), 뽕나무 잎을 여러 사람의 손으로 따서 누에를 먹여 길렀지요.

桑果(상과), **桑田碧海**(상전벽해), **滄海桑田**(창해상전)

商

- 총 11획 5급 부수 口
- 英 calculate, trade
- 中 shàng
- 日 ショウ(あきなう)

머리(亠)에 물건을 이고(丷) 다니며 성(冂) 안에서 사람(儿)이 말하며(口) 장사하니 **장사할 상**
또 장사하듯 이익을 헤아리니 **헤아릴 상**

※ 亠(머리 부분 두), 冂(멀 경, 성 경), 儿(어진 사람 인, 사람 인 발), 口(입 구, 말할 구, 구멍 구)

商社(상사), **商店**(상점), **商量**(상량), **協商**(협상)

尙

- 총 8획 3II급 부수 小
- 英 rather, prominent, respect 中 shàng
- 日 ショウ(なお)

(말을 실수하지 않으려고) 작은(小) 일이라도 성(冂)처럼 입(口)을 지킴은 오히려 높이 숭상하니 **오히려 상, 높을 상, 숭상할 상**

※ 지킬 보, 보호할 보(保)의 어원도 참고하세요.

時機尙早(시기상조), **嘉尙**(가상), **崇尙**(숭상), **尙武**(상무)

常

- 총 11획 4II급 부수 巾
- 英 always, usually, fair
- 中 cháng
- 日 ジョウ(つね)

(몸의 부끄러운 부분을) 숭상하듯(尙) 수건(巾) 같은 천으로 가림은 항상 보통의 일이니 **항상 상, 보통 상**
또 부끄러운 부분을 가리면 떳떳하니 **떳떳할 상**

※ 巾(수건 건), 인간의 생존에 기본으로 필요한 것을 식(食 : 밥 식, 먹을 식, 밥 사), 주(住 : 살 주 = 사는 집)보다 의(衣 : 옷 의)를 먼저 써서 '의식주(衣食住)'라고 하지요.

恒常(항상), **常識**(상식), **非常**(비상), **常理**(상리)

裳

- 총 14획 3II급 부수 衣
- 英 skirt
- 中 cháng
- 日 ショウ(も)

숭상하듯(尙) 잘 꾸며 입는 옷(衣)은 치마니 **치마 상**

※ 한복에서는 치마를 멋있게 잘 꾸미지요.

衣裳(의상), **同價紅裳**(동가홍상), **綠衣紅裳**(녹의홍상)

嘗 尝

총 14획 3급 부수 口
- 英 taste, early
- 中 cháng
- 日 ショウ(なめる)

숭상하는(尚) 맛(旨)을 내려고 맛보니
맛볼 상
또 맛은 먹기 전에 일찍 보니 **일찍 상**
역 甞 : 숭상하는(尚) 단(甘)맛을 내려고 맛보니 '맛볼 상'

※ 旨(맛 지, 뜻 지), 甘(달 감)

嘗味(상미), **臥薪嘗膽**(와신상담), **未嘗不**(미상불)

賞 赏

총 15획 5급 부수 貝
- 英 prize, sightseeing
- 中 shǎng
- 日 ショウ

숭상하여(尚) 재물(貝)로 상도 주고 구경도 보내니
상줄 상, 구경할 상

※ 貝(조개 패, 재물 패)

賞金(상금), **信賞必罰**(신상필벌),
賞春客(상춘객) - 봄의 경치를 구경 나온 사람.

償 偿

총 17획 3II급 부수 人
- 英 reward
- 中 cháng
- 日 ショウ(つぐなう)

공을 세운 사람(亻)에게 상(賞)을 주어 갚고 보답하니
갚을 상, 보답할 상

償債(상채), **償還**(상환), **辨償**(변상), **補償**(보상)

祥

총 11획 3급 부수 示
- 英 auspicious, symptom
- 中 xiáng
- 日 ショウ

보임(示)이 양(羊)처럼 좋은 상서로운 조짐이니
상서로울 상, 조짐 상

※ 상서(祥瑞) - 경사로운 일이 있을 징조.
※ 조짐(兆朕) - 어떤 일이 생길 기미가 보이는 현상.
※ 示(보일 시, 신 시), 羊(양 양), 兆(조짐 조, 조 조), 朕(조짐 짐)

發祥地(발상지), **不祥事**(불상사), **吉祥**(길상)

詳 详

총 13획 3II급 부수 言
- 英 attentive, detailed
- 中 xiáng
- 日 ショウ(くわしい)

말(言)을 양(羊)처럼 순하고 좋게하며 자상하니
자상할 상

※ 자상(仔詳) - 자세하고 찬찬함.
※ 言(말씀 언), 仔(자세할 자, 새끼 자)

詳報(상보), **詳細**(상세), **詳述**(상술), **未詳**(미상)

翔

총 12획 1급 부수 羽
- 英 soar
- 中 xiáng
- 日 ショウ(かける)

양(羊)처럼 부드럽게 깃(羽)을 치며 나니
날 상

* 羽(날개 우, 깃 우)

翔空(상공), **翔**泳歸仁(상영귀인), 飛**翔**(비상)

庠

총 9획 2급 부수 广
- 英 school
- 中 xiáng

집(广) 안에서 양(羊)떼처럼 많은 아이들을 가르치는
학교니 **학교 상**

* 중국 주나라 때 지방 학교 이름.

庠校(상교), **庠**謝禮(상사례), **庠**序(상서)

喪

총 12획 3II급 부수 口
- 英 mourning, lose
- 中 sāng, sàng
- 日 ソウ(も)

많은(十) 사람들의 입들(口口)이 변하도록(𠃑) 울면
초상나 가족을 잃은 것이니 **초상날 상, 잃을 상**

* 초상(初喪) - 사람이 죽어서 장사지낼 때까지의 일.
* 十(열 십, 많을 십), 𠃑[변화할 화, 될 화(化)의 변형], 初(처음 초)

喪家(상가), **喪**家之狗(상가지구), 問**喪**(문상),
喪失(상실)

象

총 12획 4급 부수 豕
- 英 elephant, figure, imitate
- 中 xiàng
- 日 ショウ(かたどる)

코끼리 모습을 본떠서
코끼리 상, 모습 상, 본뜰 상
- 유 衆(무리 중)

* 원래는 '코끼리 상'인데 뜻이 확대되어 '모습 상, 본뜰 상'으로도 쓰이네요. 한자가 만들어진 중국에서는 코끼리를 잘 볼 수 없었으니 모습을 생각하여 짐작했겠지요.

象牙(상아), **象**徵(상징), 印**象**(인상), **象**形(상형)

像

총 14획 3II급 부수 人
- 英 figure
- 中 xiàng
- 日 ゾウ(かたち)

사람(亻)이 생각하는 코끼리(象) 모습이니
모습 상

銅**像**(동상), 佛**像**(불상), 受**像**機(수상기),
自畫**像**(자화상)

傷 伤

총 13획 4급 부수 人
- injure
- shāng
- ショウ(きず)

사람(亻)과 사람(ㄧ)은 햇살(昜)에 피부가 상하니 **상할 상**

※ ㄧ[사람 인(人)의 변형], 昜(볕 양, 햇살 양)

傷處(상처), **負傷**(부상), **重傷**(중상), **銃傷**(총상)

觴 觞

총 18획 1급 부수 角
- wineglass
- shāng
- ショウ

뿔(角)로 만들어 사람(ㄧ)이 햇살(昜)처럼 따뜻한 마음으로 술을 따라 마시는 술잔이니 **술잔 상**

※ 角(뿔 각, 모날 각, 겨룰 각)

觴詠(상영), **濫觴**(남상)

爽

총 11획 1급 부수 爻
- refreshing
- shuǎng
- ソウ(さわやか)

마음 큰(大) 사람과 사귀고(爻) 사귀면(爻) 시원시원하니 **시원할 상**

※ 爻(점괘 효, 사귈 효, 본받을 효)

爽達(상달), **爽明**(상명), **爽秋**(상추), **爽快**(상쾌)

人

상

璽 玺

총 19획 1급 부수 王(玉)
- imperial seal
- xǐ
- ジ

그(爾)에게 찍어주기 위하여 옥(玉)으로 만든 옥새나 도장이니 **옥새 새, 도장 새**

※ 爾(너 이, 그 이, 어조사 이), 玉(구슬 옥)
※ 옥새(玉璽) - 옥으로 만든 임금의 도장.

國璽(국새), **御璽**(어새)

色

총 6획 7급 제부수
- color
- sè
- ショク(いろ)

사람(⺈)이 뱀(巴)을 보고 놀라는 얼굴빛이니 **빛 색**

※ ⺈[사람 인(人)의 변형], 巴(뱀 파), 한자가 만들어지던 시대를 생각해야 어원이 쉽게 이해됩니다. 옛날에는 뱀이 많아 자주 출몰했지요.

色盲(색맹), **染色**(염색), **脫色**(탈색), **赤色**(적색)

339

塞

총 13획 3II급 부수 土
- 영 stop up, edges
- 중 sāi, sè
- 일 ソク, サイ(ふさぐ)

집(宀)의 벽을 우물틀(井)처럼 하나(一)씩
나누어(八) 흙(土)으로 막으니 **막을 색**
또 출입을 막고 지키는 변방이니 **변방 새**
⑨ 寒(찰 한), 寨(울타리 채)

＊ 宀(집 면), 井(우물 정, 우물틀 정), 八(여덟 팔, 나눌 팔), 土(흙 토)

梗塞(경색), **窮塞**(궁색), **要塞**(요새),
塞翁之馬(새옹지마) - '변방에 사는 늙은이 말'로, 인생에 있어서 길흉화복은 항상 바뀌어 예측할 수가 없음을 말함. 음지가 양지 되고 양지가 음지 된다는 속담과 통함.

❍ 변방에 사는 한 노인이 기르던 말이 오랑캐 땅으로 달아나서 슬펐는데 얼마 뒤에 그 말이 한 필의 준마를 데리고 돌아와 기뻤고, 노인의 아들이 말을 타고 놀다가 떨어져 절름발이가 되어 슬펐는데, 때마침 난리가 일어나 젊은이들은 모두 전쟁터에 끌려가 죽었으나 노인의 아들은 절름발이였기 때문에 목숨을 보전하여 기뻤다는 데서 유래. 翁(늙은이 옹), 馬(말 마)

색

索

총 10획 3II급 부수 糸
- 영 large rope, search, lonely
- 중 suǒ
- 일 サク

많이(十) 꼬아서(冖) 만든 동아줄(糸)이니 **동아줄 삭**
또 동아줄로 묶어 두어 잃어버렸을 때 찾으니 **찾을 색**
또 누구를 찾아야 할 정도로 쓸쓸하니 **쓸쓸할 삭**

＊ 十(열 십, 많을 십), 冖('덮을 멱'이나 여기서는 꼬는 모습으로 봄), 糸(실 사, 실 사 변)

索道(삭도), **索出**(색출), **檢索**(검색), **索寞**(삭막)

嗇

총 13획 1급 부수 口
- 영 grudge
- 중 sè
- 일 ショク

재물이 와서(來) 돌기(回)만 하고 나가지 않게 아끼니
아낄 색

＊ 來(올 래(來)의 변형], 回(돌 회, 돌아올 회, 횟수 회)

吝嗇(인색), **吝嗇漢**(인색한) - 몹시 인색한 사내. 吝(아낄 린), 漢(한나라 한, 남을 흉하게 부르는 접미사 한)

生

총 5획 8급 제부수
- 영 be born, live
- 중 shēng
- 일 セイ(いきる)

사람(丿)은 흙(土)에 나서 사니
날 생, 살 생, 사람을 부를 때 쓰는 접사 생

＊ 丿[사람 인(人)의 변형], 土(흙 토)

生日(생일), **更生**(갱생), **生動感**(생동감), **學生**(학생),
先生(선생), **生徒**(생도)

牲

총 9획 1급 부수 牛
- 英 sacrifice
- 中 shēng
- 日 セイ(いけにえ)

소(牛) 중 산(生) 채로 바쳐진 희생이니
희생 생

※ 희생(犧牲) - ㉠제물로 쓰는 짐승. ㉡목숨·재물·명예 등을 버리거나 바침. ㉢목숨이나 재물 등을 뜻밖에, 또는 강제로 잃음.
※ 牛(소 우 변), 犧(희생 희), 옛날에 소(牛)를 산(生)채로 제사에 바친 데서 유래하여 '희생 생(牲)'이지요.

犧牲打(희생타), **牲犢**(생독)

甥

총 12획 1급 부수 生
- 英 nephew, a son-in-law
- 中 shēng
- 日 セイ(おい)

실제로 낳은(生) 것처럼 대해야 할 사내(男)는
생질이나 사위니 **생질 생, 사위 생**

※ 男(사내 남), 생질 - 누나나 누이의 아들.

甥姪(생질), **甥姪婦**(생질부), **外甥**(외생)

西

총 6획 8급 부수 西
- 英 west
- 中 xī
- 日 セイ(にし)

지평선(一) 아래(口)로 해가 들어가는(儿)
서쪽이니 **서쪽 서** (유) 襾(덮을 아)

※ 口('에운 담'이지만 여기서는 지평선 아래 땅으로 봄), 儿('어진사람 인, 사람 인 발'이나 여기서는 들어가는 모습으로 봄), 부수는 襾(덮을 아)네요.

東問西答(동문서답), **紅東白西**(홍동백서)

생

抒

총 7획 1급 부수 手
- 英 express, spread
- 中 shū
- 日 ジョ

손(扌)으로 헤치듯 내(予) 마음을 풀어 펴니
풀 서, 펼 서

※ 予[줄 여, 나 여, 미리 예(豫)의 약자]

抒情(서정), **抒情味**(서정미), **抒情詩**(서정시)

舒

총 12획 2급 부수 舌
- 英 unfold, relaxed
- 中 shū
- 日 ジョ

집(舍)에서처럼 내(予)가 마음을 펴고 느긋하니
펼 서, 느긋할 서

※ 舍(집 사)

舒眉(서미), **舒遲**(서지),
舒川郡(서천군) - 충청남도 남서쪽에 있는 군.

序

총 7획 5급 부수 广
- 英 The first, order
- 中 xù
- 日 ジョ

집(广)에서도 내(予)가 먼저 지켜야 하는 차례니
먼저 서, 차례 서

※ 집안에는 나부터 시작하여 위로는 아버지, 할아버지 등의 직계존속, 아래로는 아들, 손자 등 직계비속이 있으니 내가 먼저 솔선수범하여 차례를 지켜야 한다는 데서 생긴 글자.

序曲(서곡), **序論**(서론), **序列**(서열), **秩序**(질서)

書 书

총 10획 6급 부수 曰
- 英 write, writing, book
- 中 shū
- 日 ショ(かく)

붓(聿)으로 말하듯(曰) 쓰니
쓸 서
또 써 놓은 글이나 책이니 **글 서, 책 서**

※ 聿(붓 율), 曰(가로 왈)

書記(서기), **書簡**(서간), **書堂**(서당), **良書**(양서)

서

恕

총 10획 3II급 부수 心
- 英 pardon
- 中 shù
- 日 ジョ

예전과 같은(如) 마음(心)으로 용서하니
용서할 서 〈유〉 怒(성낼 노)

※ 如(같을 여), 心(마음 심, 중심 심)

容恕(용서), **恕罪**(서죄), **寬恕終興**(관서종흥) - 너그럽게 용서하면 마칠 때(나중에) 흥함(좋음). 寬(너그러울 관), 終(다할 종, 마칠 종), 興(흥할 흥, 흥겨울 흥)

庶

총 11획 3급 부수 广
- 英 multitude, the people, a child born of a concubine
- 中 shù
- 日 ショ(もろもろ)

집(广)에 스물(廿) 한(一) 곳, 즉 많은 곳에 불(灬)을 때며 모여 사는 여러 백성들이니 **여러 서, 백성 서**
또 일반 백성처럼 취급되는 첩의 아들이니
첩의 아들 서

※ 계급제도가 있던 옛날에는 본부인의 아들을 적자(嫡子), 첩의 아들을 서자(庶子)라 하여 차별하였지요. 첩의 아들은 공직에도 나갈 수 없고 하인처럼 일했으니 '여러 서, 백성 서(庶)'에 '첩의 아들 서'라는 뜻이 붙었답니다.
※ 广(집 엄), 廾(스물 입, = 廿)은 아래를 막아 써도 같은 뜻이나 보다 분명하게 하려고 나누어 풀었어요. 灬(불 화 발), 嫡(아내 적, 본마누라 적)

庶務(서무), **庶民**(서민), **庶出**(서출), **嫡庶**(적서)

徐

총 10획 3II급 부수 彳
- 영 slow
- 중 xú
- 일 ジョ(おもむろ)

조금씩 걸으며(彳) 남은(余) 일을 천천히 하니
천천히 할 서, 성씨 서

※ 彳(조금 걸을 척), 余[나 여, 남을 여(餘)의 속자]

徐步(서보), 徐行(서행)

敍

총 11획 3급 부수 攵
- 영 spread, give
- 중 xù
- 일 ジョ(のべる)

남은(余) 것을 털어(攵) 펴고 베푸니
펼 서, 베풀 서 약 敘, 叙 : 내(余) 마음을 또(又) 펴고 베푸니 '펼 서, 베풀 서'

※ 攵(칠 복, = 攴), 又(오른손 우, 또 우)

敍事(서사), 敍述(서술), 自敍傳(자서전), 追敍(추서)

緒 绪

총 15획 3II급 부수 糸
- 영 beginning, the first step
- 중 xù
- 일 ショ(いとぐち)

실(糸)을 다루는 사람(者)에게 중요한 것은 실마리니
실마리 서

※ 者(놈 자, 것 자), 실마리 - ㉠감겨 있거나 헝클어진 실의 첫머리. ㉡일이나 사건을 풀어 나갈 수 있는 첫머리.

緖論(서론), 緖言(서언), 端緖(단서), 頭緖(두서)

暑

총 13획 3급 부수 日
- 영 hot
- 중 shǔ
- 일 ショ(あつい)

해(日)가 사람(者) 위에 있으면 더우니
더울 서

暑傷(서상), 避暑(피서), 滌暑(척서), 酷暑(혹서)

署 署

총 14획 3II급 부수 罒
- 영 government office, sign
- 중 shǔ
- 일 ショ

그물(罒) 같은 촘촘한 법으로 사람(者)을 다스리는 관청이니 **관청 서**, 또 촘촘한 그물(罒)처럼 사람(者)이 철저히 책임진다고 서명하니 **서명할 서**

※ 罒(그물 망, = 网, 罓), 署가 붙은 관청은 세무서, 경찰서처럼 그물(罒) 같은 촘촘한 법으로 사람(者)을 다스리는 곳이죠.

署長(서장), 官署(관서), 署名(서명), 連署(연서)

曙

총 18획 1급 부수 日
- 영 dawn
- 중 shū
- 일 ショ(あけぼの)

햇(日)살이 그물(罒)처럼 물건(者)으로 뻗어 오는 새벽이니 **새벽 서**

曙景(서경), **曙**光(서광), **曙**鐘(서종), **曙**天(서천)

薯

총 18획 1급 부수 ⺾
- 영 yam
- 중 shǔ
- 일 ショ

풀(⺾) 덩굴이 그물(罒)처럼 물건(者)을 덮으며 자라는 마니 **마 서**

* 마-맛과의 여러해살이 덩굴 풀로, 뿌리를 먹거나 약으로 씀.

薯童謠(서동요), **薯**蕷(서여)

瑞

총 13획 2급 부수 王(玉)
- 영 auspicious
- 중 ruì
- 일 ズイ(みず)

구슬(王)로 된 산(山)이 이어진(而)듯 상서로우니 **상서로울 서** ㊳ 端(끝 단, 단정할 단)

* 상서(祥瑞)롭다 - 복되고 좋은 일이 있을 듯하다.
* 王(임금 왕, 으뜸 왕, 구슬 옥 변), 而(말 이을 이), 祥(상서로울 상)

瑞光(서광), **瑞**氣(서기), **瑞**夢(서몽) - 상서로운 꿈.

誓

총 14획 3급 부수 言
- 영 oath
- 중 shì
- 일 セイ(ちかう)

꺾어서(折) 말(言)로 분명히 맹세하니 **맹세할 서**

* 맹誓(맹서→맹세) - (신이나 사람에게 하는) 굳은 약속
* 折(꺾을 절), 言(말씀 언), 盟(맹세할 맹), 맹세하는 말은 대부분 짧고 단정적이지요.

誓文(서문), **誓**盟(서맹), **誓**詞(서사), **誓**約(서약)

逝

총 11획 3급 부수 辶
- 영 pass away
- 중 shì
- 일 セイ(ゆく)

(생명이) 꺾어져(折) 가(辶) 죽으니 **갈 서, 죽을 서**

* 辶(뛸 착, 갈 착, = 辶)

逝去(서거), **逝**者(서자), 急**逝**(급서), 卒**逝**(졸서)

嶼 屿

총 17획 1급 부수 山
- 英 island
- 中 yǔ
- 日 ショ

산(山)처럼 솟아 바다와 더불어(與) 있는 섬이니
섬 서 (참) 島(섬 도, = 嶋)

※ 與(줄 여, 더불 여, 참여할 여)

綠嶼(녹서), **島嶼**(도서)

棲 栖

총 12획 1급 부수 木
- 英 live, dwell
- 中 qī
- 日 セイ(すむ)

새도 나무(木) 중 짝(妻)이 있는 곳에 깃들어 사니
깃들 서, 살 서

※ 木(나무 목), 妻(아내 처)

棲息(서식), **群棲**(군서), **同棲**(동서),
兩棲類(양서류) - (땅 위 또는 물속의) 양쪽에 서식하는 동물의 종류.

犀

총 12획 1급 부수 牛
- 英 rhinoceros
- 中 xī
- 日 サイ

몸(尸)에 물(氺) 적시고 사는 무소(牛)니
무소 서

※ 尸(주검 시, 몸 시), 氺(물 수 발), 牛(소 우), ㄹ은 ㅅ, ㄷ, ㄴ 앞에서 탈락되니 '물소'가 '무소'로 된 것이지요.

犀角(서각), **犀帶**(서대), **犀牛**(서우), **犀皮**(서피)

胥

총 9획 1급 부수 肉
- 英 mutually
- 中 xū
- 日 ショ(みな)

발(疋)이 몸(月)에서 짝을 이루듯 짝을 이루는 서로니
서로 서
또 발(疋)이 몸(月)에서 낮은 곳에 있는 것처럼
낮은 벼슬아치니 **낮은 벼슬아치 서**

※ 疋(필 필, 발 소), 月(달 월, 육 달 월)

胥失(서실), **胥吏**(서리)

壻

총 12획 1급 부수 士
- 英 a son in low
- 中 xù
- 日 セイ(むこ)

선비(士)처럼 서로(胥) 예를 갖춰 대해야 하는 사위니
사위 서 (= 婿)

※ 婿 - 딸(女)이 서로(胥) 상대하며 사는 사위니 '사위 서'

壻郎(서랑), **翁壻**(옹서), **姪壻**(질서)

黍

총 12획 1급 제부수
- 英 millet
- 中 shǔ
- 日 ショ(きび)

벼(禾)처럼 사람(人)이 물(氺)에 담가 먹는 기장이니
기장 서

* 禾(벼 화), 氺(물 수 발), 기장 - 볏과의 일년초로 오곡의 하나. 식용 작물의 한 가지로 열매는 좁쌀보다 낟알이 굵음.

黍穀(서곡), **黍麵**(서면), **黍粟**(서속), **黍稷**(서직)

鼠

총 13획 1급 제부수
- 英 mouse
- 中 shǔ
- 日 ソ(ねずみ)

윗부분은 쥐의 이빨, 아랫부분은 배, 발톱, 꼬리의
모습을 본떠서 **쥐 서**

鼠輩(서배), **鼠生員**(서생원), **首鼠兩端**(수서양단)

夕

총 3획 7급 제부수
- 英 evening
- 中 xī
- 日 セキ(ゆう)

초승달(月)이 구름에 가려 있음을 본떠서
저녁 석 㖿 久(오랠 구), 夂(천천히 걸을 쇠, 뒤져 올 치)

* 해가 지고 어두워지는 저녁에 보이는 것은 초승달뿐인데 초승달을 본떠서는 이미 '달 월, 육 달 월(月)'이라는 글자를 만들었으니 초승달의 일부가 구름에 가려 있음을 본떠서 '저녁 석(夕)'을 만든 것이죠. 초승달은 초저녁 서쪽 하늘에 잠깐 떴다가 지니까요. 밤을 나타내는 글자는 '밤 야(夜)'로 night.

夕刊(석간), **夕陽**(석양), **朝不慮夕**(조불려석),
朝夕(조석)

石

총 5획 6급 제부수
- 英 stone
- 中 shí
- 日 セキ(いし)

언덕(厂) 밑에 있는 돌(口)을 본떠서
돌 석, 성씨 석

* 厂(굴 바위 엄, 언덕 엄), 口('입 구, 말할 구, 구멍 구'나 여기서는 돌로 봄)

石器(석기), **石造**(석조), **木石**(목석), **化石**(화석).
安如盤石(안여반석) - '편안하기가 반석 같음으로, 편안하고 끄떡없기가 반석 같아서 제 아무리 수단을 써서 건드려 봐도 흔들리지 않음을 말함. 安(편안할 안), 盤(쟁반 반), 반석(盤石) - 쟁반처럼 넓적한 돌.

碩 硕

총 14획 2급 부수 石
- 영 great
- 중 shuò
- 일 セキ(おおきい)

돌(石)이 머리(頁)처럼 크니
클 석

※ 頁(머리 혈)

碩德(석덕), **碩士**(석사), **碩學**(석학)

席

총 10획 6급 부수 巾
- 영 seat
- 중 xí
- 일 セキ

집(广) 안에 스물(卄) 한(一) 사람이나 앉도록
수건(巾)을 깐 자리니 **자리 석**

※ 巾(수건 건), 卄(스물 입, = 廿)은 아래를 막아 써도 같은 뜻이지만 보다 분명히 하기 위하여 卄과 一로 나누어 풀었어요.

席次(석차), **缺席**(결석) ↔ **出席**(출석), **座席**(좌석)

昔

총 8획 3급 부수 日
- 영 ancient
- 중 xī
- 일 セキ(むかし)

이십(卄) 일(一) 일(日)이나 지난 옛날이니
옛 석

※ '풀(卄)이 난 땅(一) 아래로 해(日)가 지면 이미 옛날이니 옛 석'이라고도 해요.

昔日(석일), **昔年**(석년), **今昔之感**(금석지감)

惜

총 11획 3Ⅱ급 부수 心
- 영 cherish, pity, spare
- 중 xī
- 일 セキ(おしい)

마음(忄)에 어렵던 옛날(昔)을 생각하며
아끼고 가엾게 여기니 **아낄 석, 가엾을 석**

※ 忄(마음 심 변)

惜時如金(석시여금), **惜別**(석별), **哀惜**(애석)

釋 释

총 20획 3Ⅱ급 부수 釆
- 영 explain
- 중 shì
- 일 シャク(とく)

나누고(釆) 엿보아(睪) 푸니
풀 석 약 釈 : 나누고(釆) 자(尺)로 재며 푸니 '풀 석'

※ 釆(분별할 변, 나눌 변), 睪(엿볼 역), 尺(자 척)

釋放(석방), **手不釋卷**(수불석권), **解釋**(해석)

奭

총 15획 2급 부수 大
- 英 great, prosper
- 中 shì
- 日 セキ(さかん)

크고(大) 많고(百) 많아(百) 크게 성하니
클 석, 성할 석

※ 大(큰 대), 百(일백 백, 많을 백)
※ 인·지명용 한자.

析

총 8획 3급 부수 木
- 英 divide, analyze
- 中 xī
- 日 セキ(さく)

나무(木)를 도끼(斤)로 쪼개니
쪼갤 석 ㊌ 折(꺾을 절)

※ 木(나무 목), 斤(도끼 근, 저울 근)

析出(석출), **分析**(분석), **解析**(해석), ***解釋**(해석)

晳

총 12획 2급 부수 日
- 英 bright
- 中 xī

쪼개면(析) 속까지 해(日)가 비추어 밝으니
밝을 석 ㊌ 晢(밝을 철)

明晳(명석), **白晳**(백석)

潟

총 15획 1급 부수 水
- 英 tideland
- 中 xì
- 日 セキ(かた)

물(氵)이 절구(臼)처럼 싸인(勹) 웅덩이에 많은
생명들이 불(灬)꽃처럼 움직이는 개펄이니 **개펄 석**

※ 臼(절구 구), 勹(쌀 포), 灬(불 화 발), 개펄에 가 보면 절구처럼 움푹 파여 물이 괸 곳에 많은 생명체가 살고 있지요.

潟湖(석호), **干潟地**(간석지) – 밀물과 썰물이 드나드는 개펄.

錫

총 16획 2급 부수 金
- 英 tin
- 中 xī
- 日 セキ(すず)

쇠(金) 중에 가벼워 쉽게(易) 들 수 있는 주석이니
주석 석

※ 金(쇠 금, 금 금, 돈 금, 성씨 김), 易(쉬울 이, 바꿀 역), 주석(朱錫) – 은백색의 광택이 있는 금속 원소. '주석'은 쇠지만 가벼워서 지팡이 같은 데에 사용하지요.

錫鑛(석광), **錫杖**(석장), **錫婚式**(석혼식)

仙

총 5획 5급 부수 人
- 영 hermit
- 중 xiān
- 일 セン

사람(亻)이 산(山)처럼 높은 것에만 신경 쓰고 살면 신선이니 **신선 선**

* 신선(神仙) - 도(道)를 닦아서 현실의 인간 세계를 떠나 자연과 벗하며 산다는 상상의 사람. 세속적인 상식에 구애되지 않고, 고통이나 질병도 없으며 죽지 않는다고 함.
* 神(귀신 신), 道(길 도, 도리 도, 말할 도, 행정구역의 도)

仙境(선경), **仙女**(선녀), **仙藥**(선약), **仙人掌**(선인장)

先

총 6획 8급 부수 儿
- 영 first
- 중 xiān
- 일 セン(さき)

(소를 몰 때) 소(𠂒)는 사람(儿) 앞에 먼저 가니 **먼저 선**

* 𠂒[소 우(牛)의 변형], 儿(어진 사람 인, 사람 인 발), 소를 몰 때는 소를 앞에 세우지요.

先輩(선배) ↔ **後輩**(후배), **先拂**(선불),
率先垂範(솔선수범) - '먼저 거느리고 본보기를 드리움'으로, 앞장서서 모범을 보임. 率(비율 률, 거느릴 솔, 솔직할 솔), 先(먼저 선), 範(법 범, 본보기 범)

銑 铣

총 14획 1급 부수 金
- 영 cast iron
- 중 xiǎn
- 일 セン(ずく)

쇠(金)하면 먼저(先) 생각나는 무쇠니 **무쇠 선**

* 金(쇠 금, 금 금, 돈 금, 성씨 김), 옛날에는 무쇠로 된 물건이 많았으니 쇠하면 무쇠가 생각났겠지요.

銑鐵(선철), **鎔銑**(용선)

亘

뻗칠 긍, 펼 선 – 뻗칠 긍(115쪽) 참고

宣

총 9획 4급 부수 宀
- 영 spread, proclaim
- 중 xuān
- 일 セン

온 집(宀) 안에 펴(亘) 베푸니
펼 선, 베풀 선, 성씨 선 ㉰ 宜(옳을 의, 마땅할 의)

* 宀(집 면)

宣告(선고), **宣敎**(선교), **宣言**(선언), **宣傳**(선전)

瑄

총 13획 2급 부수 王(玉)
- 영 jewel
- 중 xuān

옥(王)이 둥글게 펴진(宣) 도리옥이니
도리옥 선

※ 王(임금 왕, 으뜸 왕, 구슬 옥 변), 도리옥-조선 시대에, 정일품과 종일품 벼슬아치의 관모에 붙이던 옥관자(玉貫子).
※ 인·지명용 한자.

旋

총 11획 3II급 부수 方
- 영 revolve
- 중 xuán
- 일 セン(めぐる)

사방(方)으로 사람(⺀)들이 발(疋)을 움직여 도니
돌 선

※ 方(모 방, 방향 방, 방법 방), ⺀[사람 인(人)의 변형], 疋(필 필, 발 소)

旋風(선풍), 旋回(선회), 螺旋形(나선형), 斡旋(알선)

璇

총 15획 2급 부수 王(玉)
- 영 jade
- 중 xuán

옥(王) 중 무늬가 도는(旋) 모습의 아름다운 옥이니
아름다운 옥 선, 별 이름 선

※ 북두칠성의 둘째 별.

璇室(선실), 璇璣玉衡(선기옥형) - 고대 중국에서 천체의 운행과 위치를 관측하던 장치.

船

총 11획 5급 부수 舟
- 영 ship
- 중 chuán
- 일 セン(ふね)

배(舟) 중 늪(㕣)에도 다니도록 만든 배니
배 선 약 舡 : 배(舟) 중 대중(公)들이 타도록 만든 배니 '배 선'

※ 舟(배 주), 公(공정할 공, 대중 공, 귀공자 공), 㕣 : 안석(几)처럼 패인 구멍(口)에 물이 고인 산속 늪이니 '산속 늪 연' - 어원풀이를 위한 참고용으로 실제 쓰이는 글자는 아님.

船歌(선가), 船團(선단), 船上(선상), 乘船(승선)

選 选

총 16획 5급 부수 辶
- 영 select
- 중 xuǎn
- 일 セン(えらぶ)

뱀들(巳巳)처럼 긴 줄로 늘어서 함께(共) 가(辶) 뽑으니 **뽑을 선**

※ 巳(뱀 사, 여섯째 지지 사), 共(함께 공), 辶(뛸 착, 갈 착, = 辵)

選擧(선거), 選拔(선발), 選手(선수), 精選(정선)

線 线

총 15획 6급 부수 糸
- 영 line
- 중 xiàn
- 일 セン

실(糸)이 샘(泉)의 물줄기처럼 길게 이어지는 줄이니 **줄 선**

※ 糸(실 사, 실 사 변), 泉(샘 천)

線路(선로), **直線**(직선) ↔ **曲線**(곡선), **脫線**(탈선)

腺

총 13획 1급 부수 肉
- 영 gland
- 중 xiàn
- 일 セン

몸(月)에서 물이 나오는 샘(泉)이니
샘 선

※ 月(달 월, 육 달 월), 샘 – ㉠물이 땅에서 솟아 나오는 곳. 또는 그 물. ㉡남의 처지나 물건을 탐내거나, 자기보다 나은 처지에 있는 사람이나 적수를 미워함. 또는 그런 마음. ㉢생물체 내에서 분비 작용을 하는 기관. 여기서는 ㉢의 뜻.

淚腺(누선), **前立腺**(전립선), **脂腺**(지선)

禪 禅

총 17획 3Ⅱ급 부수 示
- 영 quiet, meditation
- 중 chán
- 일 ゼン

보는(示) 것이 하나(單)뿐이면 마음도 고요하니
고요할 선

※ 示(보일 시, 신 시), 單(홑 단, 오랑캐 임금 선)

禪師(선사), **坐禪**(좌선), **面壁參禪**(면벽참선)

鮮 鲜

총 17획 5급 부수 魚
- 영 beautiful, clean, fresh
- 중 xiān
- 일 セン(あざやか)

물고기(魚)가 양(羊)처럼 고와 깨끗하고 싱싱하니
고울 선, **깨끗할 선**, **싱싱할 선**

※ 魚(물고기 어), 羊(양 양)이 들어가면 대부분 좋은 의미의 글자지요.

鮮度(선도), **鮮明**(선명), **生鮮**(생선), **新鮮**(신선)

善

총 12획 5급 부수 口
- 영 kind, good, expert
- 중 shàn
- 일 ゼン(よい)

양(羊)처럼 풀(艹)만 입(口)으로 먹는 짐승은 순하고 착하니 **착할 선**
또 착하면 좋고 무엇이나 잘하니 **좋을 선**, **잘할 선**

※ 초식동물은 대부분 순하지요. 초 두(艹)는 원래 4획이나 여기서는 약자 형태(艹)의 3획으로 보았네요. ⺧는 ⺧의 변형.

善良(선량), **改善**(개선), **善戰**(선전), **善防**(선방)

人

선

繕 *繕*

총 18획 2급 부수 糸
- 英 mend, repair
- 中 shàn
- 日 ゼン(つくろう)

실(糸)로 좋게(善) 기우니
기울 선

※ 糸(실 사, 실 사 변)

繕補(선보), **繕寫**(선사), **修繕**(수선), **營繕**(영선)

膳

총 16획 1급 부수 肉
- 英 food, side dish, gift
- 中 shàn
- 日 ゼン

고기(月)로 먹기 좋게(善) 만든 반찬이니 **반찬 선**
또 반찬처럼 관계를 좋도록 해 주는 선물도 뜻하여
선물 선

※ 月(달 월, 육 달 월)

膳物(선물), **膳賜**(선사)

羨

총 13획 1급 부수 羊
- 英 envy
- 中 xiàn
- 日 セン(うらやむ)

양(羊)처럼 침(氵) 흘리며 하품하듯(欠) 입 벌리고
부러워하니 **부러워할 선**

※ 欠(하품 흠, 모자랄 흠)

羨望(선망), **羨慕**(선모), **欽羨**(흠선)

扇

총 10획 1급 부수 戶
- 英 fan
- 中 shàn
- 日 セン(おうぎ)

문(戶) 같은 틀에 깃(羽)처럼 가벼운 것을 붙여 만든
부채니 **부채 선**

※ 戶(문 호, 집 호), 羽(날개 우, 깃 우)

扇風機(선풍기), **扇形**(선형), **秋扇**(추선)

煽

총 14획 1급 부수 火
- 英 agitate
- 中 shān
- 日 セン(あおる)

불(火)을 부채(扇)로 부치듯 부추기니
부추길 선

※ 불을 부채질하여 잘 타게 하듯이 무엇을 부추김을 생각하고 만든 글자.

煽動(선동), **煽亂**(선란), **煽揚**(선양), **煽情**(선정)

璿 璇

총 18획 2급 부수 王(玉)
- 英 jade
- 中 xuán
- 日 セン(あおる)

옥(王) 빛이 밝은(睿) 아름다운 옥이니
아름다운 옥 선 ㈜ 濬(칠 준, 깊을 준)

※ 睿(깊고 밝을 예)

璿源大鄕 (선원대향) - 조선 시대에 이씨 왕실의 본관을 높여 이르던 말.

舌

총 6획 4급 제부수
- 英 tongue
- 中 shé
- 日 ぜツ(した)

혀(千)가 입(口)에서 나온 모습을 본떠서
혀 설

※ 千('일천 천'이나 여기서는 혀의 모습으로 봄)

舌戰(설전), **舌禍**(설화), **口舌數**(구설수), **毒舌**(독설)

雪

총 11획 6급 부수 雨
- 英 snow, cleanse
- 中 xuě
- 日 セツ(ゆき)

비(雨)가 얼어 고슴도치 머리(彐)처럼 어지럽게
내리는 눈이니 **눈 설**
또 눈처럼 깨끗하게 씻으니 **씻을 설**

※ 雨(비 우), 彐(고슴도치 머리 계, 오른손 우), 그릇 등을 씻는다는 '설거지'라는 말도 여기서 유래된 것 같아요.

雪景(설경), **雪糖**(설탕), **雪憤**(설분), **雪辱**(설욕)

設 设

총 11획 4Ⅱ급 부수 言
- 英 establish, give
- 中 shè
- 日 セツ(もうける)

말(言)로 상대를 치면서(殳) 자기주장을 세우고
베푸니 **세울 설, 베풀 설**

※ 言(말씀 언), 殳(칠 수, 창 수, 몽둥이 수)

設計(설계), **設立**(설립), **設備**(설비),
爲人設官(위인설관) - (어떤) 사람을 위하여 벼슬자리를 새로 마련함.

說 说

총 14획 5급 부수 言
- 英 placate, speak, joyful
- 中 shuō, shuì, yuè
- 日 セツ, ゼイ(とく)

(알아듣도록) 말(言)을 바꾸어(兌) 가면서 달래고
말씀하면 기쁘니 **달랠 세, 말씀 설, 기쁠 열**

※ 言(말씀 언), 兌(바꿀 태), 상대가 이해하지 못하면 여러 가지 예도 들어야 하고, 여러 각도로 설명도 하여야 하지요.

遊說(유세), **說得**(설득), **說明**(설명),
不亦說乎(불역열호)

卨 卨

총 11획 2급 부수 卜
- 中 xiè
- 日 セツ

점(卜)치듯 진단하여 입 비뚤어진(咼) 것도 고친 사람 이름이니 **사람 이름 설**

※ 咼 : 입(口)이 비뚤어진 모양을 본떠서 '입 비뚤어질 괘·와',
설(卨)-중국 은(殷)나라 시조(始祖)의 이름.
※ 卜(점 복), 始(처음 시), 祖(할아버지 조, 조상 조)
※ 인·지명용 한자.

屑

총 10획 1급 부수 尸
- 英 fragmentary
- 中 xiè
- 日 セツ(くず)

몸(尸)을 잘게(肖) 부순 가루니
가루 설

※ 尸(주검 시, 몸 시), 肖(작을 초, 같을 초)

屑塵(설진), **瑣屑**(쇄설), **閑談屑話**(한담설화) - '한가로운 말씀 가루 같은 말씀'으로, 심심풀이로 하는 자질구레한 말.

洩

총 9획 1급 부수 水
- 英 leak
- 中 xiè
- 日 セツ(もれる)

물(氵)이 끄는(曳) 모습으로 길게 이어지며 새니
샐 설

※ 曳(끌 예, 당길 예)

洩漏(설루), **露洩**(노설), **漏洩**(누설)

泄

총 8획 1급 부수 水
- 英 leak
- 中 xiè
- 日 ゼツ

물(氵)처럼 세상(世) 밖으로 새니
샐 설

泄瀉(설사), **漏泄**(누설), **排泄**(배설)

渫

총 12획 1급 부수 水
- 英 dredge
- 中 xiè
- 日 セツ

물(氵) 밑에 쌓인 나뭇잎(枼)을 파내고 치우니
파낼 설, 치울 설

※ 浚渫(준설) - '깊은 곳을 파냄'으로, 물속의 메워진 것을 파냄.
※ 枼[잎 엽(葉)의 획 줄임], 浚(깊을 준)

薛

총 17획 2급 부수 ++
- 英 family name
- 中 xuē
- 日 セツ(よもぎ)

풀(++) 중 언덕(白)처럼 살기 어려운(辛) 곳에도 자라는 사철 쑥이니 **사철 쑥 설, 나라이름 설, 성씨 설**

※ 쑥은 생명력이 강하여 어느 곳에서도 잘 자라지요.
※ 白 : 흙이 비스듬히( ) 쌓인(白) 모습에서 '쌓일 퇴, 언덕 퇴'로, '쌓일 퇴, 언덕 퇴(堆)'의 본 자.
※ 인·지명용 한자.

契

맺을 계, 애쓸 결, 부족 이름 글, 사람 이름 설 - 맺을 계(56쪽) 참고

暹

총 16획 2급 부수 日
- 英 name of a nation
- 中 xiān
- 日 セン(のぼる)

해(日)가 작은 새(隹)꼬리만큼 조금씩 올라오니(辶) **해 돋을 섬, 나라 이름 섬**

※ 인·지명용 한자.
※ 섬라(暹羅) - 타이(Thailand)의 예전 이름인 시암(Siam)의 한자음 표기. 지금의 태국.
※ 隹(새 추), 羅(새 그물 라, 벌릴 라, 비단 라)

纖 纤

총 23획 2급 부수 糸
- 英 thin
- 中 xiān
- 日 セン(ほそい)

실(糸)을 두 사람(人人)이 창(戈)으로 부추(韭)처럼 쪼개서 가느니 **가늘 섬** 약 繊

※ 戈(창 과), 韭(부추 구), 부추 - 식용식물의 하나.

纖細(섬세), **纖維**(섬유),
纖纖玉手(섬섬옥수) - 가늘고 옥처럼 고운 손.

殲 歼

총 21획 1급 부수 歹
- 英 annihilate
- 中 jiān
- 日 セン

죽일(歹) 때 두 사람(人人)을 창(戈)으로 부추(韭)처럼 가늘게 베어 다 죽이니 **다 죽일 섬, 다할 섬**

※ 歹(뼈 부서질 알, 죽을 사 변)

殲滅(섬멸) - 모조리 무찔러 멸망시킴.
殲滅戰(섬멸전), **殲撲**(섬박)

蟾

총 19획 2급 부수 虫
- 英 toad, moon
- 中 chán

벌레(虫) 중 주위를 살피며(詹) 천천히 걷는
두꺼비니 **두꺼비 섬**
또 벌레(虫)들이 활동하는 밤에 보는(詹) 달이니 **달 섬**

* 虫(벌레 충), 詹(이를 첨, 살필 첨), 두꺼비는 천천히 엉금엉금 걸어가지요.

蟾江(섬강), **蟾津江**(섬진강), **蟾光**(섬광)

閃 闪

총 10획 1급 부수 門
- 英 flash
- 中 shǎn
- 日 セン(ひらめく)

문(門)에서 불이 번쩍이니(人)
번쩍일 섬

* 門(문 문), 人('사람 인'이지만 여기서는 불이 번쩍이는 모습)

閃光(섬광), **閃光燈**(섬광등), **天閃**(천섬)

陝 陕

총 10획 2급 부수 阜
- 中 shǎn

언덕(阝) 아래로 크게(大) 들어가고(入)
들어가는(入) 땅 이름이니 **땅 이름 섬**

* 섬서성(陝西省) – 중국 서북부에 위치한 성 이름.
* 阝(언덕 부 변), 西(서쪽 서), 省(살필 성, 줄일 생)

涉

총 10획 3급 부수 水
- 英 wade
- 中 shè
- 日 ショウ(わたる)

물(氵) 길을 걸어(步) 건너니
건널 섭

* 步(걸음 보)

涉歷(섭력), **涉外**(섭외), **干涉**(간섭), **交涉**(교섭)

攝 摄

총 21획 3급 부수 手
- 英 hold up
- 中 shè
- 日 セツ(とる)

손(扌)으로 소곤거리는(聶) 것을 끌어당겨
알맞게 조절하니 **끌어당길 섭, 알맞게 할 섭**
약 摂 : 손(扌)으로 귀(耳)의 이쪽저쪽(氺)에서 들려오는 소리를 끌어당겨 알맞게 조절하니 '끌어당길 섭, 알맞게 할 섭'

* 聶 : 귀(耳)들을 대고 소곤거리니 '소곤거릴 섭'

攝取(섭취), **包攝**(포섭), **攝生**(섭생), **攝理**(섭리)

燮

총 17획 2급 부수 火
- 英 benign
- 中 xiè

불(火)처럼 따뜻이 말하고(言) 불(火)처럼 또(又) 마음 써 온화하니 **온화할 섭**

※ 온화(溫和)하다 – (날씨나 바람·마음 따위가) 따뜻하다.
※ 溫(따뜻할 온, 익힐 온), 和(화목할 화)

燮理(섭리), **燮伐**(섭벌), **燮和**(섭화)

葉

잎 엽, 땅 이름 섭 – 잎 엽(443쪽) 참고

性

총 8획 5급 부수 心
- 英 nature
- 中 xing
- 日 セイ(さが)

마음(忄)에 나면서(生)부터 생긴 성품이고 바탕이니 **성품 성, 바탕 성**
또 바탕이 다른 남녀의 성별이니 **성별 성**

※ 성품(性品) – 사람의 성질이나 됨됨이.
※ 生(날 생, 살 생, 사람을 부를 때 쓰는 접사 생), 品(물건 품, 등급 품, 품위 품)

個性(개성), **性質**(성질), **適性**(적성), **本性**(본성)

姓

총 8획 7급 부수 女
- 英 surname, people
- 中 xing
- 日 セイ(かばね)

여자(女)가 자식을 낳아(生) 다른 사람과 구별하기 위하여 붙인 성씨니 **성씨 성**
또 이런 사람들이 모인 백성이니 **백성 성**

姓名(성명), **姓銜**(성함), **同姓同本**(동성동본), **百姓**(백성)

星

총 9획 4Ⅱ급 부수 日
- 英 star
- 中 xing
- 日 セイ(ほし)

해(日)처럼 빛나는(生) 별이니 **별 성**

星霜(성상), **曉星**(효성),
星行夜歸(성행야귀) – 별 있는 새벽에 집을 나가서 밤에 돌아옴.
㊞ 숙흥야매(夙興夜寐), 行(다닐 행, 행할 행, 항렬 항), 夜(밤 야), 歸(돌아올 귀), 夙(일찍 숙)

人

섭

醒

총 16획 1급 부수 酉
- 英 become sober, awake to
- 中 xing
- 日 セイ(さめる)

술(酉) 취했다가 정신이 별(星)처럼 말똥말똥해지며 술 깨니 **술 깰 성**
또 술 깨듯 무엇을 깨달으니 **깨달을 성**

＊ 酉(술 그릇 유, 술 유, 닭 유, 열째 지지 유)

醒酒湯(성주탕), 覺醒(각성), 大悟覺醒(대오각성)

省

총 9획 6급 부수 目
- 英 reflect, omit
- 中 xing, shěng
- 日 セイ(かえりみる)

적은(少) 것까지도 눈(目)여겨 살피니 **살필 성**
또 사물을 적게(少) 줄여서 보니(目) **줄일 생**

＊ 少(적을 소, 젊을 소), 目(눈 목, 볼 목, 항목 목)

省墓(성묘), 反省(반성), 自省(자성), 省略(생략)

성

成

총 7획 6급 부수 戈
- 英 accomplish
- 中 chéng
- 日 セイ(なる)

무성하게(戊) 장정(丁)처럼 일하여 이루니 **이룰 성, 성씨 성**

＊ 戊(무성할 무, 다섯째 천간 무), 丁[고무래 정, 못 정, 장정 정, 넷째 천간 정(丁)의 변형]

成功(성공), 成就(성취), 完成(완성), 自手成家(자수성가)

誠 诚

총 14획 4Ⅱ급 부수 言
- 英 sincerity, believe
- 中 chéng
- 日 セイ(まこと)

자기가 한 말(言)을 이루려고(成) 들이는 정성이니 **정성 성**

＊ 言(말씀 언)

誠金(성금), 誠實(성실), 忠誠(충성), 孝誠(효성)

城

총 10획 4Ⅱ급 부수 土
- 英 castle
- 中 chéng
- 日 ジョウ(しろ)

흙(土)을 쌓아 이룬(成) 성이니 **성 성**

＊ 土(흙 토)

城壁(성벽), 山城(산성), 入城(입성), 鐵甕城(철옹성) - 쇠나 독으로 만든 산성, 鐵(쇠 철), 甕(독 옹)

晟

총 11획 2급 부수 日
- 영 bright
- 중 shèng
- 일 セイ

해(日)처럼 이루어져(成) 밝고 성하니
밝을 성, 성할 성 (≒ 盛)

大晟樂(대성악) - 중국 송나라 때에 작곡한 음악.

盛

총 12획 4Ⅱ급 부수 皿
- 영 flourishing, thriving
- 중 shèng
- 일 セイ(もる)

이루어진(成) 음식을 그릇(皿)에 많이 차려 성하니 **성할 성**

+ 皿(그릇 명), 성하다 - 한창 왕성하다.

盛大(성대), **盛衰**(성쇠), **盛業**(성업), **盛況**(성황)

聖 圣

총 13획 4Ⅱ급 부수 耳
- 영 sage, holy
- 중 shèng
- 일 セイ

귀(耳)를 보이듯(呈) 기울여 많이 들어주는 성스러운 성인이니 **성스러울 성, 성인 성**

+ 자기 말보다 상대의 말을 잘 들어주는 사람이 성인이지요.
+ 耳(귀 이), 呈(보일 정, 드릴 정)
+ 성인(聖人) - 덕과 지혜가 뛰어나 모든 사람의 스승이 될 만한 사람.

聖君(성군), **聖恩**(성은), **太平聖代**(태평성대)

聲 声

총 17획 4Ⅱ급 부수 耳
- 영 sound
- 중 shēng
- 일 セイ(こえ)

경쇠(殸) 소리처럼 귀(耳)에 들려오는 소리니
소리 성 약 声 : 선비(士) 몸(尸)에서 길게(丨) 내는 소리니 '소리 성'

+ 殸[경쇠 경(磬)의 획 줄임], 士(선비 사), 尸(주검 시, 몸 시), 경쇠 - 옥이나 돌로 만든 악기의 하나.

聲明(성명), **異口同聲**(이구동성), **歡呼聲**(환호성)

洗

총 9획 5급 부수 水
- 영 wash
- 중 xǐ
- 일 セン(あらう)

물(氵)로 먼저(先) 씻으니
씻을 세

+ 先(먼저 선)

洗練(세련), **洗禮**(세례), **洗滌**(세척), **洗濯**(세탁)

世

총 5획 7급 부수 一
- 영 generation, world
- 중 shi
- 일 セイ(よ)

(한 세대를 30년으로 봐서) 열 십(十) 셋을 합치고
(세대는 서로 연결되어 있다는 데서)
아랫부분을 연결하여 **세대 세**
또 세대들이 모여 사는 세상도 뜻하여 **세상 세**

※ 세대(世代) - ㉠같은 시대에 살면서 공통의 의식을 가지는 비슷한 연령층의 사람들. ㉡어린아이가 성장하여 부모 일을 계승할 때까지의 기간. 약 30년. ㉢한 생물이 생겨나서 생존을 끝마칠 때까지의 사이.

世孫(세손), **世態**(세태), **處世**(처세), **出世**(출세)

貰 貰

총 12획 2급 부수 貝
- 영 rent, lend
- 중 shi
- 일 セイ(もらう)

시간(世)대로 돈(貝) 주고 세내어 빌리니
세낼 세, 빌릴 세

※ 世('세대 세, 세상 세'나 여기서는 시간의 뜻으로 봄), 貝(조개 패, 재물 패)

貰房(셋방), **月貰**(월세), **朔月貰**(삭월세), **傳貰**(전세)

細 細

총 11획 4Ⅱ급 부수 糸
- 영 thin
- 중 xi
- 일 サイ(ほそい)

실(糸)처럼 밭(田) 이랑이 가느니
가늘 세 ㈜ 累(여러 루, 쌓일 루, 폐 끼칠 루)

※ 糸(실 사, 실 사 변), 田(밭 전)

細工(세공), **細菌**(세균), **細密**(세밀), **細心**(세심)

稅

총 12획 4Ⅱ급 부수 禾
- 영 tax
- 중 shuì
- 일 ゼイ(みつぎ)

(다른 곡식을 수확했어도)
벼(禾)로 바꾸어(兌) 내는 세금이니 **세금 세**

※ 禾(벼 화), 兌(바꿀 태). 옛날에는 벼나 쌀, 포목이 물물 교환의 기준이었어요. 다른 곡식을 수확했어도 벼(禾)로 바꾸어(兌) 내는 것이 세금이니 '세금 세(稅)'고, 벼(禾)로 또(且 : 또 차) 내야 하는 세금이니 '세금 조(租)'지요. 포목(布木) - 베와 무명.

稅金(세금), **稅入**(세입), **納稅**(납세), **免稅**(면세)

說

달랠 세, 말씀 설, 기쁠 열 – 말씀 설(353쪽) 참고

歲 岁

총 13획 5급 부수 止
- 영: year, time and tide
- 중: sui
- 일: サイ(とし)

크기를 그치고(止) 개(戌)가 어린(少) 새끼를 낳으면 새끼를 키운 지 벌써 한 해가 된 세월이니
해 세, 세월 세

※ 止(그칠 지), 戌(구월 술, 개 술, 열한 번째 지지 술), 少[적을 소, 젊을 소(少)의 획 줄임], 개는 태어난 지 1년쯤 되면 크기를 그치고(다 커서) 새끼를 낳는다는 데서 만든 글자.
※ 세월(歲月) - ㉠흘러가는 시간. ㉡지내는 형편이나 사정 또는 재미. ㉢살아가는 세상.

歲暮(세모), **歲拜**(세배), **年年歲歲**(연년세세),
萬歲(만세) - ㉠바람이나 경축, 환호 따위를 나타내기 위하여 두 손을 높이 들면서 외치는 소리. ㉡만년, 많은 햇수.

勢 势

총 13획 4II급 부수 力
- 영: force, power
- 중: shì
- 일: セイ(いきおい)

심어(埶) 놓은 초목이 힘(力)차게 자라나는 기세니
기세 세

※ 埶 : 흙(土)을 파고(八) 흙(土)에다 둥근(丸) 씨앗을 심으니 '심을 예'
※ 八(여덟 팔, 나눌 팔), 丸(둥글 환, 알 환), 力(힘 력)

勢力(세력), **強勢**(강세), **攻勢**(공세), **氣勢**(기세)

小

총 3획 8급 제부수
- 영: small
- 중: xiǎo
- 일: ショウ(ちいさい)

하나(亅)씩 나누어(八) 작으니
작을 소 ⊕ 大(큰 대)

※ 亅('갈고리 궐'이나 여기서는 하나로 봄), 八(여덟 팔, 나눌 팔)

縮小(축소), **積小成大**(적소성대).
針小棒大(침소봉대) - '바늘처럼 작은 것을 몽둥이처럼 크게 말함'으로, 사물을 과장해서 말함.

少

총 4획 7급 부수 小
- 영: little, young
- 중: shǎo, shào
- 일: ショウ(すくない)

작은(小) 것이 또 떨어져 나가(丿) 그 양이 적으니
적을 소
또 나이가 적으면 젊으니 **젊을 소**
⊕ 多(많을 다), 老(늙을 로)

※ 작을 소(小)는 크기가 작다는 뜻이고, 적을 소(少)는 양이 적다는 뜻이지요.
※ 丿('삐침 별'이나 여기서는 떨어져 나가는 모습으로 봄)

少量(소량), **減少**(감소), **僅少**(근소), **少年**(소년)

召

총 5획 3급 부수 口
- 영 call
- 중 zhào
- 일 ショウ(めす)

칼(刀)로 위엄을 보이듯 엄하게 말하여(口) 부르니
부를 소

* 刀(칼 도), 口(입 구, 말할 구, 구멍 구), 상관의 명령은 칼처럼 예민하고 위엄 있게 들림을 생각하고 만든 글자.

召集(소집), **召喚**(소환), **遠禍召福**(원화소복) - 화를 멀리 물리치고 복을 불러들임.

昭

총 9획 3급 부수 日
- 영 brightness
- 중 zhāo
- 일 ショウ(あきらか)

해(日)를 불러(召) 온 듯 밝으니
밝을 소

昭光(소광), **昭明**(소명), **昭詳**(소상), **昭陽江**(소양강)

沼

총 8획 2급 부수 水
- 영 swamp
- 중 zhǎo
- 일 ショウ(ぬま)

물(氵)이 불러(召) 온 듯 항상 고여 있는 늪이니
늪 소

* 늪 - 물이 항상 고여 있는 곳.

沼畔(소반), **沼澤**(소택), **沼湖**(소호), **龍沼**(용소)

紹 绍

총 11획 2급 부수 糸
- 영 connect, introduce
- 중 shào
- 일 ショウ(つぐ)

실(糸)처럼 불러(召) 이으니
이을 소
또 이어서 소개하니 **소개할 소**

* 糸(실 사, 실 사 변)

紹絶(소절), **紹介**(소개), **紹介狀**(소개장)

邵

총 8획 2급 부수 邑
- 영 family name
- 중 shào
- 일 ショウ

부르면(召) 들릴 정도로 가까운 고을(阝)의 땅 이름이니 **땅 이름 소**, **성씨 소**

* 阝(고을 읍 방)
* 인·지명용 한자.

素

총 10획 4II급 부수 糸
- 영 white, nature, element, artless
- 중 sù 일 ソ(もと)

주된(主) 실(糸)의 색은 희니 **흴 소**
또 흰색은 모든 색의 바탕이 되고 요소가 되며 소박하니
바탕 소, 요소 소, 소박할 소

＊主(주인 주), 실은 대부분 흰색이지요.

素服(소복), **素質**(소질), **要素**(요소), **素朴**(소박)

笑

총 10획 4II급 부수 竹
- 영 laugh, smile
- 중 xiào
- 일 ショウ(わらう)

대(𥫗)가 구부러지듯 젊은(夭) 사람이 허리 굽혀
웃으니 **웃을 소**

＊𥫗(대 죽), 夭(젊을 요, 예쁠 요, 일찍 죽을 요)

談笑(담소), **微笑**(미소), **拍掌大笑**(박장대소)

消

총 10획 6급 부수 水
- 영 extinguish, disappear, step back 중 xiāo
- 일 ショウ(きえる)

물(氵)로 작아지게(肖) 끄거나 삭이니
끌 소, 삭일 소
또 열정을 삭이고 물러서니 **물러설 소**

＊肖(작을 초, 닮을 초)

消火(소화), **消化**(소화), **消費**(소비), **消極的**(소극적)

人

소

逍

총 11획 1급 부수 辵
- 영 ramble
- 중 xiāo
- 일 ショウ

작은(肖) 걸음으로 가며(辶) 한가로이 거니니
거닐 소

＊辶(뛸 착, 갈 착, = 辵)

逍遙(소요), ＊**騷擾**(소요), **逍風**(소풍) - 학교에서 자연 관찰이나 유적 따위의 견학을 겸하여 야외로 갔다 오는 일.

宵

총 10획 1급 부수 宀
- 영 night
- 중 xiāo
- 일 ショウ(よい)

집(宀)도 작게(肖) 보이는 어두운 밤이니
밤 소

＊宀(집 면), 어두워지면 작고 어슴푸레 보이지요.

宵行(소행), **宵火**(소화) - '밤의 불'로, 반딧불.
＊**消化**(소화) - 음식물을 분해하여 영양분을 흡수하기 쉬운 형태로 변화시키는 작용.

掃 扫

총 11획 4II급 부수 手
- 英 sweep
- 中 sǎo
- 日 ソウ(はく)

손(扌)에 비(帚) 들고 쓰니
쓸 소

＊帚(비 추)

掃除(소제), **掃**蕩(소탕), 一**掃**(일소), 淸**掃**(청소)

所

총 8획 7급 부수 戶
- 英 place
- 中 suǒ
- 日 ショ(ところ)

집(戶)에 도끼(斤)를 두는 장소니 **장소 소**
또 장소처럼 앞에서 말한 내용을 이어받는 '바'로도 쓰여
바 소

＊戶(문 호, 집 호), 斤(도끼 근, 저울 근), 도끼처럼 위험한 것은 안전한 곳에 보관하고 그 장소를 잊지 않지요.
＊바 - ㉠앞에서 말한 내용 그 자체나 일 따위를 나타내는 말. ㉡(어미 '-을' 뒤에 쓰여) 일의 방법이나 방도.

住**所**(주소), **所**見(소견), **所**望(소망),
無**所**不知(무소부지) - '알지 못하는 바가 없음'으로, 모두 다 앎을 말함. ㊠ 무불통지(無不通知), 박학다식(博學多識), 無(없을 무), 知(알 지), 通(통할 통), 博(넓을 박), 多(많을 다), 識(알 식, 기록할 지)

訴 诉

총 12획 3II급 부수 言
- 英 accuse
- 中 sù
- 日 ソ(うったえる)

말(言)로 물리치기(斥) 위해 소송하니
소송할 소

＊폭력으로 하지 않고 말로 물리치기 위하여 하는 것이 소송이지요.
＊소송(訴訟) - 법률상의 판결을 법원에 요구하는 절차.
＊言(말씀 언), 訟(소송할 송)

上**訴**(상소), 泣**訴**(읍소), 讒**訴**(참소), 呼**訴**(호소)

梳

총 11획 1급 부수 木
- 英 comb
- 中 shū
- 日 ソ(くしけずる)

나무(木)로 소리 내며(云) 내(川)처럼 쓸어내리도록
만든 빗이니 **빗 소**
또 빗으로 빗으니 **빗을 소**

＊木(나무 목), 云(말할 운), 川(내 천), 빗으면 스치는 소리가 나지요.

梳沐(소목), **梳**洗(소세), **梳**櫛(소즐)

疏

- 총 12획 1급 부수 疋
- 英 sparse, be opened
- 中 shū
- 日 ソ(うとい)

발(疋)을 묶어(束) 놓은 듯 왕래가 드무니 **드물 소**
또 왕래가 드물면 도로는 잘 트이니 **트일 소** (= 疏)
또 트인 듯 관계가 성기니 **성길 소**

※ 疋(발 소, 필 필), 束(묶을 속)

疏脫(소탈), 疏遠(소원), 親疏(친소)

疏

- 총 12획 3II급 부수 疋
- 英 be opened, sparse
- 中 shū
- 日 ソ

발(疋)로 차며 소리치면(云) 막힘이 내(川)처럼 트이니 **트일 소**
또 트인 듯 관계가 성기니 **성길 소** (= 疎)

※ 성기다 - ㉠물건의 사이가 뜨다. ㉡관계가 깊지 않고 서먹하다.

疏通(소통), 疏外·疎外(소외), 親疏(친소)

蔬

- 총 15획 3급 부수 ++
- 英 vegetable
- 中 shū
- 日 ソ(あおもの)

풀(++) 중 트인(疏) 듯 자주 먹는 나물이나 채소니 **나물 소, 채소 소**

蔬飯(소반), 菜蔬(채소), 蔬食(소식), 蔬店(소점)

燒 烧

- 총 16획 3II급 부수 火
- 英 burn
- 中 shāo
- 日 ショウ(やく)

불(火)이 높이(堯) 타오르도록 불사르니 **불사를 소** 약 烧 : 불(火)로 많은(十) 풀(++)을 대(兀) 위에 쌓아놓고 불사르니 '불사를 소'

※ 火(불 화), 堯(높을 요, 요임금 요), 十(열 십, 많을 십), 兀(대 기)

燒却(소각), 燒滅(소멸), 燒失(소실), 燒酒(소주)

蘇 苏

- 총 20획 3II급 부수 ++
- 英 revive
- 中 sū
- 日 ソ(よみがえる)

(못 먹어 영양실조에 걸린 사람은) 야채(++)와 물고기(魚)와 곡식(禾)을 먹이면 깨어나 소생하니 **깨어날 소, 소생할 소, 성씨 소** 속 甦

※ ++(초 두), 魚(물고기 어), 禾('벼 화'로 곡식의 대표)

蘇鐵(소철), 蘇聯(소련)

甦

총 12획 1급 부수 生
- 영 revive
- 중 sū
- 일 ソ(よみがえる)

다시(更) 살아나(生) 소생하니
소생할 소

※ 生(날 생, 살 생, 사람을 부를 때 쓰는 접사 생), 소생할 소(蘇)의 속자.
※ 소생(蘇生) - 다시 살아남. 소생(甦生).

搔

총 13획 1급 부수 手
- 영 scratch
- 중 sāo
- 일 ソウ(かく)

손(扌)으로 벼룩(蚤)이 문 곳을 긁으니
긁을 소

※ 蚤 : 또(又) 콕콕(丶丶) 쏘는 벌레(虫)는 벼룩이니 '벼룩 조'

搔頭(소두), **搔癢**(소양), **搔爬手術**(소파수술) - (인공 유산을 시킬 때) 그 조직을 긁어내는 수술. 爬(긁을 파, 기어 다닐 파)

騷 骚

총 20획 3급 부수 馬
- 영 noisy, write
- 중 sāo
- 일 ソウ(さわぐ)

말(馬)이 벼룩(蚤)처럼 날뛰면 시끄러우니
시끄러울 소

또 시끄럽게 없던 일도 꾸며서 글 지으니 **글 지을 소**

※ 馬(말 마)

騷動(소동), **騷亂**(소란), **騷音**(소음), **騷人**(소인)

瘙

총 15획 1급 부수 疒
- 영 boil
- 중 sào

병(疒)으로 벼룩(蚤)이 문 곳처럼 붉어진 부스럼이나 종기니 **부스럼 소, 종기 소**

※ 疒(병들 녁)

皮膚瘙癢症(피부소양증)

塑

총 13획 1급 부수 土
- 영 model in clay
- 중 sù
- 일 ソ

초하루(朔), 즉 처음부터 흙(土)으로 빚어 만드니
흙 빚을 소

※ 朔(초하루 삭, 달 삭), 土(흙 토)

塑像(소상), **塑性**(소성), **塑造**(소조) - 찰흙, 석고 따위를 빚거나 덧붙여서 만드는 조형 미술.

遡

총 14획 1급 부수 辶
- 영 oppose
- 중 sù
- 일 ソ

초하루(朔), 즉 처음으로 가며(辶) 거스르니
거스를 소 (= 溯, 泝)

※ 溯-물(氵)이 초하루(朔), 즉 처음으로 거슬러 올라가니 '거슬러 올라갈 소'
※ 泝-물(氵)로 나쁜 것을 물리쳐(斥) 씻어 버리고 처음으로 거슬러 올라가니 '거슬러 올라갈 소'
※ 辶(뛸 착, 갈 착), 斥(물리칠 척)

遡及(소급), **遡流**(소류), **溯源**(소원), **遡遊**(소유)

巢

총 11획 2급 부수 巛
- 영 nest
- 중 cháo
- 일 ソウ(す)

풀을 개미허리(巛)처럼 구부려 밭(田) 모양으로
나무(木) 위에 얽어 만든 새집이니 **새집 소**

※ 巛[내 천(川)이 부수로 쓰일 때의 모습으로 개미허리 같다 하여 '개미허리 천'이라 부름], 田('밭 전'이나 여기서는 새집으로 봄)

巢窟(소굴), **巢卵**(소란), **歸巢**(귀소)

簫 箫

총 19획 1급 부수 竹
- 영 a bamboo flute
- 중 xiāo
- 일 ショウ

대(竹)로 만들어 엄숙하게(肅) 부는 퉁소니
퉁소 소

※ 竹(대 죽), 肅(엄숙할 숙), 洞簫(퉁소→통소) - 대로 만든 목관악기. 앞에 다섯 개의 구멍, 뒤에 한 개의 구멍이 있음.

簫鼓(소고), **小鼓**(소고), **短簫**(단소),
太平簫(태평소)

蕭 萧

총 17획 1급 부수 艹
- 영 lonely
- 중 xiāo
- 일 ショウ

풀(艹)만 엄숙하게(肅) 자라는 곳이라 쓸쓸하니
쓸쓸할 소

蕭冷(소랭), **蕭林**(소림), **蕭瑟**(소슬) - 으스스하고 쓸쓸함.
瑟(비파 슬, 거문고 슬, 쓸쓸할 슬)

疋

필 필, 발 소 - 필 필(713쪽) 참고

繰

고치 켤 소, 고치 켤 조 - 고치 켤 조(573쪽) 참고

束

총 7획 5급 부수 木
- 영 bind
- 중 shù
- 일 ソク(たば)

나무(木)를 묶으니(口)
묶을 속 ㈜ 朿(가시 자)

※ 口('입 구, 말할 구, 구멍 구'나 여기서는 묶는 모습으로 봄), 木(나무 목)

結束(결속), **拘束**(구속), **團束**(단속), **約束**(약속)

速

총 11획 6급 부수 辶
- 영 quick
- 중 sù
- 일 ソク(はやい)

(신발 끈을 단단히) 묶고(束) 뛰면(辶) 빠르니
빠를 속

※ 辶(뛸 착, 갈 착, = 辵)

速度(속도), **速報**(속보), **迅速**(신속), **拙速**(졸속)

俗

총 9획 4Ⅱ급 부수 人
- 영 vulgar, earthly, custom
- 중 sú 일 ゾク

사람(亻)이 골짜기(谷)처럼 낮은 것에만 신경 쓰면 저속하니 **저속할 속**
또 이런 사람들이 사는 속세니 **속세 속**
또 사람(亻)이 골짜기(谷)에 살면서 이룬 풍속이니 **풍속 속**

※ 저속(低俗) - 품위가 낮고 속됨. 低(낮을 저)

俗世(속세), **民俗**(민속), **美風良俗**(미풍양속)

粟

총 12획 3급 부수 米
- 영 rice plant, a millet seed
- 중 sù 일 ゾク(あわ)

껍질로 덮인(襾) 쌀(米)은 벼니 **벼 속**
또 벼처럼 식량으로 쓰이는 조니 **조 속** ㈜ 栗(밤 률)

※ 襾(덮을 아), 米(쌀 미)

粟米(속미), **粟田**(속전), **滄海一粟**(창해일속)

屬 属

총 21획 4급 부수 尸
- 영 belong, group
- 중 shǔ
- 일 ゾク

지붕(尸) 아래 빗물(氺)을 피해 벌레(蜀)들이 붙어사니 **붙어살 속**
또 붙어사는 무리니 **무리 속** 〔약〕属

※ 尸('주검 시, 몸 시'나 여기서는 지붕으로 봄), 氺(물 수 발), 蜀(애벌레 촉)

專屬(전속), 從屬(종속), 直屬(직속), 等屬(등속)

續 续

총 21획 4Ⅱ급 부수 糸
- 영 continue
- 중 xù
- 일 ゾク(つづく)

실(糸)을 팔려고(賣) 이으니
이을 속 〔약〕続 〔유〕讀(읽을 독, 구절 두)

※ 売 : 선비(士)가 덮어(冖) 놓고 사람(儿)에게 물건을 파니 '팔 매'
※ 糸(실 사, 실 사 변), 賣(팔 매), 士(선비 사), 冖(덮을 멱), 儿(어진 사람 인, 사람 인 발)

續開(속개), 續出(속출), 繼續(계속), 永續性(영속성)

贖 赎

총 22획 1급 부수 貝
- 영 redeem
- 중 shú
- 일 ショク(あがなう)

재물(貝)이라도 팔아(賣) 죄를 갚으니
죄 갚을 속 〔약〕赎 〔유〕讀(읽을 독, 구절 두)

※ 貝(조개 패, 재물 패)

贖錢(속전), 贖罪(속죄), 贖刑(속형), 代贖(대속)

損 损

총 13획 4급 부수 手
- 영 diminish
- 중 sǔn
- 일 ソン(そこなう)

손(扌)으로 쓰고 입(口)으로 먹어 재물(貝)을
덜어 없애니 **덜 손**

損失(손실), 損益(손익), 損害(손해), 破損(파손)

孫 孙

총 10획 6급 부수 子
- 영 grandson, descendant
- 중 sūn
- 일 ソン(まご)

아들(子)의 대를 이어주는(系) 손자니
손자 손, 성씨 손

※ 子(아들 자, 자네 자, 첫째 지지 자, 접미사 자), 系(이을 계, 혈통 계)

孫子(손자), 代代孫孫(대대손손), 祖孫(조손)

속

遜 遜

총 14획 1급 부수 辶
- 영 humble
- 중 xùn
- 일 ソン(へりくだる)

손자(孫)처럼 따르며(辶) 겸손하니
겸손할 손

* 겸손(謙遜) – 남을 존중하고 자기를 내세우지 않는 태도.
* 辶(뛸 착, 갈 착, = ⻌), 謙(겸손할 겸)

遜色(손색), **遜避**(손피), **恭遜**(공손), **不遜**(불손)

率

비율 률(율), 거느릴 솔, 솔직할 솔 – 비율 률(204쪽) 참고

松

총 8획 4급 부수 木
- 영 pine tree
- 중 sōng
- 일 ショウ(まつ)

나무(木) 중 귀공자(公)처럼 모습도 빼어나고 두루 쓰이는 소나무니 **소나무 송**

* 木(나무 목), 公(공정할 공, 대중 공, 귀공자 공), 소나무는 귀공자처럼 모습도 빼어나고 하나도 버릴 것 없이 두루 쓰이지요. '나무(木) 중 널리 대중적(公)으로 쓰이니 소나무 송(松)'이라고도 해요.

松林(송림), **松柏**(송백), **松津**(송진), **靑松**(청송)

訟 讼

총 11획 3급 부수 言
- 영 sue
- 중 sòng
- 일 ショウ

말하여(言) 공정하게(公) 판정 받고자 소송하니
소송할 송

* 소송(訴訟) – 판결을 법원에 요구하는 절차.
* 言(말씀 언), 訴(소송할 소)

訟事(송사), **民事訴訟**(민사소송), **使無訟**(사무송) – '하여금 소송이 없도록 함'으로, 서로 의견을 조율하여 시비가 없도록 함.

頌 颂

총 13획 4급 부수 頁
- 영 praise
- 중 sòng
- 일 ショウ(ほめる)

대중(公)들이 머리(頁) 들어 칭송하니
칭송할 송

* 칭송(稱頌) – 칭찬하여 일컬음. 또는 그런 말.
* 頁(머리 혈)

頌歌(송가), **頌德**(송덕), **讚頌**(찬송)

총 10획 4II급 부수 辶
- 英 send
- 中 sòng
- 日 ソウ(おくる)

나누어(八) 하늘(天) 아래 어디로 가게(辶) 보내니
보낼 송

※ 八(여덟 팔, 나눌 팔), 天(하늘 천), 辶(뛸 착, 갈 착, = 辵)

送金(송금), 送別(송별), 送舊迎新(송구영신)

총 14획 3급 부수 言
- 英 recite
- 中 sòng
- 日 ショウ(そらんずる)

(마음속에서) 말(言)이 솟아(甬)오르도록 외우니 **외울 송**

※ 甬 : 꽃봉오리가 부풀어 오르는 모양을 본떠서 '솟을 용'

誦讀(송독), 誦詩(송시), 朗誦(낭송), 愛誦(애송)

총 7획 2급 부수 宀
- 英 name of a nation, family name
- 中 sòng
- 日 ソウ

지붕(宀)을 나무(木)로 받쳐 지은 송나라니
송나라 송, 성씨 송

※ 宀(집 면), 원래는 어원처럼 집의 뜻이었는데 후대로 오면서 나라 이름으로 쓰이다가 지금은 성씨로만 쓰이네요.

송

총 10획 1급 부수 心
- 英 awe
- 中 sǒng
- 日 ショウ

마음(忄)이 무엇에 묶인(束) 듯 두려우니
두려울 송

※ 束(묶을 속)

悚懼(송구), 悚汗(송한), 罪悚(죄송), 惶悚(황송)

총 8획 3II급 부수 刂
- 英 polish, print
- 中 shuā
- 日 サツ(する)

나무의 몸(尸)을 수건(巾)으로 닦고 칼(刂)로 새겨서 인쇄하니 **닦을 쇄, 인쇄할 쇄**

※ 尸(주검 시, 몸 시), 巾(수건 건), 刂(칼 도 방)

刷掃(쇄소), 刷新(쇄신), 印刷(인쇄), 縮刷版(축쇄판)

鎖 锁

총 18획 3II급 부수 金
- 영 chain, lock
- 중 suǒ
- 일 サ(くさり)

쇠(金)로 작은(小) 조개(貝)를 엮듯이 만든 쇠사슬이니 **쇠사슬 쇄**
또 쇠사슬처럼 걸어 채우는 자물쇠니 **자물쇠 쇄**

* 金(쇠 금, 금 금, 돈 금, 성씨 김), 小(작을 소), 貝(조개 패, 재물 패)

連鎖(연쇄), **連鎖店**(연쇄점), **鎖國**(쇄국), **閉鎖**(폐쇄)

灑 洒

총 22획 1급 부수 水
- 영 sprinkle, wash
- 중 sǎ
- 일 サイ(あらう)

물(氵) 뿌려 곱게(麗) 씻으니
물 뿌릴 쇄, 씻을 쇄

* 麗(고울 려)

灑掃(쇄소), **灑落**(쇄락), **灑然**(쇄연), **灑掃應對**(쇄소응대)

쇄

碎

총 13획 1급 부수 石
- 영 crush
- 중 suì
- 일 さい(くだく・くだける)

돌(石)을 졸병(卒)처럼 잘게 부수니
부술 쇄

* 石(돌 석), 卒(졸병 졸)

粉碎(분쇄), **粉骨碎身**(분골쇄신), **破碎**(파쇄)

衰

총 10획 3II급 부수 衣
- 영 decay, a mourner's garb
- 중 shuāi, cuī
- 일 スイ(おとろえる)

슬픈(哀) 일에 한 번(一) 빠지면 기운이 쇠하니
쇠할 쇠
또 쇠한 모습으로 입는 상복이니 **상복 최**

* 哀(슬플 애)

衰弱(쇠약), **老衰**(노쇠), **興亡盛衰**(흥망성쇠), **齋衰**(재최)

夊

총 3획 부수자
- 중 chuī, suī
- 일 スイ(おそい)

사람(𠂉)이 다리를 끌며(乀) 천천히 걸어 뒤져 오니
천천히 걸을 쇠, 뒤져 올 치 유 夂(칠 복, = 攴)

* 원래 천천히 걸을 쇠(夊)와 뒤져 올 치(夂)는 다르지만 획수도 같고 모양과 뜻도 비슷하여 같이 취급하였어요.
* 𠂉(사람 인(人)의 변형), 乀('파임 불'이나 여기서는 다리를 끄는 모습으로 봄), 천천히 걸을 쇠, 뒤져 올 치(夊)는 3획, 칠 복(攵, = 攴)은 4획이지요.

372

水

총 4획 8급 제부수
- 영 water
- 중 shuǐ
- 일 スイ(みず)

잠겨 있는 물에 물결이 이는 모습을 본떠서
물 수

※ 물 수(水)가 글자의 변으로 쓰일 때는 점이 셋이니 '삼 수 변(氵)', 얼음 빙(冫)이 부수로 쓰일 때는 점이 둘이니 '이 수 변(冫)', 또 물 수(水)가 글자의 발로 쓰일 때는 '물 수 발(氺)'로 형태가 바뀌지요.

水路(수로), **冷水**(냉수) ↔ **溫水**(온수), **食水**(식수)

手

총 4획 7급 제부수
- 영 hand, talent
- 중 shǒu
- 일 シュ(て)

손가락을 편 손을 본떠서 **손 수**
또 손으로 하는 재주나 재주 있는 사람을 가리켜서
재주 수, 재주 있는 사람 수

※ 글자의 변으로 쓰일 때는 '손 수 변(扌)'

手記(수기), **手足**(수족), **手法**(수법), **選手**(선수)

囚

총 5획 3급 부수 囗
- 영 prisoner
- 중 qiú
- 일 シュウ(とらわれる)

에워싸여(囗) 갇힌 사람(人)은 죄인이니
죄인 수

※ 囗(에운 담)

囚衣(수의), **死刑囚**(사형수), **良心囚**(양심수), **罪囚**(죄수)

守

총 6획 4II급 부수 宀
- 영 keep, protect
- 중 shǒu
- 일 シュ(まもる)

집(宀)에서도 법도(寸)는 지키니
지킬 수

※ 宀(집 면), 寸(마디 촌, 법도 촌)

守舊(수구), **守備**(수비), **守衛**(수위), **守護**(수호)

狩

총 9획 1급 부수 犬
- 영 hunting
- 중 shòu
- 일 シュ(かる)

개(犭)로 지키며(守) 사냥하니
사냥할 수

※ 犭(큰개 견, 개 사슴 록 변)

狩犬(수견), **狩獵**(수렵), **狩漁**(수어), **狩人**(수인)

收

총 6획 4II급 부수 攵
- 영 gather
- 중 shōu
- 일 シュウ(おさめる)

줄기에 얽힌(丩) 열매를 쳐(攵) 거두니
거둘 수 약 収 : 줄기에 얽힌(丩) 열매를 또(又) 쳐서 거두어 '거둘 수'

* 丩 : 서로 얽힌 모습에서 '얽힐 규', 攵(칠 복, = 攴), 又(오른손 우, 또 우), 옛날에는 벼를 낫으로 베어 햇볕에 말린 다음 도리깨로 쳐 낟알을 수확했지요.

收支(수지), **收縮**(수축) ↔ **弛緩**(이완), **收穫**(수확)

秀

총 7획 4급 부수 禾
- 영 surpass
- 중 xiù
- 일 シュウ(ひいでる)

벼(禾)를 곧(乃)바로 찧은 쌀이 빼어나니
빼어날 수

* 禾(벼 화), 乃(이에 내, 곧 내), 오래되면 산화되니 곧바로 찧은 쌀이 색도 빼어나고 맛도 좋지요.

秀麗(수려), **秀才**(수재), **優秀**(우수), **俊秀**(준수)

受

총 8획 4II급 부수 又
- 영 receive
- 중 shòu
- 일 ジュ(うける)

위 손(爫)으로 덮어(冖) 아래 손(又)으로 받으니
받을 수 유 愛(사랑 애, 즐길 애, 아낄 애)

* 爫('손톱 조'나 여기서는 손으로 봄), 冖(덮을 멱), 又(오른손 우, 또 우)

授受(수수), **受容**(수용), **受精**(수정), **甘受**(감수)

授

총 11획 4II급 부수 扌
- 영 give, teach
- 중 shòu
- 일 ジュ(さずける)

손(扌)으로 받도록(受) 주거나 가르치니
줄 수, 가르칠 수 유 援(도울 원)

授與(수여), **授乳**(수유), **授業**(수업), **敎授**(교수)

垂

총 8획 3II급 부수 土
- 영 hang down
- 중 chuí
- 일 スイ(たれる)

많은(千) 풀(卄) 잎이 흙(土) 바닥에 드리우니
드리울 수

* 千(일천 천, 많을 천), 卄[초 두(艹)의 약자], 土(흙 토)

垂直(수직), **懸垂幕**(현수막), **率先垂範**(솔선수범)

睡

총 13획 3급 부수 目
- 영 doze, sleep
- 중 shuì
- 일 スイ(ねむる)

눈(目)꺼풀을 아래로 드리우고(垂) 자니
잘 수

* 目(눈 목, 볼 목, 항목 목)

睡眠(수면), **睡眠劑**(수면제), **午睡**(오수), **昏睡**(혼수)

首

총 9획 5급 제부수
- 영 head, leader
- 중 shǒu
- 일 シュ(くび)

머리털(⺍) 아래 이마(ノ)와 눈(目)이 있는 머리니
머리 수
또 머리처럼 위에 있는 우두머리니 **우두머리 수**

* 시문(詩文)을 세는 단위로도 쓰이지요.
* 詩(시 시), 文(무늬 문, 글월 문)

首都(수도), **首尾**(수미), **首相**(수상), **首席**(수석)

帥 帅

총 9획 3II급 부수 巾
- 영 general, lead
- 중 shuài
- 일 スイ

쌓인(𠂤) 듯 많은 군사를 거느리고 깃발(巾)을 든
장수니 **장수 수** (약) 帅 (유) 師(스승 사, 전문가 사, 군사 사)

* 𠂤 : 비스듬히(ノ) 흙이 쌓여 있는 모습에서 '쌓일 퇴, 언덕 퇴'로, '쌓일 퇴, 언덕 퇴(堆)'의 본 자.
* 巾('수건 건'이나 여기서는 '깃발'로 봄)

將帥(장수), **元帥**(원수), **總帥**(총수), **統帥權**(통수권)

修

총 10획 4II급 부수 人
- 영 cultivate, govern
- 중 xiū
- 일 シュウ(おさめる)

아득히(攸) 흘러가는 깨끗한 물에 머리(彡) 감듯이
마음을 닦고 다스리니 **닦을 수, 다스릴 수**

* 攸(아득할 유), 彡(터럭 삼, 긴 머리 삼)
* 攸 : 사람(亻)이 지팡이(丨)로 땅을 치면서(攵) 사라져 아득하니 '아득할 유'

修女(수녀), **修道**(수도), **修練**(수련), **修身**(수신)

叟

총 10획 특급 부수 又
- 영 old man
- 중 sǒu
- 일 ソウ(おきな)

절구(臼)에 절구대(丨)를 손(又)으로 잡고
절구질하는 늙은이니 **늙은이 수** (유) 臾(잠깐 유)

* 臼(절구 구), 丨('뚫을 곤'이나 여기서는 절구대로 봄), 又(오른손 우, 또 우)

釣叟(조수), **樵叟**(초수)

搜

총 13획 3급 부수 **手**
- 英 look for
- 中 sōu
- 日 ソウ(さがす)

손(扌)으로 늙은이(叟)처럼 더듬어 찾으니
찾을 수

※ 늙으면 잘 보이지도 않고 감각도 둔해지니 더듬거리지요.

搜査(수사), **搜索**(수색), **搜所聞**(수소문)

嫂

총 13획 1급 부수 **女**
- 英 elder brother's wife
- 中 sǎo
- 日 ソウ(あによめ)

여자(女) 중 나보다 늙은(叟) 형의 부인이니
형수 수

※ 형의 아내는 형수(兄嫂), 동생의 아내는 제수(弟嫂)인데, 형도 아니고 동생도 아닌 친구의 아내는 어떻게 부를까요? 그냥 '수씨(嫂氏)'라 불러도 될 것 같네요.

兄嫂(형수), **嫂氏**(수씨), **弟嫂**(제수)

瘦

총 15획 1급 부수 **疒**
- 英 haggard
- 中 shòu
- 日 ソウ(やせる)

병(疒) 들어 늙은(叟) 것처럼 수척하니
수척할 수

※ 수척(瘦瘠) – (얼굴이나 몸이) 야위어 건강하지 않게 보이는 상태.
※ 疒(병들 녁), 瘠(여윌 척, 메마를 척)

瘦果(수과), **瘦軀**(수구), **瘦肥**(수비)

須 须

총 12획 3급 부수 **頁**
- 英 certainly, a little while, beard
- 中 xū
- 日 シュ(すべからく)

터럭(彡)은 머리(頁)에 반드시 필요하니 **반드시 수**
또 터럭(彡) 중 머리(頁) 아래 턱에서 잠깐 사이에
자라는 수염이니 **잠깐 수, 수염 수**

※ 彡(터럭 삼, 긴 머리 삼), 頁(머리 혈), 목 위 전체가 머리니 턱도 머리에 속하지요.

須知(수지), **必須**(필수), **須臾**(수유), **須髮**(수발)

遂 遂

총 13획 3급 부수 **辶**
- 英 complete
- 中 suì
- 日 スイ(とげる)

팔(八)방으로 쫓아(逐)다니며 정성들여 이루니
이룰 수

※ 八(여덟 팔, 나눌 팔), 逐(쫓을 축)

遂行(수행), **完遂**(완수) – 뜻한 바를 완전히 이루거나 다 해냄.

愁

총 13획 3II급 부수 心
- 英 anxiety
- 中 chóu
- 日 シュウ(うれえる)

가을(秋)에 느끼는 마음(心)은 주로 근심이니
근심 수

※ 나뭇잎이 물들어 떨어져 뒹구는 모습은 언젠가의 우리 모습일 것도 같고, 추워지는 날씨에 겨울나기 걱정, 또 한 해가 간다는 슬픈 마음 등 가을(秋)에 느끼는 마음(心)은 주로 근심이지요.

愁苦(수고), 愁心(수심), 憂愁(우수), 鄕愁(향수)

需

총 14획 3II급 부수 雨
- 英 demand, use
- 中 xū
- 日 ジュ(もとめる)

비(雨)가 이어져(而) 내리면 구하여 쓰니
구할 수, 쓸 수

※ 雨(비 우), 而(말 이을 이)

需給(수급), 需要(수요), 需用(수용), 婚需(혼수)

壽 寿

총 14획 3II급 부수 士
- 英 life, age, longevity
- 中 shòu
- 日 ジュ(ことぶき)

선비(士)도 하나(一)같이 장인(工)도 하나(一)같이
입(口)으로 먹으며 마디마디(寸) 이어가는
목숨이고 나이니 **목숨 수, 나이 수**
또 목숨을 이어 장수하니 **장수할 수** 약 寿 : 예쁘게(ヰ)
법도(寸)를 지키며 이어가는 목숨이고 나이니 '목숨 수, 나이 수'

※ ヰ풀 무성한 모양 봉, 예쁠 봉(丰)의 변형), 寸(마디 촌, 법도 촌)

壽命(수명), 減壽(감수), 天壽(천수), 長壽(장수)

隋

총 12획 2급 부수 阜
- 英 fall
- 中 suí 日 ズイ

언덕(阝)의 왼쪽(左) 아래로 몸(月)이 떨어지니
떨어질 타, 나라이름 수

※ 阝(언덕 부 변), 左(왼쪽 좌), 月(달 월, 육 달 월)
※ 수(隋)나라 - 옛날 중국에 있던 나라.

隨 随

총 16획 3II급 부수 阜
- 英 follow
- 中 suí
- 日 ズイ

(조금씩) 떨어져(隋) 따라가니(辶)
따를 수 약 随 : 언덕(阝)까지라도 뜻 있는(有) 분을 따라가니(辶)
'따를 수'

※ 辶(뛸 착, 갈 착, = 辵), 有(가질 유, 있을 유)
※ 따라갈 때는 조금씩 떨어져 가지요.

隨伴(수반), 隨時(수시), 隨筆(수필), 隨行(수행)

髓

총 23획 1급 부수 骨
- 영 marrow
- 중 suǐ
- 일 ズイ

뼈(骨)를 따라(遀) 가운데 차 있는 골수니
골수 수 약 髓

※ 骨(뼈 골), 遀[따를 수(隨)의 획 줄임]

骨髓(골수), **髓膜炎**(수막염), **眞髓**(진수)

數 数

총 15획 7급 부수 攵
- 영 count, about two, fate, frequently, thick
- 중 shǔ, shù, shuò
- 일 スウ(かず)

쌓인(婁) 물건을 두어 개씩 치면서(攵) 세니
셀 수, 두어 수
또 세듯이 빽빽하게 자주 닥쳐오는 운수니
빽빽할 촉, 자주 삭, 운수 수 약 数 : 쌀(米)을 여자(女)가 두어 개씩 치면서(攵) 세니 '셀 수, 두어 수'

※ 婁: 쌓인 것(毌)을 여자(女)가 끌어다 쌓으니 '끌 루, 쌓을 루'

數學(수학), **數日**(수일), **數脈**(삭맥), **運數**(운수)
數罟(촉고) - 눈을 상당히 잘게 떠서 촘촘하게 만든 그물. 罟(그물 고)

樹 树

총 16획 6급 부수 木
- 영 plant, tree
- 중 shù
- 일 ジュ(き,たてる)

나무(木)처럼 세우니(尌) **세울 수**
또 세워 심는 나무니 **나무 수**

※ 尌: 좋게(吉) 받쳐(ㄘ) 법도(寸)에 맞게 세우니 '세울 주'
※ 木(나무 목), 吉(길할 길, 상서로울 길), 寸(마디 촌, 법도 촌)

樹立(수립), **樹木**(수목), **樹液**(수액), **有實樹**(유실수)
一樹百穫(일수백확) - '나무 한 그루 심어서 백 가지의 이익을 봄'으로, 유능한 인재 하나를 길러 여러 가지 효과를 봄. 穫(거둘 확)

輸 输

총 16획 3II급 부수 車
- 영 transport
- 중 shū
- 일 ユ(いたす)

차(車)를 통하여(兪) 짐을 실어 나르니
실어 나를 수

※ 車(수레 거, 차 차), 兪(점점 유, 통할 유, 성씨 유)

輸送(수송), **輸出入**(수출입), **輸血**(수혈), **禁輸**(금수)

誰 谁

총 15획 3급 부수 言
- 영 who
- 중 shéi
- 일 スイ(だれ)

말(言)을 새(隹)처럼 하니 누가 알아들을까에서 **누구 수**

※ 言(말씀 언), 隹(새 추)

誰某(수모), **誰何**(수하), **誰怨誰咎**(수원수구)

雖 虽

총 17획 3급 부수 隹
- 영 even if
- 중 suī
- 일 スイ(いえども)

입(口)에 벌레(虫)를 문 새(隹)는 비록 작아도 새끼를 기르니 **비록 수**

※ 口(입 구, 말할 구, 구멍 구), 虫(벌레 충)

雖然(수연), **雖乞食厭拜謁**(수걸식염배알) – '비록 빌어먹을망정 배알하는 것은 싫음.'으로, 아무리 궁해도 몸을 굽혀 지조를 버리지 않겠다는 말.

獸 兽

총 19획 3II급 부수 犬
- 영 beasts
- 중 shòu
- 일 ジュウ(けもの)

입(口)과 입(口)을 밭(田)에 대고 먹이를 찾아 한(一) 입(口)에 먹는 개(犬) 같은 짐승이니 **짐승 수**

약 兽 : 눈빛을 빛내며(ᴗ) 밭에서 먹이를 찾아 한(一) 입(口)에 먹는 개(犬) 같은 짐승이니 '짐승 수'

※ 口(입 구, 말할 구, 구멍 구), 田(밭 전), 犬(개 견)

禽獸(금수), **猛獸**(맹수), **野獸**(야수), **人面獸心**(인면수심)

戍

총 6획 1급 부수 戈
- 영 keep
- 중 shù
- 일 ジュ(まもる)

무성한(戊) 수풀도 점(丶) 하나까지 따지며 지키니 **지킬 수** 참 戌(구월 술, 열한 번째 지지 술, 개 술)

※ 戊(무성할 무), 丶(점 주, 불똥 주)

戍樓(수루), **戍兵**(수병), **戍卒**(수졸), **衛戍令**(위수령)

洙

총 9획 2급 부수 水
- 영 the water's edge
- 중 zhū
- 일 シュ

물(氵)로 패인 붉은(朱) 물가니 **물가 수**

※ 朱(붉을 주), 물이 흐르면 땅이 패여 붉은 진흙이 나타나지요.
※ 인·지명용 한자

人

수

殊

총 10획 3Ⅱ급 부수 歹
- 英 different
- 中 shū
- 日 シュ(こと)

죽어서도(歹) 붉은(朱) 피가 흐름은 보통과 다르니
다를 수

* 歹(뼈 부서질 알, 죽을 사 변)

殊功(수공), **殊怪**(수괴), **殊常**(수상), **特殊**(특수)

銖 铢

총 14획 2급 부수 金
- 中 zhū
- 日 シュ(はかりめ)

쇠(金) 저울에 붉게(朱) 표시한 무게 단위니
무게 단위 수
또 저울을 많이 사용하여 눈금이 무디니 **무딜 수**

* 金(쇠 금, 금 금, 돈 금, 성씨 김), 1냥의 24분의 1, 또는 적은 양의 뜻으로 쓰입니다.

銖積寸累(수적촌루), **銖鈍**(수둔)

穗

총 17획 1급 부수 禾
- 英 an ear
- 中 suì
- 日 スイ(ほ)

벼(禾)에서 은혜로운(惠) 이삭이니
이삭 수

* 禾(벼 화), 惠(은혜 혜), 이삭-㉠곡식에서 열매가 많이 달린 부분. ㉡곡식을 거둘 때 흘린 낱알. 여기서는 ㉠의 뜻.

穗肥(수비), **穗狀**(수상), **落穗**(낙수), **挿穗**(삽수)

竪 竖

총 13획 1급 부수 立
- 英 vertical, dishevelled hair
- 中 shù
- 日 ジュ(たて)

신하(臣)가 오른손(又)으로 세우니(立)
세울 수
또 서 있는 더벅머리니 **더벅머리 수**

* 臣(신하 신), 又(오른손 우, 또 우), 立(설 립)

竪立(수립), **橫說竪說**(횡설수설), **竪童**(수동)

粹

총 14획 1급 부수 米
- 英 pure
- 中 cuì
- 日 スイ(いき)

쌀(米)을 정성을 다하여(卒) 씻어 놓은
모습처럼 순수하니 **순수할 수** 약 粋

* 米(쌀 미), 卒(졸병 졸, 갑자기 졸, 마칠 졸, 죽을 졸), 옛날에는 모두 농사를 지었기에 농사나 곡식과 관련된 글자도 많습니다.

純粹(순수), **粹美**(수미), **粹集**(수집), **粹學**(수학)

繡 绣

총 19획 1급 부수 糸
- 英 embroidery
- 中 xiù
- 日 シュウ

실(糸)로 엄숙하게(肅) 수놓으니
수놓을 수 (약) 繡

※ 肅(엄숙할 숙), 여러 가지 무늬를 정교하게 수를 놓을 때는 엄숙해야지요.

繡幕(수막), 繡紋(수문), 刺繡(자수),
錦繡江山(금수강산)

羞

총 11획 1급 부수 羊
- 英 food of delicate flavor, shame
- 中 xiū
- 日 シュウ(はじる)

양(羊)과 소(丑)를 잡아서(丿) 만든 맛있는 음식이니
맛있는 음식 수
또 (큰 잔치에) 양(羊)을 대신 잡고 비싼 소(丑)는
숨기면(丿) 부끄러우니 **부끄러울 수**

※ 羊(양 양), 丑(소 축), 丿('삐침 별'이나 여기서는 잡는 모습이나 숨기는 모습으로 봄), 큰 잔치에 소 대신 양을 잡고 소를 숨기면 양심에 부끄럽다는 데서 붙여진 뜻.

珍羞盛饌(진수성찬), 羞恥(수치), 羞惡(수오),
羞惡之心(수오지심) - (옳지 못함을) 부끄러워하고 (착하지 못함을) 미워하는 마음. 惡(악할 악, 미워할 오)

蒐

총 14획 1급 부수 ⺾
- 英 collect
- 中 sōu
- 日 シュウ(あつめる)

풀(⺾)을 귀신(鬼) 형상으로 쌓아 모으니
모을 수

※ 鬼(귀신 귀)

蒐錄(수록), 蒐補(수보), 蒐集(수집), 蒐輯(수집)

讎 雠

총 23획 1급 부수 言
- 英 enemy
- 中 chóu

새들(隹隹)이 지저귀듯 헐뜯어 말(言)하면 원수니
원수 수 (= 讐)

※ 隹(새 추), 言(말씀 언)

怨讎(원수), 讎家(수가), 讎人(수인), 復讎(복수)

袖

총 10획 1급 부수 衣
- 英 sleeve
- 中 xiù
- 日 シュウ(そで)

옷옷(衤)에서 유(由)자 모양의 소매니
소매 수

※ 衤(옷 의 변), 由(말미암을 유), 衣(옷 의)는 주로 윗옷이나 옷을 대표하는 뜻으로 쓰이고 아랫도리는 치마 상(裳), 바지 고(袴)로 쓰지요.

領袖(영수), **袖手**(수수), **袖手傍觀**(수수방관)

酬

총 13획 1급 부수 酉
- 英 exchange cup, response
- 中 chóu
- 日 シュウ(むくいる)

술(酉)까지 준비하여 고을(州) 친구들에게 잔 돌리며 은혜를 갚으니 **잔 돌릴 수, 갚을 수**

※ 酉(술 그릇 유, 술 유, 닭 유, 열째 지지 유), 州(고을 주)

酬恩(수은), **報酬**(보수), **應酬**(응수),
酬酌(수작) - ㉠술잔을 서로 주고받음. ㉡서로 말을 주고받음. 또는 그 말. ㉢남의 말이나 행동, 계획을 낮잡아 이르는 말. 酌(술 따를 작, 참작할 작)

殳

총 4획 부수자
- 英 strike, spear, stick
- 中 shū
- 日 シュ

안석(几) 같은 것을 손(又)에 들고 치니
칠 수
또 치려고 드는 창이나 몽둥이니 **창 수, 몽둥이 수**

※ 几(안석 궤, 책상 궤), 又(오른손 우, 또 우)

宿

잘 숙, 오랠 숙, 별 자리 수 – 잘 숙, 오랠 숙(384쪽) 참고

孰

총 11획 3급 부수 子
- 英 who
- 中 shú
- 日 ジュク

행복을 누리며(享) 둥글게(丸) 살기를 누구나 바라니 **누구 숙** ㉮ 執(잡을 집, 집행할 집)

※ 享(누릴 향), 丸(알 환, 둥글 환)

孰誰(숙수), **孰能禦之**(숙능어지) - '누가 이것을 막으리요?'로, 막기 어려움을 이르는 말. 能(능할 능), 禦(막을 어), 之(갈 지, ~ 지, 이 지)

人
수

熟

총 15획 3II급 부수 火
- 英 ripen, practiced
- 中 shú
- 日 ジュク(うれる)

누구(孰)나 불(灬)에는 익으니 **익을 숙**
또 일도 익으면 익숙하니 **익숙할 숙** ㉾ 熱(더울 열)

※ 灬(불 화 발)

熟考(숙고), **熟成**(숙성), **熟達**(숙달),
熟讀玩味(숙독완미) - 익숙하게 읽어 맛을 구경함(뜻을 깊이 음미함).

塾

총 14획 1급 부수 土
- 英 school
- 中 shú
- 日 ジュク

누구(孰)나 지혜를 익히는 곳(土)은 글방이니
글방 숙

※ 土('흙 토'나 여기서는 '곳'으로 봄)

塾師(숙사), **塾生**(숙생), **塾長**(숙장), **學塾**(학숙)

叔

총 8획 4급 부수 又
- 英 uncle
- 中 shū
- 日 シュク

손위(上)로 아버지보다 작은(小) 또(又) 다른
작은아버지나 아저씨니 **작은아버지 숙, 아저씨 숙**

※ 又(오른손 우, 또 우), 아버지 형님을 '백부(伯父)님'이라 하고 동생을 '숙부(叔父)님'이라 하지요.

叔母(숙모), **叔父**(숙부), **叔姪**(숙질), **堂叔**(당숙)

총 11획 3II급 부수 水
- 英 clear, pure
- 中 shū
- 日 シュク(しとやか)

물(氵)처럼 아저씨(叔) 성품이 맑으니
맑을 숙

※ '물(氵)로만 자란 콩[叔 : 콩 숙(菽)의 획 줄임]나물은 맑고 깨끗하니 맑을 숙(淑)'이라고도 하지요.

淑女(숙녀), **淑明**(숙명), **窈窕淑女**(요조숙녀), **貞淑**(정숙)

총 12획 1급 부수 艹
- 英 bean
- 中 shū
- 日 シュク(まめ)

풀(艹) 중 위(上)로 작은(小) 열매들이 또(又)
열리는 콩이니 **콩 숙**

※ 콩 줄기가 커 가면서 위로 열매가 열리지요.

菽麥(숙맥), **菽麥不辨**(숙맥불변),
菽芽菜(숙아채) - 콩나물, 芽(싹 아), 菜(나물 채)

宿

총 11획 5급 부수 宀
- 영 lodge, long
- 중 sù, xiǔ, xiù
- 일 シュク(やどる)

집(宀)에 사람(亻)이 많이(百) 묵으며 자니 **잘 숙**
또 자는 것처럼 오래 머물러 있는 별자리니
오랠 숙, 별자리 수

* 宀(집 면), 百(일백 백, 많을 백)

宿食(숙식), **宿**願(숙원), **宿**題(숙제), 星**宿**(성수)

肅 肃

총 13획 4급 부수 聿
- 영 serious
- 중 sù
- 일 シュク

손(크)으로 노(丨)를 깊은 연못(淵)에서 저을 때처럼
엄숙하니 **엄숙할 숙** 약 肃

* 크(고슴도치 머리 계, 오른손 우), 丨('뚫을 곤'이나 여기서는 배를 젓는 노로 봄), 淵(연못 연(淵)의 획 줄임), 잘못하면 물에 빠지니 엄숙해야지요.
* 엄숙(嚴肅) - ㉠장엄하고 정숙함. ㉡위풍 있고 엄중함. 嚴(엄할 엄)

肅敬(숙경), **肅**拜(숙배), **肅**然(숙연), 自**肅**(자숙)

夙

총 6획 1급 부수 夕
- 영 early
- 중 sù
- 일 シュク(つとに)

무릇(凡) 저녁(夕)처럼 어두운 이른 새벽은
일찍이니 **일찍 숙**

* 凡(무릇 범, 보통 범), 夕(저녁 석)

夙起(숙기), **夙**成(숙성), **夙**興夜寐(숙흥야매)

巡

총 7획 3Ⅱ급 부수 巛
- 영 patrol
- 중 xún
- 일 ジュン(めぐる)

냇물(巛)이 흘러가듯(辶) 여기저기를 돌아보며 도니
돌아볼 순, 돌 순

* 辶(뛸 착, 갈 착, = 辶), 巛: 내 천(川)이 부수로 쓰일 때의 모습으로, 개미허리 같다 하여 '개미허리 천'이라 부르지요.

巡警(순경), **巡**訪(순방), **巡**視(순시), **巡**廻(순회)

盾

총 9획 2급 부수 目
- 영 shield, buckler
- 중 dùn
- 일 ジュン(たて)

방패(干)를 보완하여(丿) 눈(目)까지 보호하게 만든
방패니 **방패 순**

* 目(눈 목, 볼 목, 항목 목), 방패 간, 범할 간, 얼마 간, 마를 간(干)은 손잡이 있는 방패를 본떠 만든 글자고, 방패 순(盾)은 방패 간(干)을 더 좋게 개량한 것으로 구분하세요.

盾戈(순과), 矛**盾**(모순)

循

총 12획 3급 부수 彳
- 英 turn round, follow
- 中 xún
- 日 ジュン

조금씩 거닐며(彳) 방패(盾) 들고 돌거나 쫓으니
돌 순, 쫓을 순

※ 彳(조금 걸을 척)

循環(순환), **善循環**(선순환) ↔ **惡循環**(악순환), **循次**(순차)

旬

총 6획 3Ⅱ급 부수 日
- 英 ten days
- 中 xún
- 日 ジュン

날(日)을 열흘씩 묶어 싼(勹) 단위인 열흘이니
열흘 순 ㉮ 句(글귀 구, 구절 구), 勺(구기 작, 작은 그릇 작), 包(쌀 포)

※ 勹(쌀 포), 날을 열흘씩 묶어 셈함을 생각하고 만든 글자.

旬刊(순간), **旬報**(순보), **上旬**(상순), **七旬**(칠순)

殉

총 10획 3급 부수 歹
- 英 die for
- 中 xùn
- 日 ジュン

죽은(歹) 뒤 열흘(旬) 안에 따라 죽으니
따라 죽을 순

※ 歹(뼈 부서질 알, 죽을 사 변)

殉敎(순교), **殉國**(순국), **殉愛**(순애), **殉職**(순직)

洵

총 9획 2급 부수 水
- 英 truly, reliable
- 中 xún
- 日 ジュン(まこと)

물(氵)처럼 열흘(旬)이 지나도 변치 않으면 참으로 믿을 만하니 **참으로 순, 믿을 순**

※ 인·지명용 한자.

珣

총 10획 2급 부수 王(玉)
- 中 xún

구슬 옥 변(王)에 열흘 순(旬)을 붙여서
옥 그릇 순

※ 인·지명용 한자.

人
순

荀

총 10획 2급 부수 ++
- 英 —
- 中 xún
- 日 ジュン

풀(++) 중 열흘(旬) 정도 돋아난 것 같은 연한 풀이름이니 **풀이름 순, 사람 이름 순**

松荀(송순), **松荀酒**(송순주), **荀子**(순자)

筍 笋

총 12획 1급 부수 竹
- 英 bamboo shoot
- 中 sǔn
- 日 ジュン(たけのこ)

대(竹)의 열흘(旬) 정도 돋아난 죽순이니 **죽순 순**

※ 竹(대 죽)

竹筍(죽순), **雨後竹筍**(우후죽순), **筍皮**(순피)

純 纯

총 10획 4II급 부수 糸
- 英 pure, true
- 中 chún
- 日 ジュン

실(糸)과 아직 땅에 묻혀(屯) 올라오는 새싹처럼 순수하니 **순수할 순**

※ 순수(純粹) - ㉠다른 것이 조금도 섞임이 없음. ㉡(마음에) 딴 생각이나 그릇된 욕심이 전혀 없음.
※ 糸(실 사, 실 사 변), 屯(묻힐 둔, 진칠 둔), 粹(순수할 수)

純減(순감), **純潔**(순결), **純增**(순증)

脣 唇

총 11획 3급 부수 肉
- 英 lip
- 中 chún

별(辰)처럼 몸(月)에서 붉게 빛나는 입술이니 **입술 순**

※ 辰(별 진, 날 신, 다섯째 지지 진), 月(달 월, 육 달 월)

脣亡齒寒(순망치한), **口脣**(구순), **丹脣皓齒**(단순호치)

淳

총 11획 2급 부수 水
- 英 unsophisticated
- 中 chún
- 日 ジュン

물(氵)로도 행복을 누리는(享) 사람은 순박하니 **순박할 순**

※ 享(누릴 향)

淳朴·淳樸·醇朴(순박) - 거짓이나 꾸밈이 없이 순수하며 인정이 두터움.
淳俗(순속)

醇

총 15획 1급 부수 酉
- 영 innocent
- 중 chún
- 일 ジュン

술(酉)의 참맛을 누릴(享) 수 있는 물 타지 않은
진한 술이니 **진한 술 순**
또 진한 술처럼 다른 것이 섞이지 않아 순수하니
순수할 순

☆ 酉(술 그릇 유, 술 유, 닭 유, 열째 지지 유), 옛날에는 술을 집에서 담아 마셨는데, 술이 익으면 걸러서 도수를 맞추기 위하여 적당히 물을 탔지요. 진한 술 순(醇)은 물을 타지 않은 원액 그대로의 술, 즉 잡것이 전혀 섞이지 않은 술. 그래서 '국어순화(國語醇化)'란 말도 나쁜 말이 섞이지 않은 순수한 말로 가꾸자는 뜻이지요.

醇味(순미), **醇雅**(순아), **醇化**(순화), *純化(순화)

舜

총 12획 2급 부수 舛
- 영 a rose of Sharon
- 중 shùn
- 일 シュン

손톱(爫) 같은 꽃잎에 덮여(冖) 어긋나게(舛)
여기저기 꽃피는 무궁화니 **무궁화 순**
또 중국에서 **성군**(聖君)으로 꼽히는 순임금도
나타내어 **순임금 순**

☆ 堯舜(요순) - 중국 고대의 성군(聖君)인 요임금과 순임금.
☆ 爫(손톱 조), 冖(덮을 멱), 舛(어긋날 천), 堯(높을 요, 요임금 요)

瞬

총 17획 3ll급 부수 目
- 영 moment, instant
- 중 shùn
- 일 ジュン(またたく)

눈(目) 깜짝할 사이에 무궁화(舜)는 피고 지니
눈 깜짝할 순

☆ 目(눈 목, 볼 목, 항목 목), 무궁화는 다른 꽃들에 비해 비교적 빨리 지지요.

瞬間(순간), **瞬息間**(순식간), **一瞬間**(일순간)

順 順

총 12획 5급 부수 頁
- 영 gentle, obedient
- 중 shùn
- 일 ジュン(したがう)

(위에서 아래로 흐르는) 냇물(川)처럼 우두머리(頁)
의 명령을 따름이 순하니 **순할 순**

☆ 川(내 천), 頁(머리 혈)

順理(순리), **順産**(순산), **順序**(순서), **順從**(순종),
雨順風調(우순풍조) - '비가 순하게 오고 바람이 조화롭게 붊'으로, 농사에 알맞게 기후가 순조로움을 이르는 말. 雨(비 우), 風(바람 풍), 調(고를 조, 어울릴 조, 가락 조)

馴 驯

총 13획 1급 부수 馬
- 英 tame
- 中 xùn
- 日 ジュン(なれる)

말(馬)을 내(川) 흐르듯 순하게 따르도록 길들이니 **길들일 순**

* 馬(말 마)

馴育(순육), **馴致**(순치), **馴化**(순화)

戌

총 6획 3급 부수 戈
- 英 dog
- 中 xū
- 日 ジュツ(いぬ)

무성하던(戊) 잎 하나(一)까지 떨어지는 구월이니 **구월 술**
또 무성하게(戊) 하나(一)같이 짖는 개니 **개 술**
또 개는 열한 번째 지지니 **열한 번째 지지 술**
윤 戌(지킬 수)

* 戊(무성할 무, 다섯째 천간 무)
* 서리 내리는 9월이 되면 무성하던 초목도 잎이 떨어지지요. 여기서 9월은 음력 9월, 한자 어원에 나온 날짜는 모두 음력입니다.

戌方(술방), **戌時**(술시), **戌日**(술일)

述

총 9획 3II급 부수 辶
- 英 narrate, write
- 中 shù
- 日 ジュツ(のべる)

삽주뿌리(朮)가 뻗어 가듯이(辶) 한 방향으로 말하거나 책 쓰니 **말할 술, 책 쓸 술**

* 朮 : 삽주뿌리 출 - 가는 뿌리가 여러 갈래로 뻗어 가는 풀로, 뿌리는 한약재로 쓰이지요.

論述(논술), **口述**(구술), **陳述**(진술), **著述**(저술)

術 术

총 11획 6급 부수 行
- 英 skill, artifice
- 中 shù
- 日 ジュツ

삽주뿌리(朮)처럼 여러 갈래로 뻗어 가는(行) 재주와 기술이니 **재주 술, 기술 술**

* 述과 術의 구분 - 뛸 착, 갈 착(辶, = 辶)은 한 방향으로 뛰거나 간다는 뜻이니 착(辶, = 辶)이 붙으면 한 방향으로 말하는 말할 술, 책 쓸 술(述), 다닐 행, 행할 행, 항렬 항(行)은 이리저리 다닌다는 뜻이니 행(行)이 붙으면 여러 갈래로 뻗어 가는 재주와 기술을 말하여 재주 술, 기술 술(術)로 구분하세요.

術法(술법), **術策**(술책), **技術**(기술), **奇術**(기술)

崇

총 11획 4급 부수 山
- 英 raise, respect
- 中 chóng
- 日 スウ(あがめる)

산(山)처럼 종가(宗) 댁은 높이 공경하니
높일 숭, 공경할 숭

※ 宗(종가 종, 으뜸 종)

崇儉(숭검), **崇高**(숭고), **崇拜**(숭배), **崇尙**(숭상)

瑟

총 13획 2급 부수 王(玉)
- 英 a Korean mandolin
- 中 sè
- 日 シツ

구슬(王)과 구슬(王)이 부딪치듯 반드시(必)
맑은 소리를 내도록 만든 비파와 거문고니
비파 슬, 거문고 슬
또 비파나 거문고 소리처럼 쓸쓸하니 **쓸쓸할 슬**

※ 必(반드시 필)

琴瑟(금슬), **蕭瑟**(소슬), **瑟瑟**(슬슬)

膝

총 15획 1급 부수 肉
- 英 knee
- 中 xī
- 日 シツ(ひざ)

몸(月)에서 나무(木) 아래 상처(人)의 액(氺)이
나오는 부분처럼 불룩한 무릎이니 **무릎 슬**

※ 人('사람 인'이나 여기서는 상처로 봄), 氺(물 수 발), 나무에 상처가
나면 진액이 흐르고 나무는 그것을 막기 위하여 껍질을 불룩하게 만
드는데 몸에서 그렇게 불룩한 부분이 무릎이란 말이죠.

膝甲(슬갑), **膝下**(슬하), **偏母膝下**(편모슬하)

拾

총 9획 3II급 부수 手
- 英 pick up, ten
- 中 shí
- 日 シュウ(ひろう)

두 손(扌)을 합하여(合) 주우니 **주울 습**
또 두 손(扌)의 손가락을 합하면(合) 열이니 **열 십**

㊀ 捨(버릴 사)

※ 合(합할 합, 맞을 합), 열 십(拾)으로는 주로 계약서 같은 데서 숫자
를 위조하지 못하게 할 때 쓰지요.

拾得(습득), **收拾**(수습), **路不拾遺**(노불습유)

習

총 11획 6급 부수 羽
- 英 learn, study
- 中 xí
- 日 シュウ(ならう)

아직 깃(羽)이 흰(白) 어린 새는 나는 법을 익히니
익힐 습

※ 羽(날개 우, 깃 우), 白(흰 백, 밝을 백, 깨끗할 백, 아뢸 백), 새는 종
류에 관계없이 아주 어릴 때는 대부분 깃이 흰색이고, 새도 처음부터
나는 것이 아니고 익혀서 낢을 생각하고 만든 글자지요.

習慣(습관), **習性**(습성), **熟習難防**(숙습난방)

濕 湿

물(氵)이 햇(日)빛이나 작고(幺) 작은(幺) 불(灬)빛처럼 스며들어 젖으니 **젖을 습**

약 湿 : 물(氵)이 햇(日)빛같이(ǀǀ) 이쪽저쪽(ヽヽ)으로 스며(一) 젖으니 '젖을 습'

* 幺(작을 요, 어릴 요), 灬(불 화 발)

총 17획 3ǀǀ급 부수 水
- 영 wet
- 중 shī
- 일 シツ(しめる)

濕氣(습기), **濕度**(습도), **濕疹**(습진), **高溫多濕**(고온다습)

襲 袭

용(龍)이 갑자기 비를 내려 옷(衣)을 젖게 하듯 엄습하거나 이어받게 하니 **엄습할 습, 이어받을 습**

* 엄습(掩襲) – 가리고 불시에 습격함.
* 龍(용 룡), 衣(옷 의), 掩(가릴 엄)

총 22획 3ǀǀ급 부수 衣
- 영 attack, inherit
- 중 xí
- 일 シュウ(おそう)

襲擊(습격), **襲攻**(습공), **被襲**(피습), **踏襲**(답습)

升

천(千), 십(十) 등의 숫자로 곡식의 양을 헤아리는 되니 **되 승**
또 되에 곡식을 퍼 올리듯 오르니 **오를 승** (≒ 昇)

* '되'나 '말'은 옛날에 물건의 양을 헤아렸던 도구로, 물건을 되나 말에 퍼 올려 '한 되 두 되, 한 말 두 말' 등으로 그 양을 헤아렸지요.

총 4획 2급 부수 十
- 영 measure, rise
- 중 shēng
- 일 ショウ(ます)

升斗之利(승두지리), **升級·昇級**(승급)

昇

해(日)가 떠오르듯이(升) 오르니 **오를 승**

총 8획 3ǀǀ급 부수 日
- 영 rise
- 중 shēng
- 일 ショウ(のぼる)

昇降機(승강기), **昇進**(승진), **昇天**(승천)

乘

두 발을 어긋나게(乖) 디디며 사람(人)이 타니 **탈 승**
또 수레를 세는 단위나 어긋나게 곱하는 뜻으로도 쓰여 **대 승, 곱할 승** 약 乗

* 乖(어긋날 괴), 차를 탈 때는 두 발을 어긋나게 디디며 타지요.

총 10획 3ǀǀ급 부수 丿
- 영 ride, vehicle, multiply
- 중 chéng
- 일 ジョウ(のる)

乘車(승차), **萬乘之國**(만승지국), **加減乘除**(가감승제) – 더하기·빼기·곱하기·나누기

勝 胜

총 12획 6급 부수 力
- 영 win, excel
- 중 shèng
- 일 ショウ(かつ)

몸(月)을 구부려(夬) 힘(力)써 이기니 **이길 승**
또 이기면 뭔가 나오니 **나을 승**

※ 夬 : 팔(八)자 걸음으로 사내(夫)가 걸으며 구부정하게 구부리니 '구부릴 권'

勝利(승리), **連戰連勝**(연전연승), **勝景**(승경),
絶勝(절승) - (경치가 비할 데 없이) 빼어나게 좋음. 또는 그 경치.

僧

총 14획 3II급 부수 人
- 영 monk
- 중 sēng
- 일 ソウ

사람(亻) 중 거듭(曾) 도를 닦는 중이니
중 승

※ 曾(일찍 증, 거듭 증)

僧侶(승려), **僧舞**(승무), **帶妻僧**(대처승)

丞

총 6획 1급 부수 一
- 영 aid, a prime minister
- 중 chéng
- 일 ジョウ(たすける)

학문을 마친(了) 사람을 양쪽(丷)에서 받들어(一)
도우니 **도울 승**
또 이렇게 임금을 돕는 정승이니 **정승 승**

※ 정승(政丞) - '다스림을 도움'으로, 조선시대 의정부의 영의정·좌의정·우의정을 일컫던 말. 政(다스릴 정)

丞相(승상), **三政丞**(삼정승)

承

총 8획 4II급 부수 手
- 영 inherit, support
- 중 chéng
- 일 ショウ(うけたまわる)

아들(子) 둘(二)이 양쪽(丷)에서 부모를 받들며
대를 이으니 **받들 승, 이을 승**

※ 子(아들 자, 첫째 지지 자, 자네 자, 접미사 자)

承繼(승계), **承諾**(승낙), **傳承**(전승),
起承轉結(기승전결)

繩 绳

총 19획 2급 부수 糸
- 영 rope
- 중 shéng
- 일 ジョウ(なわ)

실(糸)로 힘쓸(黽) 수 있게 만든 줄이니
줄 승

※ 糸(실 사, 실 사 변), 黽(힘쓸 민, 맹꽁이 맹)

繩墨(승묵), **繩索**(승삭), **捕繩**(포승)

人

승

市

총 5획 7급 부수 巾
- 영 market, city
- 중 shì
- 일 シ(いち)

머리(亠)에 수건(巾) 두르고 가는 시장이나 시내니
시장 시, 시내 시

※ 亠(머리 부분 두), 巾(수건 건), '저자 시'라고도 하는데, '저자'는 시장에서 물건을 파는 가게, 또는 그런 가게가 열리는 시장이니 현대어로 바꾸면 '시장 시, 시내 시'지요. 요즈음 모자 쓰듯이 옛날에는 수건을 두르고 시장에 갔던가 봐요.

市場(시장), **市內**(시내), **門前成市**(문전성시)

柿

총 9획 1급 부수 木
- 영 persimmon
- 중 shì
- 일 シ(かき)

나무(木) 열매 중 시장(市)에서 인기 있는 감이니
감 시 원 柹

※ 요즘에는 수입 과일도 들어와 여러 과일이 풍성하지만 옛날에는 감이 과일 중 으뜸이었답니다. 원자는 '시(柹)'인데 속자인 시(柿)로 많이 쓰이지요.

乾柿(건시), **半乾柿**(반건시), **紅柿**(홍시)

矢

총 5획 3급 제부수
- 영 arrow
- 중 shǐ
- 일 シ(や)

화살을 본떠서
화살 시

弓矢(궁시), **已發之矢**(이발지시), **嚆矢**(효시)

時 时

총 10획 7급 부수 日
- 영 time
- 중 shí
- 일 ジ(とき)

(해시계로 시간을 재던 때에) 해(日)의 위치에 따라 절(寺)에서 종을 쳐 알리는 때니 **때 시**

※ 寺(절 사, 관청 시), 요즘에도 종을 쳐 시간을 알리는 절이 있지요.

時不再來(시불재래), **同時多發**(동시다발)

侍

총 8획 3II급 부수 人
- 영 serve
- 중 shì
- 일 ジ(さむらい)

사람(亻)은 절(寺)에 가서 부처님을 모시니
모실 시

侍女(시녀), **內侍**(내시), **嚴妻侍下**(엄처시하)

詩 诗

총 13획 4II급 부수 言
- poetry, verse
- shī
- シ

말(言)을 아끼고 절(寺)처럼 경건하게 지은 시니
시 시

※ 言(말씀 언), 시는 다른 문학 장르에 비해 말을 아끼고 경건하게 지으니 시를 '언어(言語)의 사원(寺院)'이라고도 하지요.

詩想(시상), **詩心**(시심), **詩人**(시인), **童詩**(동시)

始

총 8획 6급 부수 女
- first
- shǐ
- シ(はじめる)

여자(女)가 기뻐할(台) 때는 결혼을 시작하는
처음이니 **처음 시**

※ 台[별 태, 나 이, 기쁠 이, 누각 대, 정자 대(臺)의 약자]

始動(시동), **始作**(시작), **始終一貫**(시종일관)

是

총 9획 4II급 부수 日
- right, this, be
- shì
- ぜ(これ)

해(日)처럼 밝고 바르면(正) 옳으니 **옳을 시**
또 (바로 이것이라며) 해(日)처럼 밝고 바르게(正)
가리키니 **이 시, be 동사 시**

※ 正(바를 정), '해(日) 아래(下)에서 사람(人)이 옳게 사니 옳을 시'라고도 하지요. 영어의 be 동사처럼 쓰이기도 해요.

是非(시비), **是認**(시인)…**否認**(부인), **實事求是**(실사구시)

匙

총 11획 1급 부수 匕
- spoon
- chí
- シ(さじ)

옳게(是) 찌르는 비수(匕)는 숟가락이니
숟가락 시

※ 匕(비수 비, 숟가락 비), 비수는 무엇을 찌르는 것으로 주로 나쁜 곳에 쓰이지만 숟가락은 입을 찌르는 모습으로 밥을 먹는 좋은 것이니 옳게 찌른다고 한 것이지요.

匙箸(시저), **十匙一飯**(십시일반)

尸

총 3획 특II급 제부수
- corpse, body
- shī
- シ(しかばね)

사람이 누워 있는 몸을 본떠서
주검 시, 몸 시 ㈜ 戶(문 호, 집 호)

※ 사람이나 집과 관련된 글자에 부수로도 쓰입니다.

尸童(시동), **尸祿**(시록), **尸解**(시해)

屍 尸

총 9획 2급 부수 尸
- 영 corpse
- 중 shī
- 일 シ(しかばね)

몸(尸)이 죽은(死) 시체니
시체 시

※ 死(죽을 사), 마음이 없는 몸은 주검이요, 몸이 없는 마음은 귀신이지요. 사랑은 국경도 시간도 심지어는 운명마저도 초월하지만 오직 그 육체, 그 껍데기를 넘어서지 못하니 사랑할수록 뜻이 클수록 몸의 건강도 보살펴야 하지요.

屍身(시신), **屍體**(시체), **剖棺斬屍**(부관참시)

施

총 9획 4II급 부수 方
- 영 practice, give
- 중 shī
- 일 シ(ほどこす)

사방(方)에서 사람(⺈)이 또한(也) 일을 행하며 은혜를 베푸니 **행할 시, 베풀 시**

※ 方(모 방, 방향 방, 방법 방), ⺈[사람 인(人)의 변형], 也(또한 야, 어조사 야)

施賞(시상), **施政**(시정), **施惠**(시혜), **實施**(실시)

示

총 5획 5급 제부수
- 영 see, exhibit, God
- 중 shì
- 일 ジ(しめす)

하늘 땅(二)에 작은(小) 기미가 보이니 **보일 시**
또 이렇게 기미를 보이는 신이니 **신 시** ㈜ 矢(화살 시)

※ 글자의 변으로 쓰일 때는 '보일 시, 신 시 변(礻)'이니, 옷 의(衣)가 부수로 쓰일 때의 모습인 '옷 의 변(衤)'과 혼동하지 마세요.

示範(시범), **明示**(명시) ‥ **暗示**(암시), **示威**(시위)

視 视

총 12획 4II급 부수 見
- 영 look at, watch
- 중 shì
- 일 シ(みる)

보이는(示) 것을 보고(見) 살피니
볼 시, 살필 시

※ 見(볼 견, 뵐 현)

重視(중시) ‥ **輕視**(경시), **虎視耽耽**(호시탐탐), **視察**(시찰)

媤

총 12획 1급 부수 女
- 영 husband's home
- 중 shī

(실제는 아닌데) 여자(女)가 실제처럼 생각하고(思) 대하는 시집이니 **시집 시**

※ 여자가 결혼하면 친부모 형제나 본집이 아닌데도 친부모 형제나 본집처럼 대함을 생각하고 만든 글자.

媤家(시가), **媤宅**(시댁), **媤父母**(시부모)

柴

총 9획 2급 부수 木
- 영 firewood, hedge
- 중 chái
- 일 サイ(しば)

그쳐(止) 비수(匕) 같은 낫으로 자른 땔나무(木)니 **땔나무 시**

또 땔나무 같은 나무를 꽂아 만든 울타리니 **울타리 시**

※ 止(그칠 지), 匕(비수 비, 숟가락 비), 木(나무 목)

柴奴(시노), 柴木(시목), 柴糧(시량), 柴扉(시비)

豺

총 10획 1급 부수 豸
- 영 wolf
- 중 chái
- 일 サイ

사나운 짐승(豸)처럼 먹이를 잡아먹는 재주(才)가 있는 승냥이니 **승냥이 시**

※ 豸(사나운 짐승 치, 발 없는 벌레 치), 才(재주 재, 바탕 재)
※ 승냥이 - 갯과의 짐승. 이리와 비슷하나 좀 작고 꼬리는 길고 온몸에 황갈색의 긴 털이 나 있으며 무리 지어 삶.

豺狼(시랑), 豺虎(시호), 豺狐(시호)

猜

총 11획 1급 부수 犬
- 영 jealous
- 중 cāi
- 일 サイ

개(犭)처럼 달려들고 얼굴빛이 푸르게(靑) 변하며 시기하니 **시기할 시**

※ 시기(猜忌) - 남을 시샘하여 미워함.
※ 犭(큰개 견, 개 사슴 록 변), 靑(푸를 청, 젊을 청), 忌(꺼릴 기)

猜懼(시구), 猜謗(시방), 猜惡(시오), 猜疑(시의)

人

시

諡 謚

총 16획 1급 부수 言
- 영 a posthumous epithet
- 중 shì 일 シ

말(言)로 나누어(八) 크게(丂) 평가하여 그릇(皿)에 담아 내리는 시호니 **시호 시**

※ 시호(諡號) - 죽은 뒤 업적을 기려 임금이 내리는 칭호.
※ 八(여덟 팔, 나눌 팔), 丂[큰 대(大)의 변형], 皿(그릇 명), 號(부르짖을 호, 이름 호, 부호 호)

諡望(시망), 贈諡(증시), 追諡(추시)

豕

총 7획 특Ⅱ급 제부수
- 영 pig
- 중 shǐ
- 일 シ(いのこ)

서 있는 돼지를 본떠서
돼지 시

豕突(시돌), 豕牢(시뢰), 豕心(시심)

試 试

총 13획 4II급 부수 言
- test, try
- shì
- シ(こころみる)

말(言)이 법도(式)에 맞는지 시험하니
시험할 시 유 誠(정성 성), 誡(경계할 계)

* 言(말씀 언), 式(법 식, 의식 식)

試圖(시도), 試鍊(시련), 試驗(시험), 應試(응시)

弑

총 13획 1급 부수 弋
- murder
- shì
- シイ

베고(乂) 나무(木)로 쳐서 법(式)에 어긋나게 죽이니
죽일 시

* 乂(벨 예, 다스릴 예, 어질 예), 주로 법을 어겨 높은 사람을 죽일 때 쓰는 말이지요.

弑君(시군), 弑殺(시살), 弑害(시해), 被弑(피시)

시

式

총 6획 6급 부수 弋
- rule, ceremony
- shì
- シキ(のり)

주살(弋)을 만들(工) 때 따르는 법과 의식이니
법 식, 의식 식

* 의식(儀式) - 예식을 갖추는 법식.
* 弋(주살 익), 工(장인 공, 만들 공, 연장 공), 儀(거동 의, 법도 의)
* 주살 - 줄을 매어 쏘는 화살.

格式(격식), 正式(정식), 定式(정식), *定食(정식)

拭

총 9획 1급 부수 手
- wipe
- shì
- ショク(ぬぐう)

손(扌)을 법도(式)에 맞게 움직여 닦으니
닦을 식

拭目(식목), 拭淨(식정), 拭淸(식청), 拂拭(불식)

軾 轼

총 13획 2급 부수 車
- shì

수레(車)에서 법도(式)에 맞게 절할 때 손으로 잡는 수레 앞턱 가로 나무니 **수레 앞턱 가로 나무 식**

* 車(수레 거, 차 차)
* 인·지명용 한자.

金富軾(김부식) - 고려 시대의 학자·정치가(1075~1151).

食

총 9획 7급 제부수
- 영 food, eat
- 중 shí
- 일 ショク(くう)

사람(人)이 몸에 좋은(良) 밥을 먹으니
밥 식, 먹을 식, 밥 사

※ 글자의 변으로 쓰일 때는 飠(밥 식, 먹을 식 변)이지요.
※ 良(좋을 량, 어질 량)

食堂(식당), 飮食(음식), 簞食瓢飮(단사표음) - '바구니의 밥과 표주박의 마실 것'으로, 변변치 않은 음식.

飾 饰

총 14획 3II급 부수 食
- 영 decorate
- 중 shì
- 일 ショク(かざる)

밥(食) 먹는 식탁을 사람(亻)이 수건(巾) 같은 천으로 꾸미니 **꾸밀 식**

※ 亻[사람 인(人)의 변형], 巾(수건 건)

假飾(가식), 裝飾(장식), 粧飾(장식), 虛飾(허식)

蝕 蚀

총 15획 1급 부수 虫
- 영 erode
- 중 shí
- 일 ショク(むしばむ)

밥(食)처럼 좀 벌레(虫)가 갉아먹으니
좀먹을 식

※ 虫(벌레 충)

腐蝕(부식), 日蝕(일식), 侵蝕(침식), 浸蝕(침식)

湜

총 12획 2급 부수 水
- 영 clean
- 중 shí

물(氵)의 옳은(是) 모습은 맑으니
물 맑을 식

※ 是(옳을 시, 이 시, be동사 시), 물은 원래 맑지요.
※ 인·지명용 한자

息

총 10획 4II급 부수 心
- 영 rest, breathe, son
- 중 xī
- 일 ソク(いき)

자기(自)를 마음(心)으로 생각하며 쉬니 **쉴 식**
또 쉬면서 가쁜 숨을 고르며 숨 쉬니 **숨 쉴 식**
또 노후에 쉬도록 돌보아 주는 자식이니 **자식 식**

※ 自(자기 자, 스스로 자, 부터 자), 心(마음 심, 중심 심), 바쁘면 자기를 생각할 겨를도 없지요.

休息(휴식), 自强不息(자강불식), 窒息(질식), 子息(자식)

人

식

熄

총 14획 1급 부수 火
- 영 extinguish, stop
- 중 xī
- 일 ソク

불(火)이 타는 것을 쉬듯(息) 꺼지고 그치니
꺼질 식, 그칠 식

※ 火(불 화)

熄滅(식멸), 終熄(종식)

植 植

총 12획 7급 부수 木
- 영 plant
- 중 zhí
- 일 ショク(うえる)

나무(木)를 곧게(直) 세워 심으니
심을 식

※ 木(나무 목), 直(곧을 직, 바를 직)

植木(식목), 植物(식물), 密植(밀식), 移植(이식)

殖 殖

총 12획 2급 부수 歹
- 영 breed
- 중 zhí
- 일 ショク(ふえる)

죽을(歹) 힘을 다해 새끼를 바르게(直) 키우며 번식하니 **번식할 식**

※ 歹(뼈 부서질 알, 죽을 사 변), 모든 생물은 죽을 힘을 다하여 새끼를 바르게 키우지요.

繁殖(번식), 養殖(양식), 生殖器(생식기), 生殖期(생식기)

識 识

총 19획 5급 부수 言
- 영 know, recognize
- 중 shí, zhì
- 일 シキ(しる)

말(言)이나 소리(音)를 창(戈)으로 알게 기록하니
알 식, 기록할 지

※ 音(소리 음), 戈(창 과), 전쟁이 잦았던 옛날에는 항상 무기를 휴대했을 테니 이 무기를 이용하여 땅이나 어디에 표시했겠지요.

識見(식견), 知識(지식), 博學多識(박학다식), 標識(표지)

身

총 7획 6급 제부수
- 영 body
- 중 shēn
- 일 シン(み)

아이 밴 여자 몸을 본떠서
몸 신

※ '자기(自)의 바탕(才 : 재주 재, 바탕 재)은 몸이라는 데서 몸 신(身)이라고도 해요.

身邊(신변), 身分(신분), 身體(신체), 全身(전신)

申

총 5획 4II급 부수 田
- 영 spread, report, monkey
- 중 shēn
- 일 シン(もうす)

속마음을 펴(丨) 아뢰듯(曰) 행동하는 원숭이니
펼 신, 아뢸 신, 원숭이 신

또 원숭이는 아홉째 지지니 **아홉째 지지 신, 성씨 신**

※ 曰(가로 왈), 丨('뚫을 곤'이나 여기서는 펴는 모습으로 봄)

申告(신고), **申請**(신청), **申申當付**(신신당부)

伸

총 7획 3급 부수 人
- 영 extend
- 중 shēn
- 일 シン(のびる)

사람(亻)이 펴 늘이니
펼 신, 늘일 신 ㉴ 仲(버금 중, 중개할 중)

※ 申은 속마음을 펴 아뢴다는 뜻이고, 伸은 물건을 길게 펴 늘인다는 뜻으로 구분하세요.

伸寃(신원), **伸張**(신장), *身長*(신장), **伸縮**(신축)

神

총 10획 6급 부수 示
- 영 god, mystery
- 중 shén
- 일 シン(かみ)

신(示) 중 모습을 펴(申) 드러낸다는 귀신이니
귀신 신

또 귀신처럼 신비하니 **신비할 신**

※ 示(보일 시, 신 시), 神은 보이지 않지만 가끔 어떤 모습으로 나타난다고도 하지요.

神奇(신기), **神童**(신동), **神靈**(신령), **神秘**(신비)

紳 绅

총 11획 2급 부수 糸
- 영 gentleman
- 중 shēn
- 일 シン

실(糸)처럼 펴(申) 두르는 큰 띠니
큰 띠 신

또 큰 띠로 모양을 낸 신사니 **신사 신**

※ 신(紳) - 옛날 중국에서, 예복을 입을 때 허리에 매고 그 나머지를 드리운 폭이 넓은 띠. 큰 띠.

紳士(신사), **紳士的**(신사적), **紳商**(신상)

呻

총 8획 1급 부수 口
- 영 groan
- 중 shēn
- 일 シン

입(口)으로 소리를 펴(申) 내며 끙끙거리니
끙끙거릴 신

※ 口(입 구, 말할 구, 구멍 구)

呻吟(신음), **無病呻吟**(무병신음), **嚬呻**(빈신)

人

신

信

총 9획 6급 부수 人
- 영 faith, letter, information
- 중 xìn
- 일 シン(まこと)

사람(亻)이 말한(言) 대로 행하면 믿으니
믿을 신
또 믿을 만한 소식이니 **소식 신**

* 亻(사람 인 변), 言(말씀 언)

信念(신념), **信仰**(신앙), **書信**(서신), **答信**(답신)

臣

총 6획 5급 제부수
- 영 subject
- 중 chén
- 일 シン(おみ)

임금 앞에 엎드려 눈을 크게 뜬 신하를 본떠서
신하 신 ㉾ 巨(클 거)

臣道(신도), **奸臣**(간신), **功臣**(공신), **忠臣**(충신)

腎 肾

총 12획 2급 부수 肉
- 영 kidney
- 중 shèn
- 일 ジン

조정에서 궂은일을 하는 신하(臣)처럼 또(又)
몸(月)의 노폐물을 배설시키는 콩팥이니 **콩팥 신**
㉾ 肾

* 신장(腎臟) - 사람이나 동물의 오줌을 내보내는 기관. 콩팥.
* 又(오른손 우, 또 우), 月(달 월, 육 달 월), 臟(오장 장)

腎莖(신경), **腎囊**(신낭), **腎不全**(신부전)

愼 慎

총 13획 3Ⅱ급 부수 心
- 영 careful
- 중 shèn
- 일 シン(つつしむ)

마음(忄)까지 참(眞)되게 하려고 삼가니
삼갈 신, 성씨 신

* 忄(마음 심 변), 眞(참 진)

愼獨(신독), **愼慮**(신려), **愼重**(신중), **謹愼**(근신)

燼 烬

총 18획 1급 부수 火
- 영 a dying fire
- 중 jìn
- 일 ジン

불(火)이 다(盡) 꺼져 가는 깜부기불이니
깜부기불 신

* 火(불 화), 盡(다할 진), 불꽃 없이 거의 꺼져 들어가는 불.

燼滅(신멸), **燼灰**(신회), **燒燼**(소신), **餘燼**(여신)

辛

총 7획 3급 제부수
- 영 bitter, acrid
- 중 xīn
- 일 シン(からい)

서(立) 있는 곳이 십자가(十) 위면 고생하니 **고생할 신**
또 먹기에 고생스럽도록 매우니
매울 신, 여덟 째 천간 신, 성씨 신

㊎ 幸(행복할 행, 바랄 행)

＊ 立(설 립)

千辛萬苦(천신만고), **香辛料**(향신료), **辛辣**(신랄)

新

총 13획 6급 부수 斤
- 영 new
- 중 xīn
- 일 シン(あたらしい)

서(立) 있는 나무(木)를 도끼(斤)로 잘라 만들어
새로우니 **새로울 신** ㊎ 親(어버이 친, 친할 친)

＊ 斤(도끼 근, 저울 근)

新銳(신예), **新型**(신형), **溫故知新**(온고지신),
斬新(참신)

薪

총 17획 1급 부수 ⺾
- 영 firewood
- 중 xīn
- 일 シン(たきぎ)

풀(⺾)처럼 새로(新) 난 가지는 어려서 땔나무로만
쓰이니 **땔나무 신**

薪水費(신수비), **薪樵**(신초), **臥薪嘗膽**(와신상담)

娠

총 10획 1급 부수 女
- 영 pregnant
- 중 shēn
- 일 シン

여자(女)에게 별(辰)처럼 작은 생명이 잉태되어
아이 배니 **아이 밸 신**

＊ 辰(별 진, 날 신, 다섯째 지지 진)

姙娠(임신), **姙娠婦**(임신부)

宸

총 10획 1급 부수 宀
- 영 palace
- 중 chén
- 일 シン

집(宀) 중 별(辰)처럼 빛나는 분이 사는 대궐이니
대궐 신

＊ 宀(집 면), 나중에 뜻이 바뀌어 임금에 관한 접두사로 쓰임.

宸襟(신금), **宸念**(신념), **宸慮**(신려), **宸筆**(신필)

晨

총 11획 3급 부수 日
- 영 dawn, day break
- 중 chén
- 일 シン(あした)

해(日)는 뜨는데 아직 별(辰)도 있는 새벽이니
새벽 신

晨明(신명), **晨**夕(신석), **晨**出夜歸(신출야귀)

蜃

총 13획 1급 부수 虫
- 영 clam
- 중 shèn
- 일 シン

별(辰)처럼 빛을 내는 벌레(虫)는 무명조개니
무명조개 신   ㉾ 脣(입술 순), 唇(놀랄 진)

* 무명조개 - 백합(白蛤)
* 虫(벌레 충), 白(흰 백, 밝을 백, 깨끗할 백, 아뢸 백), 蛤(조개 합)

蜃氣樓(신기루), **蜃**樓(신루)

迅

총 7획 1급 부수 辶
- 영 quick
- 중 xùn
- 일 ジン

빨리(卂) 가(辶) 빠르니
빠를 신

* 卂 : 많은(十) 것을 재빨리 감고 날아가는(乁) 모습에서 '빠를 신'
* 十(열 십, 많을 십)

迅擊(신격), **迅**速(신속), **迅**疾(신질), **迅**風(신풍)

訊 讯

총 10획 1급 부수 言
- 영 interrogate
- 중 xùn
- 일 ジン

말(言)을 빨리(卂)하게 죄인을 다그쳐 물으니
물을 신

* 言(말씀 언)

訊問(신문), **訊**鞫(신국)

失

총 5획 6급 부수 大
- 영 lose
- 중 shī
- 일 シツ(うしなう)

화살 시(矢)의 위를 연장하여 (이미 쏘아 버린 화살을 나타내어 쏘아진 화살은 잃어버린 것이란 데서)
잃을 실

* 矢(화살 시)

失格(실격), **失**望(실망), **失**業(실업), 喪**失**(상실)

室

총 9획 8급 부수 宀
- house, room, wife
- shì
- シツ(むろ)

집(宀) 중 이르러(至) 쉬는 집이나 방이니
집 실, 방 실
또 주로 방에 있는 아내도 가리켜서 **아내 실**

※ 宀(집 면), 至(이를 지, 지극할 지)

室內(실내), **溫室**(온실), **浴室**(욕실), **小室**(소실)

實 実

총 14획 5급 부수 宀
- fruit, reality
- shí
- ジツ(み)

수확하여 집(宀)에 꿰어(貫) 놓은 열매니 **열매 실**
또 열매처럼 중요한 실제니 **실제 실**   **약) 実** : 집(宀)에 두 (ニ) 개씩 크게(大) 꿰어 놓은 열매니 '열매 실', 또 열매처럼 중요한 실제니 '실제 실'

※ 宀(집 면), 貫(꿸 관, 무게 단위 관), 옛날에는 열매를 수확하여 꿰어 집 안에 달아 놓았지요.

果實(과실), **有實樹**(유실수), **實感**(실감), **實勢**(실세)

悉

총 11획 1급 부수 心
- all
- xī
- シツ(ことごとく)

나누어져도(采) 마음(心)만은 같은 모두니
모두 실

※ 采(분별할 변, 나눌 변), 心(마음 심, 중심 심)

悉皆(실개), **悉心**(실심), **知悉**(지실)

心

총 4획 7급 제부수
- heart, center
- xīn
- シン(こころ)

(마음이 가슴에 있다고 생각하여) 심장을 본떠서
마음 심
또 심장이 있는 몸의 중심이니 **중심 심**

※ 心이 글자의 변으로 쓰일 때는 '마음 심 변(忄)', 발로 쓰일 때는 '마음 심 발(⺗)'이고, 心 그대로 발로 쓰일 때도 있지요.

心性(심성), **良心**(양심), **都心**(도심), **圓心**(원심)

甚

총 9획 3II급 부수 甘
- extremely
- shèn
- ジン(はなはだ)

달콤한(甘) 짝(匹)들의 사랑이 너무 심하니
심할 심

※ 甘(달 감, 기쁠 감), 匹(짝 필, 필 필 - 베를 세는 단위)

甚難(심난), **甚至於**(심지어), **極甚**(극심)

人

실

深

총 11획 4II급 부수 水
- 英 deep
- 中 shēn
- 日 シン(ふかい)

물(氵)이 덮어(冖) 사람(儿)도 나무(木)도 보이지 않게 깊으니 **깊을 심**　㊌ 探(찾을 탐, 정탐할 탐)

* 冖(덮을 멱), 儿(어진 사람 인, 사람 인 발), 木(나무 목)

深刻(심각), **深度**(심도), **深思熟考**(심사숙고), **深醉**(심취)

尋 寻

총 12획 3급 부수 寸
- 英 visit, ordinary
- 中 xún
- 日 ジン(たずねる)

손(크)으로 만들어(工) 놓고 입(口)으로 마디(寸)마디 평가하며 흠을 찾으니 **찾을 심**
또 누구나 흠을 찾아 말함이 보통이니 **보통 심**

* 크(고슴도치 머리 계, 오른손 우), 工(장인 공, 만들 공, 연장 공), 寸(마디 촌, 법도 촌)

尋訪(심방), **推尋**(추심), **尋常**(심상)

審 审

총 15획 3II급 부수 宀
- 英 investigate
- 中 shěn
- 日 シン(つまびらか)

집(宀)에 번지(番)를 정하기 위하여 살피니 **살필 심**

* 宀(집 면), 番(차례 번, 번지 번)

審理(심리), *心理(심리), **審査**(심사), **審問**(심문)

瀋 渖

총 18획 2급 부수 水
- 英 juice
- 中 shěn
- 日 シン

물(氵) 같은 즙이 나오도록 살펴(審) 짜 즙내니 **즙낼 심, 강 이름 심**

* 심양(瀋陽) - 중국 요동성(遼東城)의 도시. 청조(淸朝) 초기의 수도(首都).
* 陽(볕 양, 드러날 양)

沈

잠길 침, 성씨 심 - 잠길 침(668쪽) 참고

十

총 2획 8급 제부수
- 英 ten, many
- 中 shí
- 日 ジュウ(とお)

일(一)에 하나(丨)를 그어 한 묶음인 열을 나타내어 **열 십**
또 전체를 열로 보아 열이니 많다는 데서 **많을 십**

十戒(십계), 十進法(십진법),
十匙一飯(십시일반)-'열 수저면 한 끼니 밥'으로, 여러 사람이 힘을 합하면 한 사람쯤은 구제하기 쉬움을 이르는 말.

拾

주울 습, 열 십 – 주울 습(389쪽) 참고

雙 双

총 18획 3Ⅱ급 부수 隹
- 英 couple, pair
- 中 shuāng
- 日 ソウ(ふた)

새 두 마리(隹隹)가 손(又) 위에 쌍으로 있으니
둘 쌍 약 双 : 손(又)과 손(又)이 둘이니 '둘 쌍'

* 隹(새 추), 又(오른손 우, 또 우)

雙雙(쌍쌍), 雙發(쌍발), 雙方(쌍방), 雙璧(쌍벽),
變化無雙(변화무쌍)-'변화가 둘도 없음'으로, 변화와 재주를 부림이 아주 기발함을 이르는 말.

氏

총 4획 4급 제부수
- 英 family name, a root
- 中 shì
- 日 シ(うじ)

(사람의 씨족이 나무뿌리처럼 뻗으니) 나무뿌리가 지상으로 나온 모양을 본떠서 **성 씨, 뿌리 씨**

氏族(씨족), 姓氏(성씨),
創氏改名(창씨개명)-성을 새로 만들고 이름을 고침. 일제 식민지 시대에 일본식 성명을 강요한 사건을 이르는 말. 創(비로소 창, 시작할 창), 改(고칠 개), 名(이름 명, 이름날 명)

〈사자성어도 글자의 위치를 바꿔보세요〉

사자성어도 그대로만 쓰지 마시고 글자의 위치를 바꾸어 상황에 맞게 고쳐 써보세요.
외유내강(外柔內剛-겉으로는 부드럽게 보이나 속은 강함)을 바꾸어 외강내유(外剛內柔-겉으로는 강하나 속은 부드러움), 외강내강(外剛內剛-겉으로나 속으로 다 강함), 외유내유(外柔內柔-겉으로나 속으로 다 부드러움) 등처럼 얼마든지 글자를 바꾸어 적절한 표현을 할 수 있지요.
▶外(밖 외), 柔(부드러울 유), 內(안 내, 나인 나), 剛(굳셀 강)

牙

총 4획 3ll급 제부수

- 英 molar
- 中 yá
- 日 ガ(きば)

코끼리 어금니를 본떠서
어금니 아

牙城(아성), **齒牙**(치아), **象牙塔**(상아탑) - '코끼리 어금니로 만든 탑'으로, ㉠속세를 떠나 조용히 예술을 사랑하는 태도나, 현실 도피적인 학구 태도를 이르는 말. ㉡대학이나 대학의 연구실 따위를 달리 이르는 말.

芽

총 8획 3ll급 부수 ++

- 英 sprout
- 中 yá
- 日 ガ(め)

풀(++) 중 어금니(牙)처럼 돋아나는 싹이니
싹 아

麥芽(맥아), **萌芽**(맹아), **發芽**(발아)

訝 讶

총 11획 1급 부수 言

- 英 suspect
- 中 yà
- 日 ガ(いぶかる)

말(言)만 어금니(牙)가 닿도록 하면 진심을 의심하니
의심할 아

＊ 言(말씀 언), 말이 많으면 진심이 의심되지요.

訝惑(아혹), **疑訝**(의아), **疑訝心**(의아심)

雅

총 12획 3ll급 부수 隹

- 英 pure, tidy
- 中 yǎ
- 日 ガ(みやびやか)

어금니(牙)를 가는 것처럼 내는 새(隹) 소리는
맑고 아담하게 들리니 **맑을 아, 아담할 아**

＊ 아담(雅淡) - (눈부시지는 않아도) 맑고 깨끗함. 조촐하고 산뜻함.
＊ 隹(새 추), 淡(맑을 담)

雅潔(아결), **雅量**(아량), **優雅**(우아), **淸雅**(청아)

我

총 7획 3ll급 부수 戈

- 英 i, we
- 中 wǒ
- 日 ガ(われ)

손(手)에 창(戈) 들고 지켜야 하는 나니
나 아

＊ 手(손 수, 재주 수, 재주 있는 사람 수), 戈(창 과), 조금만 방심하면 잡념이 생기고 엉뚱한 짓을 하게 되고, 남에게 침입 받게 되지요. 생각할수록 좋은 어원이네요.

我軍(아군), **我執**(아집), **沒我**(몰아), **彼我**(피아)

俄

총 9획 1급 부수 人
- 영 suddenly, Russia
- 중 é
- 일 ガ(にわか)

사람(亻)은 내(我)가 누구이며 무엇을 해야 하는지를 갑자기 깨달으니 **갑자기 아**
또 음만 빌려서 러시아를 나타내어 **러시아 아**

※ 그저 보통으로 지내다가 어느 순간 갑자기 자기가 누구이며 무엇을 해야 하는가를 깨닫게 된다는 데서 생긴 글자.

俄然(아연), ***啞然**(아연), **俄館**(아관), **俄語**(아어)

餓 饿

총 16획 3급 부수 食
- 영 hunger
- 중 è
- 일 ガ(うえる)

밥(食)이 나(我)에게 제일 생각나도록 굶주리니 **굶주릴 아**

※ 食(밥 식, 먹을 식 변)

餓鬼(아귀), **餓倒**(아도), **餓死**(아사), **飢餓**(기아)

亞 亚

총 8획 3ll급 부수 二
- 영 secondary
- 중 yà
- 일 ア(つぐ)

(보통 사람보다 못한) 두 곱사등이를 본떠서
버금 아, 다음 아 약 亜

※ '버금'은 으뜸의 바로 아래로, '다음, 두 번째(the second in order)'의 뜻이지요.

亞流(아류), **亞熱帶**(아열대), **亞喬木**(아교목)

啞 哑

총 11획 1급 부수 口
- 영 dumb
- 중 yǎ
- 일 ア(おし)

입(口)이 정상이 아닌 다음(亞) 가는 벙어리니
벙어리 아 약 唖

※ 口(입 구, 말할 구, 구멍 구)

啞然失色(아연실색), **聾啞**(농아), **盲啞**(맹아)

兒 儿

총 8획 5급 부수 儿
- 영 child
- 중 ér
- 일 ジ(こ)

절구(臼)처럼 머리만 커 보이는 아이(儿)니
아이 아 약 児

※ 臼(절구 구), 儿(어진 사람 인, 사람 인 발)
※ 절구-곡식을 찧거나 빻는 데 쓰는 도구.

兒女子(아녀자), **兒童**(아동), **孤兒**(고아), **迷兒**(미아)

阿

총 8획 3II급 부수 阜
- 英 flatter, hill
- 中 ē
- 日 ア(お)

언덕(阝)에 오를 때처럼 허리 굽히고 옳다(可)고만 하며 아첨하니 **아첨할 아**
또 아첨하듯 구부러진 언덕이니 **언덕 아**

※ 아첨(阿諂) - 남의 환심을 사거나 잘 보이려고 알랑거리는 것.
※ 阝(언덕 부 변), 可(옳을 가, 가히 가, 허락할 가), 諂(아첨할 첨), 아프리카의 약칭으로도 사용됩니다.

阿附(아부), **阿膠**(아교), **阿丘**(아구)

衙

총 13획 1급 부수 行
- 英 village, government office
- 中 yá
- 日 ガ

내(吾)가 자주 다니는(行) 마을의 관청이니
마을 아, 관청 아

※ 吾(나 오), 行(다닐 행, 행할 행, 항렬 항)

衙奴(아노), **衙前**(아전), **官衙**(관아)

襾

총 6획 부수자
- 英 cover
- 中 yà
- 日 ア

뚜껑(丆)을 덮으니(冂)
덮을 아

※ 丆(뚜껑의 모습), 冂('멀 경, 성 경'이나 여기서는 덮은 모습으로 봄)

岳

총 8획 3급 부수 山
- 英 vast mountain
- 中 yuè
- 日 ガク(たけ)

언덕(丘)처럼 높고 넓게 솟은 큰 산(山)이니
큰 산 악 (= 嶽)

※ 丘(언덕 구)

岳頭·嶽頭(악두), **山岳**(산악), **楓岳山**(풍악산)

嶽

총 17획 특II급 부수 山
- 英 vast mountain
- 中 yuè
- 日 ガク(たけ)

산(山) 중 감옥(獄)처럼 둘러싸인 큰 산이니
큰 산 악 (= 岳)

※ 獄(감옥 옥)

惡 恶

총 12획 5급 부수 心
- 英 bad, hate
- 中 è, wù
- 日 アク, オ(わるい)

(최선이 아닌) 다음(亞)을 생각하는 마음(心)이면 악하니 **악할 악**
또 악은 모두 미워하니 **미워할 오** 약 悪

※ 心(마음 심, 중심 심), 무슨 나쁜 짓을 하는 것만이 악이 아니라 '이것이 안 되면 저것 하지' 식으로 최선을 다하지 않고 다음을 생각하는 마음이 제일 큰 악이지요.

惡童(악동), **惡用**(악용) ↔ **善用**(선용), **憎惡**(증오)

堊 垩

총 11획 1급 부수 土
- 英 white clay
- 中 è
- 日 アク

(좋은 흙이 아닌) 다음(亞) 가는 흙(土)이 백토니
백토 악 약 垩

※ 제일 좋은 흙은 황토(黃土)고, 다음(亞) 가는 흙(土)이 백토(白土)라는 데서 생긴 글자지요.
※ 土(흙 토), 黃(누를 황), 白(흰 백, 밝을 백, 깨끗할 백, 아뢸 백)

白堊館(백악관) - 미국 대통령의 관저. 1815년 개장할 때 외벽을 희게 칠한 데서 유래한 이름.

握

총 12획 2급 부수 手
- 英 grasp
- 中 wò
- 日 アク(にぎる)

손(扌)으로 집(屋) 안 일을 잡아 쥐니
잡을 악, 쥘 악

※ 屋(집 옥)

握手(악수), **掌握**(장악), **把握**(파악), **握力**(악력)

咢

총 9획 특급 부수 口
- 英 surprise
- 中 è

입(口)과 입(口)을 한결같이(一) 크게(丂) 벌리고 놀라니 **놀랄 악**

※ 丂[큰 대(大)의 변형], 놀라는 것은 마음으로 하니 앞에 마음 심 변(忄)을 붙여 쓰지요.

愕

총 12획 1급 부수 心
- 英 surprise
- 中 è
- 日 ガク(おどろく)

마음(忄)이 놀라니(咢)
놀랄 악

愕立(악립), **愕視**(악시), **愕然**(악연), **驚愕**(경악)

顎 颚

총 18획 1급 부수 頁
- 英 chin
- 中 è
- 日 ガク(あご)

놀랍도록(咢) 작아지는 머리(頁) 아래 턱이니
턱 악

＊頁(머리 혈)

顎骨(악골), **下顎**(하악), **下顎骨**(하악골)

樂 乐

총 15획 6급 부수 木
- 英 music, joyful, like
- 中 yuè, lè, yào
- 日 ガク,ラク(たのしい,たのしむ)

흰(白) 작고(幺) 작은(幺) 나무(木) 조각으로라도
장단을 맞추며 풍류를 즐기니 **풍류 악, 즐길 락**
또 풍류는 누구나 좋아하니 **좋아할 요** 약 楽

＊白(흰 백, 밝을 백, 깨끗할 백, 아뢸 백), 幺(작을 요, 어릴 요)

音樂(음악), **快樂**(쾌락), **樂山樂水**(요산요수)

安

총 6획 7급 부수 宀
- 英 peaceful
- 中 ān
- 日 アン(やすい)

집(宀)에서 여자(女)가 살림하면 편안하니
편안할 안, 성씨 안

＊宀(집 면), 女(여자 녀)

安寧(안녕), **安否**(안부), **坐不安席**(좌불안석)

按

총 9획 1급 부수 手
- 英 press, pat
- 中 àn
- 日 アン(おさえる)

손(扌)으로 몸이 편안하도록(安) 어루만지니
어루만질 안

按摩(안마), **按脈**(안맥), **按舞**(안무), **按配**(안배)

鞍

총 15획 1급 부수 革
- 英 saddle
- 中 ān
- 日 アン(くら)

가죽(革)으로 편안히(安) 타도록 만든 안장이니
안장 안

＊革(가죽 혁, 고칠 혁)

鞍裝(안장), **鞍具**(안구), **鞍具馬**(안구마)

晏

총 10획 1급 부수 日
- 영 late, being well
- 중 yàn
- 일 アン

해(日)가 높이 떠오를 때까지 편안히(安) 자고 일어나 늦으니 **편안할 안, 늦을 안**

晏眠(안면), **晏息**(안식), **晏然**(안연)

案

총 10획 5급 부수 木
- 영 table, consider, plan
- 중 àn
- 일 アン

편하게(安) 공부하도록 나무(木)로 만든 책상이니
책상 안
또 책상에서 짠 생각이나 계획이니 **생각 안, 계획 안**

※ 木(나무 목)

案席(안석), **案件**(안건), **代案**(대안), **方案**(방안)

岸

총 8획 3II급 부수 山
- 영 shore, cliff
- 중 àn
- 일 ガン(きし)

산(山)의 바위(厂)가 방패(干)처럼 깎인 언덕이니
언덕 안

※ 厂(굴 바위 엄, 언덕 엄), 干(방패 간, 범할 간, 얼마 간, 마를 간)

沿岸(연안), **彼岸**(피안)‥ **此岸**(차안),
海岸線(해안선)

眼

총 11획 4II급 부수 目
- 영 eye
- 중 yǎn
- 일 ガン(まなこ)

눈(目)동자를 멈추고(艮) 바라보는 눈이니
눈 안 ㉤ 眠(잘 면)

※ 目(눈 목, 볼 목, 항목 목), 艮(멈출 간, 어긋날 간)

眼鏡(안경), **眼科**(안과), **眼光**(안광), **着眼**(착안)

雁

총 12획 3급 부수 隹
- 영 wild goose
- 중 yàn
- 일 アン(かり)

바위(厂) 틈에 살며 사람(亻)처럼 예의 바른
새(隹·鳥)는 기러기니 **기러기 안** (= 鴈)

※ 厂(굴 바위 엄, 언덕 엄), 隹(새 추), 기러기 안(雁)은 작은 기러기, 큰 기러기 홍(鴻)은 큰 기러기로 구분하세요.

雁書(안서), **雁信**(안신), **雁柱**(안주), **雁行**(안항)

안

顔 颜

총 18획 3II급 부수 頁
- 영 face
- 중 yán
- 일 ガン(かお)

선비(彦)처럼 머리(頁)에서 빛나는 얼굴이니
얼굴 안 ⓐ 面(얼굴 면, 볼 면, 행정 구역의 면), 容(얼굴 용, 받아들일 용, 용서할 용)

* 彦(선비 언), 頁(머리 혈)

顔面(안면), **紅顔**(홍안), **厚顔無恥**(후안무치)

謁 谒

총 16획 3급 부수 言
- 영 visit a superior, humbly see
- 중 yè
- 일 エツ(まみえる)

말(言)을 다하려고(曷) 찾아가 뵙고 아뢰니
뵐 알, 아뢸 알

* 言(말씀 언), 曷(어찌 갈, 그칠 갈, 다할 갈)

謁告(알고), **謁見**(알현), **拜謁**(배알)

軋 轧

총 8획 1급 부수 車
- 영 creak
- 중 yà
- 일 アツ(きしる)

수레(車)의 어느 부분이 굽어(乙) 삐걱거리니
삐걱거릴 알

* 車(수레 거, 차 차), 乙[새 을, 둘째 천간 을, 굽을 을(乙)이 부수로 쓰일 때의 모습]

軋弓(알궁), **軋轢**(알력), **軋齒**(알치)

斡

총 14획 1급 부수 斗
- 영 turn, manage
- 중 wò
- 일 アツ

해 돋을(倝) 때부터 사람(人)이 국자(斗)를 젓듯
일을 맡아 돌며 주선하니 **돌 알, 주선할 알**

* 斗(국자 두, 말 두)
* 倝 : 나무 사이에 해(日) 돋는 모습에서 '해 돋을 간'

斡流(알류), **斡旋**(알선)

閼 阏

총 16획 2급 부수 門
- 영 shut, block
- 중 è
- 일 ア

문(門)의 사방(方)에 사람(人) 둘(冫)씩 세워
막으니 **막을 알**

* 門(문 문)

閼塞(알색),
閼英(알영) - 신라의 시조 박혁거세의 왕비(B.C. 53~?).

巖 岩

총 23획 3II급 부수 山
- 영 rock
- 중 yán
- 일 ガン(いわ)

산(山)에 엄한(嚴) 모습으로 서 있는 바위니
바위 암 (속) 岩

※ 嚴(엄할 엄), 石(돌 석), 바위는 바람에도 흔들리지 않고 무뚝뚝하게 서 있으니 엄한 모습이라고 했네요. 속자인 '바위 암(岩)'으로 많이 씁니다.

巖壁(암벽), **巖盤**(암반), **奇巖怪石**(기암괴석)

岩

총 8획 특II급 부수 山
- 영 rock
- 중 yán
- 일 ガン(いわ)

산(山)에서 드러나는 돌(石)은 바위니
바위 암

※ 바위 암(巖)의 속자.

癌

총 17획 2급 부수 疒
- 영 cancer
- 중 ái
- 일 ガン

병(疒) 덩어리가 바위(嵒)처럼 굳어 가는 암이니 **암 암**

※ 疒(병들 녁), 병(疒)이 물건(品)을 산(山)처럼 많이 요구하니 '암 암'으로 쉽게 풀어 볼 수도 있지요. 암에 걸리면 많은 것을 먹어야 하고 돈도 많이 드니까요.
※ 嵒 : 바위들(品)이 산(山)처럼 쌓여 있으니 '바위 암' - 여기서 品(물건 품, 등급 품, 품위 품)은 바위들의 모습으로 봄.

癌腫(암종), **癌的**(암적), **胃癌**(위암)

庵

총 11획 1급 부수 广
- 영 hermitage
- 중 ān
- 일 アン(いおり)

집(广)처럼 덮어(奄) 만든 암자니
암자 암 (= 菴)

※ 广(집 엄), 奄(문득 엄, 덮을 엄, 가릴 엄), 암자(庵子) - ㉠큰 절에 딸린 작은 절. ㉡중이 임시로 거처하며 도를 닦는 집.
※ 菴 : 풀(艹)로 덮어(奄) 만든 암자니 '암자 암'

庵堂(암당), **庵主**(암주), **草庵**(초암)

暗

총 13획 4II급 부수 日
- 영 dark
- 중 àn
- 일 アン(くらい)

해(日)가 지고 소리(音)만 들리게 어두우니
어두울 암
또 어둡게 몰래 하니 **몰래 암**

※ 日(해 일, 날 일), 音(소리 음)

明暗(명암), **暗去來**(암거래), **暗中摸索**(암중모색)

闇 暗

총 17획 1급 부수 門
- 영 dark, foolish
- 중 àn
- 일 アン(やみ)

문(門) 안이 소리(音)만 들리게 어두우니
어두울 암 (= 暗)
또 사리에 어두워 어리석으니 **어리석을 암**

* 門(문 문), 音(소리 음)

闇市場·暗市場(암시장), **闇鈍**(암둔)

押

총 8획 3급 부수 手
- 영 stamp, confiscate
- 중 yā
- 일 オウ(おす)

손(扌)으로 으뜸(甲) 가는 것을 누르고 압수하니
누를 압, 압수할 압

* 甲(첫째 갑, 첫째 천간 갑, 갑옷 갑)

押釘(압정), **押收**(압수), **假押留**(가압류)

鴨 鸭

총 16획 2급 부수 鳥
- 영 duck
- 중 yā
- 일 オウ(かも)

건강에 으뜸(甲)가는 새(鳥)는 오리니
오리 압

* 鳥(새 조), 오리는 닭이나 다른 짐승과 달리 성인병에도 좋다지요.

鴨綠江(압록강), **鴨蒸**(압증), **鴨炒**(압초)

壓 圧

총 17획 4ll급 부수 土
- 영 press
- 중 yā
- 일 アツ(おさえる)

싫은(厭) 것을 흙(土)으로 덮어 누르니
누를 압 ㉠ 压 ㉡ 圧 : 굴 바위(厂)가 흙(土)을 누르듯 누르니 '누를 압' ㉥ 庄(전장 장)

* 厭(싫어할 염), 土(흙 토), 厂(굴 바위 엄, 언덕 엄)

壓倒(압도), **壓勝**(압승), **強壓**(강압), **指壓**(지압)

央

총 5획 3ll급 부수 大
- 영 center
- 중 yāng
- 일 オウ(なか)

성(冂)처럼 큰(大) 둘레의 가운데니
가운데 앙

* 冂(멀 경, 성 경)

中央(중앙), **中央廳**(중앙청), **中央煖房**(중앙난방)

殃

총 9획 3급 부수 歹
- misfortune
- yāng

죽음(歹) 가운데(央) 빠지는 재앙이니
재앙 앙

※ 재앙(災殃) - 천재지변(天災地變)으로 말미암아 생긴 불행한 사고.
※ 歹(뼈 부서질 알, 죽을 사 변), 災(재앙 재), 天(하늘 천), 地(땅 지), 變(변할 변)

池魚之殃(지어지앙), **殃及子孫**(앙급자손)

怏

총 8획 1급 부수 心
- grudge
- yàng
- オウ

(잊지 못하고) 마음(忄) 가운데(央) 두고 원망하니
원망할 앙

怏忿(앙분), **怏宿**(앙숙), **怏心**(앙심)

秧

총 10획 1급 부수 禾
- young rice plants
- yāng

벼(禾)를 논 가운데(央)에 심어 기르는 모니
모 앙

※ 禾(벼 화), 모 - 어느 정도 자라면 옮겨 심기 위하여 못자리에 가꾸어 기른 벼의 싹.

秧歌(앙가), **秧苗**(앙묘), **秧板**(앙판), **移秧**(이앙)

鴦

총 16획 1급 부수 鳥
- mandarin duck
- yāng

사랑 가운데(央) 사는 새(鳥)는 원앙새니
원앙새 앙

※ 암 원앙새를 가리키는 글자. 수 원앙새는 원앙새 원(鴛), 원앙새는 암수 금슬이 좋아 부부 금슬에 많이 비유되지요.

鴛鴦(원앙), **鴦衾**(앙금)

仰

총 6획 3Ⅱ급 부수 人
- respect, adore
- yǎng
- ギョウ(あおぐ)

사람(亻)을 높이(卬) 우러르니
우러를 앙 ㈜ 抑(누를 억)

※ 卬 : 무엇에 매달려(厂) 무릎 꿇고(㔾) 높이 바라니 '높을 앙'
㈜ 卯(왕성할 묘, 토끼 묘)

仰天大笑(앙천대소), **信仰**(신앙), **推仰**(추앙)

앙

昂

총 8획 1급 부수 日
- 영 climb, high
- 중 áng
- 일 コウ(たかぶる)

해(日)처럼 높이(卬) 오르니
오를 앙

昂騰(앙등), **昂揚**(앙양), **激昂**(격앙)

哀

총 9획 3II급 부수 口
- 영 sad, pity
- 중 āi
- 일 アイ(あわれ)

옷(衣)으로 입(口)을 가리고 울 정도로 슬프니
슬플 애

* 衣(옷 의), 구멍(口)난 옷(衣)을 입은 거지는 추위 슬프다는 데서 '슬플 애(哀)'라고도 하지요.

哀悼(애도), **哀歡**(애환), **喜怒哀樂**(희로애락)

厓

총 8획 특II급 부수 厂
- 영 hill, cliff
- 중 yá
- 일 カイ

굴 바위(厂)가 있는 땅(圭)의 언덕이니
언덕 애

* 厂(굴 바위 엄, 언덕 엄), 圭(홀 규, 영토 규, 서옥 규)

層厓(층애)

涯

총 11획 3급 부수 水
- 영 shore, end
- 중 yá
- 일 ガイ(はて)

물(氵)과 맞닿은 언덕(厓) 같은 물가니
물가 애
또 물가는 땅의 끝이니 **끝 애**

涯岸(애안), **涯際**(애제), **生涯**(생애), **天涯**(천애)

崖

총 11획 1급 부수 山
- 영 cliff
- 중 yá
- 일 ガイ(がけ)

산(山) 언덕(厓)에 있는 낭떠러지니
낭떠러지 애

* 낭떠러지 - 깎아지른 듯한 언덕.

斷崖(단애), **千仞斷崖**(천인단애), **陰崖**(음애)

총 13획 6급 부수 心
- 英 love, enjoy, grudge
- 中 ài
- 日 アイ(いとしい)

손(爫)으로 덮어(冖) 안아주며 마음(心)으로 서서히 다가가는(夂) 사랑이니 **사랑 애**
또 사랑하면 즐기고 아끼니 **즐길 애, 아낄 애**

※ 爫('손톱 조'이나 여기서는 손으로 봄), 冖(덮을 멱), 夂(천천히 걸을 쇠, 뒤져 올 치)

愛人(애인), 愛憎(애증), 愛讀(애독), 愛着(애착)

총 17획 1급 부수 日
- 英 obscure, hide
- 中 ài
- 日 アイ

해(日)도 사랑(愛)에 빠진 듯 무엇에 가려 흐리니 **가릴 애, 흐릴 애**

※ 너무 사랑하면 눈에 무엇이 가려져 제대로 볼 수 없다지요.

曖昧(애매), 曖昧模糊(애매모호)

총 19획 2급 부수 石
- 英 hinder
- 中 ài
- 日 ガイ

돌(石)로 의심나는(疑) 곳을 막으니
막을 애 〔속〕 碍 〔유〕 凝(엉길 응)

※ 碍 : 돌(石)로 아침(旦)부터 마디(寸) 마디 막아 거리끼니 '막을 애, 거리낄 애'
※ 疑(의심할 의), 石(돌 석), 旦(아침 단), 寸(마디 촌, 법도 촌)

礙子(애자), 礙滯(애체), 拘礙(구애)

총 10획 2급 부수 土
- 英 dust
- 中 ài
- 日 アイ(ほこり)

흙(土)으로 사사롭게(厶) 화살(矢)처럼 떨어지는 티끌이니 **티끌 애**

※ 厶(사사로울 사, 나 사), 矢(화살 시), 공중으로 올라간 화살이 땅에 떨어지듯이 그렇게 떨어지는 것을 티끌이라고 했네요. 한자가 만들어지던 옛날에는 활과 칼을 항상 들고 다녔으니 쉽게 보이는 것으로 글자를 만든 것이지요.

埃滅(애멸), 埃塵(애진), 塵埃(진애)

총 6획 2급 부수 艹
- 英 mugwort, old age
- 中 ài
- 日 ガイ(もぐさ)

풀(艹) 중 베어(乂) 여러모로 쓰는 쑥이니 **쑥 애**
또 쑥처럼 머리가 희도록 늙으니 **늙을 애** 〔참〕 蒿(쑥 호), 蓬(쑥 봉)

※ 乂(벨 예, 다스릴 예, 어질 예)

艾葉(애엽), 艾湯(애탕), 艾年(애년)

애

靄 靄

총 24획 1급 부수 雨
- 英 haze
- 中 ǎi
- 日 アイ(もや)

비(雨)올 때 잘 뵈지(謁) 않게 끼는 이내니
이내 애
또 이내처럼 흐릿하게 올라가는 아지랑이니
아지랑이 애

※ 雨(비 우), 謁(뵐 알, 아뢸 알), 이내-해 질 무렵에 멀리 보이는 푸르스름하고 흐릿한 기운.
※ 애애(靄靄)-㉠이내가 끼이는 모양. ㉡화기가 가득 찬 모양.

和氣靄靄(화기애애)-화목한 기운이 가득 참.

噫

탄식할 희, 트림할 애 - 탄식할 희(781쪽) 참고

隘

총 13획 1급 부수 阜
- 英 narrow
- 中 ài
- 日 アイ(せまい)

언덕(阝)이 더해져(益) 좁으니
좁을 애

※ 阝(언덕 부 변), 益(더할 익, 유익할 익), 툭 터지지 않고 언덕이 있으면 좁지요.

隘路(애로), **阻隘**(조애), **狹隘**(협애)

縊 縊

총 16획 1급 부수 糸
- 英 hang
- 中 yì
- 日 イ

실(糸)을 더하여(益) 목매니
목맬 액

※ 糸(실 사, 실 사 변)

縊死(액사), **縊殺**(액살)

液

총 11획 4II급 부수 水
- 英 juice
- 中 yè
- 日 エキ

물(氵)이 밤(夜)처럼 어둡게 무엇이 섞인 즙이니
즙 액

※ 夜(밤 야)

液肥(액비), **不凍液**(부동액), **血液**(혈액)

腋

총 12획 1급 부수 肉
- 英 armpit, give one's arm to
- 中 yè
- 日 エキ(わき)

몸(月)에서 밤(夜)처럼 어두운 겨드랑이니
겨드랑이 액
또 겨드랑이를 끼어 부축하니 **부축할 액** (= 掖)

※ 月(달 월, 육 달 월), 팔을 올리는 경우는 드물기 때문에 겨드랑이는 늘 살과 닿아 있어 어둡지요.
※ 掖 : 손(扌)으로 밤(夜)길을 갈 때 겨드랑이를 끼고 부축하니 '겨드랑이 액, 부축할 액'

腋氣(액기), **腋毛**(액모), **扶腋**(부액)

額 额

총 18획 4급 부수 頁
- 英 forehead, amount, hanging board
- 中 é
- 日 ガク(ひたい)

손님(客)의 머리(頁)에서 잘 드러나는 이마니
이마 액
또 손님(客)의 머리(頁) 수로 계산한 액수니 **액수 액**
또 이마처럼 드러나게 걸어 놓은 현판이니 **현판 액**

※ 客(손님 객), 현판(懸板) - 글자나 그림을 새겨 벽에 거는 널조각.

額面(액면), **總額**(총액), **額子**(액자), **額字**(액자)

厄

총 4획 3급 부수 厂
- 英 misfortune
- 中 è
- 日 ヤク(わざわい)

굴 바위(厂) 밑에 무릎 꿇어야(㔾) 할 정도로 심한 재앙이니 **재앙 액**

※ 厂(굴 바위 엄, 언덕 엄), 㔾(무릎 꿇을 절, 병부 절, = 卩)

厄運(액운), **送厄迎福**(송액영복), **橫厄**(횡액)

扼

총 7획 1급 부수 手
- 英 clutch, press
- 中 è
- 日 ヤク

손(扌)으로 재앙(厄)을 움켜쥐고 누르니
움켜쥘 액, 누를 액

扼腕(액완), **扼喉**(액후),
扼喉撫背(액후무배) - '목구멍을 누르고 등을 만짐'으로, 앞으로는 목을 조르고 뒤로 등을 눌러서 도망갈 길이 없게 함. 喉(목구멍 후), 撫(어루만질 무), 背(등 배, 등질 배)

총 21획 1급 부수 木
- 英 cherry
- 中 ying
- 日 オウ(さくら)

나무(木)에 열리거나 피는 어린아이(嬰) 얼굴처럼 작고 예쁜 앵두나 벚꽃이니 **앵두 앵, 벚꽃 앵**

* 嬰 : 조개(貝)와 조개(貝)를 꿰어 만든 목걸이를 한 여자(女)의 어린 아이니 '어린아이 영'

櫻桃(앵도), **櫻桃花**(앵도화), **櫻脣**(앵순)

鶯 莺

총 21획 1급 부수 鳥
- 英 oriole
- 中 ying
- 日 オウ(うぐいす)

불(火)과 불(火)에 덮인(冖) 듯 노랗게 빛나는 새(鳥)는 꾀꼬리니 **꾀꼬리 앵**

* 火(불 화), 冖(덮을 멱), 鳥(새 조), 꾀꼬리는 깃 전체가 노란데, 색의 구분이 불분명했던 옛날에는 노란색도 불(火)과 같은 색으로 보았네요.

鶯歌(앵가), **鶯聲**(앵성), **鶯遷**(앵천)

夜

총 8획 6급 부수 夕
- 英 night
- 中 yè
- 日 ヤ(よ)

머리(亠) 두르고 사람(亻)이 집으로 돌아가는 저녁(夕)부터 이어진(乀) 밤이니 **밤 야**

* 亠(머리 부분 두), 夕(저녁 석), 乀('파임 불'이나 여기서는 '이어진'의 뜻으로 봄)

夜間(야간), **夜景**(야경), **不夜城**(불야성)

也

총 3획 3급 부수 乙
- 英 also
- 中 yě
- 日 ヤ(なり)

새(乚) 같은 힘(力)도 또한 보태는 어조사니 **또한 야, 어조사 야**

* 乚[새 을, 둘째 천간 을, 굽을 을(乙)이 부수로 쓰일 때의 모습], 力(힘 력), 어조사(語助辭) - '말을 도와주는 말'로, 뜻 없이 다른 말의 기운만 도와주는 말.

獨也靑靑(독야청청), **言則是也**(언즉시야)

耶

총 9획 3급 부수 耳
- 中 yé
- 日 ヤ

귀(耳)에 고을(阝)에서 들려오는 소문처럼 별 뜻 없는 어조사니 **어조사 야**

* 耳(귀 이), 阝(고을 읍 방)

有耶無耶(유야무야), **耶蘇**(야소), **耶蘇敎**(야소교)

伽

총 11획 2급 부수 人
中 yē

사람 인 변(亻)에 어조사 야(耶)를 붙여서
가야 야

※ 우리나라에서 만든 글자, 가야(伽倻) – 신라 유리왕 때 김수로왕 육형제가 세웠다는 여섯 나라의 총칭.
※ 伽(절 가)

揶

총 12획 1급 부수 手
英 mockery
中 yé
日 ヤ(からかう)

손(扌)으로 장난치며 어조사(耶)처럼 별 뜻 없이
야유하니 **야유할 야** (= 挪)

※ 挪 : 손(扌)으로 간사하게(邪) 어루만지며 놀리니 '놀릴 야'
※ 야유(揶揄) – 남을 빈정거려 놀림.
※ 邪(간사할 사), 揄(끌 유)

爺

총 13획 1급 부수 父
英 father
中 yé
日 ヤ(じい)

아버지(父)처럼 대해야 할 분께 어조사(耶)를 붙여
말하여 **아비 야**

※ 남자에 대한 존칭으로 쓰임.
※ 父(아비 부)

老爺(노야), **好好爺**(호호야) – 인품이 아주 훌륭한 늙은이.

野

총 11획 6급 부수 里
英 field, rough
中 yě
日 ヤ(の)

마을(里)에서 내(予)가 살아갈 먹을거리를
주는 들이니 **들 야**
또 들에 살면 행동이 거치니 **거칠 야**

※ 里(마을 리, 거리 리), 予[줄 여, 나 여, 미리 예(豫)의 약자]

野菜(야채), **平野**(평야), **荒野**(황야), **野性**(야성)

冶

총 7획 1급 부수 冫
英 smelt, anneal
中 yě
日 ヤ(いる)

찬(冫)물도 기쁘게(台) 사용하는 대장간이니 **대장간 야**
또 대장간에서 쇠를 단련하니 **단련할 야** ㊨ 治(다스릴 치)

※ 台[별 태, 나 이, 기쁠 이, 누각 대, 정자 대(臺)의 약자], 대장간에서는 쇠를 강하게 단련시키기 위하여 불에 달구었다가 찬물에 넣는 일을 반복하지요.

冶金術(야금술), **陶冶**(도야), **冶容誨淫**(야용회음)

惹

총 13획 2급 부수 心
- 英 provoke
- 中 rě
- 日 ジャク(ひく)

우리는 모두 같다(若)며 마음(心)으로 끄니
끌 야

※ 心(마음 심, 중심 심)

惹起(야기), **惹端**(야단), **惹鬧**(야료) – 까닭 없이 트집을 잡고 함부로 떠들어 댐. 鬧(시끄러울 료)

若

총 9획 3II급 부수 ⺾
- 英 if, like
- 中 ruò
- 日 ジャク(わかい)

풀(⺾)이 만약 길쭉길쭉하다면 자주 쓰는 오른(右)손으로 잘라 같게 하니 **만약 약, 같을 약, 반야 야**
유 苦(쓸 고, 괴로울 고)

※ 반야(般若) – 대승 불교에서, 만물의 참다운 실상을 깨닫고 불법을 꿰뚫는 지혜. 右(오른쪽 우), 般(옮길 반, 일반 반)

萬若(만약), **明若觀火**(명약관화), **傍若無人**(방약무인)

弱

총 10획 6급 부수 弓
- 英 weak
- 中 ruò
- 日 ジャク(よわい)

한 번에 활(弓) 두 개에다 화살 두 개(丿丿)씩을 끼워 쏘면 힘이 약하니 **약할 약**

※ 弓(활 궁), 丿('삐침 별'이나 여기서는 화살로 봄)

微弱(미약), **虛弱**(허약), **弱肉强食**(약육강식)

藥 药

총 19획 6급 부수 ⺾
- 英 medicine
- 中 yào
- 日 ヤク(くすり)

풀(⺾) 중에 환자가 좋아하는(樂) 약이니
약 약 약 药

※ 樂(풍류 악, 즐길 락, 좋아할 요), 옛날에는 대부분 풀에서 약을 구하였지요.

藥局(약국), **藥水**(약수), **藥效**(약효), **藥草**(약초)

躍 跃

총 21획 3급 부수 足
- 英 skip
- 中 yuè
- 日 ヤク(おどる)

발(足)로 날개(羽) 가진 새(隹)가 다닐 때는
팔짝팔짝 뛰니 **뛸 약**

※ 足(발 족, 넉넉할 족), 羽(깃 우, 날개 우), 隹(새 추)

躍動(약동), **躍進**(약진), **跳躍**(도약), **飛躍**(비약)

야

約 约

총 9획 5급 부수 糸
- 英 bind, promise
- 中 yuē
- 日 ヤク(つづめる)

실(糸)로 작은(勺) 매듭을 묶듯이 약속하니
묶을 약, 약속할 약

※ 糸(실 사, 실 사 변), 勺(구기 작, 작은 그릇 작) - 쌀 포(勹) 안에 점 주, 불똥 주(丶)를 찍기도 하고 한 일(一)을 넣기도 하지요.

節約(절약), **要約**(요약), **約束**(약속), **約婚**(약혼)

葯 葯

총 13획 1급 부수 ++
- 英 anther
- 中 yào
- 日 ヤク

풀(++) 꽃에서 실(糸) 같은 줄에 매달린
작은 그릇(勺) 같은 꽃밥이니 **꽃밥 약**

※ 꽃밥 - 식물의 수꽃술 끝에 붙어서 꽃가루를 가지고 있는 주머니.
※ 胞(세포 포)

去葯(거약) - 꽃에서 꽃밥(수술)을 제거함.

羊

총 6획 4II급 제부수
- 英 sheep
- 中 yáng
- 日 ヨウ(ひつじ)

앞에서 바라본 양을 본떠서
양 양

※ 양은 성질이 온순하여 방목하거나 길들이기도 좋으며, 부드럽고 질긴 털과 가죽과 고기를 주는 이로운 짐승이니, 양(羊)이 부수로 쓰이면 대부분 좋은 의미의 글자지요.

羊毛(양모), **羊肉**(양육), **羊頭狗肉**(양두구육)

약

洋

총 9획 6급 부수 水
- 英 ocean, Western countries
- 中 yáng
- 日 ヨウ

물결(氵)이 수만 마리 양(羊) 떼처럼 출렁이는
큰 바다니 **큰 바다 양**
또 큰 바다 건너편에 있는 서양이니 **서양 양**

※ 작은 바다나 보통으로 일컫는 바다는 바다 해(海)

太平洋(태평양), **洋食**(양식), **洋裝**(양장), **洋酒**(양주)

恙

총 10획 1급 부수 心
- 英 anxiety, sickness
- 中 yàng
- 日 ヨウ(つつが)

양(羊)처럼 약해지는 마음(心)이면 근심이나 병이니
근심 양, 병 양

※ 心(마음 심, 중심 심)

恙憂(양우), **無恙**(무양) - 몸에 병이나 탈이 없음.

養 养

총 15획 5급 부수 食
- 英 bring up
- 中 yǎng
- 日 ヨウ(やしなう)

양(羊)을 먹여(食) 기르니
기를 양

※ 食(밥 식, 먹을 식, 밥 사)

養鷄(양계), **養殖**(양식), **養虎遺患**(양호유환)

癢 痒

총 20획 1급 부수 疒
- 英 itching
- 中 yǎng
- 日 ヨウ

병(疒)이 기른(養) 것처럼 여기저기 퍼지며 가려우니
가려울 양

※ 간체자(簡体字)는 중국에서 복잡한 한자를 빠르고 간편하게 사용할 수 있도록 한자의 모양을 간략하게 만든 일종의 약자지요. 癢의 간체자는 痒이네요.
※ 疒(병들 녁)

搔癢(소양), **隔靴搔癢**(격화소양)

樣 样

총 15획 4급 부수 木
- 英 style
- 中 yàng
- 日 ヨウ(さま)

나무(木) 옆에 양(羊)떼가 길게(永) 늘어선 모양이니
모양 양

※ 木(나무 목), 永(길 영, 오랠 영)

貌樣·模樣(모양), **各樣各色**(각양각색), **多樣**(다양)

昜

총 9획 특급 부수 日
- 英 bright, sunshine
- 中 yáng
- 日 ヨウ

아침(旦)마다 없던(勿) 해가 떠서 비치는
볕과 햇살이니 **볕 양, 햇살 양**

※ 旦(아침 단), 勿(말 물, 없을 물)
※ 볕의 뜻으로는 언덕 부 변(阝)을 붙인 陽으로 많이 쓰지요.

陽 阳

총 12획 6급 부수 阜
- 英 sunshine, exposed
- 中 yáng
- 日 ヨウ(ひ)

언덕(阝) 위를 비추는 햇볕(昜)이니 **볕 양**
또 언덕을 햇살(昜)이 비추면 드러나니 **드러날 양**

※ 阝(언덕 부 변)

陽曆(양력), **陽地**(양지), **陽刻**(양각),
陰德陽報(음덕양보)

揚 扬

손(扌)으로 햇살(昜)처럼 빛나게 날리고 높이니
날릴 양, 높일 양

총 12획 3Ⅱ급 부수 手
- 英 popular, raise
- 中 yáng
- 日 ヨウ(あげる)

立身揚名(입신양명), **高揚**(고양), **讚揚**(찬양)

楊 杨

나무(木) 가지가 햇살(昜)처럼 퍼져 늘어지는
버들이니 **버들 양, 성씨 양**

총 13획 3급 부수 木
- 英 willow
- 中 yáng
- 日 ヨウ(やなぎ)

※ 양(楊)은 개울가에 많이 나는 갯버들, 버들 류(柳)는 가지가 가늘고 길게 늘어져 관상용으로 많이 심는 수양버들.

楊柳(양류), **綠楊**(녹양), **垂楊**(수양)

瘍 疡

병(疒)이 햇살(昜)처럼 퍼지는 종기나 상처니
종기 양, 상처 양

총 14획 1급 부수 疒
- 英 ulcers, tumor
- 中 yáng
- 日 ヨウ

※ 종기(腫氣) - 피부가 곪으면서 생기는 큰 부스럼.
※ 疒(병들 녁), 腫(부스럼 종), 氣(기운 기, 대기 기)

潰瘍(궤양), **腫瘍**(종양), **腦腫瘍**(뇌종양)

양

襄

(드러나지 않게) 옷(衣) 속에 입들(口口)을 가리고
우물 틀(井)처럼 얽혀 한결같이(一) 도우니
도울 양 유 褱(품을 회)

총 17획 2급 부수 衣
- 英 help
- 中 xiāng

※ 衣(옷 의), 井(우물 정, 우물 틀 정)

襄禮(양례), **宋襄之仁**(송양지인)

壤

흙(土)이 일을 도와주려는(襄) 듯 고운 흙으로 된
땅이니 **고운 흙 양, 땅 양** 약 壌

총 20획 3Ⅱ급 부수 土
- 英 soil
- 中 rǎng
- 日 ジョウ(つち)

※ 土(흙 토), 고운 흙이 곡식의 생육에 도움을 주지요.

擊壤歌(격양가), **土壤**(토양), **天壤之差**(천양지차)

孃 娘

총 20획 2급 부수 女
- 영 an unmarried lady
- 중 niáng
- 일 ジョウ(むすめ)

여자(女) 중 일을 도와주는(襄) 아가씨니
아가씨 양 약 嬢

※ 요즘은 결혼해서도 직장을 다니지만 옛날에는 결혼하기 전 아가씨 때만 직장에 다녔지요.

貴孃(귀양), **令孃**(영양)

讓 让

총 24획 3II급 부수 言
- 영 decline, modest
- 중 ràng
- 일 ジョウ(ゆずる)

말(言)이라도 도우려고(襄) 사양하고 겸손하니
사양할 양, 겸손할 양 약 譲

※ 言(말씀 언)

讓渡(양도), **讓步**(양보), **讓位**(양위), **辭讓**(사양)

攘

총 20획 1급 부수 手
- 영 repel, snatch
- 중 rǎng
- 일 ジョウ

손(扌)으로만 돕는(襄) 척하며 물리치고 빼앗으니
물리칠 양, 빼앗을 양

攘夷(양이), **攘除**(양제), **攘斥**(양척), **攘奪**(양탈)

釀 酿

총 24획 1급 부수 酉
- 영 brew
- 중 niàng
- 일 ジョウ(かもす)

술(酉)이 되도록 도와(襄) 빚으니
빚을 양 약 醸

※ 酉(술 그릇 유, 술 유, 닭 유, 열째 지지 유)

釀成(양성), ***養成**(양성), **釀造**(양조), **釀造場**(양조장)

梁

들보 량, 다리 량, 성씨 양 – 들보 량(179쪽) 참고

於

총 8획 3급 부수 方
- 영 sigh
- 중 wū
- 일 オ(おいて)

사방(方)으로 사람(人) 둘(冫)씩 인연 맺어 주듯 말과 말을 도와주는 어조사니 **어조사 어**
또 어조사처럼 뜻 없이 소리내며 탄식하니 **탄식할 오**

* 어조사(語助辭) - '말을 도와주는 말'로, 뜻 없이 다른 말의 기운만 도와주는 말.
* 方(모 방, 방향 방, 방법 방), 語(말씀 어), 助(도울 조), 辭(말씀 사, 글 사, 물러날 사)

於中間(어중간), **於此彼**(어차피), **於乎**(오호)

瘀

총 13획 1급 부수 疒
- 영 be bruised
- 중 yū
- 일 オ

병(疒)이 뜻 없는 어조사(於)처럼 피는 나지 않고 멍만 드니 **멍들 어**

* 어혈(瘀血) - 타박상 등으로 혈액 순환이 잘 되지 못하여 피가 한 곳에 맺혀 있는 일. 또는 그런 병.
* 疒(병들 녁), 血(피 혈)

魚 鱼

총 11획 5급 제부수
- 영 fish
- 중 yú
- 일 ギョ(うお)

물고기 모양을 본떠서
물고기 어, 성씨 어

* 勹는 머리, 田은 몸통, 灬는 지느러미와 꼬리

魚類(어류), **魚族**(어족), **活魚**(활어),
一魚濁水(일어탁수)

漁 渔

총 14획 5급 부수 水
- 영 fishing
- 중 yú
- 일 ギョ(あさる)

물(氵)에서 물고기(魚)를 잡으니
고기 잡을 어

* 물고기 모습을 본떠서 '물고기 어(魚)', 물에서 물고기를 잡으니 물을 뜻하는 삼 수 변(氵)을 붙여서 '고기 잡을 어(漁)'로 구분하세요.

漁夫 · 漁父(어부), **豊漁**(풍어),
漁父之利(어부지리) - '어부의 이익'으로, 싸움은 남이 하고 이익은 제삼자가 봄을 이르는 말.
魚變成龍(어변성룡) - '물고기가 변해서 용이 됨'으로, 아주 곤궁하던 사람이 부귀를 누리게 되거나 보잘것없던 사람이 큰 인물이 됨을 이르는 말.

語 语

총 14획 7급 부수 言
- 英 words
- 中 yǔ
- 日 ゴ(かたる)

말(言)로 나(吾)의 뜻을 알리는 말씀이니
말씀 어

※ 言(말씀 언), 吾(나 오)

語感(어감), **語錄**(어록), **語套**(어투),
語不成說(어불성설)

圄

총 10획 1급 부수 囗
- 英 prison
- 中 yǔ
- 日 ギョ(ひとや)

에운 담(囗) 같은 감옥에 나(吾)를 가두니
감옥 어, 가둘 어

※ 囗(에운 담)

圄囹(어령), **囹圄**(영어) - 감옥. 圄(옥 령)

御

총 11획 3II급 부수 彳
- 英 control, a king
- 中 yù
- 日 ギョ(おん)

가다가(彳) 정오(午)쯤 그쳐(止) 무릎 꿇고(卩)
쉬게 하며 말을 몰고 다스리니 **말 몰 어, 다스릴 어**
또 백성을 다스리는 임금이니 **임금 어**

※ 彳(조금 걸을 척), 午(말 오, 일곱 째 지지 오, 낮 오), 止(그칠 지),
卩(무릎 꿇을 절, 병부 절, = 㔾)

制御(제어), **御命**(어명), **御使**(어사), **御用**(어용)

禦 御

총 16획 1급 부수 示
- 英 defend
- 中 yù
- 日 ギョ(ふせぐ)

다스려(御) 보이지(示) 않게 막으니
막을 어

※ 示(보일 시, 신 시)

禦敵(어적), **防禦**(방어)··**攻擊**(공격),
禦冬(어동) - 겨울 추위를 막음. 또는 그런 준비.

抑

총 7획 3II급 부수 手
- 英 suppress
- 中 yì
- 日 ヨク(おさえる)

손(扌)으로 높은(卬) 것을 누르니
누를 억 ㉲ 仰(우러를 앙)

※ 卬 : 무엇에 매달려(厂) 무릎 꿇고(卩) 높이 바라니 '높을 앙'
㉲ 卯(왕성할 묘, 토끼 묘)

抑留(억류), **抑壓**(억압), **抑鬱**(억울), **抑制**(억제)

億 亿

총 15획 5급 부수 人
- 英 hundred million
- 中 yì
- 日 オク

너무 커서 사람(亻)이 뜻(意)을 생각해 보는 억이니
억 억

※ 意(뜻 의), 億은 1초에 하나를 세는 속도로도 하루면 86400, 천 일이면 86,400,000이니 3년 이상을 쉬지 않고 세어야 하는 큰 수지요.

億臺(억대), **億兆**(억조), **億兆蒼生**(억조창생)

憶 忆

총 16획 3II급 부수 心
- 英 recall, remember
- 中 yì
- 日 オク(おもう)

마음(忄)속에 뜻(意)을 기억하고 생각하니
기억할 억, 생각할 억

記憶(기억), **追憶**(추억), **憶念**(억념), **憶昔**(억석)

臆

총 17획 1급 부수 肉
- 英 breast, thinking
- 中 yì
- 日 オク

몸(月)에서 뜻(意)이 나오는 가슴이니 **가슴 억**
또 가슴으로 생각하니 **생각 억**

※ 月(달 월, 육 달 월), 마음이 가슴에 있다고 생각하여 심장을 본떠서 '마음 심(心)'이고, 몸(月)에서 뜻(意)이 나오는 곳은 가슴이라는 데서 '가슴 억, 생각 억(臆)'이지요.

臆見(억견), **臆斷**(억단), **臆說**(억설), **臆測**(억측)

억

言

총 7획 6급 제부수
- 英 talk, speech
- 中 yán
- 日 ゲン(いう)

머리(亠)로 두(二) 번은 생각하고 입(口)으로
하는 말씀이니 **말씀 언** 참 語(말씀 어), 談(말씀 담)

※ 亠(머리 부분 두)
※ 말 한마디로도 죄와 복을 줄 수 있으니 말을 할 때는 조심스럽게 해야 한다는 뜻이죠.

言動(언동), **言路**(언로), **言約**(언약), **確言**(확언)

〈有備無患 ↔ 無備有患〉

'갖춤이 있으면 근심될 것이 없다'로 유비무환(有備無患)이 있는데, 무비유환(無備有患)처럼 글자의 순서를 바꾸면 그 반대의 경우를 나타낼 수도 있어요. 이렇게 얼마든지 바꾸어 상황에 맞게 쓸 수 있는 것이 한자의 장점이지요. ▶有(가질 유, 있을 유), 備(갖출 비), 無(없을 무), 患(근심 환)

彦

총 9획 2급 부수 彡
- 英 scholar
- 中 yàn
- 日 ゲン(ひこ)

머리(亠)를 받치고(丷) 바위(厂) 아래에서 털(彡)이 길게 자라도록 학문을 닦는 선비니 **선비 언** (= 彦)

* 厂(굴 바위 엄, 언덕 엄) 위를 文(무늬 문, 글월 문, 성씨 문)으로 써서, 글(文) 공부를 바위(厂) 밑에서 전념하느라고 털(彡)이 길게 자란 선비니 선비 언이라고도 해요.
* 亠(머리 부분 두), 彡(터럭 삼, 긴 머리 삼), 선비-학문을 닦는 사람을 예스럽게 이르는 말.

彦士(언사), **彦聖**(언성), **彦會**(언회)

諺 谚

총 16획 1급 부수 言
- 英 proverb
- 中 yàn
- 日 ゲン(ことわざ)

말(言)에 선비(彦) 정신이 없는 상말이니 **상말 언**

* 언문(諺文) – 지난날 한글을 한문(漢文)에 상대하여 낮추어 부르던 말.
* 漢(한나라 한, 남을 흉하게 부르는 접미사 한), 文(무늬 문, 글월 문, 성씨 문), 상말-점잖지 못하고 상스러운 말.

諺簡(언간), **諺書**(언서), **諺解**(언해)

焉

총 11획 3급 부수 火
- 英 how, why
- 中 yān
- 日 エン(いずくんぞ)

(나뭇가지에도) 바르게(正) 새(鳥)는 어찌 앉을 수 있을까에서 **어찌 언, 어조사 언**

* 正(바를 정), 鳥(새 조(鳥)의 획 줄임), 어조사(語助辭) – 실질적인 뜻이 없이 다른 말의 기운만 돕는 말.
* 語(말씀 어), 助(도울 조), 辭(말씀 사, 글 사, 물러날 사)

於焉間(어언간), **焉敢生心**(언감생심), **終焉**(종언)

匽

총 9획 급외자 부수 匚
- 英 lie on one's face
- 中 yǎn
- 日 エン

무엇을 덮을(匚) 듯이 해(日)와 여자(女)도 보지 않고 엎드리니 **엎드릴 언**

* 匚(감출 혜, 덮을 혜 = 匸), 女(여자 녀)
* 급외자-급수 외 글자.

堰

총 12획 1급 부수 土
- 英 dike
- 中 yàn
- 日 エン(せき)

흙(土)을 엎드린(匽) 모습으로 쌓은 둑이니 **둑 언** 참 洑(저수지 보)

* 土(흙 토)

堰堤(언제), **堰堤湖**(언제호), **堰塞**(언색)

厂

총 2획 부수자
- 中 ān
- 日 ガン

튀어 나온 굴 바위 있는 언덕을 본떠서
굴 바위 엄, 언덕 엄

广

총 3획 부수자
- 中 ān
- 日 ゲン

점(丶)을 굴 바위 엄, 언덕 엄(厂) 위에 찍어,
굴 바위나 언덕을 지붕 삼아 지은 집을 나타내어 **집 엄**

※ 丶(점 주, 불똥 주), 집 면(宀)은 주로 작은 집, 집 엄(广)은 주로 큰집에 쓰입니다.

嚴 严

총 20획 4급 부수 口
- 英 solemn
- 中 yán
- 日 ゲン(おごそか)

소리소리(口口)치며 언덕(厂)도 용감히(敢)
오르도록 엄하니 **엄할 엄, 성씨 엄** 약 嚴 : 반짝이는 불
꽃(⺌)처럼 언덕(厂)도 용감히(敢) 오르도록 엄하니 '엄할 엄'

※ 敢(용감할 감, 감히 감), 口(입 구, 말할 구, 구멍 구)

嚴格(엄격), **嚴選**(엄선), **嚴守**(엄수), **嚴肅**(엄숙)

엄

儼 俨

총 22획 1급 부수 人
- 英 majesty
- 中 yǎn
- 日 ゲン

사람(亻)이 엄한(嚴) 모습으로 의젓하니
의젓할 엄

※ 엄연(儼然) - (누구도 감히 부인하지 못할 정도로) 의젓함(명백함).
※ 然(그러할 연)

儼恪(엄각), **儼雅**(엄아), **儼存**(엄존)

奄

총 8획 1급 부수 大
- 英 suddenly, cover, hide   中 yǎn
- 日 エン(おおう)

문득 크게(大) 펴서(电) 덮고 가리니
문득 엄, 덮을 엄, 가릴 엄

※ 电(펼 신, 아뢸 신(申)의 변형], 문득 - ㉠생각이나 느낌 따위가 갑자기 떠오르는 모양. ㉡어떤 행위가 갑자기 이루어지는 모양.

奄成老人(엄성노인), **奄奄**(엄엄), **奄忽**(엄홀)

俺

총 10획 특II급 부수 人
- 英 foolish, I
- 中 ǎn
- 日 エン(おれ)

사람(亻)이 자신의 단점을 가리고만(奄) 있으면
어리석으니 **어리석을 엄**
또 이런 사람이 바로 나라는 데서 **나 엄**

※ 단점이 있으면 드러내 놓고 보강해야 언젠가는 그 단점이 장점으로 바뀔 수도 있는데, 단점을 숨기려고만 하다 보면 보강할 기회를 잃어버려 영영 단점으로 남게 됨을 생각하고 만든 글자.
※ 인·지명용 한자

掩

총 11획 1급 부수 手
- 英 hide
- 中 yǎn
- 日 エン(おおう)

손(扌)으로 덮어(奄) 가리니
가릴 엄

掩襲(엄습), 掩蔽物(엄폐물), 掩護(엄호)

業 业

총 13획 6급 부수 木
- 英 business
- 中 yè
- 日 ギョウ(わざ)

풀 무성한(丵) 곳에 있는 나무(木)와 같이 이미
정해진 업이고 일이니 **업 업, 일 업**

※ 丵: 고생할 신, 매울 신(辛) 위에 점 셋을 더 붙여 풀 무성한 모양을 나타내어 '풀 무성할 착' - 어원 해설을 위해 생각해 본 글자.
※ 업(業): ㉠몸과 입과 뜻으로 짓는 선악의 소행. ㉡직업.

業苦(업고), 業報(업보), 自業自得(자업자득), 就業(취업)

予

총 4획 3급 부수 亅
- 英 give, I
- 中 yū, yú
- 日 ヨ(われ, あらかじめ)

좌우 손으로 주고받는 모습에서 **줄 여**(≒ 與)
또 주는 나를 뜻하여 **나 여**(≒ 余)
또 미리 예(豫)의 약자 ㊠ 子(아들 자, 첫째 지지 자, 자네 자, 접미사 자), 矛(창 모)

予奪(여탈) - 주는 일과 빼앗는 일.

汝

총 6획 3급 부수 水
- 英 you, family name
- 中 rǔ
- 日 ジョ(なんじ)

물(氵)을 떠 주었던 여자(女)가 바로 너였으니
너 여, 성씨 여

※ 중국의 여수(汝水)라는 강은 수심이 얕아서 여인(女)들도 목욕할 수 있는 강(氵)을 뜻했으나, 지금은 대등한 사람이나 손아래 사람에 대한 2인칭 대명사 '너 여(汝)'와 성씨로 쓰이지요.

汝等(여등), 汝輩(여배), 汝矣島(여의도)

여자(女)의 말(口)은 대부분 부모나 남편의 말과 같으니 **같을 여**

※ 口(입 구, 말할 구, 구멍 구). 주로 집 안에서 생활하던 옛날 여자들은 대부분 부모나 남편의 뜻을 따랐음을 생각하고 만든 글자.

如一(여일), 如前(여전),
百論不如一行(백론불여일행)

총 6획 4II급 부수 女
- 영 same, alike
- 중 rú
- 일 ジョ(ごとし)

(다 가고) 사람(人) 한(一) 명만 나무(木) 위에 남아 있는 나니 **나 여, 성씨 여, 남을 여**(餘)의 속자

余等(여등), 余輩(여배), 余月(여월)

총 7획 3급 부수 人
- 영 I, remain
- 중 yú
- 일 ヨ(あまる)

먹고(食) 남으니(余)
남을 여 ㉔ 余

※ 食(밥 식, 먹을 식 변), 余(나 여, 남을 여)

餘暇(여가), 餘力(여력), 餘裕(여유), 剩餘(잉여)

총 16획 4II급 부수 食
- 영 remain, surplus
- 중 yú
- 일 ヨ(あまる)

절구(臼)를 마주 드니(廾)
마주 들 여

※ 臼(절구 구), 廾(받쳐 들 공)

총 10획 급외자 부수 臼
- 중 yú
- 일 ヨ(かく)

마주 들고(舁) 가는 수레(車) 같은 가마니
가마 여
또 가마를 드는 사람들의 무리니 **무리 여**

※ 車(수레 거, 차 차)

輿駕(여가), 喪輿(상여), 輿論(여론), 輿望(여망)

총 17획 3급 부수 車
- 영 palanquin, crowd
- 중 yú
- 일 ヨ(こし)

여

與 / 与

총 14획 4급 부수 臼
- 英 give, together, participate
- 中 yǔ
- 日 ヨ(あたえる)

마주 들어(舁) 주며(丂) 더불어 참여하니
줄 여, 더불 여, 참여할 여 약 与

* 丂 - 与의 변형.
* 与 : 하나(一)씩 작은 그릇(勺)에 나누어 주며 더불어 '줄 여, 더불 여, 참여할 여'. 勺(국자 작, 작은 작)

與件(여건), **與民同樂**(여민동락),
與黨(여당) ↔ **野黨**(야당)

呂

등뼈 려, 음률 려, 성씨 여 – 등뼈 려(181쪽) 참고

亦

총 6획 3Ⅱ급 부수 亠
- 英 also, too
- 中 yì
- 日 エキ(また)

머리(亠)가 불(灬→小→火) 타듯 또 자꾸 고민하니
또 역 유 赤(붉을 적)

* 亠(머리 부분 두), 小[‘불 화(火)’의 변형]

亦是(역시), **全亦**(전역), **此亦**(차역)

易

총 8획 4급 부수 日
- 英 easy, exchange
- 中 yì
- 日 エキ(やさしい)

해(日)가 구름에 가려 없어(勿)졌다 나타났다 하듯
쉽게 바꾸니 **쉬울 이, 바꿀 역** 유 昜(볕 양, 햇살 양)

* 勿(없을 물, 말 물)

安易(안이), **交易**(교역),
易地思之(역지사지) - 처지를 바꾸어 생각함.

逆

총 10획 4Ⅱ급 부수 辶
- 英 oppose, against
- 中 nì
- 日 ギャク(さか)

거꾸로(屰) 가며(辶) 거스르고 배반하니
거스를 역, 배반할 역

* 辶(뛸 착, 갈 착), 屰 : 사람이 거꾸로 선 모습에서 '거꾸로 설 역'

逆境(역경), **逆行**(역행), **逆謀**(역모), **叛逆**(반역),
莫逆之間(막역지간) - 거스름이 없는 아주 친한 사이.
忠言逆耳(충언역이) - '충고의 말은 귀에 거슬림'으로, 바르게 타이르는 말일수록 듣기 싫어짐을 말함.

役

총 7획 3II급 부수 彳
- 英 employ
- 中 yì
- 日 ヤク(やく)

가도록(彳) 치면서(殳) 부리니
부릴 역

※ 彳(조금 걸을 척), 殳(칠 수, 창 수, 몽둥이 수)

役割(역할), 苦役(고역), 兒役(아역), 用役(용역)

疫

총 9획 3II급 부수 疒
- 英 epidemic
- 中 yì
- 日 エキ(えきびょう)

병(疒) 중 창(殳) 들고 쳐들어오듯이 빨리 전염되는 염병이니 **염병 역**

※ 염병(染病) : ㉠'전염병(傳染病)'의 준말. ㉡'장티푸스'를 속되게 이르는 말.
※ 疒(병들 녁), 病(병들 병, 근심할 병), 傳(전할 전, 이야기 전), 染(물들일 염)

檢疫(검역), 免疫(면역), 防疫(방역), 紅疫(홍역)

域

총 11획 4급 부수 土
- 英 boundary
- 中 yù
- 日 イキ

땅(土)에서 혹시(或)라도 있을지 모르는 분쟁을 막기 위하여 나눠 놓은 구역이니 **구역 역**

※ 土(흙 토), 或(혹시 혹)

區域(구역), 域內(역내), 領域(영역), 異域(이역)

罭

총 13획 급외자 부수 罒
- 英 watch for
- 中 yì
- 日 エキ

그물(罒) 쳐 놓고 걸리기를 바라며(幸) 엿보니
엿볼 역

※ 罒(그물 망, = 网, 㓁), 幸(행복할 행, 바랄 행)
※ 위가 그물 망(罒)인데 부수는 눈 목(目)이네요.

譯 译

총 20획 3II급 부수 言
- 英 translate
- 中 yì
- 日 ヤク(わけ)

말(言)을 엿보아(罭) 번역하니
번역할 역 ⑱ 訳 : 말(言)을 자(尺)로 재듯 살펴 번역하니 '번역할 역'

※ 言(말씀 언), 尺(자 척)

飜譯(번역), 意譯(의역), 直譯(직역), 通譯(통역)

驛 驿

총 23획 3Ⅱ급 부수 馬
- 영 station
- 중 yì
- 일 エキ(うまや)

말(馬)을 엿보아(睪) 갈아타는 역이니

역 역 (약) 駅 : 말(馬)을 자(尺)로 재듯 살펴 골라 타는 역이니 '역 역'

* 馬(말 마), 지금의 역은 기차를 타는 곳이지만, 옛날의 역(驛)은 출장 나온 중앙 관리의 말을 바꿔 주거나 중앙과 지방 관청의 문서를 전달하는 일을 했지요.

驛前(역전), **簡易驛**(간이역), **終着驛**(종착역)

繹 绎

총 19획 1급 부수 糸
- 영 solve, search
- 중 yì
- 일 エキ

헝클어진 실(糸)을 엿보아(睪) 푸니

풀 역

* 糸(실 사, 실 사 변)

演繹(연역)…**歸納**(귀납), **尋繹**(심역), **紬繹**(주역)

延

총 7획 4급 부수 廴
- 영 delay
- 중 yán
- 일 エン(のびる)

삐뚤어진(丿) 행동을 그치고(止) 발을 끌며 걸으니(廴)

끌 연, 늘일 연, 성씨 연

* 丿(삐침 별), 止(그칠 지), 廴(길게 걸을 인)

延期(연기), **延長**(연장), **延頸**(연경), **遲延**(지연)

筵

총 13획 1급 부수 竹
- 영 bamboo mat
- 중 yán
- 일 エン(むしろ)

대(竹)를 넓게 늘여(延) 엮어 만든 자리니

대자리 연, 자리 연

* 竹(대 죽)

筵席(연석), **經筵**(경연), **舞筵**(무연)

沿

총 8획 3Ⅱ급 부수 水
- 영 along, follow
- 중 yán
- 일 エン(そう)

물(氵)이 늪(㕣)을 따라 내려가듯 따르니

물 따를 연, 따를 연

* 㕣 : 안석(几)처럼 패인 구멍(口)에 물이 고인 산속 늪이니 '산속 늪 연' - 어원풀이를 위한 참고용 글자. 几(안석 궤, 책상 궤), 안석(案席) - 앉을 때 몸을 기대는 방석. 案(책상 안, 생각 안, 계획 안), 席(자리 석)

沿道(연도), **沿邊**(연변), **沿岸**(연안), **沿海**(연해)

鉛 铅

총 13획 4급 부수 金
- 英 lead, zinc
- 中 qiān
- 日 エン(なまり)

쇠(金) 중 늪(㕣)의 물처럼 잘 녹아 흐르는 납이니
납 연 약 鈆 : 쇠(金) 중 대중(公)들이 쓰는 납이니 '납 연'

※ 金(쇠 금, 금 금, 돈 금, 성씨 김), 公(공정할 공, 대중 공, 귀공자 공), 납은 낮은 온도에서도 잘 녹지요.

無鉛(무연), 鉛筆(연필), 色鉛筆(색연필), 黑鉛(흑연)

宴

총 10획 3II급 부수 宀
- 英 party, enjoy
- 中 yàn
- 日 エン(うたげ)

좋은 날(日)을 맞아 편안하게(安) 잔치하니
잔치 연

※ '집(宀)에서 날(日)마다 여자(女)를 데리고 잔치하니 잔치 연'이라고도 해요.
※ 安(편안할 안), 宀(집 면), 日(해 일, 날 일), 女(여자 녀)

宴會(연회), 祝賀宴(축하연), 披露宴(피로연)

軟 软

총 11획 3II급 부수 車
- 英 soft, mild
- 中 ruǎn
- 日 ナン(やわらか)

차(車)가 흠(欠)이 날 정도로 부드럽고 연하니
부드러울 연, 연할 연

※ 車(수레 거, 차 차), 欠(하품 흠, 모자랄 흠)

軟弱(연약), 軟骨(연골)‥硬骨(경골), 柔軟性(유연성)

硯 砚

총 12획 2급 부수 石
- 英 ink stone
- 中 yàn
- 日 ケン(すずり)

(옛날 붓으로 글씨를 쓰던 시절) 돌(石)로 만든 물건 중 자주 보는(見) 벼루니 **벼루 연**

※ 石(돌 석), 見(볼 견, 뵐 현), 옛날에는 벼루에 먹을 갈아 붓으로 글씨를 썼으니 책상에는 항상 벼루가 있었겠지요.

硯水(연수), 硯滴(연적), 紙筆硯墨(지필연묵)

硏 研

총 11획 4II급 부수 石
- 英 polish, study
- 中 yán
- 日 ケン(とぐ)

돌(石)을 평평하게(幵) 가니 **갈 연**
또 갈고닦듯이 연구하니 **연구할 연**
약 研 : 돌(石)의 표면을 한결같이(一) 받쳐 들고(廾) 가니 '갈 연'

※ 石(돌 석), 幵 : 방패(干)와 방패(干)를 이으면 평평하니 '평평할 견', 廾(받쳐 들 공)

硏磨(연마), 硏鑽(연찬), 硏究(연구), 硏修(연수)

妍

총 9획 2급 부수 女
- 영 beautiful
- 중 yán
- 일 ケン

여자(女) 피부가 평평하여(幵) 고우니
고울 연 약 姸

妍麗(연려), **妍艶**(연염), **妍容**(연용), **妍醜**(연추)

然

총 12획 7급 부수 火
- 영 suchlike, so
- 중 rán
- 일 ゼン(しかり)

고기(夕)로 개(犬)를 먹으려면 불(灬)에 익히듯
순리에 맞게 그러하니 **그러할 연**

※ 夕[달 월, 육 달 월(月)의 변형], 犬(개 견), 灬(불 화 발), 다른 고기는 날 것으로도 먹지만 개고기는 반드시 불에 익혀 먹듯이 순리에 맞게 하는 것을 말하는 글자.
※ 형용사 뒤에 붙어서 뜻 없이 형용사의 뜻만 강조하기도 하지요.

然後(연후), **當然**(당연), **一目瞭然**(일목요연)

燃

총 16획 4급 부수 火
- 영 burn
- 중 rán
- 일 ネン(もえる)

불(火)처럼 그렇게(然) 타거나 태우니
불탈 연, 태울 연

※ 火(불 화)

燃燒(연소), **可燃性**(가연성), **燃料**(연료)

撚 捻

총 15획 1급 부수 手
- 영 twist
- 중 niǎn, yàn
- 일 ネン

손(扌)으로 그럴(然)듯하게 비틀어 꼬니
비틀 연(년), 꼴 연(년)

撚斷(연단), **撚絲**(연사), **撚紙**(연지)

煙

총 13획 4Ⅱ급 부수 火
- 영 smoke
- 중 yān
- 일 エン(けむり)

불(火)을 잘 타지 못하게 막으면(垔) 나는 연기니
연기 연
또 연기 내며 태우는 담배니 **담배 연** (= 烟)

※ 垔: 서쪽(西 : 서쪽 서)을 흙(土)으로 막으니 '막을 인'

煙氣(연기), **煙幕**(연막), **禁煙**(금연), **喫煙**(끽연)

烟

총 10획 특II급 부수 火
- 영 smoke
- 중 yān
- 일 エン(けむり)

불(火)로 말미암아(因) 나는 연기니
연기 연
또 연기 내며 태우는 담배니 **담배 연** (= 煙)

※ 因(말미암을 인)

演

총 14획 4II급 부수 水
- 영 extend, explain
- 중 yǎn
- 일 エン(のべる)

물(氵)처럼 삼가는(寅) 모습으로 펴고 설명하니
펼 연, 설명할 연

※ 寅(삼갈 인, 범 인, 셋째 지지 인), 상대의 그릇에 맞추고 항상 아래로 임하며 채우고 넘쳐야 다음으로 흐르는 물처럼 상대의 수준에 맞게 설명하여 분명히 알아야 다음으로 넘어감이 설명이지요.

演劇(연극), **演技**(연기), **演說**(연설), **演題**(연제)

緣

총 15획 4급 부수 糸
- 영 fate, cause
- 중 yuán
- 일 エン(ふち)

실(糸)로 끊어진(彖) 곳을 잇듯이 서로를 이어 주는 인연이니 **인연 연** ㉮ 绿(푸를 록)

※ 彖(끊을 단) ㉮ 录(나무 깎을 록, 새길 록)

緣故(연고), **緣分**(연분), **緣由**(연유), **結緣**(결연)

椽

총 13획 1급 부수 木
- 영 rafter
- 중 chuán
- 일 テン

나무(木) 중 집의 끊어진(彖) 곳을 이어 주는 서까래니 **서까래 연**

※ 木(나무 목), 서까래-한옥(韓屋) 용마루 밑에 상량(上樑)에서 보나 도리에 걸친 통나무.
※ 용마루-지붕 가운데 부분에 있는 가장 높은 수평 마루.
※ 도리-서까래를 받치기 위하여 기둥 위에 건너지르는 나무.

椽蓋板(연개판), **椽木**(연목)

燕

총 16획 3II급 부수 火
- 영 swallow, name of a nation
- 중 yàn
- 일 エン(つばめ)

먹이를 문 부리(廿)와 양 날개(北)와 몸통(口)과 갈라진 꼬리 모양(灬)을 본떠서 **제비 연, 나라 이름 연**
또 제비처럼 떠들며 잔치하니 **잔치 연**

※ 연경(燕京)-북경(北京)의 옛 이름. 춘추전국시대 연(燕)나라의 수도였던 데서 유래. 京(서울 경)

燕雀(연작), **燕尾服**(연미복)

捐

총 10획 1급 부수 手
- 영 abandon
- 중 juān
- 일 エン

손(扌)으로 작은 벌레(肙)를 잡아 버리니
버릴 연

* 肙: 입(口)만 유난히 큰 몸(月)의 벌레니 '장구벌레 연, 작은 벌레 연'
* '(비린내 나는 고기가 싫어서) 손(扌)으로 입(口)에 든 고기(月)를 꺼내 버리니 버릴 연(捐)'이라고도 하지요.

捐忘(연망), **義捐金**(의연금), **出捐金**(출연금)

娟

총 10획 특Ⅱ급 부수 女
- 영 beautiful
- 중 juān
- 일 ケン(みめよい)

여자(女)가 작은 벌레(肙)처럼 예쁘니
예쁠 연

娟娟(연연), **娟秀**(연수), **娟容**(연용)

淵 渊

총 12획 2급 부수 水
- 영 deep pool
- 중 yuān
- 일 エン(ふち)

물(氵)이 고여 있는 못을 본떠서
못 연 동 渊

* 못 - ㉠부정의 뜻을 나타내는 말. ㉡목재 따위의 접합이나 고정에 쓰는 물건. ㉢오목하게 팬 땅에 물이 괸 곳. 여기서는 ㉢의 뜻.

淵源(연원), **淵衷**(연충), **深淵**(심연)

衍

총 9획 2급 부수 行
- 영 spread
- 중 yǎn
- 일 エン

물(氵)이 물건 속으로 스며 가면(行) 불어나 퍼지고 넓어지니 **퍼질 연, 넓을 연**

* 行(다닐 행, 행할 행, 항렬 항)

衍文(연문), **衍義**(연의), **敷衍**(부연) - ㉠이해하기 쉽도록 설명을 덧붙여 자세히 말함. ㉡늘려서 널리 폄.

鳶 鸢

총 14획 1급 부수 鳥
- 영 kite
- 중 yuān
- 일 エン(とび)

주살(弋)처럼 줄을 매어 훈련시킨 새(鳥)는 솔개니
솔개 연
또 솔개처럼 띄우는 연이니 **연 연**

* 주살-줄을 매어 쏘는 화살. 솔개-매의 한 종류.
* 옛날에는 매를 길들여 사냥에 이용했지요.

鳶飛魚躍(연비어약), **紙鳶**(지연)

悅

총 10획 3II급 부수 心
- 영 glad
- 중 yuè
- 일 エツ(よろこぶ)

슬픈 일도 마음(忄) 바꿔(兌) 생각하면 기쁘니
기쁠 열

※ 일체유심조(一切唯心造) – '일체(一切), 즉 모든 것은 마음으로 지음'
으로, 모든 것은 마음먹기에 따라 달라진다는 뜻이지요.
※ 忄(마음 심 변), 兌(바꿀 태), 切(모두 체, 끊을 절, 간절할 절),
唯(오직 유, 대답할 유), 心(마음 심, 중심 심), 造(지을 조)

悅樂(열락), **悅服**(열복), **喜悅**(희열)

閱 阅

총 15획 3급 부수 門
- 영 examine
- 중 yuè
- 일 エツ(けみする)

문(門) 안에서 하나씩 바꿔 가며(兌) 검열하니
검열할 열

※ 검열(檢閱) – 어떤 행위나 사업 따위를 살펴 조사하는 일.
※ 門(문 문), 檢(검사할 검)

閱覽(열람), **校閱**(교열), **査閱**(사열)

說

달랠 세, 말씀 설, 기쁠 열 – 말씀 설(353쪽) 참고

熱 热

총 15획 5급 부수 火
- 영 hot, be excited
- 중 rè
- 일 ネツ(あつい)

심어(埶) 놓은 불씨(灬)라도 있는 듯 더우니
더울 열 ㉮ **熟**(익을 숙)

※ 埶 : 흙(土)을 파고(八) 흙(土)에다 둥근(丸) 씨앗을 심으니 '심을 예'
※ 灬(불 화 발), 八(여덟 팔, 나눌 팔), 丸(둥글 환, 알 환), 옛날에는 불
씨를 재 속에 심어 놓고 사용했지요.

熱望(열망), **熱情**(열정) ↔ **冷情**(냉정), **解熱**(해열),
以熱治熱(이열치열) – 열로써 열을 다스림. 곧 열이 날 때에 땀을
낸다든지, 더위를 뜨거운 차를 마셔서 이긴다든지, 힘은 힘으로 물리
친다는 따위를 말할 때 쓰는 말.

涅

총 10획 1급 부수 水
- 영 black mud
- 중 niè
- 일 デツ

물(氵)로 햇(日)살이 흙(土)에 비치듯이 반죽된
개흙이니 **개흙 열(녈, 날)**

※ 개흙 – 갯가나 늪 바다 등에 있는 거무스름하고 미끈미끈한 흙.
※ 열반(涅槃) – 범어(梵語) nirvana의 음역.
※ 槃(쟁반 반, 즐길 반)

열

炎

총 8획 3II급 부수 火
- 영 scorching, inflammation
- 중 yán
- 일 エン(ほのお)

불(火)과 불(火)이 겹쳐 더우니 **더울 염**
또 덥게 열나면서 아픈 염증이니 **염증 염**

※ 염증(炎症) - 생체 조직이 손상을 입었을 때에 체내에서 일어나는 방어적 반응.
※ 火(불 화), 症(병세 증)

炎凉(염량), 炎天(염천), 暴炎(폭염)

染

총 9획 3II급 부수 木
- 영 dye
- 중 rǎn
- 일 セン(そめる)

물감과 천을 물(氵)속에 넣고 많이(九) 나무(木) 가지로 휘저으며 물들이니 **물들일 염**

※ 九(아홉 구, 클 구, 많을 구), 木(나무 목)

染料(염료), 染色(염색) ↔ 脫色(탈색), 汚染(오염)

厭 厌

총 14획 2급 부수 厂
- 영 dislike
- 중 yàn
- 일 エン(いとう)

굴 바위(厂) 밑에서 해(日)와 달(月)도 보지 못하고 개(犬)처럼 살아감은 모두 싫어하니 **싫어할 염**

※ 厂(굴 바위 엄, 언덕 엄), 月(달 월, 육 달 월)

厭世主義(염세주의) ↔ 樂天主義(낙천주의),
厭症(염증) - 싫은 증상. 싫증.

염

鹽 盐

총 24획 3II급 부수 鹵
- 영 salt
- 중 yán
- 일 エン(しお)

엎드린(臥) 듯 허리 구부리고 소금밭(鹵)에서 만들어 그릇(皿)에 담는 소금이니 **소금 염**

(약) 塩 : 흙(土)처럼 사람(⼓)이 입(口)에 먹을 것을 만들어 그릇(皿)에 담는 소금이니 '소금 염'

※ 臥(엎드릴 와, 누울 와), 鹵(소금 가마니를 본떠서 '소금 로, 소금밭 로,' 皿(그릇 명), ⼓[사람 인(人)의 변형]

鹽度(염도), 鹽分(염분), 鹽田(염전), 鹽藏(염장)

焰

총 12획 1급 부수 火
- 영 flame
- 중 yàn
- 일 エン(ほのお)

불(火)의 불꽃(⺈)이 절구(臼) 같은 화로에서 피어오르니 **불꽃 염**

※ 火(불 화), ⺈[사람 인(人)의 변형이나 여기서는 불꽃이 피어오르는 모습으로 봄], 臼(절구 구)

火焰(화염), 火焰瓶(화염병), 氣焰(기염)

442

閻 阎

총 16획 2급 부수 門
- 英 village
- 中 yán
- 日 エン

문(門) 중 사람(勹)이 절구(臼) 방아 찧듯 자주 드나드는 곳에 있는 마을 문이니

마을 문 염, 마을 염

※ 門(문 문), 勹[사람 인(人)의 변형], 臼(절구 구)

閻魔(염마), 閻羅大王(염라대왕), 閭閻(여염)

艶 艳

총 19획 1급 부수 色
- 英 beautiful
- 中 yàn
- 日 エン(つや)

풍성한(豊) 색(色)으로 이루어져 고우니

고울 염

※ 豊(풍성할 풍), 色(색 색). 몸의 각 부분 색이 분명할수록 곱고 건강하지요. 또 풍성한 색으로 꾸미면 곱고요.

艶文(염문), 艶聞(염문), 艶福(염복), 妖艶(요염)

廉

청렴할 렴, 값쌀 렴, 성씨 염 - 청렴할 렴(186쪽) 참고

葉 叶

총 13획 5급 부수 ++
- 英 leaf
- 中 yè
- 日 ヨウ(は)

풀(++)처럼 세대(世)마다 나무(木)에 나는 잎이니

잎 엽, 땅 이름 섭

※ 世(세대 세, 세상 세). 세대(世代)는 '어린아이가 성장하여 부모 일을 계승할 때까지의 약 30년 정도 되는 기간'을 말하지만 여기서는 풀이 돋아나서 씨앗을 맺고 죽는 1년 정도를 가리키지요.

葉書(엽서), 葉茶(엽차), 落葉(낙엽), 枝葉(지엽),
秋風落葉(추풍낙엽) - '가을 바람에 떨어지는 잎'으로, 세력이나 형세가 갑자기 기울거나 시듦을 비유한 말.

燁 烨

총 16획 2급 부수 火
- 英 shine
- 中 yè

불(火)처럼 빛나니(華)

빛날 엽

※ 엽여화(燁如花) - '빛남이 꽃과 같음'으로, 아름다운 용모를 이르는 말.
※ 火(불 화), 華(화려할 화, 빛날 화), 如(같을 여), 花(꽃 화)

永

총 5획 6급 부수 水
- 英 eternal, long
- 中 yǒng
- 日 エイ(ながい)

높은 산 한 방울(ヽ)의 물(水)도 길고 오래 흘러 강과 바다를 이루니 **길 영, 오랠 영** ㉾ 氷(얼음 빙)

※ 물 수(水)에 점 주, 불똥 주(ヽ)를 한 덩어리로 얼어붙음을 강조하기 위해서 처음 쓰는 왼쪽에 붙이면 '얼음 빙', 물이 솟아나는 높은 산을 나타내기 위하여 위에 붙이면 '길 영, 오랠 영(永)'.

永眠(영면), **永續**(영속), **永遠**(영원), **永住權**(영주권)

泳

총 8획 3급 부수 水
- 英 swim
- 中 yǒng
- 日 エイ(およぐ)

물(氵)에 오래(永) 있으려고 헤엄치니
헤엄칠 영 ㉾ 溺(물에 빠질 익)

背泳(배영), **水泳**(수영), **蝶泳**(접영)

詠

총 12획 3급 부수 言
- 英 sing
- 中 yǒng
- 日 エイ(よむ)

말(言)을 길게(永) 빼서 읊으니
읊을 영 (= 咏)

※ 言(말씀 언)

詠歌·咏歌(영가), **詠嘆·咏嘆**(영탄)

咏

총 8획 특급 부수 口
- 英 sing
- 中 yǒng

입(口)을 오래(永) 벌리고 읊으니
읊을 영 (= 詠)

迎

총 8획 4급 부수 辵
- 英 welcome, meet
- 中 yíng
- 日 ゲイ(むかえる)

높은(卬) 사람을 가서(辶) 맞이하니
맞이할 영 ㉾ 仰(우러를 앙), 抑(누를 억)

※ 卬 : 무엇에 매달려(厂) 무릎 꿇고(卩) 높이 바라니 '높을 앙'
㉾ 卯(왕성할 묘, 토끼 묘) 卩(무릎 꿇을 절, 병부 절, = 㔾)

迎賓(영빈), **迎接**(영접), **歡迎**(환영),
送舊迎新(송구영신)

榮 荣

총 14획 4II급 부수 木
- 영 luxuriant, glory
- 중 róng
- 일 エイ(さかえる)

불(火)과 불(火)에 덮인(冖) 듯 나무(木)에 꽃이 피어 성하니 **성할 영**
또 성하게 누리는 영화니 **영화 영**

약 栄 : 반짝이는 불꽃(⺍)으로 덮인(冖) 듯 나무(木)에 꽃이 피어 성하니 '성할 영'

＊ 火(불 화), 冖(덮을 멱), 木(나무 목)

榮光(영광), **繁榮**(번영), **榮華**(영화), **＊映畫**(영화)

營 営

총 17획 4급 부수 火
- 영 manage
- 중 yíng
- 일 エイ(いとなむ)

불(火)과 불(火)에 덮인(冖) 듯 열성으로 음률(呂)을 다스리니 **다스릴 영**

약 営 : 불꽃(⺍)으로 덮인(冖) 듯 열성으로 음률(呂)을 다스리니 '다스릴 영'

＊ 呂(등뼈 려, 음률 려), 음률-음악. 음악의 곡조.

營利(영리), **營業**(영업), **營爲**(영위), **國營**(국영)

瑩 莹

총 15획 2급 부수 王(玉)
- 영 bright, a precious stone
- 중 yíng
- 일 エイ

불(火)과 불(火)에 덮인(冖)듯 밝은 옥(玉)돌이니
밝을 형, 옥돌 영

＊ 火(불 화), 玉(구슬 옥)

瑩澈(형철), **未瑩**(미형), **瑩鏡**(영경)

映

총 9획 4급 부수 日
- 영 reflect
- 중 yìng
- 일 エイ(うつる)

해(日)가 하늘 가운데(央)서 비치니
비칠 영

＊ 央(가운데 앙)

映畫(영화), **反映**(반영), **＊反影**(반영), **放映**(방영)

暎 映

총 13획 2급 부수 日
- 중 yìng

해(日)가 꽃부리(英)를 비치니
비칠 영

＊ 비칠 영(映)의 속자.
＊ 英(꽃부리 영, 영웅 영)은 바로 뒤 참고.

英

총 9획 6급 부수 ++
- 영 corolla, hero
- 중 ying
- 일 エイ(はなぶさ)

풀(++)의 가운데(央), 즉 꽃에서 가장 아름다운
부분은 중심부인 꽃부리니 **꽃부리 영**
또 꽃부리처럼 빛나는 업적을 쌓은 영웅이니 **영웅 영**

※ '부리'는 원래 새나 짐승의 주둥이, 또는 물건의 끝이 뾰족한 부분으로 '사물의 제일 중요하고 예민한 부분'을 가리키지요.

英靈(영령), **英雄**(영웅), **育英**(육영)

瑛

총 13획 2급 부수 王(玉)
- 중 ying
- 일 エイ

옥(王)에서 꽃부리(英)처럼 빛나는 옥빛이니
옥빛 영

※ 王(임금 왕, 으뜸 왕, 구슬 옥 변)
※ 인·지명용 한자.

影

총 15획 3II급 부수 彡
- 영 shadow
- 중 ying
- 일 エイ(かげ)

빛(景)이 가려 긴 머리(彡)처럼 아른거리는
그림자니 **그림자 영**

※ 景(볕 경, 경치 경, 클 경), 彡(터럭 삼, 긴 머리 삼)

影幀(영정), **影響**(영향), **無影**(무영), **撮影**(촬영)

嬰

총 17획 1급 부수 女
- 영 baby
- 중 ying
- 일 エイ(あかご)

조개(貝)와 조개(貝)를 꿰어 만든 목걸이를 한
여자(女)의 어린아이니 **어린아이 영**

※ 貝(조개 패, 재물 패)

嬰兒(영아), **嬰孩**(영해)

盈

총 9획 2급 부수 皿
- 영 full
- 중 ying
- 일 エイ

비워도 곧(乃) 또(又) 그릇(皿)에 차니
찰 영

※ 乃(이에 내, 곧 내), 又(오른손 우, 또 우), 皿(그릇 명)

盈月(영월), **盈虛**(영허),
盈不可久(영불가구) - 차면 오래 가지 못함.

預 预

- 총 13획 2급 부수 頁
- 英 beforehand, entrust
- 中 yù
- 日 ヨ(あずける)

내(予)가 머리(頁)로 생각하고 미리 맡기니
미리 예 (≒ 豫), **맡길 예**

※ 予[줄 여, 나 여, 미리 예(豫)의 약자], 頁(머리 혈)

預感・豫感(예감), 預買・豫買(예매), 預金(예금)

豫

- 총 16획 4급 부수 豕
- 英 beforehand
- 中 yù
- 日 ヨ(かねて)

자기(予)가 할 일을 코끼리(象)는 미리 아니
미리 예 약 予

※ 象(코끼리 상, 모습 상), 묻기도 전에 대답하는 글자는? 미리 예(豫) - 미리 예하고 대답하므로.^^

豫告(예고), 豫報(예보), 豫備(예비), 豫想(예상)

銳 锐

- 총 15획 3급 부수 金
- 英 sharp
- 中 ruì
- 日 エイ(するどい)

무딘 쇠(金)를 바꾸어(兌) 날카로우니
날카로울 예

※ 金(쇠 금, 금 금, 돈 금, 성씨 김), 兌(바꿀 태), 쇠도 사용하면 무디어지니 바꿔 끼워야 하지요.

銳鋒(예봉), 銳利(예리), 新銳(신예), 尖銳(첨예)

藝 艺

- 총 19획 4II급 부수 艹
- 英 art, skill
- 中 yì
- 日 ゲイ

초목(艹)을 심는(埶) 재주와 기술을 말하니(云)
재주 예, 기술 예 약 芸 : 초목(艹)을 가꾸는 재주와 기술을 말하니(云) '재주 예, 기술 예'

※ 埶 : 흙(土)을 파고(八) 흙(土)에다 둥근(丸) 씨앗을 심으니 '심을 예'
※ 云(말할 운), 八(여덟 팔, 나눌 팔), 丸(둥글 환, 알 환)

藝術(예술), 技藝(기예), 書藝(서예), 學藝(학예)

譽 誉

- 총 21획 3II급 부수 言
- 英 praise
- 中 yù
- 日 ヨ(ほまれ)

더불어(與) 함께 말하여(言) 기리니
기릴 예 약 誉 : 점(丶) 점(丶) 점(丿) 하나(一)씩 나누어(八) 말하며(言) 기리니 '기릴 예'

※ 與(줄 여, 더불 여, 참여할 여), 言(말씀 언)
※ 기리다 - 잘하는 일과 우수한 점을 추어서 말하다.

譽聲(예성), 譽言(예언), 名譽(명예), 榮譽(영예)

예

裔

총 13획 1급 부수 衣

- 英 the lower ends of clothes, descendant
- 中 yì
- 日 エイ(すえ)

옷(衣)에서 성(冂)처럼 사람(儿)을 둘러싼(口) 옷자락이니 **옷자락 예**
또 옷자락처럼 이어지는 후손이니 **후손 예**

※ 衣(옷 의), 冂(멀 경, 성 경), 儿(어진 사람 인, 사람 인 발)

裔孫(예손), **裔**胄(예주), 後**裔**(후예)

曳

총 6획 1급 부수 日

- 英 drag, draw
- 中 yè
- 日 エイ(ひく)

물건(日)에 끈(乀)을 매어(丿) 끌어당기는 모습에서 **끌 예, 당길 예**

※ 日('가로 왈'이지만 여기서는 물건의 모습으로 봄)

曳履聲(예리성), **曳**引船(예인선), **曳**光彈(예광탄)

睿

총 14획 2급 부수 目

- 英 wise
- 中 ruì
- 日 エイ

점(卜) 같은 미신을 덮어(冖) 버리고 하나(一)같이 파고(八) 파(八) 눈(目)으로 직접 보면 지혜가 깊고 밝으니 **깊고 밝을 예** (= 叡)

※ 卜(점 복), 冖(덮을 멱), 八(여덟 팔, 나눌 팔), 천자나 성인에 관한 사물에 붙여 썼는데, 우리나라에서는 왕세자에 대한 경칭으로도 쓰였지요.

睿德(예덕), **睿**智(예지)

穢

총 18획 1급 부수 禾

- 英 dirty
- 中 huì
- 日 アイ(けがれ)

벼(禾)도 세월(歲)이 지나면 썩어 더러우니 **더러울 예**

※ 禾(벼 화), 歲(해 세, 세월 세)

穢心(예심), **穢**政(예정), 汚**穢**(오예), 醜**穢**(추예)

濊

총 16획 2급 부수 水

- 英 dirty
- 中 huì

물(氵)이 오랜 세월(歲) 고여 더러우니 **더러울 예** (≒ 穢), **종족이름 예**

※ 예맥(濊貊) - ㉠한족(韓族)의 선민(先民)들의 총칭. ㉡고조선 때 있었던 나라 이름.
※ 貊(종족 이름 맥, 오랑캐 맥), 韓(한국 한), 族(겨레 족)

汚**濊**·汚**穢**(오예) - 지저분하고 더러움. 또는 그런 것.

芮

총 8획 2급 부수 ++
- 英 family name
- 中 ruì
- 日 ゼイ

풀(++)이 땅속(內)에서 뾰족뾰족 나오니
풀 뾰족뾰족 날 예, 성씨 예

※ 內(안 내, 나인 나), 예예(芮芮) - 풀의 싹이 나서 자라는 모양.

詣

총 13획 1급 부수 言
- 英 progress, reach
- 中 yì
- 日 ケイ(もうでる)

말(言)로 뜻(旨)을 전하려고 나아가 이르니
나아갈 예, 이를 예

※ 言(말씀 언), 旨(맛 지, 뜻 지)

詣闕(예궐), 造詣(조예)

隷

총 16획 3급 부수 隶
- 英 servant, subordinate
- 中 lì
- 日 レイ(しもべ)

선비(士)처럼 주인이 보이는(示) 곳에 미쳐(隶)
붙어 있는 종이니 **종 예, 붙을 예**

※ 隶 : 씻기 위하여 손(彐)이 물(氺)에 이르러 미치니 '미칠 이, 미칠 대'-여기서 '미치다'는 ㉠정신에 이상이 생기다. ㉡보통 때와는 달리 몹시 흥분하다. ㉢어떤 일에 자기를 잃을 만큼 열중하다. ㉣(어느 곳에) 이르다. 닿다. 여기서는 ㉣의 뜻.

奴隷(노예), 隷屬(예속), 隷書(예서)

예

乂

총 2획 특급 부수 丿
- 英 cut, manage, merciful
- 中 yì
- 日 ガイ

이리저리 베어 다스리는 모습이 어지니
벨 예, 다스릴 예, 어질 예

※ 인·지명용 한자

汚

총 6획 3급 부수 水
- 英 dirty
- 中 wū
- 日 オ(けがす)

(홍수가 나서) 물(氵)에 한(一) 번 크게(丂) 빠지면
더러우니 **더러울 오**

※ 丂[큰 대(大)의 변형]

汚物(오물), 汚水(오수), 汚染(오염), 汚點(오점)

午

총 4획 7급 부수 十
- 영 horse, noon
- 중 wǔ
- 일 ゴ(うま)

방패 간(干) 위에 삐침 별(丿)을 그어서
(전쟁터에서 말이 아주 중요한 동물임을 나타내어)
말 오, 일곱째 지지 오
또 말은 12지(支)의 일곱 번째니 시간으로 한낮을
가리켜서 **낮 오**

* 12지지인「자축인묘진사오미신유술해」의 처음인 자시(子時)는 밤 11시부터 새벽 1시까지니 두 시간씩 7번째는 낮 11시부터 오후 1시까지로 오시(午時)지요.

午睡(오수), **午後**(오후), **午餐**(오찬), **正午**(정오)

五

총 4획 8급 부수 二
- 영 five
- 중 wǔ
- 일 ゴ(いつ)

하늘(一)과 연결하여(丨) 조화되는(ㄱ) 땅(一)의
기본 원기가 5행임을 나타내어 **다섯 오**
유 互(서로 호), 瓦(기와 와, 질그릇 와, 실패 와)

* 오행(五行) - 우주 간의 다섯 원기인 금목수화토(金木水火土)로, 서로 상생(相生)과 상극(相剋)으로 작용하며 천지가 운행된다고 보지요.

五感(오감), **五穀**(오곡), **五輪**(오륜), **五大洋**(오대양)

伍

총 6획 1급 부수 人
- 영 rank, party
- 중 wǔ
- 일 ゴ(くみ)

사람(亻)이 다섯(五) 명씩 편성되는 대오나 조니
대오 오, 조 오

* 대오(隊伍) - 편성된 대열.
* 조(組) - 일정한 목적을 위하여 조직된, 적은 사람들의 집단.
* 隊(무리 대, 군대 대), 組(짤 조)

伍列(오열), **伍長**(오장), **落伍**(낙오)

吾

총 7획 3급 부수 口
- 영 I
- 중 wú
- 일 ゴ(われ)

다섯(五) 손가락, 즉 한 손으로 자신을 가리키며
말하는(口) 나니 **나 오**

* 口(입 구, 말할 구, 구멍 구)

吾等(오등), **吾鼻三尺**(오비삼척) - '내 코(콧물)가 석 자'로, 내 사정이 급하여 남을 돌볼 겨를이 없음을 말함. 等(같을 등, 무리 등, 차례 등), 鼻(코 비, 비롯할 비), 尺(자 척)

吾不關焉(오불관언) - 나는 상관하지 않음. 關(빗장 관, 관계 관), 焉(어조사 언)

悟

총 10획 3II급 부수 心
- 영 comprehend
- 중 wù
- 일 ゴ(さとる)

마음(忄)에 나(吾)를 깨달아 아니
깨달을 오

悟道(오도), 覺悟(각오), 大悟覺醒(대오각성)

梧

총 11획 2급 부수 木
- 영 paulownia
- 중 wú
- 일 ゴ

나무(木) 중 나(吾)에게 필요한 오동나무니
오동나무 오

※ 木(나무 목), 오동나무는 가볍고 부드러우며 좀이 슬지 않아 예로부터 거문고 등의 악기나 귀중한 물건을 넣어 두는 장롱 등을 만들 때 널리 쓰였지요.

梧桐(오동), 碧梧桐(벽오동), 梧桐一葉(오동일엽)

寤

총 14획 1급 부수 宀
- 영 awake
- 중 wù
- 일 ゴ(さめる)

집(宀)의 나무 조각(爿)으로 만든 침대에서 잠자다
내(吾)가 깨니 **깰 오**

※ 宀(집 면), 爿(나무 조각 장)

寤寐(오매), 寤寐不忘(오매불망)

烏

총 10획 3II급 부수 火
- 영 crow, black, how
- 중 wū
- 일 ウ(からす)

(너무 검어 눈이 구분되지 않아)
새 조(鳥)에서 눈(一)을 빼서 **까마귀 오**
또 까마귀처럼 검으니 어찌할까에서 **검을 오, 어찌 오**

※ 一('한 일'이나 여기서는 '눈'으로 봄), 새의 모양을 본떠서 '새 조(鳥)'인데, 까마귀는 눈까지도 새까매서 눈이 구분되지 않으니 본뜰 때 눈(一)을 빠뜨린 모양이 '까마귀 오(烏)'지요.

烏飛梨落(오비이락), 烏竹(오죽), 烏石(오석)

嗚

총 13획 3급 부수 口
- 영 alas
- 중 wū
- 일 オウ(ああ)

입(口)으로 까마귀(烏) 울음처럼 슬프게 탄식하니
탄식할 오 ㉤ 鳴(울 명)

※ 까마귀를 흉조로 보고 그 울음소리까지도 불길하게 생각했나 봐요. 새가 울면 울 명(鳴), 까마귀가 울면 탄식할 오(嗚).

※ 탄식(歎息) - 한탄하며 한숨을 쉼. 歎(탄식할 탄, 감탄할 탄), 息(쉴 식, 숨 쉴 식, 자식 식)

嗚咽(오열), 嗚泣(오읍), 嗚呼痛哉(오호통재)

傲

총 13획 3급 부수 人
- 영: proud, despise
- 중: ào
- 일: ゴウ(おごる)

사람(亻)을 흙(土) 바닥에 놓고(放) 대함이 거만하니
거만할 오

※ 放(놓을 방)

傲氣(오기), 傲慢(오만) ↔ 謙遜(겸손), 傲霜孤節(오상고절)

吳

총 7획 2급 부수 口
- 영: mouth off, name of a nation, family name
- 중: wú
- 일: ゴ(くれ)

입(口) 벌리고 목을 뒤로 젖히고(ㄴ) 크게(大) 소리치니 **큰소리칠 오, 오나라 오, 성씨 오**

※ ㄴ(목을 뒤로 젖힌 모양), 오(吳)나라 - 중국 춘추시대의 나라. 양자강 하류지역에 있었으며, 이웃 나라인 월(越)나라와 다투었음.

吳牛喘月(오우천월), 吳越同舟(오월동주)

娛

총 10획 3급 부수 女
- 영: amuse
- 중: yú
- 일: ゴ(たのしむ)

여자(女)와 함께 큰소리치며(吳) 즐거워하니
즐거워할 오

娛樂(오락), 娛樂室(오락실), 娛遊(오유)

誤

총 14획 4Ⅱ급 부수 言
- 영: mistake
- 중: wù
- 일: ゴ(あやまる)

말(言)할 때 큰소리(吳)로 허풍떨어 대며 자신을 그르치니 **그르칠 오**

※ 言(말씀 언)

誤答(오답), 誤謬(오류), 誤發(오발), 誤報(오보)

奧

총 13획 1급 부수 大
- 영: interior
- 중: ào
- 일: オウ(おく)

하나(丿)의 성(冂)을 나누어(釆) 크게(大) 들어간 속이니 **속 오**

※ 冂(멀 경, 성 경), 釆(분별할 변, 나눌 변), 大(큰 대)

奧妙(오묘), 奧密稠密(오밀조밀), 深奧(심오)

塢

총 16획 2급 부수 土
- 英 shore, Austria
- 中 ào
- 日 オウ(きし)

흙(土) 속(奧)까지 물이 스민 물가니 **물가 오**
또 땅(土), 즉 육지 가운데(奧) 있는 오스트리아니
오스트리아(塢地利)의 약칭 오

* 土(흙 토), 오지리(塢地利) – 오스트리아.
* 오스트리아는 오스트레일리아와 달리 사방이 육지로 둘러싸여 있지요.

懊

총 16획 1급 부수 心
- 英 regretful
- 中 ào
- 日 オウ

마음(忄) 속(奧)으로 한하며 괴로워하니
한할 오, 괴로워할 오

懊惱(오뇌), **懊嘆**(오탄), **懊恨**(오한)

於

어조사 어, 탄식할 오 – 어조사 어(427쪽) 참고

玉

총 5획 4Ⅱ급 제부수
- 英 gem
- 中 yù
- 日 ギョク(たま)

임금 왕(王) 우측에 점(丶)을 찍어서
구슬 옥, 성씨 옥

* 원래는 구슬 세(三) 개를 끈으로 꿰어(丨) 놓은 모습(王)이었으나 임금 왕(王)과 구별하기 위하여 점(丶 : 점 주, 불똥 주)을 더하여 '구슬 옥(玉)'이지요. 그러나 임금 왕(王)은 부수로 쓰이지 않으니, 구슬 옥(玉)이 부수로 쓰일 때는 원래의 모습인 王으로 쓰고 '구슬 옥 변'이라 부릅니다.

玉稿(옥고), **金科玉條**(금과옥조), **白玉**(백옥)

鈺

총 13획 2급 부수 金
- 英 treasure
- 中 yù
- 日 ギョク(たから)

금(金)과 옥(玉) 같은 보배니
보배 옥

* 金(쇠 금, 금 금, 돈 금, 성씨 김)
* 인·지명용 한자.

屋

총 9획 5급 부수 尸
- 英 house
- 中 wū
- 日 オク(や)

몸(尸)이 이르러(至) 쉬는 집이니
집 옥

* 尸(주검 시, 몸 시), 至(이를 지, 지극할 지)

屋上(옥상), **屋上架屋**(옥상가옥), **洋屋**(양옥)

獄 狱

총 14획 3II급 부수 犬
- 英 prison
- 中 yù
- 日 ゴク(ひとや)

개(犭)와 개(犬)를 풀어놓고 무슨 말(言)을 하는지 감시하는 감옥이니 **감옥 옥**

* 犭(큰개 견, 개 사슴 록 변), 言(말씀 언), 犬(개 견)

獄苦(옥고), ***玉稿**(옥고), **獄死**(옥사), **投獄**(투옥)

沃

총 7획 2급 부수 水
- 英 fertile, plentiful
- 中 wò
- 日 ヨク(こえる)

물(氵)기처럼 예쁘게(夭) 기름지니
기름질 옥

* 夭(젊을 요, 예쁠 요, 일찍 죽을 요)

沃土(옥토), **肥沃**(비옥), **門前沃畓**(문전옥답) – '집 앞에 있는 기름진 논으로, 많은 재산을 말함.

옥

溫 温

총 13획 6급 부수 水
- 英 warm, learn
- 中 wēn
- 日 オン(あたたか)

물(氵)을 죄수(囚)에게도 그릇(皿)으로 떠 주는 마음이 따뜻하니 **따뜻할 온**
또 무슨 일을 따뜻하도록 여러 번 반복하여 익히니
익힐 온, 성씨 온

(약) 温 : 물(氵)이 해(日)가 비친 그릇(皿)에 있으면 따뜻하니 '따뜻할 온', 또 무슨 일을 따뜻하도록 여러 번 반복하여 익히니 '익힐 온, 성씨 온'

* 무엇이나 여러 번 문지르면 따뜻해지듯이 따뜻하도록 여러 번 반복하여 익힌다는 데서 '익힐 온'이지요.
* 囚(죄인 수), 皿(그릇 명)

溫氣(온기), **溫情**(온정), **溫故知新**(온고지신) – 옛 것을 익히면 그것을 미루어 새 것을 앎. 故(연고 고, 옛 고), 知(알 지), 新(새로울 신)

蘊 蕴

총 20획 1급 부수 ++
- 英 heap
- 中 yùn
- 日 ウン(つむ)

풀(++)에서 실(糸)을 뽑아 쓰지 않고 죄수(囚)처럼 그릇(皿)에 쌓아 두니 **쌓을 온**

※ 糸(실 사, 실 사 변). 감옥에 갇혀 있는 죄수는 실을 뽑아도 쓸 데가 없겠지요.

蘊奧(온오), 蘊藉(온자), 蘊蓄(온축), 蘊抱(온포)

穩 稳

총 19획 2급 부수 禾
- 英 stable
- 中 wěn
- 日 オン(おだやか)

곡식(禾)을 손톱(爫)처럼 움푹 패이게 만든(工) 곳에 쌓아 놓고 지내면 손(彐)과 마음(心)까지 평온하니 **평온할 온** (유) 隱(숨을 은, 은은할 은)

※ 평온(平穩) - 평화롭고 안온함.
※ 禾('벼 화'로 곡식을 대표), 爫(손톱 조), 工(장인 공, 만들 공, 연장 공), 彐(고슴도치 머리 계, 오른손 우), 平(평평할 평, 평화 평). 옛날에는 항상 식량이 부족하여 이런 글자가 생겼지요.

穩健(온건), 穩當(온당), 穩全(온전), 不穩(불온)

翁

총 10획 3급 부수 羽
- 英 old man
- 中 wēng
- 日 オウ(おきな)

두루(公) 새의 깃(羽)처럼 수염 난 늙은이니 **늙은이 옹**

※ 公(공정할 공, 대중 공, 귀공자 공), 羽(날개 우, 깃 우)

翁壻(옹서), 老翁(노옹), 塞翁之馬(새옹지마)

雍

총 13획 2급 부수 隹
- 英 soften
- 中 yōng
- 日 ヨウ(やわらぐ)

머리(亠)까지 작은(幺) 새(隹)처럼 안아 주면 마음이 누그러지고 화하니 **누그러질 옹, 화할 옹**

※ 亠(머리 부분 두), 幺(작을 요, 어릴 요(幼)의 변형), 隹(새 추)
※ 누그러지다 - 딱딱한 성질이 부드러워지거나 약하여지다.
※ 화(和)하다 - ㉠(무엇을) 타거나 섞다. ㉡(날씨나 바람·마음 따위가) 따뜻하고 부드럽다.
※ 화(化)하다 - 다른 상태가 되다. 여기서는 화(和)하다의 ㉡ 뜻.

雍也(옹야), 雍容(옹용), 雍和(옹화) - 화목(和睦).

명언 待己秋霜(대기추상) 자기를 대할 때는 가을의 서리처럼 (엄하게) 接人春風(접인춘풍) 사람을 대접할 때는 봄바람처럼 (부드럽게) ▶待(기다릴 대, 대접할 대), 己(몸 기, 자기 기), 秋(가을 추), 霜(서리 상), 接(이을 접, 대접할 접), 春(봄 춘), 風(바람 풍).

擁 拥

총 16획 3급 부수 手
- 영 embrace
- 중 yōng
- 일 ヨウ(いだく)

손(扌)으로 머리(亠)까지 작은(幺) 새(隹)처럼 안으니 **안을 옹**

※ 扌(손 수 변), 亠(머리 부분 두), 幺(작을 요, 어릴 요), 隹(새 추)

擁立(옹립), **擁壁**(옹벽), **擁護**(옹호), **抱擁**(포옹)

壅

총 16획 1급 부수 土
- 영 obstruct
- 중 yōng
- 일 ヨウ(ふさぐ)

누그러져(雍) 터진 곳을 흙(土)으로 막아 막히니 **막을 옹, 막힐 옹**

※ 土(흙 토)

壅塞(옹색), **壅固執**(옹고집), **壅拙**(옹졸)

甕 瓮

총 18획 2급 부수 瓦
- 영 jar
- 중 wèng
- 일 オウ(かめ)

누그러진(雍) 질그릇(瓦)처럼 구워 만든 독이니 **독 옹**

※ 瓦(기와 와, 질그릇 와, 실패 와), 독-㉠건강이나 생명에 해가 되는 성분. ㉡간장·술·김치 따위를 담가 두는 데에 쓰는 큰 오지그릇이나 질그릇. 여기서는 ㉡의 뜻.

甕器(옹기), **甕棺**(옹관), **鐵甕城**(철옹성)

邕

총 10획 2급 부수 邑
- 영 be harmonious, wall up
- 중 yōng
- 일 ヨウ

내(巛)로 둘러싸인 고을(邑)에 살면 적의 침략을 받지 않아 마음이 화하니 **화할 옹** (= 雍)

또 내(巛)로 고을(邑)이 막히니 **막힐 옹** (= 壅)

※ 옛날 다리가 없었던 시절, 내로 둘러싸인 곳에 살면 적의 침략을 받을 수 없고, 물을 여러 가지로 이용할 수 있었으니 마음에 여유가 있었겠지요.

※ 邑(고을 읍), 巛 : 내 천(川)이 부수로 쓰일 때의 모습으로 개미허리 같다 하여 '개미허리 천'

邕睦(옹목), **邕邕**(옹옹), **邕塞**·**壅塞**(옹색) - ㉠형편이 넉넉하지 못하여 생활에 필요한 것이 없거나 부족하여 불편함. ㉡집이나 방 따위의 자리가 비좁고 답답함. ㉢생각이 막혀서 답답하고 옹졸함. 塞(막을 색, 변방 새)

瓦

총 5획 3II급 제부수
- 영 tile, clayware, reel
- 중 wǎ
- 일 ガ(かわら)

지붕에 엇갈리게 겹쳐 놓은 기와를 본떠서
기와 와
또 기와처럼 구워 만든 질그릇이나 실패니
질그릇 와, 실패 와 유 互(서로 호), 臣(신하 신)

瓦屋(와옥), **瓦解**(와해), **弄瓦之慶**(농와지경)

臥 卧

총 8획 3급 부수 臣
- 영 lie down, prostrate oneself
- 중 wò 일 ガ(ふす)

항상 몸을 굽히는 신하(臣)처럼 사람(人)이
엎드리거나 누우니 **엎드릴 와, 누울 와**

※ 臣(신하 신), 人(사람 인)

臥病(와병), **臥床**(와상), **臥薪嘗膽**(와신상담)

渦 涡

총 12획 1급 부수 水
- 영 whirlpool
- 중 wō
- 일 カ(うず)

물(氵)이 비뚤어지게(咼) 돌며 흐르는 소용돌이니
소용돌이 와

※ 咼 : 입(口)이 비뚤어진 모양을 본떠서 '입 비뚤어질 괘·와'
※ 소용돌이 - ㉠바닥이 패어 물이 돌아 흐르는 현상. ㉡힘이나 사상, 감정 따위가 서로 뒤엉켜 요란스러운 상태를 비유적으로 이르는 말.

渦流(와류), **渦狀**(와상), **渦中**(와중), **渦形**(와형)

와

蝸 蜗

총 15획 1급 부수 虫
- 영 snail
- 중 wō
- 일 カ

벌레(虫) 중 비뚤어진(咼) 껍데기 속에 사는
달팽이니 **달팽이 와** 참 螺(소라 라)

※ 虫(벌레 충)

蝸角之爭(와각지쟁), **蝸室**(와실), **蝸屋**(와옥)

訛 讹

총 11획 1급 부수 言
- 영 erroneous, deceive
- 중 é
- 일 カ(なまり)

말(言)이 사실과 달리 변하여(化) 그릇되니
그릇될 와

※ 言(말씀 언), 化(변화할 화, 될 화)

訛謬(와류), **訛言**(와언), **訛傳**(와전)

玩

총 8획 1급 부수 王(玉)
- 영 enjoy seeing, play
- 중 wán
- 일 ガン(もてあそぶ)

구슬(王) 같은 으뜸(元)가는 것을 구경하며 노니
구경할 완, 놀 완

* 王(임금 왕, 으뜸 왕, 구슬 옥 변), 元(원래 원, 으뜸 원)

玩具(완구), **玩賞**(완상), **玩好**(완호), **愛玩**(애완)

阮

총 7획 1급 부수 阜
- 영 family name, name of a nation
- 중 ruǎn
- 일 ゲン

언덕(阝)에서 으뜸(元)가는 성씨니
성씨 완, 나라 이름 원

* 阝(언덕 부 변), 진(晉)나라 때 완적(阮籍)과 완함(阮咸)이 숙질간으로 함께 문명(文名)을 떨쳤던 것에서 말미암아 후세에 남의 삼촌을 완장(阮丈), 남의 조카를 함씨(咸氏)라 일컬음.

阮丈(완장), **阮堂**(완당) - 추사 김정희의 호.

頑

총 13획 1급 부수 頁
- 영 obstinate
- 중 wán
- 일 ガン(かたくな)

자신만이 으뜸(元)가는 머리(頁)라 믿고 고집을 부려 완고하니 **완고할 완**

* 완고(頑固) - 융통성 없이 올곧고 고집이 셈.
* 頁(머리 혈), 固(굳을 고, 진실로 고)

頑強(완강), **頑拒**(완거), **頑鈍**(완둔), **頑陋**(완루)

完

총 7획 5급 부수 宀
- 영 complete
- 중 wán
- 일 カン(まったい)

집(宀)을 으뜸(元)으로 잘 지으면 모든 것이 갖추어져 완전하니 **완전할 완**

* 宀(집 면)

完結(완결), **完了**(완료), **完成**(완성), **補完**(보완)

琓

총 11획 1급 부수 王(玉)
- 중 wán

구슬(王) 중 흠 없이 완전한(完) 옥의 이름이니
옥 이름 완

* 王(임금 왕, 으뜸 왕, 구슬 옥 변)
* 인·지명용 한자.

莞
- 총 11획 2급 부수 ++
- 英 smile, sedge
- 中 wǎn, guān
- 日 カン

풀(++) 꽃이 완전히(完) 피어 빙그레 웃는 모습이니
빙그레 웃을 완
또 풀(++) 중 완전히(完) 앉는 데 쓰이는 왕골이니
왕골 관

※ 왕골 - 논밭이나 습지에 심어 줄기와 껍질을 돗자리나 방석 등을 만드는 데 사용함.

莞爾(완이), 莞草(완초), 莞簟(관점)

緩
- 총 15획 3II급 부수 糸
- 英 loose, slow
- 中 huǎn
- 日 カン(ゆるい)

실(糸)을 당기면(爰) 늘어나 느슨하니
느슨할 완
또 행동이 느슨하면 느리니 **느릴 완**   ㊌ 暖(따뜻할 난)

※ 爰(이에 원, 끝 원, 당길 원)

緩急(완급), 緩慢(완만), 緩衝(완충), 緩行(완행)

宛
- 총 8획 1급 부수 宀
- 英 bend, curved
- 中 wǎn
- 日 エン(あて)

집(宀)에서 뒹굴기만(夗) 하면 허리가 굽으니
굽을 완
또 굽어 분명하게 나타나 완연하니 **완연할 완**

※ 완연(宛然) - 분명하게 나타남.
※ 宀(집 면), 夗(뒹굴 원), 然(그러할 연)

宛延(완연), 宛轉(완전)

婉
- 총 11획 1급 부수 女
- 英 beautiful
- 中 wǎn
- 日 エン

여자(女)처럼 부드럽게 굽히는(宛) 모습이 아름답고
순하니 **아름다울 완**, **순할 완**

婉曲(완곡), 婉美(완미), 婉淑(완숙), 婉弱(완약)

腕
- 총 12획 1급 부수 肉
- 英 arm
- 中 wàn
- 日 ワン(うで)

몸(月)에서 잘 구부려(宛)지는 팔이니
팔 완   ㊂ 肱(팔뚝 굉)

※ 月(달 월, 육 달 월)

腕骨(완골), 腕力(완력), 腕章(완장), 手腕(수완)

日

총 4획 3급 제부수
- 英 say
- 中 yuē
- 日 エツ(いわく)

입(口)으로 소리(一) 내며 가로니
가로 왈

※ 가로다 - '말하다'를 예스럽게 이르는 말.
※ 세로로 길면 해 일, 날 일(日), 가로로 길면 가로 왈(曰) - 해처럼 둥근 것은 어디로 길쭉해도 되지만 입은 가로로 길쭉하기 때문에 이렇게 만들었지요.

日可日否(왈가왈부), **日是日非**(왈시왈비) - 어떤 일에 대하여 옳으니 그르니 하고 말함.

尢

총 3획 부수자
- 英 bend, a lame person
- 中 wāng
- 日 オウ(びっこ)

큰 대(大)의 한쪽이 굽은 절름발이니
굽을 왕, 절름발이 왕

왈

王

총 4획 8급 제부수(玉)
- 英 king
- 中 wáng
- 日 オウ

하늘(一) 땅(一) 사람(一)의 뜻을 두루 꿰뚫어(丨) 보는 임금이니 **임금 왕**
또 임금처럼 그 분야에서 으뜸이니 **으뜸 왕, 성씨 왕**
또 구슬 옥(玉)이 부수로 쓰일 때의 모습으로
구슬 옥 변 ㉜ 壬(간사할 임, 짊어질 임)

※ 옛날부터 하늘(天 : 하늘 천)·땅(地 : 땅 지)·사람(人)을 삼재(三才 : 세 가지 기본)라 하여 귀히 여기는데 이들의 뜻을 두루 꿰뚫어 보는 분이 바로 임금이라는 데서 만든 글자.
※ 一('한 일'이나 여기서는 하늘·땅·사람으로 봄), 丨(뚫을 곤), 才(재주 재, 바탕 재)

王冠(왕관), **王侯將相**(왕후장상), **王固執**(왕고집)

旺

총 8획 2급 부수 日
- 英 flourishing, vigorous
- 中 wàng
- 日 オウ

해(日)나 왕(王)처럼 빛나게 성하니
성할 왕

旺氣(왕기), **旺盛**(왕성), **旺興**(왕흥)

枉

총 8획 1급 부수 木
- 英 bend
- 中 wǎng
- 日 オウ(まげる)

나무(木)에 가로막히면 왕(王)도 굽히니
굽힐 왕

※ 木(나무 목)

枉告(왕고), 枉道(왕도), 枉臨(왕림), 枉法(왕법)

汪

총 7획 2급 부수 水
- 英 vast
- 中 wāng
- 日 オウ

물(氵)이 으뜸(王)으로 넓고 깊으니
넓고 깊을 왕

汪汪(왕왕), 汪茫(왕망), 汪洋(왕양)

往

총 8획 4II급 부수 彳
- 英 go
- 中 wǎng
- 日 オウ(ゆく)

걸어서(彳) 주인(主)에게 가니
갈 왕

※ 彳(조금 걸을 척), 主(주인 주)

往年(왕년), 往來(왕래), 往復(왕복), 往診(왕진)

왕

歪

총 9획 2급 부수 止
- 英 crooked, incline, cross each other
- 中 wāi
- 日 ワイ(ゆがむ)

아니(不) 바르게(正) 비뚤어져 기울고 어긋나니
비뚤 왜, 기울 외, 어긋날 왜

※ 不(아닐 불·부), 正(바를 정)

歪曲(왜곡), 歪調(왜조), 歪力(왜력)

矮

총 13획 1급 부수 矢
- 英 dwarf, small
- 中 ǎi
- 日 ワイ

화살(矢)에도 의지할(委) 정도로 키가 작으니
키 작을 왜

※ 矢(화살 시), 委(맡길 위, 의지할 위)

矮軀(왜구), 矮小(왜소), 矮松(왜송), 矮人(왜인)

461

倭

총 10획 2급 부수 人
- Japan
- wō
- ワ(やまと)

사람(亻)이 살림을 여자에게 맡기고(委) 싸움만 하던 왜국이니 **왜국 왜**

* 왜국(倭國) - 일본을 낮잡아 이르는 말.
* 일본인의 정신을 무사도 정신이라 하는 것을 보면 일본 남자들은 칼싸움을 많이 했던 것 같아요.
* 왜(倭) - ㉠[어떤 명사(名詞) 앞에 쓰이어] '일본식(日本式), 일본(日本)에서 나는'의 뜻을 나타내는 말. ㉡왜국(倭國)

倭寇(왜구), **倭敵**(왜적), **壬辰倭亂**(임진왜란)

外

총 5획 8급 부수 夕
- outside
- wài
- ガイ(そと)

저녁(夕)에 점(卜)치러 나가는 밖이니
밖 외

* 夕(저녁 석), 卜(점 복)

外勤(외근), **外貌**(외모), **外遊**(외유), **內憂外患**(내우외환)

왜

畏

총 9획 3급 부수 田
- awe
- wèi
- イ(かしこまる)

(농부는) 밭(田)의 농작물이 갑자기 변함(𧘇)을
두려워하니 **두려워할 외**

* 𧘇(변화할 화, 될 화(化)의 변형), 농부는 애써 기른 농작물이 갑자기 병이 들거나 태풍에 쓰러질 것을 두려워하지요.

畏驚(외경), **敬畏**(경외), **後生可畏**(후생가외),
一日之狗(일일지구) **不知畏虎**(부지외호) - 하룻강아지 범 무서운 줄 모름. 狗(개 구), 不(아닐 불·부), 知(알 지), 虎(범 호).

猥

총 12획 1급 부수 犬
- presumptuous, dirty
- wěi
- ワイ(みだり)

개(犭)처럼 두려워하지(畏) 않고 함부로 하여
분에 넘치니 **분에 넘칠 외**
또 분에 넘치면 추잡하니 **추잡할 외**

* 추잡하다 - 말이나 행동 따위가 지저분하고 잡스럽다.
* 犭(큰개 견, 개 사슴 록 변)

猥濫(외람), **猥書**(외서), **猥褻**(외설), **猥褻物**(외설물)

巍

총 21획 1급 부수 山
- 영 lofty
- 중 wēi
- 일 ギ

산(山)처럼 높고(魏) 크니
높고 클 외

* 魏(높을 위, 성씨 위, 나라 이름 위)

巍巍(외외), **巍然**(외연), **巍勳**(외훈)

要

총 9획 5급 부수 襾
- 영 important, need
- 중 yào, yāo
- 일 ヨウ(いる)

어느 부분을 덮어(襾) 가림이 여자(女)에게는 중요하고 필요하니 **중요할 요, 필요할 요**

* 襾(덮을 아)

要人(요인), **要地**(요지), **重要**(중요), **必要**(필요)

腰

총 13획 3급 부수 肉
- 영 waist
- 중 yāo
- 일 ヨウ(こし)

몸(月)에서 중요한(要) 허리니
허리 요

* 月(달 월, 육 달 월)

腰帶(요대), **腰痛**(요통), **腰折腹痛**(요절복통)

搖 摇

총 13획 3급 부수 手
- 영 shake
- 중 yáo
- 일 ヨウ(ゆする)

손(扌)으로 질그릇(䍃)을 건드리면 흔들리니
흔들릴 요

* 䍃 : 고기(夕) 등을 넣도록 장군(缶)처럼 만든 질그릇이니 '질그릇 요'
* 夕[달 월, 육 달 월(月)의 변형], 缶(장군 부 - 장군은 물이나 술·오줌 같은 액체를 담아 나르던 도구로, 배가 부른 달걀을 눕혀 놓은 모습이지요.)

搖動(요동), **搖亂**(요란), **搖之不動**(요지부동)

謠 谣

총 17획 4Ⅱ급 부수 言
- 영 song, ballad
- 중 yáo
- 일 ヨウ(うたい)

말(言)하듯 질그릇(䍃) 두드리며 부르는 노래니
노래 요

* 言(말씀 언), 술자리에서 흥이 나면 상이나 술잔을 두드리며 노래하지요.

歌謠(가요), **童謠**(동요), **民謠**(민요), **俗謠**(속요)

외

遙 遥

총 14획 3급 부수 辶
- 英 distant
- 中 yáo
- 日 ヨウ(はるか)

(상점이 없었던 옛날에) 질그릇(名)을 사려 가는(辶) 곳처럼 머니 **멀 요**

※ 辶(뛸 착, 갈 착, = 辶), 질그릇 굽는 가마는 진흙과 땔나무가 많은 먼 산골에 있었음을 생각하고 만든 글자.

遙拜(요배), **遙昔**(요석), **遙遠**(요원), **逍遙**(소요)

曜

총 18획 5급 부수 日
- 英 weekday
- 中 yào
- 日 ヨウ

해(日) 뜨면 날개(羽)치는 새(隹)들처럼 활동하는 요일이니 **요일 요**

※ 羽(날개 우, 깃 우), 隹(새 추), 요일(曜日) - 1주일의 각 날을 이르는 말.

耀

총 20획 2급 부수 羽
- 英 shine
- 中 yào
- 日 ヨウ(かがやく)

빛(光)이 날개(羽) 치는 새(隹)처럼 빛나니 **빛날 요** 유 躍(뛸 약)

※ 光(빛 광)

耀耀(요요), **耀德**(요덕), **光耀**(광요)

凹

총 5획 1급 부수 凵
- 英 hollow
- 中 āo
- 日 オウ(くぼむ)

지면이 오목하게 패인 모양을 본떠서 **오목할 요** 반 凸(볼록할 철)

凹面鏡(요면경), **凹凸**(요철), **凹版**(요판)···**凸版**(철판)

夭

총 4획 1급 부수 大
- 英 young, lovely, die young
- 中 yāo
- 日 ヨウ(わかい)

위(丿)로 크게(大) 자라나는 모습이 젊고 예쁘니 **젊을 요, 예쁠 요**

또 기울어(丿) 큰(大) 뜻을 펼치지 못하고 일찍 죽으니 **일찍 죽을 요**

夭折(요절), **夭夭**(요요), **壽夭長短**(수요장단)

妖

총 7획 2급 부수 女
- 英 beautiful, voluptuous beauty 中 yāo
- 日 ヨウ(あやしい)

여자(女)가 예쁘게(夭) 꾸미면 아리땁지만 요망하니
아리따울 요, 요망할 요

※ 아리땁다-마음이나 몸가짐 따위가 맵시 있고 곱다.
※ 요망(妖妄)-요사하고 망령됨. 또는 그러한 짓. 英(망녕들 망)

妖艶(요염), **妖怪**(요괴), **妖物**(요물), **妖邪**(요사)

姚

총 9획 2급 부수 女
- 英 charming, speedy
- 中 yáo
- 日 ヨウ(みめよい)

여자(女)가 조짐(兆) 좋게 예쁘고 날래니
예쁠 요, 날랠 요

※ 兆(조짐 조, 조 조)

姚冶(요야), **嫖姚**(표요)

堯 尭

총 12획 2급 부수 土
- 英 lofty
- 中 yáo
- 日 ギョウ(たかい)

흙(土)이 많이 쌓여 우뚝하게(兀) 높으니 **높을 요**
또 높이 추앙하는 요임금이니 **요임금 요**

※ 土(흙 토), 兀(우뚝할 올), 요순(堯舜)-㉠중국 고대의 성군(聖君)인 요임금과 순임금. ㉡성군(聖君)을 비유하여 이르는 말.

桀犬吠堯(걸견폐요)-'폭군 걸왕의 개는 성왕 요임금을 보아도 짖음'으로, 선악을 가리지 않고 그 주인에게 무조건 충성함을 이르는 말.

僥 侥

총 14획 1급 부수 人
- 英 want, good luck
- 中 jiǎo
- 日 ギョウ(さいわい)

사람(亻)이 높은(堯) 것을 바라니
바랄 요

※ 요행(僥倖)-㉠욕심이 많은 모양. ㉡뜻밖에 얻은 행복.
※ 倖(요행 행)

僥倖數(요행수)-뜻밖에 얻는 좋은 운수.

撓 挠

총 15획 1급 부수 手
- 英 dizzy, get bent, crook 中 náo
- 日 ドウ(たわむ)

손(扌)으로 높이(堯) 올리면 어지럽고 잘 휘니
어지러울 요, 휠 요

撓亂(요란)·**搖亂**·**擾亂**(요란), **不撓不屈**(불요불굴)

饒 饶

총 21획 1급 부수 食
- 영 plenty
- 중 ráo
- 일 ジョウ

먹을(食) 것이 높이(堯) 쌓여 넉넉하니
넉넉할 요

* 食(밥 식, 먹을 식 변)

饒培(요배), **饒富**(요부), **饒足**(요족), **豊饒**(풍요)

拗

총 8획 1급 부수 手
- 영 twist, daunt
- 중 ǎo, ào
- 일 ヨウ(ねじける)

손(扌)으로 어린이(幼)처럼 비뚤거나 꺾으니
비뚤 요, 꺾을 요

* 비뚤다 – 바르지 아니하고 한쪽으로 기울어지거나 쏠려 있다.
* 幼(어릴 유)

執拗(집요), **拗花**(요화)

窈

총 10획 1급 부수 穴
- 영 gentle, silent
- 중 yǎo
- 일 ヨウ

굴(穴) 속에만 살았던 어린이(幼)처럼 얌전하고 고요하니 **얌전할 요, 고요할 요** ㉾ 窃[훔칠 절(竊)의 속자]

* 요조(窈窕) – ㉠여자가 얌전하고 정숙한 모양. ㉡깊숙한 모양. 또는 그런 곳. 窕(얌전할 조, 깊을 조)

窈窕淑女(요조숙녀), **窈冥**(요명)

擾 扰

총 18획 1급 부수 手
- 영 disturbed
- 중 rǎo
- 일 ジョウ(みだす)

손(扌)이나 말로만 근심(憂)한 척하고 떠들면
시끄러우니 **시끄러울 요**

* 憂(근심 우), 진정한 마음으로 근심하지 않고 말이나 손으로만 요란을 떠는 사람이 있지요.

擾亂(요란), **擾民**(요민), **擾攘**(요양), **騷擾**(소요)

邀

총 17획 1급 부수 辵
- 영 go to meet
- 중 yāo
- 일 ヨウ

하얀(白) 먼지가 사방(方)에 요동치도록(攵)
뛰어가(辶) 맞으니 **맞을 요**

* 白(흰 백, 밝을 백, 깨끗할 백, 아뢸 백), 方(모 방, 방향 방, 방법 방), 攵(칠 복, = 攴), 辶(뛸 착, 갈 착, = 辵)

邀擊(요격), **邀來**(요래), **邀招**(요초)

요

窯 窑

총 15획 1급 부수 穴
- 영 kiln, clayware
- 중 yáo
- 일 ヨウ(かま)

구멍(穴)에 양(羊)도 통째로 불(灬)에 굽도록 만든 가마니 **가마 요**
또 이런 가마에 구워 만든 질그릇이니 **질그릇 요**

※ 穴(구멍 혈), 羊(양 양), 灬(불 화 발)
※ 가마 - ㉠가마솥. ㉡조그만 집 모양의 탈 것. ㉢숯이나 질그릇·기와·벽돌 따위를 구워 내는 시설. ㉣사람의 머리나 일부 짐승의 대가리에 소용돌이 모양으로 된 부분. 여기서는 ㉢의 뜻.
※ 요(窯) - 질그릇·사기그릇·벽돌 등을 굽는 가마.

窯法(요법), *療法*(요법), **窯業**(요업), **窯址**(요지)

寥

쓸쓸할 요 - 쓸쓸할 료(198쪽) 참고

幺

총 3획 부수자
- 영 small, infant
- 중 yāo
- 일 ヨウ(ちいさい)

작고 어린 아기 모습을 본떠서
작을 요, 어릴 요

※ 실 사, 실 사 변(糸)의 일부분이니 작다는 데서 '작을 요(幺)'라고도 해요.

요

樂

풍류 악, 즐길 락, 좋아할 요 - 풍류 악(410쪽) 참고

辱

총 10획 3II급 부수 辰
- 영 disgrace
- 중 rǔ
- 일 ジョク(はずかしめる)

별(辰)처럼 빛나는 사람을 시기하여 한마디(寸)씩 욕하는 욕이니 **욕할 욕, 욕 욕**

※ 辰(별 진, 날 신, 다섯째 지지 진), 寸(마디 촌, 법도 촌)

辱說(욕설), **榮辱**(영욕), **恥辱**(치욕),
知足不辱(지족불욕) - (분수를 지켜) 만족할 줄 아는 사람은 욕되지 아니함. 知(알 지), 足(발 족, 넉넉할 족)

浴

총 10획 5급 부수 水
- 英 bathe
- 中 yù
- 日 ヨク(あびる)

(목욕탕이 없었던 옛날에는) 물(氵) 흐르는 골짜기(谷)에서 목욕했으니 **목욕할 욕**

* 谷(골짜기 곡)

沐浴(목욕), 浴客(욕객), 浴室(욕실), 海水浴(해수욕)

欲

총 11획 3II급 부수 欠
- 英 desire, want
- 中 yù
- 日 ヨク(ほっする)

골짜기(谷)처럼 크게 하품(欠)하며 잠자기를 바라니 **바랄 욕**

* 欠(하품 흠)

欲求(욕구), 欲求不滿(욕구불만), 欲速不達(욕속부달)

慾

총 15획 3II급 부수 心
- 英 greed, desire, want
- 中 yù
- 日 ヨク

무엇을 바라는(欲) 마음(心)이 바로 욕심이니 **욕심 욕**

* 心(마음 심, 중심 심)

慾心(욕심), 慾望(욕망), 意慾(의욕), 貪慾(탐욕)

容

총 10획 4II급 부수 宀
- 英 face, accept, pardon
- 中 róng
- 日 ヨウ(かたち)

집(宀)안 일로 골짜기(谷)처럼 주름진 얼굴이니 **얼굴 용**
또 집(宀)처럼 크고 골짜기(谷)처럼 깊어 무엇이나 받아들이고 용서하니 **받아들일 용, 용서할 용**

* 宀(집 면)

容貌(용모), 容認(용인), 許容(허용), 容恕(용서)

鎔 鎔

총 18획 2급 부수 金
- 英 melt
- 中 róng
- 日 ヨウ(とかす)

쇠(金)로 어떤 모양(容)을 만들기 위해 녹이니 **녹일 용** ⑤ 溶, 熔

* 金(쇠 금, 금 금, 돈 금, 성씨 김)

鎔鑛(용광), 鎔鑛爐(용광로), 鎔接(용접)

溶

물(氵) 모양(容)으로 녹이니
녹일 용

총 13획 2급 부수 水
- 英 melt
- 中 róng
- 日 ヨウ(とける)

溶媒(용매), 溶液(용액), 溶解(용해), 水溶性(수용성)

熔

불(火)로 어떤 모양(容)을 만들기 위해 녹이니
녹일 용

총 14획 2급 부수 火
- 英 melt
- 中 róng
- 日 ヨウ(とかす)

熔石(용석), 熔巖(용암), 熔巖流(용암류)

瑢

옥(王)을 모양(容) 좋게 만들어 차고 다니는
패옥이 부딪치는 소리니 **패옥 소리 용**

총 14획 2급 부수 王(玉)
- 中 róng

* 인·지명용 한자.
* 패옥(佩玉)-조선 시대에, 왕과 왕비의 법복이나 문무백관의 조복(朝服)과 제복의 좌우에 늘이어 차던 옥.
* 佩(찰 패), 朝(아침 조, 조정 조, 뵐 조), 服(옷 복, 먹을 복, 복종할 복)

蓉

풀(艹) 중 웃는 얼굴(容)처럼 예쁘게 피는 연꽃이니
연꽃 용

총 14획 1급 부수 艹
- 英 lotus
- 中 róng
- 日 ヨウ

* 부용(芙蓉)-연꽃.
* 芙(연꽃 부)

芙蓉堂(부용당)

用

성(冂)에서 두(二) 개의 송곳(丨)을 쓰니
쓸 용

총 5획 6급 제부수
- 英 use
- 中 yòng
- 日 ヨウ(もちいる)

* 冂(멀 경, 성 경)
* 원래는 '(옛날에 거북이 등껍데기를 도구로 썼으니) 거북이 등껍데기 모양을 본떠서 쓸 용'이지요.

濫用(남용), 善用(선용), 惡用(악용), 誤用(오용)

庸

총 11획 3급 부수 广
- 영 moderate, silly
- 중 yōng
- 일 ヨウ

자기 집(广)에서는 손(⺕)에 송곳(丨) 하나라도 들고 써도(用) 떳떳하니 **떳떳할 용**
또 집에서만 떳떳하면 어리석으니 **어리석을 용**

* 중용(中庸) - '가운데 떳떳함'으로, 치우침이나 과부족(過不足 : 남음과 모자람)이 없이 떳떳하며 알맞은 상태나 정도.
* 广(집 엄), 丨('뚫을 곤'으로, 여기서는 송곳으로 봄), ⺕(고슴도치 머리 계, 오른손 우), 過(지날 과, 지나칠 과, 허물 과), 足(발 족, 넉넉할 족)

庸劣(용렬), **庸夫**(용부), **庸弱**(용약), **庸人**(용인)

傭 佣

총 13획 2급 부수 人
- 영 wageworker
- 중 yōng
- 일 ヨウ(やとい)

사람(亻)이 떳떳이(庸) 일하고 품삯을 받는 품팔이니 **품팔이 용**

* 품팔이 - 품삯을 받고 남의 일을 해 주는 일. 또는 그런 사람.

傭兵(용병), **傭船**(용선), **傭人**(용인), **雇傭**(고용)

鏞 镛

총 19획 2급 부수 金
- 영 large bell
- 중 yōng
- 일 ヨウ

쇠(金)가 떳떳하듯(庸) 크게 소리 내는 쇠북이니 **쇠북 용**

* 金(쇠 금, 금 금, 돈 금, 성씨 김)

鏞鼓(용고), **丁若鏞**(정약용) - 조선 후기의 학자(1762~1836).

茸

총 10획 1급 부수 ⺾
- 영 young deer antlers, luxuriant
- 중 róng
- 일 ジョウ(きのこ)

풀(⺾)처럼 귀(耳) 부근에 무성하게 돋아난 녹용이니 **무성할 용, 녹용 용** ⦿ 葺(기울 즙, 지붕일 즙)

* 녹용(鹿茸) - 사슴 뿔. 보약으로 씀.
* 耳(귀 이), 鹿(사슴 록)

茸茂(용무) - 초목이 무성하게 우거짐.

명언 **釋己而教人者逆**(석기이교인자역)이요 **正己而化人者順**(정기이화인자순)이라. 자기를 풀어서 남을 가르친 자는(자기는 아무렇게나 행동하면서 남만 잘하라 하는 사람은) 거슬리고, 자기를 바르게 하고서 남을 감화시킨 자는(솔선수범하면서 남을 감동으로 가르친 사람은) 순하다. -〈명심보감〉 ▶釋(풀 석), 己(몸 기, 자기 기), 而(말 이을 이), 教(가르칠 교), 者(놈 자, 것 자), 逆(거스를 역), 正(바를 정), 化(변화할 화, 될 화), 順(순할 순)

聳 聋

총 17획 1급 부수 耳
- 영 rise up, fear
- 중 sǒng
- 일 ショウ(そびえる)

따라가(從) 귀(耳)로 직접 들으면 두려움이 솟으니
솟을 용, 두려워할 용

※ 從(좇을 종, 따를 종), 耳(귀 이)

聳然(용연), **聳立**(용립), **聳出**(용출) · **湧出**(용출)

踊

총 14획 1급 부수 足
- 영 jump
- 중 yǒng
- 일 ヨウ(おどる)

발(足)을 솟게(甬) 뛰니
뛸 용

※ 足(발 족, 넉넉할 족), 甬 : 꽃봉오리가 부풀어 오르는 모양을 본떠서 '솟을 용'

踊躍(용약), **舞踊**(무용)

涌

총 10획 1급 부수 水
- 영 gush out
- 중 yǒng

물(氵)이 솟아(甬)오르니
샘솟을 용, 끓어오를 용

※ 湧(샘솟을 용)의 원자.

涌起(용기), **涌沫**(용말), **涌溢**(용일)

勇

총 9획 6급 부수 力
- 영 brave
- 중 yǒng
- 일 ユウ(いさむ)

솟는(甬) 힘(力)이 있는 듯 날래니
날랠 용

※ 力(힘 력)

勇敢(용감), **勇斷**(용단), **勇猛**(용맹), **勇退**(용퇴)

湧 涌

총 12획 특Ⅱ급 부수 水
- 영 gush out
- 중 yǒng
- 일 ユウ(わく)

물(氵)이 날래게(勇) 샘처럼 솟으니
샘솟을 용, 끓어오를 용

※ 涌(샘솟을 용, 끓어오를 용)의 속자.

涌起 · 湧起(용기), **涌泉 · 湧泉**(용천)

龍

용 용, 성씨 용 – 용 룡(198쪽) 참고

又

총 2획 3급 제부수
- 英 right, and
- 中 yòu
- 日 ユウ(また)

주먹을 쥔 오른손을 본떠서 **오른손 우**
또 오른손은 또 자주 쓰이니 **또 우** ㊌ 叉(깍지 낄 차)

* 글자를 만드는 데에는 '오른손'의 뜻으로 많이 쓰였는데, 단어에서는 '또'라는 의미로 많이 쓰이지요.

又重之(우중지), **又況**(우황), **日新又日新**(일신우일신)

友

총 4획 5급 부수 又
- 英 friend
- 中 yǒu
- 日 ユウ(とも)

자주(ナ) 손(又) 잡으며 사귀는 벗이니
벗 우 ㊌ 反(거꾸로 반, 뒤집을 번)

* ナ['열 십, 많을 십(十)'의 변형], 友는 같은 뜻의 벗인 넓은 의미의 벗으로 쓰이고, 朋(벗 붕, 무리 붕)은 같은 모습의 육 달 월(月) 둘로 되었으니 같은 또래의 벗으로 구분하여 알아 두세요.

友誼(우의), **友情**(우정), **朋友有信**(붕우유신)

尤

총 4획 3급 부수 尢
- 英 more, error
- 中 yóu
- 日 ユウ(もっとも)

절름발이(尢)에 점(丶)까지 있으면 더욱 허물이 되니
더욱 우, 허물 우

* 尢(굽을 왕, 절름발이 왕), 丶(점 주, 불똥 주)

尤妙(우묘), **尤悔**(우회), **孰怨孰尤**(숙원숙우)

牛

총 4획 5급 제부수
- 英 ox, cow
- 中 niú
- 日 ギュウ(うし)

뿔 있는 소를 본떠서
소 우 ㊌ 午(말 오, 일곱째 지지 오, 낮 오), 半(반 반)

牛馬車(우마차), **牛乳**(우유),
矯角殺牛(교각살우) – '뿔을 바로잡으려다 소를 죽임'으로, 조그만 일을 고치려다 지나쳐 큰일을 그르침을 말함. 빈대 잡으려다 초가삼간 태운다라는 속담과 통함. 矯(바로잡을 교), 角(뿔 각, 모날 각, 겨룰 각), 殺(죽일 살, 빠를 쇄, 감할 쇄)

羽

총 6획 3급 제부수
- 영 wing, feather
- 중 yǔ
- 일 ウ(は)

새의 양쪽 날개를 본떠서
날개 우, 깃 우

羽角(우각), **羽毛**(우모),
羽化登仙(우화등선) - 사람의 몸에 날개가 돋아 하늘로 올라가 신선이 됨.

雨

총 8획 5급 제부수
- 영 rain
- 중 yǔ
- 일 ウ(あめ)

하늘(一)의 구름(冂)에서 물(氺)로 내리는 비니
비 우

※ 一('한 일'이나 여기서는 하늘의 모습), 冂('멀 경, 성 경'이나 여기서는 구름의 모습), 氺(물 수 발), 雨는 날씨와 관계되는 글자의 부수로도 쓰입니다.

雨傘(우산), **雨後竹筍**(우후죽순), **暴雨**(폭우)

禺

총 9획 급외자 부수 内
- 영 monkey
- 중 yú
- 일 グ

원숭이가 앉아 있는 모양을 본떠서
원숭이 우

※ 급외자 - 급수 외 글자.
※ '말하며(曰) 짐승 발자국(内)도 남기는 원숭이니 원숭이 우'라고도 해요.
※ 曰(가로 왈), 内(짐승 발자국 유)

偶

총 11획 3Ⅱ급 부수 人
- 영 fortuity, couple, scarecrow
- 중 ǒu 일 グウ(たまたま)

사람(亻)이 원숭이(禺)를 닮음은 우연이니 **우연 우**
또 흉내 잘 내는 원숭이처럼 서로 닮은 짝이나
허수아비니 **짝 우, 허수아비 우**

※ 우연(偶然) - 아무 인과 관계 없이, 또는 뜻하지 않게 일어난 일.

偶發(우발), **配偶者**(배우자), **偶像**(우상)

嵎

총 12획 1급 부수 山
- 영 precipitous, the corner of a mountain
- 중 yú

산(山)이 원숭이(禺)나 오를 정도로 가파른
산모퉁이니 **가파를 우, 산모퉁이 우**

嵎夷(우이), **嵎嵎**(우우) - 산이 겹쳐지고 높음.

隅

총 12획 1급 부수 阜
- 영 corner
- 중 yú
- 일 グウ(すみ)

언덕(阝)이 원숭이(禺)나 살 정도로 모퉁이고 구석이니 **모퉁이 우, 구석 우**

* 阝(언덕 부 변)

隅角(우각), **隅坐**(우좌), **一隅**(일우)

寓

총 12획 1급 부수 宀
- 영 dwell
- 중 yù
- 일 グウ

집(宀)에 원숭이(禺)처럼 붙어사니 **붙어살 우**

* 宀(집 면)

寓居(우거), **寓意**(우의), **寓話**(우화)

愚

총 13획 3II급 부수 心
- 영 stupid
- 중 yú
- 일 グ(おろか)

원숭이(禺)의 마음(心) 정도로 어리석으니 **어리석을 우**

* 心(마음 심, 중심 심)

愚鈍(우둔), **愚直**(우직), **愚問愚答**(우문우답)

遇

총 13획 4급 부수 辵
- 영 meet, treatment
- 중 yù
- 일 グウ(あう)

원숭이(禺)처럼 뛰어가(辶) 만나 대접하니 **만날 우, 대접할 우**

不遇(불우), **待遇**(대우), **禮遇**(예우), **處遇**(처우)

郵 邮

총 11획 4급 부수 邑
- 영 mail
- 중 yóu
- 일 ユウ

드리워(垂) 고을(阝)까지 가는 우편이니 **우편 우**

* 垂(드리울 수), 阝(고을 읍 방)

郵送(우송), **郵便**(우편), **郵票**(우표), **郵遞局**(우체국)

憂 忧

총 15획 3II급 부수 心
- 英 anxiety
- 中 yōu
- 日 ユウ(うれえる)

머리(頁)에 걱정하는 마음(心)이 있어 천천히 걸으며(夂) 근심하니 **근심할 우**

※ 頁(머리 혈), 夂(천천히 걸을 쇠, 뒤져 올 치)

憂慮(우려), **憂愁**(우수), **憂鬱**(우울), **憂患**(우환)

優 优

총 17획 4급 부수 人
- 英 excellence, a player, hesitate
- 中 yōu
- 日 ユウ(やさしい)

사람(亻)이 노력하며 근심하면(憂) 우수해지니 **우수할 우**

또 사람(亻)이 근심하며(憂) 머뭇거리니 **머뭇거릴 우**

또 사람(亻)이 근심하듯(憂) 주어진 대본을 생각하며 연기하는 배우니 **배우 우**

※ 돼지처럼 편안히만 있는 사람보다 노력하고 고민하는 사람이 우수하지요.

優秀(우수), **優柔不斷**(우유부단), **俳優**(배우)

右

총 5획 7급 부수 口
- 英 right
- 中 yòu
- 日 ユウ(みぎ)

자주(ナ) 써서 말(口)에 잘 움직이는 오른쪽이니 **오른쪽 우** ㉠ 石(돌 석), 古(오랠 고, 옛 고)

※ ナ['열 십, 많을 십(十)'의 변형]. 요즘은 어느 손이나 잘 써야 하지만 옛날에는 오른손만을 썼고, 늘 써서 습관이 되어서 오른손이 편하니 대부분의 일을 오른손으로 하지요. 그래서 올바른 손이라는 데서 '오른손, 바른손'이란 말이 생겼고, 영어에서도 오른쪽을 옳다는 의미의 right라 하지요. 반면에 '왼 손'은 '그르다'의 옛말인 '외다'의 '왼'을 붙여 만든 말입니다.

右往左往(우왕좌왕), **左衝右突**(좌충우돌)

우

佑

총 7획 2급 부수 人
- 英 help
- 中 yòu
- 日 ユウ(たすける)

사람(亻)이 오른쪽(右)에서 도우니 **사람이 도울 우** ㉠ 佐(도울 좌)

佑啓(우계), **佑命**(우명), **佑助**(우조)

475

祐

총 10획 2급 부수 示
- 英 help
- 中 yòu
- 日 ユウ(すけ)

신(示)이 오른쪽(右)에서 도우니
신이 도울 우

* 示(보일 시, 신 시), 우(佑)와 우(祐)는 '돕다'의 뜻으로 같이 쓰이지만 엄밀하게 구분하면 사람이 도우면 사람이 도울 우(佑), 신이 도우면 신이 도울 우(祐)지요.

天祐神助(천우신조), **幸祐**(행우)

禹

총 9획 2급 부수 内
- 英 family name
- 中 yǔ
- 日 ウ

삐뚤어진(ノ) 일도 항상 중심(中)을 잡고
짐승 발자국(内)처럼 흔적을 남기게 일했던
우임금이니 **우임금 우, 성씨 우**

* 王(임금 왕, 으뜸 왕, 구슬 옥 변), 内(짐승 발자국 유)
* 우(禹) - ㉠중국의 전설상의 천자(天子). 요·순 시대에 대규모의 치수 공사에 성공하고 순 임금으로부터 임금 자리를 물려받아 하왕조(夏王朝)의 시조(始祖)가 되었다 함. ㉡성(姓)씨의 하나.

田禹治傳(전우치전) - 조선 시대 때의 국문 소설.

虞

총 13획 1급 부수 虍
- 英 anxious
- 中 yú
- 日 グ(おそれ)

범(虍)은 모두 큰소리치며(吳) 염려하니
염려할 우

* 虍(범 호 엄), 吳(큰소리칠 오, 오나라 오, 성씨 오)

虞犯(우범) - 범죄를 저지를 우려가 있음.
虞犯地帶(우범지대), **虞祭**(우제)

于

총 3획 3급 부수 二
- 中 yú
- 日 ウ

입술(二)에서 입김이 나오도록(亅) 말하는 어조사니
어조사 우

* 二('두 이'나 여기서는 입술의 모습)
* 어조사(語助辭) - 실질적인 뜻이 없이 다른 말의 기운만 돕는 말.
* 語(말씀 어), 助(도울 조), 辭(말씀 사, 글 사, 물러날 사)

于今(우금), **于先**(우선)

명언 **卓然立其志**(탁연입기지) 우뚝하게 그 뜻을 세우라.
▶ 卓(높을 탁, 탁자 탁), 然(그러할 연), 立(설 립), 其(그 기), 志(뜻 지)

총 6획 3II급 부수 宀
- 英 house, universe
- 中 yǔ
- 日 ウ

지붕(宀)과 들보와 기둥(于)이 있는 집 모양을 본떠서
집 우
또 집처럼 만물이 존재하는 우주니
우주 우

* 우주(宇宙) – 온 세계를 둘러싸고 있는 공간.
* 宀(집 면), 于('어조사 우'나 여기서는 들보와 기둥의 모습으로 봄), 宙(집 주), 들보-기둥과 기둥 사이를 잇는 나무.

宇內(우내), **宇宙觀**(우주관), **宇宙圈**(우주권)

총 7획 1급 부수 辶
- 英 distant, go a longway round
- 中 yū
- 日 ウ

입술(二)에서 입김이 나오도록(丿) 멀리 돌아가니(辶) **멀 우, 돌아갈 우**

* 二('두 이'나 여기서는 입술의 모습으로 봄)
* 辶(뛸 착, 갈 착, = 辶) – 위에 점이 둘이면 아래를 한 번만 구부리고, 위에 점이 하나면 아래를 두 번 구부립니다.

迂路(우로), **迂廻**(우회),
迂餘曲折(우여곡절) – '멀리 남고 굽고 꺾임'으로, 인생의 이리저리 서로 얽힌 복잡한 사정을 이르는 말. 餘(남을 여), 曲(굽을 곡, 노래 곡), 折(꺾을 절)

총 6획 2급 부수 日
- 英 shine, rising sun
- 中 xù
- 日 キョク(あさひ)

크게(九) 햇(日)살을 빛내며 돋는 아침 해니
빛날 욱, 아침 해 욱

* 九(아홉 구, 클 구, 많을 구)

旭光(욱광), **旭日**(욱일), **旭日昇天**(욱일승천) – 빛나는 해(아침 해)가 하늘에 떠오르듯이 거침없이 힘차게 상승하는 기세를 비유하여 이르는 말. 昇(오를 승), 天(하늘 천)

총 9획 2급 부수 日
- 英 bright
- 中 yù

해(日) 아래 서면(立) 밝으니
밝을 욱

* 立(설 립)

昱昱(욱욱), **昱耀**(욱요)

煜

총 13획 2급 부수 火
- 🇺🇸 bright
- 🇨🇳 yù

불(火)이 밝게(昱) 빛나니
빛날 욱

* 火(불 화)

煜煜(욱욱) - 환하게 빛남.

頊 项

총 13획 2급 부수 頁
- 🇺🇸 cautious, absentminded
- 🇨🇳 xū
- 🇯🇵 ギョク

옥(王)으로 만든 머리(頁)는 잘 깨져 조심하고 삼가니
삼갈 욱

또 옥(王)으로만 된 머리(頁)처럼 멍하니 **멍할 욱**

* 王(임금 왕, 으뜸 왕, 구슬 옥 변), 頁(머리 혈)

頊頊(욱욱) - 멍함. 넋을 잃은 모양.

郁

총 9획 2급 부수 邑
- 🇺🇸 flourishing
- 🇨🇳 yù
- 🇯🇵 イク

자원을 많이 가진(有) 고을(阝)은 번성하니
번성할 욱

* 有(가질 유, 있을 유), 阝(고을 읍 방)
* 욱욱(郁郁) - ㉠문물이 성하고 빛나는 모양. ㉡무늬가 찬란한 모양. ㉢향기가 그윽한 모양.

郁郁青青(욱욱청청), **馥郁**(복욱)

云

총 4획 3급 부수 二
- 🇺🇸 say, speak
- 🇨🇳 yún
- 🇯🇵 ウン(いう)

둘(二)이 사사롭게(厶) 말하니
말할 운

* 厶(사사로울 사, 나 사)

云云(운운), **云爲**(운위), **云謂**(운위)

耘

총 10획 1급 부수 耒
- 🇺🇸 weed, weed a field
- 🇨🇳 yún
- 🇯🇵 ウン

쟁기(耒)로 반복하여 말하듯이(云) 왔다 갔다 하며 김매니 **김맬 운**

* 耒(쟁기 뢰)

耘耔(운자), **耕耘**(경운), **耕耘機**(경운기)

雲 云

총 12획 5급 부수 雨
- 英 cloud
- 中 yún
- 日 ウン(くも)

비(雨)가 오리라고 말해(云) 주는 구름이니
구름 운

※ 雨(비 우), 구름이 끼면 비가 올 것을 알게 되지요.

雲集(운집), **雲海**(운해), **青雲**(청운)

芸

총 8획 2급 부수 ⺾
- 英 fragrant grass, art, skill
- 中 yún
- 日 ゲイ(うえる)

풀(⺾) 중에 무엇을 말하듯(云) 향기 나는
향 풀이니 **향 풀 운**
또 향 풀에서 향기나듯 사람에게 있는 재주니
재주 예(藝)의 약자

芸窓(운창), **芸草**(운초)

韻 韵

총 19획 3Ⅱ급 부수 音
- 英 refinement, rhyme
- 中 yùn
- 日 イン

소리(音) 중 사람(員)이 운치 있게 내는 운이니
운치 운, 운 운

※ 音(소리 음), 員(관원 원, 사람 원)
※ 운치-고상하고 우아한 멋. 운(韻)-운자(韻字)의 준말로, 한시에서 가락을 맞추는 것을 말하지요.

餘韻(여운), **韻母**(운모), **韻文**(운문)

隕 陨

총 13획 1급 부수 阜
- 英 fall
- 中 yǔn
- 日 イン

언덕(阝)으로 사람(員)이 떨어지니
떨어질 운

※ 阝(언덕 부 변)

隕命(운명), **隕石**(운석), **隕石雨**(운석우)

殞 殒

총 14획 1급 부수 歹
- 英 die
- 中 yǔn

죽어서(歹) 사람(員)이 떨어지니
죽을 운, 떨어질 운

※ 歹(뼈 부서질 알, 죽을 사 변)

殞命(운명), **殞泣**(운읍) - 눈물을 흘리면서 욺.

운

運 运

총 13획 6급 부수 辶
- 영 transport, fortune
- 중 yùn
- 일 ウン(はこぶ)

군사(軍)들이 주둔지를 옮겨 가듯(辶) 옮기니
옮길 운
또 삶을 옮기는 운수니 **운수 운**

* 운수(運數) - 미리 정하여져 인간의 힘으로 어찌할 수 없는 운명.
* 軍(군사 군), 辶(뛸 착, 갈 착, = 辵), 數(셀 수, 두어 수, 촘촘할 촉, 자주 삭, 운수 수)

運動(운동), **運轉**(운전), **運命**(운명), **幸運**(행운)

鬱 郁

총 29획 2급 부수 鬯
- 영 melancholy, thick
- 중 yù
- 일 ウツ

나무(木)와 나무(木) 사이에 장군(缶)을 덮어(冖) 놓은 듯 좋은 술(鬯)의 향기(彡)도 맡을 수 없어 답답하니 **답답할 울**
또 답답할 정도로 울창하니 **울창할 울** 약 欝

* 鬯(울창주 창) - 그릇(凵)에 곡식의 낟알(※)이 담겨 술이 된 것을 숟가락(匕)으로 뜬다는 뜻으로 이루어진 글자.
* 울창주(鬱鬯酒) - 울금향(鬱金香)을 넣어 빚은 향기 나는 술.
* 울창(鬱蒼)하다 - 나무가 빽빽하게 우거지고 푸르다.
* 缶(장군 부), 冖(덮을 멱, 여기서는 '터럭 삼'이나 여기서는 향기 나는 모습으로 봄), 凵(입 벌릴 감, 그릇 감), 匕(비수 비, 숟가락 비), 蒼(푸를 창)

抑鬱(억울), **鬱寂**(울적), **憂鬱**(우울)

蔚

총 15획 2급 부수 ++
- 영 flourishing, beautiful
- 중 wèi 일 ウツ

풀(++)이 벼슬(尉)한 것처럼 성하고 아름다우니
성할 울, 아름다울 위

* 尉(벼슬 위)

蔚山(울산) - 경상남도에 있는 지명.
彬蔚(빈위) - 문체가 찬란함. 彬(빛날 빈)

雄

총 12획 5급 부수 隹
- 영 male, great
- 중 xióng
- 일 ユウ(お)

열(十) 마리를 사사로이(厶) 거느린 새(隹)는 수컷이며 크니 **수컷 웅, 클 웅**

* 十[열 십, 많을 십(十)의 변형], 厶(사사로울 사, 나 사), 隹(새 추), 보통 수컷 한 마리에 암컷 열 마리의 비율로 짐승을 기르지요.

雌雄(자웅), **雄辯**(웅변), **雄壯**(웅장), **英雄**(영웅)

熊

총 14획 2급 부수 火
- 英 bear
- 中 xióng
- 日 ユウ(くま)

능히(能) 불(灬) 속에서도 재주를 부리는 곰이니
곰 웅 ㊤ 態(모양 태, 태도 태)

※ 能(능할 능), 灬(불 화 발)

熊女(웅녀), 熊膽(웅담), 熊皮(웅피)

元

총 4획 5급 부수 儿
- 英 originally, the top
- 中 yuán
- 日 ゲン(もと)

하늘과 땅(二) 사이에 사람(儿)이 원래 으뜸이니
원래 원, 으뜸 원, 성씨 원

※ 二('두 이'나 여기서는 하늘과 땅으로 봄), 儿(어진 사람 인, 사람 인 발)

元金(원금), 復元(복원), 元旦(원단), 壯元(장원)

院

총 10획 5급 부수 阜
- 英 house, public building
- 中 yuàn   日 イン

언덕(阝)에 완전하게(完) 지은 집이나 관청이니
집 원, 관청 원

※ 阝(언덕 부 변), 完(완전할 완)

院內(원내), 院長(원장), 法院(법원), 學院(학원)

총 9획 특II급 부수 爪
- 英 hereupon, draw
- 中 yuán
- 日 エン

손(爫)으로 한(一) 명의 벗(友)을 이에 끌어당기니
이에 원, 끌 원, 당길 원

※ 爫('손톱 조'나 여기서는 손으로 봄), 友(벗 우)
※ 이에 - 이리하여 곧.

爰居爰處(원거원처) - 이리저리 옮겨 삶.
爰書(원서) - 죄인의 진술을 적은 서류.

총 12획 4급 부수 手
- 英 help, rescue, lead
- 中 yuán
- 日 エン

손(扌)으로 끌어당겨(爰) 도우니
도울 원, 당길 원 ㊤ 授(줄 수, 가르칠 수)

援軍(원군), 援用(원용), 援助(원조), 援護(원호)

웅

媛

총 12획 2급 부수 女
- 영 beauty
- 중 yuàn
- 일 エン(ひめ)

여자(女)가 사람들의 관심을 끌(爰) 정도로 미인이니
미인 원

媛妃(원비), 令媛(영원), 才媛(재원)

瑗

총 13획 2급 부수 王(玉)
- 중 yuàn

옥(王)을 끌어당기듯(爰) 굽은 모습으로 만든
도리옥이니 **도리옥 원**

* 도리옥 – 조선시대에 벼슬아치가 붙이던 옥관자(玉貫子), 환옥(環玉).
* 王(임금 왕, 으뜸 왕, 구슬 옥 변), 貫(꿸 관), 環(고리 환)
* 인·지명용 한자.

員 员

총 10획 4II급 부수 口
- 영 official, number of persons
- 중 yuán 일 イン

입(口)에 먹고 살기 위하여 재물(貝)을 받고 일하는
관원 같은 사람이니 **관원 원, 사람 원**

약 员 : 사사로이(厶) 재물(貝)을 받고 일하는 관원 같은 사람이니
'관원 원, 사람 원'

* 옛날에는 취직할 곳이 관청 밖에 없었으니 '관원 원'이지요.
* 관원(官員) – 관청의 직원.

減員(감원) ↔ 增員(증원), 隊員(대원), 滿員(만원)

圓 圆

총 13획 4II급 부수 口
- 영 round, a monetary unit 중 yuán
- 일 エン(まるい)

사람(員)을 에워싼(口) 모습처럼 둥그니 **둥글 원**
또 옛날 돈은 둥글어 화폐 단위로도 쓰였으니
화폐 단위 원

* 口(에운 담)

圓角(원각), 圓滿(원만), 圓滑(원활), 方圓(방원)

原

총 10획 5급 부수 厂
- 영 hill, origin
- 중 yuán
- 일 ゲン(はら)

바위(厂) 밑에 샘(泉)도 있는 언덕이니 **언덕 원**
또 바위(厂) 밑 샘(泉)이 물줄기의 근원이니
근원 원

* 厂(굴 바위 엄, 언덕 엄), 泉[샘 천(泉)의 변형]

原價(원가), 原告(원고), 原油(원유), 原因(원인)

源

총 13획 4급 부수 水
- 영 source
- 중 yuán
- 일 ゲン(みなもと)

물(氵)이 솟아나는 근원(原)이니
근원 원

※ 근원(根源·根原) - '뿌리와 근원'으로, ㉠물줄기가 나오기 시작하는 곳. ㉡사물이 비롯되는 근본이나 원인.
※ 根(뿌리 근)

起源(기원), 語源(어원), 拔本塞源(발본색원)

願 愿

총 19획 5급 부수 頁
- 영 want, hope
- 중 yuàn
- 일 ガン(ねがう)

원(原)래 머리(頁) 속은 잘 되기를 원하니
원할 원

※ 頁(머리 혈), 사람마다 잘 되기를 바라는 것이 있지요.

祈願(기원), 所願(소원), 念願(염원), 祝願(축원)

#

총 10획 1급 부수 冖
- 영 mortifying
- 중 yuān
- 일 エン

덮은(冖) 집 안에 토끼(兔)처럼 갇히면 원통하니
원통할 원 속 寃

※ 원통(冤痛) - '원망스럽고 아픔'으로, 몹시 원망스러움.
※ 冖(덮을 멱), 兔(토끼 토), 痛(아플 통)

冤業(원업), 冤罪(원죄), 冤魂(원혼)

袁

총 10획 2급 부수 衣
- 영 family name
- 중 yuán
- 일 エン

옷(衣) 한(一) 벌씩 식구(口) 수대로 챙기니
옷 챙길 원, 성씨 원 유 哀(슬플 애)

※ 衣(옷 의), 口('입 구, 말할 구, 구멍 구'나 여기서는 '식구'로 봄)
※ 인·지명용 한자

#

총 13획 1급 부수 犬
- 영 monkey
- 중 yuán
- 일 エン(さる)

짐승(犭) 중 옷 챙겨(袁) 입은 것 같은 원숭이니
원숭이 원

※ 犭(큰개 견, 개 사슴 록 변)

犬猿之間(견원지간), 類人猿(유인원)

遠 远

총 14획 6급 부수 辶
- 英 distant, far
- 中 yuǎn
- 日 エン(とおい)

옷을 챙겨(袁) 가야(辶) 할 만큼 머니
멀 원 동 逺

* 辶(뛸 착, 갈 착, = 辶)

遠近(원근), **永遠不滅**(영원불멸), **望遠鏡**(망원경)

園 园

총 13획 6급 부수 囗
- 英 garden
- 中 yuán
- 日 エン(その)

옷을 챙겨(袁) 싸듯 울타리를 친(囗) 동산이나 밭이니
동산 원, 밭 원

* 囗(에운 담)

園藝(원예), **公園**(공원), **果樹園**(과수원)

夗

총 5획 급외자 부수 夕
- 中 yuàn
- 日 エン

저녁(夕)에 무릎 꿇은(㔾) 것처럼 구부리고 뒹구니
뒹굴 원

* 夕(저녁 석), 㔾(무릎 꿇을 절, 병부 절, = 卩)

苑

총 9획 2급 부수 艹
- 英 garden
- 中 yuàn
- 日 エン(その)

풀(艹) 밭에 뒹굴며(夗) 놀 수 있는 동산이니
동산 원

苑沼(원소), **苑花**(원화), **鹿苑**(녹원)

怨

총 9획 4급 부수 心
- 英 grudge
- 中 yuàn
- 日 エン(うらむ)

뒹굴듯(夗) 몸부림치며 마음(心)으로 원망하니
원망할 원

* 心(마음 심, 중심 심)

怨聲(원성), **怨讐**(원수), **含憤蓄怨**(함분축원) - 분을 머금고 원망을 쌓음. 含(머금을 함), 憤(분할 분), 蓄(쌓을 축)

총 16획 1급 부수 鳥
- 영 mandarin duck
- 중 yuān
- 일 エン

뒹굴며(死) 사랑을 나누는 새(鳥)는 원앙새니
원앙새 원

※ 수 원앙새를 가리킴. 암 원앙새는 원앙새 앙(鴦)이지요.
※ 鳥(새 조)

鴛鴦衾(원앙금), **鴛鴦舞**(원앙무), **鴛鴦枕**(원앙침)

총 4획 8급 제부수
- 영 moon, meat
- 중 yuè
- 일 ゲツ(つき)

초승달을 본떠서 **달 월**
또 고기 육(肉)이 부수로 쓰일 때의 모습으로
육 달 월

※ 실제는 달도 해처럼 둥글지만 둥글 때보다 이지러진 모습으로 더 많이 보이니 초승달의 모습을 본떠서 '달 월(月)'이지요. 또 고기 육(肉)의 변형으로 봐서 '육 달 월'로도 부르는데 육 달 월(月)은「몸·고기를 뜻하는 부수로 쓰여, 글자의 왼쪽에 붙는 月은 대부분 '육 달 월'입니다.
※ 또 달이 생기는 초하루부터 아주 안 보이는 그믐까지의 한 달도 가리키지요.

半月(반월), **明月**(명월), **月刊**(월간), **月貰**(월세)

총 12획 3Ⅱ급 부수 走
- 영 overpass, exceed, name of a nation
- 중 yuè
- 일 エツ(こす)

달려가며(走) 도끼(戉)를 휘두르면 뛰어넘어
달아나니 **넘을 월, 나라 이름 월**

※ 走(달릴 주, 도망갈 주), 戉(도끼 월)

越權(월권), **移越**(이월), **追越**(추월),
吳越同舟(오월동주) - '(원수 사이인) 오(吳)나라와 월(越)나라 사람이 같은 배를 탐'으로, 아무리 원수 사이라도 한 배에 탄 이상 목적지에 도착할 때까지는 서로 운명을 같이하고 협력하게 됨을 이르는 말.

총 6획 4급 부수 卩
- 영 dangerous
- 중 wēi
- 일 キ(あぶない)

사람(ク)에게 재앙(厄)이 닥치면 위험하니
위험할 위

※ ク[사람 인(人)의 변형], 厄(재앙 액)

危急(위급), **危篤**(위독), **危殆**(위태), **安危**(안위)

원

位

총 7획 5급 부수 人
- 영 position
- 중 wèi
- 일 イ(くらい)

사람(亻)이 서(立) 있는 자리니
자리 위

※ 立(설 립)

位格(위격), **位**階(위계), **位**置(위치), 品**位**(품위)

委

총 8획 4급 부수 女
- 영 entrust, lean on
- 중 wèi
- 일 イ(まかせる)

곡식(禾)을 여자(女)에게 맡기고 의지하니
맡길 위, 의지할 위

※ 곡식이나 월급을 여자에게 맡기고 의지함을 생각하고 만든 글자. 지금도 살림은 여자에게 맡기지요.
※ 禾('벼 화'로 곡식의 대표)

委寄(위기), **委**員(위원), **委**任(위임), **委**託(위탁)

魏

총 18획 2급 부수 鬼
- 영 lofty, family name
- 중 wèi
- 일 ギ

의지하는(委) 것이 귀신(鬼)처럼 높으니
높을 위, 성씨 위, 나라이름 위

※ 鬼(귀신 귀)
※ 위(魏)나라 – 춘추 전국 시대의 나라(기원전 403~225).

魏闕(위궐), **魏**志(위지)

萎

총 12획 1급 부수 艹
- 영 wither
- 중 wěi
- 일 イ(なえる)

풀(艹)이 똑바로 서지 못하고 몸을 의지하듯(委) 기울어 시드니 **시들 위**

萎落(위락), **萎**凋(위조), **萎**縮(위축)

胃

총 9획 3Ⅱ급 부수 肉
- 영 stomach
- 중 wèi
- 일 イ

밭(田)처럼 넓어 몸(月)에서 음식물을 담아 소화시키는 밥통이니 **밥통 위** ㈜ 冒(무릅쓸 모)

※ 田(밭 전), 月(달 월, 육 달 월)

胃腸(위장), **胃**痛(위통), **胃**酸過多(위산과다) – 위산이 너무 많이 분비되어 위벽을 상하게 함.

謂 谓

총 16획 3II급 부수 言
- 영: speak of
- 중: wèi
- 일: イ(いう)

말(言)을 위(胃)가 음식을 소화시키듯이 이해되게 이르니 **이를 위**

※ 이르다 : ㉠(어떤 장소나 시간에) 닿다. 미치다–至(이를 지, 지극할 지), ㉡말하다. 알아듣거나 깨닫게 하다–謂, ㉢(정해진 시간보다) 빠르다.–早(일찍 조).

所謂(소위), **云謂**(운위), **或謂**(혹위)

渭

총 12획 2급 부수 水
- 영: name of a river
- 중: wèi
- 일: イ

삼 수 변(氵)에 밥통 위(胃)를 붙여서 **물 이름 위**

※ 위수(渭水)–중국 황하강(黃河江)의 큰 지류.
※ 경위(涇渭)–[중국의 경수(涇水)는 항상 흐리고, 위수(渭水)는 항상 맑아 구별이 분명한 데서] '사리의 옳고 그름과 시비의 분간'을 이르는 말.
※ 경위(經緯)–'날과 씨'로, ㉠직물(織物)의 날과 씨를 아울러 이르는 말. ㉡일이 진행되어 온 과정.
※ 涇(통할 경, 물 이름 경), 織(짤 직), 物(물건 물)

無涇渭(무경위)–사리의 옳고 그름이나 이러하고 저러함에 대한 분별이 없음.

威

총 9획 4급 부수 女
- 영: dignity, strength
- 중: wēi
- 일: イ(おどす)

개(戌)처럼 못난 사람이 여자(女) 같은 약자에게 부리는 위엄이니 **위엄 위**

※ 위엄(威嚴)–위세가 있어 의젓하고 엄숙한 태도.
※ 戌(구월 술, 개 술, 열한 번째 지지 술), 嚴(엄할 엄), 개는 약한 모습을 보이면 더욱 달려들지요.

威脅(위협), **示威**(시위), **狐假虎威**(호가호위)

尉

총 11획 2급 부수 寸
- 영: consolation
- 중: wèi
- 일: イ

주검(尸)이 보여도(示) 두려워하지 않고 법도(寸)를 지켜 처리하는 벼슬이니 **벼슬 위**

※ 尸(주검 시, 몸 시), 示(보일 시, 신 시), 寸(마디 촌, 법도 촌)
※ 위(尉)–㉠조선 시대 의빈부에 딸린 벼슬의 하나. 옹주와 결혼한 사람에게 주던 벼슬로 정1품에서 종2품까지 있었음. ㉡고려 시대 이군 육위에 둔 정9품 무관.

尉官(위관), **尉級**(위급)–군사 칭호에서 소위·중위·대위 등이 속하는 급.

蔚

성할 울, 아름다울 위 – 성할 울(480쪽) 참고

慰

총 15획 4급 부수 心
- 英 comfort
- 中 wèi
- 日 イ(なぐさめる)

벼슬(尉)아치가 마음(心)으로 위로하니
위로할 위

* 위로(慰勞) – 따뜻한 말이나 행동으로 괴로움이나 슬픔을 달래 주는 것.
* 心(마음 심, 중심 심), 勞(수고할 로, 일할 로)

慰靈祭(위령제), **慰問**(위문), **慰安**(위안)

爲 为

총 12획 4II급 부수 爪
- 英 do, make, in order to
- 中 wèi
- 日 イ(する)

(원숭이는 무엇이나 잘하니) 손톱(爫)으로 원숭이가 머리 긁는 모습을 본떠서 **할 위, 위할 위** 약 为

* 爫(손톱 조), 丿('삐침 별'이나 여기서는 원숭이의 몸), ㇌(긁는 모습), 灬('불 화 발'이나 여기서는 긁으면 떨어지는 먼지)

當爲(당위), **爲民**(위민), **爲人設官**(위인설관)

僞 伪

총 14획 3II급 부수 人
- 英 false
- 中 wěi
- 日 ギ(いつわる)

(순리에 따르지 않고) 사람(亻)이 꾸며서 하는(爲) 일은 거짓이니 **거짓 위** 약 偽

* 위(僞) – 어떤 말 앞에 붙어 거짓의 뜻을 나타내는 말.

僞證(위증), **眞僞**(진위), **僞善**(위선)

韋 韦

총 9획 2급 제부수
- 英 leather, go against
- 中 wéi
- 日 イ

잘 다듬어진 가죽을 본떠서 **가죽 위**
또 서로 반대 방향으로 어기는 모습에서 **어길 위**

* 皮(가죽 피)는 벗긴 채의 털이 있는 가죽, 韋(가죽 위)는 잘 다듬은 가죽, 革(가죽 혁)은 무두질한 가죽.
* 무두질 – 짐승의 가죽에서 털과 기름을 뽑고 부드럽게 다루는 일.

韋編三絶(위편삼절)

偉 伟

총 11획 5급 부수 人
- 英 great
- 中 wěi
- 日 イ(えらい)

보통 사람(亻)과 달리(韋) 크고 훌륭하니
클 위, 훌륭할 위

偉功(위공), **偉大**(위대), **偉力**(위력), **偉人**(위인)

緯 纬

총 15획 3급 부수 糸
- 英 woof
- 中 wěi
- 日 イ(よこいと)

실(糸) 중 날실과 어긋나게(韋) 짜는 씨실이니
씨 위 (반) 經(날 경, 지낼 경, 경서 경)

※ 베를 짤 때는 날실의 엇갈린 사이에 씨실을 담은 북이 왔다 갔다 하지요. 길게 늘어뜨린 쪽의 실을 날 경(經), 좁은 쪽의 실을 씨 위(緯)라 합니다.

緯度(위도), 緯線(위선), 經緯(경위)

衛 卫

총 15획 4II급 부수 行
- 英 protect, guard
- 中 wèi
- 日 エイ(まもる)

서로 어긋나게(韋) 바꿔 다니며(行) 지키니
지킬 위

※ 行(다닐 행, 행할 행, 항렬 항). 보초는 일정한 시간마다 서로 엇갈리게 가면서 서야, 즉 장소를 서로 교대하면서 서야 빈틈이 없지요.

衛兵(위병), 衛生(위생), 防衛(방위), 守衛(수위)

違 违

총 13획 3급 부수 辶
- 英 violate, mistake
- 中 wéi
- 日 イ(ちがう)

어긋나게(韋) 가며(辶) 어기고 잘못하니
어길 위, 잘못 위

※ 辶(뛸 착, 갈 착, = 辶)

違骨(위골), 違反(위반), 違約(위약), 非違(비위)

위

圍 围

총 12획 4급 부수 口
- 英 surround
- 中 wéi
- 日 イ(かこむ)

둘레(口)를 가죽(韋)으로 둘러싸니
둘레 위, 둘러쌀 위 (약) 围 : 우물틀(井)처럼 둘레(口)를 둘러싸니 '둘레 위, 둘러쌀 위'

※ 口(에운 담), 井(우물 정, 우물틀 정)

周圍(주위), 包圍(포위), 圍籬(위리), 圍立(위립)

由

총 5획 6급 부수 田
- 英 cause, support
- 中 yóu
- 日 ユウ(よし)

밭(田)에 싹(丨)이 나는 것은 씨앗을 뿌림으로 말미암으니 **말미암을 유** (유) 曲(굽을 곡, 노래 곡)

由來(유래), 由來談(유래담), 由緒(유서), 理由(이유)

油

총 8획 6급 부수 水
- 英 oil
- 中 yóu
- 日 ユ(あぶら)

물(氵)처럼 열매를 짬으로 말미암아(由) 나오는 기름이니 **기름 유**

油價(유가), **原油**(원유), **精油**(정유)

柚

총 9획 1급 부수 木
- 英 a citron
- 中 yòu
- 日 ユウ(ゆず)

나무(木)에 유(由)자 모양으로 열린 유자니 **유자 유**

※ 유자(柚子) - 노란색이고 향기가 좋으며 과육이 부드러우나 신맛이 강함. 주요 성분으로 비타민 C가 레몬보다 3배나 많이 들어 있어 감기와 피부미용에 좋고, 노화와 피로를 방지하는 유기산이 많이 들어 있음.

柚子酒(유자주), **柚子花**(유자화)

幼

총 5획 3II급 부수 幺
- 英 very young, child
- 中 yòu
- 日 ヨウ(おさない)

아직 작은(幺) 힘(力)이면 어리니 **어릴 유**

※ 幺(작을 요, 어릴 요), 力(힘 력)

幼稚(유치), **幼兒**(유아), **長幼有序**(장유유서) - 어른과 어린이 사이에는 차례가 있음.

幽

총 9획 3II급 부수 幺
- 英 hide, remote
- 中 yōu
- 日 ユウ

산(山)속에 작고(幺) 작은(幺) 것이 잘 보이지 않게 숨어 아득하니 **숨을 유, 아득할 유**

幽獨(유독), **幽靈**(유령), **深山幽谷**(심산유곡)

有

총 6획 7급 부수 月
- 英 have, exist
- 中 yǒu
- 日 ユウ(ある)

많이(ナ) 고기(月)를 가지고 있으니 **가질 유, 있을 유** �; 友(벗 우), 右(오른쪽 우)

※ ナ - ['열 십, 많을 십(十)'의 변형], 月(달 월, 육 달 월)

所有(소유), **有罪**(유죄), **有口無言**(유구무언)

宥

총 9획 1급 부수 宀
- 영 pardon
- 중 yòu
- 일 ユウ(なだめる)

(죄 지은 자를 방면하여) 집(宀)에 가 있게(有) 용서하니 **용서할 유**

※ 宀(집 면)

酉

총 7획 3급 제부수
- 영 pot, liquor, hen, cock
- 중 yǒu
- 일 ユウ(とり)

술 담는 그릇을 본떠서 **술그릇 유, 술 유**
또 술 마시듯이 물을 찍어 고개들고 마시는 닭이니 **닭 유**
또 닭은 열째 지지니 **열째 지지 유**

※ 술과 관련된 글자에 부수로 많이 쓰이지요.

酉時(유시)

猶 犹

총 12획 3II급 부수 犬
- 영 rather, similar, hesitate
- 중 yóu
- 일 ユウ(なお)

(좋은 일도) 오히려 개(犭) 같은 우두머리(酋) 앞에서는 머뭇거리니 **오히려 유, 같을 유, 머뭇거릴 유**

※ 犭(큰개 견, 개 사슴 록 변), 酋(우두머리 추)

猶不足(유부족), **過猶不及**(과유불급), **猶豫**(유예)

乳

총 8획 4급 부수 乙
- 영 milk
- 중 rǔ
- 일 ニュウ(ちち)

기를(孚) 때 꼭지(乚)로 먹이는 젖이니
젖 유

※ 孚(알 깔 부, 기를 부), 乚[乙(새 을, 둘째 천간 을, 굽을 을)이 부수로 쓰일 때의 모습이나 여기서는 꼭지로 봄]
※ '손(爫)으로 아들(子)을 안고 몸을 구부려(乚) 먹이는 젖이니 젖 유'라고도 해요.

乳兒(유아), **母乳**(모유), **牛乳**(우유), **乳酸菌**(유산균)

柔

총 9획 3II급 부수 木
- 영 soft
- 중 róu
- 일 ジュウ(やわらか)

창(矛)에 쓰이는 나무(木)처럼 탄력 있게 부드러우니
부드러울 유

※ 矛(창 모), 木(나무 목)

柔軟性(유연성), **溫柔**(온유), **外柔內剛**(외유내강)

유

蹂

총 16획 1급 부수 足
- 英 tread
- 中 róu
- 日 ジュウ

발(足)로 부드럽게(柔) 밟으니 **밟을 유**

※ 足(발 족, 넉넉할 족)

蹂躪(유린) - 짓밟음. 폭력으로 남의 권리를 누름. 躪(짓밟을 린)

攸

총 7획 특II급 부수 攵
- 英 far away
- 中 yōu
- 日 ユウ(はるか)

사람(亻)이 지팡이(丨)로 땅을 치면서(攵) 사라져 아득하니 **아득할 유**

※ 丨('뚫을 곤'이나 여기서는 지팡이로 봄), 攵(칠 복, = 攴)
※ 아득하다 - ㉠보이는 것이나 들리는 것이 희미하고 매우 멀다. ㉡까마득히 오래되다.

悠

총 11획 3II급 부수 心
- 英 leisure, distant
- 中 yōu
- 日 ユウ(はるか)

아득히(攸) 먼 옛날까지 마음(心)에 생각할 정도로 한가하니 **한가할 유**
또 아득하게(攸) 마음(心)에 느껴질 정도로 머니 **멀 유**

※ 心(마음 심, 중심 심)

悠悠自適(유유자적), **悠久**(유구), **悠遠**(유원)

唯

총 11획 3급 부수 口
- 英 only, answer
- 中 wéi
- 日 ユイ(ただ)

입(口)으로 새(隹)가 지저귐은 뜻을 알 수 없는 오직 소리뿐이니 **오직 유**
또 입(口)으로 새(隹) 지저귀듯 대답하니 **대답할 유**

※ 隹(새 추)

唯物(유물), **唯一**(유일), **唯唯諾諾**(유유낙낙)

惟

총 11획 3급 부수 心
- 英 consider, only
- 中 wéi
- 日 イ

마음(忄)이 앞으로만 나는 새(隹)처럼 오직 한 곳으로만 생각하니 **생각할 유, 오직 유**

※ 대답은 입으로 하니까 입 구(口)면 대답할 유(唯), 생각은 마음으로 하니까 마음 심 변(忄)이면 생각할 유(惟), 묶는 것은 실로 하니까 실 사(糸)면 묶을 유(維), 그리고 대답할 유(唯)와 생각할 유(惟)는 '오직 유'로도 쓰이지요.

思惟(사유), **惟獨**(유독), **惟一**(유일)

維 维

총 14획 3II급 부수 糸
- 英 tie, rope
- 中 wéi
- 日 イ

실(糸)로 새(隹)를 날지 못하게 묶으니 **묶을 유**
또 묶는 끈이니 **끈 유**

※ 유신(維新) – '새롭게 묶음'으로, 정치체제(政治體制)나 어떤 일이 새롭게 혁신되는 것을 말함. 新(새로울 신)
※ 우리나라에 시월유신, 일본에 명치유신이 있었지요.

維持(유지), **進退維谷**(진퇴유곡), **纖維**(섬유)

裕

총 12획 3II급 부수 衣
- 英 rich, wealthy
- 中 yù
- 日 ユウ

옷(衤)자락이 골짜기(谷)처럼 늘어지게 넉넉하니
넉넉할 유

※ 衤(옷 의 변), 谷(골짜기 곡)

裕寬(유관), **裕福**(유복), **裕餘**(유여), **富裕**(부유)

游

총 12획 1급 부수 水
- 英 swim
- 中 yóu
- 日 ユウ(あそぶ)

물(氵)에서 사방(方)으로 사람(𠂉)이 아들(子)을
데리고 헤엄치니 **헤엄칠 유**

※ 方(모 방, 방향 방, 방법 방), 𠂉[사람 인(人)의 변형], 子(아들 자, 첫째 지지 자, 자네 자, 접미사 자)

游泳(유영), **浮游**(부유), **回游**(회유)

遊 游

총 13획 4급 부수 辵
- 英 play, travel
- 中 yóu
- 日 ユウ(あそぶ)

사방(方)으로 사람(𠂉)이 아들(子)을 데리고
다니며(辶) 놀고 여행하니 **놀 유, 여행할 유**

※ 辶(뛸 착, 갈 착, = 辵)

遊興(유흥), **遊覽**(유람), **遊說**(유세), **遊學**(유학)

誘 诱

총 14획 3II급 부수 言
- 英 induce
- 中 yòu
- 日 ユウ(さそう)

말(言)을 빼어나게(秀) 잘하며 꾀니
꾈 유

※ 言(말씀 언), 秀(빼어날 수)

誘拐犯(유괴범), **誘引**(유인), **誘惑**(유혹)

유

遺 遺

총 16획 4급 부수 辶
- 🇬🇧 remain, lose
- 🇨🇳 yí
- 🇯🇵 イ(のこす)

귀한(貴) 물건을 가면서(辶) 남기거나 잃으니
남길 유, 잃을 유

※ 貴(귀할 귀)

遺産(유산), **遺言**(유언), **遺失**(유실), **流失**(유실)

儒

총 16획 4급 부수 人
- 🇬🇧 scholar, Confucian
- 🇨🇳 rú
- 🇯🇵 ジュ

사람(亻)에게 쓰이는(需) 도를 공부하고 가르치는
선비나 유교니 **선비 유, 유교 유**

※ 선비 - 학식이 있고 행동과 예절이 바르며 의리와 원칙을 지키고 관직과 재물을 탐내지 않는 고결한 인품을 지닌 사람을 이르는 말.
※ 유교(儒敎) - 공자를 시조로 삼고 인의도덕(仁義道德)을 가르치는 유학(儒學)을 종교적인 관점에서 이르는 말.
※ 需(구할 수, 쓸 수), 敎(가르칠 교), 仁(어질 인), 義(옳을 의, 의로울 의), 道(길 도, 도리 도, 말할 도), 德(덕 덕, 클 덕), 學(배울 학)

儒生(유생), **儒家**(유가), **焚書坑儒**(분서갱유)

俞

총 9획 2급 부수 入
- 🇬🇧 more and more, lead to, family name
- 🇨🇳 yú
- 🇯🇵 ユ

성에 들어가기(入) 위해 한(一) 달(月)에 걸쳐
내(巛)를 건너 점점 통하니 **점점 유, 통할 유, 성씨 유**

약 兪 : 사람(人)이 한(一) 달(月)에 걸쳐 칼(刂) 들고 도전하면 점점 통하니 '점점 유, 통할 유'

※ 옛날에는 적의 침입을 막기 위해 성을 쌓고 성 둘레에 내를 팠는데 이 내를 어렵게 건너 통한다는 데서 만든 글자.
※ 巛[내 천(川)의 부수인 개미허리 천(巛)이 줄어든 모습]
※ 위가 들 입(入)이지만 사람 인(人)으로 써도 됩니다.

喩

총 12획 1급 부수 口
- 🇬🇧 figurative, admonish
- 🇨🇳 yù
- 🇯🇵 ユ(さとす)

입(口)을 통해(俞) 비유하고 깨우치니
비유할 유, 깨우칠 유 약 喻

※ 비유(比喩) - 어떠한 사물이나 관념을 그와 비슷한 사물이나 관념에 끌어대어 설명하는 일.
※ 比(나란할 비, 견줄 비)

隱喩(은유), **直喩**(직유), **訓喩**(훈유)

愉

총 12획 1급 부수 心
- 영 pleasant
- 중 yú
- 일 ユ(たのしい)

마음(忄)이 통하면(俞) 즐거우니
즐거울 유 약 愉

愉愉(유유), 愉樂(유락), 愉色(유색), 愉快(유쾌)

揄

총 12획 1급 부수 手
- 영 mock
- 중 yú
- 일 ユ

손(扌)으로 점점(俞) 건드리며 야유하니
야유할 유 약 揄

＊ 야유(揶揄) – 남을 빈정거리어 놀림.
＊ 揶(희롱할 야)

榆

총 13획 2급 부수 木
- 영 elm
- 중 yú
- 일 ユ(にれ)

나무(木) 중 병을 점점(俞) 낫게 하는 성분이 있는
느릅나무니 **느릅나무 유** 약 楡

＊ 느릅나무 – 봄에 어린잎은 식용하며 한방에서 껍질을 약재로 쓰는데, 치습(治濕)·이뇨제(利尿劑)·소종독(消腫毒)에 사용하지요.
＊ 治(다스릴 치), 濕(젖을 습), 利(이로울 리, 날카로울 리), 尿(오줌 뇨), 劑(약 지을 제), 消(끌 소, 삭일 소, 물러설 소), 腫(부스럼 종), 毒(독할 독)
＊ 楡皮(유피) – 느릅나무의 껍질. 皮(가죽 피)

諭 谕

총 16획 1급 부수 言
- 영 admonish
- 중 yù
- 일 ユ(さとす)

말(言)로 점점(俞) 깨우치니
깨우칠 유 약 諭

＊ 言(말씀 언)

諭敎(유교), 諭示(유시), 誨諭(회유)

踰 逾

총 16획 2급 부수 足
- 영 overpass
- 중 yú

발(足)로 점점(俞) 걸어 넘으니
넘을 유 약 踰

＊ 足(발 족, 넉넉할 족)

踰年(유년), 踰嶺(유령), 踰越(유월), 踰限(유한)

鍮 鍮

총 17획 1급 부수 金
- 英 brass
- 中 yù
- 日 チュウ

쇠(金)와 통하도록(兪) 구리에 아연을 섞어 만든 놋쇠니 **놋쇠 유** 약 鍮

※ 金(쇠 금, 금 금, 돈 금, 성씨 김), 놋쇠 - 구리에 아연을 10~45% 넣어 만든 합금. 가공하기 쉽고 녹슬지 않아 공업 재료로 널리 씀.

鍮器(유기), 鍮刀(유도), 鍮盤(유반)

愈

총 13획 3급 부수 心
- 英 better, heal
- 中 yù
- 日 ユ(いよいよ)

통하는(兪) 마음(心)이면 더욱 좋아 병도 나으니 **더욱 유, 좋을 유, 병 나을 유** (≒癒) 약 愈

※ 心(마음 심, 중심 심)

愈愈(유유), 愈往愈甚(유왕유심), 治愈·治癒(치유)

癒

총 18획 1급 부수 疒
- 英 heal
- 中 yù
- 日 ユ(いえる)

병(疒)이 좋게(愈) 나으니 **병 나을 유** (≒愈) 약 癒

※ 疒(병들 녁)

快癒·快愈(쾌유), 治癒·治愈(치유)

臾

총 9획 특I급 부수 臼
- 英 a little while
- 中 yú
- 日 ユ

절구(臼)로 사람(人)이 곡식을 잠깐 사이에 찧으니 **잠깐 유** 유 叟(늙은이 수)

須臾(수유) - 잠시 동안. 臼(절구 구), 須(반드시 수, 잠깐 수)

諛 諛

총 16획 1급 부수 言
- 英 flatter
- 中 yú
- 日 ユ

말(言)로 잠깐(臾)만 듣기 좋게 아첨하니 **아첨할 유**

※ 아첨(阿諂) - 남의 환심을 사거나 잘 보이려고 알랑거리는 것.
※ 言(말씀 언), 諂(아첨할 첨)

諛言(유언), 諛悅(유열), 阿諛(아유), 阿諛苟容(아유구용)

총 12획 2급 부수 广
- 英 stacks of grain, warehouse
- 中 yǔ

곡식을 집(广)처럼 잠깐(臾) 쌓아 두는 노적가리니
노적가리 유
또 노적가리처럼 쌓아 두는 창고니 **창고 유**

* 广(집 엄), 노적가리-들판에 임시로 수북이 쌓아 둔 곡식 더미.

庾廩(유름), **庾積**(유적), **庾倉**(유창)

총 5획 부수자
- 英 footprint
- 中 róu

성(冂)처럼 사사로이(厶) 남긴 발자국이니
발자국 유

* 冂(멀 경, 성 경), 厶(사사로울 사, 나 사)

버들 유, 성씨 유 – 버들 류(199쪽) 참고

성씨 유, 묘금도 유 – 성씨 류, 묘금도 류(201쪽) 참고

총 6획 4II급 제부수
- 英 meat
- 中 ròu
- 日 ニク(しし)

고깃덩어리(冂)에 근육이나 기름이 있는 모양(仌)을
본떠서 **고기 육**
또 부수로 쓰일 때는 **육 달 월(月)** ㊞ 内(안 내)

* 여기서 성 경(冂)은 고깃덩어리, 사람 인(人) 둘은 살에 붙은 기름이나 근육을 나타내지요. 부수로 쓰일 때는 변형된 모습의 '月'로 써서 실제의 '달 월(月)'과 구분하기 위하여 '육 달 월'이라 부르는데, 글자의 좌측에 붙는 月은 대부분 육 달 월(月)입니다.

肉感(육감), **肉體**(육체), **血肉**(혈육),
苦肉之計(고육지계) – '괴로운 몸의 꾀'로, 적을 속이기 위하여 제 몸을 돌보지 않고 꾸미는 계책. ㊞ 고육지책(苦肉之策)

育

총 8획 7급 부수 肉
- 영 bring up
- 중 yù
- 일 イク(そだつ)

머리(亠)부터 내(厶) 몸(月)처럼 기르니
기를 육

※ 亠(머리 부분 두), 厶(사사로울 사, 나 사)

育林(육림), **育苗**(육묘), **育成**(육성), **育兒**(육아)

陸

육지 육, 성씨 육 - 육지 륙(202쪽) 참고

六

여섯 육 - 여섯 륙(201쪽) 참고

閏 闰

총 12획 3급 부수 門
- 영 leap month
- 중 rùn
- 일 ジュン(うるう)

(윤달이 되면 대궐 밖에 나가지 않고) 문(門) 안에만
왕(王)이 있었던 윤달의 풍습에서 **윤달 윤**

※ 門(문 문), 태양력에는 4년마다 한 번의 윤일이 있고(2월 29일),
태음력에서는 5년에 두 번의 비율로 1년을 13개월로 하지요.

閏年(윤년) ↔ **平年**(평년), **閏月**(윤월), **閏秒**(윤초)

潤 润

총 15획 3II급 부수 水
- 영 wet, enrich
- 중 rùn
- 일 ジュン(うるおう)

물(氵)이 윤달(閏)처럼 남아돌면 잘 젖고
생활도 윤택하니 **젖을 윤, 윤택할 윤**

※ 윤택(潤澤) - ㉠윤이 나서 번지르르 함. ㉡살림이 넉넉함.
澤(연못 택, 은혜 택)

潤濕(윤습), **潤氣**(윤기), **潤文**(윤문), **利潤**(이윤)

內潤外朗(내윤외랑) - '안으로 윤택하고 밖으로 빛남'으로, 재주
와 덕을 겸비한 것을 이르는 말. 朗(밝을 랑)

명언 **富潤屋**(부윤옥) **德潤身**(덕윤신) 부는 집을 윤택하게 하
고 덕은 몸을 윤택하게 함. ▶富(넉넉할 부, 부자 부), 屋(집 옥), 德(덕
덕, 클 덕), 身(몸 신)

尹

총 4획 2급 부수 尸
- 漢 govern, official rank
- 中 yǐn
- 日 イン

오른손(크)에 지휘봉(丿) 들고 다스리는 벼슬이니
다스릴 윤, 벼슬 윤, 성씨 윤

※ 크(고슴도치 머리 계, 오른손 우), 丿('삐침 별'이나 여기서는 지휘봉으로 봄)
※ 부수가 주검 시, 몸 시(尸)임이 특이하네요.

府尹(부윤), **判尹**(판윤)

胤

총 9획 2급 부수 肉
- 漢 eldest son, sons and grandsons
- 中 yìn 日 イン(たね)

어린(幺) 몸(月)이라도 대를 잇는 사람(儿)은
맏아들이나 자손이니 **맏아들 윤, 자손 윤**

※ 幺(작을 요, 어릴 요), 儿(어진 사람 인, 사람 인 발), 맏아들이 대를 이음을 생각하고 만든 글자.

胤子(윤자), **胤嗣**(윤사)

允

총 4획 2급 부수 儿
- 漢 sincere, believe, assent 中 yǔn
- 日 イン(ゆるす)

나(厶)와 뜻이 같은 사람(儿)이면 진실로 믿고
허락하니 **진실로 윤, 믿을 윤, 허락할 윤**

※ 厶(사사로울 사, 나 사)

允君(윤군), **允當**(윤당), **允許**(윤허), **允可**(윤가)

鋆

총 12획 2급 부수 金
- 漢 ordnance
- 中 ruì, yūn
- 日 イン(やり)

쇠(金)로 만들어 진실로(允) 필요할 때 쓰는 병기니
병기 윤

※ 주로 시신(侍臣), 즉 경비원이 가졌던 병기로 창의 일종.
※ 金(쇠 금, 금 금, 돈 금, 성씨 김), 侍(모실 시), 臣(신하 신)
※ 인·지명용 한자.

聿

총 6획 부수자
- 漢 a writing brush
- 中 yù
- 日 イツ

오른손(크)에 잡고 쓰는 붓을 본떠서
붓 율

※ 크(고슴도치 머리 계, 오른손 우), 후대로 오면서 붓은 대로 만든다는 데서 대 죽(⺮)을 붙인 '붓 필(筆)'로 쓰지요.

윤

律

법률 율, 음률 율 – 법률 률, 음률 률(203쪽) 참고

融

총 16획 2급 부수 虫
- 영 melt, admix
- 중 róng
- 일 ユウ(とかす)

솥(鬲)에 들어간 벌레(虫)처럼 녹아 물과 화하니
녹을 융, 화할 융

* 鬲(솥 력, 막을 격), 虫(벌레 충), 화(和)하다 – ㉠(무엇을) 타거나 섞다. ㉡(날씨나 바람·마음 따위가) 따뜻하고 부드럽다.
* 화(化)하다 – 다른 상태가 되다.

融合(융합), **融資**(융자), **融和**(융화), **融通性**(융통성)

戎

총 6획 1급 부수 戈
- 영 barbarian, war
- 중 róng
- 일 ジュウ(えびす)

창(戈)을 자주(ナ) 들고 싸우는 오랑캐니
오랑캐 융
또 창(戈)을 자주(ナ) 들고 하는 전쟁이니 **전쟁 융**

* 戈(창 과), ナ[열 십, 많을 십(十)의 변형]

戎狄(융적), **戎弓**(융궁), **戎馬**(융마)

絨 绒

총 12획 1급 부수 糸
- 영 cotton flannel
- 중 róng
- 일 ジュウ

실(糸)을 창(戈)처럼 많이(ナ) 찍어서 만든 융이니
융 융

* 戈(창 과), 융(絨) – 표면이 부드럽고 부풋부풋한 옷감의 하나.

絨緞(융단), **絨緞爆擊**(융단폭격) – 일정한 지역을 마치 융단을 펴듯이 빈틈없이 폭격하는 일.

銀 银

총 14획 6급 부수 金
- 영 silver
- 중 yín
- 일 ギン(しろがね)

금(金) 다음에 머물러(艮) 있는 은이니
은 은

* 金(쇠 금, 금 금, 돈 금, 성씨 김), 艮(멈출 간, 어긋날 간), 최고는 금이고 다음이 은이라는 데서 만든 글자지요. 금이 더 비싼데 은행(bank)을 금행(金行)으로 하지 않고 은행(銀行)으로 한 이유는 무엇일까요? 옛날에는 은이 금보다 생산량도 적고 정제 방법도 더 까다롭기 때문에 더 비싸서 세계 각국들이 은을 화폐의 기본으로 했기 때문이지요. 지금도 중국에서는 계산대(casher)를 「수은대(收銀臺)」라고 하데요.

銀塊(은괴), **銀賞**(은상), **銀河水**(은하수)

垠

총 9획 2급 부수 土
- 英 end
- 中 yín
- 日 ギン(はて)

흙(土)이 멈춘(艮) 끝이니
끝 은

※ 土(흙 토)

垠際(은제), 俯仰無垠(부앙무은) – 굽어보고 올려 봐도 끝이 없음. 俯(구부릴 부), 仰(우러를 앙)

恩

총 10획 4Ⅱ급 부수 心
- 英 favor
- 中 ēn
- 日 オン

의지하도록(因) 마음(心) 써 주는 은혜니
은혜 은

※ 因(말미암을 인, 의지할 인), 心(마음 심, 중심 심)

恩惠(은혜), 恩功(은공), 恩德(은덕), 恩人(은인)

殷

총 10획 2급 부수 殳
- 英 prosperous, family name
- 中 yīn 日 イン

밝게(白) 힘껏(力) 치며(殳) 일하면 성하니 **성할 은**
또 밝게(白) 힘껏(力) 쳐서(殳) 세운 은나라니
은나라 은, 성씨 은

※ 殷(은)나라 – 중국 고대의 왕조. 하(夏)나라 다음의 왕조.
※ 白(흰 백, 밝을 백, 깨끗할 백, 아뢸 백), 力[힘 력(力)의 변형], 殳(칠 수, 창 수, 몽둥이 수)

殷殷(은은), 隱隱(은은), 殷鑑不遠(은감불원)

隱 隐

총 17획 4급 부수 阜
- 英 hide, faint
- 中 yǐn
- 日 イン(かくす)

언덕(阝)을 손톱(爫)처럼 움푹 패게 만들어(工)
손(크)과 마음(心)까지 숨으니 **숨을 은**
또 소리가 숨은 듯 은은하게 들리니 **은은할 은** 약 隐

※ 阝(언덕 부 변), 爫(손톱 조), 工(장인 공, 만들 공, 연장 공), 크(고슴도치 머리 계, 오른손 우)

隱居(은거), 隱密(은밀), 隱隱(은은)

誾 訚

총 15획 2급 부수 言
- 英 mild
- 中 yín

문(門) 안에서 정답게 주고받는 말(言)처럼 온화하게
풍기는 향기니 **온화할 은, 향기 은**

※ 門(문 문), 言(말씀 언)
※ 인·지명용 한자.

은

乙

총 1획 3II급 제부수
- 영 bird, second
- 중 yǐ
- 일 オツ(きのと)

부리가 나오고 목과 가슴 사이가 굽은 새를 본떠서
새 을, 둘째 천간 을, 굽을 을

＊ 부수로 쓰일 때는 변형된 모습(乚)으로도 쓰입니다.

甲男乙女(갑남을녀), **甲論乙駁**(갑론을박)

音

총 9획 6급 제부수
- 영 sound
- 중 yīn
- 일 オン(おと)

서서(立) 말하듯(曰) 내는 소리니
소리 음

＊ 立(설 립), 曰(가로 왈), 가로다-'말하다'의 옛말.

音讀(음독), **音癡**(음치), **音響**(음향), **防音**(방음)

淫

총 11획 3II급 부수 水
- 영 obscene
- 중 yín
- 일 イン(みだら)

물(氵) 묻은 손톱(爫)으로 간사하게(壬) 굴며
음란하니 **음란할 음**

＊ 爫(손톱 조), 壬(간사할 임, 짊어질 임)
＊ 음란(淫亂) - 음탕하고 난잡함. 음탕(淫蕩) - [주색(酒色)에 마음을 빼앗겨 행실이] 음란하고 방탕함.
＊ 亂(어지러울 란), 蕩(방탕할 탕, 쓸어버릴 탕, 넓을 탕), 酒(술 주), 色(색 색, 여색 색)

淫談(음담), **淫談悖說**(음담패설) - 음란하고 상스러운 이야기.

吟

총 7획 3급 부수 口
- 영 recite
- 중 yín
- 일 ギン

입(口)으로 지금(今) 읊으니
읊을 음 ㉨ 含(머금을 함)

＊ 口(입 구, 말할 구, 구멍 구), 今(이제 금, 오늘 금)

吟味(음미), **呻吟**(신음),
吟風弄月(음풍농월) - '풍류를 읊고 달을 희롱함'으로, 맑은 바람과 밝은 달에 대하여 시를 지어 읊으며 즐겁게 놂. ㉨ 풍월(風月), 風(바람 풍, 풍속·경치·모습·기질·병 이름 풍), 弄(희롱할 롱, 가지고 놀 롱)

陰 阴

총 11획 4ll급 부수 阜
- 영 shade
- 중 yīn
- 일 イン(かげ)

언덕(阝) 아래는 지금(今)도 말하자면(云) 그늘이니
그늘 음 약 陰 : 언덕(阝)처럼 사람(人)의 긴(長) 그늘이니 '그늘 음'

※ 阝(언덕 부 변), 今(이제 금, 오늘 금), 云(말할 운), 镸[길 장, 어른 장(長)의 변형]

陰曆(음력), **陰地**(음지), **陰凶**(음흉), **光陰**(광음)

蔭 荫

총 15획 1급 부수 ++
- 영 hang over, shade
- 중 yīn
- 일 イン(かげ)

풀(++)로 그늘지게(陰) 덮으니
덮을 음 약 蔭

※ 음덕(蔭德) - '덮은 덕'으로, 조상의 도움을 말함.
※ 음덕(陰德) - '그늘진 덕'으로, 남몰래 베푸는 덕을 말함.
※ 德(덕 덕, 클 덕)

蔭官(음관), **蔭職**(음직)

飮 饮

총 13획 6급 부수 食
- 영 drink
- 중 yǐn
- 일 イン(のむ)

먹을(食) 때 하품(欠)하듯 입 벌리고 마시니
마실 음

※ 飠(밥 식, 먹을 식 변), 欠(하품 흠)

飮食(음식), **飮酒**(음주), **過飮**(과음), **米飮**(미음)

邑

총 7획 7급 제부수
- 영 town
- 중 yì
- 일 ユウ(むら)

일정한 경계(口)의 땅(巴)에 사람이 사는 고을이니
고을 읍

※ 巴(뱀 파, 땅 이름 파), 글자의 왼쪽에 붙는 阝는 언덕 부(阜)가 글자의 변으로 쓰이는 것으로 '언덕 부 변', 글자의 오른쪽에 붙는 阝는 고을 읍(邑)이 부수로 쓰이는 것으로 '고을 읍 방'이라 부르지요.

邑內(읍내), **邑面**(읍면), **邑長**(읍장), **都邑**(도읍)

泣

총 8획 3급 부수 水
- 영 weep
- 중 qì
- 일 キュウ(なく)

물(氵)이 서(立) 있는 모습으로 눈물 흘리며 우니
울 읍

※ 立(설 립), 누워서 울어도 물은 서 있는 모습이지요.

泣訴(읍소), **感泣**(감읍), **泣斬馬謖**(읍참마속)

揖

총 12획 1급 부수 手
- 英 bow with hands clasped
- 中 yī
- 日 ユウ

손(扌)을 맞잡아 입(口)과 귀(耳) 부근으로 올리며 허리를 구부렸다 폈다 하며 읍하니 **읍할 읍**

※ 읍(揖) - 인사하는 예(禮)의 하나. 두 손을 맞잡아 얼굴 앞으로 들어 올리고 허리를 앞으로 공손히 구부렸다가 펴면서 손을 내림.
※ 禮(예도 례)

揖禮(읍례), **揖**遜(읍손), **揖**讓(읍양), **揖**進(읍진)

凝

총 16획 3급 부수 冫
- 英 congeal
- 中 níng
- 日 ギョウ(こる)

얼음(冫)인가 의심할(疑) 정도로 엉기니
엉길 응

※ 冫[얼음 빙(氷)이 부수로 쓰일 때의 모습으로 점이 둘이니 '이 수 변' 이라 부름], 疑(의심할 의)

凝結(응결), **凝**固(응고), **凝**視(응시), **凝**集(응집)

應 応

총 17획 4ΙΙ급 부수 心
- 英 response, reply
- 中 yìng, yīng
- 日 オウ(こたえる)

집(广)에서 사람(亻)이 키운 새(隹)는 주인의 마음(心)에 응하니 **응할 응** 약 応 : 집(广)에 적응하는 마음(心)처럼 무엇에 응하니 '응할 응'

※ 广(집 엄), 隹(새 추), 心(마음 심, 중심 심), 대답하는 소리 '응'도 이 글자에서 유래되었어요.

應感(응감), **應**擧(응거), **應**急(응급), **應**試(응시)

膺

총 17획 1급 부수 肉
- 英 breast, receive
- 中 yīng
- 日 ヨウ

집(广)에서 사람(亻)이 먹이를 주면 새(隹)는 몸(月)의 가슴 쪽으로 안아 받으니 **가슴 응, 받을 응**

膺懲(응징), **膺**受(응수)

鷹

총 24획 2급 부수 鳥
- 英 hawk
- 中 yīng
- 日 ヨウ, オウ(たか)

집(广)에서 사람(亻)이 기르는 새(隹) 중 다른 새(鳥)를 잡는 매니 **매 응** 참 雁(기러기 안)

※ 옛날에는 집에서 매를 길러 짐승을 잡는 매사냥이 많았지요.

鷹視(응시), ***凝**視(응시), **鷹**犬(응견)

총 7획 3급 부수 矢
- 中 yǐ
- 日 イ

내(厶)가 쏜 화살(矢)이 목표에 다다랐다는 데서, 문장의 끝에 쓰여 완료를 나타내어 **어조사 의**

※ 厶(사사로울 사, 나 사), 矢(화살 시)

鮮矣仁(선의인), **足且足矣**(족차족의) - '만족하고 또 만족함'으로, 아주 흡족하고 넉넉하여 기준에 차고도 남음.

총 6획 6급 제부수
- 英 clothes
- 中 yī, yì
- 日 イ(ころも)

동정과 옷고름 있는 저고리를 본떠서
옷 의

※ 부수로 쓰일 때는 '옷 의 변(衤)'이니, 보일 시, 신 시(示)가 부수로 쓰일 때의 '보일 시, 신 시 변(礻)'과 혼동하지 마세요.

衣服(의복), **衣裳**(의상), **好衣好食**(호의호식)

총 8획 4급 부수 人
- 英 depend, follow
- 中 yī
- 日 イ(よる)

(염치를 아는) 사람(亻)은 옷(衣)에 의지하니
의지할 의

※ 부끄러운 부분을 가리려면 옷에 의지해야지요.

依支(의지), **依他**(의타), **舊態依然**(구태의연)

총 13획 6급 부수 心
- 英 intention
- 中 yì
- 日 イ

소리(音)를 듣고 마음(心)에 떠오르는 뜻이니
뜻 의

※ 音(소리 음), 心(마음 심, 중심 심)

意見(의견), **意外**(의외), **意志**(의지), **意向**(의향)

총 14획 4급 부수 疋
- 英 doubt
- 中 yí
- 日 ギ(うたがう)

비수(匕)와 화살(矢)과 창(矛)으로 무장하고 점(卜)치며 사람(人)이 의심하니 **의심할 의**

※ 匕(비수 비, 숟가락 비), 矢(화살 시), 㐬[창 모(矛)의 변형], 卜(점 복)

疑懼(의구), **疑問**(의문), **疑心**(의심), **疑惑**(의혹)

擬 拟

총 17획 1급 부수 手
- 英 imitate, consider
- 中 nǐ
- 日 ギ

손(扌)으로 진짜인가 의심할(疑) 정도로 헤아려 흉내 내니 **헤아릴 의, 흉내 낼 의**

擬古(의고), **模擬**(모의), **擬似**(의사), **擬人法**(의인법)

義 义

총 13획 4II급 부수 羊
- 英 righteousness
- 中 yì
- 日 ギ

양(羊)처럼 내(我)가 행동함이 옳고 의로우니 **옳을 의, 의로울 의**

※ 羊(양 양), 我(나 아), 무슨 일이나 순한 양처럼 행동하면 옳고 의롭지요.

義擧(의거), **義理**(의리), **義士**(의사), **正義**(정의)

儀 仪

총 15획 4급 부수 人
- 英 manner, ceremony
- 中 yí
- 日 ギ(のり)

사람(亻)이 의리(義)에 맞게 움직이는 거동이니 **거동 의**

※ 거동 - 몸을 움직임. 또는 그런 짓이나 태도.

儀禮(의례), **儀式**(의식), **儀典**(의전), **儀仗隊**(의장대)

議 议

총 20획 4II급 부수 言
- 英 discuss
- 中 yì
- 日 ギ

(좋은 결론을 위해)
말(言)로 의롭게(義) 의논하니 **의논할 의**

※ 말(言)을 의롭게(義) 하라고 뽑아준 국회의원(國會議員)들이 당리당략에 쏠려 싸움만 할 때는 안타깝지요.

議決(의결), **會議**(회의), **謀議**(모의),
不可思議(불가사의)

椅

총 12획 1급 부수 木
- 英 chair
- 中 yǐ
- 日 イ

나무(木)를 기이하게(奇) 구부려 만든 의자니 **의자 의**

※ 木(나무 목), 奇(기이할 기, 홀수 기)

椅子(의자), **竹椅**(죽의) - 대를 걸어서 만든 의자.

醫 医

총 18획 6급 부수 酉
- 영 doctor
- 중 yī
- 일 イ(いやす)

상자(匚)처럼 패이고 화살(矢)과 창(殳)에 다친 곳을 약술(酉)로 소독하고 치료하는 의원이니

의원 의 약 医 : 약 상자(匚)를 들고 화살(矢)처럼 달려가 치료하는 의원이니 '의원 의'.

※ 匚(상자 방), 矢(화살 시), 殳(칠 수, 창 수, 몽둥이 수), 酉(술 그릇 유, 술 유, 닭 유, 열째 지지 유), 소독약이 없으면 알코올 성분이 있는 술로 소독하지요.

醫院(의원), **醫療**(의료), **醫師**(의사), **醫術**(의술),
先病者醫(선병자의) - '먼저 병을 앓아본 사람이 의원'으로, 경험 있는 사람이 남을 인도할 수 있다는 말. 先(먼저 선), 病(병들 병, 근심할 병)

毅

총 15획 1급 부수 殳
- 영 firm
- 중 yì
- 일 キ(つよい)

꼿꼿이 선(立) 돼지(豕)털처럼 머리털을 세우고 창(殳) 들고 일어섬이 굳세니 **굳셀 의**

※ 立(설 립), 豕(돼지 시), 殳(칠 수, 창 수, 몽둥이 수)

毅然(의연), **忠毅**(충의)

宜

총 8획 3급 부수 宀
- 영 right, suitable
- 중 yí
- 일 ギ(よろしい)

집(宀)처럼 또(且)한 생활하기에 마땅하니
마땅할 의 약 冝

※ 宀(집 면), 且(또 차)

宜當(의당), **時宜**(시의), **便宜**(편의)

誼 谊

총 15획 1급 부수 言
- 영 affection, warm hearted
- 중 yì
- 일 ギ(よしみ)

말(言)이라도 마땅하게(宜) 해 줄 때 느끼는 정이니
정 의

※ 言(말씀 언)

友誼(우의), **情誼**(정의), **好誼**(호의), *好意*(호의),
金蘭之誼(금란지의) - 단단하여 쇠도 끊을 수 있고 난초처럼 향기로운 정(사귐). 金(쇠 금, 금 금, 돈 금, 성씨 김), 蘭(난초 란)

二

총 2획 8급 제부수
- 英 two
- 中 èr
- 日 二(ふた)

나무토막 두 개를 옆으로 놓은 모양에서
둘 이

二輪車(이륜차), **一人二役**(일인이역)

貳

총 12획 2급 부수 貝
- 英 two, double
- 中 èr
- 日 ニ

주살(弋) 두(二) 개를 돈(貝) 주고 사니
둘 이 ㉗ 弍, 弐

※ 弋(주살 익), 貝(조개 패, 재물 패), 둘의 뜻으로는 二를 쓰지만 계약서 같은 데서 쉽게 변조하지 못하게 할 때는 貳를 사용하지요.

貳車(이거), **貳心**(이심), **懷貳**(회이)

已

총 3획 3Ⅱ급 부수 己
- 英 already, only
- 中 yǐ
- 日 イ(やむ)

밭갈이를 이미 끝냈을 따름인 쟁기 보습의 모양에서
이미 이, 따름 이 ㊀ 己(몸 기, 자기 기), 巳(뱀 사, 여섯째 지지 사)

※ 쟁기-논밭을 가는 농기구.
※ 보습-쟁기에서 땅속으로 들어가는 쇠 부분.

已往(이왕), **已往之事**(이왕지사), **已發之矢**(이발지시)

以

총 5획 5급 부수 人
- 英 by, reason
- 中 yǐ
- 日 イ(もって)

사사로운(厶) 욕심 까닭에 사람(人)으로서(써)의 가치를 잃으니 **써 이, 까닭 이**

※ 厶(사사로울 사, 나 사), 써-'그것을 가지고', '그것으로 인하여'의 뜻을 지닌 접속 부사.

以上(이상), **以前**(이전), **以熱治熱**(이열치열)

異

총 11획 4급 부수 田
- 英 different
- 中 yì
- 日 イ(こと)

밭(田)은 함께(共) 있어도 주인도 다르고 심어진 곡식도 다르니 **다를 이**

※ 田(밭 전), 共(함께 공)

異見(이견), **異口同聲**(이구동성), **大同小異**(대동소이)

而

- 총 6획 3급 제부수
- 영 and, but
- 중 ér
- 일 ジ(しこうして)

입(一) 아래(丿) 이어진 수염(冂)처럼 말이 이어지니
말 이을 이, 어조사 이

* 而는 앞의 내용을 그대로 이어받는 순접(順接)으로도 쓰이고 반대로 이어받는 역접(逆接)으로도 쓰이는데, 이것은 문맥의 내용에 따라 결정되지요. 즉 이(而)를 중심으로 앞뒤의 내용이 비슷하면 순접으로 '~면서, 그리고, 또, 또한(and)'의 뜻이고, 반대면 역접으로 '~지만, ~나(but)'의 뜻이 됩니다.
* 一('한 일'이나 여기서는 다문 입으로 봄), 順(순할 순), 接(이을 접, 대접할 접), 逆(거스를 역)

博而不精(박이부정), **似而非**(사이비)

移

- 총 11획 4II급 부수 禾
- 영 remove
- 중 yí
- 일 イ(うつる)

못자리의 벼(禾)가 많이(多) 자라면 옮겨 심듯 옮기니
옮길 이

* 禾(벼 화), 多(많을 다), 벼는 일단 못자리에 씨앗을 뿌렸다가 어느 정도 자라면 본 논에 옮겨 심지요. 옛날에는 모두 농사를 지었기 때문에 농사와 곡식과 관련된 글자가 많지요.

移記(이기), **移動**(이동), **移徙**(이사), **移越**(이월)

怡

- 총 8획 2급 부수 心
- 영 pleased
- 중 yí
- 일 イ(よろこぶ)

마음(忄)에 기쁘니(台)
기쁠 이

* 台[별 태, 나 이, 기쁠 이, 누각 대, 정자 대(臺)의 약자]

怡聲(이성), **怡顏**(이안), **怡悅**(이열)

夷

- 총 6획 3급 부수 大
- 영 barbarian
- 중 yí
- 일 イ(えびす)

크게(大) 활(弓) 잘 쏘는 동쪽 민족이니
동쪽 민족 이
또 크게(大) 활(弓) 들고 싸우려고만 하는 오랑캐니
오랑캐 이

* 大(큰 대), 弓(활 궁)
* 중국에서는 우리 민족을 동이(東夷)족이라 불러 무시했지만, 글자의 어원을 보면 크게 활을 잘 쏘는 민족이라는 의미가 있으니, 오늘날 우리나라 양궁이 세계를 제패하고 있는 것도 결코 우연이 아니지요.

東夷(동이), **征夷**(정이),
以夷制夷(이이제이) – 오랑캐(적)를 이용하여 다른 오랑캐(적)를 제어함. 以(써 이, 까닭 이), 制(제도 제, 억제할 제)

이

姨

총 9획 1급 부수 女
- 英 mother's sister
- 中 yí
- 日 イ(おば)

여자(女) 중 오랑캐(夷) 같은 나쁜 것도 물리쳐 주는 이모니 **이모 이**

※ 이모(姨母) – 어머니의 여자 형제.

姨從(이종), **姨姪女**(이질녀)

痍

총 11획 1급 부수 疒
- 英 wound
- 中 yí
- 日 イ(きず)

병(疒) 중 오랑캐(夷) 같은 나쁜 것에 다친 상처니 **상처 이**

※ 疒(병들 녁)

傷痍(상이), **傷痍勇士**(상이용사), **滿身瘡痍**(만신창이) – 온몸이 성한 데가 없이 상처투성이임.

伊

총 6획 2급 부수 人
- 英 that
- 中 yī
- 日 イ(かれ)

사람(亻)을 다스리는(尹) 분이 바로 저분이라는 데서 **저 이**

※ 尹(다스릴 윤, 벼슬 윤)

伊時(이시), **伊**(이), **伊太利**(이태리)

弛

총 6획 1급 부수 弓
- 英 loosen
- 中 chí
- 日 シ(たるむ)

활(弓) 또한(也) 늘어나면 느슨하니 **느슨할 이**

※ 弓(활 궁), 也(또한 야, 어조사 야)

弛緩(이완), **弛惰**(이타), **解弛**(해이)

爾 尔

총 14획 1급 부수 爻
- 英 you, that
- 中 ěr
- 日 ジ(なんじ)

한결(一)같이 나누어(八) 성(冂)이라도 뚫고(丨) 들어가 사귀고(爻) 사귀고(爻) 싶은 사람은 바로 너니 **너 이, 어조사 이**

※ 八(여덟 팔, 나눌 팔), 冂(멀 경, 성 경), 丨(뚫을 곤), 爻(점괘 효, 사귈 효, 본받을 효)

爾汝(이여), **爾餘**(이여)

耳

총 6획 5급 제부수
- 英 ear
- 中 ěr
- 日 ジ(みみ)

귀를 본떠서
귀 이

耳順(이순), **牛耳讀經**(우이독경),
忠言逆耳(충언역이)

珥

총 10획 2급 부수 王(玉)
- 英 ear ring
- 中 ěr
- 日 ジ

옥(玉)으로 만든 귀(耳)고리니
귀고리 이

* 王(임금 왕, 으뜸 왕, 구슬 옥 변)

玉珥(옥이), **李珥**(이이) - 조선 중기의 문신·학자(1536~1584).

餌 饵

총 15획 1급 부수 食
- 英 food, bait
- 中 ěr
- 日 ジ(えさ)

밥(食)을 귀(耳)처럼 부드럽게 만든 먹이니
먹이 이
또 먹을(食) 것을 귀(耳)처럼 꿰어 놓은 미끼니
미끼 이

* 食(밥 식, 먹을 식 변)

餌乞(이걸), **餌料**(이료), **食餌**(식이), **香餌**(향이),
香餌之下必有死魚(향이지하필유사어) - '향기나는 미끼 아래 반드시 죽는 고기가 있다'로, 눈 앞에 놓인 이익에 끌리어 몸을 버리고 죽게 된다는 말. 香(향기 향), 之(갈 지, ~의 지, 이 지), 下(아래 하, 내릴 하), 必(반드시 필), 有(가질 유, 있을 유), 死(죽을 사), 魚(물고기 어)

易

쉬울 이, 바꿀 역 - 바꿀 역(434쪽) 참고

台

별 태, 나 이, 기쁠 이, 누각 대, 정자 대(臺)의 약자 - 별 태(682쪽) 참고

이

弋

총 3획 특급 제부수
- 英 an arrow with a string attached to its nock
- 中 yì
- 日 ヨク

주살을 본떠서
주살 익

※ 주살 - 줄을 매어 쏘는 화살.

弋獵(익렵), **弋射**(익사)

益

총 10획 4II급 부수 皿
- 英 increase
- 中 yì
- 日 エキ(ます)

나누고(八) 한(一) 번 더 나누듯(八) 곱게 다듬어 그릇(皿)에 더하면 유익하니 **더할 익, 유익할 익**

※ 八(여덟 팔, 나눌 팔), 皿(그릇 명)

老益壯(노익장), **多多益善**(다다익선), **損益**(손익)

翊

총 11획 2급 부수 羽
- 英 assist
- 中 yì

세워(立) 깃(羽)을 치듯이 도우니
도울 익

※ 立(설 립), 羽(날개 우, 깃 우)

翊戴(익대), **翊成**(익성)

翌

총 11획 1급 부수 羽
- 英 tomorrow
- 中 yì
- 日 ヨク

닭이 깃(羽)을 세워(立) 치면서 울면 밝아오는 다음날이니 **다음날 익**

※ 이른 새벽에 닭이 욺을 생각하고 만든 글자. 다음날, 이튿날의 뜻으로 '날개 익, 도울 익(翼)'을 쓰기도 하지요.

翌日(익일), **翌年**(익년), **翌翌年**(익익년)

翼

총 17획 3II급 부수 羽
- 英 wing, assist
- 中 yì
- 日 ヨク(つばさ)

깃(羽) 중 각각 다른(異) 쪽에 있는 날개니 **날개 익**
또 두 날개가 함께 움직여 나는 것을 도우니 **도울 익**

※ 異(다를 이), '좌익(左翼)'이라는 말은 공산주의자, 급진 개혁파를 지칭하는데, 이 뜻은 1792년 프랑스 국민의회의 의장석에서 볼 때 왼쪽에 급진파(자코뱅당), 중앙에 중간파, 오른쪽에 온건파(지롱드 당)가 의석을 잡은 데서 유래되었지요.

左翼(좌익), **左翼手**(좌익수), **輔翼**(보익)

총 2획 8급 제부수
- 영 human being, man
- 중 rén
- 일 ジン(ひと)

다리 벌리고 서 있는 사람을 본떠서
사람 인

※ 사람은 서로 의지하고 살아야 한다는 데서 서로 기대는 모습으로 사람 인(人)을 만들었다고도 하지요.
※ 사람 인(人)이 글자의 변으로 쓰일 때는 '사람 인 변(亻)', 글자의 발로 쓰일 때는 '어진 사람 인, 사람 인 발(儿)'로 모양이 바뀝니다.

人心(인심), **人情**(인정), **巨人**(거인), **愛人**(애인)

총 4획 4급 부수 人
- 영 benevolence
- 중 rén
- 일 ジン

사람(亻)은 둘(二)만 모여도 어질어야 하니
어질 인

※ 윤리 륜(倫) 어원도 참고하세요.

仁愛(인애), **仁義禮智信**(인의예지신), **仁慈**(인자)

총 6획 5급 부수 囗
- 영 because, depend
- 중 yīn
- 일 イン(よる)

에워싼(囗) 큰(大) 울타리에 말미암아 의지하니
말미암을 인, 의지할 인   ⊕ 囚(죄인 수), 困(곤란할 곤)

※ 囗(에운 담), 사회가 안정되지 않았던 옛날에는 크고 튼튼한 울타리에 많이 의지하였겠지요.

因緣(인연), **因習**(인습), **原因**(원인), **敗因**(패인)

○
인

총 9획 3급 부수 女
- 영 marriage
- 중 yīn
- 일 イン

여자(女)가 의지할(因) 남자에게 시집가니
시집갈 인

姻戚(인척), **姻親**(인친), **婚姻**(혼인)

총 9획 1급 부수 口
- 영 throat, choke, swallow
- 중 yīn, yàn, yè
- 일 イン(むせぶ)

입(口)에 의지하고(因) 있는 목구멍이니 **목구멍 인**
또 목구멍이 메이도록 슬프게 울거나 삼키니
목멜 열, 삼킬 연

咽喉炎(인후염), **嗚咽**(오열), **吞咽**(탄연)

印

총 6획 4II급 부수 卩
- 영 seal, stamp
- 중 yìn
- 일 イン(しるし)

손톱(爫) 부분으로 잡고 무릎 꿇듯(卩) 구부려 도장을 찍으니 **도장 인, 찍을 인, 성씨 인**

※ 爫(손톱 조(爪)의 변형], 卩(무릎 꿇을 절, 병부 절)

印章(인장), **印**朱(인주), 刻**印**(각인), **印**刷(인쇄)

寅

총 11획 3급 부수 宀
- 영 careful, tiger
- 중 yín
- 일 イン(とら)

집(宀)에서 하나(一)의 일로 말미암아(由) 마음이 나눠짐(八)은 삼가니 **삼갈 인**
또 삼가 조심해야 하는 범이니 **범 인**
또 범은 셋째 지지니 **셋째 지지 인**

※ 宀(집 면), 由(말미암을 유), 八(여덟 팔, 나눌 팔), 범-호랑이.

寅念(인념), **寅**時(인시)

吝

아낄 인 – 아낄 린(210쪽) 참고

인

刃

총 3획 2급 부수 刀
- 영 edge
- 중 rèn
- 일 ジン(やいば)

칼 도(刀)의 날 부분(丿)을 강조하려고 점(丶)을 찍어서 **칼날 인**

※ 刀(칼 도), 丶(점 주, 불똥 주), 한자에서는 점 주(丶)나 삐침 별(丿)로 무엇을 강조하기도 하지요.

刃器(인기), **刃**傷(인상)

忍

총 7획 3II급 부수 心
- 영 endure, cruel
- 중 rěn
- 일 ニン(しのぶ)

칼날(刃)로 마음(心)을 위협하면 두려워 참으니 **참을 인**
또 칼날(刃)로 마음(心)을 위협하듯이 잔인하니 **잔인할 인**

※ 잔인(殘忍) - 인정이 없고 모짊.
※ 心(마음 심, 중심 심), 殘(잔인할 잔, 해칠 잔)

忍耐(인내), **忍**之爲德(인지위덕), 目不**忍**見(목불인견)

認 认

남의 말(言)을 참고(忍) 들으며 인정하니
인정할 인

총 14획 4Ⅱ급 부수 言
- 영 recognize
- 중 rèn
- 일 ニン(みとめる)

※ 言(말씀 언)

認可(인가), 認定(인정), 認知(인지), 默認(묵인)

靭

가죽(革)처럼 칼날(刃)에도 질기니
질길 인

총 12획 1급 부수 革
- 영 tough
- 중 rèn
- 일 ジン

※ 革(가죽 혁, 고칠 혁)

靭帶(인대), 靭性(인성), 强靭(강인)

湮

물(氵)이 길을 막아(垔) 막히니 **막힐 인**
또 물(氵)을 막으면(垔) 차올라 잠기니 **잠길 인**
㉮ 煙(연기 연)

총 12획 1급 부수 水
- 영 be stopped, sink
- 중 yān
- 일 イン

※ 垔 : 서(西)쪽을 흙(土)으로 막으니 '막을 인', 西(서쪽 서)

湮滅(인멸), 湮沒(인몰), 湮沈(인침)

引

활(弓) 시위에 화살(丨)을 걸고 잡아 끄니
끌 인

총 4획 4Ⅱ급 부수 弓
- 영 pull, lead
- 중 yǐn
- 일 イン(ひく)

※ 弓(활 궁), 丨('뚫을 곤'이나 여기서는 화살로 봄)

引上(인상), 引率(인솔), 牽引(견인), 割引(할인)

蚓

벌레(虫) 중 몸을 끌고(引) 기어가는 지렁이니
지렁이 인

총 10획 1급 부수 虫
- 영 earthworm
- 중 yǐn
- 일 イン(みみず)

※ 虫(벌레 충)

蚯蚓(구인), 以蚓投魚(이인투어)

廴

총 3획 부수자
- ⓔ yǐn
- ⓙ イン

구불구불한(3) 길을 다리 끌며 길게(乀) 걸으니
길게 걸을 인

一

총 1획 8급 제부수
- ⓔ one
- ⓒ yī
- ⓙ イチ(ひと)

나무토막 하나를 옆으로 놓은 모양에서
한 일

一念(일념), 同一(동일), 聞一知十(문일지십)

壹

총 12획 2급 부수 士
- ⓔ one
- ⓒ yī
- ⓙ イチ

선비(士)가 덮어(冖) 싸 놓은 제기(豆) 하나니
한 일 ⓒ 壱

※ 제기(祭器) - 제사 때 쓰는 그릇. 제기는 하나씩 싸서 보관한다는 데서 만들어진 글자로, 증서 따위에서 고쳐 쓰지 못하게 할 때 사용하지요.
※ 士(선비 사), 冖(덮을 멱), 豆(제기 두, 콩 두), 祭(제사 제, 축제 제), 器(그릇 기, 기구 기)

壹是(일시), 壹意 · 一意(일의)

日

총 4획 8급 제부수
- ⓔ sun, day
- ⓒ rì
- ⓙ ニチ(ひ)

해의 둥근 모양과 가운데 흑점을 본떠서 **해 일**
또 해가 뜨고 짐으로 구분하는 날이니 **날 일**

※ 종이가 없던 옛날에는 바위나 나무, 뼈 등 딱딱한 것에 글자를 새겼기 때문에 둥글게 새기기가 어려워 둥근 것을 본떠도 한자는 네모랍니다.

日光(일광), 日蝕(일식), 今日(금일), 明日(명일)

溢

총 13획 1급 부수 水
- ⓔ overflow
- ⓒ yì
- ⓙ イツ(あふれる)

더 많은 물(氵)을 더하면(益) 넘치니
넘칠 일

※ 益(더할 익, 유익할 익), 차 있는 곳에 물을 더하면 넘치지요.

溢血(일혈), 溢喜(일희), 海溢(해일)

516

鎰

총 18획 2급 부수 金
- 中 yì
- 日 イツ

쇠(金)를 더하여(益) 재는 무게 단위니
무게 단위 일

※ 金(쇠 금, 금 금, 돈 금, 성씨 김), 금화의 무게 단위. 24냥.

 逸

총 12획 3Ⅱ급 부수 辶
- 英 hide, excel, ease
- 中 yì
- 日 イツ

토끼(兎)처럼 약한 짐승은 도망가서(辶)
숨는 것이 뛰어난 꾀며 그래야 편안하니
숨을 일, 뛰어날 일, 편안할 일

※ 兎(토끼 토), 辶(뛸 착, 갈 착, = 辶)

逸話(일화), 逸品(일품), 逸味(일미), 安逸(안일)

 佚

총 7획 1급 부수 人
- 英 hide, racket
- 中 yì
- 日 イツ

사람(亻)이 이성을 잃은(失) 듯 숨거나 흐트러지니
숨을 일, 흐트러질 질

※ 失(잃을 실)

佚民(일민), 佚宕(질탕)

 佾

총 8획 2급 부수 人
- 中 yì
- 日 イツ

사람(亻) 여덟(八) 명씩 몸(月)을 세워 춤추는
춤줄이니 **춤 줄 일**

※ 일무(佾舞)-사람을 여러 줄로 갈라 세우고 추게 하는 춤.
※ 舞(춤출 무), 月(달 월, 육 달 월)

八佾舞(팔일무)

 壬

총 4획 3Ⅱ급 부수 士
- 英 cunning, bear, north
- 中 rén
- 日 ジン(みずのえ)

비뚤어진(丿) 선비(士)는 간사하여 나중에 큰 죄업을
짊어지니 **간사할 임, 짊어질 임, 아홉째 천간 임**
또 지도의 방위 표시에서 네 **방위(十)** 중 위쪽,
즉 북방을 가리키니(丿) **북방 임**

※ 丿(삐침 별), 士(선비 사)

壬亂(임란), 壬辰倭亂(임진왜란)

일

任

총 6획 5급 부수 人
- 英 take charge of, family name
- 中 rèn
- 日 ニン(まかせる)

사람(亻)이 어떤 일을 짊어져(壬) 맡으니
맡을 임, 성씨 임 ㈜ 仕(벼슬할 사, 섬길 사)

任期(임기), **任**務(임무), 在**任**(재임), 責**任**(책임)

妊

총 7획 2급 부수 女
- 英 pregnant
- 中 rèn
- 日 ニン(はらむ)

여자(女)가 새 생명을 짊어져(壬) 아이 배니
아이 밸 임 (= 姙)

* 姙 : 여자(女)가 맡아(任) 기르니 '아기 밸 임'

妊婦(임부), **妊**産婦(임산부), **妊**娠(임신), 避**妊**(피임)

賃

총 13획 3II급 부수 貝
- 英 pay, hire
- 中 lìn
- 日 チン

맡은(任) 일을 하고 받는 돈(貝)이 품삯이니
품삯 임

또 무엇을 맡기고(任) 재물(貝)을 빌리니 **빌릴 임**

* 貝(조개 패, 재물 패)

賃金(임금), **賃**貸(임대), **賃**借(임차)

林

수풀 임, 성씨 임 – 수풀 림(211쪽) 참고

入

총 2획 7급 제부수
- 英 enter
- 中 rù
- 日 ニュウ(いる)

사람(人)이 머리 숙이고 들어가는 모습에서
들 입

入口(입구), 出**入**(출입),

量**入**爲出(양입위출) – 수입을 헤아려 지출을 함. 量(헤아릴 량, 용량 량), 爲(할 위, 위할 위), 出(나올 출, 나갈 출)

총 3획 특II급 부수 十
- 英 twenty
- 中 niàn
- 日 ジュウ

열 십, 많을 십(十) 둘을 합쳐서
스물 입 (= 廿) ㉘ 卄(받쳐 들 공), ⺾(초 두)

※ 아랫부분을 막아 써도 같은 글자입니다.
※ 세로 획을 짧게 쓰면 '초 두(⺾)'의 약자, 세로 획 중 왼쪽 획을 휘어지게 그으면 '받쳐 들 공(卄)'으로 구분하세요.

총 12획 1급 부수 刂
- 英 surplus
- 中 shèng
- 日 ジョウ(あまる)

다 타고(乘) 칼(刂)만 남으니
남을 잉

※ 乘(탈 승, 곱할 승), 刂(칼 도 방)

剩餘(잉여), **剩員**(잉원), **過剩**(과잉)

총 5획 1급 부수 子
- 英 pregnant
- 中 yùn
- 日 ヨウ(はらむ)

이에(乃) 아이(子)를 배니
아이 밸 잉

※ 乃(이에 내, 곧 내)

孕母(잉모), **孕婦**(잉부), **孕胎**(잉태)

〈글자의 음(音)이 단어의 위치에 따라 달라지는 이유〉

이것은 국어의 문법에 있는 두음법칙(頭音法則) 때문이지요. 두음법칙이란 '(단어의) 첫소리 법칙'으로, '리유(理由)→이유, 녀자(女子)→여자, 래일(來日)→내일'처럼 단어의 첫머리에 오는 'ㄹ'과 'ㄴ'이 'ㄴ'이나 'ㅇ'으로 바뀌거나, 'ㄹ'이 'ㄴ'으로 바뀌는 법칙입니다. 물론 원리(原理), 남녀(男女), 왕래(往來)에서처럼 이 글자가 단어의 첫머리에 오지 않을 때는 원래대로 쓰고요.

잘못하면 어떤 단어에서 익힌 대로 '이치 리(理)'를 '이치 이', '여자 녀'를 '여자 여', '올 래(來)'를 '올 내'로 잘못 알기 쉬운데 이는 국어의 두음법칙을 모르기 때문이지요.

이 책에서는 모두 원래의 음을 기준으로 했어요.

子

총 3획 7급 제부수
- 英 son, you
- 中 zǐ
- 日 シ(こ)

아들이 두 팔 벌린 모습을 본떠서 **아들 자**
또 집집마다 아들을 첫째로 여기니 **첫째 지지 자**
또 아들처럼 편하게 부르는 2인칭 대명사 **자네 자**
또 아들처럼 만들어져 나오는 물건의 뒤에 붙이는
접미사 자

子孫(자손), **孝子**(효자), **甲子**(갑자), **卓子**(탁자)

仔

총 5획 1급 부수 人
- 英 detailed, a young
- 中 zǐ
- 日 シ

사람(亻)이 아들(子)을 가르칠 때처럼 자세하니
자세할 자
또 사람(亻)의 아들(子)처럼 난 새끼니 **새끼 자**

※ 자세(仔細) - ㉠사소한 부분까지 아주 분명함. ㉡성질이 꼼꼼하고 차분함. 細(가늘 세)

仔詳(자상), **仔豚**(자돈), **仔畜**(자축), **仔蟲**(자충)

字

총 6획 7급 부수 子
- 英 letter
- 中 zì
- 日 ジ(あざ)

집(宀)에서 아들(子)이 배우고 익히는 글자니
글자 자

※ 글자를 문자(文字)라고도 부르는데 여기서 '문(文)'은 맨 처음 만들어져 더 이상 쪼갤 수 없는 글자고, '자(字)'는 집(宀)에 자식(子)들이 불어나듯이 문(文)이 합쳐져서 된 여러 글자들을 말하지요. 한자의 제자원리인 《6서》에서 보면 『문(文)으로서의 한자』는 상형(象形)과 지사(指事), 『자(字)로서의 한자』는 회의(會意)와 형성(形聲), 이미 있는 글자를 다른 용도로 쓰는 『용자(用字)로서의 한자』는 전주(轉注)와 가차(假借)지요.

※ 宀(집 면), 文(무늬 문, 글월 문)

字源(자원), **十字架**(십자가), **識字憂患**(식자우환)

자

自

총 6획 7급 제부수
- 英 self, oneself, from
- 中 zì
- 日 ジ(みずから)

(자기를 가리킬 때는 얼굴을 가리키니) 얼굴에서
잘 드러나는 이마(丿)와 눈(目)을 본떠서 **자기 자**
또 자기 일은 스스로 해야 하니 **스스로 자**
또 모든 것은 자기로부터 비롯되니 **부터 자**

㉮ 臼(절구 구), 白(흰 백, 밝을 백, 깨끗할 백, 아뢸 백)

自力(자력), **自白**(자백), **自初至終**(자초지종) - 처음부터 끝까지. 初(처음 초), 至(이를 지, 지극할 지), 終(끝 종, 마칠 종)

姉

총 8획 4급 부수 女
- 영 elder sister
- 중 zī
- 일 シ(あね)

여자(女) 중 시장(市)에 갈 정도로 큰 누나니
누나 자

※ 원자는 姉인데, 속자인 姉로 많이 쓰지요.
※ 女(여자 녀), 市(시장 시, 시내 시)
※ '누이'는 남자가 여자 형제를 이르는 말이지만 정확히 말하면 '누나'는 손 위, '누이'는 손 아래, '누님'은 누나를 높여 부르는 말이지요.

姉妹(자매), **姉母**(자모), ***子母**(자모), **姉兄**(자형)

朿

총 6획 급외자 부수 木
- 영 thorn
- 중 cì
- 일 シ(とげ)

나무(木)에 덮인(冖) 듯 붙어 있는 가시니
가시 자 ⑮ 束(묶을 속)

※ 木(나무 목), 冖(덮을 멱)
※ 가시-㉠바늘처럼 뾰족하게 돋친 것. ㉡물고기의 잔뼈. ㉢남을 공격하거나 불평불만의 뜻을 담은 표현을 비유적으로 이르는 말. 여기서는 ㉠의 뜻.

刺

총 8획 3Ⅱ급 부수 刀
- 영 pierce, poke
- 중 cì
- 일 シ(さす)

가시(朿)처럼 칼(刂)로 찌르니
찌를 자, 찌를 척
⑮ 剌(어그러질 랄, 물고기 뛰는 소리 랄)

※ 刂(칼 도 방)

刺客(자객), **刺戟**(자극), **刺繡**(자수), **刺殺**(척살)

玆

총 10획 3급 부수 玄
- 영 black, this
- 중 zī
- 일 シ

검은(玄) 빛 두 개가 겹쳐 더 검으니 **검을 자**
또 검으면 눈에 잘 보이니 지시 대명사로도 쓰여 **이 자**

※ "오등(吾等)은 자(玆)에 아(我) 조선(朝鮮)의 독립국(獨立國)임을 선언하노라."에 쓰인 '玆'에는 '이에'라는 뜻이지요. 위에 초 두(艹)가 있는 것처럼 보이나 실제는 검을 현(玄) 둘입니다.

玆白(자백), **今玆**(금자), **念念在玆**(염념재자)

滋

총 12획 2급 부수 水
- 영 increase, taste
- 중 zī
- 일 ジ

(과일이나 채소가) 물(氵) 같은 형태로 영양분을 빨아들여 이렇게(玆) 불어나고 맛도 드니 **불을 자, 맛 자**

滋味(자미), **滋甚**(자심), **滋液**(자액), **滋養分**(자양분)

자

磁

총 14획 2급 부수 石
- 영 magnet
- 중 cí
- 일 ジ

돌(石) 중 이렇게(玆) 쇠를 끌어당기는 자석이니
자석 자
또 돌(石)처럼 이렇게(玆) 구워 만든 사기그릇이니
사기그릇 자 (= 瓷)

* 石(돌 석), 玆(검을 자, 이 자)

磁石(자석), **磁極**(자극), **靑磁·靑瓷**(청자)

慈

총 13획 3II급 부수 心
- 영 love, mother
- 중 cí
- 일 ジ(いつくしむ)

속이 검게(玆) 타도 변치 않는 마음(心)으로
사랑해 주는 어머니니 **사랑 자, 어머니 자**

* 心(마음 심, 중심 심)

慈悲(자비), **仁慈**(인자), **慈堂**(자당), **慈親**(자친)

姿

총 9획 4급 부수 女
- 영 figure, style
- 중 zī
- 일 シ(すがた)

심성 다음(次)으로 여자(女)가 가꿔야 할 것은
모습이니 **모습 자**

* 심성(心性) - 마음의 성품(씀씀이).
* 次(다음 차, 차례 차, 번 차), 心(마음 심, 중심 심), 性(성품 성, 바탕 성)

姿色(자색), **姿勢**(자세), **姿態**(자태), **雄姿**(웅자)

恣

총 10획 3급 부수 心
- 영 impudent, impertinent
- 중 zì
- 일 シ(ほしいまま)

본심 다음(次)가는 대충의 마음(心)으로 행동하여
방자하니 **방자할 자**

* 방자(放恣) - 일관된 태도가 없이 제멋대로임.
* 心(마음 심, 중심 심), 放(놓을 방)

恣樂(자락), **恣意**(자의), **恣行**(자행)

資

총 13획 4급 부수 貝
- 영 wealth, social position
- 중 zī
- 일 シ

사업에서 사람 다음(次)으로 중요한 것은
재물(貝)이니 **재물 자**
또 재물의 정도로 따지는 신분이니 **신분 자**

* 貝(조개 패, 재물 패)

資金(자금), **資本**(자본), **資産**(자산), **資格**(자격)

瓷

총 11획 1급 부수 瓦
- 영 porcelain
- 중 cí
- 일 ジ

지붕을 이는 기와 다음(次)으로 중요한
질그릇(瓦)은 생활에 쓰이는 도자기니 **도자기 자**

* 瓦(기와 와, 질그릇 와, 실패 와)

瓷器(자기), **瓷燈**(자등), **青瓷**(청자)

諮 谘

총 16획 2급 부수 言
- 영 consult about
- 중 zī
- 일 シ(はかる)

말(言)을 차례(次)로 말하여(口) 물으니
물을 자 (= 咨)

* 咨 : 차례(次)로 말하여(口) 물으니 '물을 자'
* 言(말씀 언), 口(입 구, 말할 구, 구멍 구)

諮問(자문), **諮詢**(자순), **諮議**(자의)

雌

총 14획 2급 부수 隹
- 영 female
- 중 cí
- 일 シ(め)

수컷 옆에 그쳐(止) 비수(匕) 같은 부리로 먹이를
먹는 새(隹)는 암컷이니 **암컷 자**

* 止(그칠 지), 匕(비수 비, 숟가락 비), 隹(새 추)

雌犬(자견), **雌雄**(자웅), **雌性**(자성)

疵

총 10획 1급 부수 疒
- 영 blemish
- 중 cī
- 일 シ(きず)

병(疒)든 이(此) 부분이 흠이니
흠 자 ㉿ 庇(덮을 비)

* 흠 - ㉠어떤 물건의 이지러지거나 깨어지거나 상한 자국. ㉡어떤 사물의 모자라거나 잘못된 부분.
* 疒(병들 녁), 此(이 차)

疵痕(자흔), **隱疵**(은자), **瑕疵**(하자)

紫

총 12획 3II급 부수 糸
- 영 purple
- 중 zǐ
- 일 シ(むらさき)

이(此) 세상에서 가장 아름다운 실(糸)의 색은
자줏빛이니 **자줏빛 자**

* 중국 베이징(北京)에 있는 명(明)·청(清) 시대의 궁전을 자금성(紫禁城)이라 한 것처럼 중국에서는 옛날부터 붉은색을 좋아했지요.

紫色(자색), **紫外線**(자외선), **山紫水明**(산자수명)

炙

총 8획 1급 부수 火
- 영 roast
- 중 zhì
- 일 シャ(あぶる)

고기(夕) 밑에 불(火)을 피워 구우니
고기 구울 자, 구울 적
또 고기를 구워 주듯이 친히 가르침을 받으니
친히 가르침 받을 자 ㈜ 炙(구울 구, 뜸뜰 구)

＊ 夕[달 월, 육 달 월(月)의 변형], 火(불 화)

膾炙(회자), 魚炙(어적), 親炙(친자)

者

총 9획 6급 부수 耂
- 영 man, thing
- 중 zhě
- 일 シャ(もの)

노인(耂)이 낮추어 말하는(白) 놈이나 것이니
놈 자, 것 자

＊ 耂(늙을 로 엄), 白(흰 백, 밝을 백, 깨끗할 백, 아뢸 백), 글의 문맥으로 보아 사람을 말할 때는 '놈'이나 '사람', 물건을 말할 때는 '것'으로 해석하지요. '놈'이나 '계집'이 요즘은 듣기 거북한 욕(辱)으로 쓰이지만 옛날에는 남자 여자를 보통으로 일컫는 말이었어요.

强者(강자), 讀者(독자), 仁者無敵(인자무적)

煮

총 13획 1급 부수 火
- 영 boil
- 중 zhū
- 일 シャ(にる)

물건(者) 아래 불(灬)을 때서 삶으니
삶을 자

＊ 灬(불 화 발)

煮乾(자건), 煮沸(자비), 煮醬(자장), 煮醬麵(자장면)

藉

총 18획 1급 부수 ++
- 영 matting, messy, turbulent
- 중 jiè, jí
- 일 シャ

풀(++)로 쟁기(耒)가 갈아 놓은 밭고랑처럼
오래(昔) 쓰도록 튼튼하게 만든 깔개니 **깔개 자**
또 깔개 무늬처럼 어지럽게 핑계 대니
어지러울 자, 핑계 댈 자

＊ '도울 적, 짓밟을 적'으로도 쓰임.
＊ 옛날에 사용하던 멍석 같은 깔개는 풀로 만들었는데 마치 쟁기로 밭을 갈아 놓은 이랑처럼 골이 패이고 튼튼하게 만들었지요.
＊ 耒(쟁기 뢰), 昔(옛 석, 오랠 석)

慰藉料(위자료), 藉藉(자자), 憑藉(빙자),
杯盤狼藉(배반낭자) - '잔과 접시들이 어지럽게 흩어져 있음'으로, 잔치가 파할 무렵이나 파한 뒤의 어지러운 술자리를 말함. 杯(잔 배), 盤(쟁반 반), 狼(이리 랑, 어지러울 랑)

蔗

총 15획 1급 부수 ++
- 英 sugar cane
- 中 zhè
- 日 ショ

풀(++) 중 여러(庶) 사람들이 좋아하는 사탕수수니
사탕수수 자

※ 庶(여러 서, 백성 서, 첩의 아들 서), 사탕수수는 단물이 많이 나서 사람들이 좋아하지요.

蔗霜(자상), **蔗糖**(자당), **甘蔗**(감자)

作

총 7획 6급 부수 人
- 英 make
- 中 zuò
- 日 サク(つくる)

사람(亻)은 잠깐(乍) 사이에 무엇을 지으니
지을 작

※ 乍 : 사람(𠂉)이 송곳(丨) 두(二) 개를 잠깐 사이에 만드니 '잠깐 사, 언뜻 사'
※ 𠂉[사람 인(人)의 변형], 丨('뚫을 곤'이나 여기서는 송곳으로 봄.)

作家(작가), **作名**(작명), **作心三日**(작심삼일)

昨

총 9획 6급 부수 日
- 英 yesterday
- 中 zuó
- 日 サク

하루 해(日)가 잠깐(乍) 사이에 넘어가고 되는 어제니 **어제 작**

※ 日(해 일, 날 일)

昨今(작금), **昨年**(작년), **昨日**(작일), **再昨年**(재작년)

炸

총 9획 1급 부수 火
- 英 explosion
- 中 zhà
- 日 サク

폭탄에 불(火)을 붙이면 잠깐(乍) 사이에 터지니
터질 작

※ 火(불 화)

炸裂(작렬), **炸發**(작발), **炸藥**(작약), **炸熱**(작열)

綽 绰

총 14획 1급 부수 糸
- 英 ample
- 中 chuò
- 日 シャク

실(糸)이 높이(卓) 드러나게 여유 있으니
여유 있을 작

※ 糸(실 사, 실 사 변), 卓(높을 탁, 우뚝할 탁, 탁자 탁)

綽綽(작작), **綽態**(작태), **綽約**(작약)

勺

총 3획 1급 부수 勺
- 英 a small ladle
- 中 sháo
- 日 シャク

싸(勹) 한 점(丶)의 물이나 담을 수 있는 구기 같은 작은 그릇이니 **구기 작, 작은 그릇 작** (= 㔉)
㊌ 句(글귀 구, 구절 구), 旬(열흘 순), 包(쌀 포)

* 쌀 포(勹) 안에 점 주, 불똥 주(丶)를 찍기도 하고 한 일(一)을 넣기도 하지요.
* 구기(口器) - 곤충 따위의 입 주위에 있는 먹이를 섭취하는 기관.
* 작(勺) - 용량의 하나로, 한 홉의 10분의 1.
* 口(입 구, 말할 구, 구멍 구), 器(그릇 기, 기구 기)

勺水不入(작수불입), **勺藥之贈**(작약지증)

灼

총 7획 1급 부수 火
- 英 burn
- 中 zhuó
- 日 シャク

불(火)로 작은 그릇(勺)까지 불사르니
불사를 작 (= 烵)

* 火(불 화)

灼熱(작열), **灼鐵**(작철)

酌

총 10획 3급 부수 酉
- 英 pour out liquor, deliberate
- 中 zhuó
- 日 シャク(くむ)

술(酉)을 작은 그릇(勺)에 따르니
술 따를 작
또 술 따를 때는 상대의 술 실력을 참작하니
참작할 작 (= 醻)

* 참작(參酌) - 참고하여 알맞게 헤아림.
* 酉(술 그릇 유, 술 유, 닭 유, 열째 지지 유), 參(참여할 참, 석 삼)

對酌(대작), **酬酌**(수작), **酌定**(작정), **斟酌**(짐작)

芍

총 7획 1급 부수 艹
- 英 peony
- 中 sháo
- 日 シャク

풀(艹) 중 작은 그릇(勺) 같은 둥근 꽃이 피는 함박꽃이나 작약이니 **함박꽃 작, 작약 작**

* 작약(芍藥) - 꽃이 크고 아름다워 정원에 관상용으로 심는 풀. 뿌리는 한약재로 쓰이지요.
* 藥(약 약)

〈주에 없는 글자 풀이는 앞 글자를 보세요〉

어원을 풀면서 그 글자의 구성 성분인 한자에도 다 주를 달았지만, 바로 앞에 나온 글자나 보통 수준이라면 다 알 수 있는 쉬운 한자는 주에서 뺐어요. 혹시 내용을 읽으시다가 모르는 한자가 있는데 주에도 없으면 바로 앞에 나온 글자를 보세요.

爵

총 18획 3급 부수 爪
- 영 official rank, wine cup
- 중 jué
- 일 シャク

손(爫)에 법망(罒)을 잡고 머물러(艮)
마디마디(寸) 따지는 벼슬이니 **벼슬 작**
또 손(爫)에 그릇(皿)을 잡고 머물러(艮)
조금씩(寸) 따라 마시는 술잔이니 **술잔 작**

※ 爫('손톱 조'나 여기서는 손으로 봄), 罒(그물 망, = 网, 㓁), 艮[멈출 간(艮)의 변형], 寸(마디 촌, 법도 촌), '술잔 작'의 어원 풀이에서는 그물 망(罒)을 그릇 명(皿)으로 본 것.
※ 법망(法網) - 범죄자에 대한 제재를 물고기에 대한 그물로 비유하여 이르는 말.

爵位(작위), **高官大爵**(고관대작), **獻爵**(헌작)

嚼

총 21획 1급 부수 口
- 영 chew
- 중 jiáo
- 일 シャク

입(口)에 대기만 하는 술잔(爵)처럼 삼키지 않고
씹으며 맛보니 **씹을 작, 맛볼 작**

嚼復嚼(작부작), **咀嚼**(저작)

鵲 鵲

총 19획 1급 부수 鳥
- 영 magpie
- 중 què
- 일 ジャク(かささぎ)

오래(昔)도록 한 곳에 사는 새(鳥)는 주로 까치니
까치 작

※ 昔(옛 석, 오랠 석), 鳥(새 조), 까치는 철새가 아니라 텃새지요.

鵲語(작어), **鵲喜**(작희), **烏鵲橋**(오작교),
晨鵲喜報(신작희보)

醋

초 초, 잔돌릴 작 – 초 초(646쪽) 참고

雀

총 11획 1급 부수 隹
- 영 sparrow
- 중 què
- 일 ジャク(すずめ)

작은(小) 새(隹)는 주로 참새니
참새 작

※ 小(작을 소), 隹(새 추)

雀羅(작라), **燕雀**(연작), **朱雀**(주작), **黃雀**(황작)

戔 戋

총 8획 급외자 부수 戈
- 英 injure, be piled up, remain
- 中 jiān
- 日 セン(つむ)

창(戈)을 쌓아 놓고 무엇을 해치니
쌓을 전, 해칠 잔

※ 戈(창 과), 戔이 들어간 글자를 약자로 쓸 때는 戔 부분을 戋으로 씁니다.
※ 戔의 일본어 한자는 戔, 중국어 한자는 戋으로, 우리 한자의 약자는 대부분 일본어 한자로 쓰지요.

殘 残

총 12획 4급 부수 歹
- 英 cruel, injure, remain
- 中 cán
- 日 ザン(のこる)

죽도록(歹) 잔인하게 해쳐도(戔) 남는 나머지니
잔인할 잔, 해칠 잔, 나머지 잔 약 残

※ 歹(뼈 부서질 알, 죽을 사 변), 잔인(殘忍) - 인정이 없고 모짊.

骨肉相殘(골육상잔), **殘金**(잔금), **敗殘兵**(패잔병)

棧 栈

총 12획 1급 부수 木
- 英 ladder, pier
- 中 zhàn
- 日 サン(かけはし)

나무(木)를 쌓아(戔) 만든 사다리나 잔교니
사다리 잔, 잔교 잔 약 栈

※ 잔교(棧橋) - ㉠계곡을 가로질러 높이 걸쳐 놓은 다리. ㉡부두에서 선박에 걸쳐 놓아 화물을 싣고 부리거나, 사람이 오르내리기에 편하도록 물 위에 부설한 구조물. 橋(다리 교)

棧道(잔도), **棧板**(잔판)

盞 盏

총 13획 1급 부수 皿
- 英 wine cup
- 中 zhǎn
- 日 サン(さかずき)

쌓아(戔) 놓고 쓰는 그릇(皿) 같은 잔이니
잔 잔

※ 皿(그릇 명), 잔은 많이 쌓아 놓고 쓰지요.

茶盞(차잔), **添盞**(첨잔), **退酒盞**(퇴주잔)

暫 暫

총 15획 3Ⅱ급 부수 日
- 英 moment
- 中 zàn
- 日 ザン(しばらく)

(무엇을 싹둑) 베듯(斬) 해(日)가 비치는 잠깐이니
잠깐 잠

※ 斬(벨 참), 日(해 일, 날 일), 좁은 공간은 햇볕도 잠깐만 비치지요.

暫間(잠간→잠깐), **暫見**(잠견), **暫時**(잠시)

潛 潜

총 15획 3II급 부수 水
- 영 dive, conceal
- 중 qián
- 일 セン(ひそむ)

물(氵)에 자취 없이(旡) 소리 없이(旡) 말하지도(曰) 못하고 잠기니 **잠길 잠**
또 잠기도록 감추고 숨기니 **감출 잠, 숨길 잠** 약 潜

※ 旡(없을 무, = 无), 曰(가로 왈), 가로다 – '말하다'의 옛 말.

潛水(잠수), **潛跡**(잠적), **潛伏**(잠복)

簪

총 18획 1급 부수 竹
- 영 an ornamental hairpin
- 중 zān
- 일 シン(かんざし)

대(竹)로 만들어 자취 없이(旡) 소리 없이(旡) 가로 왈(曰)자 모양으로 꽂는 비녀니 **비녀 잠**

※ 비녀 – 여자의 쪽 찐 머리가 풀어지지 않도록 꽂는 장신구. 또는 옛날에 벼슬아치들이 갓을 쓸 때 갓이 벗겨지지 않도록 갓끈을 매어 머리에 꽂던 물건. 눈에 잘 보이지 않게 꽂으니 자취 없이(旡) 소리 없이(旡)라고 한 것이죠.

簪纓(잠영), **簪花**(잠화), **玉簪**(옥잠)

蠶

총 24획 2급 부수 虫
- 영 silkworm
- 중 cán
- 일 サン(かいこ)

자취 없이(旡) 소리 없이(旡) 말하듯(曰) 입으로 실을 토해 내는 벌레(虫)와 벌레(虫)들은 누에니 **누에 잠** 약 蚕

※ 누에 실은 잘 보이지 않으니 없을 무(旡, = 无)와 누에는 여러 마리가 모여 사니 虫(벌레 충)을 겹쳐 만든 것이죠.

蠶箔(잠박), **蠶食**(잠식), **養蠶**(양잠)

蚕

총 10획 급외자 부수 虫
- 영 silkworm
- 중 cán
- 일 サン(かいこ)

하늘(天)이 준 벌레(虫)는 누에니 **누에 잠** 유 蛋(새알 단)

※ 蠶(누에 잠)의 약자 – 누에고치를 이용하여 당시 최고의 옷감인 비단을 짰으니, 하늘(天 : 하늘 천)이 보내 준 벌레(虫)라고 생각했겠지요.

養蚕(양잠)

箴

총 15획 1급 부수 竹
- 영 needle, keep watch
- 중 zhēn
- 일 シン

대(竹)를 다(咸) 깎아서 만든 바늘이니 **바늘 잠**
또 바늘로 찌르듯 조심하라고 경계하니 **경계할 잠**

※ 竹(대 죽), 咸(다 함), 쇠가 귀하던 옛날에는 대로 바늘을 만들기도 했지요.

箴石(잠석), **箴戒**(잠계), **箴言**(잠언), **規箴**(규잠)

雜 杂

총 18획 4급 부수 隹
- 영 mix
- 중 zá
- 일 ザツ(まじる)

우두머리(亠) 아래 모인 사람(人)과 사람(人)처럼 나무(木)에 여러 종류의 새(隹)가 섞여 있으니 **섞일 잡** 약 杂 : 많이(九) 나무(木) 위에 여러 종류의 새(隹)들이 섞여 있으니 '섞일 잡'.

* 亠(머리 부분 두), 隹(새 추), 九(아홉 구, 클 구, 많을 구)

雜穀(잡곡), **雜技**(잡기), **雜多**(잡다), **雜務**(잡무)

丈

총 3획 3II급 부수 一
- 영 adult, length
- 중 zhàng
- 일 ジョウ(たけ)

많이(ナ) 지팡이(乀)에 의지하는 어른이니 **어른 장**
또 어른 키 정도의 길이니 **길이 장**

* ナ[열 십, 많을 십(十)의 변형], 乀('파임 불'이나 여기서는 지팡이로 봄)
* 1丈은 성인 남자 키 정도의 길이.

丈夫(장부), **拙丈夫**(졸장부), **氣高萬丈**(기고만장)

仗

총 5획 1급 부수 人
- 영 weapons
- 중 zhàng
- 일 ジョウ(よる)

사람(亻)이 어른(丈)이 되면 갖추는 의장이나 무기니 **의장 장, 무기 장**

* 의장(儀仗) - 지위가 높은 사람이 행차할 때에 위엄을 보이기 위하여 격식을 갖추어 세우는 병장기(兵仗器)나 물건. 철모르는 어릴 때는 아무렇게나 차리고 나가도 되지만 어른이 되면 의장을 갖추고 나가야 함을 생각하고 만든 글자. 儀(거동 의)

儀仗隊(의장대), **仗器**(장기)

杖

총 7획 1급 부수 木
- 영 stick
- 중 zhàng
- 일 ジョウ(つえ)

나무(木)로 만들어 어른(丈)이 짚는 지팡이니 **지팡이 장**
또 지팡이로도 쓸 수 있는 몽둥이니 **몽둥이 장**

* 木(나무 목)

短杖(단장), **竹杖**(죽장), **杖鼓**(장고), **棍杖**(곤장)

爿

총 4획 부수자
- 영 a piece of tree
- 중 qiáng, pán

나무를 세로로 나눈 왼쪽 조각을 본떠서 **나무조각 장**
또 나무조각이라도 들고 싸우는 장수니 **장수 장 변** 약

壯 壮

총 7획 4급 부수 士
- brave, great
- zhuàng
- ソウ(さかん)

나무조각(爿)이라도 들고 군사(士)가 싸우는 모습이 굳세고 장하니 **굳셀 장, 장할 장** 약 壮

+ 士(선비 사, 군사 사, 칭호나 직업 이름에 붙이는 말 사), 爿[나무조각 장(爿)의 약자]
+ 장하다 - ㉠기상이나 인품이 훌륭하다. ㉡크고 성대하다.

壯士(장사), **壯元**(장원), **宏壯**(굉장), **雄壯**(웅장)

莊 庄

총 11획 3급 부수 艹
- grand, villa
- zhuāng
- ソウ(おごそか)

초목(艹)을 장하게(壯) 가꾸어 장엄하니 **장엄할 장**
또 초목(艹)을 장하게(壯) 가꾼 곳에 지은 별장이니
별장 장, 성씨 장 약 庄

+ 장엄(莊嚴) - 경건하고 엄숙함.
+ 별장(別莊) - 본집과 별도로 경치 좋은 곳에 마련한 집.
+ 艹(초 두), 嚴(엄할 엄), 別(나눌 별, 다를 별)

莊園(장원), **莊重**(장중), **山莊**(산장)

裝 装

총 13획 4급 부수 衣
- decorate
- zhuāng
- ソウ(よそおう)

장하게(壯) 옷(衣)을 꾸미니
꾸밀 장 약 装

+ 衣(옷 의)

裝飾(장식), **裝塡**(장전), **扮裝**(분장), **包裝**(포장)

將 将

총 11획 4Ⅱ급 부수 寸
- general, someday, advance
- jiàng, jiāng
- ショウ

(전쟁에 나가기 전에) 나무 조각(爿)에 고기(夕)를 차려 법도(寸)에 따라 제사지내는 장수니 **장수 장**
또 장수는 장차 전쟁이 나면 나가 싸워야 하니
장차 장, 나아갈 장 약 将

+ 장차(將次) - '앞으로'로, 미래의 어느 때를 나타내는 말.
+ 夕[달 월, 육 달 월(月)의 변형], 寸(마디 촌, 법도 촌), 次(다음 차, 차례 차, 번 차)

將兵(장병), **將來**(장래), **日就月將**(일취월장),
王侯將相(왕후장상), **寧有種乎**(영유종호) - '왕과 제후와 장수와 재상, 즉 훌륭한 사람들이 어찌 종자가 있었겠느냐'로, 원래부터 씨가 있는 것이 아니고 노력하면 누구나 될 수 있다는 말. 王(임금 왕, 으뜸 왕, 구슬 옥 변), 侯(과녁 후, 제후 후), 相(서로 상, 모습 상, 볼 상, 재상 상), 寧(편안할 녕, 어찌 녕), 有(가질 유, 있을 유), 種(씨앗 종, 종류 종), 乎(어조사 호)

장

蔣 蒋

총 15획 2급 부수 ++
- 英 water oat, family name
- 中 jiǎng 日 ショウ

풀(++) 중 물속에서도 장수(將)처럼 씩씩하게 자라는 줄이니 **줄 장, 성씨 장** 약 蒋

※ 줄 - 볏과의 여러해살이 풀.

蔣茅(장모), **蔣英實**(장영실) - 과학자(?~1442).
蔣介石(장개석) - 타이완 중화민국 총통(1887~1975).

奬 奖

총 14획 4급 부수 大
- 英 exhort
- 中 jiǎng

장차(將) 크게(大) 되도록 장려하니
장려할 장 약 奖

※ 장려(奬勵) - 힘써 권함.
※ 大(큰 대), 勵(힘쓸 려)

勸奬(권장)

漿 浆

총 15획 1급 부수 水
- 英 watery gruel
- 中 jiāng 日 ショウ

장차(將) 물(水)처럼 되도록 끓인 미음이니
미음 장

※ 미음(米飮) - 쌀이나 좁쌀을 푹 끓여 체에 거른 음식.
※ 米(쌀 미), 飮(마실 음)

漿果(장과), **漿液**(장액), **血漿**(혈장)

醬 酱

총 18획 1급 부수 酉
- 英 soy sauce, salted fish
- 中 jiàng 日 ショウ(ひしお)

장차(將) 술(酉)처럼 되도록 발효시킨
간장이나 젓갈이니 **간장 장, 젓갈 장**

※ 酉(술 그릇 유, 술 유, 닭 유, 열째 지지 유), '나무조각에' 고기(月)를 마디마디(寸) 썰어서 술(酉)처럼 발효시킨 젓갈이니 젓갈 장(醬)이라고도 해요. 장(醬) - ㉠간장. ㉡간장·된장·고추장을 통틀어 일컬음.

醬味(장미), **醬油**(장유), **淸麴醬**(청국장)

章

총 11획 6급 부수 立
- 英 a sentence
- 中 zhāng 日 ショウ

소리(音) 열(十) 개 정도 적으면 이루어지는 문장이니
문장 장

※ 音(소리 음), 十(열 십, 많을 십), 소리를 적은 글자 열 개 정도면 문장이 되지요.

文章(문장), **印章**(인장), **勳章**(훈장), **徽章**(휘장)

障

총 14획 4II급 부수 阜
- 영 obstruct
- 중 zhàng
- 일 ショウ(さわる)

위험한 언덕(阝)에 문장(章)을 써 붙여 길을 막으니
막을 장

* 阝(언덕 부 변)

障壁(장벽), **障碍**(장애), **障害**(장해), **保障**(보장)

獐

총 14획 2급 부수 犬
- 영 roe deer
- 중 zhāng

짐승(犭) 중 가죽에 문장(章) 같은 무늬가 있는
노루니 **노루 장**

* 犭(큰개 견, 개 사슴 록 변), 노루-사슴과의 포유동물.

獐角(장각), **獐茸**(장용)

璋

총 15획 2급 부수 王(玉)
- 중 zhāng
- 일 ショウ

옥(王)에 문장(章)을 적은 홀이니
홀 장

* 홀(笏 : 홀 홀) - 조선 시대에, 벼슬아치가 임금을 만날 때에 손에 쥐던 물건. 일품부터 사품까지는 상아홀, 오품 이하는 목홀(木笏)을 사용했답니다.
* 王(임금 왕, 으뜸 왕, 구슬 옥 변), 木(나무 목)

圭璋(규장), **弄璋之慶**(농장지경)

長

총 8획 8급 제부수
- 영 long, elder
- 중 cháng, zhǎng
- 일 チョウ(ながい)

입술(一)의 위아래에 난 긴 수염을 본떠서
길 장
또 수염이 길면 어른이니 **어른 장**

* 一('한 일'이나 여기서는 입술로 봄), 수염은 나이 들면 주로 입 주위에 많이 나지요.

長短(장단), **校長**(교장), **長幼有序**(장유유서)

帳

총 11획 4급 급수 巾
- 영 curtain, account book
- 중 zhàng
- 일 チョウ(とばり)

수건(巾) 같은 천으로 길게(長) 둘러 가린 장막이니
장막 장
또 장막처럼 남에게 보이지 않게 가리고 쓰는 장부니 **장부 장**

* 巾(수건 건), 장부(帳簿) - 금품의 수입 지출을 기록하는 책, 簿(장부 부)

帳幕(장막), **布帳馬車**(포장마차), **元帳**(원장), **通帳**(통장)

張 张

총 11획 4급 부수 弓
- 英 display, extend, family name
- 中 zhāng
- 日 チョウ(はる)

활(弓) 시위를 길게(長) 벌리니
벌릴 장
또 마음을 열고 베푸니 **베풀 장, 성씨 장**

※ 弓(활 궁), 長(길 장, 어른 장)

張力(장력), **誇張**(과장), **主張**(주장), **擴張**(확장)

掌

총 12획 3II급 부수 手
- 英 palm
- 中 zhǎng
- 日 ショウ(たなごころ)

숭상하듯(尙) 손(手)에서 쥐어지는 손바닥이니
손바닥 장 ㉮ 拳(주먹 권)

※ 尙(오히려 상, 높을 상, 숭상할 상), 手(손 수, 재주 수, 재주 있는 사람 수)

掌匣(장갑), **掌握**(장악), **合掌**(합장), **如反掌**(여반장)

葬

총 13획 3II급 부수 ++
- 英 funeral
- 中 zàng
- 日 ソウ(ほうむる)

풀(++)로 죽은(死) 사람을 덮어 받쳐 들고(廾) 가 장사지내니 **장사지낼 장**

※ 장사(葬事) - 죽은 사람을 땅에 묻거나 화장하는 일.
※ 死(죽을 사), 廾(받쳐 들 공), 事(일 사, 섬길 사)

葬禮(장례), **葬地**(장지), **埋葬**(매장), ***埋藏**(매장)

場 场

총 12획 7급 부수 土
- 英 yard, court
- 中 chǎng, cháng
- 日 ジョウ(ば)

흙(土)이 햇살(昜)처럼 넓게 퍼져 있는 마당이니
마당 장

※ 土(흙 토), 昜(볕 양, 햇살 양)

場所(장소), **廣場**(광장), **滿場一致**(만장일치)

腸 肠

총 13획 4급 부수 肉
- 英 intestines
- 中 cháng
- 日 チョウ(はらわた)

몸(月)속에 햇살(昜)처럼 넓게 퍼져 있는 창자니
창자 장

※ 月(달 월, 육 달 월)

肝腸(간장), **胃腸**(위장), **九折羊腸**(구절양장)

장

庄

총 6획 2급 부수 广
- 영 one's farmstead
- 중 zhuāng
- 일 ショウ

집(广)에 딸린 시골 땅(土)이 전장이니
전장 장 ㉔ 压[누를 압(壓)의 속자], 圧[누를 압(壓)의 약자]

※ 전장(田庄) - 개인이 소유하는 논밭.
※ 广(집 엄), 土(흙 토), 田(밭 전)

庄土(장토), **村庄**(촌장), **廢庄**(폐장)

粧 粧

총 12획 3II급 부수 米
- 영 decorate, adorn
- 중 zhuāng
- 일 ショウ(よそおう)

쌀(米) 가루 바르듯 집(广)에 흰 흙(土)을 발라 단장하니 **단장할 장**

※ 페인트가 없었던 옛날에는 흰 흙을 발라 단장했지요.
※ 단장(丹粧) - '붉게 꾸밈'으로, ㉠얼굴·머리·옷차림 따위를 곱게 꾸밈. ㉡건물·거리 따위를 깨끗하고 곱게 꾸밈.
※ 米(쌀 미), 广(집 엄), 丹(붉을 단, 모란 란)

粧飾(장식), **內粧**(내장), ***內裝**(내장), **治粧**(치장)

臧

총 14획 특II급 부수 臣
- 영 virtuous, conceal
- 중 zāng
- 일 ゾウ

장수(爿)가 창(戈)으로 신하(臣)를 보호하고 숨겨 주는 마음은 착하니 **숨길 장, 착할 장**

※ 爿(나무조각 장, 장수 장 변), 戈(창 과), 臣(신하 신)

臧否(장부) - 착함과 착하지 못함.

藏

총 18획 3II급 부수 ⺿
- 영 hide, store
- 중 cáng, zàng
- 일 ゾウ(くら)

풀(⺿)로 숨겨(臧) 감추니
감출 장
또 감추어 두는 곳간이니 **곳간 장**

※ 곳간(庫間) - 물건을 간직하여 두는 곳.
※ 庫(창고 고), 間(사이 간)

秘藏(비장), **死藏**(사장), **貯藏**(저장)

臟 脏

총 22획 3II급 부수 肉
- 영 viscera
- 중 zàng
- 일 ゾウ

몸(月)속에 곳간(藏) 같은 오장이니
오장 장

※ 오장육부(五臟六腑) - 폐장, 심장, 비장, 간장, 신장의 다섯 가지 내장과 대장(大腸), 소장(小腸), 위(胃), 담(膽), 방광(膀胱), 삼초(三焦)의 총칭.

臟器(장기), **肝臟**(간장), **內臟**(내장), **膵臟**(췌장)

장

匠

총 6획 1급 부수 匚
- 英 artisan
- 中 jiàng
- 日 ショウ(たくみ)

상자(匚)에 도끼(斤) 같은 연장을 가지고 다니며 물건을 만드는 장인이니 **장인 장**

* 장인(匠人)－물건 만드는 일을 업으로 삼는 사람.
  ㈜ 장인(丈人)－아내의 친아버지.
* 匚(상자 방), 斤(도끼 근, 저울 근), 丈(어른 장, 길이 장)

巨匠(거장), 名匠(명장), 藥匠(약장), 意匠(의장)

墻 墙

총 16획 3급 부수 土
- 英 wall, fence
- 中 qiáng
- 日 ショウ

흙(土)으로 재물을 아끼는(嗇) 사람이 높게 쌓은 담이니 **담 장** (= 牆)

* 土(흙 토), 嗇(아낄 색), 牆 : 나무 조각(爿 : 나무 조각 장)으로 재물을 아끼는(嗇) 사람이 높게 막은 담이니 '담 장'

(장외), 路柳墻花(노류장화), 越墻(월장)

檣 樯

총 17획 1급 부수 木
- 英 mast
- 中 qiáng
- 日 ショウ

나무(木)로 배를 아끼는(嗇) 사람이 꽂은 돛대니 **돛대 장**

* 木(나무 목)

檣竿(장간), 檣燈(장등), 檣樓(장루)

薔 蔷

총 17획 1급 부수 ⺾
- 英 rose
- 中 qiáng
- 日 ショウ

풀(⺾) 중에 꽃이 예뻐 아끼는(嗇) 장미니 **장미 장**

(장미), 薔薇酒(장미주)

才

총 3획 6급 부수 手
- 英 talent, nature
- 中 cái
- 日 サイ(ざえ)

땅(一)에 초목(亅)의 싹(丿)이 자라나듯이 사람에게도 그런 재주와 바탕이 있으니 **재주 재, 바탕 재**
㈜ 寸(마디 촌, 법도 촌)

* 초목은 처음에는 작지만 자라면 꽃도 피고 열매도 맺고 큰 재목도 되는 것처럼 사람에게도 그런 재주와 바탕이 있다는 데서 만든 글자.

(재능), 才媛(재원), 秀才(수재), 天才(천재)

材

총 7획 5급 부수 木
- ⓔ timber, material
- ⓒ cái
- ⓙ ザイ

나무(木)가 바탕(才)이 되는 재목이나 재료니
재목 재, 재료 재

※ 재주 재, 바탕 재(才)는 눈으로 볼 수 없는 본바탕의 재주고, 재목 재, 재료 재(材)는 무엇을 만들 때의 재료를 말하지요. 옛날에는 대부분의 재료가 나무였기 때문에 나무 목(木)이 들어갔네요.

材木(재목), **材料**(재료), **骨材**(골재), **教材**(교재)

財 财

총 10획 5급 부수 貝
- ⓔ property
- ⓒ cái
- ⓙ ザイ(たから)

돈(貝) 버는 재주(才)가 있어 늘어나는 재물이니
재물 재

※ 조개 패, 재물 패(貝)는 재물을 뜻하는 부수, 재물 재(財)는 재물을 나타내는 글자.
※ 재물(財物) - 돈이나 값나가는 물건을 통틀어 일컫는 말.

財務(재무), **財産**(재산), **財源**(재원), **蓄財**(축재)

在

총 6획 6급 부수 土
- ⓔ existence
- ⓒ zài
- ⓙ ザイ(ある)

한(一) 사람(亻)에게 땅(土)이 있으니
있을 재 存(있을 존)

※ 亻(사람 인 변), 土('흙 토'나 여기서는 땅으로 봄)

在庫(재고), **在室**(재실), **在中**(재중), **在學**(재학)

再

총 6획 5급 부수 冂
- ⓔ again, second
- ⓒ zài
- ⓙ サイ(ふたたび)

한(一) 개의 성(冂)처럼 흙(土)으로 다시 쌓아 올리니
다시 재, 두 번 재

※ 冂(멀 경, 성 경), 土(흙 토)

再建(재건), **再起**(재기), **非一非再**(비일비재)

災 灾

총 7획 5급 부수 火
- ⓔ calamity
- ⓒ zāi
- ⓙ サイ(わざわい)

물(巛)이나 불(火)로 인하여 입는 재앙이니 **재앙 재**

※ 巛 : 내 천(川)이 부수로 쓰일 때의 모습으로, 개미허리 같다 하여 '개미허리 천'이라 부름.
※ 재앙(災殃) - 뜻하지 아니하게 생긴 불행한 변고, 또는 천재지변으로 인한 불행한 사고, 殃(재앙 앙)

災難(재난), **災害**(재해), (이재민)

栽
총 10획 3II급 부수 木
- 英 plant, bring up
- 中 zāi
- 日 サイ(うえる)

나무(木)를 잘라(戈) 심고 기르니
심을 재, 기를 재

※ 戈 : 흙(土)으로 된 것을 창(戈) 같은 도구로 끊고 쪼개니 '끊을 재, 쪼갤 재'-이 글자가 쓰인 글자들을 참고하여 추정해 본 글자로 실제 쓰이지는 않음.
※ 木(나무 목), 土(흙 토), 戈(창 과)

栽培(재배), **盆栽**(분재), **植栽**(식재)

哉
총 9획 3급 부수 口
- 英 for the first time
- 中 zāi
- 日 サイ

말(口)을 끊을(戈) 때 쓰는 어조사니 **어조사 재**
또 말(口)을 끊으며(戈) 비로소 일을 시작하니 **비로소 재**

※ 어조사(語助辭)란 뜻 없이 말에 힘을 더해 주는 말로, 말에 힘을 주는 것은 입으로 하니까 입 구(口)가 들어가지요.
※ 비로소-어느 한 시점을 기준으로 그 전까지 이루어지지 아니하였던 사건이나 사태가 이루어지거나 변화하기 시작함을 나타내는 말.

嗚呼痛哉(오호통재), **哀哉**(애재), **快哉**(쾌재)

裁
총 12획 3II급 부수 衣
- 英 cut, consider, decide
- 中 cái
- 日 サイ(たつ)

옷(衣)감을 잘라(戈) 재단하려고 몸의 크기를 헤아리고 결단하니 **재단할 재, 헤아릴 재, 결단할 재**

※ 재단(裁斷)-(옷감 등을) 치수에 맞게 자르는 것. 마름질.
※ 衣(옷 의), 斷(끊을 단, 결단할 단)

裁判(재판), **裁量**(재량), **獨裁**(독재), **決裁**(결재)

재

載
총 13획 3II급 부수 車
- 英 load, year
- 中 zài, zǎi
- 日 サイ(のせる)

수레(車)에 자른(戈) 나무를 실으니
실을 재
또 모든 것을 싣고 가는 해(年)의 뜻도 있어서 **해 재**

※ 車(수레 거, 차 차), 年(해 년, 나이 년)

揭載(게재), **積載**(적재), **千載一遇**(천재일우)

宰
총 10획 3급 부수 宀
- 英 manage, premier
- 中 zǎi
- 日 サイ

집(宀)안 일을 고생하며(辛) 주재하니 **주재할 재**
또 나라 일을 주관하는 재상이니 **재상 재**

※ 주재(主宰)-중심이 되어 맡아 처리함. 또는 그 사람.
※ 재상(宰相)-임금을 돕고 모든 관원을 지휘 감독하는 2품 이상의 벼슬. 또는 그 자리에 있는 사람.
※ 宀(집 면), 辛(고생할 신, 매울 신), 主(주인 주), 相(서로 상, 모습 상, 볼 상, 재상 상)

滓

총 13획 1급 부수 水
- 영 dreg
- 중 zǐ
- 일 シ(かす)

물(氵)로 주재하여(宰) 씻어 내는 찌꺼기니
찌꺼기 재

滓炭(재탄), 去滓(거재), 殘滓(잔재), 汁滓(즙재)

齋 斋

총 17획 1급 부수 齊
- 영 purify oneself, shrine, mourning clothes
- 중 zhāi
- 일 サイ(ものいみ)

몸과 마음을 가지런히(齊) 하며 작은(小) 일에도
조심하며 재계하니 **재계할 재**
또 재계하는 재실이나 재계할 때 입는 상복이니
재실 재, 상복 재

* 재계(齋戒) - 부정(不淨)한 일을 멀리하고 심신을 깨끗이 하는 일.
* 재실(齋室) - 재계하며 제사를 지내는 집.
* 상복(喪服) - 상중에 있는 상제나 복인이 입는 예복. 삼베로 만드는데 바느질을 곱게 하지 않음.
* 齊(가지런할 제), 戒(경계할 계), 淨(깨끗할 정), 室(집 실, 방 실, 아내 실), 喪(초상날 상, 잃을 상), 服(옷 복, 먹을 복, 복종할 복)

齋戒(재계), 書齋(서재), 齋衰(재최)

爭 争

총 8획 5급 부수 爪
- 영 contest
- 중 zhēng
- 일 ソウ(あらそう)

손톱(爫)도 세우고 오른손(⺕)에 갈고리(亅)도
들고 다투니 **다툴 쟁**   약 争 : 사람(⺈)이 오른손(⺕)에 갈고리(亅)를 들고 다투니 '다툴 쟁'.

* 爫(손톱 조), ⺕(고슴도치 머리 계, 오른손 우), 亅(갈고리 궐), ⺈[사람 인(人)의 변형]

爭取(쟁취), 競爭(경쟁), 論爭(논쟁), 戰爭(전쟁)

錚 铮

총 16획 1급 부수 金
- 영 gong
- 중 zhēng
- 일 ソウ

쇠(金)가 다투듯(爭) 부딪치는 쇳소리니
쇳소리 쟁
또 이런 소리를 내는 징이니 **징 쟁** 약 铮

* 金(쇠 금, 금 금, 돈 금, 성씨 김)

錚錚(쟁쟁) - 쇠붙이 따위가 맞부딪혀 맑게 울리는 소리.
錚盤(쟁반), 錚匠(쟁장)

氏

총 5획 특급 부수 氏
- 英 bottom, foundation
- 中 di
- 日 テイ

나무뿌리(氏)는 밑(一)이 근본이니
밑 저, 근본 저

※ 氏(성 씨, 뿌리 씨), 나무는 뿌리가 성해야 잘 자라니 뿌리가 있는 밑이 근본이지요.

低

총 7획 4Ⅱ급 부수 人
- 英 low
- 中 di
- 日 テイ(ひくい)

사람(亻)이 밑(氐)에 있어 낮으니
낮을 저

低價(저가), 低廉(저렴), 低俗(저속),
高低長短(고저장단)

抵

총 8획 3Ⅱ급 부수 手
- 英 resist, sustain
- 中 di
- 日 テイ

손(扌)으로 밑(氐)바닥까지 밀어 막으니
막을 저
또 막음에 당하니 **당할 저**

※ 扌(손 수 변)

抵當(저당), 抵抗(저항), 抵觸(저촉)

觝

총 12획 1급 부수 角
- 英 confront
- 中 di
- 日 テイ

뿔(角)을 밑(氐)으로 하여 닥뜨리니
닥뜨릴 저

※ 角(뿔 각, 모날 각, 겨룰 각)
※ 닥뜨리다 - 닥치어 오는 일에 마주 서다. 부닥뜨리다. 직면하다.
※ 뿔 가진 짐승들이 싸울 때는 뿔 있는 머리를 밑으로 대고 대항하는 모습을 보고 만든 글자.

角觝(각저), 觝觸·抵觸(저촉)

邸

총 8획 1급 부수 邑
- 英 mansion
- 中 di
- 日 テイ(やしき)

밑(氐)부터 튼튼히 고을(阝)에 드러나도록 지은 큰집이니 **큰집 저**

※ 阝(고을 읍 방)

官邸(관저) ↔ 私邸(사저), 邸宅(저택) - ㉠규모가 아주 큰 집. ㉡예전에 왕후나 귀족의 집.

底 底

총 8획 4급 부수 广
- 英 bottom
- 中 dǐ
- 日 テイ(そこ)

집(广)의 밑(氐) 부분이니
밑 저

※ 广(집 엄), 낮을 저(低)는 주로 높낮이가 낮다는 말이고, 밑 저(底)는 눈에 보이지 않는 밑 부분을 가리키지요.

底力(저력), **底意**(저의), **井底蛙**(정저와)

沮

총 8획 2급 부수 水
- 英 stop
- 中 jǔ
- 日 ソ(はばむ)

물(氵)이 또(且) 앞길을 막으니
막을 저

※ 且: 그릇(一)에 음식을 또 또 쌓아올린 모양을 본떠서 '또 차'.

沮抑(저억), **沮礙**(저애), **沮止**(저지), **愧沮**(괴저)

咀

총 8획 1급 부수 口
- 英 chew
- 中 jǔ
- 日 ソ(かむ)

입(口)으로 또(且) 씹으니
씹을 저

※ 口(입 구, 말할 구, 구멍 구)

咀嚼(저작), **咀呪 · 詛呪**(저주)

狙

총 8획 1급 부수 犬
- 英 monkey, look for
- 中 jū
- 日 ソ(ねらう)

짐승(犭) 중 또(且) 엿보다가 빼앗아가는 원숭이니 **원숭이 저, 엿볼 저**

※ 犭(큰개 견, 개 사슴 록 변). 원숭이는 사람이 든 물건을 엿보다가 순식간에 빼앗아가지요.

狙公(저공), **狙擊**(저격), **狙擊手**(저격수)

詛 诅

총 12획 1급 부수 言
- 英 curse
- 中 zǔ
- 日 ソ

말(言)을 하고 또(且) 하며 저주하니
저주할 저

※ 言(말씀 언), 같은 말을 하고 또 함은 저주하는 것이지요.

詛呪(저주) - 남에게 재앙이나 불행이 일어나도록 빌고 바람. 또는 그렇게 하여서 일어난 재앙이나 불행.

豬 猪

총 16획 1급 부수 豕
- 영 pig, swine
- 중 zhū
- 일 チョ(いのしし)

돼지(豕) 같은 것(者)이니
돼지 저 (= 猪)

※ 猪 : 짐승(犭) 같은 것(者)이니 '돼지 저' - 돼지는 우리가 흔히 볼 수 있기에 이런 글자도 생겼나 봐요.
※ 豕(돼지 시), 者(놈 자, 것 자), 犭(큰개 견, 개 사슴 록 변)

豬肉(저육), **豬突**(저돌)

箸 箸

총 15획 1급 부수 竹
- 영 chopstick
- 중 zhù
- 일 チョ(はし)

대(⺮)를 사람(者)이 늘 쓰도록 깎아 만든 젓가락이니
젓가락 저

※ ⺮(대 죽), 저(箸) + 가락 = 젓가락

箸筒(저통), **木箸**(목저), **匕箸**(비저)

著 著

총 13획 3II급 부수 ⺿
- 영 compose, become famous, be close
- 중 zhù
- 일 チョ(あらわす)

(부귀공명을 멀리하고) 초(⺿)야에 묻혀 사람(者)이
글 지으면 드러나니 **글 지을 저, 드러날 저**
또 (옛날에는) 풀(⺿)로 사람(者)이 옷을 만들어 붙게
입었으니 **붙을 착, 입을 착**

※ 초야(草野) - '풀이 난 들'로, 외딴 시골을 이르는 말.
※ 저(著) - (저자의 이름 다음에 쓰이어) 저술이나 저작의 뜻을 나타냄.
※ '붙을 착, 입을 착'으로는 주로 着을 쓰지요.

著者(저자), **著名**(저명), **著壓**(착압), **著服**(착복)

躇 躇

총 20획 1급 부수 足
- 영 hesitate, jump across
- 중 chú
- 일 チョ(ためらう)

발(足)이 드러나게(著) 천천히 걸으며 머뭇거리니
머뭇거릴 저
또 발(足)이 드러나게(著) 건너뛰니 **건너뛸 착**

※ 足(발 족, 넉넉할 족)

躊躇(주저), **躇階**(착계),
躊躇躊躇(주저주저) - 매우 머뭇거리며 망설이는 모양. 躊(머뭇거릴 주)

貯 貯

총 12획 5급 부수 貝
- save, heap up
- zhù
- チョ(たくわえる)

재물(貝)을 집(宀)에 고무래(丁)로 당기듯이 모아 쌓으니 **쌓을 저**

※ 貝(조개 패, 재물 패), 宀(집 면), 丁(고무래 정, 못 정, 장정 정, 넷째 천간 정)

貯金(저금), **貯水池**(저수지), **貯藏**(저장)

赤

총 7획 5급 제부수
- red, naked
- chì
- セキ(あか)

흙(土)이 불(灬→小→火) 타듯 붉으니 **붉을 적**
또 붉게 발가벗으니 **발가벗을 적** (유) 亦(또 역)

※ 土(흙 토), 小[불 화(火)의 변형], 색 구분이 분명하지 않았던 옛날에는 발가벗은 모습도 붉다고 보았네요.

赤色(적색), **赤字**(적자)↔**黑字**(흑자), **赤裸裸**(적나라)

跡 迹

총 13획 3II급 부수 足
- trace
- jì
- セキ(あと)

발(足)로 밟으면 또(亦) 생기는 발자국이나 자취니 **발자국 적, 자취 적**

※ 足(발 족, 넉넉할 족), 亦(또 역)

人跡(인적), **遺跡·遺蹟**(유적), **痕迹**(흔적)

迹

총 10획 1급 부수 辶
- trace
- jì
- セキ

또(亦) 가면(辶) 남는 자취니 **자취 적** (≒ 蹟, 跡)

※ 辶(뛸 착, 갈 착, = 辵)

人迹(인적), **足迹**(족적), **追迹**(추적)

的

총 8획 5급 부수 白
- target, hit, bright
- dì, dí
- テキ(まと)

하얗게(白) 싼(勹) 판에 점(丶) 찍어서 만든 과녁을 맞히니 **과녁 적, 맞힐 적**
또 과녁은 잘 보이도록 만들어 밝으니 **밝을 적**

※ 白(흰 백, 밝을 백, 깨끗할 백, 아뢸 백), 勹(쌀 포), 丶(점 주, 불똥 주)

標的(표적), **的中**(적중), **目的**(목적), **的確**(적확)

寂

총 11획 3II급 부수 宀
- 英 silent, lonely
- 中 jì
- 日 ジャク(さび)

집(宀)이 아저씨(叔)만 있는 듯 고요하니
고요할 적

※ 宀(집 면), 叔(작은아버지 숙, 아저씨 숙)

寂寞(적막), **孤寂**(고적), **靜寂**(정적), **閑寂**(한적)

笛

총 11획 3II급 부수 竹
- 英 a pipe
- 中 dí
- 日 テキ(ふえ)

대(竹)로 말미암아(由) 소리 나게 만든 피리니
피리 적 ㊌ 苗(싹 묘)

※ 竹(대 죽), 由(말미암을 유), 옛날에는 피리를 대로 만들었기 때문에 생긴 글자.

警笛(경적), **鼓笛隊**(고적대), **汽笛**(기적), **號笛**(호적)

賊 财

총 13획 4급 부수 貝
- 英 thief
- 中 zéi
- 日 ゾク

재물(貝)을 창(戈) 들고 많이(十) 훔치는 도둑이니
도둑 적

※ 貝(조개 패, 재물 패), 戈(창 과), 十[열 십, 많을 십(十)의 변형]

賊反荷杖(적반하장), **逆賊**(역적), **海賊**(해적)

商

총 11획 급외자 부수 口
- 英 base, root

머리 부분(亠)을 받친(丷) 성(冂) 모양으로
오래된(古) 밑동이나 뿌리니 **밑동 적, 뿌리 적**
㊌ 商(헤아릴 상, 장사할 상)

※ 亠(머리 부분 두), 丷(받친 모습), 冂(멀 경, 성 경), 古(오랠 고, 옛 고), 밑동 - 나무줄기의 밑 부분으로 사물의 제일 중요한 부분을 가리키기도 함.

滴

총 14획 3급 부수 水
- 英 drop
- 中 dī
- 日 テキ(しずく)

물(氵)이 밑동(商)으로 떨어지는 물방울이니
물방울 적

※ 나무에 비가 오면 먼저 잎이나 줄기에 머물렀다가 방울져 떨어지지요.

滴露(적로), **滴水**(적수), **餘滴欄**(여적란), **硯滴**(연적)

摘

총 14획 3II급 부수 手
- 英 pick
- 中 zhāi
- 日 テキ(つむ)

손(扌)으로 과일의 밑동(啇)을 따니
딸 적

※ 扌(손 수 변)

摘果(적과), 摘讀(적독), 摘發(적발), 指摘(지적)

謫 谪

총 18획 1급 부수 言
- 英 blame
- 中 zhé
- 日 タク

말(言)로 뿌리(啇)까지 들춰 가며 꾸짖고 귀양 보내니
귀양 보낼 적

※ 言(말씀 언), 서로 삼가해야 할 말도 있는데 뿌리까지 들춰 가며 꾸짖고 귀양 보낸다는 글자.

謫降(적강), 謫居(적거), 謫仙(적선), 謫所(적소)

嫡

총 14획 1급 부수 女
- 英 wife
- 中 dí
- 日 チャク

여자(女) 중 밑동(啇)으로 삼는 본마누라니
본마누라 적

嫡嗣(적사), 嫡庶(적서), 嫡孫(적손), 嫡子(적자)

敵 敌

총 15획 4II급 부수 攵
- 英 enemy
- 中 dí
- 日 テキ(かたき)

뿌리(啇)까지 들추어 치며(攵) 달려드는 원수니
원수 적

※ 攵(칠 복, = 攴), 뿌리까지 들추어 공격하면 원수지요.

敵國(적국), 敵軍(적군), 對敵(대적), 宿敵(숙적)

適 适

총 15획 4급 부수 辶
- 英 suit, go
- 中 shì
- 日 テキ(かなう)

뿌리(啇)가 알맞은 곳으로 뻗어 가듯(辶) 알맞은 곳으로 가니 **알맞을 적, 갈 적**

※ 辶(뛸 착, 갈 착, = 辶)

適當(적당), 適性(적성), 悠悠自適(유유자적)

적

積 积

총 16획 4급 부수 禾
- heap up
- jī
- セキ(つむ)

벼(禾)를 책임지고(責) 묶어 쌓으니
쌓을 적

※ 禾(벼 화), 責(꾸짖을 책, 책임 책), 요즘은 벼를 콤바인으로 한 번에 수확하지만 옛날에는 일일이 손으로 수확했어요. 익은 벼는 제 때에 베어서 말려 묶어 쌓아 놓고 타작에 대비해야 했으니, 이 과정에서 잘못하여 비를 맞으면 안 되지요.

積金(적금), **積立**(적립), **積小成大**(적소성대)

績 绩

총 17획 4급 부수 糸
- weave
- jì
- セキ(つむぐ)

실(糸)을 책임지고(責) 맡아 짜니
짤 적

※ 糸(실 사, 실 사 변)

功績(공적), **紡績**(방적), **成績**(성적), **實績**(실적)

蹟 迹

총 18획 3II급 부수 足
- trace
- jī
- セキ

발(足)로 책임(責)을 다하면서 남긴 자취니
자취 적

※ 足(발 족, 넉넉할 족)

古蹟(고적), **奇蹟**(기적), **史蹟**(사적), **遺蹟**(유적)

籍

총 20획 4급 부수 竹
- book, register
- jí
- セキ(ふみ)

대(竹) 조각에 쟁기(耒)로 밭 갈듯 글을 새겨
오랫(昔)동안 남도록 만든 서적이나 문서니
서적 적, 문서 적

※ 竹(대 죽), 耒(가래 뢰, 쟁기 뢰), 昔(옛 석, 오랠 석), 종이가 없던 옛날에는 대(竹) 조각에 글을 새겼지요.

書籍(서적), **國籍**(국적), **除籍**(제적), **戶籍**(호적)

##

고기 구울 자, 구울 적, 친히 가르침 받을 자
- 고기 구울 자(524쪽) 참고

명언 **一切唯心造**(일체유심조) '일체는 오직 마음으로 지음'으로, 모든 것은 마음먹기 나름이라는 말. ▶切(모두 체, 끊을 절, 간절할 절), 唯(오직 유, 대답할 유), 心(마음 심, 중심 심), 造(지을 조)

狄

총 7획 1급 부수 犬
- 中 dí
- 日 テキ

개(犭)가 불(火)이 붙어 날뛰듯 성질이 급한 북쪽 오랑캐니 **북쪽 오랑캐 적**

※ 犭(큰개 견, 개 사슴 록 변), 火(불 화)
※ 사이(四夷) - '네 오랑캐'로, 중국은 자기 나라를 천하의 중심이라는 데서 중국(中國)이라 칭하고 나머지는 모두 오랑캐로 보아 방향에 따라 북쪽 오랑캐는 적(狄), 남쪽 오랑캐는 만(蠻), 동쪽 오랑캐는 이(夷), 서쪽 오랑캐는 융(戎)이라 불렀는데 이들을 합쳐서 이르는 말.

南蠻北狄(남만북적), **夷蠻戎狄**(이만융적)

田

총 5획 4Ⅱ급 제부수
- 英 farm
- 中 tián
- 日 デン(た)

사방을 경계 짓고(囗) 나눈(十) 밭의 모습에서 **밭 전, 성씨 전**

※ 十('열 십, 많을 십'이나 여기서는 나눈 모습으로 봄)

田畓(전답), **田園**(전원), **我田引水**(아전인수)

甸

총 7획 2급 부수 田
- 英 imperial domain
- 中 diàn

서울을 둘러싸고(勹) 밭(田)처럼 펼쳐진 땅이 경기니 **경기 전**

※ 경기(京畿) - 왕도(王都)의 둘레 500리(里) 이내의 땅.
※ 勹(쌀 포), 京(서울 경), 畿(경기 기), 王(임금 왕, 으뜸 왕, 구슬 옥 변), 都(도시 도, 모두 도), 里(마을 리, 거리 리)

畿甸(기전) - 기내(畿內).

全

총 6획 7급 부수 入
- 英 perfect, whole
- 中 quán
- 日 ゼン(まったく)

조정에 들어가(入) 왕(王)이 되면 모든 것이 갖추어져 온전하니 **온전할 전, 성씨 전** 속 소

※ 王(임금 왕, 으뜸 왕, 구슬 옥 변), 위를 들 입(入)으로 씀이 원칙이나 사람 인(人)을 써도 되지요.
※ 온전하다 - ㉠본바탕 그대로 고스란하다. ㉡잘못된 것이 없이 바르거나 옳다.

全體(전체) ↔ **部分**(부분), **安全**(안전), **完全**(완전),
全力投球(전력투구) - '온전한 힘으로 공을 던짐'으로, 어떤 일에 최선을 다함을 이르는 말. 力(힘 력), 投(던질 투), 球(둥글 구, 공 구)
完全無缺(완전무결) - 완전하여 아무런 결점이 없음. 完(완전할 완), 無(없을 무), 缺(이지러질 결, 빠질 결)

적

栓
총 10획 1급 부수 木
- 영 wooden nail, bottle cap
- 중 shuān
- 일 セン

나무(木)로 만들어 온전하게(全) 박는 못이니
나무못 전
또 나무못처럼 병에 박은 병마개니 **병마개 전**

※ 木(나무 목), 나무로 된 도구에는 나무못을 박아야 온전하지요.

給水栓(급수전), 消火栓(소화전), 栓木(전목)

銓
총 14획 1급 부수 金
- 영 weigh
- 중 quán
- 일 セン

금(金)이 온전한지(全) 저울질하니
저울질할 전

※ 金(쇠 금, 금 금, 돈 금, 성씨 김)

銓考(전고), 銓部(전부), 銓衡(전형)

典
총 8획 5급 부수 八
- 영 a model, book, be in pop
- 중 diǎn
- 일 テン(のり)

굽은(曲) 것도 종류별로 나누어(八) 본보기로 만든 책이니 **본보기 전, 책 전**
또 본보기로 물건을 전당 잡히니 **전당 잡힐 전**

※ 曲[굽을 곡, 노래 곡(曲)의 변형], 八(여덟 팔, 나눌 팔)

典型(전형), 古典(고전), 法典(법전), 典當鋪(전당포)

展
총 10획 5급 부수 尸
- 영 spread, wide
- 중 zhǎn
- 일 テン

죽은(尸) 풀(艹)이 쓰러져 펴지고 넓게 되니(𧘇)
펼 전, 넓을 전

※ 尸(주검 시, 몸 시), 艹[초 두(艹)의 약자], 𧘇[변화할 화, 될 화(化)의 변형]

展開(전개), 進展(진전), 展望臺(전망대), 展示(전시)

輾
총 17획 1급 부수 車
- 영 roll
- 중 zhǎn
- 일 テン

차(車) 바퀴처럼 펴(展) 도니
돌 전
또 돌듯이 돌아누우니 **돌아누울 전**

※ 車(수레 거, 차 차)

輾轉(전전), 輾轉反側(전전반측), 輾轉不寐(전전불매)

殿

총 13획 3II급 부수 殳
- 英 palace
- 中 diàn
- 日 デン(との)

집(尸) 중 여러 사람들이 함께(共) 쳐서(殳) 지은 대궐이나 큰집이니 **대궐 전, 큰집 전**

※ 尸('주검 시, 몸 시'나 여기서는 집으로 봄), 共(함께 공), 殳(칠 수, 창 수, 몽둥이 수), 중요한 분을 모시거나 울안에서 제일 큰 집이 殿이고, 보통의 집은 집 당, 당당할 당(堂)이나 집 가, 전문가 가(家)지요.

宮殿(궁전), **聖殿**(성전), **大雄殿**(대웅전)

澱 淀

총 16획 1급 부수 水
- 英 deposit
- 中 diàn
- 日 デン(おり)

물(氵)에 가라앉아 큰집(殿)처럼 엉긴 앙금이니 **앙금 전**

※ 앙금 - ㉠녹말 따위의 아주 잘고 부드러운 가루가 물에 가라앉아 생긴 층. ㉡마음속에 남아 있는 개운치 아니한 감정을 비유적으로 이르는 말. 여기서는 ㉠의 뜻.

澱粉(전분), **沈澱**(침전), **沈澱池**(침전지)

專 专

총 11획 4급 부수 寸
- 英 only, plenary power
- 中 zhuān
- 日 セン(もっぱら)

삼가며(重) 오로지 법도(寸)를 지키니 **오로지 전**
또 오로지 자기 마음대로 하니 **마음대로 할 전**

㊡ 尃(펼 부, 두루 알릴 부)

※ 重 : 차(車)에 점(丶)찍는 일은 삼가니 '삼갈 전'
※ 寸(마디 촌, 법도 촌), 車(수레 거, 차 차), 丶(점 주, 불똥 주)

專攻(전공), **專念**(전념), **專屬**(전속), **專權**(전권)

傳 伝

총 13획 5급 부수 人
- 英 transmit, story
- 中 chuán, zhuàn
- 日 デン(つたわる)

사람(亻)들은 오로지(專) 자기 뜻을 전하니 **전할 전**
또 전하는 이야기니 **이야기 전** ㊟ 伝 : 사람(亻)이 자기 뜻을 말하여(云) 전하니 '전할 전'.

※ 云(말할 운)

傳達(전달), **傳承**(전승), **訛傳**(와전), **自敍傳**(자서전)

轉 転

총 18획 4급 부수 車
- 英 roll, transport
- 中 zhuǎn, zhuàn
- 日 テン(ころがる)

수레(車) 바퀴처럼 오로지(專) 구르니 **구를 전** ㊟ 転 : 수레(車) 바퀴가 말하듯(云) 소리내며 구르니 '구를 전'.

※ 車(수레 거, 차 차)

轉嫁(전가), **轉科**(전과), **轉勤**(전근), **轉禍爲福**(전화위복)

전

電 电

총 13획 7급 부수 雨
- 영 lightning, electricity
- 중 diàn
- 일 デン

비(雨)올 때 번쩍 빛을 펼치는(甩) 번개니
번개 전
또 번개처럼 번쩍이는 전기니 **전기 전**

※ 雨(비 우), 甩[펼 신, 아뢸 신, 원숭이 신, 아홉째 지지 신(申)의 변형]

電擊(전격), **電燈**(전등), **電池**(전지), **充電**(충전)

戰 战

총 16획 6급 부수 戈
- 영 war, thrill
- 중 zhàn
- 일 セン(いくさ)

홀로(單) 창(戈) 들고 싸우니
싸울 전
또 싸우면 무서워 떠니 **무서워 떨 전** 약 戦, 战

※ 單(홀 단, 오랑캐 임금 선), 戈(창 과)

戰亂(전란), **戰友**(전우), **戰慄**(전율),
戰戰兢兢(전전긍긍)

前

총 9획 7급 부수 刀
- 영 front
- 중 qián
- 일 ゼン(まえ)

우두머리(䒑)가 몸(月)에 칼(刂)을 차고 서는 앞이니
앞 전

※ 䒑['머리 수, 우두머리 수(首)'의 획 줄임], 月(달 월, 육 달 월),
刂(칼 도 방)

前面(전면), **前進**(전진), **前代未聞**(전대미문)

箭

총 15획 1급 부수 竹
- 영 arrow
- 중 jiàn
- 일 セン(や)

대(竹)로 만들어 앞(前)으로 쏘는 화살이니
화살 전

※ 竹(대 죽), 화살은 주로 대로 만들지요.

箭幹(전간), **箭竹**(전죽), **箭瘡**(전창), **火箭**(화전)

剪

총 11획 1급 부수 刀
- 영 cut, scissors
- 중 jiǎn
- 일 セン(きる)

앞(前)에 있는 것을 칼(刀)처럼 자르는 가위니
자를 전, 가위 전

※ 刀(칼 도)

剪毛(전모), **剪定**(전정), **剪枝**(전지), **剪刀**(전도)

煎

총 13획 1급 부수 火
- 英 decoct
- 中 jiān
- 日 セン(いる)

앞(前)에다 불(灬)을 피우고 달이니
달일 전

＊灬(불 화 발)
＊달이다 - ㉠액체 따위를 진하게 만들다. ㉡약제 따위에 물을 부어 우러나도록 끓이다. 여기서는 ㉡의 뜻.

煎茶(전다), **煎悶**(전민), **煎餠**(전병), **花煎**(화전)

奠

총 12획 1급 부수 大
- 英 settle, sacrifice
- 中 diàn
- 日 テン

우두머리(酋)가 크게(大) 자리를 정하고 제사지내니
정할 전, 제사지낼 전

＊酋(우두머리 추), 大(큰 대)

奠居(전거), **奠都**(전도), **釋奠**(석전)

廛

총 15획 1급 부수 广
- 英 shop
- 中 chán
- 日 テン(みせ)

집(广) 중 마을(里) 사람(儿)들에게 물건을 팔 만한 땅(土)에 있는 가게니 **가게 전**
또 가게가 있을 만한 터니 **터 전**

＊广(집 엄), 里(마을 리, 거리 리), 儿(어진 사람 인, 사람 인 발)

廛房(전방), **魚物廛**(어물전), **廛宅**(전택)

纏 缠

총 21획 1급 부수 糸
- 英 bind
- 中 chán
- 日 テン(まとう)

실(糸)로 가게(廛)의 물건을 사 얽으니
얽을 전

＊糸(실 사, 실 사 변)

纏結(전결), **纏帶**(전대), **纏縛**(전박), **纏着**(전착)

悛

총 10획 1급 부수 心
- 英 correct
- 中 quān
- 日 シュン

마음(忄)을 의젓하게(夋) 고치니
고칠 전

＊夋 : 믿음직스럽도록(允 : 진실로 윤, 믿을 윤, 허락할 윤) 의젓하게 천천히 걸어(夂 : 천천히 걸을 쇠, 뒤져 올 치) 가니 '의젓하게 걸을 준, 갈 준'

悛心(전심), **悛容**(전용), **改悛**(개전)

전

塡 填

총 13획 1급 부수 土
- 英 fasten
- 中 tián
- 日 テン

흙(土)으로 참(眞)되게 채우니
채울 전

※ 土(흙 토), 眞(참 진)

塡補(전보), **塡足**(전족), **補塡**(보전), **裝塡**(장전)

顚 颠

총 19획 1급 부수 頁
- 英 forehead, summit, fall
- 中 diān
- 日 テン(ひたい)

참(眞)으로 빛나는 머리(頁) 부분은 이마나 꼭대기니
이마 전, 꼭대기 전

또 꼭대기처럼 높으면 잘 넘어지니 **넘어질 전**

※ 頁(머리 혈)

顚末(전말), **顚覆**(전복), **七顚八起**(칠전팔기)

癲 癫

총 24획 1급 부수 疒
- 英 mad, an epileptic fit
- 中 diān
- 日 テン

병(疒) 걸린 것처럼 넘어지고(顚) 미치니 **미칠 전**
또 미친 발작이 가끔 일어나는 지랄병이니 **지랄병 전**

※ 지랄병 – 간질(癎疾)을 속되게 이르는 말로, 갑자기 신체에 경련이 일어나고 의식을 잃는 것.
※ 疒(병들 녁), 癎(간질 간), 疾(병 질, 빠를 질)

癲狂(전광), **癲癎**(전간), **癲疾**(전질)

氈 毡

총 17획 1급 부수 毛
- 英 carpet
- 中 zhān
- 日 セン

높게(亶), 즉 좀 두껍게 털(毛)로 짠 융단이니
융단 전

※ 亶(높을 단, 믿음 단), 毛(털 모)
※ 전(氈) – 짐승의 털로 아무 무늬 없이 독특하게 짠 피륙의 한 가지.

氈笠(전립), **氈帽**(전모), **氈方席**(전방석)

顫 颤

총 22획 1급 부수 頁
- 英 shiver
- 中 chàn, zhàn
- 日 セン

높은(亶) 사람은 머리(頁)만 보여도 떨리니
떨릴 전

※ 頁(머리 혈)

顫聲(전성), **顫音**(전음), **手顫症**(수전증)

戔 戋

해칠 잔, 쌓을 전 – 해칠 잔(528쪽) 참고

※ 戔을 약자로 쓸 때는 戋으로 씁니다.
※ 중국어 한자는 戋, 일본어 한자는 戋이지요.

錢 钱

쇠(金)로 만들어 쌓아(戔) 두는 돈이니
돈 전 ㉬ 钱

총 16획 4급 부수 金
- money, coin
- qián
- セン(ぜに)

※ 金(쇠 금, 금 금, 돈 금, 성씨 김)

錢穀(전곡), **銅錢**(동전), **本錢**(본전), **紙錢**(지전)

餞 饯

음식(食)을 쌓아(戔) 놓고 대접하여 보내니
보낼 전

총 17획 1급 부수 食
- send off
- jiàn
- セン(はなむけ)

※ 食(밥 식, 먹을 식 변)

餞別(전별), **餞春**(전춘),
餞送(전송) - 서운하여 잔치를 베풀고 작별하여 보냄. 送(보낼 송)

箋 笺

대(竹)쪽을 해치듯(戔) 쪼갠 쪽지니 **쪽지 전**
또 이런 쪽지에 단 주석이니 **주석 전** ㉧ 笺

총 14획 1급 부수 竹
- letter, annotation
- jiān
- セン

※ 쪽지 - ㉠작은 종잇조각. ㉡글 쪽지.
※ 주석(註釋) - 낱말이나 문장의 뜻을 쉽게 풀이함.
※ 竹(대 죽), 註(주낼 주), 釋(풀 석), 종이가 없었던 옛날에는 대쪽에 글을 썼으니 쪽지를 나타내는 글자에도 竹이 들어갔네요.

箋文(전문), **附箋**(부전), **箋註**(전주)

篆

대(竹)를 끊어(彖) 써 놓은 것 같은 글자가 전자니
전자 전

총 15획 1급 부수 竹
- a seal character
- zhuàn
- テン

※ 전자(篆字) - 한자의 서체(書體).
※ 彖(끊을 단), 字(글자 자), 書(쓸 서, 글 서, 책 서), 體(몸 체)

篆刻(전각), **篆文**(전문), **篆書**(전서)

전

切

총 4획 5급 부수 刀
- 영 all, cut, ardent
- 중 qiē, qiè
- 일 セツ(きる)

일곱(七) 번이나 칼(刀)질 하면 모두 끊어지니
모두 체, 끊을 절
또 끊어지는 듯한 마음처럼 간절하니 **간절할 절**

＊ 七(일곱 칠), 刀(칼 도)

一切(일체), **切斷**(절단), **懇切**(간절), **親切**(친절)

折

총 7획 4급 부수 手
- 영 break
- 중 zhé
- 일 セツ(おる)

손(扌)에 도끼(斤) 들고 찍어 꺾으니
꺾을 절

＊ 斤(도끼 근, 저울 근)

折半(절반), **曲折**(곡절), **屈折**(굴절), **夭折**(요절)

竊 窃

총 22획 3급 부수 穴
- 영 steal
- 중 qiè
- 일 セツ(ぬすむ)

구멍(穴) 뚫어(釆) 물건이 있을 것이라 점(卜)친
안(内)에 성(冂) 같은 금고도 열고 사사로이(厶)
훔치니 **훔칠 절** 속 窃

＊ 穴(구멍 혈, 굴 혈), 釆(분별할 변, 나눌 변), 卜(점 복), 内(안 내, 나인 나(内)의 변형), 冂(멀 경, 성 경), 厶(사사로울 사, 나 사)

竊盜(절도), **竊取**(절취), **剽竊**(표절)

窃

총 9획 급외자 부수 穴
- 영 steal
- 중 qiè
- 일 セツ(ぬすむ)

구멍(穴)으로 모두(切) 훔치니
훔칠 절

- 훔칠 절(竊)의 속자
＊ 切(모두 체, 끊을 절, 간절할 절)
＊ 급외자 - 급수 외 한자.

節 节

총 15획 5급 부수 竹
- 영 joint, fidelity, season
- 중 jié
- 일 セツ(ふし)

대(竹)가 자라면서 곧(卽) 생기는 마디니 **마디 절**
또 마디마디 곧은 절개니 **절개 절**
또 마디처럼 나눠지는 계절이니 **계절 절**

＊ 竹(대 죽), 卽(곧 즉), 절개(節槪) - 신념이나 의리 따위를 굽히거나 변하지 않는 성실한 태도. 특히 지조와 정조를 깨끗하게 지키는 여자의 품성.

節度(절도), **節制**(절제), **季節**(계절), **好時節**(호시절)

絶 绝

총 12획 4II급 부수 糸
- 영 cut off, die, most
- 중 jué
- 일 ゼツ(たえる)

실(糸) 자르듯 사람(勹)이 뱀(巴)을 끊어 죽이니
끊을 절, 죽일 절
또 잡념을 끊고 하나에만 열중하면 가장 뛰어나게 되니
가장 절 (= 絕)

※ 絕 : 실(糸) 자르듯 칼(刀)로 뱀(巴)을 끊어 죽이니 '끊을 절, 죽일 절', 또 잡념을 끊고 하나에만 열중하면 가장 뛰어나게 되니 '가장 절'
※ 巴(뱀 파, 땅이름 파), 勹[사람 인(人)의 변형], 刀(칼 도)

絕交(절교), **絕命**(절명), **絕頂**(절정), **絕讚**(절찬)

截

총 14획 1급 부수 戈
- 영 cut
- 중 jié
- 일 セツ(きる)

꼬리 짧은 새(隹)처럼 짧게 끊으니(戋)
끊을 절

※ 隹(새 추 - 작은 새를 본떠서 만든 글자), 戋 : 흙(土)으로 된 것을 창(戈) 같은 도구로 끊고 쪼개니 '끊을 재, 쪼갤 재' - 어원 해설을 위해 추정해 본 글자로 실제 쓰이는 글자는 아님.

截斷(절단), **截頭**(절두), **截長補短**(절장보단)

卩

총 2획 부수자
- 중 jié
- 일 セツ

사람이 무릎 꿇은 모양을 본떠서
무릎 꿇을 절
또 부절이나 병부의 반쪽을 본떠서 **병부 절** (= 㔾)
유 己(몸 기, 자기 기)

※ '부절(符節)'은 인쇄술이 발달하기 전에 대(竹)나 옥(玉)으로 만든 일종의 신분증이고, '병부(兵符)'는 병사를 동원하는 문서로 똑같이 만들거나 하나를 둘로 나누어 가졌다가 필요시 맞춰 보았다지요.
※ 符(부절 부, 부호 부, 들어맞을 부), 節(마디 절, 절개 절, 계절 절), 竹(대 죽), 玉(구슬 옥), 兵(군사 병)

占

총 5획 4급 부수 卜
- 영 divine, occupy
- 중 zhān, zhàn
- 일 セン(うらなう)

점(卜)쳐서 말하니(口) **점칠 점**
또 표지판(卜)을 땅(口)에 세우고 점령하니
점령할 점

※ 점령(占領) - (일정한 곳을) 차지하여 거느림.
※ 卜(점 복), 口(입 구, 말할 구, 구멍 구), 領(거느릴 령, 우두머리 령)

占卦(점괘), **占術**(점술), **占據**(점거), **獨占**(독점)

절

粘

총 11획 1급 부수 米
- 英 stick
- 中 zhān
- 日 ネン(ねばる)

쌀(米)밥이 점령하듯(占) 잘 달라붙게 끈끈하니
끈끈할 점

※ 米(쌀 미), 占(점령할 점)

粘膜(점막), **粘**液(점액), **粘**土(점토)

店

총 8획 5급 부수 广
- 英 shop
- 中 diàn
- 日 テン(みせ)

집(广)에 점령하듯(占) 물건을 진열하여 파는 가게니
가게 점

※ 广(집 엄)

飯**店**(반점), 商**店**(상점), 書**店**(서점), 酒**店**(주점)

點 点

총 17획 4급 부수 黑
- 英 spot
- 中 diǎn
- 日 テン

검게(黑) 점령하듯(占) 찍은 점이니
점 점
또 점까지 찍으며 일일이 점검하니 **점검할 점**

(속) 点, 奌 : 점령하듯(占) 크게(大) 찍은 점이니 '점 점'.

※ 黑(검을 흑), 大(큰 대)

點檢(점검), **點**數(점수), **點**綴(점철), 得**點**(득점)

点

총 9획 특Ⅱ급 부수 火
- 英 spot
- 中 diǎn
- 日 テン

점령하듯(占) 찍은 네 점(灬)이니
점 점

※ 점 점(點)의 속자
※ 灬('불 화 발'이나 여기서는 점들로 봄)

霑 沾

총 16획 1급 부수 雨
- 英 wet
- 中 zhān
- 日 テン

비(雨)와 물(氵)에 점령당하듯(占) 젖으니
젖을 점

※ 雨(비 우)

霑濕(점습), **霑**潤(점윤), **霑**汗(점한), 均**霑**(균점)

漸

총 14획 3II급 부수 水
- 英 gradually
- 中 jiàn
- 日 ゼン

해안선은 물(氵)로 베인(斬) 듯 점점 깎이니
점점 점

※ 斬(벨 참, 죽일 참)
※ 점점(漸漸) - 조금씩 더하거나 덜하여지는 모양.

漸減(점감), **漸入佳境**(점입가경), **漸增**(점증)

接

총 11획 4II급 부수 手
- 英 join, treat
- 中 jiē
- 日 セツ(つぐ)

(손님을 주인에게) 손(扌)으로 첩(妾)처럼 친절하게
이어주고 대접하니 **이을 접, 대접할 접**

※ 妾(첩 첩 - 본부인 외에 데리고 사는 여자), 본부인 있는 사람에게 사랑을 받으려면 첩(妾)은 아양도 더 떨고 더 친절하게 굴어야 하겠지요.

接近(접근), **接觸**(접촉), **待接**(대접), **接待**(접대)

蝶

총 15획 3급 부수 虫
- 英 butterfly
- 中 dié
- 日 チョウ

벌레(虫) 중 잎(枼) 같은 날개를 가진 나비니
나비 접

※ 虫(벌레 충), 枼[잎 엽(葉)의 획 줄임]

蝶舞(접무), **蝶泳**(접영)

井

총 4획 3II급 부수 二
- 英 well
- 中 jǐng
- 日 セイ(い)

나무로 엇갈려 만든 우물 틀 모양을 본떠서
우물 정, 우물 틀 정

※ 옛날에는 우물을 파고 흙이 메워지지 않도록 통나무를 井자 모습으로 짜서 쌓아 올렸지요.

井華水(정화수), **油井**(유정), **坐井觀天**(좌정관천)

穽

총 9획 1급 부수 穴
- 英 pitfall
- 中 jǐng
- 日 セイ

구멍(穴)을 우물(井)처럼 깊게 파 놓은 함정이니
함정 정

※ 함정(陷穽) - ㉠짐승을 잡기 위하여 파 놓은 구덩이. ㉡빠져나올 수 없는 곤경이나 계략을 비유하여 이르는 말.
※ 穴(구멍 혈), 陷(빠질 함)

正

총 5획 7급 부수 止
- 영 right
- 중 zhèng
- 일 セイ(ただしい)

(무슨 일이나) 하나(一)에 그쳐(止) 열중해야 바르니 **바를 정**

※ 止(그칠 지), 사랑이나 직업이나 오직 하나만을 정하여 열중해야 바르고 크게 이룰 수 있지요.

正義(정의), **正直**(정직), **破邪顯正**(파사현정)

征

총 8획 3II급 부수 彳
- 영 attack
- 중 zhēng
- 일 セイ

가서(彳) 불의를 바로(正)잡으려고 치니 **칠 정**

※ 彳(조금 걸을 척)

征伐(정벌), **征服**(정복), **遠征**(원정), **出征**(출정)

政

총 8획 4II급 부수 攵
- 영 govern, politics
- 중 zhèng
- 일 セイ(まつりごと)

바르도록(正) 치며(攵) 다스리니 **다스릴 정**

※ 攵(칠 복, = 攴)

政府(정부), **政治**(정치), **政派**(정파), **善政**(선정)

整

총 16획 4급 부수 攵
- 영 arrange
- 중 zhěng
- 일 セイ(ととのえる)

(개수가 많은 물건은 가운데를) 묶어(束) 양끝을 쳐서(攵) 바르게(正) 해야 가지런하니 **가지런할 정**

※ 束(묶을 속)

整理(정리), **整頓**(정돈), **端整**(단정), **調整**(조정)

定

총 8획 6급 부수 宀
- 영 settle
- 중 dìng
- 일 テイ(さだまる)

집(宀) 아래(下) 사람(人)이 살 곳을 정하니 **정할 정** 약 㝎 : 집(宀)에서 갈(之) 곳을 정하니 '정할 정'.

※ 宀(집 면), 下(아래 하, 내릴 하), 之(갈 지, ~의 지, 이 지)

定價(정가), **定着**(정착), **安定**(안정), **限定**(한정)

碇

총 13획 1급 부수 石
- 영 anchor
- 중 ding
- 일 テイ(いかり)

돌(石)처럼 무거운 것을 묶어 배가 자리를 정(定)하게 하는 닻이니 **닻 정**

* 石(돌 석)
* 닻-배를 한 곳에 멈추어 있게 하기 위하여 줄에 매어 물 밑바닥으로 가라앉히는 갈고리가 달린 기구.

碇泊(정박), **碇泊燈**(정박등)

錠 锭

총 16획 1급 부수 金
- 영 lump
- 중 ding
- 일 ジョウ

쇠(金)로 규칙을 정하여(定) 자른 덩어리니 **덩어리 정**

* 金(쇠 금, 금 금, 돈 금, 성씨 김)

錠劑(정제), **糖衣錠**(당의정)

丁

총 2획 4급 부수 一
- 영 rake, nail, youth, family name
- 중 ding
- 일 チョウ

고무래나 못을 본떠서 **고무래 정, 못 정**
또 고무래처럼 튼튼한 장정도 가리켜서
장정 정, 넷째 천간 정, 성씨 정

* '고무래'는 곡식을 말릴 때 넓게 펴서 고르는 도구니, 단단한 나무로 튼튼하게 만들었지요.
* 장정(壯丁)-나이가 젊고 기운이 좋은 남자. 壯(굳셀 장, 장할 장)

丁男(정남), **丁女**(정녀), **兵丁**(병정)

訂 订

총 9획 3급 부수 言
- 영 correct
- 중 ding
- 일 テイ

말(言)을 고무래(丁)로 곡식을 펴듯 바로잡으니 **바로잡을 정**

* 言(말씀 언)

訂訛(정와), **訂正**(정정), **改訂**(개정), **修訂**(수정)

汀

총 5획 2급 부수 水
- 영 beach
- 중 ting
- 일 テイ(みぎわ)

물(氵) 옆의 고무래(丁)처럼 두둑한 물가니 **물가 정**

汀線(정선), **汀岸**(정안), **汀洲**(정주)

町

총 7획 1급 부수 田
- 영 ridge
- 중 ting
- 일 チョウ(まち)

밭(田)에 고무래(丁)처럼 두둑하게 만든 밭두둑이니
밭두둑 정
또 밭두둑으로 일정하게 나눠 놓은 면적 단위니
면적 단위 정

* 1町步(정보) - 3000평(坪), 99.17아르.
* 坪(평 평), 1坪은 1.818m × 1.818m = 3.305124m²

酊

총 9획 1급 부수 酉
- 영 drunk, stagger
- 중 ding
- 일 テイ

술(酉)에 구부러진 못(丁)처럼 비틀거리도록 취하니
술 취할 정

* 酉(술 그릇 유, 술 유, 닭 유, 열째 지지 유)

酩酊(명정), 酒酊(주정)

釘 钉

총 10획 1급 부수 金
- 영 nail
- 중 ding
- 일 テイ(くぎ)

쇠(金)로 고무래(丁)처럼 만든 못이니
못 정

* 丁에도 못이란 뜻이 있지만 대부분의 못은 쇠로 만든다는 데서 金(쇠 금, 금 금, 돈 금, 성씨 김)을 붙여 만든 글자네요.

釘孔(정공), 釘頭(정두), 押釘(압정)

頂 顶

총 11획 3||급 부수 頁
- 영 vertex, summit
- 중 ding
- 일 チョウ(いただく)

고무래(丁)처럼 굽은 머리(頁)의 정수리니 **정수리 정**
또 정수리가 있는 머리 꼭대기니 **꼭대기 정**

* 정수리 - ㉠머리 위의 숫구멍이 있는 자리로, 정문(頂門), 뇌천(腦天)이라고도 함. ㉡사물의 제일 꼭대기 부분을 비유적으로 이르는 말.
* 頁(머리 혈), 門(문 문), 腦(뇌 뇌)

頂門一鍼(정문일침), 頂上(정상), 絶頂(절정)

亭

총 9획 3||급 부수 亠
- 영 a pavilion
- 중 ting
- 일 テイ

높이(高) 지어 장정(丁)들이 쉬도록 한 정자니
정자 정

* 高[높을 고(高)의 획 줄임], 정(亭) - 명사 아래 붙어서 정자(亭子)의 뜻을 나타내는 말.

亭子(정자), 亭閣(정각), 八角亭(팔각정)

停

사람(亻)이 정자(亭)에 머무르니
머무를 정

총 11획 5급 부수 人
- 영 stay
- 중 tíng
- 일 テイ(とめる)

停車場(정거장), **停止**(정지), **停車**(정차), **停滯**(정체)

貞 贞

점(卜)치듯 요모조모 따져 재물(貝)을 씀이 곧으니
곧을 정

※ 卜(점 복), 貝(조개 패, 재물 패)

총 9획 3II급 부수 貝
- 영 pure, chaste
- 중 zhēn
- 일 テイ

貞潔(정결), **貞烈**(정렬), **貞淑**(정숙), **貞操**(정조)

偵 侦

사람(亻)들이 곧게(貞) 일하는지 엿보니
엿볼 정

총 11획 2급 부수 人
- 영 spy
- 중 zhēn
- 일 テイ(うかがう)

偵察(정찰), **偵探**(정탐), **探偵**(탐정)

幀 帧

수건(巾) 같은 천에 글씨나 그림을 그려서 곧게(貞)
걸어 놓은 족자니 **족자 정, 그림 족자 탱**

※ 족자(簇子) - 글씨나 그림 등을 표구하여 벽에 걸게 만든 것.
※ 탱화(幀畫) - 부처, 보살, 성현들을 그려서 벽에 거는 그림.
※ 巾(수건 건), 簇(조릿대 족, 모일 족), 子(아들 자, 첫째 지지 자, 자네 자, 접미사 자), 畫(그림 화, 그을 획)

총 12획 1급 부수 巾
- 영 a hanging scroll
- 중 zhēn
- 일 テイ

影幀(영정), **裝幀**(장정)

정

楨 桢

나무(木) 중 담을 곧게(貞) 잡아 주는 담 기둥이니
담 기둥 정

※ 木(나무 목)

총 13획 2급 부수 木
- 중 zhēn

楨幹(정간) - 담을 쌓을 때에 양편에 세우는 나무 기둥으로, 사물의 근본을 이르는 말.

禎 禎

총 14획 2급 부수 示
- 英 auspicious
- 中 zhēn
- 日 テイ

신(示)이 곧게(貞) 드러난 듯 상서로우니
상서로울 정

- ※ 상서(祥瑞)롭다 - 복되고 좋은 일이 있을 듯하다.
- ※ 示(보일 시, 신 시), 祥(상서로울 상), 瑞(상서로울 서)

禎祥(정상)

呈 呈

총 7획 2급 부수 口
- 英 show, give
- 中 chéng
- 日 テイ

입(口)에 맞는 음식을 짊어지고(壬) 가서
보이고 드리니 **보일 정, 드릴 정**

- ※ 壬(간사할 임, 짊어질 임, 아홉째 천간 임)

露呈(노정), **謹呈**(근정), **贈呈**(증정), **獻呈**(헌정)

程

총 12획 4II급 부수 禾
- 英 law, degree
- 中 chéng
- 日 テイ(ほど)

벼(禾)를 얼마나 드릴(呈) 것인지 법으로 정한 정도니
법 정, 정도 정

- ※ 옛날에는 물물거래의 기준이 벼나 쌀이었지요.
- ※ 禾(벼 화), 정도(程度) - 사물의 성질이나 가치를 양이나 우열 등에서 본) 분량이나 수준.

規程(규정), **課程**(과정), **過程**(과정), **里程標**(이정표)

情 情

총 11획 5급 부수 心
- 英 kindness, affection
- 中 qíng
- 日 ジョウ(なさけ)

마음(忄)을 푸르게(靑), 즉 희망 있게 베푸는 정이니
정 정 약 情

- ※ 忄(마음 심 변), 푸를 청, 젊을 청(靑)이 들어간 글자는 대부분 '푸르고 맑고 희망이 있고 젊다'는 좋은 의미지요.
- ※ 靑이 들어간 글자를 약자로 쓸 때는 靑 부분을 靑으로 씁니다.

情談(정담), **情表**(정표), **冷情**(냉정), **戀情**(연정)

精 精

총 14획 4II급 부수 米
- 英 minute, pound
- 中 jīng
- 日 セイ(くわしい)

쌀(米)을 푸른(靑)빛이 나도록 정밀하게 찧으니
정밀할 정, 찧을 정 약 精

- ※ 米(쌀 미)

精讀(정독), **精油**(정유), **精米**(정미), **搗精**(도정)

睛 睛

총 13획 1급 부수 目
- 英 pupil
- 中 jīng
- 日 セイ(ひとみ)

눈(目)에서 푸른(靑)빛이 나는 눈동자니
눈동자 정 약 睛 유 晴(날갤 청)

※ 目(눈 목, 볼 목, 항목 목)

睛眸(정모), 畫龍點睛(화룡점정)

靖 靖

총 13획 1급 부수 靑
- 英 peaceful
- 中 jìng
- 日 セイ(やすい)

서(立) 있는 모습이 푸르게(靑) 좋아 보이도록
편안하니 **편안할 정** 약 靖

※ 立(설 립), 푸른색은 젊고 희망이 있고 좋다는 뜻이지요.

靖國(정국), 靖難(정난), 靖亂(정란)

靜 静

총 16획 4급 부수 靑
- 英 quiet, peaceful
- 中 jìng
- 日 セイ(しず)

푸르게(靑), 즉 공정하게 경쟁하면(爭) 불평이 없어
고요하니 **고요할 정** 약 静

※ 爭(다툴 쟁), 争[다툴 쟁(爭)의 약자]

靜謐(정밀), 靜寂(정적), 動靜(동정), 鎭靜(진정)

淨 浄

총 11획 3II급 부수 水
- 英 clean
- 中 jìng
- 日 ジョウ(きよい)

물(氵)로 경쟁하듯(爭) 씻어 깨끗하니
깨끗할 정 약 浄

※ 자정능력(自淨能力) - 스스로 깨끗해지는 능력.
※ 自(자기 자, 스스로 자, 부터 자), 能(능할 능), 力(힘 력)

淨潔(정결), 淨化(정화), 上濁下不淨(상탁하부정),
淸淨(청정)

廷

총 7획 3II급 부수 廴
- 英 a government office, court
- 中 tíng
- 日 テイ

걸어가(廴) 임무를 맡는(壬) 조정이나 관청이니
조정 정, 관청 정 유 延(끌 연, 늘일 연)

※ 조정(朝廷) - 임금이 정사를 펴며 의식을 행하는 곳.
※ 廴(길게 걸을 인), 壬(간사할 임, 짊어질 임, 아홉째 천간 임), 朝(아침 조, 조정 조, 뵐 조)

宮廷(궁정), 退廷(퇴정), 開廷(개정), 法廷(법정)

정

珽

총 11획 2급 부수 王(玉)
- 中 ting

구슬(王)로 만들어 조정(廷)에서 사용하는 옥홀이니
옥홀 정

* 제후들을 조회할 때 천자가 지니던 옥(玉)으로 만든 홀.
* 인·지명용 한자

挺

총 10획 1급 부수 手
- 英 excel, advance
- 中 ting
- 日 テイ

손(扌) 재주가 조정(廷)에 알려질 정도로 빼어나니
빼어날 정
또 빼어나면 뽑혀 나아가니 **나아갈 정**

挺立(정립), 挺身(정신), 挺身隊(정신대)

艇

총 13획 2급 부수 舟
- 英 ferry boat
- 中 ting
- 日 テイ

배(舟)가 조정(廷)만하게 작은 거룻배니
거룻배 정, 작은 배 정

* 舟(배 주), 거룻배 – 돛을 달지 않은 작은 배.

救命艇(구명정), 小艇(소정), 艦艇(함정)

庭

총 10획 6급 부수 广
- 英 garden
- 中 ting
- 日 テイ(にわ)

집(广) 안에 조정(廷)처럼 가꾼 뜰이니
뜰 정

* 广(집 엄)

庭園(정원), 家庭(가정), 校庭(교정), 親庭(친정)

旌

총 11획 2급 부수 方
- 英 banner
- 中 jing
- 日 セイ

사방(方) 사람(⺊)들이 알아보도록 살아(生)
나부끼게 끝을 꾸민 기니 **기 정**

* 정(旌) – 깃대 끝을 꿩으로 꾸민 기.
* 方(모 방, 방향 방, 방법 방), ⺊[사람 인(人)의 변형], 生(날 생, 살 생, 사람을 부를 때 쓰는 접사 생)

旌旗(정기), 旌閭(정려), 旌銘(정명), 旌門(정문)

晶

총 12획 2급 부수 日
- clear, crystal
- jing
- ショウ(すいしょう)

해(日)가 셋이나 빛나듯 반짝이는 수정이니
수정 정
또 수정처럼 맑으니 **맑을 정**

※ 육면체인 수정에 해가 비치면 각 면에서 반짝이지요.
※ 수정(水晶) - 석영이 육각기둥 꼴로 결정된 것.

晶光(정광), **結晶**(결정), **紫水晶**(자수정), **液晶**(액정)

鄭

총 15획 2급 부수 邑
- name of a nation, family name, courteous
- zhèng
- テイ

미리 정한(奠) 고을(阝)에 세운 나라니
나라 이름 정, 성씨 정
또 정해진(奠) 고을(阝)에 살면 정중하니
정중할 정

※ 奠(정할 전, 제사지낼 전), 阝(고을읍 방)
※ 정(鄭)나라 - 중국 춘추시대의 나라로, 주(周)나라 선왕(宣王)의 아우인 우(友)를 시조로 하여 세운 나라.
※ 정중(鄭重) - 점잖고 무게가 있음.
※ 重(무거울 중, 귀중할 중, 거듭 중)

#

총 13획 2급 제부수
- tripod
- ding
- テイ(かなえ)

아궁이에 걸어 놓은 솥을 본떠서
솥 정

鼎談(정담), **鼎立**(정립), **鼎足之勢**(정족지세)

弟

총 7획 8급 부수 弓
- younger brother, disciple
- di
- テイ(おとうと)

머리를 땋고(丫) 활(弓)과 화살(丿)을 가지고 노는
아이는 아우나 제자니 **아우 제, 제자 제**

※ 丫 : 나무줄기가 갈라지게 묶은 모양(가장귀)을 본떠서 만든 상형문자로 '가장귀 아, 가장귀지게 묶은 머리 아', 丿('삐침 별'이나 여기서는 화살의 모습)

兄弟(형제), **妻弟**(처제), **弟子**(제자), **師弟**(사제),
難兄難弟(난형난제) - '형이라 하기도 어렵고 동생이라 하기도 어려움'으로, 우열을 가리기 어렵게 서로 비슷함을 말함.
呼兄呼弟(호형호제) - '형이라 부르고 동생이라 부름'으로, 형이니 아우니 할 정도로 썩 가까운 친구 사이를 가리키는 말.

悌

총 10획 1급 부수 心
- 영 polite
- 중 tì
- 일 テイ

마음(忄)을 아우(弟)처럼 쓰며 공손하니
공손할 제

悌友(제우), 仁悌(인제), 孝悌(효제)

梯

총 11획 1급 부수 木
- 영 ladder
- 중 tī
- 일 テイ(はしご)

나무(木)를 아우(弟)들처럼 차례로 엮어 만든
사다리니 **사다리 제**

* 지금의 사다리는 쇠로 만들지만 옛날에는 대나 나무로 만들었어요. 긴 나무 둘을 세로로 하고 가로로 차례차례 일정한 간격마다 나무를 대고 엮었지요.

梯子(제자), 梯子段(제자단), 梯形(제형)

第

총 11획 6급 부수 竹
- 영 order
- 중 dì
- 일 ダイ

대(竹)마디나 아우(弟)처럼 있는 차례니
차례 제

* 弔[아우 제, 제자 제(弟)의 변형]

第三者(제삼자), 第一(제일),
及第(급제)‥落第(낙제)

除

총 10획 4II급 부수 阜
- 영 remove, deduct, division
- 중 chú
- 일 ジョ(のぞく)

언덕(阝)에 남은(余) 적을 제거하여 덜어내니
제거할 제, 덜 제
또 덜듯이 나누는 나눗셈이니 **나눗셈 제**

* 제거(除去) - 없애거나 사라지게 함.
* 阝(언덕 부 변), 余[나 여, 남을 여(餘)의 속자], 去(갈 거, 제거할 거)

免除(면제), 削除(삭제), 控除(공제), 加減乘除(가감승제)

制

총 8획 4II급 부수 刀
- 영 regulations, suppress
- 중 zhì
- 일 セイ(おきて)

소(牛)고기나 천(巾)을 칼(刂)로 자르는 제도니
제도 제
또 제도에 맞도록 억제하니 **억제할 제**

* 제도(制度) - 제정된 법규.
* 牛(소 우), 巾('수건 건'이나 여기서는 '천'으로 봄), 刂(칼 도 방), 度(법도 도, 정도 도, 헤아릴 탁)

制約(제약), 制壓(제압), 制動(제동), 制御(제어)

製 制

총 14획 4II급 부수 衣
- 영 make, edit
- 중 zhì
- 일 セイ

제도(制)에 따라 옷(衣)을 지어 만드니
지을 제, 만들 제

※ 衣(옷 의)

製作(제작), **手製**(수제), **外製**(외제), **乳製品**(유제품)

堤

총 12획 3급 부수 土
- 영 dike
- 중 dī
- 일 テイ(つつみ)

흙(土)으로 물이 옳게(是) 흐르도록 쌓은 제방이니
제방 제

※ 제방(堤防) - 둑, 방죽.
※ 土(흙 토), 是(옳을 시, 이 시, be동사 시), 防(막을 방), 물이 제대로 흐르지 않고 넘치면 많은 피해를 주지요.

堤堰(제언), **防波堤**(방파제)

提

총 12획 4II급 부수 手
- 영 draw, lift
- 중 tí
- 일 テイ(さげる)

손(扌)으로 옳게(是) 끌어 내놓으니
끌 제, 내놓을 제

提高(제고), **提示**(제시), **提供**(제공), **提出**(제출)

題 题

총 18획 6급 부수 頁
- 영 subject, title
- 중 tí
- 일 ダイ

내용을 옳게(是) 알 수 있는 글의 머리(頁)는
제목이니 **제목 제**
또 제목처럼 처음에 내는 문제니 **문제 제**

※ 頁(머리 혈), 문제는 정답보다 먼저 내지요.

題目(제목), **主題**(주제), **宿題**(숙제), **演題**(연제), **問題**(문제)

祭

총 11획 4II급 부수 示
- 영 sacrifice, festival
- 중 jì
- 일 サイ(まつる)

고기(夕)를 손(又)으로 신(示)께 올리는 제사니
제사 제
또 제사처럼 많은 사람이 모여 즐기는 축제니 **축제 제**

※ 夕[달 월, 육 달 월(月)의 변형], 又[오른손 우, 또 우(又)의 변형], 示(보일 시, 신 시)

祭祀(제사), **祭物**(제물), **祝祭**(축제), **祭典**(제전)

제

際 际

- 총 14획 4II급 부수 阜
- 英 time, associate
- 中 jì
- 日 サイ(きわ)

언덕(阝)에서 제사(祭) 지낼 때니
때 제
또 이럴 때는 모두 모여 즐겁게 사귀니 **사귈 제**

※ 시제(時祭) - 음력 10월에 5대 이상의 조상 무덤에 가족들이 모여 지내는 제사.
※ 阝(언덕 부 변), 時(때 시)

此際(차제), **交際**(교제) ↔ **絶交**(절교), **國際**(국제)

諸 诸

- 총 16획 3II급 부수 言
- 英 all
- 中 zhū
- 日 ショ(もろもろ)

말(言)로 사람(者)들이 처리하는 모든 여러 일이니
모든 제, 여러 제, 성씨 제

※ 言(말씀 언), 者(놈 자, 것 자)

諸國(제국), **諸君**(제군), **諸般**(제반), **諸賢**(제현)

齊 齐

- 총 14획 3II급 제부수
- 英 arrange
- 中 qí
- 日 セイ

벼이삭이 패서 가지런한 모습을 본떠서
가지런할 제 약 斉 : 무늬(文)가 세로(丿)로 가로(二)로 가지런하니 '가지런할 제' 동 齋(재계할 재, 재실 재, 상복 재)

※ 文(무늬 문, 글월 문)

齊均(제균), **齊唱**(제창), **修身齊家**(수신제가)

濟 济

- 총 17획 4II급 부수 水
- 英 pass over, help
- 中 jì
- 日 サイ(すむ)

물(氵)이 가지런할(齊) 때 건너거나 빠진 사람을 구제하니 **건널 제, 구제할 제** 약 済

※ 물결이 가라앉아 가지런해질 때 건너거나 구제해야 하지요.

濟度(제도), **救濟**(구제), **救世濟民**(구세제민)

劑 剂

- 총 16획 2급 부수 刀
- 英 prepare
- 中 jì
- 日 ザイ

(약초를) 가지런히(齊) 칼(刂)로 썰어 약 지으니
약 지을 제 약 剤

※ 刂(칼 도 방)

洗劑(세제), **藥劑**(약제), ˚**藥材**(약재), **調劑**(조제)

帝

총 9획 4급 부수 巾
- 영 emperor
- 중 dì
- 일 テイ(みかど)

머리 부분(亠)을 받치고(丷) 덮어(冖)
수건(巾) 같은 면류관을 쓴 제왕이니 **제왕 제**

※ 亠(머리 부분 두), 冖(덮을 멱), 巾(수건 건)

帝王(제왕), **帝國**(제국), **日帝**(일제), **皇帝**(황제)

啼

총 12획 1급 부수 口
- 영 weep
- 중 tí
- 일 テイ(なく)

입(口)으로 할 수 있는 제왕(帝)처럼 중요한 것은
우는 것이니 **울 제** (유) 締(맺을 체)

※ 울음은 언어의 제왕인가? 말로 안 될 때 울음은 되게도 하지요.

啼聲(제성), **啼泣**(제읍), **啼血**(제혈)

蹄

총 16획 1급 부수 足
- 영 hoof
- 중 tí
- 일 テイ(ひづめ)

발(足)에서 제왕(帝)처럼 중요한 굽이니
굽 제, 말굽 제

※ 발에서 굽이 중요하여 지금도 말발굽이나 구두 굽에 쇠를 달아 닳지 않도록 하기도 하지요.

蹄形(제형), **鐵蹄**(철제)

弔

총 4획 3급 부수 弓
- 영 condole
- 중 diào
- 일 チョウ(とむらう)

(옛날 전쟁터에서 전우가 죽으면)
막대(丨)에 활(弓)을 걸고 조문했으니 **조문할 조**

(속) 吊 : 입(口)에 수건(巾)을 대고 슬퍼하며 조문하니 '조문할 조'.

※ 丨('뚫을 곤'이나 여기서는 막대로 봄), 弓(활 궁)
※ 조문(弔問) - 상주(喪主) 된 사람을 위문함.

弔文(조문), **弔詞·弔辭**(조사), **謹弔**(근조)

早

총 6획 4Ⅱ급 부수 日
- 영 early
- 중 zǎo
- 일 ソウ(はやい)

해(日)가 지평선(一)에 떠오를(丨) 때라 일찍이니
일찍 조 (유) 旱(가물 한)

※ 一('한 일'이나 여기서는 지평선으로 봄), 丨('뚫을 곤'이나 여기서는 해가 떠오르는 모습으로 봄)

早期(조기), **早老**(조로), **早退**(조퇴), **早婚**(조혼)

兆

총 6획 3II급 부수 儿
- 英 symptoms, billion
- 中 zhào
- 日 チョウ(きざす)

점치던 거북이 등껍질의 갈라진 모습에서 **조짐 조**
또 큰 숫자인 조를 나타내어 **조 조**

* 옛날에는 거북이 등 껍데기를 불에 태워서 그 갈라진 모습을 보고 길흉화복의 조짐을 점쳤답니다.
* 조짐(兆朕) - 어떤 일이 일어날 기미가 미리 보이는 변화 현상.

吉兆(길조) ↔ **凶兆**(흉조), **亡兆**(망조), **億兆**(억조)

眺

총 11획 1급 부수 目
- 英 look
- 中 tiào
- 日 チョウ(ながめる)

눈(目)으로 조짐(兆)을 바라보니
바라볼 조

* 目(눈 목, 볼 목, 항목 목)

眺覽(조람), **眺望**(조망)

助

총 7획 4II급 부수 力
- 英 help
- 中 zhù
- 日 ジョ(たすける)

또(且) 힘(力)을 더해 도우니
도울 조

* 且(또 차), 力(힘 력)

內助(내조), **協助**(협조), **相扶相助**(상부상조)

祖

총 10획 7급 부수 示
- 英 grand father, forefather
- 中 zǔ
- 日 ソ

보면(示) 또(且) 절해야 하는 할아버지니
할아버지 조
또 할아버지 위로 대대의 조상이니 **조상 조**

* 示(보일 시, 신 시), 조상(祖上) - 할아버지 위로 대대의 어른.

祖父(조부), **祖孫**(조손), **曾祖父**(증조부), **元祖**(원조)

租

총 10획 3II급 부수 禾
- 英 tax
- 中 zū
- 日 ソ

벼(禾)로 또(且) 세금을 내니
세금 조, 세낼 조

* 禾(벼 화), 옛날에는 세금을 주로 벼로 냈지요.

租貢(조공), **租稅**(조세), **租借**(조차)

조

粗

총 11획 1급 부수 米
- 영 coarse
- 중 cū
- 일 ソ(あらい)

쌀(米)이 또(且) 찧어야 할 정도로 거치니
거칠 조

※ 米(쌀 미)

粗鋼(조강), **粗漏**(조루), **粗雜**(조잡) ↔ **精密**(정밀)

阻

총 8획 1급 부수 阜
- 영 hinder, rugged
- 중 zǔ
- 일 ソ(はばむ)

언덕(阝)에 또(且) 막혀 험하니
막힐 조, 험할 조

※ 阝(언덕 부 변)

阻隔(조격), **阻礙**(조애), **積阻**(적조), **阻險**(조험)

組 组

총 11획 4급 부수 糸
- 영 set up
- 중 zǔ
- 일 ソ(くむ)

실(糸)을 겹치고 또(且) 겹쳐 짜니
짤 조

※ 조(組) - 힘을 합하여 통일된 행동을 취하거나 일을 하려고 조직한 집단.

組立(조립), **組成**(조성), **組織**(조직), **勞組**(노조)

鳥 鸟

총 11획 4II급 제부수
- 영 bird
- 중 niǎo
- 일 チョウ(とり)

앉아 있는 새의 옆모습을 본떠서
새 조

※ 한자는 무엇을 본떠서 만든 글자라도 앞에서, 옆에서, 위에서 등등 어떤 방향에서 바라본 모습이 가장 잘 그 대상을 나타낼까를 고려하여 만들었지요.

鳥瞰(조감), **鳥類**(조류), **鳥足之血**(조족지혈)

措

총 11획 2급 부수 手
- 영 put, manage
- 중 cuò
- 일 ソ(おく)

손(扌)으로 물건을 오래(昔) 가도록 잘 두니
둘 조

※ 昔(옛 석, 오랠 석)

措定(조정), **措處**(조처), **措置**(조치)

條 条

총 11획 4급 부수 木
- 🇬🇧 branch
- 🇨🇳 tiáo
- 🇯🇵 ジョウ

아득히(攸) 나무(木)에서 뻗어 가는 가지니 **가지 조**
또 가지처럼 나눠진 조목이니 **조목 조**

약 条 : (본 줄기보다) 뒤져서(夂) 나무(木)에 돋는 가지니 '가지 조',
또 가지처럼 나누어진 조목이니 '조목 조'.

※ 攸(아득할 유), 木(나무 목), 夂(천천히 걸을 쇠, 뒤져 올 치)

鐵條網(철조망), 條目(조목), 條件(조건), 條約(조약)

釣 钓

총 11획 2급 부수 金
- 🇬🇧 fish hook, catch
- 🇨🇳 diào
- 🇯🇵 チョウ(つる)

쇠(金)로 작은(勺) 갈고리처럼 만들어 고기를 낚는
낚시니 **낚을 조, 낚시 조**

※ 金(쇠 금, 금 금, 돈 금, 성씨 김), 勺(구기 작, 작은 그릇 작, = 勺)

釣竿(조간), 釣臺(조대), 釣船(조선), 釣叟(조수)

朝

총 12획 6급 부수 月
- 🇬🇧 morning, court, meet
- 🇨🇳 zhāo, cháo
- 🇯🇵 チョウ(あさ)

해는 뜨는데(龺) 아직 달(月)도 있는 아침이니
아침 조
또 (신하는) 아침마다 조정에 나가 임금을 뵈니
조정 조, 뵐 조

※ 龺 : 나무 사이에 해(日) 돋는 모습에서 '해 돋을 간'

朝刊(조간), 朝飯(조반), 朝廷(조정), 朝會(조회)

嘲

총 15획 1급 부수 口
- 🇬🇧 jeer
- 🇨🇳 cháo
- 🇯🇵 チョウ(あざける)

입(口)으로 아침(朝)부터 말하며 조롱하니
조롱할 조

※ 아침에는 삼가야 할 말도 있는데 아침부터 말함은 조롱함이지요.
※ 조롱(嘲弄) - 비웃거나 깔보고 놀림, 弄(희롱할 롱, 가지고 놀 롱)

嘲笑(조소), 嘲謔(조학), 嘲戲(조희), 自嘲(자조)

潮

총 15획 4급 부수 水
- 🇬🇧 tide
- 🇨🇳 cháo
- 🇯🇵 チョウ(しお)

물(氵) 중 아침(朝) 저녁으로 불었다 줄었다 하는
조수니 **조수 조**

※ 조수(潮水) - 주기적으로 들었다가 나갔다가 하는 바닷물.

潮流(조류), 滿潮(만조)‥ 干潮(간조)

操

총 16획 5급 부수 手
- 英 catch, manage
- 中 cāo
- 日 ソウ(みさお)

손(扌)으로 새 떼 지어 우는(喿) 것처럼 어지러운 일을 잡아 다루니 **잡을 조, 다룰 조**

* 喿 : 새들의 입들(品)이 나무(木) 위에서 우니 '새 떼 지어 울 소'
* 品('물건 품, 등급 품, 품위 품'이나 여기서는 많은 입들의 모습)

操心(조심), **志操**(지조), **操業**(조업), **操縱**(조종)

燥

총 17획 3급 부수 火
- 英 burn, blaze, dry
- 中 zào
- 日 ソウ

불(火)이 새 떼 지어 우는 소리(喿)를 내며 타거나 마르니 **탈 조, 마를 조**

* 풀이나 나무가 마르거나 탈 때는 소리가 나지요.

焦燥(초조), **燥渴**(조갈), **乾燥**(건조), **無味乾燥**(무미건조)

繰

총 19획 1급 부수 糸
- 英 spin
- 中 qiāo, sāo, zǎo
- 日 ソウ(くる)

실(糸)이 새 떼 지어 우는 소리(喿)를 내며 나오도록 고치를 켜니 **고치 켤 소, 고치 켤 조**

* 끓는 물에 누에고치를 넣어 실을 뽑는데, 이때 실이 소리를 내면서 나오지요.
* '고치'는 누에의 집, 채소로 먹는 것은 '고추'.

繰繭(소견·조견), **繰綿**(조면), **繰絲**(조사)

躁

총 20획 1급 부수 足
- 英 hasty
- 中 zào
- 日 ソウ(さわぐ)

발(足)로 새 떼 지어 우는 소리(喿)를 내며 성급하게 구니 **성급할 조**

* 足(발 족, 넉넉할 족)

躁急(조급), **躁妄**(조망), **躁悶**(조민), **躁鬱症**(조울증)

藻

총 20획 1급 부수 艹
- 英 water caltrop
- 中 zǎo
- 日 ソウ(も)

풀(艹) 중 물(氵)에서 새 떼 지어 울듯(喿) 모여 사는 마름이니 **마름 조**

* 마름-진흙 속에 뿌리를 박고, 줄기는 물속에서 가늘고 길게 자라 물 위로 나오며 깃털 모양의 물속 뿌리가 있음.

藻類(조류), **藻魚**(조어), **海藻**(해조)

曺

총 10획 2급 부수 日
- 英 family name
- 中 cáo

시조 한(一) 분으로 말미암아(曲) 말해지는(曰) 성씨니 **성씨 조**

* 曲(말미암을 유), 曰(가로 왈)
* 성씨는 유명한 한 분으로부터 유래되어 불리지요.
* 지금은 성씨로 사용되는데 우리나라에서는 曺, 중국에서는 曹로 씁니다.

曹

총 11획 1급 부수 日
- 英 fellows, a government office
- 中 cáo
- 日 ソウ(つかさ)

하나(一)같이 구부리고(曲) 말하며(曰) 무리 지어 일하는 관청이니 **무리 조, 관청 조, 나라이름 조**

* 曲(굽을 곡, 노래 곡)
* 같은 모습으로 무리 지어 일하는 모습을 생각하고 만든 글자.
* 조(曹)나라 – 주나라 무왕(武王)의 아우 숙진탁(叔振鐸)을 봉한 나라.

汝曹(여조), **六曹**(육조), **吏曹**(이조)

槽

총 15획 1급 부수 木
- 英 trough
- 中 cáo
- 日 ソウ(おけ)

나무(木)로 무리(曹) 지어 먹도록 만든 구유나 통이니 **구유 조, 통 조**

* 木(나무 목), 구유 – 마소의 먹이를 담아 주는 큰 그릇.

浴槽(욕조), **油槽**(유조), **淨化槽**(정화조)

漕

총 14획 1급 부수 水
- 英 row
- 中 cáo
- 日 ソウ(こぐ)

물(氵)에서 무리(曹) 지어 배를 저어 나르니 **배 저을 조, 배로 나를 조**

* 빨리 가려면 무리 지어 여럿이 노를 저어야 하지요.

漕艇(조정), **漕船**(조선), **漕運**(조운)

糟

총 17획 1급 부수 米
- 英 dreg
- 中 zāo
- 日 ソウ(かす)

(술을 거르고 난) 쌀(米)의 무리(曹) 같은 지게미니 **지게미 조**

* 米(쌀 미), 지게미 – 술을 걸러 낸 찌꺼기.

糟糠之妻(조강지처), **糟粕**(조박), **糟甕**(조옹)

조

遭

총 15획 1급 부수 辶
- 영 meet, suffer
- 중 zāo
- 일 ソウ(あう)

무리(曹)를 가다가(辶) 만나니
만날 조
또 만나듯이 무슨 일을 당하니 **당할 조**

※ 辶(뛸 착, 갈 착, = 辵)

遭難(조난), 遭逢(조봉), 遭遇(조우)

棗

총 12획 1급 부수 木
- 영 jujube
- 중 zǎo
- 일 ソウ(なつめ)

(나무가 곧아서) 가시(朿)가 위아래로 나 있는
대추나무니 **대추나무 조**, **대추 조** (유) 棘(가시나무 극)

※ 朿(가시 자), 가시나무는 대부분 약하여 가지가 옆으로 늘어지는데
대추나무는 곧게 자람을 생각하고 만든 글자.

棗木(조목), 棗栗梨柿(조율이시)

爪

총 4획 1급 제부수
- 영 fingernail
- 중 zhǎo
- 일 ソウ(つめ)

손톱 모양을 본떠서
손톱 조 (유) 瓜(오이 과)

※ 부수로는 爫의 모습으로 짧지요.

爪傷(조상), 爪痕(조흔)

造

총 11획 4II급 부수 辶
- 영 make
- 중 zào
- 일 ゾウ(つくる)

계획을 알리고(告) 가서(辶) 지으니
지을 조

※ 告(알릴 고, 뵙고 청할 곡), 辶(뛸 착, 갈 착, = 辵)

造作(조작), 造詣(조예), 釀造(양조), 創造(창조)

祚

총 10획 2급 부수 示
- 영 happiness, throne
- 중 zuò

신(示)이 잠깐(乍) 사이에 주는 복이나 임금 자리니
복 조, **임금 자리 조**

※ 示(보일 시, 신 시), 乍(잠깐 사)

祚命(조명), 福祚(복조), 登祚(등조)

조

調 调

총 15획 5급 부수 言
- 英 harmonize, associate
- 中 tiáo, diào
- 日 チョウ(しらべる)

쌍방의 말(言)을 두루(周) 듣고 고르게 잘 어울리니
고를 조, 어울릴 조
또 높낮음이 잘 어울린 노랫가락이니 **가락 조**

※ 言(말씀 언), 周(두루 주, 둘레 주)

調和(조화), **調味料**(조미료), **協調**(협조), **曲調**(곡조)

凋

총 10획 1급 부수 冫
- 英 wither
- 中 diāo
- 日 チョウ

얼음(冫)처럼 찬 기운이 두루(周) 퍼지면 풀이 시드니
시들 조

※ 冫: 얼음 빙(氷)이 부수로 쓰일 때의 모습으로 '이 수 변'

凋枯(조고), **凋落**(조락), **凋萎**(조위), **凋盡**(조진)

稠

총 13획 1급 부수 禾
- 英 dense, many, much
- 中 chóu
- 日 チュウ

벼(禾)처럼 연약한 식물은 두루(周) 빽빽하게 많이
심으니 **빽빽할 조, 많을 조**

※ 禾(벼 화), 벼는 연약하여 서로 기대고 자라도록 빽빽하게 심지요.

稠林(조림), **稠密**(조밀), **奧密稠密**(오밀조밀)

彫 雕

총 11획 2급 부수 彡
- 英 carve
- 中 diāo
- 日 チョウ(ほる)

두루(周) 털(彡)까지 조각하여 새기니
새길 조

※ 彡(터럭 삼, 긴 머리 삼)

彫刻(조각), **彫刻刀**(조각도), **浮彫**(부조)

詔 诏

총 12획 1급 부수 言
- 英 proclaim
- 中 zhào
- 日 ショウ(みことのり)

말(言)로 불러(召) 알리니
알릴 조 (≒ 告)

※ 윗사람이 아랫사람에게 알리는 데 쓰이는 글자.
※ 言(말씀 언), 召(부를 소), 告(알릴 고, 뵙고 청할 곡)

詔告(조고), **詔書**(조서), **詔册**(조책), **詔勅**(조칙)

照

총 13획 3II급 부수 火
- 英 illuminate
- 中 zhào
- 日 ショウ(てる)

밝게(昭) 불(灬)로 비추니
비출 조

※ 昭(밝을 소), 灬(불 화 발)

照度(조도), 照明(조명), 照準(조준), 觀照(관조)

趙 赵

총 14획 2급 부수 走
- 英 name of a nation, family name
- 中 zhào 日 チョウ

잘 달리는(走) 몸집이 작은(肖) 민족이 세운
조나라니 **조나라 조**, **성씨 조**

※ 走(달릴 주, 도망갈 주), 肖(작을 초, 닮을 초)
※ 조(趙)나라 – 춘추전국(春秋戰國) 시대에 있었던 나라.

肇

총 14획 1급 부수 聿
- 英 commence
- 中 zhào
- 日 チョウ(はじめる)

문(戶)을 쳐(攵) 만들어 붓(聿)으로 글씨를 써 붙이고
시작하니 **시작할 조**

※ 戶(문 호, 집 호), 攵(칠 복, = 攴), 聿(붓 율)

肇國(조국), 肇基(조기), 肇業(조업)

##

총 10획 특II급 부수 虫
- 英 flea
- 中 zǎo
- 日 ソウ(のみ)

또(又) 자꾸 콕콕(丶丶) 쏘는 벌레(虫)는
벼룩이니 **벼룩 조**

※ 又(오른손 우, 또 우), 丶('점 주, 불똥 주'나 여기서는 여기저기 쏘는 모습), 虫(벌레 충)

蚤蝨(조슬)

##

총 7획 7급 제부수
- 英 foot, enough
- 中 zú
- 日 ソク(あし)

무릎(口)부터 발까지를 본떠서 **발 족**
또 발까지 편해야 마음이 넉넉하니 **넉넉할 족**

※ 무릎을 본뜬 口와 정강이부터 발목까지를 본뜬 그칠 지(止)를 합하여 무릎부터 아랫부분, 즉 발을 나타내어 '발 족(足)'이지요.
※ 발이 편하고 건강해야 신체 모두가 건강하다고 해요. 그래서 발을 제2의 심장이라 하고 발마사지, 족욕(足浴) 등등 발 관련 프로그램이 많답니다.

發足(발족), 手足(수족), 滿足(만족), 充足(충족)

조

族

총 11획 6급 부수 方
- 英 tribe
- 中 zú
- 日 ゾク(やから)

사방(方)에서 사람(仁)과 사람(仁)이 크게(大)
모여 이룬 겨레니 **겨레 족**

※ 方(모 방, 방향 방, 방법 방), 仁[사람 인(人)의 변형], 大(큰 대)

族譜(족보), **家族**(가족), **氏族**(씨족),
同族相殘(동족상잔)

簇

총 17획 1급 부수 竹
- 英 crowd, arrowhead
- 中 cù
- 日 ソウ(むらがる)

대(竹) 중 겨레(族)처럼 한곳에 모여 사는 조릿대니
조릿대 족, 모일 족
또 조릿대는 화살촉으로도 쓰이니 **화살촉 족**

※ 竹(대 죽), 조릿대 - 조리를 만들 때 쓰는 가늘고 연한 대로 한곳에 무더기로 모여 살지요.

簇生(족생), **簇子**(족자), **簇出**(족출)

存

총 6획 4급 부수 子
- 英 exist
- 中 cún
- 日 ソン(ある)

한(一) 사람(亻)에게 아들(子)이 있으니
있을 존 ㊌ 在(있을 재)

※ 子(아들 자, 첫째 지지 자, 자네 자, 접미사 자)

存立(존립), **存續**(존속), **共存**(공존), **生存**(생존)

尊

총 12획 4Ⅱ급 부수 寸
- 英 respect
- 中 zūn
- 日 ソン(たっとい)

우두머리(酋)에게는 말 한마디(寸)라도 높이니
높일 존

※ 酋(우두머리 추), 寸(마디 촌, 법도 촌)

尊敬(존경), **尊稱**(존칭), **唯我獨尊**(유아독존)

拙

총 8획 3급 부수 手
- 英 clumsy, stupid
- 中 zhuō
- 日 セツ(つたない)

(정성 없이) 손(扌) 재주로만 만들어 내면(出)
못나니 **못날 졸**

※ 扌(손 수 변), 出(나올 출, 나갈 출)

拙作(졸작), **拙速**(졸속),
拙丈夫(졸장부) ↔ **大丈夫**(대장부)

卒

총 8획 5급 부수 十
- 訓 a common soldier, suddenly, die, finish
- 中 zú, cù
- 日 ソツ(おわ,にわか)

우두머리(亠) 밑에 모인 사람들의(人人) 많은(十) 졸병이니 **졸병 졸**
또 졸병은 전쟁에서 앞장서야 하기 때문에 갑자기 죽어 생을 마치니 **갑자기 졸, 죽을 졸, 마칠 졸**   약 추

※ 亠(머리 부분 두), 十(열 십, 많을 십)

卒兵(졸병), **卒倒**(졸도), **卒逝**(졸서), **卒業**(졸업)

猝

총 11획 1급 부수 犬
- 訓 suddenly
- 中 cù
- 日 ソツ(にわか)

개(犭)가 갑자기(卒) 짖으니
갑자기 졸

※ 犭(큰개 견, 개 사슴 록 변)

猝發(졸발), **猝富**(졸부), **猝然**(졸연), **猝地**(졸지)

從 从

총 11획 4급 부수 彳
- 訓 follow, obey
- 中 cóng
- 日 ジュウ(したがう)

걸어서(彳) 두 사람(人人)이 점(卜)치는 사람(人)을 좇아 따르니 **좇을 종, 따를 종**
약 従, 从 : 사람(人)이 사람(人)을 좇아 따르니 '좇을 종, 따를 종'.

※ 彳(조금 걸을 척), 卜(점 복), 옛날에는 점을 많이 쳐서 점과 관련된 글자도 많답니다.

從屬(종속), **追從**(추종), **從多數**(종다수), **順從**(순종)

縱 纵

총 17획 3II급 부수 糸
- 訓 vertical, loose
- 中 zòng
- 日 ジュウ(たて)

실(糸)을 따라(從) 세로로 놓으니
세로 종, 놓을 종   약 縦, 纵

※ 從 : 걸어서(彳) 이쪽저쪽(八)의 아래(下)까지 사람(人)을 좇아 따르니 '좇을 종, 따를 종'
※ 糸(실 사, 실 사 변)

縱斷(종단), **橫斷**(횡단), **縱橫無盡**(종횡무진), **放縱**(방종)

慫 怂

총 15획 1급 부수 心
- 訓 advise, surprise, fearful
- 中 sǒng
- 日 ショウ

따를(從) 마음(心)이 들도록 권하니 **권할 종**
또 갑자기 따를(從) 마음(心)이 들 정도로 놀랍고 두려우니 **놀랄 종, 두려울 종**   약 㥦, 怂

慫慂(종용), **慫兢**(종긍), **慫搖**(종요)

終 终

총 11획 5급 부수 糸
- 영 finish, end
- 중 zhōng
- 일 シュウ(おわる)

(누에 같은 벌레가) 실(糸) 뽑아 집 짓는 일은 겨울(冬)이 되기 전에 다하여 마치니 **다할 종, 마칠 종**

※ 糸(실 사, 실 사 변), 冬(겨울 동)

終結(종결), **終日**(종일), **終點**(종점), **臨終**(임종)

宗

총 8획 4Ⅱ급 부수 宀
- 영 the head house, the first
- 중 zōng
- 일 シュウ(むね)

집(宀) 중 조상의 신(示)을 모신 종가니
종가 종
또 종가는 그 집안의 으뜸이니 **으뜸 종**

※ 종가(宗家) – 한 문중에서 맏이로만 이어 온 큰집.
※ 宀(집 면), 示(보일 시, 신 시), 家(집 가, 전문가 가)

宗廟社稷(종묘사직), **宗教**(종교), **宗孫**(종손)

綜 综

총 14획 2급 부수 糸
- 영 gather
- 중 zōng
- 일 ソウ

(제복을 만들기 위하여) 실(糸)을 종가(宗)로 모으니
모을 종

※ 옛날에는 실과 곡식을 종가에 모아서 제복을 만들어 입고 음식도 만들어 조상께 제사지냈지요.

綜理(종리), **綜合**(종합), **綜合檢診**(종합검진)

琮

총 12획 2급 부수 王(玉)
- 중 cóng

옥(王) 중의 으뜸(宗)은 서옥이니
서옥 종
또 옥(王)으로 만든 것 중 으뜸(宗)은 옥홀이니 **옥홀 종**

※ 서옥(瑞玉) – 상서로운 옥.
※ 홀(笏) – 조선시대에 벼슬아치가 임금을 뵐 때 손에 쥐던 물건.
※ 인·지명용 한자
※ 王(임금 왕, 으뜸 왕, 구슬 옥 변), 瑞(상서로울 서)

踪

총 15획 1급 부수 足
- 영 trace
- 중 zōng
- 일 ソウ

발(足)이 종가(宗)로부터 걸어온 자취니
발자취 종 (= 蹤)

※ 足(발 족, 넉넉할 족)
※ 蹤 : 발(足)을 따라(從 : 좇을 종, 따를 종) 생기는 자취니 '발자취 종'

昧踪(매종), **失踪**(실종)

種 种

총 14획 5급 부수 禾
- 영 seed, kind
- 중 zhǒng
- 일 シュ(たね)

곡식(禾)에서 중요한(重) 것은 씨앗이니 **씨앗 종**

또 씨앗처럼 나누어 두는 종류니 **종류 종**

* 禾('벼 화'로 곡식을 대표함), 重(무거울 중, 귀중할 중, 거듭 중)

種苗(종묘), **種子**(종자), **種類**(종류), **各種**(각종)

鍾 锺

총 17획 4급 부수 金
- 영 bell, goblet
- 중 zhōng
- 일 ショウ

쇠(金)로 만들어 거듭(重) 치는 쇠북 종이니 **쇠북 종**

또 쇠(金)로 만들어 거듭(重) 사용하는 술잔이니 **술잔 종** ㉮ 鐘(쇠북 종, 종치는 시계 종)

* 金(쇠 금, 금 금, 돈 금, 성씨 김)

鍾路(종로), **鍾鉢**(종발), **鍾子**(종자), **茶鍾**(차종)

鐘 钟

총 20획 4급 부수 金
- 영 bell, clock
- 일 ショウ(かね)

쇠(金) 소리가 아이(童) 소리처럼 맑은 쇠북이니 **쇠북 종**

또 쇠북처럼 종치는 시계니 **종치는 시계 종**

* 童(아이 동)

鐘樓(종루), **警鐘**(경종), **招人鐘**(초인종), **自鳴鐘**(자명종)

腫 肿

총 13획 1급 부수 肉
- 영 abscess
- 중 zhǒng
- 일 ショウ(はれる)

몸(月)에서 중요하게(重) 다뤄야 할 부스럼이니 **부스럼 종**

* 月(달 월, 육 달 월), 아프면 그곳을 중요하게 다루어 잘 치료해야 하지요.

腫氣(종기), **腫瘍**(종양), **筋腫**(근종), **浮腫**(부종)

踵

총 16획 1급 부수 足
- 영 heel
- 중 zhǒng
- 일 ショウ(かかと)

발(足)에서 중요한(重) 발꿈치니 **발꿈치 종**

* 足(발 족, 넉넉할 족), 발꿈치=발뒤꿈치, 발의 뒤쪽 발바닥과 발목 사이의 불룩한 부분. 발을 움직이는 힘줄이 붙어 있어 발을 움직일 때 이 부분이 작용하지요.

踵接(종접), **踵至**(종지)

左

- 총 5획 7급 부수 工
- 英 left
- 中 zuǒ
- 日 サ(ひだり)

(목수는 왼손에 자를 들고 오른손에 연필이나 연장을 듦을 생각하여) 많이(ナ) 자(工)를 쥐는 왼쪽이니
왼쪽 좌

※ ナ['열 십, 많을 십(十)'의 변형], 工(자를 본떠서 만든 글자로 '장인 공, 만들 공, 연장 공'이나 여기서는 본떠 만든 '자'로 봄)

左傾(좌경), **左翼**(좌익), **左衝右突**(좌충우돌)

佐

- 총 7획 3급 부수 人
- 英 assist
- 中 zuǒ
- 日 サ(たすける)

사람(亻)이 왼쪽(左)에서 도우니
도울 좌 참 佑(사람이 도울 우)

※ 右(오른쪽 우)

佐飯(좌반→자반), **補佐·輔佐**(보좌), **上佐**(상좌)

坐

- 총 7획 3Ⅱ급 부수 土
- 英 sit
- 中 zuò
- 日 ザ(すわる)

흙(土) 위에 두 사람(人人)이 앉으니
앉을 좌

※ 土(흙 토), 人(사람 인)

坐像(좌상), **坐定**(좌정), **對坐**(대좌), **坐不安席**(좌불안석)

挫

- 총 10획 1급 부수 手
- 英 break, defeat
- 中 cuò
- 日 ザ(くじく)

손(扌)으로 앉도록(坐) 꺾으니
꺾을 좌

※ 扌(손 수 변)

挫骨(좌골), **挫氣**(좌기), **挫折**(좌절)

座

- 총 10획 4급 부수 广
- 英 seat, situation
- 中 zuò
- 日 ザ(すわる)

집(广)의 앉는(坐) 자리나 위치니
자리 좌, 위치 좌

※ 广(집 엄), 앉을 좌(坐)는 앉는다는 뜻이고, 자리 좌, 위치 좌(座)는 앉는 자리를 뜻하지요.

座談(좌담), **座席**(좌석), **權座**(권좌), **座右銘**(좌우명)

罪

총 13획 5급 부수 网
- 英 sin, error
- 中 zuì
- 日 ザイ(つみ)

법의 그물(罒)에 걸릴 정도로 어긋나(非) 죄짓고 허물이 있으니 **죄지을 죄, 허물 죄**

※ 罒(그물 망, = 网, 𦉯), 非(어긋날 비, 아닐 비, 나무랄 비)

犯罪(범죄), **謝罪**(사죄), **贖罪**(속죄), **罪悚**(죄송)

主

총 5획 7급 부수 丶
- 英 lord
- 中 zhǔ
- 日 シュ(ぬし)

(임금보다 더 책임감을 가지는 분이 주인이니)
임금 왕(王) 위에 점(丶)을 찍어서 **주인 주**

※ 그래서 그런지 '왕인정신'이라는 말은 없지만 '주인정신'이란 말은 있지요. 원래는 어두운 방안을 비춰 주는 촛불처럼 봉사하는 사람은 주인이라는 데서 촛불을 본떠서 '주인 주(主)'지요.

主人(주인), **主客一體**(주객일체), **物各有主**(물각유주)

住

총 7획 7급 부수 人
- 英 dwell
- 中 zhù
- 日 ジュウ(すむ)

사람(亻)이 주(主)로 사는 곳이니
살 주, 사는 곳 주 ⊕ 佳(아름다울 가), 隹(새 추)

住居(주거), **住所**(주소), **住宅**(주택), **永住權**(영주권)

駐 驻

총 15획 2급 부수 馬
- 英 stay
- 中 zhù
- 日 チュウ(とどまる)

말(馬)을 주인(主)에게 맡기고 머무르니
머무를 주

※ 馬(말 마), 말로 이동하던 옛날에 어디를 가면 말을 주인에게 맡기고 머물렀다는 데서 생긴 글자.
※ 살 주(住)는 터 잡고 사는 것이고, 머무를 주(駐)는 임시로 머무르는 것이지요.

駐屯(주둔), **駐在**(주재), **駐車場**(주차장)

注

총 8획 6급 부수 水
- 英 pour
- 中 zhù
- 日 チュウ(そそぐ)

물(氵)을 한쪽으로 주(主)로 대고 쏟으니
물댈 주, 쏟을 주

注油(주유), **注目**(주목), **注射**(주사), **注入**(주입)

柱

총 9획 3II급 부수 木

英 pillar
中 zhù
日 チュウ(はしら)

나무(木) 중 주인(主)처럼 큰 역할을 하는 기둥이니
기둥 주 ㊒ 桂(계수나무 계)

* 木(나무 목), 기둥이 집을 받치는 제일 중요한 역할을 하니 주인 노릇을 하는 셈이지요.

石柱(석주), **電柱**(전주), **支柱**(지주)

註

총 12획 1급 부수 言

英 annotate
中 zhù
日 チュウ

말(言)로 주(主)된 뜻을 풀어 주는 주해니
주해 주

* 주해(註解)-본문의 뜻을 알기 쉽게 풀이함.
* 言(말씀 언), 解(해부할 해, 풀 해)

註釋(주석), **註譯**(주역), **脚註**(각주)

舟

총 6획 3급 제부수

英 ship, boat
中 zhōu
日 シュウ(ふね)

통나무배를 본떠서
배 주 ㊒ 丹(붉을 단, 모란 란)

舟遊(주유), **一葉片舟**(일엽편주)

州

총 6획 5급 부수 巛

英 county
中 zhōu
日 シュウ(す)

내(川) 사이에 점들(丶丶丶)처럼 집들이 있는 고을이니
고을 주 ㊽ 卅

* 약자로는 卅인데 가로획이 오른쪽으로 나오지 않도록 해야 해요. 가로획이 오른쪽으로 나오면(卅) 삼십을 나타내는 글자가 됩니다.
* 나주(羅州), 충주(忠州)처럼 고을 이름에 주(州)가 들어가면 물가에 있지요.

州郡(주군), **州牧**(주목), **全州**(전주)

洲

총 9획 3II급 부수 水

英 shore, island
中 zhōu
日 シュウ(す)

물(氵)로 둘러싸인 고을(州)이면 섬이나 물가니
섬 주, 물가 주

洲島(주도), **三角洲**(삼각주), **六大洲**(육대주)

ㅈ
주

走

총 7획 4II급 제부수
- 영 run, escape
- 중 zǒu
- 일 ソウ(はしる)

흙(土)을 점(卜)치듯 사람(人)이 가려 디디며
달리고 도망가니 **달릴 주, 도망갈 주**

※ 土(흙 토), 卜(점 복), 人(사람 인)

走行(주행), **繼走**(계주), **滑走路**(활주로), **逃走**(도주)

周

총 8획 4급 부수 口
- 영 all around, surrounding
- 중 zhōu
- 일 シュウ(まわり)

성(冂) 안의 영토(土)를 입(口)으로 잘 설명하여
두루 둘레까지 알게 하니 **두루 주, 둘레 주, 성씨 주**

※ 冂(멀 경, 성 경)

周旋(주선), **周知**(주지), **周邊**(주변), **周圍**(주위)

週

총 12획 5급 부수 辶
- 영 week, turn
- 중 zhōu
- 일 シュウ

두루(周) 뛰어(辶) 일주일 동안 도니
주일 주, 돌 주

※ 辶(뛸 착, 갈 착, = 辶), 주일(週日) - 월요일부터 일요일까지의 이레 동안.

週刊(주간), **週年**(주년), **週番**(주번), **一週**(일주)

紬 紬

총 11획 1급 부수 糸
- 영 silk
- 중 chōu, chóu
- 일 チュウ(つむぎ)

실(糸)을 누에고치로 말미암아(由) 뽑아서 짠 명주니
명주 주

※ 명주(明紬) - 누에고치에서 뽑아낸 실로 무늬 없이 짠 피륙.
※ 糸(실 사, 실 사 변), 由(말미암을 유), 明(밝을 명)

綢緞(주단), **紬屬**(주속)

宙

총 8획 3II급 부수 宀
- 영 house, heaven
- 중 zhòu
- 일 チュウ

지붕(宀)으로 말미암아(由) 지어진 집이니
집 주
또 집 같은 하늘도 뜻하여 **하늘 주**

※ 宀(지붕을 본떠서 만든 '집 면')

宇宙(우주), **宇宙船**(우주선), **宇宙基地**(우주기지)

胄

총 9획 1급 부수 肉
- 英 descendants
- 中 zhòu
- 日 チュウ

말미암아(由) 몸(月)의 대를 이어주는 맏아들이나 자손이니 **맏아들 주, 자손 주**
또 말미암아(由) 몸(月)을 보호해 주는 투구니 **투구 주**

* 투구 - 예전에, 군인이 전투할 때에 적의 화살이나 칼날로부터 보호하기 위하여 쓰던 쇠로 만든 모자.
* 由(말미암을 유), 月(달 월, 육 달 월)

胄孫(주손), **胄裔**(주예)

酒

총 10획 4급 부수 酉
- 英 liquor
- 中 jiǔ
- 日 シュ(さけ)

물(氵)처럼 술그릇(酉)에 있는 술이니
술 주

* 酉(술그릇 유, 술 유, 닭 유, 열째 지지 유)

酒量(주량), **酒店**(주점), **淸酒**(청주), **濁酒**(탁주)

朱

총 6획 4급 부수 木
- 英 red
- 中 zhū
- 日 シュ(あけ)

작아(丿) 아직 자라지 않은(未) 어린 싹은 붉으니
붉을 주, 성씨 주

* 돋아나는 어린 싹은 대부분 붉지요.
* 丿('삐침 별'이나 여기서는 작은 모습), 未(아닐 미, 아직 ~않을 미)

朱記(주기), **朱紅**(주홍), **印朱**(인주),
近朱者赤(근주자적)

株

총 10획 3Ⅱ급 부수 木
- 英 stump, stock
- 中 zhū
- 日 シュ(かぶ)

나무(木)의 붉은(朱) 뿌리 부분만 남은 그루터기니
그루터기 주
또 그루터기 같은 뿌리로 나무를 세는 그루니 **그루 주**
또 나무 세듯 자본을 세는 주식이니 **주식 주**

守株待兎(수주대토), **株價**(주가), **有望株**(유망주)

珠

총 10획 3Ⅱ급 부수 王(玉)
- 英 jewel, pearl
- 中 zhū
- 日 シュ(たま)

구슬(王) 중 붉은(朱) 구슬이나 진주니
구슬 주, 진주 주

* 진주(眞珠·珍珠) - 조개의 체내에서 형성되는 구슬 모양의 분비물 덩어리.
* 王(임금 왕, 으뜸 왕, 구슬 옥 변), 眞(참 진), 珍(보배 진)

珠簾(주렴), **珠玉**(주옥), **如意珠**(여의주), **念珠**(염주)

誅 诛

총 13획 1급 부수 言
- 영 behead, scold
- 중 zhū
- 일 チュウ

말(言)로 명하여 붉은(朱) 피가 나도록 베고 꾸짖으니
벨 주, 꾸짖을 주

※ 言(말씀 언)

誅殺(주살), **苛斂誅求**(가렴주구), **誅責**(주책)

晝 昼

총 11획 6급 부수 日
- 영 day time
- 중 zhòu
- 일 チュウ(ひる)

붓(聿)으로 해(日) 하나(一)를 보고 그릴 수 있는
낮이니 **낮 주** 약 昼 : 한 자(尺) 이상 아침(旦) 해가 올라오면 낮이니 '낮 주'.

※ 聿(붓 율), 尺(자 척), 旦(아침 단)

晝間(주간), **晝耕夜讀**(주경야독),
晝夜不息(주야불식)

躊 踌

총 21획 1급 부수 足
- 영 hesitate
- 중 chóu
- 일 チュウ(ためらう)

발(足)이 오래(壽) 머물러 행하지 못하고 머뭇거리니
머뭇거릴 주 약 踌 참 躇(머뭇거릴 저, 건너뛸 착)

※ 足(발 족, 넉넉할 족), 壽(목숨 수, 나이 수, 장수할 수로, 여기서는 '오래'의 뜻)

躊躇(주저), **躊躇躊躇**(주저주저),
躊躇滿志(주저만지)

鑄 铸

총 22획 3Ⅱ급 부수 金
- 영 cast
- 중 zhù
- 일 チュウ(いる)

쇠(金)를 오래(壽) 녹여 부어 만드니
쇠 부어 만들 주 약 铸

※ 金(쇠 금, 금 금, 돈 금, 성씨 김), 寿[목숨 수, 나이 수, 장수할 수(壽)의 약자]

鑄物(주물), **鑄造**(주조), **鑄鐵**(주철), **鑄貨**(주화)

疇 畴

총 19획 2급 부수 田
- 영 ridge, companions
- 중 chóu
- 일 チュウ

밭(田)에 오래(壽) 가도록 만든 이랑이니
이랑 주
또 이랑처럼 모인 무리니 **무리 주** 약 畴

※ 田(밭 전), 이랑~갈아 놓은 밭의 한 두둑과 한 고랑을 아울러 이르는 말.

田疇(전주), **範疇**(범주)

做

총 11획 1급 부수 人
- 英 make
- 中 zuò

사람(亻)이 무엇을 연고(故)에 따라 만드니
만들 주

※ 연고(緣故) - ㉠사유(事由). ㉡혈통, 정분, 법률 따위로 맺어진 관계. ㉢인연(因緣). 여기서는 ㉠의 뜻.
※ 故(연고 고, 옛 고), 緣(인연 연), 事(일 사, 섬길 사), 由(말미암을 유), 因(말미암을 인, 의지할 인)

做恭(주공), **做**業(주업), **做**錯(주착), 看**做**(간주)

呪 咒

총 8획 1급 부수 口
- 英 pray
- 中 zhòu
- 日 ジュ(のろう)

입(口)으로 형(兄)이 비니
빌 주

※ 兄(형 형, 어른 형), 무슨 일이 있으면 연장자가 처리하고 빌기도 하지요.

呪文(주문), **呪**法(주법), **呪**術(주술), 詛**呪**(저주)

嗾

총 14획 1급 부수 口
- 英 instigate
- 中 sǒu
- 日 ソウ(けしかける)

입(口)으로 겨레(族)를 부추기니
부추길 주

※ 族(겨레 족)

嗾囑(주촉), 使**嗾**(사주)

廚 厨

총 15획 1급 부수 广
- 英 kitchen
- 中 chú
- 日 チュウ(くりや)

집(广)에서 조리대를 세워(尌) 요리하도록 만든 부엌이니 **부엌 주**

※ 尌 : 좋게(吉) 받쳐(丷) 법도(寸)에 맞게 세우니 '세울 주'
※ 广(집 엄), 吉(길할 길, 상서로울 길), 寸(마디 촌, 법도 촌)

廚房(주방), 鼎**廚**(정주 → 정지), 庖**廚**(포주)

奏

총 9획 3Ⅱ급 부수 大
- 英 inform
- 中 zòu
- 日 ソウ(かなでる)

하늘 땅(二) 같은 위대(大)한 분께 예쁜(天) 것을 드리며 아뢰니 **아뢸 주** ㊥ 秦(진나라 진, 성씨 진)

※ 二('두 이'나 여기서는 하늘과 땅의 모습), 大(큰 대), 天(젊을 요, 예쁠 요, 일찍 죽을 요)

奏效(주효), 伴**奏**(반주), 吹**奏**(취주), 合**奏**(합주)

輳 辏

총 16획 1급 부수 車
- 英 gather
- 中 còu

수레(車)가 아뢰(奏) 듯 소리내며 한곳으로 몰려드니 **몰려들 주**

※ 車(수레 거, 차 차)

輻輳(폭주), *暴注(폭주)

紂 纣

총 9획 1급 부수 糸
- 中 zhòu
- 日 チュウ

실(糸) 마디(寸)까지 따지며 사납게 했던 주 임금이니 **주 임금 주**

※ 糸(실 사, 실 사 변), 寸(마디 촌, 법도 촌)
※ 주왕(紂王) - 잔인·포악하여 나라를 망친 은(殷)나라 마지막 임금.

##

총 1획 부수자
- 英 dot, spark
- 中 zhǔ
- 日 チュ

점을 본떠서 **점 주**
또 불 타면서 튀는 불똥이니 **불똥 주**

竹

총 6획 4II급 제부수
- 英 bamboo
- 中 zhú
- 日 チク(たけ)

대 잎을 본떠서 **대 죽**

※ 대나무라고도 하는데, 대는 나무가 아니라니 '대'로 썼어요. 일 년 이상 줄기가 크고 나이테가 있으면 나무라 하고 그렇지 못하면 풀이라 하지요. 부수로 쓰일 때는 내려 그은 획을 짧게 씁니다.
※ 종이가 없었던 옛날에는 대쪽에 글을 썼기 때문에 책과 관련된 글자에 竹이 들어가지요.

竹刀(죽도), 竹筍(죽순), 竹馬故友(죽마고우)

准

총 10획 2급 부수 冫
- 英 agree, ratify
- 中 zhǔn
- 日 ジュン

얼음(冫)처럼 냉정하고 새(隹)처럼 높이 살펴 승인하니 **승인할 준**

※ 冫[얼음 빙(氷)이 부수로 쓰일 때의 모습으로 '이 수 변'], 隹(새 추)

准尉(준위), 准將(준장), 批准(비준), 認准(인준)

準 准

총 13획 4II급 부수 水
- 영 flat, rule, follow
- 중 zhǔn
- 일 ジュン

물(氵) 위에 새(隹) 열(十) 마리가 평평하게 법도에 준하여 날아가니 **평평할 준, 법도 준, 준할 준** 약 准

※ 준하다 – 어떤 본보기에 비추어 그대로 좇다.
※ 새들은 법도에 준하듯 일정한 대열을 이루고 날아가지요.

平準化(평준화), **基準**(기준), **準決勝**(준결승)

樽

총 16획 1급 부수 木
- 영 a wine barrel
- 중 zūn
- 일 ソン(たる)

나무(木)로 만들어 좋은(尊) 술을 넣어두는 술통이니
술통 준

※ 木(나무 목), 尊(높일 존), 지금도 와인처럼 좋은 술은 나무로 만든 통에 보관해야 숨을 쉬며 발효가 된다지요.

樽酒(준주), **金樽**(금준)

遵

총 16획 3급 부수 辶
- 영 go with, follow
- 중 zūn
- 일 ジュン

높이는(尊) 사람을 따라가니(辶)
따라갈 준

※ 辶(뛸 착, 갈 착, = 辶)

遵敎(준교), **遵法**(준법), **遵奉**(준봉), **遵守**(준수)

俊

총 9획 3급 부수 人
- 영 superior, eminent
- 중 jùn
- 일 シュン(すぐれる)

사람(亻)이 의젓하게 갈(夋) 정도로 실력이 뛰어나니
뛰어날 준

※ 자신이 있으면 걸음걸이부터 의젓하지요.
※ 夋 : 믿음직스럽도록(允 : 진실로 윤, 믿을 윤, 허락할 윤) 의젓하게 천천히 걸어(夊 : 천천히 걸을 쇠, 뒤져 올 치) 가니 '의젓하게 걸을 준, 갈 준'

俊傑(준걸), **峻德**(준덕), **俊秀**(준수), **俊才**(준재)

埈

총 10획 2급 부수 土
- 영 steep
- 중 jùn

흙(土)이 의젓하게(夋) 선 모습으로 가파르고 높으니
가파를 준, 높을 준

※ 인·지명용 한자

峻

총 10획 2급 부수 山
- 英 lofty
- 中 jùn
- 日 シュン

산(山)이 의젓한(夋) 모습으로 높으니
높을 준

峻嶺(준령), 峻嚴(준엄), 峻險(준험), 險峻(험준)

晙

총 11획 2급 부수 日
- 英 bright
- 中 jùn
- 日 シュン

해(日)가 의젓하게(夋) 떠 밝으니
밝을 준

※ 인·지명용 한자.

竣

총 12획 1급 부수 立
- 英 finish
- 中 jùn
- 日 シュン

서서(立) 의젓하게 가(夋) 일을 마치니
마칠 준

※ 立(설 립)

竣工(준공), 竣工式(준공식), 竣事(준사)

駿

총 17획 2급 부수 馬
- 英 an excellent horse
- 中 jùn
- 日 シュン

말(馬) 중 의젓하게 가는(夋) 준마니
준마 준

※ 준마(駿馬) - 잘 달리는 말. 馬(말 마)

駿敏(준민), 駿逸(준일), 駿足(준족)

浚

총 10획 2급 부수 水
- 英 dredge
- 中 jùn
- 日 シュン(さらう)

물(氵)을 배가 의젓하게 가도록(夋) 깊게 하니
깊게 할 준

浚巡(준순), 浚井(준정),
浚渫(준설) - 물의 깊이를 깊게 하려고 바닥에 쌓인 것을 파내는 일. 渫(파낼 설, 치울 설)

濬

총 17획 2급 부수 水
- 영 deep
- 중 jùn
- 일 シュン

물(氵)이 맑아 속까지 들여다 보이게 밝고(睿) 깊으니 **깊을 준**

*睿(깊고 밝을 예)

濬潭(준담), **濬源**(준원), **濬哲**(준철)

蠢

총 21획 1급 부수 虫
- 영 wriggle
- 중 chǔn
- 일 シュン(うごめく)

봄(春)이 오면 벌레들이(虫虫) 꿈틀거리니 **꿈틀거릴 준**
또 꿈틀거리며 둔하면 어리석으니 **어리석을 준**

*春(봄 춘), 虫(벌레 충)

蠢動(준동), **蠢愚**(준우), **蠢蠢**(준준)

中

총 4획 8급 부수 丨
- 영 middle, hit
- 중 zhōng
- 일 チュウ(なか)

사물(口)의 가운데를 뚫어(丨) 맞히니 **가운데 중, 맞힐 중**

*口('입 구, 말할 구, 구멍 구'나 여기서는 사물의 모습으로 봄), 丨(뚫을 곤)

中立(중립), **中央**(중앙), **命中**(명중), **百發百中**(백발백중)

준

仲

총 6획 3Ⅱ급 부수 人
- 영 second, intermediate
- 중 zhòng
- 일 チュウ(なか)

사람(亻)의 가운데(中)에 있는 버금이니 **버금(둘째) 중**
또 양쪽 사람(亻)의 가운데(中)에서 중개하니 **중개할 중**

*「버금」은 '둘째, 다음'의 뜻으로, 네 형제의 순서를 백(伯), 중(仲), 숙(叔), 계(季)로 하지요.

伯仲(백중), **仲介**(중개), **仲介人**(중개인)

重

총 9획 7급 부수 里
- 영 heavy, precious, repeat
- 중 zhòng, chóng
- 일 ジュウ(おもい)

많은(千) 마을(里)에서 모은 것이라 무겁고 귀중하니 **무거울 중, 귀중할 중**
또 무겁고 귀중하여 거듭 다루니 **거듭 중**

*千(일천 천, 많을 천), 里(마을 리, 거리 리)

重量(중량), **貴重**(귀중), **重要**(중요), **重複**(중복)

衆 众

총 12획 4II급 부수 血
- 英 crowd
- 中 zhòng
- 日 シュウ

핏(血)줄 가까운 우두머리(丿)를 따라(ㅣ) 양쪽(꼬)으로 모인 무리니 **무리 중**

유 象(코끼리 상, 모습 상, 본뜰 상)

※ 血(피 혈), 丿(삐침 별)이나 여기서는 우두머리로 봄)

衆口難防(중구난방), **觀衆**(관중), **群衆**(군중)

卽 即

총 9획 3II급 부수 卩
- 英 soon
- 中 jí
- 日 ソク(すなわち)

날이 하얀(白) 비수(匕) 앞에 곧 무릎 꿇으니(卩) **곧 즉**

속 即 : 잘못을 멈추고(艮) 곧바로 무릎 꿇으니(卩) '곧 즉'

※ 白(흰 백, 밝을 백, 깨끗할 백, 아뢸 백), 匕(비수 비, 숟가락 비), 卩(무릎 꿇을 절, 병부 절, = 㔾), 艮[멈출 간, 어긋날 간(艮)의 변형]

卽刻(즉각), **卽時**(즉시), **卽效**(즉효), **卽興**(즉흥)

則

곧 즉 (≒ 卽), 법칙 칙 – 법칙 칙(667쪽) 참고

櫛 栉

총 19획 1급 부수 木
- 英 comb
- 中 zhì
- 日 シツ(くし)

나무(木)로 마디(節)마디 틈나게 만든 빗이니 **빗 즐**

※ 木(나무 목), 節(마디 절, 절개 절, 계절 절)

櫛沐(즐목), **櫛比**(즐비), **櫛風沐雨**(즐풍목우)

汁

총 5획 1급 부수 水
- 英 juice
- 中 zhī
- 日 ジュウ(しる)

물(氵)처럼 많이(十) 나오게 짠 즙이니 **즙 즙**

※ 氵- 물 수(水)가 글자의 왼쪽에 붙는 변으로 쓰일 때의 모습으로 점이 셋이니 '삼 수 변'이라 부르지요. 十(열 십, 많을 십)

汁液(즙액), **果汁**(과즙), **生汁**(생즙)

명언 **無言實踐**(무언실천) (모든 일은) 말없이 실천하라.
▶無(없을 무), 言(말씀 언), 實(열매 실, 실제 실), 踐(밟을 천)

茸

총 13획 1급 부수 ++
- 영 repair
- 중 qì
- 일 シュウ(ふく)

풀(++)로 구멍(口)이나 귀(耳)처럼 너덜거린 부분을 기우니 **기울 즙**
또 기웃듯 지붕을 이니 **지붕 일 즙**
유 茸(녹용 용, 무성할 용)

※ 耳(귀 이), 실이 귀하던 옛날에는 짚이나 띠 같은 풀로 무엇을 기우거나 지붕을 이었지요.

茸茅(즙모), **茸繕**(즙선)

症

총 10획 3II급 부수 疒
- 영 symptom
- 중 zhèng
- 일 ショウ

병(疒)을 바르게(正) 진단하여 아는 병세니
병세 증

※ 병세(病勢) - 병의 상태나 기세.
※ 疒(병들 녁), 正(바를 정), 病(병들 병), 勢(기세 세)

症狀(증상), **症勢**(증세), **渴症**(갈증), **痛症**(통증)

曾

총 12획 3II급 부수 日
- 영 once, again
- 중 céng
- 일 ソウ(かつて)

열고(八) 창문(罒) 사이로 말하면(曰)
일찍부터 거듭 만나던 사이니 **일찍 증**, **거듭 증**
약 曽 유 會(모일 회)

※ 八(여덟 팔, 나눌 팔), 罒: 창문의 모습을 본떠서 '창문 창'으로, 그물 망(网)과 혼동하지 마세요. —실제 쓰이는 글자는 아님.

未曾有(미증유), **曾孫**(증손), **曾思**(증사)

增

총 15획 4II급 부수 土
- 영 sum up, add
- 중 zēng
- 일 ゾウ(ます)

흙(土)을 거듭(曾) 더하니
더할 증 약 増

※ 曾 : 이쪽저쪽(ヽノ)의 밭(田)에 날(日)마다 일찍 나가 거듭 일하니 '일찍 증, 거듭 증'
※ 土(흙 토), 田(밭 전), 日(해 일, 날 일)

增資(증자)↔**減資**(감자), **增築**(증축), **割增**(할증)

憎

총 15획 3II급 부수 心
- 영 hate
- 중 zēng
- 일 ゾウ(にくむ)

섭섭한 마음(忄)이 거듭(曾) 쌓이도록 미워하니
미워할 증 약 憎

※ 忄(마음 심 변)

憎惡(증오), **可憎**(가증), **愛憎**(애증)

贈 赠

총 19획 3급 부수 貝
- 英 give
- 中 zèng
- 日 ゾウ(おくる)

재물(貝)을 거듭(曾) 주니
줄 증 약 赠

※ 貝(조개 패, 재물 패)

贈與(증여), 贈與稅(증여세), 贈呈(증정), 寄贈(기증)

蒸

총 14획 3II급 부수 ++
- 英 steam, boil
- 中 zhēng
- 日 ジョウ(むす)

풀(++) 성분의 도움(丞)을 받으려고 불(灬)에 찌니
찔 증 약 蒸

※ 丞(도울 승, 정승 승), 灬(불 화 발), 풀을 쪄서 나온 즙이나 향기를 약으로 이용하지요.

蒸氣(증기), 蒸發(증발), 汗蒸(한증), 薰蒸(훈증)

證 证

총 19획 4급 부수 言
- 英 evidence, prove
- 中 zhèng
- 日 ショウ(あかし)

말(言)로 높은 데 올라(登)서서 떳떳하게 증명하니
증명할 증 약 証 : 말(言)로 바르게(正) 증명하니 '증명할 증'.

※ 言(말씀 언), 登(오를 등, 기재할 등), 正(바를 정)

證明(증명), 證言(증언), 認證(인증), 確證(확증)

之

총 4획 3II급 부수 丿
- 英 go, of, this
- 中 zhī
- 日 シ(これ)

초목의 싹이 움터 자라 나가는 모양을 본떠서 **갈 지**
또 가듯이 무엇에 속하는 '~의'니 **~의 지**
또 가듯이 가리키는 바로 이것이니 **이 지**

之東之西(지동지서), 毫釐之差(호리지차)

芝

총 8획 2급 부수 ++
- 英 mushroom
- 中 zhī
- 日 シ(しば)

풀(++)처럼 번져 가며(之) 자라는 지초나 버섯이니
지초 지, 버섯 지

※ 지초(芝草) - ㉠지치, 지치과에 딸린 다년생 풀. ㉡영지(靈芝), 활엽수의 그루터기에 나는 버섯.
※ 草(풀 초), 靈(신령 령, 신령스러울 령)

芝蘭(지란), 芝蘭之交(지란지교)

只

총 5획 3급 부수 口
- 英 only
- 中 zhī
- 日 シ(ただ)

입(口)으로 다만 팔자(八) 타령만 하니
다만 지 ㈜ 兄(형 형, 어른 형)

※ 팔자(八字) - 사람의 한 평생의 운수. 사주팔자에서 유래한 말로, 사람이 태어난 해와 달과 날과 시간을 간지(干支)로 나타내면 여덟 글자가 되는데, 이 속에 일생의 운명이 정해져 있다고 봄.

只今(지금), **但只**(단지)

咫

총 9획 1급 부수 口
- 英 near
- 中 zhǐ
- 日 シ

자(尺)로 다만(只) 한 자 정도의 짧은 거리니
짧은 거리 지

※ 尺(자 척), 한 자 - 30.3cm

咫尺(지척), **咫尺之間**(지척지간), **咫尺不辨**(지척불변)

枳

총 9획 1급 부수 木
- 英 trifoliate orange
- 中 zhǐ
- 日 キ(からたち)

나무(木)에 열리는 다만(只) 약재로만 쓰이는 탱자니
탱자 지, 탱자 기

또 탱자 가시처럼 뽀족하면 무엇을 해치니 **해칠 기**

※ 木(나무 목), 탱자는 먹지 못하고 다만 약재로만 이용하지요.

枳殼(지각), **橘化爲枳**(귤화위지), **枳塞**(기색)

至

총 6획 4II급 부수 至
- 英 reach, extreme
- 中 zhì
- 日 シ(いたる)

하나(一)의 사사로운(厶) 땅(土)에 이르니
이를 지

또 이르러(至) 돌봄이 지극하니 **지극할 지**

※ 厶(사사로울 사, 나 사), 土(흙 토)

遝至(답지), **自初至終**(자초지종), **至極**(지극), **至毒**(지독)

支

총 4획 4II급 제부수
- 英 deal, devide, pay
- 中 zhī
- 日 シ(ささえる)

많은(十) 것을 손(又)으로 다루고 가르니
다룰 지, 가를 지

또 갈라 지출하니 **지출할 지** ㈜ 攴(칠 복, = 攵)

※ 지출(支出) - 어떤 목적을 위하여 돈을 지급하는 일.
※ 十(열 십, 많을 십), 又(오른손 우, 또 우), 出(나올 출, 나갈 출)

支障(지장), **支撐**(지탱), **支店**(지점), **收支**(수지)

枝

총 8획 3II급 부수 木
- 英 branch
- 中 zhī
- 日 シ(えだ)

나무(木) 줄기에서 갈라져(支) 나온 가지니
가지 지

※ 木(나무 목)

枝葉(지엽) ↔ 根本(근본), 剪枝(전지),
金枝玉葉(금지옥엽)

肢

총 8획 1급 부수 肉
- 英 limbs
- 中 zhī
- 日 シ

몸(月)에서 갈라져(支) 나온 사지니
사지 지

※ 사지(四肢) - 두 팔과 두 다리.

肢體不自由(지체부자유), 下肢(하지)

地

총 6획 7급 부수 土
- 英 earth, situation
- 中 dì
- 日 チ(つち)

흙(土) 또한(也) 온 누리에 깔린 땅이니
땅 지
또 어떤 땅 같은 처지니 **처지 지**

※ 土(흙 토), 也(또한 야, 어조사 야)

地表(지표), 驚天動地(경천동지),
易地思之(역지사지)

池

총 6획 3II급 부수 水
- 英 pond
- 中 chí
- 日 チ(いけ)

물(氵) 또한(也) 넓게 고인 연못이니
연못 지, 성씨 지

池塘(지당), 電池(전지), 貯水池(저수지),
蓄電池(축전지)

志

총 7획 4II급 부수 心
- 英 meaning
- 中 zhì
- 日 シ(こころざす)

선비(士)의 마음(心)에 있는 뜻이니
뜻 지

※ 士(선비 사), 心(마음 심, 중심 심), 뜻 지(志)는 이상을 향한 높은 뜻이고, 뜻 의(意)는 말이나 글 속에 들어 있는 의미를 말하지요.

志操(지조), 意志(의지), 初志一貫(초지일관)

지

誌 志

총 14획 4급 부수 言
- 영 record, book
- 중 zhì
- 일 シ(しるす)

말(言)이나 뜻(志)을 기록하여 만든 책이니
기록할 지, 책 지

* 言(말씀 언)

誌略(지략), **校誌**(교지), **日誌**(일지), **雜誌**(잡지)

持

총 9획 4급 부수 手
- 영 have, hold
- 중 chí
- 일 ジ(もつ)

손(扌)에 절(寺)에서 염주를 가지듯 가지니
가질 지

* 扌(손 수 변), 寺(절 사, 관청 시)

持久力(지구력), **持見**(지견), **持病**(지병)

旨

총 6획 2급 부수 日
- 영 taste, meaning
- 중 zhǐ
- 일 シ(むね)

비수(匕)로 햇빛(日)에 익은 과일을 잘라 먹어 보는
맛이니 **맛 지**
또 말이나 글에 담긴 맛은 뜻이니 **뜻 지**

* 匕(비수 비, 숟가락 비), 日(해 일, 날 일)

甘旨(감지), **論旨**(논지), **要旨**(요지), **趣旨**(취지)

指

총 9획 4II급 부수 手
- 영 finger, point
- 중 zhǐ
- 일 シ(ゆび)

손(扌)으로 맛(旨)볼 때 쓰는 손가락이니
손가락 지
또 손가락으로 무엇을 가리키니 **가리킬 지**

指壓(지압), **指南**(지남), **指導**(지도), **指示**(지시)

脂

총 10획 2급 부수 肉
- 영 fat, grease
- 중 zhī
- 일 シ(あぶら)

고기(月)에서 맛(旨)을 내는 기름이니
기름 지

* 月(달 월, 육 달 월)

脂肪(지방), **脂肪肝**(지방간), **脫脂綿**(탈지면)

지

紙 紙

총 10획 7급 부수 糸
- 영 paper
- 중 zhǐ
- 일 シ(かみ)

(나무의 섬유질) 실(糸)이 나무뿌리(氏)처럼 엉겨서 만들어지는 종이니 **종이 지**

※ 糸(실 사, 실 사 변), 氏(성 씨, 뿌리 씨)

紙錢(지전), **紙幣**(지폐), **壁紙**(벽지), **韓紙**(한지)

知

총 8획 5급 부수 矢
- 영 know
- 중 zhī
- 일 チ(しる)

(과녁을 맞추는) 화살(矢)처럼 사실에 맞추어 말할(口) 정도로 아니 **알 지**

※ 矢(화살 시), 口(입 구, 말할 구, 구멍 구), 과녁을 맞히는 화살처럼 사실에 맞추어 말하면 아는 것이지요.

知覺(지각), **知己**(지기), **知性**(지성), **親知**(친지)

智

총 12획 4급 부수 日
- 영 wisdom
- 중 zhì
- 일 チ(さとい)

아는(知) 것을 응용하여 해(日)처럼 비추는 지혜니 **지혜 지**

※ 지혜(智慧) - 사물의 이치를 빨리 깨닫고 정확하게 처리하는 정신적 능력. 慧(지혜 혜)

智略(지략), **奇智**(기지), **銳智**(예지), **衆智**(중지)

止

총 4획 5급 제부수
- 영 stop
- 중 zhǐ
- 일 シ(とまる)

두 발이 그쳐 있는 모습에서 **그칠 지** ㉥ 上(위 상, 높을 상, 오를 상)

止血(지혈), **禁止**(금지), **防止**(방지), **停止**(정지)

址

총 7획 2급 부수 土
- 영 site
- 중 zhǐ
- 일 シ(あと)

땅(土) 중 건물이 머물렀던(止) 터니 **터 지**

※ 土(흙 토)

寺址(사지), **史蹟址**(사적지)

祉

총 9획 1급 부수 示
- 英 blessing
- 中 zhī
- 日 シ(さいわい)

신(示)이 머물러(止) 위해 주는 복이니
복 지

* 示(보일 시, 신 시), 止(그칠 지)

福祉(복지), **祥祉**(상지)

摯 挚

총 15획 1급 부수 手
- 英 grasp
- 中 zhì
- 日 シ

다행히(幸) 환(丸)약을 구하여 손(手)에 잡으니
잡을 지

* 幸(행복할 행, 다행 행), 丸(둥글 환, 알 환), 手(손 수, 재주 수, 재주 있는 사람 수)

懇摯(간지), **眞摯**(진지)

遲 迟

총 16획 3급 부수 辶
- 英 slow, late
- 中 chí
- 日 チ(おくれる)

무소(犀)처럼 천천히 가(辶) 더디고 늦으니
더딜 지, 늦을 지

* 犀(무소 서), 辶(뛸 착, 갈 착, = 辶)

遲刻(지각), **遲延**(지연), **遲遲不進**(지지부진), **遲滯**(지체)

識

알 식, 기록할 지 – 알 식(398쪽) 참고

直 直

총 8획 7급 부수 目
- 英 straight, right
- 中 zhí
- 日 チョク(ただちに)

많이(十) 눈(目)으로 감춰진(ㄴ) 부분까지 살펴도 곧고 바르니 **곧을 직, 바를 직**

* 十(열 십, 많을 십), 目(눈 목, 볼 목, 항목 목), ㄴ(감출 혜, 덮을 혜, = 匸)

直徑(직경), **直線**(직선), **剛直**(강직), **正直**(정직)

> **명언** **事必歸正**(사필귀정) 모든 일은 반드시 바른 곳으로 돌아간다. ▶事(일 사, 섬길 사), 必(반드시 필), 歸(돌아갈 귀), 正(바를 정)

稙 稙

총 13획 2급 부수 禾
- 英 early rice
- 中 zhī
- 日 チキ

벼(禾)가 일찍 익어 바로(直) 수확하는 올벼니
올벼 직 ㉰ 植(심을 식)

※ 禾(벼 화), 올벼-제철보다 일찍 여무는 벼.
※ 인·지명용 한자.

織 织

총 18획 4급 부수 糸
- 英 weave
- 中 zhī
- 日 ショク(おる)

실(糸) 치는 소리(音)가 창(戈) 부딪치는 소리를 내며
베를 짜니 **짤 직**

※ 糸(실 사, 실 사 변), 音(소리 음), 戈(창 과), 베를 짤 때 날실에 씨실이 촘촘하게 박히도록 바디(베틀에서 날실에 씨실을 쳐서 베를 짜는 구실을 하는 도구) 치는 소리가 나지요.

織工(직공), **織物**(직물), **紡織**(방직), **組織**(조직)

職 职

총 18획 4II급 부수 耳
- 英 official duty, post
- 中 zhí
- 日 ショク(つかさ)

귀(耳)로 들은 상관의 소리(音)대로 창(戈) 들고
맡아 일하는 벼슬이니 **맡을 직, 벼슬 직**

※ 耳(귀 이), 다른 종족과 싸움이 많았던 옛날에는 모두 무기를 갖고 일했으니 이런 어원이 가능하지요.

求職(구직), **天職**(천직), **賤職**(천직), **遷職**(천직)

稷

총 15획 2급 부수 禾
- 英 millet
- 中 jì
- 日 ショク(きび)

벼(禾)처럼 밭(田)에 사람(儿)이 뒤늦게(夂) 심는
기장이니 **기장 직**
또 기장은 오곡의 제일로 여겨 곡식의 신으로 섬겼으니
곡식 신 직

※ 夂(천천히 걸을 쇠, 뒤져 올 치), 기장은 식용 작물의 한 가지로 논에 모를 낸 뒤에 늦게 밭에 심지요.
※ 사직(社稷)-나라 또는 조정. [옛날 농업 국가였을 때 나라를 세우면 천자나 제후가 단(壇)을 쌓아 토신(土神)인 사(社)와 곡신(穀神)인 직(稷)에 제사를 지내던 데서 유래]
※ 社(토지 신 사, 모일 사), 神(귀신 신), 壇(제단 단, 단상 단), 穀(곡식 곡)

稷壇(직단), **稷神**(직신), **黍稷**(서직)

명언 **愼思篤行**(신사독행) 삼가(신중히) 생각하고 도탑게(성실히) 행동하라. ▶愼(삼갈 신), 思(생각할 사), 篤(도타울 독), 行(다닐 행, 행할 행, 항렬 항)

직

眞 真

총 10획 4II급 부수 目
- 英 true
- 中 zhēn
- 日 シン(ま)

비수(匕)처럼 눈(目) 뜨고 감추어진(ㄴ) 것을 나누고(八) 파헤쳐 보아도 참되니 **참 진**

약 真 : 많은(十) 사람들의 눈(目)으로 하나(一)같이 나누고(八) 파헤쳐 보아도 참되니 '참 진'

* 匕(비수 비, 숟가락 비), 目(눈 목, 볼 목, 항목 목), ㄴ(감출 혜, 덮을 혜, = 匚), 八(여덟 팔, 나눌 팔), 十(열 십, 많을 십)

眞價(진가), **眞假**(진가), **眞善美**(진선미), **寫眞**(사진)

鎭 镇

총 18획 3II급 부수 金
- 英 suppress
- 中 zhèn
- 日 チン(しずめる)

쇠(金)처럼 무거운 것으로 참(眞)되게 눌러 진압하니 **누를 진, 진압할 진**

* 진압(鎭壓) - '누르고 누름'으로, 눌러 진정시킴.
* 金(쇠 금, 금 금, 돈 금, 성씨 김), 壓(누를 압)

鎭靜(진정), **鎭痛劑**(진통제), **鎭魂**(진혼), **鎭火**(진화)

嗔

총 13획 1급 부수 口
- 英 anger
- 中 chēn
- 日 シン(いかる)

입(口)으로 참(眞)되라고 꾸짖으며 성내니 **성낼 진**

嗔怒(진노), **嗔心**(진심), **嗔言**(진언), **嗔責**(진책)

津

총 9획 2급 부수 水
- 英 ferry, saliva resin
- 中 jīn
- 日 シン(つ)

물(氵)이 붓(聿)으로 그린 듯이 가늘게 흐르는 곳에 생긴 나루니 **나루 진**

또 물(氵)이 붓(聿)으로 그린 듯이 가늘게 흐르는 진액이니 **진액 진**

* 聿(붓 율), 옛날 배는 작아서 물이 깊지 않고 물살이 세지 않은 곳이 배를 대기에 좋음을 생각하고 만든 글자.

津渡(진도), **津液**(진액), **松津**(송진), **迷津寶筏**(미진보벌) - '헷갈리는(길을 헤매는) 나루에서 길을 찾아가는 훌륭한 뗏목(배)'으로, 삶에 가르침을 주는 책을 일컫는 말. 迷(헷갈릴 미), 寶(보배 보), 筏(뗏목 벌)

陣 阵

총 10획 4급 부수 阜
- 영 encamp, row
- 중 zhèn
- 일 ジン

언덕(阝) 옆에 수레(車)들이 줄지어 진 치니
줄 진, 진칠 진 유 陳(벌려 놓을 진)

※ 阝(언덕 부 변), 車(수레 거, 차 차), 진(陣)-군사들을 배치한 것, 또는 군사들이 있는 곳.
※ 진을 치다-자리를 차지하다.

長蛇陣(장사진), **陣地**(진지), **敵陣**(적진), **布陣**(포진)

陳 陈

총 11획 3II급 부수 阜
- 영 spread, get stale
- 중 chén
- 일 チン

언덕(阝)의 동쪽(東)에 햇살 퍼지듯 벌려 놓고
오래 묵으니 **벌려 놓을 진, 묵을 진, 성씨 진**
유 陣(진칠 진, 줄 진)

※ 阝(언덕 부 변), 東(동쪽 동)

陳述(진술), **陳列**(진열), **開陳**(개진), **陳腐**(진부)

進 进

총 12획 4II급 부수 辶
- 영 advance
- 중 jìn
- 일 シン(すすむ)

(앞으로만 나아가는) 새(隹)처럼 나아가니(辶)
나아갈 진

※ 隹(새 추), 새는 뒤로는 가지 못하고 앞으로만 나아가지요.

進級(진급), **進度**(진도), **前進**(전진) ↔ **後退**(후퇴)

珍

총 9획 4급 부수 王(玉)
- 영 treasure, precious
- 중 zhēn
- 일 チン(めずらしい)

옥(王)을 사람(人)의 머리털(彡)처럼 작은
부분까지 정교하게 잘 다듬은 보배니 **보배 진** 약 珎

※ 王(임금 왕, 으뜸 왕, 구슬 옥 변), 彡(터럭 삼, 긴 머리 삼)

珍貴(진귀), **珍羞盛饌**(진수성찬), **珍風景**(진풍경)

診 诊

총 12획 2급 부수 言
- 영 examine
- 중 zhěn
- 일 シン(みる)

말(言)도 들어보고 사람(人)의 털(彡)까지도 자세히
보며 진찰하니 **진찰할 진**

※ 진찰(診察)-의사가 병의 원인을 찾거나 치료를 위하여 환자의 증세나 상태를 살핌.
※ 言(말씀 언), 察(살필 찰)

診斷(진단), **診脈**(진맥), **特診**(특진)

疹

- 총 10획 1급 부수 疒
- 英 measles, fever
- 中 zhěn
- 日 シン(はしか)

병(疒) 중 사람(人)의 털(彡)구멍이 부풀어 올라 붉은 반점이 생기는 홍역이나 열병이니 **홍역 진, 열병 진**

* 疒(병들 녁), 彡(터럭 삼, 긴 머리 삼)

疹疾(진질), **發疹**(발진), **濕疹**(습진)

塵 尘

- 총 14획 2급 부수 土
- 英 dust
- 中 chén
- 日 ジン(ちり)

사슴(鹿)이 마른 흙(土)에서 뛸 때처럼 날리는 티끌이니 **티끌 진**

* 鹿(사슴 록), 土(흙 토)

塵境(진경), **塵界**(진계), **塵埃**(진애), **風塵**(풍진)

盡 尽

- 총 14획 4급 부수 皿
- 英 exhaust
- 中 jìn
- 日 ジン(つくす)

손(크)에 막대(丨) 하나(一)를 들고 불(灬) 있는 화로 그릇(皿)을 뒤적이면 꺼져 다하니 **다할 진** 약 尽: 자(尺)로 눈금을 한 점(丶) 한 점(丶) 재며 최선을 다하니 '다할 진'

* 불을 뒤적이면 금방 다 타 버리거나 꺼지고 말지요.
* 크(고슴도치 머리 계, 오른손 우), 灬(불 화 발), 皿(그릇 명), 尺(자 척)

極盡(극진), **賣盡**(매진), **未盡**(미진), **脫盡**(탈진)

辰

- 총 7획 3II급 제부수
- 英 star, date
- 中 chén
- 日 シン(たつ)

전갈자리별 모양을 본떠서
별 진, 날 신, 다섯째 지지 진

辰宿(진수), **生辰**(생신), **日辰**(일진)

振

- 총 10획 3II급 부수 手
- 英 make well-known in the world, shake
- 中 zhèn
- 日 シン(ふる)

손(扌)으로 만든 물건이 별(辰)처럼 빛나 이름을 떨치니 **떨칠 진, 떨 진**

振作(진작), **振興**(진흥), **振動**(진동), *震動(진동)

震

총 15획 3II급 부수 雨
- 영 thunder, vibrate
- 중 zhèn
- 일 シン(ふるう)

비(雨)올 때 별(辰)처럼 번쩍이며 치는 벼락이니
벼락 진

또 벼락이 치면 천지가 진동하니 **진동할 진**

※ 雨(비 우)

震怒(진노), **地震**(지진), **震動**(진동), **耐震**(내진)

晉 晋

총 10획 특II급 부수 日
- 영 advance, family name
- 중 jìn

하늘(一) 아래 사사로움들(厶厶)이 많은
땅(一)에서도 해(日)를 따라 나아가며 감정을 억누르니
나아갈 진, 억누를 진, 진나라 진, 성씨 진 ㉠ 晋

※ 一('한 일'이나 여기서는 '하늘과 땅'으로 봄), 厶(사사로울 사, 나 사)
※ 인·지명용 한자.

晋

총 10획 2급 부수 日
- 영 advance, name of a nation
- 중 jìn

하늘(一)과 같이(丨) 이쪽저쪽(丷)의 땅(一)에서도
해(日)를 따라 나아가며 감정을 억누르니
나아갈 진, 억누를 진, 진나라 진, 성씨 진

※ 나아갈 진, 억누를 진, 진나라 진, 성씨 진(晉)의 속자.
※ 晋(진)나라 - 춘추전국시대에 지금의 산서성 부근에 있었던 나라.

秦

총 10획 2급 부수 禾
- 영 name of a nation, family name
- 중 qín 일 シン(はた)

하늘 땅(二)같이 크게(大) 벼(禾)를 가꾸는 나라니
진나라 진, 성씨 진 ㉡ 奏(아뢸 주)

※ 秦(진)나라 - 춘추전국시대의 한 나라로, 중국 최초의 통일 왕조. 중국을 일컫는 China는 진(秦)에서 유래되었고 인도차이나 반도도 인도와 중국 사이에 있는 반도를 일컫는 말이지요.
※ 秦始皇(진시황) - 진(秦)나라의 시조(始祖). (B.C. 259~B.C.210)

姪 侄

총 9획 3급 부수 女
- 영 nephew, niece
- 중 zhí
- 일 テツ(めい)

딸(女)처럼 이르러(至) 보살펴야 하는 조카니
조카 질

※ 至(이를 지, 지극할 지)

姪女(질녀), **姨姪女**(이질녀), **堂姪**(당질), **叔姪**(숙질)

桎

총 10획 1급 부수 木
- 英 fetters
- 中 zhì
- 日 シツ

나무(木)로 만들어 죄인에 이르게(至) 채우는 차꼬나 족쇄니 **차꼬 질, 족쇄 질**

※ 차꼬-옛날 중죄인(重罪人)을 가두어둘 때 쓰던 형구(刑具)의 한 가지. 두 개의 긴 나무토막으로 두 발을 고정시켜 자물쇠로 채우게 되어 있지요. 重(무거울 중, 귀중할 중, 거듭 중), 罪(죄지을 죄, 허물 죄), 刑(형벌 형), 具(갖출 구, 기구 구)

桎梏(질곡)

窒

총 11획 2급 부수 穴
- 英 block
- 中 zhì
- 日 チツ(ふさぐ)

구멍(穴) 끝에 이르러(至) 막히니
막힐 질

※ 穴(구멍 혈, 굴 혈), 至(이를 지, 지극할 지)

窒塞(질색), **窒酸**(질산), **窒素**(질소), **窒息**(질식)

膣

총 15획 1급 부수 肉
- 英 vagina
- 中 zhì
- 日 チツ

몸(月)의 구멍(穴)으로 이르는(至) 음도니
음도 질

※ 음도-여자의 생식기. 질-포유류 암컷 생식기의 일부분.
※ 月(달 월, 육 달 월)

膣炎(질염)

秩

총 10획 3II급 부수 禾
- 英 order
- 中 zhì
- 日 チツ

볏(禾)단을 잃어(失)버리지 않도록 차례로 쌓으니
차례 질

※ 禾(벼 화), 失(잃을 실), 차례로 쌓아 놓으면 양을 분명히 알 수 있으니 잃어버렸는지도 금방 알 수 있지요.

秩序(질서), **無秩序**(무질서)

帙

총 8획 1급 부수 巾
- 英 series, book wrapper
- 中 zhì
- 日 チツ

책 여러 권을 수건(巾)으로 잃어(失)버리지 않도록 묶어 놓은 질이나 책갑이니 **질 질, 책갑 질**

※ 巾(수건 건), '질'은 여러 권으로 된 책 한 벌.
※ 책갑(冊匣)-질을 넣어 둘 수 있게 책의 크기에 맞추어 만든 작은 상자나 집. 冊(책 책, 세울 책), 匣(갑 갑, 상자 갑)

帙冊(질책), **全帙**(전질)

跌

총 12획 1급 부수 足
- 영 tumble, excessive, go wrong
- 중 diē
- 일 チツ

발(足)길을 잃으면(失),
즉 실족(失足)하면 넘어지고 지나치고 잘못되니
넘어질 질, 지나칠 질, 잘못될 질

※ 足(발 족, 넉넉할 족)

折跌(절질), 跌宕(질탕), 蹉跌(차질)

佚

숨을 일, 흐트러질 질 – 숨을 일(517쪽) 참고

迭

총 9획 1급 부수 辶
- 영 change
- 중 dié
- 일 テツ(かわる)

실수(失)가 있으면 가서(辶) 바꾸니
바꿀 질

※ 辶(뛸 착, 갈 착, = 辵)

迭代(질대), 更迭(경질)

疾

총 10획 3II급 부수 疒
- 영 disease, quick
- 중 jí
- 일 シツ(やまい)

병(疒) 중 화살(矢)처럼 빨리 번지는 병이니
병 질, 빠를 질

※ 疒(병들 녁), 矢(화살 시), 병들 병(病)은 걸리기도 어렵고 낫기도 어려운 고질병을, 질(疾)은 화살 시(矢)가 들어갔으니 걸리기도 쉽고 낫기도 쉬운 가벼운 병을 뜻하지만 보통 같이 쓰이지요.

疾病(질병), 疾患(질환), 疾走(질주)

嫉

총 13획 1급 부수 女
- 영 envy
- 중 jí
- 일 シツ(ねたむ)

여자(女)가 병(疾)처럼 시기하니
시기할 질

※ 女(여자 녀)

嫉妬(질투), 嫉視(질시),
嫉逐排斥(질축배척) – 시기하고 쫓고 미워하여 물리침. 逐(쫓을 축), 排(물리칠 배, 배열할 배), 斥(물리칠 척)

質 质

총 15획 5급 부수 貝
- 英 nature, quality
- 中 zhì
- 日 シツ(ただす)

도끼(斤)와 도끼(斤)로 재물(貝)을 나눌 때 드러나는 바탕이니 **바탕 질** 얜 质 : 도끼(斤)로 재물(貝)을 나눌 때 드러나는 바탕이니 '바탕 질'

* 斤(도끼 근, 저울 근), 貝(조개 패, 재물 패)
* 재물을 나눌 때 본심, 즉 바탕이 드러나지요.

質量(질량), **質問**(질문), **性質**(성질)

叱

총 5획 1급 부수 口
- 英 scold
- 中 chì
- 日 シツ(しかる)

입(口)으로 비수(匕)처럼 날카롭게 꾸짖으니 **꾸짖을 질**

* 匕(비수 비, 숟가락 비), 비수 – 짧고 날카로운 칼.

叱責(질책), **叱咤**(질타) **叱正**(질정)

朕

총 10획 1급 부수 肉
- 英 I, symptom
- 中 zhèn
- 日 チン(われ)

자기 몸(月)을 팔(八)방의 하늘(天)에 일컫는 말이니 **나 짐**
또 몸(月)으로 팔(八)방의 하늘(天)에서 느끼는 조짐이니 **조짐 짐**

* 옛날에는 일반적으로 나를 지칭하였는데 진시황 이후부터 임금이 자기를 이르는 말로 쓰이게 되었지요.
* 조짐(兆朕) – 길흉이 일어날 동기가 보이는 변화 현상.
* 兆(조짐 조, 조 조)

朕言不再(짐언부재)

斟

총 13획 1급 부수 斗
- 英 deliberate
- 中 zhēn
- 日 シン(くむ)

달콤한(甘) 술이라도 짝(匹)에게 국자(斗)로 따를 때는 술 실력을 헤아리니 **헤아릴 짐**

* '심하게(甚) 말(斗)로 헤아리니 헤아릴 짐'이라고도 해요.
* 원음(原音)은 '침'인데 '짐'으로 많이 쓰임.
* 짐작(斟酌) – ㉠술 실력을 헤아려 술을 술잔에 따름. ㉡사정이나 형편을 헤아림.
* 甘(달 감), 匹(짝 필, 필 필 – '필'은 베를 세는 단위), 斗(국자 두, 말 두), 甚(심할 심), 酌(술 따를 작, 참작할 작)

斟量(침량) – '양을 헤아림'으로, 짐작함.

執 执

총 11획 3II급 부수 土
- 영 hold, execute
- 중 zhí
- 일 シツ(とる)

다행히(幸) 좋은 환(丸)약을 구하여 잡으니 **잡을 집**
또 잡아서 집행하니 **집행할 집**

※ 집행(執行) - '잡아서 행함'으로, 실제로 시행함.
※ 幸(행복할 행, 바랄 행), 丸(둥글 환, 알 환), 行(다닐 행, 행할 행, 항렬 항)

執權(집권), **執念**(집념), **執行**(집행), **固執**(고집)

集

총 12획 6급 부수 隹
- 영 gather, anthology
- 중 jí
- 일 シュウ(あつまる)

새(隹)가 나무(木) 위에 모이듯 모으니 **모일 집, 모을 집**
또 여러 내용을 모아 놓은 책도 나타내어 **책 집**

※ 隹(새 추), 木(나무 목)

集合(집합), **採集**(채집), **文集**(문집), **全集**(전집)

輯 辑

총 16획 2급 부수 車
- 영 edit
- 중 jí
- 일 シュウ(あつまる)

차(車) 타고 다니며 사람들이 말하는(口) 것을
귀(耳)로 듣고 모아 편집하니 **편집할 집**

※ 車(수레 거, 차 차), 口(입 구, 말할 구, 구멍 구), 耳(귀 이)

輯要(집요), **輯載**(집재), **編輯**(편집)

什

총 4획 1급 부수 人
- 영 furniture, ten
- 중 shí
- 일 ジュウ

사람(亻)이 사는 데 필요한 많은(十) 세간이니 **세간 집**
또 사람(亻)이 열(十)씩 모인 단위니 **열사람 십**

※ 세간 - 집안 살림에 쓰는 온갖 물건.
※ 일반적으로 사람 10명씩을 한 조로 짬을 생각하고 만든 글자.
※ 亻(사람 인 변), 十(열 십, 많을 십)

什器(집기), **什長**(십장)

徵 征

총 15획 3II급 부수 彳
- 영 summon, levy
- 중 zhēng, zhǐ
- 일 チョウ(しるし)

작아도(微) 실력만 있으면 왕(王)이 부르니
부를 징, 음률 이름 치

※ 徵[작을 미(微)의 획 줄임], 치(徵) - 동양 음악 오음계 가운데 궁에서 넷째 음.

徵兵(징병), **徵收**(징수), **徵用**(징용), **徵候**(징후)

집

懲 懲

총 19획 3급 부수 心
- 英 punish
- 中 chéng
- 日 チョウ(こりる)

불러서(徵) 뉘우치는 마음(心)이 들도록 징계하니
징계할 징

※ 징계(懲戒) - ㉠허물을 뉘우치도록 경계하고 나무람. ㉡부당한 행위에 대하여 제재를 가함.
※ 心(마음 심, 중심 심), 戒(경계할 계)

懲罰(징벌), **懲役**(징역), **膺懲**(응징), **勸善懲惡**(권선징악)

澄

총 15획 1급 부수 水
- 英 clear
- 中 chéng, dèng
- 日 チョウ(すむ)

물(氵)이 올라(登) 간 높은 곳에 있으면 맑으니
맑을 징

※ 登(오를 등)

澄高(징고), **澄潭**(징담), **澄水**(징수), **明澄**(명징)

〈어원을 생각하며 한자를 익히면 기쁨도 큽니다〉

어원을 생각하며 한자를 익히는 방법은 아주 간단해요. 글자를 보아서 부수나 독립된 글자들로 쪼개지지 않으면 그 글자만으로 왜 이런 모양에 이런 뜻의 글자가 나왔는지 생각해 보고, 부수나 독립된 글자들로 쪼개지면 쪼개서 쪼개진 글자들의 뜻을 합쳐 보면 되거든요. 그래도 그 어원이 생각나지 않을 때는 상상력을 동원하여 나눠진 글자의 앞뒤나 가운데에 말을 넣어 생각해 보면 되고요.

이런 과정을 통하여 어떤 글자에서 그 글자가 생긴 어원을 깨치게 되면 수천 년 전에 어떻게 이런 진리를 깨달아 알고 글자를 만들었는지 정말 신비스럽고 무릎을 칠 정도로 기쁘며 삶에도 큰 가르침이 되지요.

〈이 책에 실린 글자들은 모두 어원 풀이를 했어요〉

이 책에 실린 글자들은 가나다 순서에 따른 자기 위치에서 모두 어원 풀이를 했지요. 다만, 자주 쓰이지 않고 어떤 글자의 어원 풀이에만 쓰이는 글자들의 어원은 표제자로 내세우지 않고 가나다순도 아닌 각각 필요한 위치에서 어원을 풀었어요.

〈어원이 좀 엉뚱하다고 생각되시면〉

이 책에 나온 어원을 읽으시다 좀 이상하다고 생각되시면 나름대로 어원을 생각해 보세요. 한자는 오랜 세월에 걸쳐서 만들어졌기 때문에 어원이 여러 가지인 글자도 있고, 또 현대에 이해하기 어려운 어원도 많대요. 저는 가급적 글자가 만들어진 원래의 어원에 충실하되 현대에 이해하기 어려운 어원은 제 나름대로 쉽게 재구성해 보았어요.

〈필순을 고려한 어원 풀이라 좀 어색한 부분도 있지요〉

필순을 고려해서 어원을 풀다 보니 어색한 어원도 있네요. 저는 필순에 따라 어원도 생각하며 써 보도록 좀 어색한 어원이 되더라도 필순을 고려해서 어원을 풀었어요.

且

총 5획 3급 부수 一
- 영 and
- 중 qiě
- 일 ショ(かつ)

그릇(一)에 음식을 또 또 쌓아올린 모양을 본떠서
또 차

且置(차치), 重且大(중차대), 況且(황차)

次

총 6획 4II급 부수 欠
- 영 next, order, turn
- 중 cì
- 일 ジ(つぐ)

두(二) 번이나 하품(欠)하며 일을 다음으로 미루니
다음 차
또 다음으로 이어지는 차례와 번이니 **차례 차, 번 차**

※ 欠(하품 흠, 모자랄 흠)

次期(차기), 次善(차선), 次例(차례), 數次(수차)

此

총 6획 3II급 부수 止
- 영 this
- 중 cǐ
- 일 シ(この)

그쳐(止) 비수(匕)로도 찌를 만한 가까운 이것이니
이 차

※ 止(그칠 지), 匕(비수 비, 숟가락 비 - '비수'는 날카롭고 짧은 칼)

此際(차제), 此後(차후), 於此彼(어차피), 彼此(피차)

遮

총 15획 2급 부수 辶
- 영 obstruct
- 중 zhē
- 일 シャ(さえぎる)

여러(庶) 사람들이 뛰어(辶) 오는 것을 막으니
막을 차

※ 庶(여러 서, 백성 서, 첩의 아들 서), 辶(뛸 착, 갈 착, = 辵)

遮光(차광), 遮斷(차단), 遮陽(차양)

叉

총 3획 1급 부수 又
- 영 lock one's fingers together
- 중 chā
- 일 サ(また)

두 손(又)을 점(丶)처럼 모아 깍지 끼니
깍지 낄 차 ㈜ 又(오른손 우, 또 우)

叉路(차로), 交叉路(교차로), 叉銃(차총)

차

差

총 10획 4급 부수 工
- 英 manage, differ, fall down
- 中 chā, cī
- 日 サ(さす)

(붙어 다니는) 양(羊)처럼 붙어(丿)서서 똑같이 만들도록(工) 부려도 다르고 어긋나니
부릴 채, 다를 차, 어긋날 치

* 羊(양 양), 丿('삐침 별'이나 여기서는 붙은 모습으로 봄), 工(장인 공, 만들 공, 연장 공)

差備(채비), **差別**(차별), **誤差**(오차), **參差**(참치)

嗟

총 13획 1급 부수 口
- 英 sigh, praise
- 中 jiē
- 日 サ

입(口)이 어긋날(差) 정도로 탄식하거나 감탄하니
탄식할 차, 감탄할 차

嗟惜(차석), **嗟歎**(차탄), **嗟稱**(차칭)

蹉

총 17획 1급 부수 足
- 英 collapse
- 中 cuō
- 日 サ

발(足)이 어긋나(差) 넘어지니
넘어질 차

* 足(발 족, 넉넉할 족)

蹉跌(차질), **蹉跎**(차타)

借

총 10획 3II급 부수 人
- 英 borrow
- 中 jiè
- 日 シャク(かりる)

사람(亻)이 오랫(昔)동안 아는 사이면 돈도 빌려 주고 빌리니 **빌릴 차**

* 昔(옛 석, 오랠 석)

借款(차관), **借名**(차명), **借用**(차용), **貸借**(대차)

錯 错

총 16획 3II급 부수 金
- 英 mix, confuse
- 中 cuò
- 日 サク(まじる)

쇠(金)가 오래(昔)되면 녹이 섞여 어긋나니
섞일 착, 어긋날 착

* 金(쇠 금, 금 금, 돈 금, 성씨 김)

錯亂(착란), **錯雜**(착잡), **錯覺**(착각), **錯誤**(착오)

車 / 车

총 7획 7급 제부수
- 영 cart, car
- 중 chē, jū
- 일 シャ(くるま)

수레 모양을 본떠서 **수레 거, 차 차, 성씨 차**

※ 日은 수레의 몸통, ㅣ은 바퀴의 축, 一과 一은 양쪽 바퀴.
※ 車의 독음(讀音)은 수레와 차로 구분하지 않고 단어에 따라 습관적으로 사용되지요.

自轉車(자전거), **停車場**(정거장), **車庫**(차고), **列車**(열차)

茶

차 차, 차 다 - 차 다(137쪽) 참고

※ 글자의 독음이 둘 이상일 경우 가장 많이 쓰이는 독음 쪽에서 글자를 풀었어요.

捉

총 10획 3급 부수 手(扌)
- 영 catch
- 중 zhuō
- 일 ソク(とらえる)

손(扌)으로 발(足)을 잡으니
잡을 착

※ 足(발 족, 넉넉할 족)

捉去(착거), **捉來**(착래), **捉送**(착송), **捕捉**(포착)

着

총 11획 5급 부수 目
- 영 attach, reach
- 중 zháo, zhuó
- 일 チャク(きる)

털에 가린 양(羊)의 붙은(丿) 눈(目)처럼 붙으니
붙을 착

※ 羊(양 양), 丿('삐침 별'이나 여기서는 붙은 모습으로 봄), 目(눈 목, 볼 목, 항목 목)

着陸(착륙), **着眼**(착안), **接着**(접착), **定着**(정착)

窄

총 10획 1급 부수 穴
- 영 narrow
- 중 zhǎi
- 일 サク(すぼむ)

구멍(穴)을 잠깐(乍)만 파면 좁으니
좁을 착 ㉠ 穿(뚫을 천, 구멍 천)

※ 穴(구멍 혈, 굴 혈), 乍(잠깐 사), 구멍을 오래 파야 넓은데 잠깐만 파면 좁다는 말이지요.

窄迫(착박), **窄小**(착소), **窄袖**(착수), **狹窄**(협착)

명언 **露積成海**(노적성해) 이슬방울이 모여서 바다를 이룬다. ▶露(이슬 로), 積(쌓을 적), 成(이룰 성), 海(바다 해)

搾 榨

총 13획 1급 부수 **手**
- 英 wring
- 中 zhà
- 日 サク(しぼる)

손(扌)으로 간격을 좁혀(窄) 짜니
짤 착

* 扌(손 수 변), 窄(좁을 착)

搾乳(착유), **搾取**(착취), **壓搾**(압착), **壓搾機**(압착기)

鑿 凿

총 28획 1급 부수 **金**
- 英 bore
- 中 záo
- 日 サク(のみ)

풀 무성하듯(丵) 많이 절구(臼)를 치듯이(殳)
쇠(金)로 쳐 뚫으니 **뚫을 착**

* 臼(절구 구), 殳(칠 수, 창 수, 몽둥이 수), 金(쇠 금, 금 금, 돈 금, 성씨 김), 丵 : 고생할 신, 매울 신(辛) 위에 점 셋을 더 붙여 풀 무성한 모양을 나타내어 '풀 무성할 착'

鑿開(착개), **鑿巖機**(착암기), **掘鑿**(굴착), **穿鑿**(천착)

著

글 지을 저, 드러날 저, 붙을 착, 입을 착
– 글 지을 저(542쪽) 참고

躇

머뭇거릴 저, 건너뛸 착 – 머뭇거릴 저(542쪽) 참고

辶

총 4획 부수자
- 英 run, go
- 中 chuò

길게 걸을 인(廴)에 점(丶)을 찍어
뛰거나 감을 나타내어 **뛸 착, 갈 착** (= 辶)

* '책받침'이라고도 부르는데, 원래는 '쉬엄쉬엄 갈 착(辵)'이 부수로 쓰일 때의 모습이니 '착 받침'을 잘못 부르는 말이지요.
* 위에 점이 둘이면 아래를 한 번 구부리고, 점이 하나면 아래를 두 번 구부립니다.

착

〈척인착삼(彳廴辶彡)〉

① 사거리를 본떠서 만든 '다닐 행, 행할 행, 항렬 항(行)'의 왼쪽 부분으로 '조금 걸을 척(彳)'
② 구불구불한(㇇) 길을 다리를 끌며 길게(乀) 걸으니 '길게 걸을 인(廴)'
③ '길게 걸을 인(廴)'에 점(丶)을 찍어 뛰거나 간다는 뜻의 '뛸 착, 갈 착(辵, = 辶)'
④ 머리털이 가지런히 나 있는 모양을 본떠서 '터럭 삼, 긴 머리 삼(彡)'

贊 赞

총 19획 3II급 부수 貝
- 영 help, assent
- 중 zàn
- 일 サン(たたえる)

먼저(先) 먼저(先) 재물(貝)로 돕고 찬성하니
도울 찬, 찬성할 찬

* 先(먼저 선), 貝(조개 패, 재물 패)

贊助(찬조), **協贊**(협찬), **贊成**(찬성), **贊反**(찬반)

讚 赞

총 26획 4급 부수 言
- 영 praise
- 중 zàn
- 일 サン(ほめる)

말(言)로 도우며(贊) 칭찬하여 기리니
칭찬할 찬, 기릴 찬

* 言(말씀 언)
* 기리다 – 뛰어난 업적이나 바람직한 정신, 위대한 사람 따위를 추어서 말하다.

稱讚(칭찬), **讚頌**(찬송), **讚揚**(찬양), **自畫自讚**(자화자찬)

瓚 瓒

총 23획 2급 부수 王(玉)
- 중 zàn

옥(王)으로 만든 술 마심을 돕는(贊) 잔이니
옥잔 찬 (字 鑽(뚫을 찬, 끌 찬, 송곳 찬))

* 王(임금 왕, 으뜸 왕, 구슬 옥 변)

圭瓚(규찬) – 조선시대에 종묘나 문묘 따위의 나라 제사에서 강신할 때에 쓰던 술잔.

撰

총 15획 1급 부수 手
- 영 write, select
- 중 zhuàn
- 일 セン(えらぶ)

손(扌)으로 부드럽게(巽), 즉 자연스럽게 글을 지으니
글 지을 찬
또 손(扌)으로 부드럽게(巽) 가리니 **가릴 선** (≒ 選)

* 巽 : 미끄러운 뱀(巳)과 뱀(巳)이 함께(共)하듯 유순하고 부드러우니 '유순할 손, 부드러울 손' – 뱀이 잘 구부려지고 미끈함을 생각하고 만든 글자.
* 유순(柔順)하다 – 성질이나 태도·표정 따위가 부드럽고 순하다.
* 巳(뱀 사, 여섯째 지지 사), 共(함께 공), 柔(부드러울 유), 順(순할 순)

撰文(찬문), **撰述**(찬술), **新撰**(신찬)

명언 **有志處在道**(유지처재도) 뜻이 있는 곳에 길이 있다.
명언 **有志竟成**(유지경성) 뜻이 있으면 결국 이루어진다.

▶有(가질 유, 있을 유), 志(뜻 지), 處(곳 처, 살 처, 처리할 처), 在(있을 재), 道(길 도, 도리 도, 말할 도), 竟(마침내 경, 다할 경), 成(이룰 성)

鑽 钻

총 27획 2급 부수 金
- 영 drill, chisel
- 중 zuān, zuàn
- 일 サン

쇠(金)의 도움(贊)을 받아 뚫으니
뚫을 찬
또 뚫는 도구인 끌이나 송곳이니 **끌 찬, 송곳 찬**

* 끌-망치로 한쪽 끝을 때려서 나무에 구멍을 뚫는 데 쓰는 연장.
* 贊(도울 찬, 찬성할 찬)-앞쪽을 참고하세요.

研鑽(연찬), 鑽石(찬석)

饌 馔

총 21획 1급 부수 食
- 영 side dish, food
- 중 zhuàn
- 일 セン

밥(食)을 부드럽게(巽) 먹으려고 만든
반찬이나 음식이니 **반찬 찬, 음식 찬**

* 食(밥 식, 먹을 식 변), 巽(유순할 손, 부드러울 손)-앞쪽의 주 참고하세요.

飯饌(반찬), 饌價(찬가), 饌母(찬모), 盛饌(성찬)

餐

총 16획 2급 부수 食
- 영 eat, meal
- 중 cān
- 일 サン

몸에 좋고 나쁨을 가려(卜) 저녁(夕)마다 또(又)
먹는(食) 밥이니 **먹을 찬, 밥 찬** (= 湌)

* 卜('점 복'이나 여기서는 점쳐 가린다는 뜻), 夕(저녁 석), 又(오른손 우, 또 우), 食(밥 식, 먹을 식, 밥 사)
* 湌-물(氵)과 함께 밥(食)을 먹으니 '먹을 찬, 밥 찬'

晚餐(만찬), 午餐(오찬), 朝餐(조찬)

粲

총 13획 특II급 부수 米
- 영 white rice, clear
- 중 càn
- 일 サン(いい)

몸에 좋고 나쁨을 가려(卜) 저녁(夕)마다 또(又) 먹게
쌀(米)을 찧으니 **정미 찬**
또 정미한 듯 색이 선명하니 **선명할 찬**

* 정미(精米)-쌀을 찧음. 쌀은 겉 부분에 영양소가 많으니 너무 찧으면 건강에 좋지 않고 덜 찧으면 먹기에 거치니 잘 가려 찧어야 하지요.
米(쌀 미), 精(정밀할 정, 찧을 정)

粲然(찬연), 粲粲(찬찬)

燦 灿

총 17획 2급 부수 火
- 영 shine
- 중 càn
- 일 サン(きらめく)

불(火)이 선명하게(粲) 빛나니
빛날 찬

* 火(불 화)

燦爛(찬란), 燦然(찬연), 豪華燦爛(호화찬란)

璨

총 17획 2급 부수 王(玉)
- 中 càn

옥(王)에서 선명하게(粲) 빛나는 옥빛이니

옥빛 찬

* 王(임금 왕, 으뜸 왕, 구슬 옥 변)
* 인·지명용 한자.

簒

총 17획 1급 부수 竹
- 英 snatch
- 中 cuàn
- 日 サン

대(竹)로 만든 무기를 들고 눈(目) 크게(大) 뜨고 사사로이(厶) 빼앗으니 **빼앗을 찬** 속 篡

* 옛날에는 대로 활이나 창 같은 무기를 만들었지요.
* 竹(대 죽), 目(눈 목, 볼 목, 항목 목), 大(큰 대), 厶(사사로울 사, 나 사)

簒立(찬립), **簒位**(찬위), **簒奪**(찬탈)

총 20획 1급 부수 糸
- 英 collect, edit
- 中 zuǎn
- 日 サン(あつめる)

(종이가 없던 옛날에는) 대(竹)쪽을 눈(目) 크게(大) 뜨고 모아 실(糸)로 엮어 편찬했으니

모을 찬, 편찬할 찬

* 편찬(編纂) - 여러 가지 자료를 모아 체계적으로 정리하여 책을 만듦. 編(엮을 편)

纂錄(찬록), **纂集**(찬집), **纂修**(찬수)

총 5획 2급 부수 木
- 英 letter, label, cash
- 中 zhá
- 日 サツ(ふだ)

(종이가 없던 옛날에) 얇은 나무(木) 판에 몸 구부리고(乚) 글자를 새겨 만든 편지나 패나 돈이니

편지 찰, 패 찰, 돈 찰 유 礼[예도 례(禮)의 약자]

* 木(나무 목), 乚[새 을, 둘째 천간 을, 굽을 을(乙)이 부수로 쓰일 때의 모습]

書札(서찰), **名札**(명찰), **現札**(현찰),

季札掛劍(계찰괘검) - '계찰이 칼을 걺'으로, 신의(信義)를 중히 여김을 이르는 말. ⊙오나라의 계찰(季札)이 서(徐)나라의 군주에게 자신의 보검을 주려고 마음먹었는데 이미 그가 죽은 뒤라 자신의 보검을 풀어 그의 무덤가 나무에 걸어 놓았다는 고사에서 유래. 상대가 죽었고 또 자기 마음속으로만 했던 약속도 지켰다는 말. 季(끝 계, 계절 계), 掛(걸 괘), 信(믿을 신), 義(옳을 의, 의로울 의)

찬

刹

총 8획 2급 부수 刀
- 漢 moment, temple
- 中 chà
- 日 セツ

벤(乂) 나무(木)를 칼(刂)질하여 짧은 시간에 지은 절이니 **짧은 시간 찰, 절 찰**

유 殺(죽일 살, 감할 쇄, 빠를 쇄)

* 乂(벨 예, 다스릴 예, 어질 예), 木(나무 목), 刂(칼 도 방)

刹那(찰나) ↔ **劫**(겁), **古刹**(고찰), **寺刹**(사찰)

察

총 14획 4II급 부수 宀
- 漢 watch
- 中 chá
- 日 サツ

집(宀)에서 제사(祭)를 살피니
살필 찰

* 宀(집 면), 祭(제사 제, 축제 제), 제사를 요즘은 약식으로도 지내지만, 옛날에는 정해진 제물을, 정해진 격식에 맞게 차려, 정해진 절차에 따라 엄숙하게 지냈으니 그것을 살핀다는 데서 만들어진 글자.

警察(경찰), **考察**(고찰), **觀察**(관찰), **診察**(진찰)

擦

총 17획 1급 부수 手
- 漢 rub, wipe
- 中 cā
- 日 サツ(する)

손(扌)으로 살펴서(察) 문지르니
문지를 찰

擦過傷(찰과상), **擦傷**(찰상), **摩擦**(마찰)

총 11획 5급 부수 厶
- 漢 participate, three
- 中 cān, shēn
- 日 サン(まいる)

장식품(厸)을 사람(人)이 머리(彡)에 꽂고 행사에 참여하니 **참여할 참**
또 사람 인(人)에 사사로울 사(厶)와 삐침 별(丿)을 셋씩 썼으니 **석 삼**   약 参 : 사사로이(厶) 크게(大) 머리(彡)를 꾸미고 행사에 참여하니 '참여할 참', 또 사사로울 사(厶)와 큰 대(大)에 삐침 별(丿)을 셋이나 썼으니 '석 삼'.

* 厶(사사로울 사, 나 사'나 여기서는 머리에 장식품을 꽂은 모양으로 봄), 彡(터럭 삼, 긴 머리 삼), '석 삼'으로는 변조하면 안 되는 계약서 등에 쓰이지요.

參加(참가), **參觀**(참관), **參席**(참석), **持參**(지참), **面壁參禪**(면벽참선) - (아무것도 보지 않고 도를 닦으려고) 벽만 향하고 고요함에 참여함(빠짐). 面(얼굴 면, 볼 면, 행정구역의 면), 壁(벽 벽), 禪(고요할 선)

慘 慘

총 14획 3급 부수 心
- 英 sad, misery
- 中 cǎn
- 日 サン(みじめ)

(직접 하지 못하고) 마음(忄)으로만 참여하면(參) 슬프니 **슬플 참** 약 惨

慘劇(참극), **慘憺**(참담), **慘變**(참변), **悲慘**(비참)

斬 斬

총 11획 2급 부수 斤
- 英 behead, kill
- 中 zhǎn
- 日 ザン(きる)

(옛날에는 죄인을) 수레(車)에 매달거나 도끼(斤)로 베어 죽였으니 **벨 참, 죽일 참**

※ 車(수레 거, 차 차), 斤(도끼 근, 저울 근)

斬首(참수), **斬新**(참신), **剖棺斬屍**(부관참시)

塹 塹

총 14획 1급 부수 土
- 英 pit
- 中 qiàn
- 日 ザン

죽으면(斬) 흙(土)에 묻으려고 파 놓은 구덩이니 **구덩이 참**

※ 참호(塹壕) - 공격에 대비하여 파 놓은 구덩이.
※ 土(흙 토), 壕(구덩이 호)

塹壕戰(참호전)

慙

총 15획 3급 부수 心
- 英 shame
- 中 cán
- 日 ザン(はじる)

베어(斬) 버리고 싶도록 마음(心)에 부끄러우니 **부끄러울 참** (= 慚)

※ 慚 - 마음(忄)에 베어(斬) 버리고 싶도록 부끄러우니 '부끄러울 참'.
※ 心(마음 심, 중심 심), 忄(마음 심 변)

慙愧(참괴), **慙色**(참색), **慙悔**(참회), *懺悔*(참회)

僭

총 14획 1급 부수 人
- 英 excessive
- 中 jiàn
- 日 セン

사람(亻)이 버릇없이(旡) 지각없이(旡) 함부로 말하며(曰) 참람하니 **참람할 참**

※ 참람(僭濫) - 제 분수를 지나서 방자스럽게 행동함.
※ 旡(없을 무, = 无), 曰(가로 왈), 濫(넘칠 람)

僭禮(참례), **僭稱**(참칭)

참

站

총 10획 1급 부수 立
- 英 stand, post town
- 中 zhàn
- 日 タン

서서(立) 점령한(占) 듯 우두커니 서 있으니
우두커니 설 참

또 역 건물(역참)만 우두커니 서 있는 역마을이니
역마을 참

※ 지금의 역은 기차를 타고 내리는 곳이지만, 옛날에 역(驛)은 출장 나온 중앙 관리의 말을 바꿔 주거나 중앙과 지방 관청의 문서를 전하는 일을 했어요.
※ 참(站) - '우두커니 섬'으로, ㉠일을 하다가 쉬는 일정한 사이. ㉡일을 하다가 먹는 식사.

驛站(역참), **站路**(참로), **兵站**(병참)

讒

총 24획 1급 부수 言
- 英 slander
- 中 chán
- 日 ザン(そしる)

말(言)을 교활한 토끼(毚)처럼 헐뜯어 일러바치며 참소하니 **참소할 참**

※ 毚 : 토끼 토(兔)의 윗부분(㲋) 아래에 나란할 비, 견줄 비(比)와 토끼 토(兔)를 붙여서 '교활한 토끼 참'
※ 참소(讒訴) - 터무니없는 사실로써 남을 헐뜯어 윗사람에게 일러바치는 일. 訴(소송할 소)

讒譏(참기), **讒謗**(참방), **讒言**(참언), **讒毀**(참훼)

懺

총 20획 1급 부수 心
- 英 repent
- 中 chàn
- 日 ザン

마음(忄)에 두 사람(人人)이 창(戈)으로 부추(韭)처럼 가늘게 쪼갠 듯이 뉘우치니 **뉘우칠 참**

※ 참회(懺悔) - (과거의 잘못을 깊이) 뉘우치고 후회함(마음을 고침).
※ 참회(慙悔) - 부끄러워하며 후회함.
※ 戈(창 과), 韭(부추 구), 悔(후회할 회), 慙(부끄러울 참)

懺洗(참세), **懺悔錄**(참회록)

讖

총 24획 1급 부수 言
- 英 prophecy
- 中 chèn
- 日 シン

말(言)로 두 사람(人人)이 창(戈)으로 부추(韭)처럼 가늘게 쪼갠 듯이 자세히 예언하니 **예언할 참**

※ 言(말씀 언)

讖書(참서), **讖言**(참언), **讖謠**(참요), **圖讖**(도참)

昌

총 8획 3II급 부수 日
- 英 prosper
- 中 chāng
- 日 ショウ(さかん)

해(日)처럼 밝게 분명히 말하면(曰) 빛나니
빛날 창

※ 日(해 일, 날 일), 曰(가로 왈), 태도가 분명한 사람이 빛나지요.

昌昌(창창), 昌大(창대), 昌盛(창성), 繁昌(번창)

唱

총 11획 5급 부수 口
- 英 sing
- 中 chàng
- 日 ショウ(となえる)

입(口)으로 빛나게(昌) 노래 부르니
노래 부를 창

唱歌(창가), 名唱(명창), 濟唱(제창), 合唱(합창)

倡

총 10획 1급 부수 人
- 英 clown, player
- 中 chàng, chāng
- 日 ショウ(わざおぎ)

사람(亻) 중 빛나게(昌) 노래 부르는 광대니
부를 창, 광대 창

※ 광대-가면극·인형극·줄타기·땅재주·판소리 따위를 하던 직업적 예능인을 통틀어 이르던 말.

倡道(창도), 倡義(창의), 倡優(창우)

娼

총 11획 1급 부수 女
- 英 prostitute
- 中 chāng
- 日 ショウ

여자(女) 중 빛나게(昌) 몸을 꾸미는 창녀니
창녀 창

※ 창녀(娼女)-몸을 파는 여자. 창기(娼妓), 妓(기생 기)

娼家責禮(창가책례), 娼婦(창부)

猖

총 11획 1급 부수 犬
- 英 run amuck
- 中 chāng
- 日 ショウ

개(犭)가 눈에 불을 빛내며(昌) 미쳐 날뛰니
미쳐 날뛸 창

※ 犭(큰개 견, 개 사슴 록 변)

猖狂(창광), 猖獗(창궐), 猖披(창피)

菖

총 12획 1급 부수 ++
- 영 an iris
- 중 chāng
- 일 ショウ

풀(++) 중 머릿결을 빛나게(昌) 하는 창포니 **창포 창**

※ 창포(菖蒲) - 뿌리는 약용하고 단옷날에 창포물을 만들어 머리를 감거나 술을 빚는 풀.
※ 蒲(부들 포, 창포 포)

菖蒲簪(창포잠), **菖蒲湯**(창포탕)

倉 仓

총 10획 3Ⅱ급 부수 人
- 영 warehouse, suddenly
- 중 cāng 일 ソウ(くら)

사람(人)이 문(戶)을 잠그고(一) 입(口)에 먹을 식량을 저장해 두는 창고니 **창고 창**
또 창고에 저장해 둔 것을 써야 할 만큼 급하니 **급할 창**

※ 戶(문 호, 집 호), 一('한 일'이나 여기서는 잠그는 모습으로 봄)

倉庫(창고), **倉卒間**(창졸간)

愴 怆

총 13획 1급 부수 心
- 영 grievous
- 중 chuàng
- 일 ソウ

마음(忄)이 창고(倉)에 갇힌 것처럼 답답하다며 슬퍼하니 **슬퍼할 창**

※ 忄(마음 심 변)

愴然(창연), **悲愴**(비창)

滄 沧

총 13획 2급 부수 水
- 영 ocean, icy
- 중 cāng
- 일 ソウ

물(氵)의 창고(倉) 같은 큰 바다니 **큰 바다 창**
또 큰 바다는 차니 **찰 창**

滄海(창해), **滄海一粟**(창해일속), **滄熱**(창열)

槍 枪

총 14획 1급 부수 木
- 영 spear, lance
- 중 qiāng
- 일 ソウ(やり)

나무(木)로 창고(倉) 지붕처럼 뾰족하게 만든 창이니 **창 창**

※ 木(나무 목)

槍劍(창검), **竹槍**(죽창), **投槍**(투창)

창

艙 舱

총 16획 1급 부수 舟
- 영 wharf
- 중 cāng
- 일 ソウ

배(舟)의 창고(倉)에 물건을 싣거나 내리는 부두니
부두 창

※ 선창(船艙) - 물가에 다리처럼 만들어 배가 닿을 수 있게 한 곳. '부두'로 순화.
※ 舟(배 주), 船(배 선)

艙口(창구), **貨物艙**(화물창)

創 创

총 12획 4II급 부수 刀
- 영 create, commence
- 중 chuàng
- 일 ソウ(はじめる)

창고(倉) 짓는 일은 칼(刂)로 재목을 자르는 데서
비롯하여 시작하니 **비롯할 창, 시작할 창**

※ 刂(칼 도 방)

創刊(창간), **創作**(창작), **創造**(창조), **草創期**(초창기)

蒼 苍

총 14획 3II급 부수 艹
- 영 blue
- 중 cāng
- 일 ソウ(あおい)

풀(艹)로 덮인 창고(倉)는 푸르니
푸를 창

蒼空(창공), **古色蒼然**(고색창연),
萬頃蒼波(만경창파)

瘡 疮

총 15획 1급 부수 疒
- 영 tumour
- 중 chuāng
- 일 ソウ(かさ)

병(疒)으로 피부에 창고(倉)처럼 생긴 부스럼이나
상처니 **부스럼 창, 상처 창**

※ 疒(병들 녁)

瘡疣百出(창우백출), **滿身瘡痍**(만신창이)

窓 窗

총 11획 6급 부수 穴
- 영 window
- 중 chuāng
- 일 ソウ(まど)

구멍(穴)처럼 사사로운(厶) 마음(心)으로 벽에
뚫어 만든 창문이니 **창문 창**

※ 穴(구멍 혈, 굴 혈), 厶(사사로울 사, 나 사)

窓口(창구), **窓門**(창문): **窓戶**(창호), **車窓**(차창)

창

暢 畅

- 총 14획 3급 부수 日
- 🇬🇧 sunny, genial
- 🇨🇳 chàng
- 🇯🇵 チョウ(のびる)

펴지는(申) 햇살(昜)이라 화창하니
화창할 창

※ 화창(和暢)하다 – 날씨나 바람이 온화하고 맑다.
※ 申(펼 신, 아뢸 신, 원숭이 신, 아홉째 지지 신), 昜(볕 양, 햇살 양),
和(화목할 화, 화할 화)

暢達(창달), **暢茂**(창무), **流暢**(유창)

彰

- 총 14획 2급 부수 彡
- 🇬🇧 conspicuous, clarify
- 🇨🇳 zhāng
- 🇯🇵 ショウ(あきらか)

글(章)을 붓(彡)으로 써서 드러나게 밝히니
드러날 창, 밝힐 창

※ 章(글 장), 彡('터럭 삼'으로 여기서는 털로 만든 '붓'의 뜻)

彰善(창선), **彰惡**(창악), **表彰**(표창)

敞

- 총 12획 2급 부수 攵
- 🇬🇧 refreshing, spacious
- 🇨🇳 chǎng
- 🇯🇵 ショウ

높은(尙) 것을 쳐(攵) 버리면 시원하고 넓으니
시원할 창, 넓을 창 ㊤ 敝(해질 폐)

※ 尙(오히려 상, 높을 상, 숭상할 상), 攵(칠 복, = 攴)

敞然(창연), **高敞**(고창), **寬敞**(관창)

廠 厂

- 총 15획 1급 부수 广
- 🇬🇧 stable, factory
- 🇨🇳 chǎng
- 🇯🇵 ショウ

집(广)에서 넓게(敞) 터진 헛간이니 **헛간 창**
또 헛간에 기계를 놓고 물건을 만드는 공장이니
공장 창

※ 广(집 엄), 헛간 – 문짝이 없는 광.

工廠(공창), **工作廠**(공작창), **造兵廠**(조병창)

昶

- 총 9획 2급 부수 日
- 🇬🇧 bright
- 🇨🇳 chǎng

오래(永) 비추는 해(日)라 밝으니
해 오래 비출 창, 밝을 창

※ 永(길 영, 오랠 영), 日(해 일, 날 일)
※ 뜻이 좋아서 사람 이름자에 많이 쓰이지요.

脹 脹

총 12획 1급 부수 肉
- 英 swell
- 中 zhàng
- 日 チョウ(ふくらむ)

몸(月)이 길게(長) 부으니
부을 창

※ 月(달 월, 육 달 월), 長(길 장, 어른 장)

脹氣(창기), **脹症**(창증)

漲 涨

총 14획 1급 부수 水
- 中 zhǎng, zhàng
- 日 チョウ(みなぎる)

물(氵)이 넓게 벌려(張) 흐를 정도로 많으니
물 많을 창

※ 張(벌릴 장, 베풀 장, 성씨 장)

漲濤(창도), **漲滿**(창만), **漲水**(창수), **漲溢**(창일)

采

총 8획 2급 부수 采
- 英 gather, choose, form
- 中 cǎi
- 日 サイ

손(爫)으로 나무(木)를 캐니 **캘 채**
또 손(爫)으로 나무(木)를 고르는 모양이니
고를 채, 모양 채

※ 爫[손톱 조(爪)가 부수로 쓰이는 모습으로, 여기서는 손으로 봄], 木(나무 목)

喝采(갈채), **拍手喝采**(박수갈채), **風采**(풍채)

採

총 11획 4급 부수 手
- 英 select, gather
- 中 cǎi
- 日 サイ(とる)

손(扌)으로 가려서 캐니(采)
가릴 채, 캘 채

採用(채용), **採集**(채집), **採取**(채취), **採擇**(채택)

埰

총 11획 2급 부수 土
- 英 dominion
- 中 cài
- 日 サイ(りょうち)

흙(土)에 난 것을 캐(采) 가지는 영지니
영지 채

※ 영지(領地) - 제후의 통치권이 미치는 지역.
※ 土(흙 토), 領(거느릴 령, 우두머리 령), 地(땅 지)
※ 인·지명용 한자.

彩

총 11획 3II급 부수 彡
- 英 bright, pattern
- 中 cǎi
- 日 サイ(いろどる)

캘(采) 나물에 있는 머릿결(彡)처럼 빛나는 무늬니
빛날 채, 무늬 채

※ 彡(터럭 삼, 긴 머리 삼), 나물은 주로 봄에 캐는데, 추위를 뚫고 파랗게 돋아난 나물의 색이 신비로울 정도로 아름다우니 이것을 생각하고 만든 글자네요.

彩色(채색), **多彩**(다채), **水彩畵**(수채화), **虹彩**(홍채)

菜

총 12획 3II급 부수 ++
- 英 vegetables
- 中 cài
- 日 サイ(な)

풀(++) 속에서 골라 캐는(采) 나물이니
나물 채

※ ++(초 두)

菜蔬(채소), **菜食**(채식), **山菜**(산채), **野菜**(야채)

寨

총 14획 1급 부수 宀
- 英 fort
- 中 zhài
- 日 サイ

집(宀) 둘레에 우물틀(井)처럼 하나(一)씩
나누어(八) 나무(木)로 막은 울타리니 **울타리 채**
㉴ 塞(막을 색, 변방 새), 寒(찰 한)

※ 宀(집 면), 井(우물 정, 우물 틀 정), 八(여덟 팔, 나눌 팔), 木(나무 목)

木寨(목채), **山寨**(산채)

채

蔡

총 15획 2급 부수 ++
- 英 name of a nation, family name
- 中 cài 日 サイ

풀(++)로라도 제사(祭) 지냈던 채나라니
채나라 채, 성씨 채

※ 채(蔡)나라 - 지금의 하남성 상채현에 있었던 주대(周代)의 나라 이름.
※ 周(두루 주, 둘레 주, 나라 이름 주), 代(대신할 대, 세대 대)

差

부릴 채, 다를 차, 어긋날 치 – 다를 차(612쪽) 참고

※ 한 글자에 둘 이상의 독음이 있을 경우는 가장 많이 쓰이는 독음 쪽에 내용을 실었습니다.

債 債

총 13획 3II급 부수 人
- 영 debt
- 중 zhài
- 일 サイ(かり)

사람(亻)이 책임지고(責) 갚아야 할 빚이니
빚 채

※ 亻(사람 인 변), 責(꾸짖을 책, 책임 책)

債權(채권), **債務**(채무), **負債**(부채), **私債**(사채)

責 责

총 11획 5급 부수 貝
- 영 blame, duty
- 중 zé
- 일 セキ(せめる)

주인(主)이 꾸어 간 돈(貝)을 갚으라고 꾸짖으며 묻는 책임이니 **꾸짖을 책, 책임 책**

※ 책임(責任) – 맡아 해야 할 임무.
※ 主(주인 주), 貝(조개 패, 재물 패), 任(맡을 임)

責望(책망), **責任感**(책임감), **問責**(문책)

策

총 12획 3II급 부수 竹
- 영 whip, trick, artifice
- 중 cè
- 일 サク(むち,はかりごと)

대(⺮)로 만든 가시(朿)처럼 아픈 채찍이니
채찍 책
또 채찍질할 때 다치지 않게 신경 써야 하는 꾀니 **꾀 책**

※ ⺮(대 죽), 朿(가시 자)

策勵(책려), **對策**(대책), **妙策**(묘책), **政策**(정책)

총 5획 4급 부수 冂
- 영 book
- 중 cè
- 일 サツ(ふみ)

글을 적은 대 조각을 한 줄로 엮어 놓은 모양의 책이니 **책 책**
또 책을 세우듯 세우니 **세울 책** (= 冊)

※ 종이가 없던 옛날에는 대 조각에 글을 썼지요.

冊曆(책력), **冊床**(책상), **別冊**(별책), **冊封**(책봉)

柵 栅

총 9획 1급 부수 木
- 영 palisade
- 중 zhà
- 일 サク(しがらみ)

나무(木)를 세워(冊) 빙 둘러친 울타리니
울타리 책 (= 栅)

※ 木(나무 목)

柵門(책문), **柵壘**(책루), **木柵**(목책), **鐵柵**(철책)

處 / 处

총 11획 4II급 부수 虍
- 영 place, live, treat
- 중 chù, chǔ
- 일 ショ(ところ)

범(虍)처럼 천천히 걸으며(夂) 안석(几)같이 편한 곳에 사니 **곳 처, 살 처**
또 살면서 많은 일을 처리하니 **처리할 처** 약 处

※ 夂(천천히 걸을 쇠, 뒤져 올 치), 几(안석 궤-앉을 때 편안하게 기대는 도구), 虍 : 범 가죽 무늬를 본떠서 '범 호 엄'

處所(처소), **處世**(처세), **處方**(처방), **處置**(처치)

妻

총 8획 3II급 부수 女
- 영 wife
- 중 qī
- 일 サイ(つま)

많이(十) 손(크) 써 주는 여자(女)는 아내니 **아내 처**

※ 十(열 십, 많을 십), 크(고슴도치 머리 계, 오른손 우)

妻家(처가), **妻福**(처복), **賢母良妻**(현모양처)

悽

총 11획 2급 부수 心
- 영 grieved
- 중 qī
- 일 セイ

마음(忄)에 고생하는 아내(妻)를 생각하면 슬프니 **슬플 처**

※ 예나 지금이나 아내는 집안 일로 항상 수고하고, 이것을 바라보는 남편의 마음은 미안하고 슬프기까지 하지요.

悽然(처연), **悽絶**(처절), **悽慘**(처참)

凄

총 10획 1급 부수 冫
- 영 dreary
- 중 qī
- 일 セイ(すごい)

얼음(冫)처럼 아내(妻)가 차가우면 남편은 쓸쓸하니 **쓸쓸할 처**

※ 冫 : '얼음 빙(氷)'이 부수로 쓰인 모습으로 점이 둘이니 '이 수 변'

凄凉(처량), **凄然**(처연), **凄雨**(처우), **凄切**(처절)

尺

총 4획 3II급 부수 尸
- 영 ruler
- 중 chǐ
- 일 シャク(さし)

몸(尸) 구부리고(乀) 길이를 재는 자니 **자 척**

※ 尸(주검 시, 몸 시), 乀('파임 불'이나 여기서는 구부리는 모습으로 봄), 1자는 30.3cm.

尺度(척도), **越尺**(월척), **咫尺**(지척), **吾鼻三尺**(오비삼척)

斤

총 5획 3급 부수 斤
- 英 expel
- 中 chì
- 日 セキ(しりぞける)

도끼(斤)를 불똥(丶) 튀듯 휘둘러 물리치니
물리칠 척

※ 斤(도끼 근, 저울 근), 丶(점 주, 불똥 주)

斥拒(척거), 斥棄(척기), 斥邪(척사), 排斥(배척)

拓

총 8획 3II급 부수 手
- 英 develop, print
- 中 tuò, tà
- 日 タク(ひらく)

손(扌)으로 돌(石)을 치워 땅을 개척하니 **개척할 척**
또 손(扌)으로 돌(石)에 새겨진 글씨를 눌러서 박으니
박을 탁

※ 石(돌 석)

開拓(개척), 拓植(척식), 干拓(간척), 拓本(탁본)

戚

총 11획 3II급 부수 戈
- 英 relative
- 中 qī
- 日 セキ

무성하게(戊) 콩(尗) 열매가 한 줄기에 여러 개
열리듯이 같은 줄기에서 태어난 친척이니 **친척 척**

※ 친척(親戚) - 친족과 외족을 아울러 이르는 말.
※ 戊(무성할 무), 尗(콩 숙)의 획 줄임], 親(어버이 친, 친할 친)

外戚(외척), 姻戚(인척)

隻 只

총 10획 2급 부수 隹
- 英 alone, a single member
- 中 zhī
- 日 セキ

새(隹) 한 마리만 또(又) 홀로 있으니
홀로 척
또 홀로 한 척씩 배를 세는 단위니 **외짝 척**

※ 隹(새 추), 又(오른손 우, 또 우), 척(隻) - 배의 수효를 세는 단위.

隻手(척수), 隻身(척신), 隻愛(척애)

擲 掷

총 18획 1급 부수 手
- 英 throw
- 中 zhì
- 日 テキ(なげうつ)

손(扌)으로 정한(奠) 고을(阝)에 던지니
던질 척

※ 奠(정할 전, 제사지낼 전), 阝(고을 읍 방)

擲柶(척사), 擲彈(척탄), 乾坤一擲(건곤일척),
投擲(투척)

滌 滌

총 14획 1급 부수 水
- 영 wash
- 중 dí

물(氵)로 조목(條)조목 깨끗하게 씻으니
씻을 척

※ 條(가지 조, 조목 조)

滌去(척거), **滌暑**(척서), **滌除**(척제), **洗滌**(세척)

脊

총 10획 1급 부수 肉
- 영 spine
- 중 jǐ
- 일 セキ(せ)

양쪽으로 똑같이(= =) 사람(人)의 몸(月)을 나누는
등성마루니 **등성마루 척**

※ 등성마루 – 등골뼈가 있는 두둑하게 줄 진 곳.

脊骨(척골), **脊髓**(척수), **脊椎**(척추)

瘠

총 15획 1급 부수 疒
- 영 lean
- 중 jí
- 일 セキ(やせる)

병(疒)으로 등성마루(脊)만 드러나게 여위고
메마르니 **여윌 척, 메마를 척**

※ 疒(병들 녁)

瘠骨(척골), **瘠薄**(척박), **瘠土**(척토)

陟

총 10획 2급 부수 阜
- 영 ascend
- 중 zhì

언덕(阝)을 걸어(步) 오르니
오를 척

※ 阝(언덕 부 변), 步(걸음 보)

陟降(척강), **三陟**(삼척), **進陟**(진척)

彳

총 3획 부수자
- 영 walk
- 중 chì
- 일 テキ

사거리를 본떠서 만든 다닐 행(行)의 왼쪽 부분으로
조금 걸을 척

刺

찌를 자, 찌를 척 – 찌를 자(521쪽) 참고

千

무엇을 강조하는 삐침 별(丿)을 열 십, 많을 십(十) 위에 써서 **일천 천, 많을 천, 성씨 천**

총 3획 7급 부수 十
- 영 thousand, many
- 중 qiān
- 일 セン(ち)

千里眼(천리안), **千不當萬不當**(천부당만부당)

舛

저녁(夕)에는 어두워 하나(一)씩 덮어(乚) 꿰어도(丨) 어긋나니 **어긋날 천**

* 夕(저녁 석), 乚(감출 혜, 덮을 혜, = 匚), 丨(뚫을 곤)

총 6획 특Ⅱ급 제부수
- 영 cross each other
- 중 chuǎn
- 일 セン

舛逆(천역), **舛誤**(천오), **舛訛**(천와)

天

세상에서 제일(一) 큰(大) 하늘이니 **하늘 천**

* 大(큰 대), 제일 큼을 나타낼 때 '하늘 만큼'이라 하지요.

총 4획 7급 부수 大
- 영 sky, heaven
- 중 tiān
- 일 テン(あめ)

天命(천명), **天心**(천심), **天地**(천지), **人乃天**(인내천)

泉

하얗도록(白) 맑은 물(水)이 나오는 샘이니 **샘 천**

* 白(흰 백, 밝을 백, 깨끗할 백, 아뢸 백), 水(물 수), 원래는 구멍에서 물이 솟는 모양을 본떠서 만든 글자지요.

총 9획 4급 부수 水
- 영 spring
- 중 quán
- 일 セン(いずみ)

甘泉(감천), **冷泉**(냉천), **溫泉**(온천), **源泉**(원천)

淺 浅

총 11획 3II급 부수 水
- 영 shallow, thin
- 중 qiǎn
- 일 セン(あさい)

물(氵)속에 돌이나 흙이 쌓이면(戔) 얕으니
얕을 천 약 浅

* 戔(쌓을 전, 해칠 잔)
* 戔의 일본어 한자는 戋, 중국어 한자는 戋으로, 戔이 들어간 글자를 약자로 쓸 때는 戔부분을 戋으로 쓰지요.

淺薄(천박), **淺學菲才**(천학비재), **深淺**(심천)

踐 践

총 15획 3II급 부수 足
- 영 tread, behave
- 중 jiàn
- 일 セン(ふむ)

발(足)을 해치도록(戔) 많이 밟고 행하니
밟을 천, 행할 천 약 践

* 足(발 족, 넉넉할 족)

踐歷(천력), **實踐**(실천), **實踐躬行**(실천궁행)

賤 贱

총 15획 3II급 부수 貝
- 영 humble, despise
- 중 jiàn
- 일 セン(いやしい)

재물(貝)을 해치도록(戔) 낭비하면
천하여 업신여기니 **천할 천, 업신여길 천** 약 贱

* 貝(조개 패, 재물 패)

賤民(천민), **貴賤**(귀천), **賤待**(천대), **賤視**(천시)

遷 迁

총 15획 3II급 부수 辶
- 영 move, change
- 중 qiān
- 일 セン(うつる)

덮듯(襾) 크게(大) 무릎 꿇어(巳) 항복하고 옮겨
가니(辶) **옮길 천** 약 迁 : 많이(千) 옮겨 가니(辶) '옮길 천'

* 襾(덮을 아), 巳(무릎 꿇을 절, 병부 절, = 卩), 千(일천 천, 많을 천)

遷都(천도), **變遷**(변천), **改過遷善**(개과천선)

薦 荐

총 17획 3급 부수 ++
- 영 give, recommend
- 중 jiàn
- 일 セン(すすめる)

약초(++)와 사슴(严)과 새(鳥)를 잡아
드리며 추천하니 **드릴 천, 추천할 천**

* 严[사슴 록(鹿)의 획 줄임], 鳥[새 조(鳥)의 획 줄임]

薦擧(천거), **薦新**(천신), **推薦**(추천)

喘

총 12획 1급 부수 口
- 영 pant
- 중 chuǎn
- 일 ゼン(あえぐ)

입(口)은 산(山)으로 이어진(而) 곳에서는 숨이 가빠 헐떡거리니 **헐떡거릴 천**

㈜ 瑞(상서로울 서), 端(끝 단, 단정할 단, 실마리 단)

※ 而(말 이을 이, 어조사 이)

喘急(천급), **喘息**(천식), **咳喘**(해천)

穿

총 9획 1급 부수 穴
- 영 bore, hole
- 중 chuān
- 일 セン(うがつ)

구멍(穴)을 어금니(牙)로 뚫으니
뚫을 천, 구멍 천 ㈜ 窄(좁을 착)

※ 穴(구멍 혈, 굴 혈), 牙(어금니 아)

穿孔(천공), **穿鑿**(천착)

擅

총 16획 1급 부수 手
- 영 as one pleases
- 중 shàn
- 일 セン

손(扌)으로 높이며(亶) 멋대로 하니
멋대로 할 천 ㈜ 檀(박달나무 단), 壇(제단 단, 단상 단)

※ 亶(높을 단, 믿음 단)

擅斷(천단), **擅名**(천명), **擅橫**(천횡)

闡 闡

총 20획 1급 부수 門
- 영 explain
- 중 chǎn
- 일 セン

마음의 문(門)을 하나(單)씩 열고 밝히니
열 천, 밝힐 천

※ 門(문 문), 單(홑 단, 오랑캐 임금 선)

闡明(천명), **闡揚**(천양), **闡幽**(천유)

川

총 3획 7급 제부수
- 영 stream
- 중 chuān
- 일 セン(かわ)

물 흐르는 내를 본떠서
내 천 ㈜ 彡(터럭 삼, 긴 머리 삼)

※ 글자의 부수로 쓰일 때는 巛의 모습으로, 개미허리 같다 하여 '개미허리 천'이라 부릅니다.

川邊(천변), **山川草木**(산천초목), **河川**(하천)

釧

총 11획 2급 부수 金
- 英 armlet
- 中 chuàn
- 日 セン(くしろ)

쇠(金)로 만들어 팔에 내(川)처럼 둘러차는 팔찌니
팔찌 천

※ 金(쇠 금, 금 금, 돈 금, 성씨 김), 川(내 천)

寶釧(보천)

串

꿸 관, 꿰미 천, 땅 이름 곶 - 꿸 관(76쪽) 참고

凸

총 5획 1급 부수 凵
- 英 protuberant
- 中 tú
- 日 トツ(でこ)

지면이 볼록 나온 모양을 본떠서
볼록할 철 반 凹(오목할 요)

凸角(철각), **凸面**(철면), **凸版**(철판), **凸面鏡**(철면경)

徹

총 15획 3II급 부수 彳
- 英 through, pierce
- 中 chè
- 日 テツ(とおす)

걸을(彳) 때부터 기르기(育)를 치며(攵) 엄하게
하면 사리에 통하고 뚫어지니 **통할 철, 뚫을 철**

※ 彳(조금 걸을 척), 育(기를 육), 攵(칠 복, = 攴)

徹夜(철야), **貫徹**(관철), **透徹**(투철), **徹底**(철저)

撤

총 15획 2급 부수 手
- 英 gather
- 中 chè
- 日 テツ

손(扌)으로 길러서(育) 쳐(攵) 거두니
거둘 철

※ 扌(손 수 변)

撤去(철거), **撤軍**(철군), **撤收**(철수),
不撤晝夜(불철주야) - '밤낮을 가리지 않음'으로, 어떤 일에 몰
두하여 조금도 쉴 사이 없이 밤낮을 가리지 아니함.

澈

총 15획 2급 부수 水
- 영 clean
- 중 chè

물(氵)을 기르듯(育) 쳐(攵) 거르면 맑으니
맑을 철

澄澈(징철), **瑩澈**(형철)

轍 辙

총 19획 1급 부수 車
- 영 track
- 중 zhé
- 일 テツ(わだち)

수레(車)를 끄는 말을 기르듯(育) 쳐(攵) 달릴 때 생기는 바퀴 자국이니 **바퀴 자국 철**

※ 車(수레 거, 차 차)

轍迹(철적), **轍環天下**(철환천하), **前轍**(전철)

鐵 铁

총 21획 5급 부수 金
- 영 iron
- 중 tiě
- 일 テツ(くろがね)

쇠(金) 중에 비로소(哉) 왕(王)이 된 철이니
쇠 철   약 铁 : 쇠(金) 중 흔하여 잃어도(失) 되는 철이니 '쇠 철'

※ 哉(어조사 재, 비로소 재), 失(잃을 실), 철은 쇠 중에 제일 많이 쓰이니 쇠 중의 왕인 셈이죠.

鐵鋼(철강), **鐵骨**(철골), **鐵道**(철도), **鐵則**(철칙)

綴 缀

총 14획 1급 부수 糸
- 영 connect, sew
- 중 zhuì
- 일 テイ(つづる)

실(糸)로 죽 이어(叕) 꿰매니
이을 철, 꿰맬 철

※ 叕 : 죽 이어 놓은 모습에서 '이을 철'

綴字(철자), **綴字法**(철자법), **分綴**(분철), **點綴**(점철)

哲

총 10획 3Ⅱ급 부수 口
- 영 sagacious
- 중 zhé
- 일 テツ

(옳고 그름을 분명히) 꺾어서(折) 말할(口) 정도로 사리에 밝으니 **밝을 철** (= 喆)

※ 折(꺾을 절), 口(입 구, 말할 구, 구멍 구)

哲學(철학), **明哲**(명철), **明哲保身**(명철보신)

喆

총 12획 2급 부수 口
- 英 sagacious
- 中 zhé

길할 길(吉)을 두 번 써서 길하면 밝음을 강조하여 **밝을 철** (= 哲)

※ 길하다 – 운이 좋거나 상서롭다.

前喆(전철), **電鐵**(전철), **前轍**(전철), **賢喆**(현철)

尖

총 6획 3급 부수 小
- 英 sharp
- 中 jiān
- 日 セン(とがる)

위는 작고(小) 아래로 갈수록 커져(大) 뾰족하니 **뾰족할 첨**

※ 小(작을 소), 大(큰 대)

尖端(첨단), **尖兵**(첨병), **尖銳**(첨예), **尖塔**(첨탑)

添

총 11획 3급 부수 水
- 英 add
- 中 tiān
- 日 テン(そえる)

물(氵) 오른 젊은이(夭)의 마음(小)처럼 기쁨을 더하니 **더할 첨**

※ 夭(젊을 요, 예쁠 요, 일찍 죽을 요), 小(마음 심 발)

添加(첨가), **添削**(첨삭), **錦上添花**(금상첨화)

僉

총 13획 1급 부수 人
- 英 all
- 中 qiān
- 日 テン(そえる)

사람(人)이 하나(一)같이 입들(口口)을 다물고 둘(人人)씩 다 모이니 **다 첨, 모두 첨**

※ 僉이 들어간 글자를 약자로 쓸 때는 僉 부분을 㑒으로 쓰지요.
※ 佥 : 사람(人)들은 모두 다 하나(一)같이 입(口)으로 말하며 사람(人)을 사귀니 '다 첨, 모두 첨'.

僉位(첨위), **僉員**(첨원), **僉意**(첨의), **僉知**(첨지)

詹

총 13획 특Ⅱ급 부수 言
- 英 reach, watch
- 中 zhān

사람들(㇇儿)이 언덕(厂) 위아래에 이르러 말하며(言) 살피니 **이를 첨, 살필 첨**

※ ㇇[사람 인(人)의 변형], 儿(어진 사람 인, 사람 인 발), 詹이 들어간 글자를 약자로 쓸 때는 詹 부분은 아침 단(旦)으로 쓰지요.

瞻

총 18획 2급 부수 目
- 영 look
- 중 zhān

눈(目)으로 살펴(詹)보니
볼 첨

※ 目(눈 목, 볼 목, 항목 목)
※ 일본어 한자로는 쓰이지 않고, 우리 한자에 약자도 없는 글자예요.

瞻望(첨망), **瞻想**(첨상), **瞻星臺**(첨성대), **瞻視**(첨시)

籤 签

총 23획 1급 부수 竹
- 영 lot
- 중 qiān
- 일 セン(くじ)

대(⺮)를 두 사람(人人)이 창(戈)으로 부추(韭)처럼 가늘게 쪼개 만든 제비니 **제비 첨**

※ ⺮(대 죽), 戈(창 과), 韭(부추 구), 제비-㉠새의 일종. ㉡추첨할 때 골라 뽑는 종이나 물건. 여기서는 ㉡의 뜻.

籤紙(첨지), **籤筒**(첨통), **當籤**(당첨), **抽籤**(추첨)

諂 谄

총 15획 1급 부수 言
- 영 flatter
- 중 chǎn
- 일 テン(へつらう)

달콤한 말(言)로 사람(⺈)을 절구(臼) 같은 함정에 빠뜨리며 아첨하니 **아첨할 첨**

※ 言(말씀 언), ⺈[사람 인(人)의 변형], 臼(절구 구)
※ 아첨(阿諂) - (환심을 사려고) 알랑거리는 것.
※ 阿(아첨할 아, 언덕 아)

諂佞(첨녕), **諂媚**(첨미), **諂笑**(첨소)

妾

총 8획 3급 부수 女
- 영 concubine
- 중 qiè
- 일 ショウ(めかけ)

서(立) 있는 본부인 아래에 있는 여자(女)는 첩이니 **첩 첩**

※ 立(설 립), 첩(妾) - 본처 외에 데리고 사는 여자.

妾室(첩실), **妾出**(첩출), **小妾**(소첩), **妻妾**(처첩)

捷

총 11획 1급 부수 手
- 영 fast, win
- 중 jié
- 일 ショウ(はやい, かつ)

(상대의) 손(扌)을 하나(一)씩 손(彐)에 잡고 점치듯(卜) 헤아리면 그 사람(人)의 마음을 빨리 알아 이기니 **빠를 첩, 이길 첩**

※ 彐(고슴도치 머리 계, 오른손 우), 卜('점 복'으로 여기서는 '헤아리다'는 뜻)

捷徑(첩경), **捷速**(첩속), **敏捷**(민첩), **大捷**(대첩)

諜 谍

총 16획 2급 부수 言
- 영 spy
- 중 dié
- 일 チョウ

말(言)을 나뭇잎(葉)에 적어 보내려고 적을 몰래 염탐하니 **염탐할 첩**
또 이렇게 염탐하는 간첩이니 **간첩 첩**

※ 枼[잎 엽(葉)의 획 줄임], 간첩(間諜) - 국가나 단체의 비밀을 몰래 탐지·수집하여 대립 관계에 있는 국가나 단체에 제공하는 사람.

諜報(첩보), **諜者**(첩자), **防諜**(방첩)

牒

총 13획 1급 부수 片
- 영 letter
- 중 dié
- 일 チョウ

(종이가 없던 옛날에) 나무 조각(片)이나 나뭇잎(枼)에 썼던 편지나 글이니 **편지 첩, 글 첩**

※ 片(조각 편)

牒紙(첩지), **移牒**(이첩), **請牒狀**(청첩장), **通牒**(통첩)

疊 叠

총 22획 1급 부수 田
- 영 overlap, heap
- 중 dié
- 일 ジョウ(たたみ)

이어진 밭들(畾)처럼 흙으로 덮어(冖) 또(且) 겹쳐 쌓으니 **겹칠 첩, 쌓을 첩**

※ 田(밭 전), 冖(덮을 멱), 且(또 차)

疊疊(첩첩), **疊疊山中**(첩첩산중), **重疊**(중첩)

帖

총 8획 1급 부수 巾
- 영 card
- 중 tiě
- 일 チョウ

수건(巾) 같은 천에 점령하듯(占) 글을 적은 문서니 **문서 첩**

※ 巾(수건 건), 占(점칠 점, 점령할 점)

書帖(서첩), **手帖**(수첩), **畫帖**(화첩)

貼 贴

총 12획 1급 부수 貝
- 영 paste, pack
- 중 tiē
- 일 チョウ(はる)

조개(貝)처럼 불룩하게 점령하여(占) 싸 붙인 약 첩이니 **붙일 첩, 약 첩 첩**

※ 貝(조개 패, 재물 패), 약을 봉지로 싸거나 그러한 약을 세는 단위.

貼付(첩부), **貼用**(첩용), **貼藥**(첩약)

靑

총 8획 8급 제부수
- 訓 blue, young
- 中 qīng
- 日 セイ(あお)

주(主)된 둘레(円)의 색은 푸르니 **푸를 청**
또 푸르면 젊으니 **젊을 청** 약 青

※ 하늘도 바다도 초목이 우거진 땅도 모두 푸르지요.
※ 主(주인 주), 円 : 성(冂)은 세로(丨)로 가로(一)로 보아도 둥근 둘레니 '둥글 원, 둘레 원', 또 화폐 단위로도 쓰여 '화폐 단위 엔' 유 丹(붉을 단, 모란 란).
※ 푸를 청, 젊을 청(靑)이 들어간 글자는 대부분 '푸르고 맑고 희망이 있고 젊다'는 좋은 의미지요.
※ 靑이 들어간 글자를 약자로 쓸 때는 円 부분을 月로 써서 青으로 씁니다.

靑山(청산), **靑松**(청송), **靑春**(청춘), **靑年**(청년)

淸

총 11획 6급 부수 水
- 訓 clear
- 中 qīng
- 日 セイ(きよい)

물(氵)이 푸른(靑)빛이 나도록 맑으니
맑을 청 약 清

淸潔(청결), **淸廉**(청렴), **淸掃**(청소), **淸雅**(청아)

晴

총 12획 3급 부수 日
- 訓 become clear
- 中 qíng
- 日 セイ(はれる)

흐리다가 해(日)가 푸른(靑) 하늘에 드러나며
날이 개니 **날갤 청** 약 晴 유 睛(눈동자 정)

※ 日(해 일, 날 일)

晴耕雨讀(청경우독), **晴明**(청명), **晴天**(청천), **快晴**(쾌청)

請 请

총 15획 4II급 부수 言
- 訓 request
- 中 qǐng
- 日 セイ(こう)

말(言)로 푸르게(靑), 즉 희망 있게 청하니
청할 청 약 请

※ 言(말씀 언)

請託(청탁), **請婚**(청혼), **招請**(초청), **申請**(신청)

〈모르는 단어의 뜻도 한자로 생각해 보세요〉

외국어 느낌이 들지 않는 낯선 단어를 보면 일단 한자로 그 뜻을 생각해 보세요. 우리말의 대부분은 한자로 되었기 때문에 한자로 무슨 자 무슨 자로 된 말일까를 생각해 보면 대부분의 경우 뜻을 쉽게 알 수 있지요. 한자로 생각하는 힘을 기르면 글짓기와 논술에도 자신이 붙습니다.

聽 听

총 22획 4급 부수 耳
- 英 hear
- 中 ting
- 日 チョウ(きく)

귀(耳)로 왕(王)처럼 덕스러운(悳) 소리만 들으니
들을 청 약 聴 : 귀(耳)로 많이(十) 그물(罒)처럼 촘촘하게 마음(心)에 새겨 들으니 '들을 청'

※ 耳(귀 이), 王(임금 왕, 으뜸 왕, 구슬 옥 변), 悳[덕 덕, 클 덕(德)의 변형], 十(열 십, 많을 십), 罒(그물 망)

聽覺(청각), **聽力**(청력), **聽衆**(청중), **視聽**(시청)

廳 厅

총 25획 4급 부수 广
- 英 government office
- 中 ting
- 日 チョウ

집(广) 중 백성들의 의견을 들어주는(聽) 관청이니
관청 청 약 厅 : 집(广) 중 장정(丁)들이 일하는 관청이니 '관청 청'

※ 广(집 엄), 丁(고무래 정, 못 정, 장정 정, 넷째 천간 정)

廳舍(청사), **廳長**(청장), **區廳**(구청), **市廳**(시청)

替

총 12획 3급 부수 日
- 英 change
- 中 tì
- 日 タイ(かえる)

두 사내(夫夫)가 말하며(曰) 바꾸니
바꿀 체

※ 夫(사내 부, 남편 부), 曰(가로 왈)

交替(교체), **代替**(대체), **對替**(대체), **移替**(이체)

逮

총 12획 3급 부수 辶
- 英 arrest
- 中 dài
- 日 タイ(およぶ)

미치도록(隶) 가서(辶) 잡으니 **잡을 체**

※ 隶 : 쓰기 위하여 손(⺕)이 물(氺)에 이르러 미치니 '미칠 이, 미칠 대' - 여기서 '미치다'는 ㉠정신에 이상이 생기다. ㉡보통 때와는 달리 몹시 흥분하다. ㉢어떤 일에 자기를 잃을 만큼 열중하다. ㉣(어느 곳에) 이르다. 닿다 중 ㉣의 뜻.

逮鞫(체국), **逮捕**(체포), **被逮**(피체)

遞 递

총 14획 3급 부수 辶
- 英 convey
- 中 dì
- 日 テイ

언덕(厂)을 범(虎)이 왔다 갔다(辶)하듯 이리저리 다니며 전하니 **전할 체** 약 逓 : 언덕(厂)을 두(二) 번이나 수건(巾) 두르고 왔다 갔다(辶)하며 전하니 '전할 체'

※ 厂(굴 바위 엄, 언덕 엄), 虎(범 호), 辶(뛸 착, 갈 착, = ⻍), 巾(수건 건)

遞信(체신), **遞信廳**(체신청), **郵遞局**(우체국)

滯

총 14획 3II급 부수 水
- 英 blocked, stay
- 中 zhì
- 日 タイ(とどこおる)

물(氵)이 띠(帶) 모양의 둑에 막혀 머무르니
막힐 체, 머무를 체

* 帶(띠 대, 찰 대)
* 먹은 음식이 잘 소화되지 아니하고 뱃속에 답답하게 처져 있음을 말하는 '체하다'의 체도 이 滯를 쓰지요.

滯留(체류), **滯症**(체증), **停滯**(정체), **延滯**(연체)

體 体

총 23획 6급 부수 骨
- 英 body
- 中 tǐ
- 日 タイ(からだ)

뼈(骨)마디로 풍성하게(豊) 이루어진 몸이니
몸 체 ⑭ 体

* 骨(뼈 골), 豊(풍성할 풍)

體格(체격), **體力**(체력), **體驗**(체험), **身體**(신체)

体

총 7획 급외자 부수 人
- 英 body
- 中 tǐ
- 日 タイ(からだ)

사람(亻)에게 근본(本)은 몸이니
몸 체 ㊌ 休(쉴 휴)

* 몸 체(體)의 약자.
* 本(근본 본)
* 마음이 없는 몸은 주검이요, 몸이 없는 마음은 귀신이지요. 사랑은 국경도 시간도 심지어는 운명마저도 초월하지만 오직 그 껍데기인 육체를 넘어서지 못하니 사랑할수록 뜻이 클수록 몸의 건강도 보살피세요.

諦 谛

총 16획 1급 부수 言
- 英 watch, truth
- 中 dì
- 日 テイ(あきらめる)

말(言)을 제왕(帝) 앞에서처럼 살펴서 하니
살필 체

또 살펴서 깨닫는 진리니 **진리 체**

* 言(말씀 언), 帝(제왕 제)

諦觀(체관), **諦念**(체념), **要諦**(요체), **諦聽**(체청)

締 缔

총 15획 2급 부수 糸
- 英 tie, knot
- 中 dì
- 日 テイ(しまる)

실(糸)로 제왕(帝)처럼 중요한 것을 맺으니
맺을 체

* 糸(실 사, 실 사 변)

締結(체결), **締交**(체교), **締盟**(체맹)

涕

총 10획 1급 부수 水
- 英 tear
- 中 tì
- 日 テイ

물(氵) 중 손아래 아우(弟)처럼 아래로 흐르는 눈물이니 **눈물 체** 참 涙(눈물 루), 泣(울 읍)

※ 弟(아우 제, 제자 제)

涕涙(체루), **涕**泣(체읍)

肖

총 7획 3II급 부수 肉
- 英 small, resemble
- 中 xiāo
- 日 ショウ(あやかる)

작은(小) 몸(月)처럼 작으니 **작을 초**
또 작아도(小) 몸(月)은 부모를 닮았으니 **닮을 초**

※ 小(작을 소), 月(달 월, 육 달 월)

肖像權(초상권), **肖**像畵(초상화), 不**肖**(불초)

哨

총 10획 2급 부수 口
- 英 guard
- 中 shào
- 日 ショウ(みはり)

말(口) 소리를 작게(肖) 하며 보초 서니 **보초 설 초** 유 消(끌 소, 삭일 소, 물러설 소)

※ 적에게 들키지 않으려고 소리를 작게 내며 보초를 서지요.

哨戒(초계), **哨**兵(초병), **哨**所(초소), 步**哨**(보초)

梢

총 11획 1급 부수 木
- 英 tip of a branch, point 中 shāo
- 日 ショウ(こずえ)

나무(木)의 작아진(肖) 끝이니
나무 끝 초, **끝 초**

※ 木(나무 목)

梢頭(초두), 末**梢**(말초), 末**梢**神經(말초신경)

硝

총 12획 1급 부수 石
- 英 nitrate, gunpowder
- 中 xiāo
- 日 ショウ

돌(石)처럼 같은(肖) 성분이 모여 결정체가 된 초석이니 **초석 초**
또 초석으로 만든 화약이니 **화약 초**

※ 초석(硝石) - 질산칼륨으로, 화약·유약(釉藥)·의약 등에 쓰임.
※ 石(돌 석), 釉(잿물 유), 藥(약 약)

硝酸(초산), **硝**藥(초약), **硝**煙(초연)

稍

총 12획 1급 부수 禾
- 英 more and more, small, salary
- 中 shāo
- 日 ショウ(やや)

벼(禾)는 식량으로 써서 양이 점점 작아지니(肖)
점점 초, 작을 초
또 (옛날에) 벼(禾) 같은(肖) 곡식으로 주었던 녹이니
녹 초

※ 禾(벼 화), 녹(祿)-봉급. 祿(봉급 록)

稍稍(초초), 稍良(초량), 稍解(초해), 稍食(초식)

秒

총 9획 3급 부수 禾
- 英 awn, second
- 中 miǎo
- 日 ビョウ

벼(禾)에 붙은 적은(少) 까끄라기니
까끄라기 초
또 까끄라기 같은 작은 단위니 **작은 단위 초**

※ 禾(벼 화), 少(적을 소, 젊을 소)
※ 까끄라기-벼·보리 따위의 깔끄러운 수염. 또는 그 동강.

秒速(초속), 秒針(초침), 閏秒(윤초)

抄

총 7획 3급 부수 手
- 英 copy out, draw
- 中 chāo
- 日 ショウ(すく)

손(扌)으로 필요한 부분만 가려 적게(少) 뽑아 베끼니
뽑을 초, 베낄 초

※ 扌(손 수 변)

抄錄(초록), 抄本(초본), 抄譯(초역)

炒

총 8획 1급 부수 火
- 英 parch
- 中 chǎo
- 日 ソウ(いる)

불(火)로 적어지게(少) 볶으니
볶을 초

※ 火(불 화), 무엇이나 볶으면 양이 적어지지요.

炒麵(초면), 炒醬(초장), *醋醬(초장)

初

총 7획 5급 부수 刀
- 英 first
- 中 chū
- 日 ショ(はじめ)

옷(衤)을 만드는 데는 옷감을 칼(刀)로 자르는 일이
처음이니 **처음 초**

※ 衤(옷 의 변), 刀(칼 도)

初期(초기), 初面(초면), 初志一貫(초지일관),
如初(여초)-처음처럼. 如(같을 여)

초

招

총 8획 4급 부수 手
- 영 invite
- 중 zhāo
- 일 ショウ(まねく)

손(扌)으로 부르니(召)
부를 초

* 초대(招待) – (손님을) 불러 대접함.
* 扌(손 수 변), 召(부를 소), 待(대접할 대, 기다릴 대)

招來(초래), **招請**(초청), **招魂**(초혼), **自招**(자초)

貂

총 12획 1급 부수 豸
- 영 sable
- 중 diāo
- 일 チョウ(てん)

사나운 짐승(豸)의 칼(刀)처럼 날카로운 이가 입(口)에 있는 담비니 **담비 초**

* 담비 – 족제비과의 동물. 낮에는 나무 구멍이나 바위틈에서 자고 밤에 활동함.
* 豸(사나운 벌레 치, 발 없는 벌레 치), 刀(칼 도)

貂尾(초미), **貂皮**(초피), **狗尾續貂**(구미속초)

超

총 12획 3II급 부수 走
- 영 leap
- 중 chāo
- 일 チョウ(こえる)

달리며(走) 급히 부르면(召) 빨리 오려고 뛰어넘으니
뛰어넘을 초

* 走(달릴 주, 도망갈 주), 召(부를 소), 過(지날 과, 지나칠 과, 허물 과)가 접두사 '지나치다'의 뜻으로 쓰일 때는 영어의 over와 같고, 뛰어넘을 초(超)가 접두사 '뛰어나다'의 뜻으로 쓰일 때는 영어의 super와 같지요.

超過(초과), **超然**(초연), **超越**(초월), **超人**(초인)

草

총 10획 7급 부수 ⺾
- 영 grass
- 중 cǎo
- 일 ソウ(くさ)

대부분의 풀(⺾)은 이른(早) 봄에 돋아나니
풀 초 (원) 艸

* 早(일찍 조), 풀 초(艸, 草)가 부수로 쓰일 때는 ⺾의 형태로 대부분 글자의 머리에만 쓰이므로 머리 두(頭)를 붙여 '초 두'라 부르지요.

草家(초가), **草木**(초목), **山川草木**(산천초목)

屮

총 3획 급외자 제부수
- 중 cǎo
- 일 ソウ

싹이 나는 모양을 본떠서
싹 날 철, 풀 초

또 왼쪽 손의 모습으로도 보아 **왼쪽 좌**

* 풀 초(艸)의 고자(古字), 왼쪽 좌(左)와도 통하지요.

艸

총 6획 특II급 제부수
- 英 grass
- 中 cǎo
- 日 ソウ(くさ)

풀은 하나만 나지 않고 여러 개가 같이 나니
싹날 철, 풀 초(屮) 두 개를 이어서 풀 초

※ 풀 초(草)의 원자.
※ 부수로 쓰일 때는 대부분 변형된 ⺾로 쓰이지요.

焦

총 12획 2급 부수 火
- 英 scorch, parch
- 中 jiāo
- 日 ショウ(こげる)

새(隹)의 깃은 불(灬)에 잘 타니
탈 초

※ 隹(새 추), 灬(불 화 발)

焦眉(초미), 焦思(초사), 焦燥(초조), 焦土(초토)

憔

총 15획 1급 부수 心
- 英 haggard
- 中 qiáo
- 日 ショウ

마음(忄)을 태우면(焦) 몸도 수척하니
수척할 초

※ 忄(마음 심 변)

憔容(초용), 憔悴(초췌)

樵

총 16획 1급 부수 木
- 英 firewood
- 中 qiáo
- 日 ショウ(きこり)

나무(木) 중 태우기(焦) 위한 땔나무니
땔나무 초

※ 木(나무 목)

樵童(초동), 樵童汲婦(초동급부), 樵牧(초목)

礁

총 17획 1급 부수 石
- 英 reef
- 中 jiāo
- 日 ショウ

바위(石) 중 뱃사람의 속을 태우는(焦) 암초니
암초 초

※ 암초(暗礁) - ㉠수면 아래에 잠겨 있어 배와 충돌할 위험이 있는 바위. ㉡'뜻밖의 어려움이나 장애'의 비유적인 말.
※ 石(돌 석), 暗(어두울 암, 몰래 암)

礁標(초표), 礁湖(초호), 暗礁(암초)

蕉

총 16획 1급 부수 ++
- 영 banana tree
- 중 jiāo
- 일 ショウ

풀(++) 중 타는(焦) 듯한 더위를 좋아하는 파초니
파초 초

※ 파초(芭蕉) - 관상용으로 정원에 심는 잎이 큰 열대 식물.
※ 芭(파초 파)

芭蕉扇(파초선), 蕉葉(초엽), 蕉布(초포)

楚

총 13획 2급 부수 木
- 영 lovely, switch, painful
- 중 chǔ
- 일 ソ(すわえ)

수풀(林)의 발(疋), 즉 밑 부분에서 자란 나무는
고우니 **고울 초**
또 곱게 자란 것은 회초리로도 쓰이니 **회초리 초**
또 회초리로 치면 아프니 **아플 초, 초나라 초**

※ 林(수풀 림), 疋(발 소, 베를 세는 단위 '필 필')
※ 초(楚)나라 - 중국 춘추전국시대에 양자강 중류에 있었던 나라.

淸楚(청초), 撻楚(달초), 苦楚(고초),
四面楚歌(사면초가)

礎 础

총 18획 3II급 부수 石
- 영 plinth, foundation
- 중 chǔ
- 일 ソ(いしずえ)

돌(石)로 곱게(楚) 받친 주춧돌이나 기초니
주춧돌 초, 기초 초

※ 石(돌 석), 주춧돌도 곱고 아름답게 깎아서 받치지요.

礎石(초석), 基礎(기초), 礎稿(초고)

醋

총 15획 1급 부수 酉
- 영 vinegar, exchange cup
- 중 cù
- 일 サク(す)

(발효시켜 만든) 술(酉)을 오래(昔) 두어 만드는 초니
초 초
또 술(酉) 잔이 오래된(昔) 사람에게 잔 돌리니
잔 돌릴 작 참 酢(초 초, 잔 돌릴 작)

※ 酉(술 그릇 유, 술 유, 닭 유, 열째 지지 유), 昔(옛 석, 오랠 석)
※ 발효시켜 만든 술을 오래 두어 더 발효시키면 식초가 되지요.

醋母(초모), 醋酸(초산), 食醋(식초)

促

총 9획 3II급 부수 人
- 영 urge
- 중 cù
- 일 ソク(うながす)

사람(亻)이 발(足)을 구르며 재촉하니
재촉할 촉

- 재촉(再促) - 어떤 일을 빨리 하도록 조름.
- 足(발 족, 넉넉할 족), 再(다시 재, 두 번 재)

促求(촉구), **促迫**(촉박), **督促**(독촉)

蜀

총 13획 2급 부수 虫
- 영 larva
- 중 shǔ
- 일 ショク

그물(罒) 같은 집에 싸여(勹) 있는 애벌레(虫)니
애벌레 촉, 나라이름 촉

- 罒(그물 망, = 网, 㒳), 勹(쌀 포), 虫(벌레 충)
- 촉(蜀)나라 - 촉한(蜀漢), 유비(劉備)가 사천(四川)·운남(雲南)·귀주(貴州) 북부(北部) 및 한중(韓中) 일대(一帶)에 세운 나라.
- 蜀이 들어간 글자를 약자로 쓸 때는 蜀 부분을 벌레 충(虫)으로 씁니다.

燭 烛

총 17획 3급 부수 火
- 영 candle
- 중 zhú
- 일 ショク(ともしび)

불(火)꽃이 애벌레(蜀)처럼 꿈틀거리는 촛불이니
촛불 촉   약 烛 : 불(火)꽃이 벌레(虫)처럼 꿈틀거리는 촛불이니 '촛불 촉'.

- 火(불 화), 虫(벌레 충), 촛불은 불꽃이 꿈틀거리지요.

燭光(촉광), **燭膿**(촉농), **秉燭**(병촉), **華燭**(화촉)

觸 触

총 20획 3II급 부수 角
- 영 touch
- 중 chù
- 일 ショク(ふれる)

뿔(角)로 애벌레(蜀)는 촉감을 알려고
휘둘러 닿으니 **닿을 촉**   약 触

- 촉수(觸手) - 하등 무척추 동물의 몸 앞부분이나 입 주위에 있는 돌기 모양의 기관.
- 角(뿔 각, 모날 각, 겨룰 각), 手(손 수, 재주 수, 재주 있는 사람 수)

觸覺(촉각), **觸感**(촉감), **一觸卽發**(일촉즉발)

囑 嘱

총 24획 1급 부수 口
- 영 request
- 중 zhǔ
- 일 ショク

입(口)으로 붙어살게(屬) 해 달라고 부탁하니
부탁할 촉

- 屬(붙어살 속, 무리 속)

囑望(촉망), **囑言**(촉언), **囑託**(촉탁)

數

셀 수, 두어 수, 빽빽할 촉, 운수 수, 자주 삭
- 셀 수(378쪽) 참고

寸

총 3획 8급 제부수
- 영 gnarl, law
- 중 cùn
- 일 スン

손목에서 **맥박(丶)**이 뛰는 곳까지의 마디니 **마디 촌**
또 마디마디 살피는 법도니 **법도 촌**
⊕ 才(재주 재, 바탕 재),

* 1촌은 손목에서 손가락 하나를 끼워 넣을 수 있는 거리에 있는 맥박이 뛰는 곳가지로, 손가락 하나의 폭이 약 3cm이지요.
* '법도 촌'으로는 주로 글자 어원에 사용됨.

寸刻(촌각), **寸志**(촌지), **寸鐵殺人**(촌철살인)

村

총 7획 7급 부수 木
- 영 village
- 중 cún
- 일 ソン(むら)

나무(木)를 마디마디(寸) 잘 이용하여 집을 지은 마을이니 **마을 촌** ⊕ 材(재목 재, 재료 재)

* 木(나무 목), 옛날에는 거의 모두 나무로 집을 지었지요.

村家(촌가), **村落**(촌락), **江村**(강촌), **農村**(농촌)

忖

총 6획 1급 부수 心
- 영 consider
- 중 cǔn
- 일 ソン(はかる)

마음(忄)으로 마디마디(寸) 헤아리니
헤아릴 촌

忖度(촌탁) - 남의 마음을 미루어서 헤아림. 度(법도 도, 정도 도, 헤아릴 탁)

銃

총 14획 4Ⅱ급 부수 金
- 영 gun
- 중 chòng
- 일 ジュウ(つつ)

쇠(金)로 만든 장치에 총알을 채워(充) 쏘는 총이니 **총 총**

* 金(쇠 금, 금 금, 돈 금, 성씨 김), 充(가득 찰 충, 채울 충)

銃擊(총격), **銃殺**(총살), **銃彈**(총탄), **拳銃**(권총)

總 总

총 17획 4II급 부수 糸
- 영 sum, command
- 중 zǒng
- 일 ソウ(すべる)

실(糸)로 바쁘고(悤) 복잡한 것을 모두 묶어 거느리니 **모두 총**, **거느릴 총** 〔약〕総

※ 悤 : 끈(丿)으로 게으름(夂)을 에워싸(囗) 버린 듯 바쁘거나 밝은 마음(心)이니 '바쁠 총, 밝을 총'
※ 丿('삐침 별'이나 여기서는 끈으로 봄), 夂('천천히 걸을 쇠, 뒤져 올 치'로 여기서는 게으름으로 봄), 囗(에운 담)

總計(총계), **總括**(총괄), **總論**(총론), **總督**(총독)

聰 聪

총 17획 3급 부수 耳
- 영 good hearing, clever
- 중 cōng
- 일 ソウ(さとい)

귀(耳) 밝아(悤) 말을 빨리 알아들으면 총명하니 **귀 밝을 총, 총명할 총**

※ 耳(귀 이), 귀 밝을 총(聰)에 '총명하다'의 뜻도 있듯이, 귀머거리 롱(聾)에는 '어리석다, 어둡다'의 뜻도 있어요. 욕으로 쓰는 '농판'이라는 말도 무엇을 잘 알아듣지 못하는 사람이라는 데서 나왔지요.

聰氣(총기), **聰明**(총명), **聰明不如鈍筆**(총명불여둔필)

叢 丛

총 18획 1급 부수 又
- 영 gather
- 중 cóng
- 일 ソウ(くさむら)

풀 무성하듯(丵) 취하여(取) 모으니 **모을 총**

※ 取(취할 취, 가질 취), 丵 : 고생할 신, 매울 신(辛) 위에 점 셋을 더 붙여 풀 무성한 모양을 나타내어 '풀 무성할 착'

叢論(총론), **叢書**(총서), **論叢**(논총)

塚 冢

총 13획 1급 부수 土
- 영 grave
- 중 zhǒng
- 일 チョウ(つか)

흙(土)으로 덮어(冖) 돼지(豕)처럼 크게 쌓은 무덤이니 **무덤 총**

※ 土(흙 토), 冖(덮을 멱), 豕(돼지 시)
※ 冢 : 덮어(冖) 돼지(豕)처럼 크게 쌓은 무덤이니 '무덤 총'

義冢(의총), **疑冢**(의총), **貝塚**(패총)

寵 宠

총 19획 1급 부수 宀
- 영 love, favor
- 중 chǒng
- 일 チョウ

집(宀)에서 신성한 용(龍)을 대하듯이 사랑과 은혜로 대하니 **사랑 총, 은혜 총**

※ 宀(집 면), 龍(용 룡), 용은 옛날부터 신성하게 여겼지요.

寵兒(총아), **寵愛**(총애), **恩寵**(은총), **靈寵**(영총)

撮

총 15획 1급 부수 手
- 英 pick, photograph
- 中 cuō
- 日 サツ(とる)

손(扌)으로 가장(最) 중요한 부분만
취하여 사진 찍으니 **취할 촬**, **사진 찍을 촬**

※ 最(가장 최)

撮要(촬요), **撮**影(촬영)

最

총 12획 5급 부수 日
- 英 most, best, number one
- 中 zuì
- 日 サイ(もっとも)

(무슨 일을 결정할 때) 여러 사람의 말(曰)을
취하여(取) 들음이 가장 최선이니 **가장 최**

※ 曰(가로 왈), 取(취할 취, 가질 취)

最强(최강), **最**高(최고), **最**古(최고), **最**善(최선)

崔

총 11획 2급 부수 山
- 英 lofty, family name
- 中 cuī
- 日 サイ

산(山)에 새(隹)가 나는 것처럼 높으니
높을 최, **성씨 최**

※ 隹(새 추), 평지에 날 때보다 산에서 새가 날면 높지요.

崔崔(최최), **崔**致遠(최치원) – 신라 말의 학자(857~?).

催

총 13획 3II급 부수 人
- 英 urge, open
- 中 cuī
- 日 サイ(もよおす)

사람(亻)에게 높이(崔) 오르라고 재촉하며
열고 베푸니 **재촉할 최**, **열 최**, **베풀 최**

催告(최고), **催**淚彈(최루탄), 開**催**(개최), 主**催**(주최)

衰

쇠할 쇠, 상복 최 – 쇠할 쇠(372쪽) 참고

※ 한 글자에 둘 이상의 독음이 있을 경우 가장 많이 사용되는 음 부분에 풀이를 넣었어요.

抽

총 8획 3급 부수 手
- 영 select
- 중 chōu
- 일 チュウ(ぬく)

손(扌)으로 말미암아(由) 뽑으니
뽑을 추

※ 由(말미암을 유)

抽讀(추독), **抽象**(추상), **抽籤**(추첨), **抽出**(추출)

秋

총 9획 7급 부수 禾
- 영 autumn
- 중 qiū
- 일 シュウ(あき)

벼(禾)가 불(火)처럼 붉게 익어 가는 가을이니
가을 추, 성씨 추

※ 禾(벼 화), 火(불 화)

秋霜(추상), **秋收**(추수), **秋毫**(추호), **晩秋**(만추)

楸

총 13획 2급 부수 木
- 영 a wild-walnut tree, a walnut tree
- 중 qiū
- 일 シュウ(ひさぎ)

나무(木) 중 가을 추(秋)가 들어간 글자의 나무니
가래나무 추, 호두나무 추

※ 어떤 연유인가는 분명하지 않지만 秋가 들어간 나무 이름이네요.

楸木(추목), **楸子**(추자)

鰍

총 20획 1급 부수 魚
- 영 loach
- 중 qiū
- 일 シュウ(かじか)

물고기(魚) 중 가을(秋)에 제 맛 나는 미꾸라지니
미꾸라지 추

※ 魚(물고기 어)

鰍魚(추어), **鰍魚湯**(추어탕), **鰍湯**(추탕)

帚

총 8획 급외자 부수 巾
- 영 broom
- 중 zhōu
- 일 ソウ(ほうき)

한쪽은 고슴도치 머리(彐)처럼 펴지게 하고,
다른 한쪽은 덮어(冖) 수건(巾) 같은 천으로 묶어
손잡이를 만든 비니 **비 추**

※ 彐(고슴도치 머리 계, 오른손 우), 冖(덮을 멱), 巾(수건 건)

追

총 10획 3II급 부수 辶
- 영 pursue, follow
- 중 zhuī
- 일 ツイ(おう)

언덕(𠂤)까지 쫓아서 따라가니(辶)
쫓을 추, 따를 추

※ 𠂤 : 흙이 비스듬히(丿) 쌓인(自) 모습에서 '쌓일 퇴, 언덕 퇴'로, '쌓일 퇴, 언덕 퇴(堆)'의 본 자.

追加(추가), **追擊**(추격), **追更**(추경), **追從**(추종)

槌

총 14획 1급 부수 木
- 영 mallet
- 중 chuí
- 일 ツイ(つち)

나무(木)로 만들어 쫓아(追)가 들고 치는 망치니
망치 추, 망치 퇴

※ 木(나무 목)

槌擊(퇴격), **鐵槌**(철퇴)

鎚

총 18획 1급 부수 金
- 영 hammer
- 중 chuí
- 일 ツイ(つち)

쇠(金)로 만들어 쫓아(追)가 들고 치는 쇠망치나
저울추니 **쇠망치 추, 저울추 추**

※ 金(쇠 금, 금 금, 돈 금, 성씨 김)

鐵鎚(철추), **空氣鎚**(공기추)

醜 丑

총 17획 3급 부수 酉
- 영 ugly, dirty
- 중 chǒu
- 일 シュウ(みにくい)

술(酉)을 많이 마셔 귀신(鬼)처럼 용모가 추하니
추할 추

※ 酉(술 그릇 유, 술 유, 닭 유, 열째 지지 유), 술은 적당히 마시면 약도 되고 기분도 좋아지지만 너무 많이 마시면 귀신처럼 추해진다는 데서 만든 글자지요.

醜聞(추문), **醜惡**(추악), **醜雜**(추잡), **陋醜**(누추)

酋

총 9획 1급 부수 酉
- 영 boss
- 중 qiú
- 일 シュウ

향기 나는(八) 술(酉)이 술 중에 우두머리니
우두머리 추

※ 八(여덟 팔, 나눌 팔)

酋長(추장), **群酋**(군추)

樞 枢

총 15획 1급 부수 木
- 英 hinge, pivot
- 中 shū
- 日 スウ(とぼそ)

나무(木) 문의 일정한 구역(區)에 다는 지도리니
지도리 추
또 지도리처럼 중심을 잡아 주는 축이니 **축 추**

※ 지도리-돌쩌귀. 문짝을 문설주에 달아서 여닫게 하기 위한, 쇠붙이로 만든 암수 두 개로 된 한 벌의 물건. 암짝은 문설주에, 수짝은 문짝에 박아서 맞추지요.

中樞(중추), **樞機**(추기), **樞機卿**(추기경)

芻 刍

총 10획 1급 부수 艹
- 英 fodder
- 中 chú
- 日 スウ

베어 싸(勹) 놓은 풀(屮)과 싸(勹) 놓은
풀(屮)을 합쳐서 **꼴 추**

※ 勹(쌀 포), 屮(싹날 철, 풀 초, 왼쪽 좌), 꼴-㉠사물의 생김새나 됨됨이. ㉡마소에 먹이는 풀. 여기서는 ㉡의 뜻.

芻狗(추구), **芻糧**(추량), **芻言**(추언), **反芻**(반추)

鄒 邹

총 13획 2급 부수 阝(邑)
- 英 name of a nation
- 中 zōu
- 日 シュウ

꼴(芻)이 많은 고을(阝)에 세운 나라 이름이니
나라 이름 추

※ 阝(고을 읍 방), 추로(鄒魯) - 공자는 노(魯)나라 사람이고 맹자는 추(鄒)나라 사람이라는 뜻으로, 공자와 맹자를 아울러 이르는 말.

鄒魯之鄕(추로지향), **鄒魯學**(추로학)

趨 趋

총 17획 2급 부수 走
- 英 run
- 中 qū
- 日 スウ

달려가(走) 꼴(芻)을 먹으려고 달리니
달릴 추

※ 走(달릴 주, 도망갈 주)

趨步(추보), **趨附**(추부), **趨勢**(추세), **歸趨**(귀추)

墜 坠

총 15획 1급 부수 土
- 英 fall down
- 中 zhuì
- 日 ツイ(おちる)

한 무리(隊)가 흙(土)으로 떨어지니
떨어질 추

※ 隊(무리 대, 군대 대), 인격 등 정신적인 것이 떨어지면 墮(떨어질 타), 명예나 지위를 포함한 물질적인 것이 떨어지면 墜(떨어질 추)지요.

墜落(추락), **擊墜**(격추), **失墜**(실추)

추

隹

총 8획 급외자 제부수
- 英 bird
- 中 zhuī
- 日 スイ(とり)

꼬리 짧은 새를 본떠서
새 추 ㊌ 佳(아름다울 가), 住(살 주, 사는 곳 주)

※ 새 추(隹)는 작은 새란 뜻으로 주로 글자 성분에 쓰이고, 새 조(鳥)는 '큰 새'나 '보통의 새'를 말할 때 쓰고, 새 을, 둘째 천간 을, 굽을 을(乙)은 주로 천간이나 글자 성분에 쓰이지요.

推

총 11획 4급 부수 手
- 英 push
- 中 tuī
- 日 スイ(おす)

(놓아주려고) 손(扌)으로 새(隹)를 미니
밀 추, 밀 퇴

※ '밀 퇴'로는 퇴고(推敲)에만 쓰입니다.
※ 隹(새 추), 敲(두드릴 고), 퇴고(推敲) - '밀고 두드림'으로, 글을 지을 때 여러 번 생각하여 고치고 다듬음.

推戴(추대), **推仰**(추앙), **推薦**(추천)

椎

총 12획 1급 부수 木
- 英 mallet, backbone
- 中 chuí, zhuī
- 日 ツイ(しい)

나무(木)로 만든 새(隹)꼬리처럼 짧은 몽치니
몽치 추
또 몽치처럼 이어진 등뼈니 **등뼈 추**

※ 몽치 - 짧은 몽둥이. 옛날에는 무기로 사용했음.

椎骨(추골), **脊椎**(척추)

錐

총 16획 1급 부수 金
- 英 awl
- 中 zhuī
- 日 スイ(きり)

쇠(金)로 새(隹)의 부리처럼 뾰족하게 만든 송곳이니
송곳 추

※ 金(쇠 금, 금 금, 돈 금, 성씨 김)

錐孔(추공), **囊中之錐**(낭중지추), **試錐**(시추), **圓錐**(원추)

錘 锤

총 16획 1급 부수 金
- 英 weight
- 中 chuí
- 日 スイ(つむ)

쇠(金)로 만들어 아래로 드리우는(垂) 저울추니
저울추 추

※ 垂(드리울 수)
※ 옛날 저울은 추가 있어서 물건을 달 때 아래로 드리웠지요.

秤錘(칭추), **紡錘**(방추)

丑

총 4획 3급 부수 一
- 🇬🇧 cattle
- 🇨🇳 chǒu
- 🇯🇵 チュウ(うし)

오른손(⺕)에 고삐(丨)로 잡아 끌던 소니 **소 축**
또 소는 12지지(地支)의 둘째니 **둘째 지지 축**

＊⺕(고슴도치 머리 계, 오른손 우), 丨(뚫을 곤이나 여기서는 소고삐로 봄), 옛날에 소를 한 마리씩 몰고 다닐 때는 고삐로 매어 잡았다는 데서 나온 글자. 丑은 주로 12지지에 쓰이고, '소'의 뜻으로는 소 우(牛)를 많이 쓰지요.

丑時(축시), **己丑年**(기축년)

祝

총 10획 5급 부수 示
- 🇬🇧 pray, celebrate
- 🇨🇳 zhù
- 🇯🇵 シュク(いわう)

신(示)께 입(口)으로 사람(儿)이 비니 **빌 축**
또 좋은 일에 행복을 빌며 축하하니 **축하할 축**

⊕ 祀(제사 사), 稅(세금 세)

＊示(보일 시, 신 시), 儿(어진 사람 인, 사람 인 발)

祝福(축복), **祝願**(축원), **祝賀**(축하), **祝歌**(축가)

逐

총 11획 3급 부수 辵
- 🇬🇧 expel
- 🇨🇳 zhú
- 🇯🇵 チク(おう)

돼지(豕)를 뛰어가(辶) 쫓으니
쫓을 축

＊豕(돼지 시), 辶(뛸 착, 갈 착, = 辵), 지금도 농촌에는 멧돼지의 피해가 심하다지요.

逐條審議(축조심의), **逐出**(축출), **角逐**(각축), **驅逐艦**(구축함)

軸

총 12획 2급 부수 車
- 🇬🇧 axle
- 🇨🇳 zhóu
- 🇯🇵 ジク

수레(車)를 말미암아(由) 굴러가게 하는 굴대니
굴대 축

＊車(수레 거, 차 차), 由(말미암을 유), 굴대-바퀴의 가운데 구멍에 끼우는 긴 쇠나 나무.

主軸(주축), **地軸**(지축), **車軸**(차축), **樞軸**(추축)

畜

총 10획 3II급 부수 田
- 🇬🇧 bring up, cattle
- 🇨🇳 xù, chù
- 🇯🇵 チク(かう)

머리(亠)가 작은(幺) 어린 짐승을 밭(田)에서 기르니 **기를 축**
또 이렇게 기르는 가축이니 **가축 축**

＊亠(머리 부분 두), 幺(작을 요, 이릴 요), 田(밭 전)

畜舍(축사), **畜産業**(축산업), **畜協**(축협), **家畜**(가축)

蓄

총 14획 4II급 부수 ++
- 영 store
- 중 xù
- 일 チク(たくわえる)

풀(++)을 가축(畜)에게 먹이려고 쌓으니 **쌓을 축**

＊畜(기를 축, 가축 축)

蓄財(축재), **蓄積**(축적), **備蓄**(비축), **貯蓄**(저축)

築 筑

총 16획 4II급 부수 竹
- 영 build, construct
- 중 zhù
- 일 チク(きずく)

대(竹)로도 장인(工)은 무릇(凡) 나무(木)처럼 집을 쌓아 지으니 **쌓을 축, 지을 축**

＊竹(대 죽), 工(장인 공, 만들 공, 연장 공), 凡(무릇 범, 보통 범)

築臺(축대), **築造**(축조), **建築**(건축), **改築**(개축)

縮 缩

총 17획 4급 부수 糸
- 영 shrink, diminish
- 중 suō
- 일 シュク(ちぢむ)

실(糸)은 잠재우듯(宿) 눌러두면 줄어드니 **줄어들 축**

＊糸(실 사, 실 사 변), 宿(잘 숙, 오랠 숙, 별 자리 수)

縮圖(축도), **縮小**(축소), **減縮**(감축), **伸縮**(신축)

蹴

총 19획 2급 부수 足
- 영 kick
- 중 cù
- 일 シュウ(ける)

발(足)을 앞으로 나아가게(就) 뻗어 차니 **찰 축**

＊足(발 족, 넉넉할 족), 就(나아갈 취, 이룰 취)

蹴球(축구), **蹴踏**(축답), **蹴殺**(축살), **一蹴**(일축)

春

총 9획 7급 부수 日
- 영 spring
- 중 chūn
- 일 シュン(はる)

하늘 땅(二)에 점점 크게(大) 해(日)가 느껴지는 봄이니 **봄 춘** ㉮ 舂(방아 찧을 용)−급외자

＊二('두 이'나 여기서는 하늘과 땅의 모습), 봄에는 남쪽으로 내려갔던 해가 북쪽으로 올라오기 시작하여 더욱 크게 느껴지고 따뜻하지요.

春景(춘경), **春耕**(춘경), **春困**(춘곤), **靑春**(청춘)

椿

총 13획 2급 부수 木
- 英 a kind of chinaberry, father
- 中 chūn
- 日 チン(つばき)

나무(木) 중 봄(春)에 여린 순을 따먹는 참죽나무니
참죽나무 춘
또 참죽나무는 신령스러워 장수나 아버지의 비유로 쓰이니 **아버지 춘**

※ 木(나무 목)

椿樹(춘수), **椿壽**(춘수), **椿堂**(춘당), **椿府丈**(춘부장)

出

총 5획 7급 부수 凵
- 英 come out
- 中 chū
- 日 シュツ(でる)

높은 데서 보면 산(山) 아래로 또 산(山)이 솟아 나오고 나가니 **나올 출, 나갈 출**

※ 山(산 산)

出家(출가), **出嫁**(출가), **出世**(출세), **家出**(가출)

黜

총 17획 1급 부수 黑
- 英 expel
- 中 chù

검은(黑) 마음을 가지면 나가게(出) 내치니
내칠 출

※ 黑(검을 흑), 내치다 – ㉠손에 든 것을 뿌리치거나 던지다. ㉡강제로 밖으로 내쫓다. 여기서는 ㉡의 뜻.
※ 흑심(黑心) – '검은 마음'으로, 음흉하고 부정한 욕심이 많은 마음.

黜敎(출교), **黜黨**(출당), **廢黜**(폐출)

充

총 5획 5급 부수 儿
- 英 fill up, be full
- 中 chōng
- 日 ジュウ(あてる)

머리(亠)에 사사로운(厶) 생각을 사람(儿)마다 가득 차게 채우니 **가득 찰 충, 채울 충**

※ 亠(머리 부분 두), 厶(사사로울 사, 나 사), 儿(어진 사람 인, 사람 인 발)

充滿(충만), **充分**(충분), **充電**(충전), **補充**(보충)

忠

총 8획 4II급 부수 心
- 英 loyalty
- 中 zhōng
- 日 チュウ

가운데(中)서 우러나는 마음(心)으로 대함이 충성이니 **충성 충** 　참 患(근심 환)

※ 충성(忠誠) – 참마음에서 우러나오는 정성.
※ 中(가운데 중, 맞힐 중), 心(마음 심, 중심 심), 誠(정성 성)

忠告(충고), **忠信**(충신), **忠言逆耳**(충언역이)

沖 沖

총 7획 2급 부수 水
- 영 blend, empty, young
- 중 chōng
- 일 チュウ(おき)

물(氵) 가운데(中) 섞이면 화하니 **화할 충**
또 물(氵)과 위에 언 얼음 가운데(中)처럼 비니 **빌 충**
또 아직 생각이 빈(꽉 차지 못한) 어린 나이니 **어릴 충**
약 冲

* 화(和)하다-㉠(무엇을) 타거나 섞다. ㉡(날씨나 바람·마음 따위가) 온화하다.
* 화(化)하다-다른 상태가 되다. 여기서는 和, 化의 뜻 둘 다 통함.

沖氣(충기), **沖虛**(충허), **沖積**(충적), **沖年**(충년)

衷

총 10획 2급 부수 衣
- 영 sincerity
- 중 zhōng
- 일 チュウ

옷(衣) 가운데(中), 즉 속에서 우러나오는
속마음이니 **속마음 충**

* 衣(옷 의)

衷誠(충성), **衷心**(충심), **衷情**(충정), **苦衷**(고충)

衝 冲

총 15획 3II급 부수 行
- 영 bump, pierce
- 중 chōng
- 일 ショウ(つく)

무거운(重) 물건을 들고 가면(行) 잘 볼 수 없어
부딪치고 찌르니 **부딪칠 충, 찌를 충**
유 衛(지킬 위)

* 重(무거울 중, 귀중할 중, 거듭 중), 行(다닐 행, 행할 행, 항렬 항)

衝擊(충격), **衝突**(충돌), **緩衝**(완충), **衝天**(충천)

虫

총 6획 특급 제부수
- 영 insect
- 중 chóng
- 일 チュウ(むし)

벌레 충(蟲)의 속자나 부수로 쓰일 때의 모습으로
벌레 충

명언 百論不如一行(백론불여일행) 백 가지 논란은 한 가지 행함만 같지 못함. ▶百(일백 백, 많을 백), 論(논할 론, 평할 론), 不(아닐 불·부), 如(같을 여), 行(다닐 행, 행할 행, 항렬 항), A 不如 B의 문장-'A는 B와 같지 않다'로, A보다 B가 낫다는 뜻이 됨.

蟲 虫

총 18획 4II급 부수 虫
- 英 insect
- 中 chóng
- 日 チュウ(むし)

(벌레는 한 마리가 아니니)
많은 벌레가 모인 모양을 본떠서 **벌레 충** (속) 虫

※ 森, 晶, 品처럼 한자에서는 많음을 같은 글자를 세 번 써서 나타내지요.

蟲齒(충치), **害蟲**(해충) ↔ **益蟲**(익충), **殺蟲劑**(살충제)

贅

총 18획 1급 부수 貝
- 英 wen, superfluity, a son-in-law taken into the family
- 中 zhuì
- 日 ゼイ

흙(土)에 놓아(放)둔 재물(貝)처럼 별로 중요하지 않은 혹이나 군것이니 **혹 췌, 군것 췌**
또 혹처럼 별로 중요하지 않게 취급하는 데릴사위니
데릴사위 췌

※ 放(놓을 방), 貝(조개 패, 재물 패)
※ 데릴사위 - 처가에서 데리고 사는 사위.
※ 처가에서 데리고 사니 별로 중요하지 않게 취급했겠지요.

贅論(췌론), **贅辭**(췌사), **贅言**(췌언), **贅壻**(췌서)

悴

총 11획 1급 부수 心
- 英 thin
- 中 cuì
- 日 スイ(やつれる)

마음(忄)이 죽을(卒) 지경이면 얼굴도 파리하니
파리할 췌

※ 忄(마음 심 변), 卒(졸병 졸, 갑자기 졸, 마칠 졸, 죽을 졸)
※ 파리하다 - 몸이 마르고 낯빛이나 살색이 핏기가 전혀 없다.

悴顔(췌안), **悴容**(췌용), **憔悴**(초췌)

萃

총 12획 1급 부수 ⺿
- 英 collect
- 中 cuì
- 日 スイ

풀(⺿)처럼 졸병(卒)들을 모으니
모을 췌

拔萃(발췌), **拔萃案**(발췌안),
拔萃抄錄(발췌초록) - 여럿 속에서 뛰어난 것을 뽑아 간단히 적어 둔 것.

명언 **德不孤必有隣**(덕불고필유린) 덕 있는 사람은 외롭지 않고 반드시 이웃이 있다. ▶德(덕 덕, 클 덕) - 공정하고 남을 넓게 이해하고 받아들이는 마음이나 행동, 不(아닐 불·부), 孤(외로울 고, 부모 없을 고), 必(반드시 필), 有(가질 유, 있을 유), 隣(이웃 린)

膵

총 16획 1급 부수 肉
- 🇺🇸 pancreas
- 🇨🇳 cuì
- 🇯🇵 スイ

몸(月)에 필요한 여러 효소가 모여(萃) 있는 췌장이니
췌장 췌

※ 췌장(膵臟) – 위의 아랫쪽에 위치한 길이 15cm의 암황색 기관. 이자액을 분비하여 십이지장으로 보냄.
※ 月(달 월, 육 달 월), 臟(오장 장)

膵液(췌액)

醉

총 15획 3II급 부수 酉
- 🇺🇸 drunk
- 🇨🇳 zuì
- 🇯🇵 スイ(よう)

술(酉) 기운의 졸병(卒)이 된듯 취하니
취할 취 약 酔

※ 酉(술 그릇 유, 술 유, 닭 유, 열째 지지 유)
※ '술(酉) 마심을 마치면(卒) 취하니 취할 취'라고도 하지요.

醉氣(취기), **醉興**(취흥), **痲醉**(마취), **心醉**(심취)

翠

총 14획 1급 부수 羽
- 🇺🇸 king fisher, blue
- 🇨🇳 cuì
- 🇯🇵 スイ(みどり)

상공에서 날개(羽)로 갑자기(卒) 날아 물고기를 잡는 물총새니 **물총새 취**
또 물총새 깃은 푸르니 **푸를 취**

※ 羽(날개 우, 깃 우), 새가 짐승이나 물고기를 잡을 때는 공중을 빙빙 돌다가 쏜살같이 내려와 잡음을 생각하고 만든 글자.

翠色(취색), **翠竹**(취죽), **翡翠**(비취), **翡翠玉**(비취옥)

臭

총 10획 3급 부수 自
- 🇺🇸 odor
- 🇨🇳 xiù, chòu
- 🇯🇵 シュウ(くさい)

자기(自) 집을 찾을 때 개(犬)가 맡는 냄새니
냄새 취

※ 원래는 '코(自)로 개(犬)처럼 맡는 냄새니 냄새 취'입니다. 自는 원래 코를 본떠서 만든 글자니까요.
※ 自(자기 자, 스스로 자, 부터 자), 犬(개 견)

惡臭(악취), **體臭**(체취), **脫臭劑**(탈취제), **香臭**(향취)

就

총 12획 4급 부수 尢
- 🇺🇸 advance, accomplish
- 🇨🇳 jiù
- 🇯🇵 シュウ(つく)

(꿈이 있는 사람은 벼슬자리가 많은) 서울(京)로
더욱(尤) 나아가 꿈을 이루니 **나아갈 취, 이룰 취**

※ 京(서울 경), 尤(더욱 우, 허물 우)

就業(취업), **就任**(취임), **成就**(성취),
日就月將(일취월장)

총 7획 3II급 부수 口
- 英 blow, incite
- 中 chuī
- 日 スイ(ふく)

입(口)으로 하품(欠)하듯 입김을 부니
불 취

※ 欠(하품 흠, 모자랄 흠)

吹入(취입), **吹奏**(취주), **吹打**(취타), **鼓吹**(고취)

총 8획 2급 부수 火
- 英 make a fire, cook food
- 中 chuī
- 日 スイ(たく)

불(火)을 하품(欠)하듯 입김을 불어 때니
불 땔 취

※ 불을 처음 붙일 때 불(火)이 잘 타도록 하품(欠)하듯 입김을 불지요.

炊事(취사), **炊事兵**(취사병), **自炊**(자취)

총 8획 4II급 부수 又
- 英 gain, take
- 中 qǔ
- 日 シュ(とる)

귀(耳)로 듣고 손(又)으로 취하여 가지니
취할 취, 가질 취

※ 원래는 적군을 죽이고 그 전공을 알리기 위하여 귀(耳)를 잘라 손(又)으로 취하여 가져온다는 데서 생긴 글자지요. 일본에 가면 임진왜란 때 잘라간 귀를 묻은 이총(耳塚-귀무덤)이 있답니다.
※ 耳(귀 이), 又(오른손 우, 또 우), 塚(무덤 총)

取得(취득), **取消**(취소), **取捨選擇**(취사선택), **爭取**(쟁취)

총 11획 1급 부수 女
- 英 marry
- 中 qǔ
- 日 シュ(めとる)

취하여(取) 여자(女)에게 장가드니
장가들 취

娶嫁(취가), **娶禮**(취례), **娶妻**(취처)

총 14획 2급 부수 耳
- 英 assemble
- 中 jù
- 日 シュウ(あつまる)

취하려고(取) 우두머리(丿)를 따라(丨) 양쪽(㇏㇏)으로 모이니 **모일 취**

※ 丿('삐침 별'이나 여기서는 우두머리로 봄)

聚落(취락), **聚散**(취산), **聚合**(취합)

취

趣

총 15획 4급 부수 走
- 영 interest, hobby
- 중 qù
- 일 シュ(おもむき)

달려가(走) 취할(取) 정도의 재미와 취미니
재미 취, 취미 취

* 취미(趣味) - '재미를 느끼는 맛'으로, (마음에 끌려 일정한 방향으로 쏠리는) 흥미.
* 走(달릴 주, 도망갈 주), 味(맛 미)

興趣(흥취), **趣旨**(취지), **趣向**(취향)

脆

총 10획 1급 부수 肉
- 영 crisp, weak
- 중 cuì
- 일 ゼイ(もろい)

몸(月)이 위험할(危) 정도로 무르고 약하니
무를 취, 약할 취

* 月(달 월, 육 달 월), 危(위험할 위)

脆弱(취약), **脆軟**(취연)

側 侧

총 11획 3Ⅱ급 부수 人
- 영 side
- 중 cè
- 일 ソク(かわ)

사람(亻)이 곧(則)바로 알 수 있는 곁이니
곁 측

* 곁 - ㉠어떤 대상의 옆. 또는 공간적·심리적으로 가까운 데. ㉡가까이서 보살펴 주거나 도와줄 만한 사람.
* 則(곧 즉, 법칙 칙)

側近(측근), **側面**(측면), **兩側**(양측),
輾轉反側(전전반측)

測 测

총 12획 4Ⅱ급 부수 水
- 영 measure
- 중 cè
- 일 ソク(はかる)

물(氵)의 양을 법칙(則)에 따라 헤아리니
헤아릴 측

測量(측량), **測定**(측정), **計測**(계측), **觀測**(관측)

惻 恻

총 12획 1급 부수 心
- 영 mourning
- 중 cè
- 일 ソク

마음(忄)에 법(則)을 생각할 정도로 슬퍼하고
가엾게 여기니 **슬퍼할 측, 가엾게 여길 측**

* 인간적으로나 정(情)으로 처리하지 못하고 법까지 갈은 슬픈 일이지요. '법대로 해라'는 말보다 더 막된 말은 없을 성싶어요. 인간적으로 정으로 해결하지 못할 때나 법을 생각해야지요.

惻然(측연), **惻隱**(측은), **惻隱之心**(측은지심)

層 层

총 15획 4급 부수 尸
- 영 story
- 중 céng
- 일 ソウ

지붕(尸) 위에 거듭(曾) 지은 층이니
층 층

* 尸('주검 시, 몸 시'나 여기서는 지붕의 모습)
* 曾(일찍 증, 거듭 증),

層階(층계), 加一層(가일층), 階層(계층), 深層(심층)

治

총 8획 4II급 부수 水
- 영 govern
- 중 zhì
- 일 チ(おさまる)

물(氵)을 기쁘게(台) 사용하도록 잘 다스리니
다스릴 치 ㉮ 冶(대장간 야, 다스릴 야)

* 台[별 태, 나 이, 기쁠 이, 누각 대, 정자 대(臺)의 약자]

治療(치료), 治安(치안), 根治(근치), 完治(완치)

値 値

총 10획 3II급 부수 人
- 영 value
- 중 zhí
- 일 チ(ね)

사람(亻)이 바르게(直) 평가하여 매긴 값이니
값 치

* 直(곧을 직, 바를 직)

價値(가치), 加重値(가중치), 平均値(평균치)

置 置

총 13획 4II급 부수 网
- 영 put
- 중 zhì
- 일 チ(おく)

(새를 잡기 위해) 그물(罒)을 곧게(直) 쳐 두니
둘 치

* 罒(그물 망, = 网, 罓)

放置(방치), 備置(비치), 位置(위치), 措置(조치)

恥 耻

총 10획 3II급 부수 心
- 영 shame
- 중 chǐ
- 일 チ(はじる)

잘못을 귀(耳)로 들으면 마음(心)에 부끄러우니
부끄러울 치

* 耳(귀 이), 心(마음 심, 중심 심)

恥部(치부), 恥辱(치욕), 廉恥(염치), 破廉恥(파렴치)

稚

총 13획 3II급 부수 禾
- 영 young
- 중 zhì
- 일 チ(おさない)

벼(禾)가 작은 새(隹)만큼 겨우 자라 어리니
어릴 치

＊ 禾(벼 화), 隹('새 추'로 작은 새를 가리킴)

稚拙(치졸), **幼稚**(유치), **幼稚園**(유치원)

雉

총 13획 2급 부수 隹
- 영 pheasant
- 중 zhì
- 일 チ(きじ)

(걷다가) 화살(矢)처럼 갑자기 날아오르는 새(隹)는 꿩이니 **꿩 치**

＊ 矢(화살 시), 꿩은 주로 걷다가 급하면 갑자기 화살처럼 공중으로 날아오름을 생각하고 만든 글자.

雉湯(치탕), **雉兎**(치토), **春雉自鳴**(춘치자명)

齒 齿

총 15획 4II급 제부수
- 영 tooth, age
- 중 chǐ
- 일 シ(は)

그쳐(止) 윗니(人人)와 나란히(一) 아랫니(人人)가 벌린 입(凵) 속에 있는 이니 **이 치**
또 (옛날에) 이의 숫자로 알았던 나이니 **나이 치** 약 齿

＊ 止(그칠 지), 凵(입 벌릴 감, 그릇 감), 과학이 발달하지 못한 옛날에는 이(齒)의 숫자로 나이를 짐작해서 어른을 정했지요. 사랑니처럼 나이 들어야 나는 이도 있으니까요.

齒牙(치아), **齒藥**(치약), **蟲齒**(충치), **年齒**(연치)

侈

총 8획 1급 부수 人
- 영 luxury
- 중 chǐ
- 일 シ(おごる)

사람(亻)이 많이(多) 꾸미며 사치하니
사치할 치 참 奢(사치할 사)

＊ 사치(奢侈) - 지나치게 향락적인 소비를 함. 필요 이상으로 치장함.

侈習(치습), **侈心**(치심)

峙

총 9획 2급 부수 山
- 영 towering
- 중 zhì
- 일 ジ(そばだつ)

산(山)을 절(寺)에서 보면 우뚝 선 모습이니
산 우뚝 설 치

＊ 山(산 산), 寺(절 사, 관청 시)

峙立(치립), **峙積**(치적), **對峙**(대치)

痔

총 11획 1급 부수 疒
- 영 hemorrhoids
- 중 zhi
- 일 ジ

병(疒) 중 (앉아서 참선을 많이 하는) 절(寺)에서 잘 걸리는 치질이니 **치질 치**

※ 치질(痔疾)은 여러 가지 원인이 있겠지만 주로 딱딱한 곳에 오랫동안 앉아 있어서 항문 부위에 피가 돌지 않아 생긴 병이라 하지요.
※ 疒(병들 녁), 疾(병 질, 빠를 질)

痔疾(치질), **痔漏**(치루), **痔核**(치핵), **痔血**(치혈)

幟 帜

총 15획 1급 부수 巾
- 영 flag, mark
- 중 zhi
- 일 シ(のぼり)

수건(巾) 같은 천에 소리(音)를 써서 창(戈)에 달아 알리는 기나 표기니 **기 치**, **표기 치**

※ 기치(旗幟) - 어떤 목적을 위하여 내세우는 태도나 주장.
※ 표기(標幟) - ㉠목표로 세운 기. ㉡조선시대에 병조(兵曹)를 상징하던 깃발.
※ 巾(수건 건), 音(소리 음), 戈(창 과), 旗(기 기), 標(표할 표, 표 표)

熾 炽

총 16획 1급 부수 火
- 영 prosperous, blaze
- 중 chi
- 일 シ(おこす)

불(火) 타는 소리(音)가 창(戈) 부딪칠 때 나는 소리를 내며 성하게 활활 타니 **성할 치**, **불 활활 탈 치**

※ 火(불 화), 불탈 때 소리가 남을 당시 늘 들고 다니던 창 소리로 나타냈네요. 싸움이 잦았던 옛날에는 항상 무기를 들고 다녔으니까요.

熾憤(치분), **熾熱**(치열)

蚩

총 13획 1급 부수 口
- 영 ridicule
- 중 chi
- 일 シ

입(口)으로 풀(屮)만 갉아먹는 한(一) 마리 벌레(虫)처럼 어리석다고 비웃으니 **비웃을 치**

※ 虫(벌레 충), 屮(싹날 철, 풀 초, 왼쪽 좌)

蚩侮(치모), **蚩笑**(치소), **蚩點**(치점)

癡 痴

총 19획 1급 부수 疒
- 영 foolish
- 중 chi
- 일 チ(おろか)

병(疒)인가 의심할(疑) 정도로 어리석으니 **어리석을 치** ⓒ 痴

※ 疒(병들 녁), 疑(의심할 의), 知(알 지)

癡呆(치매) - 일단 획득한 지능·의지·기억 따위가 대뇌 신경세포의 손상 등으로 상실된 상태. 呆(어리석을 매)

痴

총 13획 특Ⅱ급 부수 疒
- 英 foolish
- 中 chī
- 日 チ(しれる)

병(疒)으로 아는(知) 것이 없어져 어리석으니
어리석을 치

* 어리석을 치(癡)의 속자.

白癡·白痴(백치), **天癡·天痴**(천치)

致

총 10획 5급 부수 至
- 英 accomplish, reach
- 中 zhì
- 日 チ(いたす)

지성으로(至) 치며(攵) 지도하면 꿈을 이루고 목표에 이르니 **이룰 치, 이를 치**

* 至(이를 지, 지극할 지), 攵(칠 복, = 攴)

致富(치부), **拉致**(납치), **格物致知**(격물치지)

緻 致

총 16획 1급 부수 糸
- 英 closely
- 中 zhì
- 日 チ

실(糸)이 잘 이르게(致) 짜져 빽빽하니
빽빽할 치

* 糸(실 사, 실 사 변), 천은 날실에 씨실이 잘 이르게 짜지지요.

緻巧(치교), **緻密**(치밀)

馳 驰

총 13획 1급 부수 馬
- 英 run
- 中 chí
- 日 チ(はせる)

말(馬)은 또한(也) 잘 달리니
달릴 치

* 馬(말 마), 也(또한 야, 어조사 야)

馳驅(치구), **馳突**(치돌), **相馳**(상치)

豸

총 7획 부수자
- 英 insect without feet
- 中 zhì
- 日 チ

먹이를 잡기 위해 몸을 웅크린 사나운 짐승을 본떠서
사나운 짐승 치
또 지렁이 같은 발 없는 벌레의 총칭으로
발 없는 벌레 치

夂

천천히 걸을 쇠, 뒤져 올 치 – 천천히 걸을 쇠(372쪽) 참고

徵

부를 징, 음률 이름 치 – 부를 징(609쪽) 참고

差

부릴 채, 다를 차, 어긋날 치 – 다를 차(612쪽) 참고

則 则

총 9획 5급 부수 刀

- 영 at once, rule
- 중 zé
- 일 ソク(のり)

재물(貝)을 칼(刂)로 나눌 때 곧 있어야 하는 법칙이니 **곧 즉** (≒ 卽), **법칙 칙**

* 재물은 공정하게 나눠야 싸움이 일어나지 않지요.
* 貝(조개 패, 재물 패), 刂(칼 도 방)

然則(연즉), **規則**(규칙), **罰則**(벌칙), **原則**(원칙)

勅

총 9획 1급 부수 力

- 영 royal edict
- 중 chì
- 일 チョク(みことのり)

서로를 묶어(束) 주는 힘(力) 있는 문서는 칙서니 **칙서 칙** (= 敕)

* 칙서(勅書) – 황제의 명령을 적은 문서.
* 칙서가 내리면 어쩔 수 없이 해야 하니 이런 어원이 가능하지요.
* 束(묶을 속), 力(힘 력), 書(쓸 서, 글 서, 책 서)

勅令(칙령), **勅命**(칙명)

敕

총 11획 급외자 부수 攵

- 영 royal edict
- 중 chì
- 일 チョク

서로를 묶어(束) 잘못이 있으면 칠(攵) 수 있도록 만든 문서가 칙서니 **칙서 칙** (= 勅)

* 攵(칠 복, = 攴)

親 亲

총 16획 6급 부수 見
- 英 parents, intimate
- 中 qīn
- 日 シン(おや)

서(立) 있는 나무(木)를 돌보듯(見) 자식을
보살피는 어버이니 **어버이 친**
또 어버이처럼 친하니 **친할 친** 번 新(새로울 신)

＊ 立(설 립), 木(나무 목), 見(볼 견, 뵐 현)

母親(모친), **兩親**(양친), **親睦**(친목), **親密**(친밀)

七

총 2획 8급 부수 一
- 英 seven
- 中 qī
- 日 シチ(なな)

하늘(一)의 북두칠성 모습(乚)을 본떠서
일곱 칠

七夕(칠석), **七旬**(칠순),
七顚八起(칠전팔기), **七縱七擒**(칠종칠금)

漆

총 14획 3Ⅱ급 부수 水
- 英 lacquer
- 中 qī
- 日 シツ(うるし)

물(氵)처럼 나무(木)를 상처(人)내어 뽑아 쓰는
액(氺)이 옻이니 **옻 칠**
또 옻은 검으니 **검을 칠** 약 柒

＊ 人('사람 인'이나 여기서는 액을 뽑기 위해 낸 상처로 봄),
氺(물 수 발), 옻은 약용, 공업용 등 여러 용도로 쓰이지요.

漆器(칠기), **漆板**(칠판), **漆黑**(칠흑)

沈

총 7획 3Ⅱ급 부수 水
- 英 sink, family name
- 中 shěn
- 日 チン(しずむ)

물(氵)에 머물러(冘) 잠기니
잠길 침, 성씨 심

＊ 冘 : 무엇으로 덮인(冖) 곳에 사람(儿)이 머무르니 '머무를 유'
＊ 冖(집 면), 儿(어진 사람 인, 사람 인 발)

沈降(침강), **沈沒**(침몰), **浮沈**(부침), **沈淸傳**(심청전)

枕

총 8획 3급 부수 木
- 英 pillow
- 中 zhěn
- 日 チン(まくら)

나무(木)로 머리가 머물러(冘) 베도록 만든
베개니 **베개 침**

＊ 木(나무 목), 옛날에는 나무토막으로 베개(목침)를 만들어 베고 잤지요.

枕木(침목), **木枕**(목침), **高枕短命**(고침단명)

侵

총 9획 4II급 부수 人

- 영 invade
- 중 qīn
- 일 シン(おかす)

사람(亻)이 비(彐)를 오른손(又)에 들고 조금씩 쓸어나가듯이 남의 땅을 침범하니 **침범할 침**

※ 彐[비 추(帚)의 획 줄임], 又(오른손 우, 또 우)

侵犯(침범), **侵攻**(침공), **侵略**(침략), **侵害**(침해)

浸

총 10획 3II급 부수 水

- 영 sink, soak
- 중 jìn
- 일 シン(ひたす)

물(氵)이 비(彐)를 오른손(又)에 들고 조금씩 쓸어 나가듯이 점점 스며들어 적시고 잠기니
적실 침, 잠길 침

浸水(침수), **浸蝕**(침식), **浸透**(침투)

寢

총 14획 4급 부수 宀

- 영 sleep
- 중 qǐn
- 일 シン(ねる)

집(宀)에서 나무조각(爿)으로 만든 침대에
비(彐)를 오른손(又)에 들고 쓸고 닦은 다음에
누워 자니 **잘 침**

※ 宀(집 면), 爿(나무조각 장)

寢囊(침낭), **寢臺**(침대), **寢食**(침식), **就寢**(취침)

砧

총 10획 1급 부수 石

- 영 a fulling block
- 중 zhēn
- 일 チン(きぬた)

돌(石) 중 옷을 점령하듯(占) 놓고 치는
다듬잇돌이니 **다듬잇돌 침**

※ 石(돌 석), 占(점칠 점, 점령할 점), 옷감을 놓고 치는 다듬잇돌을 생각하고 만든 글자.

砧石(침석), **砧聲**(침성), **砧杵**(침저)

鍼

총 17획 1급 부수 金

- 영 needle
- 중 zhēn
- 일 シン(はり)

쇠(金)로 병을 다(咸) 치료하게 만든
침이니 **침 침**

※ 金(쇠 금, 금 금, 돈 금, 성씨 김), 咸(다 함)
※ 침(鍼) – 사람이나 마소들의 혈(穴 : 구멍 혈, 굴 혈)을 찔러서 병을 다스리는 바늘 비슷한 물건.

鍼孔(침공), **鍼工**(침공), **鍼灸**(침구), **鍼術**(침술)

針 针

총 10획 4급 부수 金
- 英 needle
- 中 zhēn
- 日 シン(はり)

쇠(金)를 많이(十) 갈아서 만든 바늘이니
바늘 침

* 十(열 십, 많을 십), 針은 '바늘 침', 鍼은 '침 침'으로 구분하세요.

針小棒大(침소봉대), **針**葉樹(침엽수), 時**針**(시침)

蟄 蛰

총 17획 1급 부수 虫
- 英 hibernate
- 中 zhé
- 日 チツ

집을 잡고(執) 벌레(虫)가 숨어서 겨울잠 자니
숨을 칩, 겨울잠 잘 칩

* 執(잡을 집, 집행할 집), 虫(벌레 충)

蟄居(칩거), **蟄**蟲(칩충), 驚**蟄**(경칩)

稱 称

총 14획 4급 부수 禾
- 英 call
- 中 chēng
- 日 ショウ(たたえる)

벼(禾)를 손(爫)으로 땅(土)에서 들어(冂) 달며
무게를 일컬으니 **일컬을 칭** 약 称

* 禾(벼 화), 爫('손톱 조'나 여기서는 손으로 봄), 土(흙 토), 冂('멀 경, 성 경'이나 여기서는 들어올리는 모습으로 봄)
* 한자가 만들어지던 옛날에는 농사만 지었기 때문에 곡식이나 농사와 관련된 글자가 많답니다.

稱頌(칭송), **稱**讚(칭찬), **稱**號(칭호), 尊**稱**(존칭)

秤 称

총 10획 1급 부수 禾
- 英 balance
- 中 chèng
- 日 ショウ(はかり)

벼(禾)를 들어 저울대를 평평하게(平) 다는 저울이니
저울 칭

* 禾(벼 화), 平(평평할 평, 평화 평), 옛날 저울은 한쪽에 물건을 달고 다른 쪽에 있는 저울대에 평평하게 추를 놓아서 무게를 달았지요.

秤錘(칭추), **秤**板(칭판), 天平**秤**(천평칭)

夬

총 4획 특급 부수 大
- 영 divide
- 중 guài
- 일 クァイ(ケツ)

가운데 앙(央)의 한쪽이 나누어 터지니
나눌 쾌, 터질 쾌

快

총 7획 4II급 부수 心
- 영 refreshing
- 중 kuài
- 일 カイ(こころよい)

막혔던 마음(忄)이 터진(夬) 듯 상쾌하니
상쾌할 쾌

* 상쾌(爽快)-기분이 시원하고 거뜬함.
* 爽(시원할 상)

快樂(쾌락), **快晴**(쾌청), **明快**(명쾌), **愉快**(유쾌)

〈건강 십훈(十訓)〉-이율곡

1. **小食多嚼**(소식다작) 음식은 적게, 많이 씹는다.
2. **小肉多菜**(소육다채) 고기는 적게, 채소는 많이 먹는다.
3. **小鹽多酢**(소염다초) 소금은 적게, 식초는 많이 먹는다.
4. **小酒多果**(소주다과) 술은 적게, 과일은 많이 먹는다.
5. **小怒多笑**(소노다소) 화는 적게(삼가고), 많이 웃는다.
6. **小煩多眠**(소번다면) 근심은 적게, 잠은 많이(깊이) 잔다.
7. **小言多行**(소언다행) 말은 적게(필요한 말만 하고), 활동은 많이 한다.
8. **小欲多施**(소욕다시) 욕심은 적게(버리고), 많이 베푼다.
9. **小車多步**(소차다보) 차는 적게 타고, 많이 걷는다.
10. **小衣多浴**(소의다욕) 옷은 적게(가볍게), 목욕은 많이(자주) 한다.

▶訓(가르칠 훈), 小('작을 소'나 여기서는 '적다'의 뜻), 食(밥 식, 먹을 식), 多(많을 다), 嚼(씹을 작), 肉(고기 육), 菜(나물 채), 鹽(소금 염), 酢(초 초), 酒(술 주), 果(과실 과, 결과 과), 怒(성낼 노), 笑(웃을 소), 煩(번거로울 번), 眠(잠잘 면), 欲(바랄 욕), 施(베풀 시), 車(수레 거, 차 차), 步(걸음 보), 衣(옷 의), 浴(목욕할 욕)

他

총 5획 5급 부수 人
- 영 different, other
- 중 tā
- 일 タ(ほか)

사람(亻) 또한(也) 모두 다르고 남이니
다를 타, 남 타

* 也(또한 야, 어조사 야)

他道(타도), **他鄕**(타향), **排他**(배타), **依他**(의타)

打

총 5획 5급 부수 手
- 영 strike
- 중 dǎ
- 일 ダ(うつ)

손(扌)에 망치 들고 못(丁)을 치듯이 치니
칠 타

* 扌(손 수 변), 丁(고무래 정, 못 정, 장정 정)

打開(타개), **打擊**(타격), **打撲**(타박), **打破**(타파)

妥

총 7획 3급 부수 女
- 영 reasonable
- 중 tuǒ
- 일 ダ

손톱(爫)을 가꿈도 여자(女)에게는 온당하니
온당할 타

* 온당(穩當) - 사리에 어그러지지 아니하고 알맞음.
* 爫(손톱 조), 穩(평온할 온), 當(마땅할 당, 당할 당)

妥結(타결), **妥當**(타당), **妥協**(타협)

唾

총 11획 1급 부수 口
- 영 spittle
- 중 tuò
- 일 ダ(つば)

입(口)에서 드리워지게(垂) 나는 침이니
침 타

* 垂(드리울 수)

唾棄(타기), **唾罵**(타매), **唾液**(타액)

惰

총 12획 1급 부수 心
- 영 lazy
- 중 duò
- 일 ダ(おこたる)

마음(忄)이 왼쪽(左) 아래로 떨어진 몸(月)처럼
게으르니 **게으를 타**

* 左(왼쪽 좌), 月(달 월, 육 달 월)

惰氣(타기), **惰性**(타성), **惰弱**(타약)

타

隋

떨어질 타, 나라이름 수 – 나라이름 수(377쪽) 참고

楕

총 13획 1급 부수 木
- 英 oval
- 中 tuǒ
- 日 ダ

나무(木)의 왼쪽(左) 아래로 떨어진 몸(月)처럼 길쭉하니 **길쭉할 타** (= 橢)

※ 橢 : 나무(木) 옆으로 떨어진(隋) 모습처럼 길쭉하니 '길쭉할 타'

楕圓(타원), **楕圓形**(타원형)

墮 堕

총 15획 3급 부수 土
- 英 fall, fall into
- 中 duò
- 日 ダ(おちる)

떨어져(隋) 흙(土)에 빠지니
떨어질 타, 빠질 타 약 堕 : 언덕(阝) 아래에 있는(有) 흙(土)으로 떨어져 빠지니 '떨어질 타, 빠질 타'.

※ 土(흙 토), 阝(언덕 부 변), 有(가질 유, 있을 유)

墮落(타락), **墮漏**(타루), **墮罪**(타죄)

它

총 5획 특급 부수 宀
- 英 differ, snake
- 中 tā
- 日 ダ

집(宀) 안의 비수(匕)도 다 다르니 **다를 타**
또 집(宀) 안에서 비수(匕) 같은 혀만 날름거리는 뱀이니 **뱀 사**

※ 宀(집 면), 匕(비수 비, 숟가락 비)

舵

총 11획 1급 부수 舟
- 英 rudder
- 中 duò
- 日 ダ(かじ)

배(舟)를 다른(它) 곳으로 조종하는 키니
키 타 (= 柁)

※ 舟(배 주), 柁-나무(木)로 만들어 배를 다른(它) 곳으로 조종하는 키니 '키 타'
※ 키-배의 방향을 조종하는 장치.

舵器(타기), **舵輪**(타륜), **舵手**(타수), **操舵**(조타)

명언 日新又日新(일신우일신) 날로 새롭고, 또 날로 새롭게. 줄여서 日日新(일일신)이라 하지요. ▶日(날 일, 해 일), 新(새로울 신), 又(오른손 우, 또 우)

陀

총 8획 1급 부수 阝(阜)
- 영 steep
- 중 tuó
- 일 ダ

언덕(阝)에 또 다른(它) 언덕이 있으면 험하니
험할 타
또 험한 곳에서도 수도했던 부처니 **부처 타**

※ 부처-㉠'석가모니'의 다른 이름. ㉡불도를 깨달은 성인. ㉢불상(佛像).
※ 阝(언덕 부 변), 佛(부처 불), 像(모습 상)

佛陀(불타), **阿彌陀佛**(아미타불)

駝 驼

총 15획 1급 부수 馬
- 영 camel
- 중 tuó
- 일 ダ

말(馬)처럼 생겼으나 등이 다른(它) 낙타나 타조니
낙타 타, 타조 타 (= 駞)
또 낙타처럼 등에 혹이 난 곱사등이니 **곱사등이 타**

※ 馬(말 마), 駝-새(鳥)처럼 생겼으나 다른(它) 타조니 '타조 타'
※ 곱사등이- 등이 굽고 혹 같은 것이 불쑥 나온 사람. 꼽추.

駱駝(낙타), **駝鳥**(타조), **駝背**(타배)

乇

총 3획 급외자 부수 丿
- 영 request, entrust
- 중 tuó
- 일 タク

[천(千) 번이나 굽실거리며 부탁한다는 데서]
일천 천(千)을 굽혀서 **부탁할 탁, 의탁할 탁**

※ 급외자- 급수 시험에 나오지 않는 급수 이외의 글자.

托

총 6획 3급 부수 手(扌)
- 영 support, entrust
- 중 tuō
- 일 タク

손(扌)으로 부탁하여(乇) 맡기니
맡길 탁

托鉢(탁발), **無依無托**(무의무탁), **信托**(신탁)

託

총 10획 2급 부수 言
- 영 request, entrust
- 중 tuō
- 일 タク(かこつ)

말(言)로 부탁하니(乇)
부탁할 탁

※ 言(말씀 언)

託兒所(탁아소), **付託**(부탁), **信託**(신탁), **請託**(청탁)

卓

총 8획 5급 부수 十
- 英 high, prominent, table
- 中 zhuó 日 タク

점(卜)치듯 미리 생각하여 일찍(早)부터 일하면 높고 뛰어나니 **높을 탁, 뛰어날 탁**
또 높게 만든 탁자니 **탁자 탁, 성씨 탁**

※ 卜(점 복), 早(일찍 조)

卓見(탁견), **卓越**(탁월), **卓子**(탁자), **卓球**(탁구)

琢

총 12획 2급 부수 王(玉)
- 英 pick, trim
- 中 zhuó
- 日 タク(みがく)

구슬(王)을 다듬으려고 돼지(豕) 발로 땅을 찍듯이 정으로 쪼니 **쫄 탁**

※ 王(임금 왕, 으뜸 왕, 구슬 옥 변), 豕(돼지 시), 쪼다–㉠뾰족한 끝으로 쳐서 찍다. ㉡조금 어리석고 모자라 제구실을 못하는 사람을 속되게 이르는 말. 여기서는 ㉠의 뜻.

琢器(탁기), **琢磨**(탁마), **切磋琢磨**(절차탁마)

濁 浊

총 16획 3급 부수 水
- 英 muddy
- 中 zhuó
- 日 ダク(にごる)

물(氵)속에서 애벌레(蜀)처럼 꿈틀거리면 흐리니 **흐릴 탁**

※ 蜀(애벌레 촉)

濁水(탁수), **濁酒**(탁주), **清濁**(청탁), **混濁**(혼탁)

濯

총 17획 3급 부수 水
- 英 wash, launder
- 中 zhuó
- 日 タク(すすぐ)

물(氵)속에 날개(羽)를 넣고 새(隹)들도 몸을 씻으니 **씻을 탁**
또 씻어 빠니 **빨 탁**

※ 羽(날개 우, 깃 우), 隹(새 추)

濯足(탁족), **洗濯**(세탁)

擢

총 17획 1급 부수 手
- 英 select
- 中 zhuó
- 日 タク(ぬきんでる)

손(扌)으로 깃(羽)을 새(隹)에게서 뽑으니 **뽑을 탁**

擢秀(탁수), **擢用**(탁용), **拔擢**(발탁)

鐸 铎

총 21획 1급 부수 金
- 영 a wooden gong
- 중 duó
- 일 タク

좋은 쇠(金)를 엿보아(睪) 만든 목탁이니

목탁 탁

※ 睪(엿볼 역), 흔들거나 쳐서 대중을 가르치기 위해 만든 큰 방울 모양의 금탁이나 목탁이 있는데, 처음에는 쇠로 만들었으나 후대로 오면서 나무로 만들지요.

鐸鈴(탁령), **木鐸**(목탁), **風鐸**(풍탁)

度

법도 도, 정도 도, 헤아릴 탁 – 법도 도(152쪽) 참고

拓

개척할 척, 박을 탁 – 개척할 척(629쪽) 참고

炭

총 9획 5급 부수 火
- 영 charcoal
- 중 tàn
- 일 タン(すみ)

산(山)에 묻혀 있는 재(灰) 같은 숯이나 석탄이니

숯 탄, 석탄 탄

※ 灰[재 회(灰)의 변형]

炭價(탄가), **炭坑**(탄갱), **炭鑛**(탄광), **煉炭**(연탄)

誕 诞

총 14획 3급 부수 言
- 영 born
- 중 dàn
- 일 タン

말(言)을 늘이듯(延) 길게 울면서 태어나니

태어날 탄

※ 言(말씀 언), 延(끌 연, 늘일 연), 아이가 울면서 태어남을 생각하고 만든 글자.

誕降(탄강), **誕生**(탄생), **聖誕**(성탄)

명언 **信望愛**(신망애) 믿음 소망 사랑. **眞善美**(진선미) 참되고 착하고 아름답게. **智仁勇**(지인용) 지혜 어짊 용기. **誠敬直**(성경직) 성실하고, 공경하고, 정직하게. ▶信(믿을 신), 望(바랄 망, 보름 망), 愛(사랑 애), 眞(참 진), 善(착할 선, 좋을 선, 잘할 선), 美(아름다울 미), 智(지혜 지), 仁(어질 인), 勇(날랠 용), 誠(정성 성), 敬(공경할 경), 直(곧을 직, 바를 직)

憚 惮

총 15획 1급 부수 心
- 英 shun
- 中 dàn
- 日 タン(はばかる)

마음(忄)에 하나(單)만 생각하고 다른 것은 꺼리니
꺼릴 탄

* 單(홑 단, 오랑캐 임금 선)

憚改(탄개), **憚服**(탄복), **憚避**(탄피), **忌憚**(기탄)

彈 弹

총 15획 4급 부수 弓
- 英 bullet, bound
- 中 dàn, tán
- 日 ダン(ひく)

활(弓)에서 화살이 하나(單)씩 튕겨 나가니
튕길 탄
또 총에서 튕기듯 나가는 탄알이니 **탄알 탄** 약 弹

* 弓(활 궁), 單(홑 단, 오랑캐 임금 선), 한자가 만들어지던 당시에는 화약이 없었으니 활의 구조로 탄알을 쏘았겠지요.

彈琴(탄금), **彈力**(탄력), **彈孔**(탄공), **彈丸**(탄환)

歎 叹

총 15획 4급 부수 欠
- 英 sigh, lament, admire
- 中 tàn
- 日 タン(なげく)

진흙(堇)에 빠짐을 하품하듯(欠) 입 벌려
탄식하거나 감탄하니 **탄식할 탄** (≒ 嘆), **감탄할 탄**

* 堇[진흙 근(菫)의 변형], 菫-너무 끈끈하여 스물(卄) 한(一) 번이나 말하며(口) 하나(一)같이 크게(大) 힘써 걸어야 할 진흙이니 '진흙 근'.
* 欠(하품 흠, 모자랄 흠), 卄(스물 입, = 廿), '탄식하다'의 뜻으로는 嘆과 歎이 같이 쓰이지요.

歎息(탄식), **歎聲**(탄성), **恨歎**(한탄), **感歎**(감탄)

嘆 叹

총 14획 특Ⅱ급 부수 口
- 英 sigh
- 中 tàn
- 日 タン(なげく)

입(口)으로 진흙(堇)에 빠짐을 탄식하니
탄식할 탄 (≒ 歎)

* 口(입 구, 말할 구, 구멍 구)

灘 滩

총 22획 2급 부수 水
- 英 rapids
- 中 tān
- 日 ダン(なだ)

물(氵)살이 세어 건너기 어려운(難) 여울이니
여울 탄

* 難(어려울 난, 비난할 난), 여울-강이나 바다의 바닥이 얕거나 폭이 좁아 물살이 세차게 흐르는 곳.

灘聲(탄성) ≠ **歎聲**(탄성)

탄

呑

총 7획 1급 부수 口
- 영 swallow
- 중 tūn
- 일 ドン(のむ)

젊은(夭) 사람의 입(口)은 무엇이나 잘 삼키니 **삼킬 탄** 반 吐(토할 토)

※ 夭(젊을 요, 예쁠 요, 일찍 죽을 요)

呑吐港(탄토항), **甘呑苦吐**(감탄고토), **併呑**(병탄)

坦

총 8획 1급 부수 土
- 영 flat
- 중 tǎn
- 일 タン

흙(土)이 아침(旦) 햇살처럼 넓게 펴져 평탄하니 **평탄할 탄**

※ 土(흙 토), 旦(아침 단)

坦坦(탄탄), **坦坦大路**(탄탄대로), **坦率**(탄솔)

綻 绽

총 14획 1급 부수 糸
- 영 rip, be exposed
- 중 zhàn
- 일 タン(ほころびる)

실(糸)로 정하여(定) 꿰매야 할 정도로 옷이 터지니 **옷 터질 탄**
또 옷이 터지면 속살이 드러나니 **드러날 탄**

※ 糸(실 사, 실 사 변), 定(정할 정)

破綻(파탄), **綻露**(탄로)

脫 脱

총 11획 4급 부수 肉
- 영 take off, escape
- 중 tuō
- 일 ダツ(ぬぐ)

벌레가 몸(月)을 바꾸려고(兌) 허물을 벗으니 **벗을 탈** 속 脱

※ 月(달 월, 육 달 월), 兌(바꿀 태), 동물 중 일부는 허물을 벗지요.

脫線(탈선), **脫盡**(탈진), **脫出**(탈출), **離脫**(이탈)

奪 夺

총 14획 3II급 부수 大
- 영 seize, deprive
- 중 duó
- 일 ダツ(うばう)

큰(大) 새(隹)가 발마디(寸)를 굽혀 잡듯 남의 것을 빼앗으니 **빼앗을 탈**

※ 大(큰 대), 隹(새 추), 寸(마디 촌, 법도 촌)

奪骨(탈골), **奪取**(탈취), **強奪**(강탈), **掠奪**(약탈)

貪 贪

총 11획 3급 부수 貝
- 영 covet
- 중 tān
- 일 ドン(むさぼる)

누구나 지금(今) 앞에 재물(貝)이 있으면 탐내니
탐낼 탐 ㉤ 貧(가난할 빈)

※ 今(이제 금, 오늘 금), 貝(조개 패, 재물 패)

貪慾(탐욕), **貪官汚吏**(탐관오리), **小貪大失**(소탐대실)

探

총 11획 4급 부수 手
- 영 search
- 중 tàn
- 일 タン(さぐる)

손(扌)으로 덮여(冖) 있는 사람(儿)과 나무(木)를 찾으니 **찾을 탐** ㉤ 深(깊을 심)

※ 冖(덮을 멱), 儿(어진 사람 인, 사람 인 발), 木(나무 목)

探求(탐구), **探究**(탐구), **探偵**(탐정), **探査**(탐사)

眈

총 9획 1급 부수 目
- 영 glare at
- 중 dān
- 일 タン

눈(目)을 한곳에만 머물러(冘) 노려보니
노려볼 탐

※ 冘: 무엇으로 덮인(冖) 곳에 사람(儿)이 머무르니 '머무를 유'
※ 目(눈 목, 볼 목, 항목 목), 冖(집 면), 儿(어진 사람 인, 사람 인 발)

虎視眈眈(호시탐탐)

耽

총 10획 2급 부수 耳
- 영 indulge
- 중 dān
- 일 タン(ふける)

귀(耳)를 한쪽에 머물러(冘) 들으며 즐기니
즐길 탐

※ 耳(귀 이)

耽溺(탐닉), **耽讀**(탐독), **耽美**(탐미), **耽味**(탐미)

塔

총 13획 3II급 부수 土
- 영 tower
- 중 tǎ
- 일 トウ

흙(土)에 풀(艹)을 합하여(合) 쌓은 탑이니
탑 탑

※ 土(흙 토), 艹(초 두), 合(합할 합, 맞을 합), 옛날에는 흙으로도 탑을 쌓았는데, 더 견고하도록 황토 흙(土)에 풀(艹)을 넣어 반죽하여 집을 짓거나 탑을 쌓았지요.

塔身(탑신), **佛塔**(불탑), **象牙塔**(상아탑), **石塔**(석탑)

탐

搭

총 13획 1급 부수 手
- 英 ride, load
- 中 dā
- 日 トウ

손(扌)으로 풀(艹)을 합쳐(合) 놓고 올라타니
탈 탑

※ 딱딱하거나 거친 곳에 타야 할 때 부드러운 풀을 모아 깔아 놓고 그 위에 올라탐을 생각하고 만든 글자.

搭乘(탑승), **搭載**(탑재), **搭載量**(탑재량)

湯 汤

총 12획 3II급 부수 水
- 英 boil, soup
- 中 tāng
- 日 トウ(ゆ)

물(氵)을 햇살(昜) 같은 불로 끓인 국이니
끓일 탕, 국 탕

※ 昜(볕 양, 햇살 양)

湯藥(탕약), **沐浴湯**(목욕탕), **蔘鷄湯**(삼계탕)

蕩 荡

총 16획 1급 부수 艹
- 英 be dissipated, sweep out, broad
- 中 dàng
- 日 トウ(とろける)

초(艹)원에서 끓는(湯) 청춘을 방탕하게 보내니
방탕할 탕
또 초(艹)원이 끓도록(湯) 타면 모든 생명을
쓸어버려 넓으니 **쓸어버릴 탕, 넓을 탕**

※ 방탕(放蕩) - 주색잡기(酒色雜技)에 빠져서 행실이 좋지 못함.
※ 放(놓을 방), 酒(술 주), 色(빛 색, 여색 색), 雜(섞일 잡), 技(재주 기)

蕩兒(탕아), **蕩減**(탕감), **掃蕩**(소탕), **浩蕩**(호탕)

宕

총 8획 1급 부수 宀
- 英 immense, boundless, skullcap
- 中 dàng
- 日 トウ

집(宀)을 높은 돌(石) 위에 지으면 사방이 트여
넓으니 **넓을 탕**
또 넓게 마음을 쓰며 호탕하니 **호탕할 탕**
또 갓 아래 받쳐 쓰는 넓은 탕건이니 **탕건 탕**

※ 호탕(豪宕) - 호기(豪氣)가 많고 마음 씀씀이가 넓고 큼.
※ 탕건(宕巾) - 갓 아래에 받쳐 쓰는 관.
※ 石(돌 석), 豪(호걸 호, 굳셀 호), 氣(기운 기, 대기 기), 巾(수건 건)

跌宕(질탕) - 신이 나서 정도가 지나치도록 흥겨움. 또는 그렇게 노는 짓. 跌(넘어질 질, 지나칠 질, 잘못될 질)

사탕 당·탕 – 사탕 당(145쪽) 참고

太

총 4획 6급 부수 大
- 영 big, great
- 중 tài
- 일 タイ(ふとい)

큰 대(大) 아래에 점(丶)을 찍어 더 큼을 나타내어
클 태, 성씨 태

※ 大(큰 대), 丶(점 주, 불똥 주)

太初(태초), **太平**(태평), **太平洋**(태평양)

총 7획 1급 부수 水
- 영 wash, sift
- 중 tài
- 일 タ

물(氵)로 큰(太) 것만 씻고 추리니
씻을 태, 추릴 태

沙汰(사태), **山沙汰**(산사태), **淘汰**(도태)

총 10획 3II급 부수 水
- 영 enormous, peaceful
- 중 tài
- 일 タイ(やすい)

하늘 땅(二)같이 큰(大) 물(氺) 줄기를 이용하면
살기가 크게 편안하니 **클 태, 편안할 태**

※ 二('두 이'나 여기서는 하늘과 땅의 모습), 氺(물 수 발)

泰然(태연), **太平·泰平**(태평), **國泰民安**(국태민안)

총 14획 4II급 부수 心
- 영 figure, manner
- 중 tài
- 일 タイ(わざ)

능히(能) 할 수 있다는 마음(心)이 얼굴에 나타나는
모양이나 태도니 **모양 태, 태도 태** ㉮ 熊(곰 웅)

※ 태도(態度) - ㉠몸의 동작이나 몸을 거두는 모양새. ㉡어떤 사물이나 상황 따위를 대하는 자세.
※ 能(능할 능), 心(마음 심, 중심 심), 度(법도 도, 정도 도, 헤아릴 탁)

動態(동태), **世態**(세태), **姿態**(자태)

台

총 5획 2급 부수 口

- 영 star, I, joyful, tower
- 중 tái, tāi
- 일 ダイ(うてな)

사사로운(厶) 말(口)들처럼 무수히 뜬 수많은 별이니 **별 태**
또 사사로운(厶) 말(口)들에도 나는 기쁘니 **나 이, 기쁠 이**
또 **누각 대, 정자 대**(臺)의 약자

* 厶(사사로울 사, 나 사), 口(입 구, 말할 구, 구멍 구)

殆

총 9획 3II급 부수 歹

- 영 dangerous, nearly
- 중 dài
- 일 タイ(ほとんど)

죽을(歹) 곳에 기뻐하며(台) 뛰어들면 위태로워 거의 죽게 되니 **위태로울 태, 거의 태**

* 歹(뼈 부서질 알, 죽을 사 변), 나쁜 곳은 우선 달콤하여 많이 뛰어들지만 결국에는 위태로운 지경에 빠지게 되지요.

危殆(위태), **殆無**(태무), **殆半**(태반)

胎

총 9획 2급 부수 肉

- 영 pregnant, first
- 중 tāi
- 일 タイ

몸(月)에 별(台)처럼 작은 생명이 잉태되어 아이 배니 **아이 밸 태**
또 아이를 뱀은 생명이 시작한 처음이니 **처음 태**

* 태(胎) - (아기를 밴 때에) 태아를 싸고 있는 조직, 곧 태반(胎盤)과 탯줄을 말함. 盤(쟁반 반)

胎教(태교), **胎夢**(태몽), **受胎**(수태), **胎動**(태동)

跆

총 12획 1급 부수 足

- 영 step on
- 중 tái

발(足)로 기뻐하며(台) 밟으니 **밟을 태**

* 태권(跆拳) - (발로 차거나) 밟고 주먹으로 치는 우리나라 무예의 하나.
* 足(발 족, 넉넉할 족), 拳(주먹 권)

跆拳道(태권도)

颱 台

총 14획 2급 부수 風

- 영 typhoon
- 중 tái
- 일 タイ

바람(風) 중 누각(台)도 흔들리도록 부는 태풍이니 **태풍 태**

* 風(바람 풍, 풍속·경치·모습·기질·병 이름 풍)

颱風(태풍), **颱風警報**(태풍경보)

태

苔

총 9획 1급 부수 艹
- 英 moss
- 中 tái
- 日 タイ(こけ)

풀(艹)처럼 누각(台)의 지붕에 나는 이끼니
이끼 태

※ 이끼–잎과 줄기의 구별이 분명하지 않고 고목이나 바위, 습지에서 자라는 식물.

靑苔(청태), **海苔**(해태)

笞

총 11획 1급 부수 竹
- 英 beat
- 中 chī
- 日 チ(むち)

(옛날에는 죄인을) 대(竹)로 누각(台) 같은 대에 올려 매질했으니 **매질할 태**

※ 竹(대 죽), 옛날에는 매질하는 형벌도 있었답니다.

笞罰(태벌), **笞杖**(태장), **笞刑**(태형)

怠

총 9획 3급 부수 心
- 英 lazy
- 中 dài
- 日 タイ(おこたる)

누각(台)에서 놀기만 하는 마음(心)은 게으르니
게으를 태

※ 心(마음 심, 중심 심)

怠慢(태만), **怠業**(태업), **倦怠**(권태), **懶怠**(나태)

兌

총 7획 2급 부수 儿
- 英 exchange
- 中 duì
- 日 ダ

요모조모 나누어(八) 생각하여 형(兄)이 마음을 바꾸니 **바꿀 태** (= 兑) 속 兑

※ 兑 : 나누어(八) 사사로이(厶) 사람(儿)이 바꾸니 '바꿀 태'
※ 八(여덟 팔, 나눌 팔), 요모조모–사물의 요런 면 조런 면.
※ 바꿀 태(兌)를 우리는 잘 안 쓰지만 중국에서는 많이 쓰지요.

**兌換**(태환), **兌換券**(태환권), **兌換紙幣**(태환지폐)

宅

총 6획 5급 부수 宀
- 英 house
- 中 zhái
- 日 タク

지붕(宀) 아래 의탁하여(乇) 사는 집이니
집 택, 집 댁

※ 宀(지붕을 본떠서 '집 면'), 乇(부탁할 탁, 의탁할 탁), '댁'은 남의 집을 높여 부르는 말.

宅配(택배), **宅地**(택지), **自宅**(자택), **~宅**(댁)

태

擇 择

총 16획 4급 부수 手
- 英 select
- 中 zé
- 日 タク(えらぶ)

손(扌)으로 엿보아(睪) 가리니
가릴 택 약 択 : 손(扌)으로 자(尺)를 재어 가리니 '가릴 택'

※ 睪 : 그물(罒) 쳐놓고 걸리기를 바라며(幸) 엿보니 '엿볼 역'
※ 罒(그물 망), 幸(행복할 행, 바랄 행), 尺(자 척)

擇一(택일), **擇日**(택일), **選擇**(선택), **採擇**(채택)

澤 泽

총 16획 3II급 부수 水
- 英 pond, boon
- 中 zé
- 日 タク(さわ)

물(氵)을 엿보아(睪) 막아 둔 연못이니
연못 택
또 연못 물은 여러모로 잘 쓰여 은혜를 주니
은혜 택 약 沢 : 물(氵) 깊이를 자(尺)로 재며 막아둔 연못이니 '연못 택'

沼澤(소택), **潤澤**(윤택), **惠澤**(혜택)

撐

총 15획 1급 부수 手
- 英 endure
- 中 chēng

손(扌)으로 높이(尙) 받치고 어금니(牙) 악물고
버티니 **버틸 탱**

※ 尙(오히려 상, 높을 상, 숭상할 상), 牙(어금니 아)

撐石(탱석), **撐柱**(탱주), **撐天**(탱천), **支撐**(지탱)

幀

족자 정, 그림 족자 탱 – 족자 정(561쪽) 참고

攄 摅

총 18획 1급 부수 手
- 英 spread
- 中 shū

손(扌)으로 생각(慮)을 다스려 펴니
펼 터

※ 慮(생각할 려)

攄得(터득) – '펴서 얻음'으로, 깊이 생각하여 이치를 깨달아 알아냄. 得(얻을 득)

攄破(터파) – '펴서 깸'으로, 자기의 속마음을 밝혀서 남의 의혹을 풀어줌. 破(깨질 파, 다할 파)

택

土

총 3획 8급 제부수
- soil
- tǔ
- ド(つち)

많이(十) 땅(一)에 있는 흙이니 **흙 토**
(유) 士(선비 사, 군사 사, 칭호나 직업 이름에 붙이는 말 사)

※ 열까지 안다는 데서 열 십, 많을 십(十)을 크게 쓰면 선비 사, 군사 사, 칭호나 직업 이름에 붙이는 말 사(士), 넓은 땅을 나타내기 위하여 아래(一)를 넓게 쓰면 흙 토(土)로 구분하세요.

土砂(토사), **土俗**(토속), **土地**(토지)

吐

총 6획 3II급 부수 口
- vomit
- tǔ
- ト(はく)

입(口)을 흙(土)에 대고 토하니
토할 토

吐納(토납), **吐露**(토로), **嘔吐**(구토), **實吐**(실토)

兎

총 8획 3II급 부수 儿
- rabbit
- tù
- ト(うさぎ)

귀가 긴 토끼가 꼬리(丶) 내밀고 앉아 있는 모양을 본떠서 **토끼 토**

※ 원자는 兔인데 속자인 兎나 兔로 많이 쓰지요.
※ 丶('점 주, 불똥 주'나 여기서는 꼬리로 봄). 兎에서 丶이 빠지면 '면할 면(免)'이 되네요.

兎死狗烹(토사구팽), **守株待兎**(수주대토)

討

총 10획 4급 부수 言
- attack, discuss
- tǎo
- トウ(うつ)

말(言)로 마디마디(寸) 치며 토론하니
칠 토, 토론할 토

※ 言(말씀 언), 寸(마디 촌, 법도 촌)

討伐(토벌), **聲討**(성토), **討論**(토론), **檢討**(검토)

桶

총 11획 1급 부수 木
- tub
- tǒng
- トウ(おけ)

나무(木) 둘레가 솟게(甬) 가운데를 파서 만든 통이니
통 통

※ 木(나무 목)
※ 甬 : 꽃봉오리가 부풀어 오르는 모양을 본떠서 '솟을 용'

洋鐵桶(양철통), **休紙桶**(휴지통)

通

총 11획 6급 부수 辶
- 英 pass through
- 中 tōng
- 日 ツウ(とおる)

무슨 일이나 솟을(甬) 정도로 뛰며(辶) 열심히 하면 통하니 **통할 통**

* 甬(솟을 용), 辶(뛸 착, 갈 착, = 辶)

通告(통고), 通達(통달), 窮卽通(궁즉통)

痛

총 12획 4급 부수 疒
- 英 pain
- 中 tòng
- 日 ツウ(いたい)

병(疒) 기운이 솟으면(甬) 아프니
아플 통

* 疒(병들 녁), 甬(솟을 용)

痛感(통감), 痛哭(통곡), 痛症(통증), 齒痛(치통)

統 统

총 12획 4II급 부수 糸
- 英 connect, govern
- 中 tǒng
- 日 トウ(すべる)

실(糸)을 그릇에 채워(充) 헝클어지지 않게 묶어 거느리니 **묶을 통, 거느릴 통**

* 糸(실 사, 실 사 변), 充(가득 찰 충, 채울 충)

統括(통괄), 統率(통솔), 統一(통일), 統治(통치)

慟 恸

총 14획 1급 부수 心
- 英 mourn
- 中 tòng
- 日 ドウ(なげく)

마음(忄)이 움직일(動) 정도로 애통하니
애통할 통

* 動(움직일 동)

慟哭(통곡), 慟泣(통읍)

筒

총 12획 1급 부수 竹
- 英 pipe
- 中 tǒng
- 日 トウ(つつ)

대(⺮)와 같이(同) 구멍 뚫린 통이니
통 통

* ⺮(대 죽), 同(같을 동)

算筒(산통), 煙筒(연통), 郵遞筒(우체통), 筆筒(필통)

堆

총 11획 1급 부수 土
- 英 heap
- 中 duī, zuī
- 日 タイ(うずたかい)

흙(土)이 작은 새(隹)만큼 조금씩 쌓이듯 쌓으니
쌓일 퇴, 쌓을 퇴

또 쌓여서 이루어진 언덕이니 **언덕 퇴**

※ 隹(새 추)는 꼬리가 짧은 새를 본떠 만들어 '작은 새'를 가리키지요.

堆肥(퇴비), **堆積**(퇴적)

退

총 10획 4Ⅱ급 부수 辶
- 英 withdraw
- 中 tuì
- 日 タイ(しりぞく)

(하던 일을) 멈추고(艮) 물러나니(辶)
물러날 퇴 반 進(나아갈 진)

※ 艮(멈출 간, 어긋날 간), 辶(뛸 착, 갈 착, = 辵)

退勤(퇴근), **勇退**(용퇴), **早退**(조퇴), **後退**(후퇴)

褪

총 15획 1급 부수 衣
- 英 fade
- 中 tuì
- 日 タイ(あせる)

옷(衤)의 색이 물러나듯(退) 바래니
바랠 퇴

※ 衤(옷 의 변)

褪色(퇴색) -㉠빛이 바램. ㉡무엇이 낡거나 그 존재가 희미해지거나 볼품없이 됨을 비유적으로 이르는 말. 色(빛 색)

腿

총 14획 1급 부수 肉
- 英 thigh
- 中 tuǐ
- 日 タイ(もも)

살(月)이 물러난(退) 듯 뒤쪽에 있는 넓적다리니
넓적다리 퇴

※ 月(달 월, 육 달 월)

腿骨(퇴골), **腿節**(퇴절), **大腿**(대퇴)

頹 颓

총 16획 1급 부수 頁
- 英 collapse
- 中 tuí
- 日 タイ(くずれる)

모지라진(禿) 머리(頁)처럼 무너지니
무너질 퇴

※ 禿(모지라질 독, 대머리 독), 頁(머리 혈)
※ 모지라지다-물건의 끝이 닳아서 없어지다.

頹落(퇴락), **頹勢**(퇴세), **頹廢**(퇴폐)

推

밀 추·밀 퇴 – 밀 추(654쪽) 참고

投

총 7획 4급 부수 手
- 英 throw, throw away
- 中 tóu
- 日 トウ(なげる)

손(扌)으로 창(殳)을 던져 버리니
던질 투, 버릴 투

※ 殳(칠 수, 창 수, 몽둥이 수)

投稿(투고), **投**手(투수), 全力**投**球(전력투구), **投**擲(투척)

透

총 11획 3II급 부수 辶
- 英 penetrate
- 中 tòu
- 日 トウ(すく)

빼어나게(秀) 열심히 가면(辶) 통하니
통할 투

※ 秀(빼어날 수)

透明(투명), **透**視(투시), **透**徹(투철), 浸**透**(침투)

鬥 斗

총 10획 부수자
- 英 fight
- 中 dòu
- 日 トウ

두 왕(王)이 발을 뻗어 싸우니
싸울 투

※ 두 병사가 손에 무기를 들고 싸우는 모습이라고도 하지요.

鬪 斗

총 20획 4급 부수 鬥
- 英 fight
- 中 dòu
- 日 トウ(たたかう)

싸움(鬥)을 제기(豆)의 음식이 법도(寸)에 맞지 않는다고 하니 **싸울 투**

※ 豆(제기 두, 콩 두), 제기 – 제사 때 쓰는 그릇.
※ 제사를 요즘은 약식으로도 지내지만, 옛날에는 정해진 제물을, 정해진 절차에 맞게 차려, 정해진 절차에 따라 엄숙하게 지냈는데 그런 법도에 맞지 않으면 싸운다고 했네요.

鬪技(투기), **鬪**病(투병), **鬪**志(투지), 健**鬪**(건투)

套

총 10획 1급 부수 大
- 영 lid, habit
- 중 tào
- 일 トウ

크고(大) 길게(長) 덮개를 덮는 버릇이 있으니
덮개 투, 버릇 투

※ 大(큰 대), 镸[길 장, 어른 장(長)의 옛 글자]

封套(봉투), **外套**(외투), **常套**(상투), **語套**(어투)

妬

총 8획 1급 부수 女
- 영 envy
- 중 dù
- 일 ト(ねたむ)

여자(女)가 돌(石)을 던지듯 질투하니
질투할 투 (= 妒)

※ 妒: 여자(女)가 집(戶)에서 밖에 있는 여자를 질투하니 '질투할 투'
※ 질투(嫉妬) - 시새우고 미워함.
※ 石(돌 석), 戶(문 호, 집 호), 嫉(시기할 질)

妬忌(투기), **妬忌心**(투기심)

特

총 10획 6급 부수 牛
- 영 special
- 중 tè
- 일 トク(とくに)

소(牛)가 절(寺)에 가는 일처럼 특별하니
특별할 특

※ 특별(特別) - 보통과 구별되게 다름.
※ 牛(소 우 변), 寺(절 사, 관청 시), 別(나눌 별, 다를 별)

特講(특강), **特技**(특기), **特出**(특출)

慝

총 15획 1급 부수 心
- 영 wicked
- 중 tè
- 일 トク(よこしま)

무엇인가 숨기는(匿) 마음(心)은 사특하니
사특할 특

※ 사특(邪慝) - 요사하고 간특함.
※ 匿(숨을 닉, 숨길 닉), 心(마음 심, 중심 심), 邪(간사할 사)

慝惡(특악), **慝者**(특자), **姦慝**(간특)

투

명언 **勇將不如智將**(용장불여지장)이요, **智將不如德將**(지장불여덕장)이라. 용맹한 장수는 지혜로운 장수만 못하고, 지혜로운 장수는 덕 있는 장수만 못하다. ▶勇(날랠 용), 將(장수 장, 장차 장, 나아갈 장), 不(아닐 불·부), 如(같을 여), 智(지혜 지), 德(덕 덕, 클 덕)

派

총 9획 4급 부수 水
- 英 branch, faction
- 中 pài
- 日 ハ(わかれ)

물(氵)이 바위(厂) 속으로 뻗은 나무뿌리(氏)처럼 갈라져 흐르는 물갈래니 **물갈래 파**
또 물갈래처럼 나눠지는 파벌이니 **파벌 파**
유 脈(혈관 맥, 줄기 맥)

※ 厂(굴 바위 엄, 언덕 엄), 氏[성 씨, 뿌리 씨(氏)의 변형]

派遣(파견), **派生**(파생), **派閥**(파벌), **政派**(정파)

罷 罢

총 15획 3급 부수 网
- 英 stop, cease
- 中 bà
- 日 ヒ(まかる)

법망(罒)에 걸리면 유능한(能) 사람도 파하여 마치니
파할 파, 마칠 파

※ 罒(그물 망, = 网, 㓁), 能(능할 능), 법망(法網) - 범죄자에 대한 제재를 물고기에 대한 그물로 비유하여 이르는 말.
※ 파하다 - 어떤 일을 마치거나 그만두다.

罷免(파면), **罷業**(파업), **罷場**(파장)

播

총 15획 3급 부수 手
- 英 sow, spread
- 中 bō
- 日 ハ(まく)

손(扌)으로 차례(番)차례 씨 뿌려 퍼뜨리니
씨 뿌릴 파, 퍼뜨릴 파

※ 番(차례 번, 번지 번)

播種(파종), **直播**(직파), **播多**(파다), **傳播**(전파)

破

총 10획 4II급 부수 石
- 英 break, finish
- 中 pò
- 日 ハ(やぶる)

돌(石)의 표면(皮)처럼 단단하면 잘 깨지니
깨질 파
또 깨지면 생명이 다하니 **다할 파**

※ 石(돌 석), 皮(가죽 피)

破壞(파괴), **破損**(파손), **讀破**(독파), **走破**(주파)

坡

총 8획 2급 부수 土
- 英 slope, bank
- 中 pō
- 日 ハ

흙(土)을 가죽(皮)처럼 단단하게 쌓아 만든 고개나 둑이니 **고개 파, 둑 파**

※ 인·지명용 한자.

坡州(파주), **洪蘭坡**(홍난파) - 우리나라 근대 음악(音樂)의 선구자이며, 작곡가.

跛

총 12획 1급 부수 足
- 英 lame, lean
- 中 bǒ
- 日 ハ(びっこ)

한 발(足)이 가죽(皮)만 있는 듯 힘을 못 쓰는 절름발이니 **절름발이 파**
또 절름발이처럼 비스듬히 서니 **비스듬히 설 피**

※ 足(발 족, 넉넉할 족), 절름발이 – 한쪽 발이 없거나 역할을 못하여 양쪽의 균형이 맞지 않은 경우.

跛行(파행), 跛行的(파행적), 跛立(피립)

頗 颇

총 14획 3급 부수 頁
- 英 quite, incline
- 中 pō
- 日 ハ(すこぶる)

머리털이 없고 살가죽(皮)만 있는 머리(頁)처럼 자못 치우쳐 보이니 **자못 파, 치우칠 파**

※ 頁(머리 혈)

頗多(파다), 偏頗(편파)

波

총 8획 4II급 부수 水
- 英 wave
- 中 bō
- 日 ハ(なみ)

물(氵)의 가죽(皮)에서 치는 물결이니 **물결 파**

※ 물의 표면이 물의 가죽인 셈이지요.

波及(파급), 波濤(파도), 波紋(파문), 防波堤(방파제)

婆

총 11획 1급 부수 女
- 英 old woman
- 中 pó
- 日 バ(ばば)

물결(波)처럼 주름살이 많은 여자(女)는 할미니 **할미 파**

※ 女(여자 녀)

老婆(노파), 裟婆(사파·사바), 産婆(산파)

巴

총 4획 1급 부수 己
- 英 snake, tail
- 中 bā
- 日 ハ(ともえ)

뱀(巳)에서 먹이가 내려가는 모양을 본떠서 **뱀 파**
또 뱀꼬리처럼 생긴 땅 이름이니 **꼬리 파, 땅 이름 파**

※ 巳(뱀 사, 여섯째 지지 사), ㅣ('뚫을 곤'이나 여기서는 불룩한 모양), 뱀은 먹이를 통째로 삼켜 내려가는 부분이 불룩하게 보이니 그런 모양을 본떠서 만든 글자지요.

三巴戰(삼파전), 淋巴腺(임파선), 巴人(파인)

파

把

총 7획 3급 부수 手
- 英 hold
- 中 bā
- 日 ハ(たば)

손(扌)으로 뱀(巴)을 잡으니
잡을 파

※ 巴(뱀 파, 꼬리 파, 땅 이름 파)

把守(파수), **把守兵**(파수병), **把握**(파악)

爬

총 8획 1급 부수 爪
- 英 scratch, crawl
- 中 pá
- 日 ハ(かく)

손톱(爪)으로 살갗이 뱀(巴) 비늘처럼 벗겨지도록
긁으니 **긁을 파**
또 손톱(爪) 같은 것으로 뱀(巴)은 기어다니니
기어다닐 파

※ 爪(손톱 조)

爬羅剔抉(파라척결), **爬痒**(파양), **爬蟲類**(파충류)

琶

총 12획 1급 부수 王(玉)
- 英 Korean mandolin
- 中 pá
- 日 ハ

옥(王)과 옥(王)이 부딪치듯 고운 소리가 나도록 줄을
뱀(巴)처럼 늘여 만든 비파니 **비파 파**

※ 비파(琵琶) - 타원형의 몸통에 곧고 짧은 자루가 달린 현악기(絃樂器)의 하나.
※ 王(임금 왕, 으뜸 왕, 구슬 옥 변), 琵(비파 비), 絃(악기 줄 현), 樂(풍류 악, 즐길 락, 좋아할 요), 器(그릇 기, 기구 기)

芭

총 8획 1급 부수 ⺾
- 英 banana tree
- 中 bā
- 日 バ

풀(⺾) 잎이 뱀(巴)처럼 긴 파초니
파초 파

※ 파초(芭蕉) - 관상용으로 정원에 심는 잎이 큰 열대 식물.
※ 蕉(파초 초)

芭蕉扇(파초선)

愎

총 12획 1급 부수 心
- 英 perverse
- 中 bì

마음(忄)이 거듭(复) 꼬여 괴팍하니 **괴팍할 퍅**

※ 复 : 사람(亻)들은 해(日)가 지면 천천히 걸어(夊) 집으로 다시 돌아오니 '다시 부, 돌아올 복'
※ 忄(사람 인(人)의 변형), 夊(천천히 걸을 쇠, 뒤져 올 치)
※ 乖愎(괴팍→괴팍) - 성미가 까다롭고 별나서 붙임성이 없음.
※ 乖(어긋날 괴)

愎性(퍅성)

判

총 7획 4급 부수 刀
- judge, distinguish
- pàn
- ハン(わかる)

반(半)을 칼(刂)로 쪼개듯이 딱 잘라 판단하니
판단할 판

※ 半(반 반), 刂(칼 도 방)

判決(판결), **判**例(판례), 談**判**(담판), 批**判**(비판)

板

총 8획 5급 부수 木
- board
- bǎn
- ハン(いた)

나무(木)를 톱으로 켜면 반대(反) 쪽으로 벌어지면서 생기는 널조각이니 **널조각 판**

※ 木(나무 목), 反(거꾸로 반, 뒤집을 번)

板書(판서), **板**子(판자), 看**板**(간판), 黑**板**(흑판)

版

총 8획 3II급 부수 片
- print
- bǎn
- ハン

나무 조각(片)에 글자를 새겨 뒤집어(反) 인쇄하니
인쇄할 판

※ 片(조각 편)

版權(판권), **版**畫(판화), 木**版**(목판), 出**版**(출판)

販 贩

총 11획 3급 부수 貝
- sell
- fàn
- ハン(ひさぐ)

재물(貝)을 거꾸로(反) 주며 팔고 장사하니
팔 판, 장사할 판

※ 貝(조개 패, 재물 패), 反(거꾸로 반, 뒤집을 번)

販路(판로), **販**促(판촉), 共**販**(공판), 自**販**機(자판기)

阪

총 7획 2급 부수 阜
- slope
- bǎn
- ハン(さか)

언덕(阝)이 뒤집어질듯(反) 경사진 비탈이니
비탈 판 (= 坂)

※ 阝(언덕 부 변), 坂 : 흙(土)이 거꾸로(反) 선 듯한 비탈이니 '비탈 판'

阪路 · 坂路(판로), 九折**阪**(구절판)

辦 办

총 16획 1급 부수 辛
- 영 effort
- 중 bàn
- 일 ベン(つとめる)

어려운 틈(辛 辛)에 끼어 힘(力)쓰니
힘쓸 판 유 辨(분별할 변)

※ 고생할 신, 매울 신, 여덟째 천간 신(辛) 둘을 어려운 일 틈으로 보았네요.

辦公費(판공비), **辦務官**(판무관), **買辦**(매판)

八

총 2획 8급 제부수
- 영 eight, divide
- 중 bā
- 일 ハチ(や)

두 손을 네 손가락씩 위로 편 모습에서
여덟 팔
또 양쪽으로 잡아당겨 나누니 **나눌 팔**
유 人(사람 인), 入(들 입)

八角亭(팔각정), **八達**(팔달), **十中八九**(십중팔구)

貝 贝

총 7획 3급 제부수
- 영 shell, property
- 중 bèi
- 일 バイ(かい)

아가미가 나온 조개를 본떠서 **조개 패**
또 인쇄술이 발달하기 전에는 조개껍질을 돈 같은
재물로 썼으니 **재물 패**
유 頁(머리 혈), 見(볼 견, 뵐 현)

貝類(패류), **貝物**(패물), **貝殼**(패각), **貝塚**(패총)

唄 呗

총 10획 1급 부수 口
- 영 prayer to Buddha
- 중 bài
- 일 バイ(うた)

입(口)을 조개(貝)처럼 벌리며 염불하는 소리니
염불 소리 패

※ 염불(念佛) - 부처님의 공덕을 기리는 노래.
※ 범패(梵唄) - ㉠불교에서, 석가여래의 공덕을 찬미하는 노래. ㉡불경(佛經)을 읽는 소리.
※ 梵(범어 범), 念(생각 념), 佛(부처 불), 經(날 경, 지낼 경, 경서 경)
※ 범어(梵語) - 인도의 고대어.

敗 败

판

총 11획 5급 부수 攵
- 영 defeat, spoil
- 중 bài
- 일 ハイ(やぶれる)

조개(貝)로 치면(攵) 조개가 깨지듯이 적과 싸워서
패하니 **패할 패**

※ 貝(조개 패, 재물 패), 攵(칠 복, = 攴)

敗亡(패망), **敗北**(패배), **敗因**(패인), **失敗**(실패)

霸

총 21획 2급 부수 雨
- 英 top, leader
- 中 bà
- 日 ハ

(온 세상을 적시는) 비(雨)처럼 혁명(革)을 달(月)빛을 이용하여 일으켜 으뜸가는 두목이 되니

으뜸 패, 두목 패 ㉿ 覇

※ 雨(비 우), 革(가죽 혁, 고칠 혁), 혁명(革命) - '명을 고침'으로, ㉠비합법적인 수단으로 정권을 잡음. ㉡국가나 사회의 조직·형태를 급격히 바꾸는 일. 여기서는 ㉠의 뜻. 혁명은 적이 예상하지 못할 때를 이용하여 일으킴을 생각하고 만든 글자.

覇

총 19획 특Ⅱ급 부수 襾
- 英 top, leader
- 中 bà
- 日 ハ

(남이 눈치 채지 않게) 덮어(襾) 숨겨 혁명(革)을 달(月)빛을 이용하여 일으켜 으뜸가는 두목이 되니

으뜸 패, 두목 패

※ 襾(덮을 아), 月(달 월, 육 달 월)
※ 으뜸 패, 두목 패(霸)의 속자

覇道(패도), **覇業**(패업), **覇者**(패자), **制覇**(제패)

佩

총 8획 1급 부수 人
- 英 wear
- 中 pèi
- 日 ハイ(はく)

사람(亻)이 무릇(凡) 수건(巾)처럼 차니

찰 패

※ 凡(무릇 범, 보통 범), 巾(수건 건)

佩物(패물), **佩用**(패용)

悖

총 10획 1급 부수 心
- 英 go against
- 中 bèi
- 日 ハイ(もとる)

마음(忄)까지 안색 변하며(孛) 거스르니

거스를 패

※ 孛 : 많이(十) 무엇에 싸여(冖) 태어나는 자식(子)처럼 운행하는 별이니 '혜성 패', 또 혜성처럼 갑자기 얼굴색이 변하니 '안색 변할 발'.
※ 거스르다 - 어긋난 태도를 취하다.

悖倫(패륜), **淫談悖說**(음담패설), **行悖**(행패)

沛

총 7획 1급 부수 水
- 英 cloudburst, swamp
- 中 pèi
- 日 ハイ

비(氵)가 시장(市)처럼 많이 쏟아지며 이루는 못이니

비 쏟아질 패, 못 패

※ 市(시장 시, 시내 시), 못 - ㉠부정의 뜻을 나타낸 말. ㉡목재 따위의 접합이나 고정에 쓰는 물건. ㉢오목하게 팬 땅에 물이 괸 곳. 여기서는 ㉢의 뜻.

沛然(패연), **沛然德教**(패연덕교), **沛澤**(패택)

패

牌

총 12획 1급 부수 片
- 英 tablet
- 中 pái
- 日 ハイ(ふだ)

조각(片)을 낮게(卑), 즉 작게 깎아 만든 패니
패 패

※ 片(조각 편), 卑(낮을 비, 천할 비)
※ 패 - ㉠(이름·특징 등을 알릴 목적으로) 글씨를 쓰거나 어떤 표식을 한 작은 나무나 종이. ㉡'좋지 않은 일로 불리는 별명'을 이르는 말. ㉢ 어울려 이룬 사람들의 동아리. 여기서는 ㉠의 뜻.

門牌(문패), **紙牌**(지패), **號牌**(호패)

稗

총 13획 1급 부수 禾
- 英 barnyard grass, petty
- 中 bài
- 日 ハイ(ひえ)

벼(禾)처럼 생겼으나 열매는 천할(卑) 정도로 작은
피니 **피 패, 작을 패**

※ 피 - 볏과의 한해살이풀. 벼처럼 생겼으나 열매는 아주 작음.
※ 패설(稗說) - '피처럼 작은 이야기'로, ㉠떠돌아다니는 여러 이야기. ㉡패관소설. 說(달랠 세, 말씀 설, 기쁠 열)

稗飯(패반), **稗官**(패관)

彭

총 12획 2급 부수 彡
- 英 violent, plenty, family name
- 中 péng
- 日 ホウ

악기 세워 놓고(壴) 머리카락(彡) 휘날리며 세차게
많이 연주하니 **세찰 팽, 많을 팽, 성씨 팽**

※ 彡(터럭 삼, 긴 머리 삼)
※ 壴 : 악기를 좋게(吉) 받쳐 세운 모습에서 '악기 세울 주'
※ 吉(길할 길, 상서로울 길), 길하다 - 일이 좋거나 상서롭다.
※ 인·지명용 한자.

京畿道 平澤市 彭城邑(경기도 평택시 팽성읍)

澎

총 15획 1급 부수 水
- 英 splash
- 中 péng
- 日 ホウ

물(氵)결이 세차게(彭) 부딪치는 기세니
물결 부딪치는 기세 팽

※ 팽배(澎湃·澎湃) - ㉠물결이 서로 부딪쳐 솟구침. ㉡[어떤 사조(思潮)나 기운 따위가] 맹렬한 기세로 일어남.
※ 湃(물결칠 배), 思(생각 사), 潮(조수 조)

膨

총 16획 1급 부수 肉
- 英 fat, swollen
- 中 péng
- 日 ボウ(ふくらむ)

몸(月)이 많이(彭) 부푸니
부풀 팽

※ 月(달 월, 육 달 월)

膨膨(팽팽), **膨滿**(팽만), **膨壓**(팽압), **膨脹**(팽창)

片

총 4획 3II급 제부수
- 영 splinter
- 중 piàn
- 일 ヘン(かた)

나무를 세로로 나눈 오른쪽 조각을 본떠서
조각 편 (유) 爿(나무를 세로로 나눈 왼쪽 조각을 본떠서 '나무조각 장')

片紙·便紙(편지), **片鱗**(편린), **一片丹心**(일편단심)

便

총 9획 7급 부수 人
- 영 convenient, excretion
- 중 biàn
- 일 ベン(たより)

사람(亻)이 잘못을 고치면(更) 편하니 **편할 편**
또 누면 편한 똥오줌이니 **똥오줌 변**

※ 更(고칠 경, 다시 갱), 편할 편(便)에 어찌 '똥오줌 변'이란 뜻이 있을까요? 조금만 생각해 봐도 누면 편한 것이 똥오줌이니 그런 것임을 알게 되지요.

便利(편리), **簡便**(간편), **便所**(변소), **小便**(소변)

鞭

총 18획 1급 부수 革
- 영 lash
- 중 biān
- 일 ベン(むち)

막대에 가죽(革) 끈을 달아 편하게(便)
이리저리 치는 채찍이니 **채찍 편**

※ 革(가죽 혁, 고칠 혁), 채찍-마소를 모는데 쓰는 도구.

鞭撻(편달), **敎鞭**(교편), **走馬加鞭**(주마가편)

扁

총 9획 2급 부수 戶
- 영 small, flat
- 중 biǎn
- 일 ヘン

문(戶)이 책(冊)처럼 작고 넓적하니
작을 편, 넓적할 편

※ 戶(문 호, 집 호), 冊[책 책, 세울 책(冊, 册)의 변형]

扁桃腺(편도선), **扁額**(편액), **扁題**(편제)

偏

총 11획 3II급 부수 人
- 영 incline
- 중 piān
- 일 ヘン(かたよる)

사람(亻)은 작은(扁) 이익에도 잘 치우치니
치우칠 편

偏見(편견), **偏食**(편식), **偏愛**(편애), **偏重**(편중)

編

총 15획 3II급 부수 糸
- 英 weave, compile
- 中 biān
- 日 ヘン(あむ)

실(糸)로 작은(扁) 것들을 엮으니
엮을 편

＊糸(실 사, 실 사 변), 扁(작을 편, 넓적할 편)

編曲(편곡), 編成(편성), 編入(편입), 編輯(편집)

騙

총 19획 1급 부수 馬
- 英 cheat
- 中 piàn
- 日 ヘン(かたる)

말(馬)이 작아(扁) 쉽게 속이거나 뛰어오르니
속일 편, 말에 뛰어오를 편

＊馬(말 마)

騙財(편재), 騙取(편취), 騙馬(편마)

篇

총 15획 4급 부수 竹
- 英 book
- 中 piān
- 日 ヘン

(종이가 없던 옛날에) 대(竹)를 작게(扁) 잘라 글을 써서 만든 책이니 **책 편**

＊竹(대 죽)

短篇(단편), 玉篇(옥편), 全篇(전편),
千篇一律(천편일률)

遍

총 13획 3급 부수 辶
- 英 widely
- 中 biàn
- 日 ヘン(あまねく)

작은(扁) 곳까지 두루 가니(辶)
두루 편

＊辶(뛸 착, 갈 착, = 辶)

遍歷(편력), 普遍(보편)

貶

총 12획 1급 부수 貝
- 英 reduce, belittle
- 中 biǎn
- 日 ヘン(けなす)

재물(貝)을 모자라게(乏) 깎아내리니
깎아내릴 폄

＊貝(조개 패, 재물 패), 乏(가난할 핍, 모자랄 핍)

貶降(폄강), 貶論(폄론), 貶下(폄하), 褒貶(포폄)

平

총 5획 7급 부수 干
- 영 flat, peaceful
- 중 píng
- 일 ヘイ(たいら)

방패(干)의 나누어진(八) 면은 평평하니 **평평할 평**
또 평평하여 아무 일 없는 평화니 **평화 평**

* 평화(平和) – 평온하고 화목함.
* 干(방패 간, 범할 간, 얼마 간, 마를 간), 八(여덟 팔, 나눌 팔), 和(화목할 화, 화할 화)

平均(평균), **平等**(평등), **平穩**(평온), **和平**(화평)

坪

총 8획 2급 부수 土
- 영 a land measure of six square cheok
- 중 píng
- 일 ヘイ(つぼ)

땅(土)을 평평하게(平) 생각하여 면적을 재는 평이니 **평 평**

* 땅의 면적을 재는 단위가 지금은 m², km²이지만 옛날에는 평(坪)과 정보(町步)였어요. 1평은 사방 여섯 자(1.818m×1.818m=3.305124m²), 1정보는 3000평이지요.

坪當(평당), **坪數**(평수), **建坪**(건평)

評

총 12획 4급 부수 言
- 영 criticize
- 중 píng
- 일 ヒョウ(はかる)

말(言)로 공평하게(平) 평하니 **평할 평**

* 평하다 – 좋고 나쁨이나 잘되고 못됨, 옳고 그름 따위를 분석하여 논하는 일.

評論(평론) – [사물의 미추(美醜), 선악, 장단, 시비를] 비평하여 논함. 論(논할 론), 美(아름다울 미), 醜(추할 추)

評價(평가), **論評**(논평), **批評**(비평), **品評**(품평)

萍

총 12획 1급 부수 艹
- 영 a floating weed
- 중 píng
- 일 ヘイ(うきくさ)

풀(艹) 중 물(氵)에 평평하게(平) 떠 사는 부평초나 개구리밥이니 **부평초 평, 개구리밥 평**

* 부평초(浮萍草) – 연못이나 논의 물 위에 떠서 사는 풀.
* 개구리밥 – 개구리밥과의 여러해살이 수초(水草).
* 浮(뜰 부), 草(풀 초)

萍水(평수), **萍草**(평초), **水萍**(수평)

肺

총 8획 3II급 부수 肉
- 영 lung
- 중 fèi
- 일 ハイ

몸(月)에서 시장(市)처럼 바쁜 허파니 **허파 폐**

* 月(달 월, 육 달 월), 市(시장 시, 시내 시), 허파로 숨을 쉬니 허파는 바쁘지요. '몸(月)에서 시장(市)처럼 넓게 자리 잡고 있는 허파니 허파 폐(肺)'라고도 해요.

肺病(폐병), **肺炎**(폐염→폐렴), **塵肺症**(진폐증)

閉 闭

총 11획 4급 부수 門
- 영 shut, close
- 중 bì
- 일 ヘイ(とじる)

문(門)에 빗장(才)을 끼워 닫으니
닫을 폐

※ 門(문 문), 才('재주 재, 바탕 재'나 여기서는 빗장의 모습)
※ '어긋난 문(門)을 재주(才)있게 닫으니 닫을 폐'라고도 해요.

閉幕(폐막), **閉鎖**(폐쇄), **閉會**(폐회) ↔ **開會**(개회)

廢 废

총 15획 3II급 부수 广
- 영 break down, abolish
- 중 fèi
- 일 ハイ(すたれる)

집(广)에 총을 쏘면(發) 부서지고 폐하니
부서질 폐, 폐할 폐 약 廃

※ 广(집 엄), 發(쏠 발, 일어날 발), 폐하다 - ㉠있던 제도·기관·풍습 따위를 버리거나 없애다. ㉡해 오던 일을 중도에 그만두다. ㉢물건 따위를 쓰지 아니하고 버려두다.

廢家(폐가), **廢刊**(폐간), **廢業**(폐업), **廢車**(폐차)

敝

총 12획 특급 부수 攵
- 영 be worn out, break
- 중 bì
- 일 ヘイ(やぶれる)

작은(小) 성(冂)은 조금(小)만 쳐도(攵)
해지고 깨지니 **해질 폐, 깨질 폐**

※ 小(작을 소), 冂(멀 경, 성 경), 攵(칠 복, = 攴)
※ 해지다 - 닳아서 떨어지다.

敝件(폐건), **敝履**(폐리), **敝船**(폐선)

蔽

총 16획 3급 부수 ++
- 영 cover
- 중 bì
- 일 ヘイ(おおう)

풀(++)로 해진(敝) 곳을 덮으니
덮을 폐

蔽空(폐공), **建蔽率**(건폐율), **隱蔽**(은폐)

弊

총 15획 3II급 부수 廾
- 영 corruption
- 중 bì
- 일 ヘイ(つかれる)

깨져(敝) 받쳐 들어야(廾) 하는 폐단이니
폐단 폐

※ 폐단(弊端) - 괴롭고 번거로운 일.
※ 廾(받쳐 들 공), 端(끝 단, 단정할 단, 실마리 단)

弊習(폐습), **弊害**(폐해), **民弊**(민폐), **惡弊**(악폐)

幣 币

총 15획 3급 부수 巾
- 英 money
- 中 bì
- 日 ヘイ(ぬさ)

(너무 많이 써서) 해진(敝) 수건(巾) 같은 돈이니 **돈 폐**
또 돈이나 선물을 넣어 보내는 폐백이니 **폐백 폐**

※ 巾(수건 건)
※ 폐백(幣帛) - 신부가 처음으로 시부모를 뵐 때 올리는 것(gifts offered to the parents of the bridegroom by the bride). 帛(비단 백, 폐백 백)

僞幣(위폐), 造幣(조폐), 紙幣(지폐), 貨幣(화폐)

斃 毙

총 18획 1급 부수 攵
- 英 die
- 中 bì
- 日 ヘイ(たおれる)

깨져(敝) 죽으니(死)
죽을 폐

※ 死(죽을 사)

斃死(폐사), 斃死率(폐사율)

陛

총 10획 1급 부수 阜
- 英 stone steps
- 中 bì
- 日 ヘイ

언덕(阝)에 오를 수 있도록 나란히(比) 흙(土) 위에 놓은 섬돌이니 **섬돌 폐**

※ 阝(언덕 부 변), 比(나란할 비, 견줄 비), 土(흙 토), 섬돌 - 오르내리게 된 돌층계. 댓돌.

陛見(폐견), 陛下(폐하), 高陛(고폐)

布

총 5획 4Ⅱ급 부수 巾
- 英 cloth, spread, a temple offering
- 中 bù
- 日 フ(ぬの)

많이(ナ) 수건(巾)처럼 넓게 베를 펴니 **베 포**, **펼 포**
또 불교에서 펴 베푸는 보시니 **보시 보**

※ 보시(布施) - 자비심으로 남에게 재물이나 불법을 베풂.
※ ナ['열 십, 많을 십(十)'의 변형], 巾(수건 건), 施(행할 시, 베풀 시)

布袋(포대), 布石(포석), 宣布(선포)

怖

총 8획 2급 부수 心
- 英 afraid
- 中 bù
- 日 フ(こわい)

마음(忄)을 여러모로 펴며(布) 두려워하니
두려워할 포

怖苦(포고), 怖畏(포외), 怖慄(포율), 恐怖(공포)

폐

抛

총 7획 2급 부수 手
- 英 throw, abandonment
- 中 pāo
- 日 ホウ(なげうつ)

손(扌)으로 크게(九) 힘껏(力) 던져 포기하니
던질 포, 포기할 포

※ 九(아홉 구, 클 구, 많을 구), 力(힘 력)

抛車(포거), **抛物線**(포물선), **抛棄**(포기)

勹

총 2획 부수자
- 英 wrap
- 中 bāo
- 日 ホウ

사람(人)이 몸을 구부려 싸니
쌀 포

包

총 5획 4II급 부수 勹
- 英 wrap, surround
- 中 bāo
- 日 ホウ(つつむ)

싸고(勹) 또 뱀(巳)처럼 긴 실로 묶어 싸니
쌀 포 㽵 句(글귀 구, 구절 구), 旬(열흘 순),
勺(구기 작, 작은 그릇 작)

※ 巳(뱀 사, 여섯째 지지 사), 뱀은 길이가 길어 몸을 둥글게 사리거나 무엇을 감싸고 있지요.

包括(포괄), **包圍**(포위), **包裝**(포장), **包含**(포함)

抱

총 8획 3급 부수 手
- 英 embrace
- 中 bào
- 日 ホウ(だく)

손(扌)으로 둘러싸(包) 안으니
안을 포

抱卵(포란), **抱負**(포부), **抱擁**(포옹), **懷抱**(회포)

胞

총 9획 4급 부수 肉
- 英 cell, blood
- 中 bāo
- 日 ホウ(えな)

몸(月)을 둘러싸고(包) 있는 세포니
세포 포

※ 세포(細胞) - 생물체를 이루는 기본 단위.
※ 月(달 월, 육 달 월), 細(가늘 세)

胞子(포자), **僑胞**(교포), **同胞**(동포)

砲

총 10획 4II급 부수 石
- 영 cannon
- 중 pào
- 일 ホウ(つつ)

돌(石)을 싸서(包) 던지는 대포니
대포 포

* 石(돌 석)
* 옛날 대포는 돌을 멀리 던지기 위하여 만든 도구였지요.

砲擊(포격), 砲聲(포성), 砲彈(포탄), 大砲(대포)

咆

총 8획 1급 부수 口
- 영 roar
- 중 páo
- 일 ホウ

입(口)을 쌀(包) 듯이 크게 벌리고 고함지르니
고함지를 포

咆號(포호), 咆虎陷浦(포호함포), 咆哮(포효)

泡

총 8획 1급 부수 水
- 영 foam
- 중 pào
- 일 ホウ(あわ)

물(氵)로 싸인(包) 물거품이니
물거품 포

泡沫(포말), 泡沫夢幻(포말몽환), 水泡(수포)

飽 饱

총 14획 3급 부수 食
- 영 full, replete
- 중 bǎo
- 일 ホウ(あきる)

밥(食)으로 싸인(包) 듯 배부르니
배부를 포

* 食(밥 식, 먹을 식 변)

飽滿(포만), 飽食(포식), 飽食暖衣(포식난의), 飽和(포화)

袍

총 10획 1급 부수 衣
- 영 coat, robe
- 중 páo
- 일 ホウ(わたいれ)

옷(衤) 중에 싸(包)듯이 둘러 입는 두루마기니
두루마기 포

* 衤(옷 의 변)

袍帶(포대), 道袍(도포), 靑袍(청포)

鮑 鮑

총 16획 2급 부수 魚
- 영 salted fish, ormer
- 중 bào
- 일 ホウ(あわび)

물고기(魚)를 소금에 싸(包) 절인 고기니
절인 고기 포
또 물고기(魚)처럼 물에서 껍질에 싸여(包) 자라는
전복이니 **전복 포**

* 魚(물고기 어), 包(쌀 포)

鮑魚之肆(포어지사), **鮑尺**(포척), **管鮑之交**(관포지교)

庖

총 8획 1급 부수 广
- 영 kitchen
- 중 páo
- 일 ホウ(くりや)

집(广)에서 음식을 만들어 싸는(包) 부엌이니
부엌 포

* 广(집 엄)

庖稅(포세), **庖丁**(포정), **庖廚**(포주), **庖漢**(포한)

疱

총 10획 1급 부수 疒
- 영 smallpox
- 중 pào
- 일 ホウ(もがさ)

병(疒) 중 싸인(包) 듯 물집이 생기는 천연두니
천연두 포

* 천연두-열이 몹시 나고 오슬오슬 떨리며 온몸에 발진(發疹)이 생겨 딱지가 저절로 떨어지기 전에 긁으면 얽게 됨.
* 疱瘡(포창)-천연두.
* 發(쏠 발, 일어날 발), 疹(홍역 진, 열병 진), 瘡(부스럼 창, 종기 창)

捕

총 10획 3급 부수 手
- 영 catch
- 중 bǔ
- 일 ホ(とらえる)

손(扌)을 크게(甫) 벌려 잡으니
잡을 포

* 甫-많이(十) 쓰이도록(用) 점(丶)까지 찍어가며 크고 넓게 만드니 '클 보, 넓을 보'

捕縛(포박), **拿捕**(나포), **生捕**(생포), **逮捕**(체포)

浦

총 10획 3II급 부수 水
- 영 bay, coast
- 중 pǔ
- 일 ホ(うら)

물(氵)이 크게(甫) 넓은 물가니
물가 포

* 옛날 배는 작아서 물이 넓게 퍼지고 얕은 곳에 댔지요.

浦口(포구), **浦村**(포촌), **浦落**(포락), **南浦**(남포)

鋪 铺

총 15획 2급 부수 金
- 영 spread out, shop
- 중 pū, pù
- 일 ホ(しく)

쇠(金)를 넓게(甫) 펴니 **펼 포**
또 도둑이 못 들도록 쇠(金)를 넓게(甫) 펴서 막은 가게니 **가게 포**

*金(쇠 금, 금 금, 돈 금, 성씨 김)

鋪裝道路(포장도로), **店鋪**(점포), **典當鋪**(전당포)

哺

총 10획 1급 부수 口
- 영 eat, bring up
- 중 bǔ
- 일 ホ

입(口)에 크게(甫) 먹여 기르니
먹일 포, 기를 포

哺乳動物(포유동물), **反哺之孝**(반포지효)

脯

총 11획 1급 부수 肉
- 영 dried meet
- 중 fǔ
- 일 ホ

고기(月)를 넓게(甫) 펴 말린 포니
포 포

*月(달 월, 육 달 월)
*포 - 얇게 저미어서 양념을 하여 말린 고기.

脯肉(포육) - 얇게 저며서 양념하여 말린 고기.
脯醢(포혜), **肉脯**(육포)

匍

총 9획 1급 부수 勹
- 영 crawl
- 중 pú
- 일 ホ

흙을 싸듯(勹) 넓게(甫) 벌려 기니
길 포

*포복(匍匐) - 배를 땅에 대고 김.
*勹(쌀 포), 匐(길 복)

匍球(포구)

葡

총 13획 2급 부수 ⺾
- 영 grape
- 중 pú
- 일 ブ ホ

풀(⺾) 잎 아래 싸여(勹) 크는(甫) 포도니
포도 포

*포도는 위로 줄기와 잎이 자라고 그 아래에 포도 열매가 자람을 생각하고 만든 글자.

葡萄(포도), **乾葡萄**(건포도), **靑葡萄**(청포도)

포

圃

총 10획 1급 부수 □
- 영 vegetable garden
- 중 pú
- 일 ホ

에워싸듯(□) 울타리를 친 넓은(甫) 채마밭이니
채마밭 포

* 채마(菜麻) - 채소나 삼베를 짜는 삼.
* □(에운 담), 菜(나물 채), 麻(삼 마, 마약 마)

圃田(포전), 蔘**圃**(삼포), 藥**圃**(약포)

蒲

총 14획 1급 부수 ⺾
- 영 iris, a sweet flag
- 중 pú
- 일 ホ·フ(がま)

풀(艹) 중 물가(浦)에서 잘 자라는 부들이나 창포니
부들 포, 창포 포

* 浦(물가 포), 부들 - 부들과의 다년초. 늪이나 연못가에 저절로 나는데, 잎과 줄기로는 자리나 방석, 부채를 만들기도 하지요.

蒲團(포단), **蒲**柳(포류), 菖**蒲**(창포)

逋

총 11획 1급 부수 辶
- 영 flee
- 중 bū
- 일 ブ

크게(甫) 뛰어(辶) 달아나니
달아날 포

* 甫(클 보, 넓을 보), 辶(뛸 착, 갈 착, = 辵)

逋逃(포도), **逋**稅(포세), **逋**脫(포탈)

褒

총 15획 1급 부수 衣
- 영 praise
- 중 bāo
- 일 ホウ(ほめる)

옷(衣)으로 감싸듯 보호하고(保) 기리니
기릴 포

* 衣(옷 의), 保(지킬 보)
* 기리다 - 뛰어난 업적이나 바람직한 정신, 위대한 사람 따위를 추어서 말하다.

褒賞(포상), **褒**賞金(포상금), **褒**獎(포장), **褒**章(포장)

暴

총 15획 4II급 부수 日
- 영 wild, expose
- 중 bào
- 일 ボウ(あばれる)

(서로 상극인) 해(日)와 함께(共) 물(氺)이 만난 듯
사나우니 **사나울 폭·포**
또 사나우면 드러나니 **드러날 폭**

* 共(함께 공), 氺(물 수 발), 오행(五行)에서 불과 물은 상극(相剋)으로, 해도 불에 해당하니 이런 어원이 가능하지요. '사납다'의 뜻으로 쓰일 때는 단어에 따라 '폭'과 '포' 둘로 읽습니다.

暴風雨(폭풍우), **暴**惡(포악), 亂**暴**(난폭), **暴**露(폭로)

爆

총 19획 4급 부수 火
- 영 explode
- 중 bào
- 일 バク(はぜる)

불(火)을 붙이면 사납게(暴) 폭발하니
폭발할 폭

※ 火(불 화)

爆發(폭발), **爆擊**(폭격), **爆笑**(폭소), **爆破**(폭파)

曝

총 19획 1급 부수 日
- 영 expose to the sun
- 중 pù
- 일 バク(さらす)

해(日)가 사납게(暴) 내리 쪼이니
쪼일 폭, 쪼일 포

※ 日(해 일, 날 일)

曝書(폭서), **曝陽**(폭양), **曝曬**(포쇄)

瀑

총 18획 1급 부수 水
- 영 waterfall
- 중 pù
- 일 バク

물(氵)이 사납게(暴) 떨어지는 폭포니
폭포 폭

瀑布(폭포), **瀑布線**(폭포선), **瀑布水**(폭포수)

幅

총 12획 3급 부수 巾
- 영 width
- 중 fú
- 일 フク(はば)

수건(巾) 같은 천의 가로로 찬(畐) 넓이니
넓이 폭

※ 巾(수건 건)
※ 畐 : 한(一) 사람의 입(口)은 밭에서 난 곡식만으로도 차니 '찰 복'

幅跳(폭도), **大幅**(대폭), **步幅**(보폭)

輻

바퀴살 복, 모여들 폭 – 바퀴살 복(289쪽) 참고

폭

명언 **思無邪**(사무사) 생각함에 사악함이 없다. – 논어(論語)
▶思(생각할 사), 無(없을 무), 邪(간사할 사)

表

총 8획 6급 부수 衣
- 영 surface
- 중 biǎo
- 일 ヒョウ(おもて)

옷(衣)에 흙(土)이 묻은 겉이니
겉 표, 성씨 표

* 衣(옷 의), 土(흙 토)

表面(표면), **表題**(표제), **表裏不同**(표리부동)

票

총 11획 4II급 부수 示
- 영 ticket, sign
- 중 piào
- 일 ヒョウ

덮인(襾) 것을 잘 보이게(示) 표시한 표니
표 표

* 襾(덮을 아), 示(보일 시, 신 시)

~票(표), **票決**(표결), **開票**(개표), **投票**(투표)

標 标

총 15획 4급 부수 木
- 영 mark
- 중 biāo
- 일 ヒョウ(しるし)

나무(木)에 알리려고 표(票)하는 표니
표할 표, 표 표

* 票와 標는 같이 쓰지만, 엄밀히 말하면 票는 종이에 써서 만든 일반적 표시, 標는 나무로 드러나게 한 표시지요.

標記(표기), **標本**(표본), **標示**(표시), **標的**(표적)

漂

총 14획 3급 부수 水
- 영 float, wash
- 중 piāo, piǎo
- 일 ヒョウ(ただよう)

물(氵) 위에 표(票)나게 뜨니
뜰 표
또 물(氵)가에서 표(票)나게 빨래하니 **빨래할 표**

漂流(표류), **漂白**(표백), **漂母**(표모)

慓

총 14획 1급 부수 心
- 영 rapid
- 중 piāo
- 일 ヒョウ

마음(忄)까지 표(票)나게 날래고 급하니
날랠 표, 급할 표

慓毒(표독), **慓悍**(표한)

剽

총 13획 1급 부수 刀
- 영 rob
- 중 piāo
- 일 ヒョウ

표시(票)를 칼(刂)로 잘라 버리고 빼앗으니

빼앗을 표

* 刂(칼 도 방)

剽盜(표도), **剽掠**(표략), **剽竊**(표절)

飄 飃

총 20획 1급 부수 風
- 영 flutter
- 중 piāo
- 일 ヒョウ

표(票)가 바람(風)에 나부끼니

나부낄 표

* 風(바람 풍, 풍속·경치·모습·기질·병 이름 풍)

飄然(표연), **飄零**(표령), **飄風**(표풍)

杓

총 7획 2급 부수 木
- 영 handle
- 중 biāo
- 일 シャク

나무(木)로 작게(勺) 박은 자루니

자루 표

* 木(나무 목), 勺(구기 작, 작은 그릇 작, = 勻)

杓庭扇(표정선) - 자루처럼 생겨 펼치면 뜰처럼 넓어지는 쥘부채의 하나. 庭(뜰 정), 扇(부채 선)

豹

총 10획 1급 부수 豸
- 영 leopard
- 중 bào
- 일 ヒョウ

사납고(豸) 작은(勺) 무늬가 있는 표범이니

표범 표

* 豸(사나운 짐승 치, 발 없는 벌레 치)

豹紋(표문), **豹變**(표변), **豹皮**(표피)

分

나눌 분, 단위 분, 단위 푼, 신분 분, 분별할 분, 분수 분

- 나눌 분(301쪽) 참고

* 한 글자에 둘 이상의 독음이 있는 경우 가장 많이 쓰이는 독음에 풀이를 했어요.

品

총 9획 5급 부수 口
- 英 article, grade, grace
- 中 pǐn
- 日 ヒン(しな)

여러 사람이 말하여(口口口) 정한 물건의 등급과 품위니 **물건 품, 등급 품, 품위 품**

* 품위(品位) - '물건의 위상'으로, 사물이 지닌 고상하고 격이 높은 인상.
* 口(입 구, 말할 구, 구멍 구), 位(자리 위)

物品(물품), **上品**(상품), **品格**(품격)

稟 禀

총 13획 1급 부수 禾
- 英 give, tell to a superior
- 中 bǐng
- 日 ヒン

머리(亠) 돌려(回) 벼(禾)를 얼마나 줄까를 여쭈니 **줄 품, 여쭐 품**

* 亠(머리 부분 두), 回(돌 회, 돌아올 회, 횟수 회), 禾(벼 화)

稟性(품성), *品性*(품성), **稟申**(품신), **稟議**(품의)

風 风

총 9획 6급 제부수
- 英 wind
- 中 fēng
- 日 フウ(かぜ)

무릇(凡) 벌레(虫)를 옮기는 바람이니 **바람 풍**
또 바람으로 말미암은
풍속·경치·모습·기질·병 이름 풍

* 凡(무릇 범), 虫(벌레 충), 작은 벌레는 바람을 타고 옮겨 가지요.

暴風(폭풍), **美風良俗**(미풍양속), **風景**(풍경), **風貌**(풍모), **威風**(위풍), **中風**(중풍)

楓 枫

총 13획 3II급 부수 木
- 英 maple
- 中 fēng
- 日 フウ(かえで)

나무(木) 잎이 찬바람(風)에 물든 단풍이니
단풍 풍

* 木(나무 목)

丹楓(단풍), **楓菊**(풍국), **楓林**(풍림), **楓岳山**(풍악산)

諷 讽

총 16획 1급 부수 言
- 英 satire, recite
- 中 fēng
- 日 フウ(そらんずる)

말(言)을 바람(風)에 날리듯이 빗대어 말하거나 외니
빗대어 말할 풍, 욀 풍

* 言(말씀 언)

諷諫(풍간), **諷諭**(풍유), **諷刺**(풍자), **諷讀**(풍독)

豊 丰

총 13획 4II급 부수 豆
- abundant
- fēng
- ホウ(ゆたか)

굽을(曲) 정도로 제기(豆)에 음식을 차려 풍성하니
풍성할 풍 (원) 豐

* 원래는 제기에 음식이 많은 모습을 본뜬 豐이지만 약자인 豊으로 많이 씁니다.
* 제기(祭器) – 제사 때 쓰는 그릇.
* 曲(굽을 곡, 노래 곡), 豆(제기 두, 콩 두), 器(그릇 기, 기구 기)

豊盛(풍성), **豊**年(풍년), **豊**滿(풍만), **豊**富(풍부)

馮

올라탈 빙, 의지할 빙, 성씨 풍 – 올라탈 빙(317쪽) 참고

皮

총 5획 3II급 제부수
- skin, leather
- pí
- ヒ(かわ)

가죽(厂)을 칼(丨) 들고 손(又)으로 벗기는 모습에서
가죽 피, 성씨 피

* 厂(굴 바위 엄, 언덕 엄(厂)의 변형이나 여기서는 가죽으로 봄),
丨('뚫을 곤'이나 여기서는 칼로 봄), 又(오른손 우, 또 우)

皮膚(피부), **皮**革(피혁), 毛**皮**(모피), 鐵面**皮**(철면피)

彼

총 8획 3II급 부수 彳
- he, that
- bǐ
- ヒ(かれ)

벗겨 간(彳) 저 가죽(皮)이니
저 피

* 彳(조금 걸을 척), 자기를 중심으로 가까운 것은 '이 차(此)', 먼 것은 '저 피(彼)'지요.

彼我(피아), **彼**岸(피안), **彼**此(피차),
知**彼**知己(지피지기)

披

총 8획 1급 부수 手
- open
- pī
- ヒ(ひらく)

손(扌)으로 가죽(皮)을 뒤집어 헤치니
헤칠 피

披見(피견), **披**瀝(피력), **披**露(피로), **披**露宴(피로연)

명언 **愛語和顔**(애어화안) 사랑스러운 말에 온화한 얼굴빛.
▶ 愛(사랑 애), 語(말씀 어), 和(화목할 화, 화할 화), 顔(얼굴 안)

被

총 10획 3II급 부수 衣
- 영 wear, owe, meet with
- 중 bèi
- 일 ヒ(こうむる)

옷(衤)을 살가죽(皮)에 닿도록 입으니 **입을 피**
또 입은 것처럼 무슨 일을 당하니 **당할 피**

* 衤(옷 의 변), 옷(衤)을 가죽(皮)으로 만들어 입으니 '입을 피'라고도 하지요.
* 피(被) - (어떤 명사 앞에 쓰이어) 동작을 받거나 입는 뜻을 나타내는 말.

被服(피복), **被擊**(피격), **被告**(피고), **被害**(피해)

疲

총 10획 4급 부수 疒
- 영 tired
- 중 pí
- 일 ヒ(つかれる)

병(疒)에 걸린 것처럼 살가죽(皮)에 드러나도록 피곤하니 **피곤할 피**

* 疒(병들 녁), 피곤하면 얼굴빛부터 달라지지요.

疲困(피곤), **疲倦**(피권), **疲勞**(피로), **疲勞感**(피로감)

避

총 17획 4급 부수 辶
- 영 avoid
- 중 bì
- 일 ヒ(さける)

치우친(辟) 곳으로 뛰어가(辶) 피하니
피할 피

* 辟(물리칠 벽, 임금 벽, 치우칠 벽), 辶(뛸 착, 갈 착, = 辵)

避難(피난), **避亂**(피란), **避暑**(피서), **逃避**(도피)

畢 毕

총 11획 3II급 부수 田
- 영 finish, complete
- 중 bì
- 일 ヒツ(おわる)

밭(田)의 풀(卄) 한(一) 포기도 시월(十)이 되면
자라기를 마치니 **마칠 필**

* 田(밭 전), 卄[초 두(艹)의 약자]

畢竟(필경), **畢生**(필생), **檢査畢**(검사필)

筆 笔

총 12획 5급 부수 竹
- 영 a writing brush, write
- 중 bǐ
- 일 ヒツ(ふで)

대(竹)로 만든 붓(聿)으로 쓰는 글씨니
붓 필, 글씨 필

* 竹(대 죽), 聿-오른손(彐 : 고슴도치 머리 계, 오른손 우)에 잡고 쓰는 붓을 본떠서 '붓 율'인데, 붓은 대로 만든다는 데서 대 죽(竹)을 붙여 만든 '붓 필(筆)'로 많이 쓰지요.

筆記(필기), **筆答**(필답), **紙筆硯墨**(지필연묵)

弻

총 12획 2급 부수 弓
- 英 aid
- 中 bì
- 日 ヒツ

양쪽에 활을 들고(弓弓) 많이(百) 도우니
도울 필

※ 弓(활 궁), 百(일백 백, 많을 백), 한자가 만들어지던 옛날에는 부족끼리 많이 싸웠기 때문에 무기와 관련된 글자도 많지요.

弻導(필도), **弻善**(필선), **弻成**(필성), **輔弻**(보필)

匹

총 4획 3급 부수 匸
- 英 pair, unit
- 中 pǐ
- 日 ヒツ(ひき)

감싸 주는(匸) 어진 사람(儿)이 진정한 짝이니
짝 필
또 (한 필 두 필 하고) 하나씩 천(베)이나 말을 세는 단위니 **하나 필, 단위 필**

※ 匸(감출 혜, 덮을 혜, = 匚)

配匹(배필), **匹馬單騎**(필마단기), **匹夫**(필부)

疋

총 5획 1급 제부수
- 英 a roll, foot
- 中 pǐ, yǎ, shū
- 日 ヒツ(ひき)

하나(一)씩 점(卜)치듯 가려 사람(人)이 일정하게 묶어 베를 세는 단위니 **필 필**
또 무릎부터 발까지를 본떠서 **발 소**

※ 一[한 일(一)의 변형], 卜(점 복)
※ 필(疋) - 일정한 길이로 말아 놓은 피륙을 세는 단위로 '짝 필, 하나 필, 단위 필(匹)'과 같이 쓰이기도 하지요.

疋緞(필단), **疋木**(필목)

必

총 5획 5급 부수 心
- 英 surely
- 中 bì
- 日 ヒツ(かならず)

하나(丿)에만 매달리는 마음(心)으로 반드시 이루니
반드시 필

※ 丿('삐침 별'이나 여기서는 하나로 봄), 心(마음 심, 중심 심)

必讀(필독), **必須**(필수), **必勝**(필승), **必要**(필요)

泌

물 흐를 필, 분비할 비 – 분비할 비(309쪽) 참고

명언 **無愧我心**(무괴아심) 내 마음에 부끄러움이 없도록 하라. ▶無(없을 무), 愧(부끄러울 괴), 我(나 아), 心(마음 심, 중심 심)

필

총 5획 1급 부수 丿
- 영 poor, scanty
- 중 fá
- 일 ボウ(とぼしい)

(바르지 못하고) 삐뚤어지게(丿) 살아가면(之) 가난하고 모자라니 **가난할 핍, 모자랄 핍**

* 丿(삐침 별), 之(갈 지, ~의 지, 이 지)

乏盡(핍진), 窮乏(궁핍), 耐乏(내핍), 缺乏(결핍)

총 13획 1급 부수 辶
- 영 overhang
- 중 bī
- 일 ヒツ(せまる)

(주어진 기한이 다) 차(畐) 가고(辶) 정한 날이 닥치니 **닥칠 핍**

* 畐 : 한(一) 사람의 입(口)은 밭(田)에서 난 곡식만으로도 차니 '찰 복'

逼近(핍근), 逼迫(핍박), 逼眞(핍진)

〈한자에 많이 쓰인 소재들〉

한자의 어원을 생각할 때는 글자가 만들어진 옛날을 생각해야 해요. 한자에 많이 쓰인 소재들은 다음과 같네요.

1. 사람과 관련된 사람 인(人), 입 구(口), 손 수(手), 발 족(足), 눈 목(目), 마음 심(心), 힘 력(力), 육 달 월(月), 아들 자(子), 여자 녀(女)로 된 글자.
2. 모두 농사를 지어서 농사와 곡식과 관련된 밭 전(田), 벼 화(禾), 쌀 미(米)로 된 글자.
3. 농사와 전쟁과 관련된 동물 양 양(羊), 소 우(牛), 말 마(馬), 범 호(虎)로 된 글자.
4. 전쟁을 많이 했기에 전쟁과 관련된 칼 도(刀), 활 궁(弓), 화살 시(矢), 주살 익(弋), 창 과(戈), 창 모(矛)로 된 글자.
5. 소재가 대부분 나무나 대였기에 나무 목(木), 대 죽(竹), 풀 초(草), 물 수(水), 실 사(絲), 옷 의(衣)로 된 글자.
6. 인체에 큰 영향을 미치는 해 일(日), 달 월(月), 비 우(雨)로 된 글자.

下

총 3획 7급 부수 一
- 英 below, descend
- 中 xià
- 日 カ(した)

일정한 기준(一)보다 아래로 내리니
아래 하, 내릴 하

下意上達(하의상달) ↔ 上意下達(상의하달),
上濁下不淨(상탁하부정), 下山(하산)

河

총 8획 5급 부수 水
- 英 stream, river
- 中 hé
- 日 カ(かわ)

물(氵)이 가히(可) 틀을 잡고 흘러가는 내나 강이니
내 하, 강 하, 성씨 하

※ 可(옳을 가, 가히 가, 허락할 가)

河川(하천), 渡河(도하), 氷河(빙하), 運河(운하)

何

총 7획 3II급 부수 人
- 英 why, what
- 中 hé
- 日 カ(なに)

사람(亻)이 옳은(可) 일만 하는데
누가 무엇을 어찌하겠는가에서 **어찌 하, 무엇 하**

何等(하등), 何時(하시), 何處(하처), 誰何(수하)

荷

총 11획 3II급 부수 艹
- 英 lotus, shoulder, load
- 中 hé, hè
- 日 カ(に)

풀(艹) 중 사람(亻)에게 가히(可) 쓰이는 연이니
연 하
또 풀(艹)을 사람(亻)이 옳게(可) 잘 묶어 메는
짐이니 **멜 하, 짐 하**

※ 연은 뿌리나 줄기, 잎까지도 음식이나 차로 이용되지요.
※ 옛날에는 퇴비로 쓰거나 짐승을 먹여 기르기 위하여 산과 들에 나가 풀을 베었는데 풀은 짧아서 잘 묶어지지 않으니 요령 있게 잘 묶어 짊어져야 했지요.

荷香(하향), 負荷(부하), 荷重(하중), 荷役(하역)

명언 精神一到何事不成(정신일도하사불성) 정신이 하나에 이르면 무슨 일인들 이루지 못하랴? ▶精(정밀할 정, 찧을 정), 神(귀신 신), 到(이를 도, 주도면밀할 도), 何(어찌 하, 무엇 하), 事(일 사, 섬길 사), 不(아닐 불·부), 成(이룰 성)

하

夏

총 10획 7급 부수 夊
- 영 summer
- 중 xià
- 일 カ(なつ)

(너무 더워서) 하나(一)같이 스스로(自) 천천히 걸으려고(夊) 하는 여름이니 **여름 하** ㉮ 頁(머리 혈)

* 自(자기 자, 스스로 자, 부터 자), 夊(천천히 걸을 쇠)

夏服(하복), **夏節**(하절), **夏至**(하지), **春夏秋冬**(춘하추동)

賀 贺

총 12획 3II급 부수 貝
- 영 congratulate
- 중 hè
- 일 ガ

더하여(加) 재물(貝)을 주며 축하하니
축하할 하

* 축하(祝賀) – 기뻐하고 즐거워한다는 뜻으로 인사하는 것.
* 加(더할 가), 貝(조개 패, 재물 패), 祝(빌 축, 축하할 축)

賀客(하객), **賀禮**(하례), **慶賀**(경하), **謹賀**(근하)

瑕

총 13획 1급 부수 王(玉)
- 영 blemish, fault
- 중 xiá
- 일 カ(きず)

옥(王)에 티 같은 허물(叚)이니
허물 하

* 叚 : 지붕(尸)을 두(二) 번이나 장인(コ)의 손(又)을 빌려 고쳐도 새는 허물이니 '빌릴 가, 허물 가'
* 尸('주검 시, 몸 시'나 여기서는 지붕으로 봄), コ[장인 공, 만들 공, 연장 공(工)의 변형], 又(오른손 우, 또 우)

瑕疵(하자), **瑕跡**(하적), **瑕貶**(하폄)

蝦 虾

총 15획 1급 부수 虫
- 영 shrimp, prawn
- 중 xiā
- 일 カ(えび)

벌레(虫) 중 빌려(叚) 온 듯 다리가 많은 새우니
새우 하

* 새우 – 절지동물 중, 다섯 쌍의 다리를 가진 갑각류(甲殼類)를 통틀어 이르는 말.
* 虫(벌레 충), 甲(첫째 갑, 첫째 천간 갑, 갑옷 갑), 殼(껍질 각), 類(닮을 류, 무리 류)

蝦灸(하구), **蝦卵**(하란), **蝦醢**(하해), **大蝦**(대하)

霞

총 17획 1급 부수 雨
- 영 morning or evening glow
- 중 xiá
- 일 カ(かすみ)

비(雨) 구름을 빌려(叚) 온 듯 붉은 노을이니
노을 하

* 雨(비 우), 노을 – 해가 뜨거나 질 때 하늘이 벌겋게 물드는 현상.

霞彩(하채), **煙霞日輝**(연하일휘)

遐

총 13획 1급 부수 辶
- 英 distant
- 中 xiá

(말이나 차를) 빌려(叚) 타고 가야(辶) 할 정도로 머니 **멀 하**

遐棄(하기), 遐想(하상), 遐鄉(하향), 昇遐(승하)

學 学

총 16획 8급 부수 子
- 英 learn
- 中 xué
- 日 ガク(まなぶ)

절구(臼) 같은 교실에서 친구도 사귀며(爻) 덮인(冖) 책을 펴 놓고 아들(子)이 글을 배우니 **배울 학** 얍 学 : 점점(丷) 글자(字)를 배우니 '배울 학'

※ 臼(절구 구(臼)의 변형], 爻(점괘 효, 사귈 효, 본받을 효), 冖(덮을 멱), 字(글자 자)

學校(학교), 學究(학구), 勉學(면학), 放學(방학)

鶴 鹤

총 21획 3II급 부수 鳥
- 英 crane
- 中 hè
- 日 カク(つる)

목이 길어 하늘(一)을 찌르는 모습(丿)으로 날아가는 작은 새(隹)나 큰 새(鳥)는 모두 학이니 **학 학**

※ 一('덮을 멱'이나 여기서는 하늘의 모습), 丿('삐침 별'이나 여기서는 찌르는 모습), 隹(새 추)는 작은 새, 鳥(새 조)는 큰 새나 보통의 새를 나타내지요.

鶴舞(학무), 鶴髮(학발), 群鷄一鶴(군계일학)

虐

총 9획 2급 부수 虍
- 英 fierce, ill-treat
- 中 nüè
- 日 ギャク(しいたげる)

범(虍)이 발톱(ヨ)으로 해치듯이 사납게 학대하니 **사나울 학, 학대할 학**

※ 虍(범 호 엄), ヨ[손톱 조(爪)의 변형], 彐(고슴도치 머리 계, 오른손 우)

虐殺(학살), 殘虐(잔학), 虐待(학대), 自虐(자학)

명언 群鷄一鶴(군계일학) '닭 무리 가운데 한 마리 학'으로, 여러 평범한 사람 가운데 유독 뛰어난 사람을 이르는 말.
동 白眉(백미), 出衆(출중), 拔群(발군) ▶ 群(무리 군), 鷄(닭 계), 鶴(학 학), 白(흰 백, 밝을 백, 깨끗할 백, 아뢸 백), 眉(눈썹 미), 出(나올 출, 나갈 출), 衆(무리 중), 拔(뽑을 발)

謔

총 16획 1급 부수 言
- 英 joke, jest
- 中 xuè
- 日 ギャク

말(言)을 사납게(虐) 하며 희롱하니
희롱할 학

* 言(말씀 언)

謔劇(학극), **謔浪**(학랑), **謔笑**(학소), **諧謔**(해학)

瘧

총 14획 1급 부수 疒
- 英 malaria
- 中 nüè
- 日 ギャク(おこり)

병(疒) 중에 사나운(虐) 학질이니
학질 학

* 학질(瘧疾) - 말라리아(malaria). 학질모기가 옮기는 전염성 열병으로, 발작적인 고열이 주기적으로 되풀이됨.
* 疒(병들 녁), 疾(병 질, 빠를 질)

瘧母(학모), **風瘧**(풍학)

壑

총 17획 1급 부수 土
- 英 hollow, valley
- 中 hè
- 日 ガク(たに)

(적이 올 것으로 예상하는 곳을) 점(卜)쳐 덮어(冖) 하나(一)의 골짜기(谷)처럼 또(又) 흙(土)을 파 만든 구렁이니 **구렁 학**

또 구렁처럼 생긴 골짜기니 **골짜기 학**

* 卜(점 복), 冖(덮을 멱), 谷(골짜기 곡), 又(오른손 우, 또 우), 土(흙 토)
* 구렁 - ㉠ 움푹 파인 땅. ㉡ 빠지면 헤어나기 어려운 환경을 비유적으로 이르는 말.

壑谷(학곡), **萬壑千峰**(만학천봉)

汗

총 6획 3Ⅱ급 부수 水
- 英 sweat
- 中 hàn
- 日 カン(あせ)

물(氵)이 (체온을 지키려고) 방패(干) 역할을 하듯 나오는 땀이니 **땀 한**

* 干(방패 간, 범할 간, 얼마 간, 마를 간). 우리 몸은 추우면 움츠리고 더우면 땀을 내 자동으로 체온을 조절하는 기능이 있지요.

汗蒸幕(한증막), **發汗**(발한),
無汗不成(무한불성) - '땀이 없으면 이룰 수 없음'으로, 노력하지 않으면 아무 일도 이룰 수 없다는 말. 無(없을 무), 不(아닐 불·부), 成(이룰 성)

罕

총 7획 1급 부수 网
- rare
- hǎn

그물(罒)처럼 구멍 난 것으로 방패(干)를 삼음은 드문 일이니 **드물 한**

※ 罒(그물 망, = 网, 网, 罓), 방패는 무엇을 막기 위한 것인데 그물처럼 구멍 난 것으로 방패를 삼음은 드문 일이지요.

罕見(한견), **罕例**(한례), **罕言**(한언), **稀罕**(희한)

旱

총 7획 3급 부수 日
- drought
- hàn
- カン(ひでり)

해(日)를 방패(干)로 막아야 할 정도로 가무니 **가물 한**

旱穀(한곡), **旱害**(한해), **大旱**(대한)

悍

총 10획 1급 부수 心
- fierce, pressing
- hàn
- カン

마음(忄)이 가물어(旱) 사납고 급하니 **사나울 한, 급할 한**

悍毒(한독), **悍吏**(한리), **悍惡**(한악), **慓悍**(표한)

恨

총 9획 4급 부수 心
- hate, regret
- hèn
- コン(うらむ)

항상 마음(忄)에 머물러(艮) 한하고 뉘우치니 **한할 한, 뉘우칠 한**

※ 한(恨) - ㉠억울하고 원통한 일이 풀리지 못하고 응어리져 맺힌 마음. ㉡'한탄(恨歎)'의 준말.
※ 艮(멈출 간, 어긋날 간), 歎(탄식할 탄, 감탄할 탄)

恨歎(한탄), **怨恨**(원한), **恨不早圖**(한불조도)

限

총 9획 4Ⅱ급 부수 阜
- limit, be stoped up
- xiàn
- ゲン(かぎる)

언덕(阝)에 막혀 멈춰야(艮) 하는 한계니 **한계 한**

※ 阝(언덕 부 변)

限界(한계), **限定**(한정), **局限**(국한), **時限**(시한)

한

寒

총 12획 5급 부수 宀
- 英 cold
- 中 hán
- 日 カン(さむい)

집(宀) 우물(井) 하나(一)에서 나뉘어(八) 나온 물이 얼음(冫)처럼 차니 **찰 한**

㊗ 塞(막을 색, 변방 새), 寨(울타리 채)

﹡ 宀(집 면), 井(우물 정), 八(여덟 팔, 나눌 팔), 冫[얼음 빙(氷)이 부수로 쓰일 때의 모습으로 점이 둘이니 '이 수 변'이라 부르지요.]

寒氣(한기), **酷寒**(혹한) ↔ **酷暑**(혹서), **脣亡齒寒**(순망치한)

閑 闲

총 12획 4급 부수 門
- 英 leisure
- 中 xián
- 日 カン(ひま)

문(門) 안에서 나무(木)를 가꿀 정도로 한가하니 **한가할 한** (= 閒)

﹡ 門(문 문), 木(나무 목)

閑暇(한가), **閑中忙**(한중망) ↔ **忙中閑**(망중한), **閑中珍味**(한중진미)

閒 闲

총 12획 특Ⅱ급 부수 門
- 英 leisure
- 中 xián
- 日 カン(ひま)

문(門) 안에서 달(月)을 볼 정도로 한가하니 **한가할 한** (= 閑)

﹡ 閑과 같은 글자
﹡ 月(달 월, 육 달 월)

漢 汉

총 14획 7급 부수 水
- 英 name of a nation
- 中 hàn
- 日 カン(から)

물(氵)과 진흙(莫)이 많은 곳(중국 양자강 유역)에 세운 한나라니 **한나라 한**
또 남을 흉하게 부르는 **접미사 한**

﹡ 莫[진흙 근(堇)의 변형], 莫 : 너무 끈끈하여 스물(卄)한(一) 번이나 말하며(口) 하나(一)같이 크게(大) 힘써 걸어야 할 진흙이니 '진흙 근'
﹡ 卄(스물 입, = 廿), 口(입 구, 말할 구, 구멍 구), 大(큰 대)
﹡ 진시황이 세운 진나라가 얼마 못가서 무너지고 유방이 세운 나라가 한나라. 한나라는 진나라를 이은 두 번째의 중국 통일 왕국이고, 여태까지의 중국 역사를 창조해 낸 중국 최고의 제국이기 때문에 옛날 중국을 대표하는 말로 쓰이고 있지요.

漢文(한문), **漢字**(한자), **怪漢**(괴한), **癡漢**(치한)

韓 韩

총 17획 8급 부수 韋
- 英 Korea
- 中 hán
- 日 カン

해 돋는(草) 동쪽의 위대한(韋) 한국이니
한국 한, 성씨 한

※ 草: 나무 사이에 해(日) 돋는 모습에서 '해 돋을 간', 韋['가죽 위, 어 길 위'나 여기서는 '클 위, 위대할 위(偉)'의 획 줄임으로 봄]

韓國(한국), **韓方**(한방), **韓服**(한복), **韓食**(한식)

翰

총 16획 2급 부수 羽
- 英 a writing brush, literature
- 中 hàn
- 日 カン

해 돋으면(草) 사람(人)이 새의 깃(羽)이나 털을 묶어 글을 쓰는 붓이니 **붓 한**
또 붓으로 쓰는 글이니 **글 한**

※ 羽(날개 우, 깃 우)

翰林(한림), **翰毛**(한모), **公翰**(공한), **書翰**(서한)

澣

총 16획 1급 부수 水
- 英 wash, the tenth day
- 中 huàn
- 日 カン

물(氵)로 간부(幹)들이 빨래하고 씻으니
빨래할 한, 씻을 한
또 당(唐)나라 때는 관리에게 열흘에 한 번씩 목욕할 휴가를 주었으니 **열흘 한**

※ 幹(간부 간, 줄기 간), 唐(갑자기 당, 황당할 당, 당나라 당)

澣衣(한의), **澣滌**(한척), **澣濯**(한탁), **上澣**(상한)

邯

고을이름 감, 조나라 서울 한 – 고을이름 감(24쪽) 참고

轄 辖

총 17획 1급 부수 車
- 英 govern
- 中 xiá
- 日 カツ

차(車)가 다니는 데 방해(害)되지 않도록 다스리니
다스릴 할

※ 車(수레 거, 차 차), 害(해칠 해, 방해할 해)

管轄(관할), **直轄**(직할), **總轄**(총할), **統轄**(통할)

명언 **慈顔愛語**(자안애어) 웃는 얼굴에 사랑스러운 말씨.
▶慈(사랑 자, 어머니 자), 顔(얼굴 안), 愛(사랑 애), 語(말씀 어)

割

총 12획 3II급 부수 刀
- 영 cut, divide
- 중 gē
- 일 カツ(わる)

해(害)가 되는 것을 칼(刂)로 베어 나누니
벨 할, 나눌 할

※ 刂(칼 도 방)

割當(할당), **割引**(할인), **割增**(할증), **分割**(분할)

含

총 7획 3II급 부수 口
- 영 include
- 중 hán
- 일 ガン(ふくむ)

지금(今) 입(口)에 머금으니
머금을 함

※ 今(이제 금, 오늘 금)

含量(함량), **含蓄**(함축), **含憤蓄怨**(함분축원), **包含**(포함)

陷

총 11획 3II급 부수 阜
- 영 pitfall, fall
- 중 xiàn
- 일 カン(おちいる)

언덕(阝)에서 사람(⺈)이 절구(臼) 같은 함정에 빠져 꿈이 무너지니 **함정 함, 빠질 함, 무너질 함**

※ 阝(언덕 부 변), ⺈[사람 인(人)의 변형], 臼(절구 구)

陷穽(함정), **謀陷**(모함), **陷落**(함락), **陷沒**(함몰)

檻 槛

총 18획 1급 부수 木
- 영 pen
- 중 jiàn, kǎn
- 일 カン(おり)

나무(木)로 가두어 두고 보며(監) 기르는 우리니
우리 함 약 槛

※ 木(나무 목), 監(볼 감), 우리 - 짐승을 가두어 기르는 곳.

檻車(함거), **檻羊**(함양), **檻輿**(함여), **獸檻**(수함)

艦 舰

총 20획 2급 부수 舟
- 영 warship
- 중 jiàn
- 일 カン

적의 배(舟)를 감시하며(監) 싸울 수 있도록 만든 싸움배니 **싸움배 함** 약 舰

※ 舟(배 주)

艦船(함선), **驅逐艦**(구축함), **巡洋艦**(순양함), **敵艦**(적함)

函

총 8획 1급 부수 凵
- 영 box, a suit of armor
- 중 hán
- 일 カン(はこ)

한(一) 방울의 흘러내리는(/) 물(氷)이라도 받게
만든 그릇(凵) 같은 함이니 **함 함**
또 함처럼 몸을 둘러싸게 만든 갑옷이니 **갑옷 함**

※ 氷(물 수 발), 凵(입 벌릴 감, 그릇 감)
※ 함(函) - ㉠혼인 때, 혼서지와 채단 따위를 넣어 신랑 집에서 신부 집으로 보내는 상자. ㉡옷이나 물건을 넣어 두는 상자.

函籠(함롱), 書函(서함), 函褓(함보), 函人(함인)

涵

총 11획 1급 부수 水
- 영 wet
- 중 hán
- 일 カン

물(氵)에 함(函)이 젖으니
젖을 함

涵養(함양), 涵泳(함영), 涵育(함육)

咸

총 9획 3급 부수 口
- 영 all
- 중 xián
- 일 カン

개(戌)는 한 마리만 짖어도(口) 다 짖으니
다 함, 성씨 함

※ 戌(구월 술, 개 술, 열한 번째 지지 술), 口('입 구, 말할 구, 구멍 구'이나, 여기서는 짖는 것으로 봄)

咸告(함고), 咸悅(함열), 咸平(함평),
咸興差使(함흥차사)

喊

총 12획 1급 부수 口
- 영 shout
- 중 hǎn
- 일 カン

입(口)을 다(咸) 벌려 고함지르니
고함지를 함

喊聲(함성), 高喊(고함)

緘

총 15획 1급 부수 糸
- 영 close
- 중 jiān
- 일 カン

실(糸)로 다(咸) 꿰매어 봉하니
봉할 함

※ 봉하다 - 문·봉투·그릇 따위를 열지 못하게 꼭 붙이거나 싸서 막다.
※ 糸(실 사, 실 사 변)

緘口(함구), 緘口令(함구령), 緘默(함묵), 封緘(봉함)

鹹 咸

총 20획 1급 부수 鹵
- 英 salty
- 中 xián
- 日 カン

소금(鹵)으로 다하면(咸) 짜니
짤 함 약 醎

※ 鹵 : 소금가마니를 본떠서 '소금 로, 소금밭 로'

鹹苦(함고), 鹹度(함도), 鹹味(함미), 鹹水(함수)

銜 銜

총 14획 1급 부수 金
- 英 bit, rank
- 中 xián
- 日 カン(くつわ)

말을 부릴(行) 때 쇠(金)로 만들어 물리는 재갈이니
재갈 함

또 일을 행할(行) 때 쇠(金)로 새겨 주는 직함이니
직함 함

※ 行(다닐 행, 행할 행, 항렬 항), 金(쇠 금, 금 금, 돈 금, 성씨 김)
※ 재갈-㉠말을 부리기 위하여 아가리에 가로로 물리는 가느다란 막대. ㉡소리를 내지 못하도록 사람의 입에 물리는 물건.
※ 직함(職銜)-㉠벼슬의 이름. ㉡직책이나 직무의 이름. 職(벼슬 직, 맡을 직)

銜勒(함륵), 銜泣(함읍), 銜字(함자), 名銜(명함)

合

총 6획 6급 부수 口
- 英 unite, fit
- 中 hé, gě
- 日 ゴウ(あう)

사람(人)이 하나(一)같이 말할(口) 정도로 뜻이 서로 합하여 맞으니 **합할 합, 맞을 합**
또 곡식의 양을 재는 단위 홉으로도 쓰여 **홉 홉**

※ 口(입 구, 말할 구, 구멍 구), 1홉은 1되의 10분의 1.

合同(합동), 都合(도합), 合格(합격), 合理(합리)

##

총 12획 1급 부수 虫
- 英 shellfish
- 中 gé
- 日 コウ(はまぐり)

벌레(虫) 중 뚜껑을 합하는(合) 조개니
조개 합

※ 虫(벌레 충)

蛤殼(합각), 蛤醢(합해), 大蛤(대합), 紅蛤(홍합)

명언 **塵合太山**(진합태산) 티끌 모아 태산. 동 積小成大(적소성대), 積土成山(적토성산) ▶塵(티끌 진), 合(합할 합, 맞을 합), 太(클 태), 積(쌓을 적), 成(이룰 성)

함

盒

총 11획 1급 부수 皿
- 英 a nest of boxes
- 中 hé
- 日 ゴウ

서로 합하게(合) 만든 그릇(皿)이 찬합이니
찬합 합

※ 찬합(饌盒) – 음식을 담는 여러 층으로 된 그릇.
※ 皿(그릇 명), 饌(반찬 찬)

盒沙鉢(합사발)

巷

총 9획 3급 부수 己
- 英 street
- 中 xiàng
- 日 コウ(ちまた)

함께(共) 다니는 뱀(巳)처럼 길게 뻗은 거리니
거리 항

※ 共(함께 공), 巳(뱀 사, 여섯째 지지 사)

巷間(항간), **巷談**(항담), **巷說**(항설), **巷謠**(항요)

港

총 12획 4II급 부수 水
- 英 harbor
- 中 gǎng
- 日 コウ(みなと)

물(氵)에 거리(巷)의 차들처럼 배가 드나드는
항구니 **항구 항**

港口(항구), **港都**(항도), **歸港**(귀항), **出港**(출항)

恒

총 9획 3II급 부수 心
- 英 always, ordinarily
- 中 héng
- 日 コウ(つね)

마음(忄)은 항상 무엇으로 뻗치니(亘)
항상 항

※ 마음은 무엇을 원하고 생각하며 어디론가 항상 뻗어가지요.
※ 亘(뻗칠 긍, 펼 선), 항상(恒常) – 늘.

恒久(항구), **恒茶飯事**(항다반사), **恒溫**(항온),
恒用(항용)

亢

총 4획 2급 부수 亠
- 英 throat, high
- 中 háng, kàng
- 日 コウ(たかぶる)

머리(亠) 아래 안석(几)처럼 이어진 목이니 **목 항**
또 목처럼 높으니 **높을 항**

※ 안석(案席) – 앉을 때 몸을 기대는 방석.
※ 亠(머리 부분 두), 几(안석 궤, 책상 궤), 案(책상 안, 생각 안, 계획 안), 席(자리 석)

亢龍(항룡), **亢龍有悔**(항룡유회), **亢鼻**(항비)

항

沆

총 7획 2급 부수 水
- 英 wide
- 中 hàng

물(氵)이 높은(亢) 곳까지 차 넓으니
넓을 항

* 亢(목 항, 높을 항)
* 인·지명용 한자.

抗

총 7획 4급 부수 手
- 英 oppose
- 中 kàng
- 日 コウ(あらがう)

손(扌)으로 높은(亢) 자에 대항하니
대항할 항

抗拒(항거), **抗告**(항고), **抗議**(항의), **反抗**(반항)

航

총 10획 4II급 부수 舟
- 英 boat, sail
- 中 háng
- 日 コウ

(옛날 돛단배로 건너던 시절에는)
배(舟)에 높은(亢) 돛을 세우고 건넜으니 **건널 항**

* 舟(배 주)

航空(항공), **航路**(항로), **航海**(항해), **歸航**(귀항)

缸

총 9획 1급 부수 缶
- 英 jar
- 中 gāng
- 日 コウ

(배가 불룩한) 장군(缶)처럼 만든(工) 항아리니
항아리 항

* 工(장인 공, 만들 공, 연장 공), 缶(장군 부 – 장군은 물이나 술, 오줌 같은 액체를 담아 나르던 도구로, 달걀을 눕혀 놓은 모습)
* 항(缸)아리 – 아래위가 좁고 배가 부른 질그릇.

魚缸(어항), **酒缸**(주항)

肛

총 7획 1급 부수 肉
- 英 anus
- 中 gāng
- 日 コウ

몸(月)에서 만들어진(工) 노폐물을 내보내는
똥구멍이니 **똥구멍 항**

* 月(달 월, 육 달 월)

肛門(항문), **肛門科**(항문과)

項 项

총 12획 3II급 부수 頁
- 英 neck
- 中 xiàng
- 日 コウ(うなじ)

공(工) 자 모양의 머리(頁) 아래 목이니
목 항

※ 頁(머리 혈)

項硬症(항경증), **項目**(항목), **各項**(각항), **事項**(사항)

害 害

총 10획 5급 부수 宀
- 英 harm, obstacle
- 中 hài
- 日 ガイ(そこなう)

집(宀)에서 어지럽게(主) 말하며(口) 해치고
방해하니 **해칠 해, 방해할 해**

※ 宀(집 면), 主[풀 무성한 모양 봉, 예쁠 봉(丰)의 변형] – 무성하니
어지럽다는 뜻도 된 것이지요.

害惡(해악), **害蟲**(해충), **公害**(공해), **妨害**(방해)

海

총 10획 7급 부수 水
- 英 sea, ocean
- 中 hǎi
- 日 カイ(うみ)

물(氵)이 항상(每) 있는 바다니
바다 해

※ 큰 바다는 '큰 바다 양, 서양 양(洋)'

海警(해경), **海難**(해난), **海流**(해류),
山海珍味(산해진미)

解

총 13획 4II급 부수 角
- 英 dissect, solve
- 中 jiě
- 日 カイ(とく)

뿔(角)부터 칼(刀)로 소(牛)를 갈라 해부하니 **해부할 해**
또 해부하듯 문제를 푸니 **풀 해** 약 觧

※ 해부(解剖) – ㉠생물체를 갈라 내부를 조사하는 일. ㉡사물을 자세
히 분석하여 연구함.
※ 角(뿔 각, 모날 각, 겨룰 각), 刀(칼 도), 牛(소 우), 剖(쪼갤 부)

解渴(해갈), **解決**(해결), **解答**(해답), **結者解之**(결자해지)

懈

총 16획 1급 부수 心
- 英 idle
- 中 xiè
- 日 カイ/ケ

마음(忄)이 풀어지면(解) 게으르니
게으를 해

懈慢(해만), **解弛·懈弛**(해이), **懈惰**(해타)

邂

총 17획 1급 부수 辶
- 英 encounter
- 中 xiè
- 日 カイ

해(解)어져 살아가다(辶) 우연히 만나니
우연히 만날 해

※ '헤어지다'는 '解어지다'에서 온 말같지요. 이처럼 순 우리말도 그 어원을 따져 보면 한자에서 유래한 경우도 많답니다.
※ 辶(뛸 착, 갈 착, = 辶)

邂逅(해후), **邂逅相逢**(해후상봉)

蟹

총 19획 특Ⅱ급 부수 虫
- 英 crab
- 中 xiè
- 日 カイ(かに)

다리가 풀어지듯(解) 오므렸다 폈다 하는
벌레(虫)는 게니 **게 해**

※ 虫(벌레 충)

蟹甲(해갑), **蟹卵**(해란), **蟹醢**(해해)

偕

총 11획 1급 부수 人
- 英 together
- 中 xié
- 日 カイ

사람(亻)이 다(皆) 함께 하니
함께 해

※ 皆(다 개)

偕樂(해락), **偕老**(해로), **偕往**(해왕), **偕行**(해행)

楷

총 13획 1급 부수 木
- 英 style of writing, model
- 中 kǎi
- 日 カイ

나무(木)처럼 다(皆) 꼿꼿이 세워 쓴 서체니 **해서 해**
또 해서는 다른 글자체의 본보기니 **본보기 해**

※ 木(나무 목), 해서(楷書) - 서체의 한 가지. 글자 획을 똑바로 꼿꼿하게 세워서 쓰는 일. 또는 그 글자.

楷白(해백), **楷法**(해법), **楷式**(해식), **楷正**(해정)

諧 谐

총 16획 1급 부수 言
- 英 harmonize
- 中 xié
- 日 カイ

말(言)을 다(皆) 같이 하며 어울리니
어울릴 해

※ 言(말씀 언), 皆(다 개)

諧語(해어), **諧調**(해조), **諧謔**(해학)

奚

총 10획 3급 부수 大
- 英 why, servant
- 中 xī
- 日 ケイ

손톱(爫)으로는 세상의 작고(幺) 큰(大) 일을
어찌할 수 없으니 **어찌 해**
또 손톱(爫)으로라도 작고(幺) 큰(大) 일을
다 해야 하는 종이니 **종 해**

※ 爫(손톱 조), 幺(작을 요, 어릴 요), 大(큰 대)

奚暇(해가), **奚琴**(해금), **奚奴**(해노)

亥

총 6획 3급 부수 亠
- 英 pig
- 中 hài
- 日 ガイ(い)

돼지의 머리(亠)와 뼈대 모양을 본떠서
돼지 해
또 돼지는 열두째 지지니 **열두째 지지 해**

※ 亠(머리 부분 두)

亥時(해시), **亥月**(해월)

該 该

총 13획 3급 부수 言
- 英 broad, that, it
- 中 gāi
- 日 ガイ(あたる)

말(言)을 살진 돼지(亥)처럼 넓게 갖추어
바로 그것이라 하니 **넓을 해**, **갖출 해**, **그 해**

※ 言(말씀 언)

該博(해박), **該當**(해당), **該校**(해교), **該洞**(해동)

咳

총 9획 1급 부수 口
- 英 cough
- 中 ké
- 日 ガイ(せき)

입(口)을 돼지(亥)처럼 벌리고 기침하니 **기침 해**
또 입(口)을 돼지(亥)처럼 벌리고 어린아이가 웃으니
어린아이 웃을 해

咳病(해병), **咳喘**(해천), **鎭咳劑**(진해제)

駭 骇

총 16획 1급 부수 馬
- 英 startled
- 中 hài
- 日 ガイ(おどろく)

말(馬)은 돼지(亥)에도 놀라니
놀랄 해

※ 馬(말 마)

駭怪(해괴), **駭怪罔測**(해괴망측), **駭慚**(해참)

해

骸

총 16획 1급 부수 骨
- 영 bone
- 중 hái
- 일 ガイ(むくろ)

뼈(骨) 중 돼지(亥) 같은 동물의 뼈니
뼈 해 참 骨(뼈 골)

※ 처음에는 돼지 뼈를 뜻했으나 요즘은 모든 동물의 뼈에 사용되지요.

骸骨(해골), **遺骸**(유해), **殘骸**(잔해)

核

총 10획 4급 부수 木
- 영 core, kernel
- 중 hé, hú
- 일 カク(さね)

나무(木)에서 돼지(亥) 가죽처럼 단단히 둘러싸인 씨나 알맹이니 **씨 핵**, **알맹이 핵**

※ 木(나무 목)

核家族(핵가족), **核武器**(핵무기), **核心**(핵심), **結核**(결핵)

劾

총 8획 1급 부수 力
- 영 expose somebody's misdeeds or crimes
- 중 hé
- 일 ガイ

돼지(亥)가 힘(力)으로 밀고 들어가듯 죄상을 파고들어 캐물으니 **캐물을 핵**

※ 力(힘 력), 돼지는 주둥이나 머리로 밀고 들어가는 힘이 아주 세지요.

劾論(핵론), **劾狀**(핵장), **劾情**(핵정), **彈劾**(탄핵)

行

총 6획 6급 제부수
- 영 walk, practice, line
- 중 xíng, háng
- 일 コウ(いく)

사람이 다니며 일을 행하는 사거리를 본떠서
다닐 행, **행할 행**
또 (친척의 이름에서 돌려) 다니며 쓰는 항렬이니 **항렬 항**

※ 항렬(行列) - 같은 혈족의 직계에서 갈라져 나간 계통 사이의 대수 관계를 나타내는 말(degree of relationship).

行人(행인), **行動**(행동), **行爲**(행위)

幸

총 8획 6급 부수 干
- 영 happy, want
- 중 xìng
- 일 コウ(さいわい)

고생(辛)과 백지 한(一) 장 차이로 행복하니 **행복할 행**
또 행복은 누구나 바라니 **바랄 행**

※ 辛(매울 신, 고생할 신), 모든 것은 마음먹기에 따라 달라지지요. 조금만 바꿔 생각하면 고생도 행복이 되니 매울 신, 고생할 신(辛) 위에 한 일(一)을 붙여서, 행복은 고생(辛)과 백지 한(一) 장 차이임을 나타내어 '행복할 행, 바랄 행(幸)'이네요.

幸福(행복), **幸運**(행운), **幸運兒**(행운아), **多幸**(다행)

杏

총 7획 2급 부수 木
- 英 apricot, gingko nut
- 中 xìng
- 日 キョウ(あんず)

나무 목(木) 밑에 입 구(口)를 붙여
살구 행, 은행 행

※ 옛날 오(吳)나라의 유명한 의사 동봉(董奉)이 병자를 치료해 주고, 그 대가로 살구나무(木)를 심으라고 말하여(口) 몇 년 후 살구나무가 숲을 이루었다는 데서 '살구 행, 은행 행(杏)'이지요. 그래서 그런지 살구나 은행은 약효가 뛰어납니다.
※ 董(감출 동, 감독할 동), 奉(받들 봉)

向

총 6획 6급 부수 口
- 英 directed, go forward
- 中 xiàng
- 日 コウ(むく)

표시(丿)된 성(冂)의 입구(口)를 향하여 나아가니
향할 향, 나아갈 향

※ 丿('삐침 별'이나 여기서는 표시로 봄), 冂(멀 경, 성 경), 口(입 구, 말할 구, 구멍 구)

向方(향방), **向後**(향후), **趣向**(취향),
回心向道(회심향도)

享

총 8획 3급 부수 亠
- 英 enjoy
- 中 xiǎng
- 日 キョウ(うける)

높은(亠) 학문을 배운 아들(子)이 행복을 누리니
누릴 향 참 형(형통할 형), 亭(정자 정)

※ 亠[높을 고(高)의 획 줄임], 子(아들 자, 첫째 지지 자, 자네 자, 접미사 자)

享年(향년), **享樂**(향락), **享有**(향유)

香

총 9획 4II급 제부수
- 英 fragrance
- 中 xiāng
- 日 コウ(か)

벼(禾)가 햇(日)빛에 익어 나는 향기니
향기 향 참 촘(아득할 묘)

※ 禾(벼 화), 日(해 일, 날 일), 옛날에는 모두 농사를 지었기 때문에 농사나 곡식과 관련된 글자가 많지요.

香氣(향기), **香水**(향수), **香辛料**(향신료), **芳香**(방향)

鄉

총 13획 4II급 부수 邑
- 英 country, native place
- 中 xiāng
- 日 キョウ(さと)

어린(彡) 시절 흰(白) 쌀밥을 숟가락(匕)으로 먹던 시골 고을(阝)이니 **시골 향, 고향 향** 참 卿(벼슬 경)

※ 彡[작을 요, 어릴 요(幺)의 변형], 白(흰 백), 匕(비수 비, 숟가락 비), 阝(고을 읍 방), 옛날에는 먹을 것이 귀했으니 당시 좋은 음식으로 여겨 던 흰 쌀밥을 먹던 고을을 고향이라고 했네요.

故鄕(고향), **鄕愁**(향수), **愛鄕**(애향), **錦衣還鄕**(금의환향)

響 响

총 22획 3II급 부수 音
- 영 echo, sound
- 중 xiǎng
- 일 キョウ(ひびく)

시골(鄕)에서 소리(音)치면 산이 울리니
울릴 향, 소리 향

※ 音(소리 음)

反響(반향), **影響**(영향), **音響**(음향), **交響曲**(교향곡)

嚮 向

총 19획 1급 부수 口
- 영 look out
- 중 xiàng
- 일 キョウ(むかう)

마음은 항상 고향(鄕)으로 향하니(向)
향할 향

※ 向(향할 향), 객지에 나가면 마음은 항상 고향으로 향하지요.

嚮導(향도), **嚮導官**(향도관), **嚮往**(향왕)

饗 飨

총 22획 1급 부수 食
- 영 feast, sacrifice
- 중 xiǎng
- 일 キョウ

고향(鄕)에서 음식(食)을 차려 놓고 잔치하거나
제사지내니 **잔치 향, 제사지낼 향**

※ 食(밥 식, 먹을 식, 밥 사)

饗禮(향례), **饗宴**(향연), **饗應**(향응), **歆饗**(흠향)

許 许

총 11획 5급 부수 言
- 영 allow
- 중 xǔ
- 일 キョ(ゆるす)

남의 말(言)을 듣고 대낮(午)처럼 밝게 허락하니
허락할 허, 성씨 허

※ 言(말씀 언), 午(말 오, 일곱째 지지 오, 낮 오)

許諾(허낙→허락), **許可**(허가), **許容**(허용), **免許**(면허)

虛 虚

총 12획 4II급 부수 虍
- 영 empty, fruitless
- 중 xū
- 일 キョ(むなしい)

범(虍)이 이쪽(ㅗ) 저쪽(ㅏ)으로 다니는 땅(一)은
다른 동물이 모두 도망가 비니 **빌 허**
또 비어 아무것도 못 잡아 헛되니 **헛될 허** 약 虚

※ 虍(범 호 엄)

虛空(허공), **虛飢**(허기), **虛妄**(허망), **虛費**(허비)

噓

총 15획 1급 부수 口
- 영 tell a lie
- 중 xū
- 일 キョ(うそ)

입(口)으로 헛되게(虛) 불며 거짓말하니
불 허, 거짓말 허 약 嘘

吹噓(취허)

墟

총 15획 1급 부수 土
- 영 site
- 중 xū
- 일 キョ(あと)

땅(土) 중 건물이 없는 빈(虛) 터니
터 허 약 墟

* 土(흙 토)

墟墓(허묘), 廢墟(폐허)

軒

총 10획 3급 부수 車
- 영 parapet, eaves, house
- 중 xuān
- 일 ケン(のき)

수레(車) 위를 방패(干)처럼 덮은 난간이나
추녀니 **난간 헌, 추녀 헌**
또 추녀가 드러나게 지은 집이니 **집 헌**

* 車(수레 거, 차 차), 干(방패 간, 범할 간, 얼마 간, 마를 간)
* 추녀 - 처마의 네 귀에 있는 큰 서까래.

軒頭(헌두), 軒燈(헌등), 軒號(헌호), 不憂軒(불우헌)

憲

총 16획 4급 부수 心
- 영 law, constitution
- 중 xiàn
- 일 ケン(のり)

집(宀)이나 나라의 어지러운(主) 일을 법망(罒)으로
다스리기 위해 마음(心)을 다해 만든 법이니 **법 헌**

* 법망(法網) - 범죄자에 대한 제재를 물고기에 대한 그물로 비유하여 이르는 말.
* 主[풀 무성한 모양 봉, 예쁠 봉(丰)의 변형] - 무성하니 어지럽다는 뜻도 된 것, 罒(그물 망, = 网, 㓁), 法(법 법), 網(그물 망)

憲法(헌법), 憲章(헌장), 違憲(위헌) ↔ 合憲(합헌)

獻

총 20획 3II급 부수 犬
- 영 dedicate
- 중 xiàn
- 일 ケン(たてまつる)

범(虍) 대신 솥(鬲)에 개(犬)를 삶아 바치니
바칠 헌 약 献 : 남쪽(南)에서 개(犬)를 삶아 바치니 '바칠 헌'

* 鬲(솥 력, 막을 격), 犬(개 견), 南(남쪽 남)

獻金(헌금), 獻身(헌신), 獻血(헌혈), 貢獻(공헌)

歇

총 13획 1급 부수 欠
- 🈯 rest, stop, cheap
- 🇨🇳 xiē
- 🇯🇵 ケツ

일을 다하고(曷) 하품(欠)하며 쉬니
쉴 헐
또 빨리 팔고 쉬려고 값싸게 파니 **값쌀 헐**

※ 曷(어찌 갈, 그칠 갈, 다할 갈), 欠(하품 흠, 모자랄 흠)

歇脚(헐각), **間歇**(간헐), **歇價**(헐가)

險 险

총 16획 4급 부수 阜
- 🈯 steep, dangerous
- 🇨🇳 xiǎn
- 🇯🇵 ケン(けわしい)

언덕(阝)은 다(僉) 험하니
험할 험 ㉣ 险

※ 阝(언덕 부 변), 僉(다 첨, 모두 첨), 僉으로 된 글자를 약자로 쓸 때는 僉 부분을 佥으로 쓰지요.

險難(험난), **險惡**(험악), **冒險**(모험), **保險**(보험)

驗 验

총 23획 4II급 부수 馬
- 🈯 examine
- 🇨🇳 yàn
- 🇯🇵 ケン(しるし)

말(馬)을 다(僉) 타 보며 시험하니
시험할 험 ㉣ 验

※ 시험(試驗) - 재능, 실력 등을 일정한 절차에 따라 알아보는 일.
※ 실험(實驗) - 실제로 해 봄. 또는 그렇게 하는 일.
※ 馬(말 마), 試(시험할 시), 實(열매 실, 실제 실)

經驗(경험), **靈驗**(영험), **體驗**(체험)

革

총 9획 4급 제부수
- 🈯 leather, reform
- 🇨🇳 gé
- 🇯🇵 カク(かわ)

걸어 놓은 짐승 가죽의 머리(廿)와 몸통(口)과
다리(一)와 꼬리(丨)를 본떠서 **가죽 혁**
또 가죽으로 무엇을 만들려고 고치니 **고칠 혁**

革帶(혁대), **皮革**(피혁), **革命**(혁명), **革新**(혁신)

赫

총 14획 2급 부수 赤
- 🈯 bright, red
- 🇨🇳 hè
- 🇯🇵 カク(あかい)

붉고(赤) 붉게(赤) 빛나니
빛날 혁, 붉을 혁

※ 赤(붉을 적)

赫赫(혁혁), **赫業**(혁업), **赫怒**(혁노)

爀

총 18획 2급 부수 火
- 영 firelight
- 중 hè

불(火)이 붉게(赫) 빛나는 불빛이니
불빛 혁

※ 火(불 화)
※ 인·지명용 한자.

玄

총 5획 3II급 제부수
- 영 black, deep
- 중 xuán
- 일 ゲン(くらい)

머리(亠) 아래 작은(幺) 것이 검고 오묘하니
검을 현, 오묘할 현, 성씨 현

※ 오묘(奧妙)하다 – 심오하고 묘하다.
※ 亠(머리 부분 두), 幺(작을 요, 어릴 요), 奧(깊을 오), 妙(묘할 묘, 예쁠 묘)

玄米(현미) ↔ **白米**(백미), **玄武巖**(현무암), **玄關**(현관)

弦

총 8획 2급 부수 弓
- 영 string of bow
- 중 xián
- 일 ゲン(つる)

활(弓)을 맨 검은(玄) 줄이 활시위이니
활시위 현

※ 弓(활 궁), 활시위 – 활 줄.
※ 현(弦) – 활에 걸어서 켕기는 줄. 화살을 여기에 걸었다가 놓으면 날아감. 시위, 활시위.

弦琴(현금), **弦矢**(현시), **上弦**(상현) ↔ **下弦**(하현)

絃 弦

총 11획 3급 부수 糸
- 영 string
- 중 xián
- 일 ゲン

실(糸) 중 퉁기면 오묘한(玄) 소리가 나는
악기 줄이니 **악기 줄 현**

※ 糸(실 사, 실 사 변), 중국어에서는 絃을 弦으로 통일하여 씁니다.

絃歌(현가), **絃樂器**(현악기), **管絃樂**(관현악)

炫

총 9획 2급 부수 火
- 영 bright, dazzling
- 중 xuàn
- 일 ゲン

불(火)은 깜깜한(玄) 곳일수록 밝고 눈부시니
밝을 현, 눈부실 현

※ 火(불 화)

炫耀(현요), **炫惑**(현혹), **炫煌**(현황)

혁

眩

총 10획 1급 부수 目
- 영 dizzy
- 중 xuàn
- 일 ゲン(くらむ)

눈(目) 앞이 깜깜하고(玄) 어지러우니
어지러울 현

* 目(눈 목, 볼 목, 항목 목), 玄(검을 현, 오묘할 현, 성씨 현)

眩氣症(현기증), **眩亂**(현란), * **絢爛**(현란),
眩惑(현혹)

鉉 铉

총 13획 2급 부수 金
- 영 the ears of a cattle
- 중 xuàn
- 일 ケン(つる)

쇠(金)로 된 검은(玄) 솥귀니
솥귀 현

* 金(쇠 금, 금 금, 돈 금, 성씨 김), 솥은 귀가 셋이 있어 이 부분을 아궁이에 걸어 밑에 불을 땠으니 검었지요.

鉉席(현석)

衒

총 11획 1급 부수 行
- 영 take pride in
- 중 xuàn
- 일 ゲン(てらう)

다니며(行) 오묘한(玄) 마음이 들도록 자랑하니
자랑할 현

* 行(다닐 행, 행할 행, 항렬 항)

衒能(현능), **衒言**(현언), **衒學**(현학)

見

볼 견, 뵐 현 - 볼 견(44쪽) 참고

現 现

총 11획 6급 부수 王(玉)
- 영 present, appear
- 중 xiàn
- 일 ゲン(あらわれる)

옥(王) 돌을 갈고닦으면 이제 바로 무늬가
보이게(見) 나타나니 **이제 현, 나타날 현**

* 王(임금 왕, 으뜸 왕, 구슬 옥 변)

現金(현금), **現在**(현재), **現札**(현찰), **出現**(출현)

명언 **不狂不及**(불광불급) '미치지 않으면 이르지 못함'으로, 어떤 일에 미치듯 열심히 하지 않으면 이룰 수 없다는 말.
▶不(아닐 불·부), 狂(미칠 광), 及(미칠 급, 이를 급)

峴 岘

총 10획 2급 부수 山
- 英 ridge
- 中 xiàn

산(山)길이 보이는(見) 고개나 재니
고개 현, 재 현

※ 길이 없다면 단지 산봉우리나 산일 뿐인데 그 사이에 길이 보이니 고개나 재이지요. 재의 이름에 붙여 쓰는 글자.

竹峴(죽현), 狐峴(호현)

賢 贤

총 15획 4II급 부수 貝
- 英 virtuous
- 中 xián
- 日 ケン(かしこい)

신하(臣)처럼 또(又) 재물(貝)을 벌어 봉사함이 어지니 **어질 현** 약 贤 : 칼(刂)을 손(又)에 들고 재물(貝)을 관리함이 어지니 '어질 현'

※ 臣(신하 신), 又(오른손 우, 또 우), 刂(칼 도 방)

賢明(현명), 賢淑(현숙), 賢喆(현철),
賢母良妻(현모양처)

縣 县

총 16획 3급 부수 糸
- 英 county
- 中 xiàn
- 日 ケン(あがた)

한 눈(目)에 덮어(乚) 바라볼 정도로 조금(小)씩 혈통(系)이 같은 사람들이 모여 사는 고을이니
고을 현 약 县 : 한 눈(目)에 덮어(乚) 바라볼 수 있는 작은(小) 고을이니 '고을 현'

※ 目(눈 목, 볼 목, 항목 목), 乚(감출 혜, 덮을 혜, = 匸), 小(작을 소), 系(이을 계, 혈통 계), 현(縣) - ㉠지방 행정 구획의 하나. ㉡우리나라 도에 해당하는 일본의 지방 행정 구획의 하나. ㉢성의 하나.

縣監(현감), 縣令(현령), 縣吏(현리)

懸 悬

총 20획 3II급 부수 心
- 英 hang, distant
- 中 xuán
- 日 ケン(かける)

고을(縣)에서 마음(心) 나쁜 자들을 매달고 멀리하니
매달 현, 멀 현

※ 心(마음 심, 중심 심)

懸賞金(현상금), 懸垂幕(현수막), 懸案(현안),
懸隔(현격)

명언 **自彊不息**(자강불식) '스스로 강해지며 쉬지 않음'으로, 최선을 다하여 힘쓰고 쉬지 않음. ▶自(자기 자, 스스로 자, 부터 자), 彊(강할 강), 息(쉴 식, 숨 쉴 식, 자식 식)

현

顯 显

총 23획 4급 부수 頁
- 英 appear
- 中 xiǎn
- 日 ケン(あらわす)

해(日)가 작고(幺) 작은(幺) 불(灬)처럼 머리(頁) 위로 드러나니 **드러날 현** 약 顕

+ 幺(작을 요, 어릴 요), 灬(불 화 발), 頁(머리 혈)

顯功(현공), **顯警**(현경), **顯著**(현저), **顯忠日**(현충일)

絢 绚

총 12획 1급 부수 糸
- 英 pattern
- 中 xuàn
- 日 ケン(あや)

실(糸)로 싸(勹) 햇(日)빛에 빛나도록 만든 무늬니
무늬 현

+ 현란(絢爛) - ㉠눈부시도록 찬란함. ㉡시나 글에 아름다운 수식이 많아서 문체가 화려함.
+ 현란(眩亂) - 정신을 차리기 어려울 정도로 화려함.
+ 勹(쌀 포), 爛(빛날 란, 무르익을 란), 眩(어지러울 현), 亂(어지러울 란)

穴

총 5획 3II급 제부수
- 英 hole, cave
- 中 xué
- 日 ケツ(あな)

(오래된) 집(宀)에 나누어진(八) 구멍이니
구멍 혈
또 구멍이 길게 파인 굴이니 **굴 혈**

+ 宀(집 면), 八(여덟 팔, 나눌 팔)

穴居(혈거), **穴見**(혈견), **偕老同穴**(해로동혈)

血

총 6획 4II급 제부수
- 英 blood
- 中 xuè
- 日 ケツ(ち)

핏방울(ノ)이 그릇(皿)에 떨어지는 모양에서
피 혈 유 皿(그릇 명)

+ 옛날에는 피를 그릇(皿)에 담아 놓고 고사를 지냈답니다.

血氣(혈기), **血統**(혈통), **獻血**(헌혈), **鳥足之血**(조족지혈)

頁 页

총 9획 특II급 제부수
- 英 head
- 中 yè
- 日 ケツ(ページ)

머리(一)에서 목(八)까지의 모양을 본떠서
머리 혈 유 貝(조개 패, 재물 패), 見(볼 견, 뵐 현)

+ 一은 머리, 自는 이마와 눈 있는 얼굴, 八은 목 부분, 즉 머리에서 목까지의 모양을 본떠서 '머리 혈(頁)'로, 혈(頁)을 부수로 가진 글자는 '머리'와 관련된 글자지요.

嫌
총 13획 3급 부수 女
- 영 dislike, mistrust
- 중 xián
- 일 ケン(きらう)

여자(女) 둘을 겸하여(兼) 사귀면 싫어하고 의심하니
싫어할 혐, 의심할 혐

- 兼[겸할 겸(兼)의 변형]

嫌忌(혐기), **嫌怒**(혐노), **嫌惡**(혐오), **嫌疑**(혐의)

劦
총 6획 급외자 부수 力
- 영 cooperate
- 중 xié

힘(力)을 셋이나 합하니
힘 합할 협

- 力(힘 력)
- 한자는 많음을 나타낼 경우 같은 글자를 세 번 반복하여 쓰지요.

協 协
총 8획 4II급 부수 十
- 영 cooperation
- 중 xié
- 일 キョウ(かなう)

많은(十) 힘을 합하여(劦) 도우니
도울 협

- 十(열 십, 많을 십)

協同(협동), **協助**(협조), **農協**(농협), **妥協**(타협)

脅 胁
총 10획 3II급 부수 肉
- 영 menace
- 중 xié
- 일 キョウ(おびやかす)

힘을 합하여(劦) 몸(月)을 눌러 으르고 협박하니
으를 협, 협박할 협 (= 脇)

- 月(달 월, 육 달 월)
- 으르다 - 상대편이 겁을 먹도록 무서운 말이나 행동으로 위협하다.

威脅(위협), **脅迫**(협박), **脅迫狀**(협박장)

夾 夹
총 7획 특II급 부수 大
- 영 insert
- 중 jiā
- 일 キョウ

크게(大) 두 사람(人 人) 사이에 끼니
낄 협 약 夹

夾角(협각), **夾路**(협로), **夾門**(협문), **夾房**(협방)

협

峽 峽

총 10획 2급 부수 山
- 영 gorge
- 중 xiá
- 일 キョウ

산(山)으로 끼인(夾) 골짜기니
골짜기 협 약 峡

峽谷(협곡), **峽路**(협로), **峽流**(협류), **山峽**(산협)

俠 俠

총 9획 1급 부수 人
- 영 righteous
- 중 xiá
- 일 キョウ

어려운 사람(亻)을 끼고(夾) 도우면 의로우니
의로울 협

※ 의(義)롭다 – 정의를 위한 의기가 있다.
※ 義(옳을 의, 의로울 의)

俠客(협객), **義俠心**(의협심), **豪俠**(호협)

挾 挾

총 10획 1급 부수 手
- 영 insert
- 중 xié
- 일 キョウ(はさむ)

손(扌)으로 당겨 끼니(夾)
낄 협

挾擊(협격), **挾軌**(협궤), **挾攻**(협공), **挾雜**(협잡)

狹 狹

총 10획 1급 부수 犬
- 영 narrow
- 중 xiá
- 일 キョウ(せまい)

개(犭)도 끼일(夾) 정도로 좁으니
좁을 협 (= 陝) 반 廣(넓을 광)

※ 犭(큰개 견, 개 사슴 록 변)

狹量(협량), **狹路**(협로), **狹小**(협소), **狹義**(협의)

陜 陜

총 10획 급외자 부수 阜
- 영 narrow
- 중 jiá, xiá

언덕(阝)에 끼여(夾) 좁으니
좁을 협 (= 狹), **땅 이름 합**

※ 阝(언덕 부 변)

陜川(합천) – 경상남도 합천군의 군청 소재지.

협

頰 颊

총 16획 1급 부수 頁
- cheek
- jiá
- キョウ(ほお)

끼인(夾) 듯 머리(頁)카락 사이에 있는 뺨이니
뺨 협

※ 頁(머리 혈), 뺨이 머리카락 사이에 끼인 것처럼 보임을 생각하고 만든 글자.

頰骨(협골), **頰筋**(협근), **紅頰**(홍협)

兄

총 5획 8급 부수 儿
- elder brother, adult
- xiōng
- ケイ(あに)

동생을 입(口)으로 지도하는 사람(儿)이
형이고 어른이니 **형 형, 어른 형**

※ 儿(어진 사람 인, 사람 인 발)

兄弟(형제), **難兄難弟**(난형난제),
呼兄呼弟(호형호제)

形

총 7획 6급 부수 彡
- form, shape
- xíng
- ケイ(かた)

우물(开)에 머리털(彡)이 비친 모습이니
모습 형

※ 开[우물 정, 우물 틀 정(井)의 변형], 彡(터럭 삼, 긴 머리 삼), 거울이 없던 옛날에는 우물에 자기의 모습을 비춰 보기도 했지요.

形狀(형상), **形式**(형식), **形言**(형언), **成形**(성형)

邢

총 7획 2급 부수 邑
- name of a nation, family name
- xíng
- ケイ

우물 틀(开)처럼 짜인 고을(阝)에 세운
형나라니 **형나라 형, 성씨 형**

※ 阝(고을 읍 방)
※ 인·지명용 한자.
※ 형(邢)나라 - 중국 주대에 있었던 나라.

刑

총 6획 4급 부수 刀
- punishment
- xíng
- ケイ

우물 틀(开) 같은 형틀에 매어 칼(刂)로 집행하는
형벌이니 **형벌 형** ㊛ 刊(책 펴낼 간)

※ 刂(칼 도 방)

刑期(형기), **刑罰**(형벌), **刑法**(형법), **減刑**(감형)

荊 荆

총 10획 1급 부수 ++
- 영 thorn
- 중 jīng
- 일 ケイ(いばら)

풀(++) 중에 형벌(刑)하듯이 찌르는 가시니
가시 형

※ ++(초 두), 刑(형벌 형)

荊冠(형관), **荊棘**(형극), **荊路**(형로)

型

총 9획 2급 부수 土
- 영 type, frame
- 중 xíng
- 일 ケイ(かた)

우물 틀(开)처럼 칼(刂)로 흙(土)을 새겨서 만든 틀이니 **틀 형**

※ 형(型)-㉠거푸집. ㉡꼴. ㉢다른 것들과 구별되는 특징을 이루는 유형이나 형태.
※ 거푸집-만들려는 물건의 모양대로 속이 비어 있어 거기에 쇠붙이를 녹여 붓도록 되어 있는 틀.

大型(대형), **模型**(모형), **新型**(신형)

瑩

밝을 형, 옥돌 영 – 옥돌 영(445쪽) 참고

螢 萤

총 16획 3급 부수 虫
- 영 firefly
- 중 yíng
- 일 ケイ(ほたる)

불(火)과 불(火)에 덮인(冖) 듯 벌레(虫)에서 빛나는 반딧불이니 **반딧불 형** 약 萤

※ 火(불 화), 冖(덮을 멱), 虫(벌레 충)

螢光燈(형광등), **螢雪之功**(형설지공)

瀅 滢

총 18획 2급 부수 水
- 영 clear
- 중 yíng

물(氵)이 불(火)과 불(火)에 덮인(冖) 듯 빛나는 옥(玉)빛처럼 맑으니 **물 맑을 형**

※ 瑩(옥 영, 밝을 영), 玉(구슬 옥)
※ 인·지명용 한자.

명언 忍一時之忿 免百日之憂(인일시지분 면백일지우) 한 때의 분한 마음을 참으면 백일 동안의 근심을 면한다. ▶忍(참을 인), 時(때 시), 之(갈 지, ~의 지, 이 지), 忿(성낼 분), 免(면할 면), 百(일백 백, 많을 백), 憂(근심 우)

炯

총 9획 2급 부수 火
- 英 bright
- 中 jiǒng
- 日 ケイ

불(火)이 성(冂)에 뚫린 구멍(口)으로 빛나니
빛날 형

※ 火(불 화), 冂(멀 경, 성 경), 口(입 구, 말할 구, 구멍 구)

炯炯(형형), **炯心**(형심), **炯眼**(형안), **炯然**(형연)

馨

총 20획 2급 부수 香
- 英 fragrant
- 中 xīn
- 日 ケイ(かおり)

경쇠(殸) 소리처럼 향기(香)가 뻗어와 향기로우니
향기로울 형

※ 殸[경쇠 경(磬)의 획 줄임], 香(향기 향), 경쇠 - 옥이나 돌로 만든 악기의 하나.

馨氣(형기), **馨香**(형향)

亨

총 7획 3급 부수 亠
- 英 go well
- 中 hēng
- 日 キョウ(とおる)

높은(亠) 학문을 마치면(了) 만사형통하니
형통할 형 ㈜ 享(누릴 향), 亭(정자 정)

※ 형통(亨通) - 일이 뜻과 같이 잘되어 감.
※ 亠[높을 고(高)의 획 줄임], 了(마칠 료), 通(통할 통)

亨運(형운), **萬事亨通**(만사형통),
元亨利貞(원형이정)

衡

총 16획 3Ⅱ급 부수 行
- 英 balance
- 中 héng
- 日 コウ(はかり)

물고기(奐)처럼 떠서 움직이는(行) 저울대니
저울대 형 ㈜ 衝(부딪칠 충, 찌를 충), 衛(지킬 위)

※ 行(다닐 행, 행할 행, 항렬 항), 奐[물고기 어(魚)의 변형], 옛날 저울은 막대에 추를 다는 구조로 만들었는데, 이 추가 물고기처럼 움직이지요.

衡平(형평), **衡平性**(형평성), **均衡**(균형), **平衡**(평형)

兮

총 4획 3급 부수 八
- 中 xī
- 日 ケイ

입김 퍼져(八) 나감이 큰(丂) 어조사니
어조사 혜 ㈜ 分(나눌 분, 단위 푼, 단위 분, 신분 분, 분별할 분, 분수 분)

※ 丂: 큰 대(大)의 변형, 어조사 혜(兮)는 감동을 나타내는 어조사로 소리의 가락을 돕거나 운문의 어구 중간이나 끝에 붙여 잠시 말을 멈추었다가 다시 높이는 구실을 하지요.

彗

총 11획 1급 부수 彐
- 英 broom, comet
- 中 huì
- 日 スイ

풀 무성한 가지 두 개(丰丰)를 묶어 손(彐)으로 잡은 비 모양으로 날아가는 혜성이니 **비 혜, 혜성 혜**

※ 丰 : 풀이 무성한 모습에서 '풀 무성한 모양 봉', 또 무성하면 예쁘니 '예쁠 봉'
※ 彐(고슴도치 머리 계, 오른손 우), 비는 잔가지가 무성한(丰) 줄기 여러 개를 손(彐)으로 엮어 만들지요.

彗掃(혜소), *解消*(해소), **彗星**(혜성)

慧

총 15획 3Ⅱ급 부수 心
- 英 clear, wisdom
- 中 huì
- 日 ケイ

잡념을 비(彗)로 쓸어 버린 마음(心)처럼
밝고 지혜로우니 **밝을 혜, 지혜 혜**

※ 心(마음 심, 중심 심)

慧敎(혜교), **慧眼**(혜안), **智慧**(지혜)

惠

총 12획 4Ⅱ급 부수 心
- 英 favor, wise
- 中 huì
- 日 ケイ(めぐむ)

언행을 삼가고(叀) 어진 마음(心)을 베푸는 은혜니
은혜 혜, 어질 혜

※ 叀 : 차(車)에 점(丶) 찍는 일은 삼가니 '삼갈 전'
※ 은혜(恩惠) - 사람이나 신(神)이 누구에게 베푸는 도움이나 고마운 일. 恩(은혜 은)

惠澤(혜택), **不費之惠**(불비지혜), **施惠**(시혜)

醯

총 19획 1급 부수 酉
- 英 vinegar, a sweet drink made from fermented rice
- 中 xī

술(酉)이 소리 내는(云) 내(巜)처럼 그릇(皿)에서
발효되어 되는 초니 **초 혜**
또 초처럼 삭힌 식혜니 **식혜 혜**

※ 酉(술 그릇 유, 술 유, 닭 유, 열째 지지 유), 云(말할 운), 巜[내 천(川)의 변형], 皿(그릇 명)
※ 발효시켜 만든 술은 더 발효되면 초가 되는데, 발효될 때 소리가 남을 생각하고 만든 글자.
※ 식혜(食醯) - '먹는 초'로, 엿기름가루 우린 물을 되직한 이밥이나 찰밥에 부어서 삭힌 음식. 食(밥 식, 먹을 식, 밥 사)

脯醯(포혜), **左脯右醯**(좌포우혜)

명언 **不費之惠**(불비지혜) '비용 들이지 않음의 은혜'로, 밝은 미소, 상냥한 인사 등으로 돈 들이지 않고도 은혜를 베푸는 것.
▶費(쓸 비, 비용 비), 之(갈 지, ~의 지, 이 지)

匚

총 2획 부수자
- 英 hide, cover
- 中 xī
- 日 ケイ

뚜껑(一)을 덮어(乚) 감추니
감출 혜, 덮을 혜 (= 乚)

※ 상자 방(匚)은 모나게 쓴 글자고, 감출 혜, 덮을 혜(匚 = 乚)는 모나지 않게 쓴 것으로 구분하세요.

戶 戸

총 4획 4II급 제부수
- 英 door, house
- 中 hù
- 日 コ(と)

한 짝으로 된 문을 본떠서 **문 호**
또 (옛날에는 대부분) 문이 한 짝씩 달린 집이었으니
집 호 유 尸(주검 시, 몸 시)

※ 한 짝으로 된 문은 '문 호(戶)', 두 짝으로 된 문은 '문 문(門)'이지요.

門戶(문호), **窓戶**(창호), **戶籍**(호적), **戶主**(호주)

扈

총 11획 2급 부수 戶
- 英 follow, make well-known in the world
- 中 hù
- 日 コ

집(戶)은 고을(邑)의 풍속에 따라야 명성을 떨치니
따를 호, 떨칠 호

※ 邑(고을 읍)

扈駕(호가), **扈衛**(호위), **扈從**(호종), **跋扈**(발호)

互

총 4획 3급 부수 二
- 英 each other
- 中 hù
- 日 ゴ(たがい)

새끼줄이 서로 번갈아 꼬이는 모양을 본떠서
서로 호 유 五(다섯 오), 瓦(기와 와, 질그릇 와, 실패 와)

互角之勢(호각지세), **互相**(호상), **互換**(호환)

好

총 6획 4II급 부수 女
- 英 like
- 中 hǎo, hào
- 日 コウ(このむ)

여자(女)에게 자식(子)이 있으면 좋으니
좋을 호

※ 女(여자 녀), 子(아들 자, 첫째 지지 자, 자네 자, 접미사 자)

好感(호감), **好惡**(호오), **好評**(호평), **愛好**(애호)

乎

총 5획 3급 부수 丿
- 英 —
- 中 hū
- 日 コ

평평하지 않도록 **평평할 평(平)**의 위에 변화를 주어서
어조사 호

※ 의문이나 감탄의 어조사로 쓰이지요.

斷乎(단호), **不亦說乎**(불역열호)

呼

총 8획 4II급 부수 口
- 英 call
- 中 hū
- 日 コ(よぶ)

입(口)으로 호(乎)하고 입김이 나도록 부르니
부를 호

呼名(호명), **呼訴**(호소), **呼出**(호출), **歡呼**(환호)

浩

총 10획 3II급 부수 水
- 英 vast, wide
- 中 hào
- 日 コウ(ひろい)

물(氵)이 알리듯이(告) 소리 내어 크고 넓게 흐르니
클 호, 넓을 호

※ 告(알릴 고, 뵙고 청할 곡)

浩氣(호기), **浩然之氣**(호연지기), **浩蕩**(호탕)

皓

총 12획 2급 부수 白
- 英 white
- 中 hào
- 日 コウ(しろい)

희다(白)고 알리는(告) 것처럼 희니
흴 호

※ 白(흰 백, 밝을 백, 깨끗할 백, 아뢸 백)

皓齒(호치), **丹脣皓齒**(단순호치)

澔

총 15획 2급 부수 水
- 英 vast, wide
- 中 hào

물(氵)결이 하얗게(皓) 보일 정도로 넓고 크니
넓을 호, 클 호

※ 인·지명용 한자.

호

晧

총 11획 2급 부수 日
- 영 bright
- 중 hào
- 일 コウ

해(日)처럼 밝게 알려(告) 분명하고 밝으니
밝을 호

晧晧(호호), 晧雪(호설), 晧首(호수), 晧然(호연)

胡

총 9획 3II급 부수 肉
- 영 barbarian
- 중 hú
- 일 コ

오래(古)된 고기(月)도 즐겨 먹는 오랑캐니
오랑캐 호 참 夷(동쪽 민족 이, 오랑캐 이)

※ 우리나라의 서북방에 살던 오랑캐들은 오래된 고기도 즐겨 먹었다는 데서 유래된 글자로, 미개한 종족이란 뜻으로 멸시하여 이르는 말로도 쓰입니다. 우리가 욕으로 쓰는 '후레자식'이란 말도 '호리(胡夷)자식'에서 온 말이지요.

胡角(호각), 號角(호각), 胡桃(호도), 胡亂(호란)

瑚

총 13획 1급 부수 玉(王)
- 영 coral
- 중 hú
- 일 ゴ

옥(王)으로 오랜(古) 세월(月) 굳어진 것처럼 생긴 산호니 **산호 호**

※ 산호(珊瑚) - 산호과의 자포동물을 통틀어 이르는 말. 나뭇가지 모양의 군체(群體)를 이루고 사는데, 죽으면 살이나 기관은 썩고 뼈만 남지요.
※ 王(임금 왕, 으뜸 왕, 구슬 옥 변), 古(오랠 고, 옛 고), 月(달 월, 육 달 월), 珊(산호 산), 群(무리 군), 體(몸 체)

湖

총 12획 5급 부수 水
- 영 lake
- 중 hú
- 일 コ(みずうみ)

물(氵)이 오랜(古) 세월(月) 고여 있는 호수니
호수 호

湖水(호수), 湖畔(호반), 江湖(강호),
江湖煙波(강호연파)

糊

총 15획 1급 부수 米
- 영 paste, vagueness
- 중 hù, hú
- 일 コ(のり)

쌀(米)로 오랑캐(胡) 죽처럼 끓인 풀이니
풀 호
또 풀을 칠한 듯 흐려 모호하니 **모호할 호**

※ 米(쌀 미)

糊口之策(호구지책), 糊塗(호도), 曖昧模糊(애매모호)

鎬 鎬

총 18획 2급 부수 金
- 英 pan
- 中 hào, gǎo
- 日 コウ(しのぎ, なべ)

쇠(金)가 최고(高)로 나던 호경이니 **호경 호**
또 쇠(金)로 된 것 중에 최고(高)는 먹을 것을 끓이는 냄비니 **냄비 호**

※ 호경(鎬京) - 중국 섬서성 서안(西安) 부근에 있는 유적으로 무왕이 처음 도읍했던 곳.
※ 예나 지금이나 먹는 것이 최고니, 쇠(金)로 된 것 중 최고(高)는 먹을 것을 담고 끓이는 냄비라는 데서 '냄비 호(鎬)'지요.

毫

총 11획 3급 부수 毛
- 英 fine hair, brush
- 中 háo
- 日 ゴウ

높게(高) 자란 가는 털(毛)이니
가는 털 호
또 가는 털로 만든 붓이니 **붓 호**

※ 高[높을 고(高)의 획 줄임], 毛(털 모)

毫釐(호리), **秋毫**(추호), **秋毫不犯**(추호불범), **揮毫**(휘호)

豪

총 14획 3II급 부수 豕
- 英 hero, strong, firm
- 中 háo
- 日 ゴウ

힘이 센(高) 멧돼지(豕)처럼 굳세고 뛰어난 호걸이니
굳셀 호, **호걸 호**

※ 호걸(豪傑) - 재주와 용기가 뛰어난 사람.
※ 高[높을 고(高)의 획 줄임], 豕(돼지 시), 傑(뛰어날 걸)

豪氣(호기), **豪華**(호화), **强豪**(강호)

壕

총 17획 2급 부수 土
- 英 moat, hollow
- 中 háo
- 日 ゴウ

흙(土)을 파 굳세게(豪) 지키려고 성 주위에 만든 해자나 구덩이니 **해자 호**, **구덩이 호**

※ 해자(垓子) - 적의 침입을 막기 위해 성벽 바깥 둘레를 도랑처럼 파서 물이 괴게 한 곳. 垓(지경 해, 경계 해)

防空壕(방공호), **塹壕**(참호)

濠

총 17획 2급 부수 水
- 英 moat, Australia
- 中 háo
- 日 ゴウ(ほり)

물(氵)로 굳게(豪) 둘러싼 해자니
해자 호
또 해자처럼 물로 둘러싸인 호주니 **호주 호**

※ 호주(濠洲) - '오스트레일리아'의 한자음 표기. 洲(물가 주, 섬 주)

白濠主義(백호주의)

護 护

총 21획 4II급 부수 言
- 英 guard
- 中 hù
- 日 ゴ(まもる)

말(言) 못하는 풀(⺿) 속의 새(隹)들도 또(又)한 보호하니 **보호할 호**

※ 言(말씀 언), 隹(새 추), 又(오른손 우, 또 우)

保護(보호), **護國**(호국), **看護**(간호), **辯護**(변호)

昊

총 8획 2급 부수 日
- 英 sky
- 中 hào
- 日 コウ

해(日)가 빛나는 하늘(天)이니
하늘 호

※ 日(해 일, 날 일), 天(하늘 천)

昊天(호천), **昊天罔極**(호천망극)

弧

총 8획 1급 부수 弓
- 英 bent
- 中 hú
- 日 コ

활(弓)이 굽은 오이(瓜)처럼 굽었으니
굽은 활 호, 굽을 호

※ 弓(활 궁), 瓜(오이 과)
※ 요즘은 재배 기술이 발달하여 반듯하지만 오이는 원래 잘 굽으니 그것을 생각하고 만든 글자.

弧矢(호시), **弧度**(호도), **弧狀**(호상), **括弧**(괄호)

狐

총 8획 1급 부수 犬
- 英 fox
- 中 hú
- 日 コ(きつね)

짐승(犭) 중 오이(瓜) 같은 꼬리를 가진 여우니
여우 호 ㊌ 孤(외로울 고, 부모 없을 고)

※ 犭('큰개 견, 개 사슴 록 변'으로 짐승에 많이 쓰임), 瓜(오이 과)

狐狸(호리), **狐假虎威**(호가호위), **九尾狐**(구미호)

虍

총 6획 부수자
- 英 tiger
- 中 hū
- 日 コ

범 가죽 무늬를 본떠서
범 호 엄

※ 범과 관련된 글자에 부수로 쓰임. '엄'은 부수이름이고 이 글자를 독음으로 찾으려면 '호'로 찾아야 하니 '호'에 위치한 것이죠.

호

호

虎

총 8획 3II급 부수 虎
- 英 tiger
- 中 hǔ
- 日 コ(とら)

범(虍)은 사람처럼 영리하니 사람 인 발(儿)을 붙여서 **범 호**

※ 儿(어진 사람 인, 사람 인 발), 虍-호랑이.

猛虎(맹호), **虎死留皮**(호사유피), **騎虎之勢**(기호지세)

琥

총 12획 1급 부수 王(玉)
- 英 amber
- 中 hǔ
- 日 コ

임금 왕, 으뜸 왕, 구슬 옥 변(王)에 범 호(虎)를 붙여서 **호박 호**

※ 호박(琥珀) - 땅속에 묻힌 소나무·잣나무 따위의 진이 변하여 생긴 화석. (빛은 황색·갈색·암갈색 등이 있는데 장식품으로 쓰임)
※ 珀(호박 박)

蒿

총 14획 특II급 부수 ++
- 英 mugwort
- 中 hāo
- 日 コウ(よもぎ)

풀(++) 중에 최고(高)는 쑥이니
쑥 호 (= 蓬)

※ 쑥은 쑥차, 쑥국, 쑥떡, 쑥 즙 등 식용으로나 약용으로 널리 쓰이는 최고의 풀이라는 데서 만들어진 글자.
※ 蓬 : 풀(++) 중 흔하여 어디서나 만나는(逢) 쑥이니 '쑥 봉'
※ ++(초 두), 高(높을 고), 逢(만날 봉)

蒿矢(호시), **蒿雀**(호작), **蓬蒿**(봉호)

號 号

총 13획 6급 부수 虍
- 英 call out, name, mark
- 中 háo, hào
- 日 ゴウ

입(口)을 크게(丂) 벌리고 범(虎)처럼 부르짖는 이름이나 부호니 **부르짖을 호, 이름 호, 부호 호** 약 号

※ 丂[큰 대(大)의 변형], 号 : 입(口)을 크게(丂) 벌려 부르짖으니 '부르짖을 호', 또 부르는 이름이나 부호니 '이름 호, 부호 호'

號令(호령), **國號**(국호), **番號**(번호), **暗號**(암호)

祜

총 10획 2급 부수 示
- 英 blessing
- 中 hù

신(示)에게 오래(古) 빌어 받는 복이니
복 호

※ 示(보일 시, 신 시), 古(오랠 고, 옛 고)
※ 인·지명용 한자.

雇

머슴 고, 품 팔 고, 뻐꾹새 호
- 머슴 고, 품 팔 고(62쪽) 참고

或

총 8획 4급 부수 戈
- perhaps
- huò
- ワク(あるいは)

창(戈) 들고 식구(口)와 땅(一)을 지키며 혹시라도 있을지 모르는 적의 침입에 대비하니 **혹시 혹**

- 戈(창 과), 口('입 구, 말할 구, 구멍 구'나 여기서는 '식구'의 뜻)
- 혹시(或是) - ㉠그럴 리는 없지만 만일에. ㉡어쩌다가 우연히. 행여나. ㉢짐작대로 어쩌면. ㉣그러리라 생각하지만 다소 미심쩍은 데가 있어 말하기를 주저할 때 쓰는 말. 是(옳을 시, 이 시, be동사 시)

或間(혹간), **或時**(혹시), **或如**(혹여), **或者**(혹자)

惑

총 12획 3II급 부수 心
- bewitch, dizzy
- huò
- ワク(まどう)

혹시(或)나 하는 마음(心)으로 유혹하면 어지러우니
유혹할 혹, 어지러울 혹

- 마음이 일정하지 못하고 혹시나 하는 마음을 가진 사람이 유혹을 잘하고 또 잘 넘어가지요.
- 유혹(誘惑) - 남을 꾀어서 정신을 어지럽게 함. 그릇된 길로 꾐.
- 心(마음 심, 중심 심), 誘(꾈 유)

魅惑(매혹), **當惑**(당혹), **迷惑**(미혹), **疑惑**(의혹)

酷

총 14획 2급 부수 酉
- poisonous, cruel
- kù
- コク(ひどい)

술(酉)까지 바치며 알려도(告) 뜻대로 안 되면
심하고 독하니 **심할 혹, 독할 혹**

- 酉(술 유, 술그릇 유, 닭 유, 열째 지지 유), 告(알릴 고, 뵙고 청할 곡), 제대로 안 되는 일도 술로는 되는 경우가 있는데, 술로도 안 되니 심하다는 데서 생긴 글자.

酷毒(혹독), **酷暑**(혹서), **酷評**(혹평), **酷寒**(혹한)

昏

총 8획 3급 부수 日
- grow dark
- hūn
- コン(くらい)

나무뿌리(氏) 아래로 해(日)가 넘어가 저무니
저물 혼

- 氏(성 씨, 뿌리 씨)

昏亂(혼란), **混亂**(혼란), **昏迷**(혼미), **黃昏**(황혼)

婚

총 11획 4급 부수 女
- 🇺🇸 marriage
- 🇨🇳 hūn
- 🇯🇵 コン

(옛날에) 신부(女)는 저문(昏) 저녁에 맞이하여 결혼했으니 **결혼할 혼**

※ 지금도 그런 곳이 있지만 옛날에는 주로 저녁에 결혼했지요.

婚期(혼기), **婚姻**(혼인), **請婚**(청혼), **約婚**(약혼)

魂

총 14획 3II급 부수 鬼
- 🇺🇸 soul, spirit
- 🇨🇳 hún
- 🇯🇵 コン(たましい)

(몸속에 살아서) 말한다는(云) 귀신(鬼) 같은 넋이니 **넋 혼**

또 넋처럼 깊은 마음이니 **마음 혼**

※ 云(말할 운), 鬼(귀신 귀), 魂은 정신작용을 하고, 魄(넋 백)은 육체의 생명을 다스린다고 하지요.

魂靈(혼령), **魂魄**(혼백), **招魂**(초혼), **鬪魂**(투혼)

渾 浑

총 12획 1급 부수 水
- 🇺🇸 all, muddy
- 🇨🇳 hún
- 🇯🇵 コン

물(氵)에서 군사(軍)들이 싸우면 온통 흐리니 **온 혼, 흐릴 혼**

※ 軍(군사 군), 온 - 전부의, 모두의.

渾家(혼가), **渾身**(혼신), **渾然**(혼연), **渾沌·混沌**(혼돈)

混

총 11획 4급 부수 水
- 🇺🇸 mix, blend
- 🇨🇳 hùn
- 🇯🇵 コン(まじる)

물(氵)과 햇(日)빛이 적당히 비례하는(比) 곳에 동식물이 섞여 사니 **섞일 혼**

※ 比(나란할 비, 견줄 비)

混同(혼동), **混食**(혼식), **混用**(혼용), **混濁**(혼탁)

棍

몽둥이 곤, 묶을 혼 – 몽둥이 곤(66쪽) 참고

笏

총 10획 1급 부수 竹
- 英 baton
- 中 hù
- 日 コツ(しゃく)

대(竹)쪽에 실수가 없도록(勿) 적어 놓은 홀이니
홀 홀

* 勿(없을 물, 말 물)
* 홀 – 조선 시대에 벼슬아치가 임금을 뵐 때 손에 쥐던 물건. 일품부터 사품까지는 상아홀, 오품 이하는 목홀(木笏)을 사용했음.

笏記(홀기), **投笏**(투홀)

忽

총 8획 3II급 부수 心
- 英 suddenly, indifferent
- 中 hū
- 日 コツ(たちまち)

없던(勿) 마음(心)이 문득 떠오르니 **문득 홀**
또 계획 없는(勿) 마음(心)으로 소홀하게 대하니
소홀할 홀

* 心(마음 심, 중심 심)

忽變(홀변), **忽然**(홀연), **疏忽**(소홀), **忽待**(홀대)

惚

총 11획 1급 부수 心
- 英 ecstasy
- 中 hū
- 日 コツ(ほれる)

마음(忄)에 문득(忽) 느껴지게 황홀하니
황홀할 홀

* 황홀(恍惚) – ㉠눈이 부시어 어릿어릿할 정도로 찬란하거나 화려함. ㉡한 가지 사물에 마음이나 시선이 쏠리어 어리둥절함. ㉢정신이 어찔하고 흐리멍덩함. 恍(황홀할 황)

恍惚境(황홀경), **自惚**(자홀)

合

합할 합, 맞을 합, 홉 홉 – 합할 합(724쪽) 참고

弘

총 5획 3급 부수 弓
- 英 extensive, large
- 中 hóng
- 日 コウ(ひろい)

활(弓) 시위를 내(厶) 앞으로 당기면 넓게 커지니
넓을 홍, 클 홍

* 弓(활 궁), 厶(사사로울 사, 나 사)

弘敎(홍교), **弘報**(홍보), **弘益人間**(홍익인간), **弘大**(홍대)

泓

총 8획 2급 부수 水
- 영 deep, pool
- 중 hóng

물(氵)이 넓게(弘) 자리 잡은 깊은 못이니
물 깊을 홍, 못 홍

深泓(심홍)

鴻 鸿

총 17획 3급 부수 鳥
- 영 big goose
- 중 hóng
- 일 コウ

강(江)에 사는 새(鳥) 중 큰 기러기니
큰 기러기 홍

※ 江(강 강), 鳥(새 조)
※ 기러기 안(雁)은 작은 기러기, 홍(鴻)은 큰 기러기로 구분하세요.

鴻鵠(홍곡), 鴻功(홍공), 鴻基(홍기)

哄

총 9획 1급 부수 口
- 영 clamor
- 중 hōng
- 일 コウ

입(口)으로 함께(共) 떠드니
떠들 홍

※ 共(함께 공)

哄動(홍동), 哄笑(홍소), 哄然大笑(홍연대소)

洪

총 9획 3II급 부수 水
- 영 flood, broad, family name
- 중 hóng
- 일 コウ

물(氵)이 넘쳐 여러 가지와 함께(共) 넓게 흐르는
홍수니 **홍수 홍, 넓을 홍, 성씨 홍**

※ 홍수(洪水) - ㉠큰 물. ㉡사람이나 사물이 많이 쏟아져 나옴을 비유적으로 이르는 말.

洪水(홍수), 洪魚(홍어), 洪規(홍규)

虹

총 9획 1급 부수 虫
- 영 rainbow
- 중 hóng, jiàng
- 일 コウ(にじ)

아름다운 벌레(虫)로 만든(工) 것처럼 빛나는
무지개니 **무지개 홍**

※ 虫(벌레 충), 工(장인 공, 만들 공, 연장 공)

虹橋(홍교), 虹霓門(홍예문), 虹彩(홍채)

紅 红

총 9획 4급 부수 糸
- red, scarlet
- hóng
- コウ(べに)

(붉은색을 제일 좋아하는 중국에서) 실(糸)을 가공하면(工) 주로 붉은색이니 **붉을 홍**

> 지금도 중국인들은 붉은색을 좋아하여 환영, 찬양, 축하의 뜻으로 많이 사용하지요.

紅蔘(홍삼), **紅柿**(홍시), **紅顔**(홍안), **紅一點**(홍일점)

訌 讧

총 10획 1급 부수 言
- dizzy
- hòng
- コウ

(없는) 말(言)을 만들어(工) 어지러우니
어지러울 홍

> 言(말씀 언)

訌爭(홍쟁), **內訌**(내홍)

火

총 4획 8급 제부수
- fire
- huǒ
- カ(ひ)

타오르는 불을 본떠서
불 화

> 4획이니 글자의 발로 쓰일 때도 네 점을 찍어서 '불 화 발(灬)'이지요.

火力(화력), **火災**(화재), **發火**(발화), **放火**(방화)

化

총 4획 5급 부수 匕
- change, teach
- huà
- カ(ばける)

사람(亻)이 비수(匕) 같은 마음을 품고 일하면 안 되는 일도 되고 변하니 **될 화, 변화할 화**
또 되도록 가르치니 **가르칠 화**

> 匕(비수 비, 숟가락 비)

開化(개화), **變化**(변화), **馴化**(순화), **敎化**(교화)

靴

총 13획 2급 부수 革
- leather shoes
- xuē
- カ(くつ)

가죽(革)을 변화시켜(化) 만든 가죽신이니
가죽신 화

> 革(가죽 혁, 고칠 혁)

靴工(화공), **軍靴**(군화), **長靴**(장화)

花

총 8획 7급 부수 ++
- 영 flower, bloom
- 중 huā
- 일 カ(はな)

풀(++)의 일부가 변하여(化) 피는 꽃이니
꽃 화

* ++(초 두), 化(될 화, 변화할 화, 가르칠 화)

花壇(화단), **花盆**(화분), **開花**(개화), **生花**(생화)

貨 货

총 11획 4II급 부수 貝
- 영 wealth, article
- 중 huò
- 일 カ

변하여(化) 돈(貝)이 되는 재물이나 물품이니
재물 화, 물품 화

* 貝(조개 패, 재물 패)

貨物(화물), **貨幣**(화폐), **雜貨**(잡화), **鑄貨**(주화)

禾

총 5획 3급 제부수
- 영 rice plant
- 중 hé
- 일 カ

익어서 고개 숙인 벼를 본떠서
벼 화

* 벼는 모든 곡식을 대표하니 곡식과 관련되는 부수로도 두루 쓰이지요.

禾穀(화곡), **禾利**(화리)

和

총 8획 6급 부수 口
- 영 be in harmony
- 중 hé
- 일 ワ(やわらぐ)

벼(禾)를 나누어 같이 입(口)으로 먹으면 화목하게
화하니 **화목할 화, 화할 화**

* 화(和)하다-㉠(무엇을) 타거나 섞다. ㉡(날씨나 바람·마음 따위가) 온화하다.

和睦(화목), **和音**(화음), **和解**(화해), **調和**(조화)

畫 画

총 12획 6급 부수 田
- 영 picture
- 중 huà
- 일 カク

붓(聿)으로 밭(田) 하나(一)를 그린 그림이니
그림 화
또 그림 그리듯이 그으니 **그을 획** ㈜ 画

* 聿(붓 율), 田(밭 전)

畫家(화가), **畫室**(화실), **畫中之餠**(화중지병), **畫順**(획순)

畵 画

총 13획 급외자 부수 田
- 英 picture
- 中 huà
- 日 カク(えがく)

붓(聿)으로 밭(田)의 경계(凵)를 그린 그림이니
그림 화
또 그림 그리듯이 그으니 **그을 획** 약 画 : 하나(一)를 대상으로 말미암아(由) 입 벌리고(凵) 그린 그림이니 '그림 화', 또 그림 그리듯이 그으니 '그을 획'

※ 凵('입 벌릴 감, 터진 그릇 감'이나 여기서는 경계선의 모습), 由(말미암을 유), 畵는 畫의 속자.

話 话

총 13획 7급 부수 言
- 英 talk, story
- 中 huà
- 日 ワ(はなす)

말(言)을 혀(舌)로 하는 말씀이나 이야기니
말씀 화, 이야기 화

※ 言(말씀 언), 舌(혀 설), 생각을 붓으로 쓰면 글이고 혀로 하면 말씀이지요.

話術(화술), **對話**(대화), **童話**(동화), **實話**(실화)

禍 祸

총 14획 3II급 부수 示
- 英 calamity
- 中 huò
- 日 カ(わざわい)

신(示)이 비뚤어져(咼) 주는 재앙이니
재앙 화

※ 示(보일 시, 신 시)
※ 咼 : 입(口)이 비뚤어진 모양을 본떠서 '입 비뚤어질 괘·와'

禍根(화근), **遠禍召福**(원화소복),
轉禍爲福(전화위복)

華 华

총 12획 4급 부수 艹
- 英 brilliant, shine
- 中 huá
- 日 カ(はな)

풀(艹) 하나(一) 풀(艹) 하나(一) 마다 시월(十)의 가을바람에 단풍들어 화려하게 빛나니
화려할 화, 빛날 화

※ 꽃보다 단풍이 아름답지요.

華麗(화려), **華燭**(화촉), **昇華**(승화), **榮華**(영화)

嬅

총 15획 2급 부수 女
- 英 desirable, pretty
- 中 huà

여자(女)가 화려하게(華) 꾸민 듯 탐스럽고 예쁘니
탐스러울 화, 예쁠 화

※ 인·지명용 한자.

화

樺 桦

총 16획 2급 부수 木
- 영 birch, a cherry tree
- 중 huà
- 일 カ(かば)

나무(木)껍질이 화려한(華) 자작나무니 **자작나무 화**
또 나무(木) 중 화려한(華) 꽃이 피는 벚나무니
벚나무 화

※ 자작나무 - 자작나무 과의 낙엽 활엽 교목. 북부 지방의 깊은 산에 사는데, 나무껍질이 다른 나무와 달리 희며 얇게 벗겨져 화려하지요.

樺榴(화류), **樺木**(화목), **樺燭**(화촉), **樺皮**(화피)

擴 扩

총 18획 3급 부수 手
- 영 expand
- 중 kuò
- 일 カク(ひろげる)

손(扌)으로 넓게(廣) 넓히니
넓힐 확 얅 拡

※ 廣(넓을 광, 클 광)

擴大(확대), **擴散**(확산), **擴聲器**(확성기), **擴張**(확장)

確 确

총 15획 4II급 부수 石
- 영 certain
- 중 què
- 일 カク(たしか)

돌(石)로 덮으면(冖) 새(隹)도 날지 못함이 확실하니
확실할 확 유 鶴(학 학)

※ 石(돌 석), 冖(덮을 멱), 隹(새 추)

確實(확실), **確答**(확답), **的確**(적확), **正確**(정확)

穫 获

총 19획 3급 부수 禾
- 영 harvest
- 중 huò
- 일 カク

벼(禾)를 풀(艹) 속의 새(隹)들이 또(又) 먹을까 염려되어 거두니 **거둘 확**

※ 禾(벼 화), 艹(초 두), 又(오른손 우, 또 우), 새가 많았던 옛날에는 곡식이 익어 갈 무렵이면 들에 나가 새를 쫓다가 어느 정도 익으면 거뒀지요.

收穫(수확), **多收穫**(다수확)

廓

둘레 곽, 클 확 – 둘레 곽(72쪽) 참고

丸

총 3획 3급 부수 丶
- 영 pellet, pill
- 중 wán
- 일 ガン(まる)

많은(九) 것들이 점(丶)처럼 둥글둥글한 알이니
둥글 환, 알 환

※ 九(아홉 구, 클 구, 많을 구), 丶(점 주, 불똥 주)

丸石(환석), 丸藥(환약), 彈丸(탄환), 投砲丸(투포환)

幻

총 4획 2급 부수 幺
- 영 illusion
- 중 huàn
- 일 ゲン(まぼろし)

작은(幺) 힘(力)에서 또 일부(丿)가 빠지면 허깨비가 보이니 **허깨비 환**

※ 허깨비 – ㉠기(氣)가 허하여 착각이 일어나 없는데 있는 것처럼, 또는 다른 것처럼 보이는 물체. ㉡생각한 것보다 무게가 아주 가벼운 물건. 여기서는 ㉠의 뜻.
※ 幺(작을 요, 어릴 요), 丿['삐침 별'이나 여기서는 힘 력(力)의 일부로 봄]

幻滅(환멸), 幻想(환상), 幻影(환영), 幻聽(환청)

患

총 11획 5급 부수 心
- 영 anxiety
- 중 huàn
- 일 カン(わずらう)

가운데(中) 가운데(中)의 마음(心)에 맺힌 근심이니 **근심 환**

※ 心(마음 심, 중심 심), 적당히 잊지 못하고 가운데 가운데에 맺혀 있으면 근심이지요.

患者(환자), 憂患(우환), 有備無患(유비무환)

喚

총 12획 1급 부수 口
- 영 call
- 중 huàn
- 일 カン(よぶ)

입(口)으로 크게(奐) 부르니
부를 환

※ 奐 : 성(冂)의 위아래에서 사람들(ク・儿)이 크게(大) 일하는 모습이 빛나고 크니 '빛날 환(= 煥), 클 환'
※ 冂(멀 경, 성 경), ク[사람 인(人)의 변형], 儿(어진 사람 인, 사람 인 발)

喚起(환기), 使喚(사환), 召喚(소환), 阿鼻叫喚(아비규환)

煥

총 13획 2급 부수 火
- 영 glitter, bright
- 중 huàn
- 일 カン

불(火)이 빛나(奐) 밝으니
빛날 환, 밝을 환

※ 火(불 화)
※ 불빛이 환(煥)하다

煥然(환연)

환

換 换

총 12획 3II급 부수 手
- 英 exchange
- 中 huàn
- 日 カン(かえる)

손(扌)으로 빛나게(奐), 즉 분명하게 바꾸니 **바꿀 환**

* 扌(손 수 변), 奐(빛날 환, 클 환)

換氣(환기), **換骨奪胎**(환골탈태), **交換**(교환)

環 环

총 17획 4급 부수 王(玉)
- 英 ring, surround
- 中 huán
- 日 カン(わ)

옥(王)으로 눈 휘둥그레지듯이(睘) 둥글게 만든 고리니 **고리 환**

또 고리처럼 두르니 **두를 환**

* 睘 : 눈(罒)이 하나(一)의 입(口)처럼 크게 변하여(尢) 휘둥그레지니 '눈 휘둥그레질 경'
* 罒 ['그물 망'이나 여기서는 눈 목(目)을 뉘어 놓은 모습으로 봄], 尢[변화할 화, 될 화(化)의 변형]

環境(환경), **環太平洋**(환태평양), **花環**(화환)

還 还

총 17획 3II급 부수 辶
- 英 return
- 中 hái
- 日 カン(かえす)

놀라서 눈이 휘둥그레졌다가(睘) 다시 제 위치로 돌아오니(辶) **돌아올 환**

* 휘둥그레지다 - 놀라거나 두려워서 눈이 크고 둥그렇게 되다.

還甲(환갑), **還元**(환원), **返還**(반환), **償還**(상환)

鰥 鳏

총 21획 1급 부수 魚
- 英 widower
- 中 guān
- 日 カン

물고기(魚)가 그물(罒)에 걸려 좌우로 꿈틀거리는 모습(氺)같이 외로운 홀아비니 **홀아비 환**

* 魚(물고기 어), 罒(그물 망, = 网, ㄇ)

鰥居(환거), **鰥寡孤獨**(환과고독), **鰥夫**(환부)

명언 〈위복(爲福)이에게 전화(轉禍)하자〉 **轉禍爲福**(전화위복)이란 말이 마음을 울립니다. '재앙을 굴려 복을 만듦'으로, 비록 재앙에 처하더라도 굴하지 않고 오히려 그 재앙을 이용하여 복으로 만든다는 말이지요. 이 말을 재미있게 '위복(爲福)이에게 전화(轉禍)하자'로 바꾸어 어려움에 처할 때의 자세로 삼았으면 좋겠어요. ▶轉(구를 전), 禍(재앙 화), 爲(할 위, 위할 위), 福(복 복)

歡 欢

총 22획 4급 부수 欠
- 英 pleased
- 中 huān
- 日 カン(よろこぶ)

황새(雚)가 하품(欠)하듯 입을 크게 벌려 기뻐하니
기뻐할 환 약 歓, 欢, 欢

* 雚(황새 관), 欠(하품 흠, 모자랄 흠)

歡談(환담), **歡迎**(환영) ↔ **歡送**(환송), **哀歡**(애환)

驩

총 28획 1급 부수 馬
- 英 pleased
- 中 huān
- 日 カン(よろこぶ)

말(馬) 타고 황새(雚)가 날듯이 뛰면 기쁘니
기쁠 환

* 馬(말 마)

驩然(환연), **交驩**(교환)

宦

총 9획 1급 부수 宀
- 英 official post, eunuch
- 中 huàn
- 日 カン(つかさ)

(궁궐) 집(宀) 안의 신하(臣)처럼 벼슬하니 **벼슬 환**
또 (궁궐) 집(宀) 안에만 사는 신하(臣)는 내시니
내시 환

* 내시 - 궁중에서 임금의 시중을 들거나 숙직 따위의 일을 맡아본 관리.
* 宀(집 면), 臣(신하 신)

宦路(환로), **宦族**(환족), **宦官**(환관)

桓

총 10획 2급 부수 木
- 英 vigorous, signpost
- 中 huán
- 日 カン

나무(木)를 펴(亘) 박은 푯말처럼 굳세니
푯말 환, 굳셀 환

* 亘(뻗칠 긍, 펼 선)

桓桓(환환), **桓雄**(환웅)

滑

총 13획 2급 부수 水
- 英 slippery, dizzy
- 中 huá
- 日 カツ(すべる)

물(氵)이 뼈(骨)처럼 딱딱한 것에 묻으면 미끄러우니
미끄러울 활
또 미끄러우면 어지러우니 **어지러울 골**

* 骨(뼈 골)

滑走路(활주로), **圓滑**(원활), **潤滑油**(윤활유),
滑稽(골계)

猾

총 13획 1급 부수 犬
- 英 sly
- 中 huá
- 日 カツ

반갑게 꼬리치던 개(犭)가 갑자기 뼈(骨)를 물어뜯듯이 교활하니 **교활할 활**

※ 교활(狡猾) - 약은 꾀를 쓰는 것에 능함.
※ 犭(큰개 견, 개 사슴 록 변), 狡(교활할 교)

猾吏(활리), **猾智**(활지), **猾賊**(활적)

活

총 9획 7급 부수 水
- 英 live, alive
- 中 huó
- 日 カツ(いきる)

물(氵)기가 혀(舌)에 있어야 살아서 잘 움직이니 **살 활**

※ 舌(혀 설), 입에 침이 마르면 혀를 움직이기도 어렵고 몸 건강도 나쁘다지요.

活力(활력), **活路**(활로), **活魚**(활어), **復活**(부활)

闊 阔

총 17획 1급 부수 門
- 英 broad, open
- 中 kuò
- 日 カツ(ひろい)

문(門) 안에서 여러 식구들과 살면(活) 마음이 넓게 트이니 **넓을 활, 트일 활**
또 문(門) 안에만 살면(活) 우둔하니 **우둔할 활**
(속) 濶

※ 門(문 문), 여럿이 살다 보면 양보와 타협도 알게 되지요.

闊達(활달), **闊步**(활보), **廣闊**(광활), **迂闊**(우활)

況 况

총 8획 4급 부수 水
- 英 situation, moreover
- 中 kuàng
- 日 キョウ(いわんや)

물(氵)이 점점 불어나서 위험한 상황을 하물며 형(兄)이 모르겠는가에서 **상황 황, 하물며 황**

※ 형이 동생을 데리고 물놀이 갔을 때를 생각하고 만든 글자.
※ 상황(狀況) - (일이 되어 가는) 모습이나 상황.
※ 兄(형 형, 어른 형), 狀(모습 상, 문서 장)

盛況(성황), **好況**(호황), **況且**(황차), **又況**(우황)

黃 黄

총 12획 6급 제부수
- 英 yellow
- 中 huáng
- 日 コウ(き)

이십(卄)일(一) 년이나 지남으로 말미암아(由) 팔(八)방이 황무지로 변하여 누러니 **누를 황, 성씨 황**

※ 산과 들이 모두(共) 하나(一)같이 가을로 말미암아(由) 누렇게 변하니 '누를 황(黃)'이라고도 하지요.
※ 卄(스물 입, = 廿), 由(말미암을 유), 共(함께 공)

黃桃(황도), **黃砂**(황사), **黃昏**(황혼), **朱黃**(주황)

皇

총 9획 3II급 부수 白
- 영 emperor
- 중 huáng
- 일 コウ(きみ)

밝게(白) 왕(王)들을 지도하는 황제니
황제 황

※ 황제(皇帝) - 왕이나 제후를 거느리고 나라를 통치하는 임금을 왕이나 제후와 구별하여 이르는 말.
※ 白(흰 백, 밝을 백, 깨끗할 백, 아뢸 백), 帝(제왕 제)

皇國(황국), **皇宮**(황궁), **皇后**(황후)

煌

총 13획 1급 부수 火
- 영 shine, glitter
- 중 huáng
- 일 コウ(きらめく)

불(火)이 황제(皇)처럼 빛나니
빛날 황

※ 火(불 화)

煌煌(황황), **輝煌燦爛**(휘황찬란)

徨

총 12획 1급 부수 彳
- 영 wander, rove
- 중 huáng
- 일 コウ

조금씩 걸으며(彳) 황제(皇) 앞처럼 어쩔 줄 모르고 방황하니 **방황할 황**

※ 방황(彷徨) - 분명한 목표를 정하지 못하고 갈팡질팡함.
※ 彳(조금 걸을 척), 彷(방황할 방, 비슷할 방)

惶

총 12획 1급 부수 心
- 영 fearful
- 중 huáng
- 일 コウ(おそれる)

마음(忄)이 황제(皇)를 대한 것처럼 두려우니
두려울 황

惶恐(황공), **惶悚**(황송), **驚惶**(경황), **惶恐無地**(황공무지)

凰

총 11획 1급 부수 几
- 영 phoenix, a fabulous bird
- 중 huáng
- 일 オウ

안석(几) 중 황제(皇)의 것에 새기는 봉황새니
봉황새 황

※ 几(안석 궤 - 앉을 때 몸을 편하게 기대는 방석), 봉황새는 상서로운 새로 여겨 임금이 쓰는 물건이나 상장 같은 좋은 곳에도 새기지요.

遑

총 13획 1급 부수 辶
- 英 urgent
- 中 huáng
- 日 コウ(いとま)

황제(皇)도 뛸(辶) 정도로 급하니
급할 황

* 辶(뛸 착, 갈 착, = 辵)

遑遑(황황), 遑急(황급), 遑忙(황망)

恍

총 9획 1급 부수 心
- 英 enraptured
- 中 huǎng
- 日 コウ(とぼける)

마음(忄)이 빛(光)날 정도로 황홀하니
황홀할 황

* 황홀(恍惚) - ㉠눈이 부셔 어렷어렷할 정도로 찬란하거나 화려함. ㉡한 가지 사물에 마음이나 시선이 쏠리어 어리둥절함. ㉢정신이 아찔하고 흐리멍덩함.
* 光(빛 광), 惚(황홀할 홀)

晃

총 10획 2급 부수 日
- 英 dazzling
- 中 huǎng
- 日 コウ(あきらか)

햇(日)빛(光)처럼 밝으니
밝을 황

* 日(해 일, 날 일)

晃晃(황황), 晃然(황연)

滉

총 13획 2급 부수 水
- 英 deep and wide
- 中 huàng
- 日 コウ

물(氵)이 깊고 햇(日)빛(光)처럼 퍼져 넓으니
물 깊고 넓을 황

* 인·지명용 한자

李滉(이황) - 조선 중기의 학자, 문인(1501~1570).

荒

총 10획 3II급 부수 艹
- 英 wild
- 中 huāng
- 日 コウ(あらい)

풀(艹)까지 망가지게(亡) 냇(巛)물이 휩쓸어 거치니 **거칠 황**

* 亡(망할 망, 달아날 망, 죽을 망), 巛[내 천(川)의 변형]

荒唐(황당), 荒蕪地(황무지), 荒廢(황폐), 虛荒(허황), 荒唐無稽(황당무계)

慌

총 13획 1급 부수 心
- 훈 hurried
- 중 huāng
- 일 コウ(あわてる)

마음(忄)이 거칠어질(荒) 정도로 다급하니
다급할 황 (= 遑)

※ 다급하다 – 일이 바짝 닥쳐서 매우 급하다.

慌忙(황망), **恐慌**(공황), **唐慌**(당황)

回

총 6획 4Ⅱ급 부수 口
- 훈 turn, return, the number of times
- 중 huí 일 カイ(まわる)

축을 중심으로 돌아가는 모양에서
돌 회
또 돌아오는 횟수니 **돌아올 회, 횟수 회**

※ 한자는 둥근 것을 본떠서 만들었어도 네모이지요.

回轉(회전), **回答**(회답), **回顧**(회고), **一回**(일회)

徊

총 9획 1급 부수 彳
- 훈 wander
- 중 huái
- 일 カイ

(목적지 없이) 조금씩 걸으며(彳) 돌고(回)
배회하니 **배회할 회**

※ 배회(徘徊) – 목적 없이 이리저리 거닒.
※ 彳(조금 걸을 척), 徘(배회할 배)

低徊(저회), **遲徊**(지회)

蛔

총 12획 1급 부수 虫
- 훈 roundworm, ascarid
- 중 huí
- 일 カイ

벌레(虫) 중 도는(回) 모습으로 서리고 사는
회충이니 **회충 회**

※ 虫(벌레 충), 뱃속에 있는 기생충의 일종인 회충은 길어서 빙 도는 모습으로 서려 있다고 하지요.
※ 서리다 – 여러 뜻이 있지만 여기서는 '뱀 따위가 몸을 똬리처럼 둥그렇게 감다'의 뜻.

蛔蟲(회충) – 회충과에 딸린 기생충(寄生蟲).

廻

총 9획 2급 부수 廴
- 훈 take a roundabout way, revolve
- 중 huí 일 カイ(めぐる)

(바로 가지 않고) 돌아서(回) 길게 걸어(廴)
우회하니 **우회할 회, 돌 회**

※ 우회(迂廻) – (곧바로 가지 아니하고) 멀리 돌아서 감.
※ 廴(길게 걸을 인), 迂(멀 우, 돌아갈 우)

回轉·廻轉(회전), **廻風**(회풍), **輪廻**(윤회)

悔

총 10획 3II급 부수 心
- 영 regret
- 중 huǐ
- 일 カイ(くいる)

지내 놓고 마음(忄)으로는 항상(每) 후회하니
후회할 회

※ 후회(後悔)하다 - 일이 지난 뒤에 잘못을 깨치고 뉘우치다.
※ 每(항상 매), 後(뒤 후, 늦을 후), 지내 놓고 보면 항상 후회뿐이지요.

後悔(후회), **悔改**(회개), **悔悟**(회오), **尤悔**(우회)

晦

총 11획 1급 부수 日
- 영 the last day of month, dark 중 huì
- 일 カイ(つごもり)

날(日)이 가면 항상(每) 되는 그믐이니
그믐 회

또 그믐밤은 달도 없어 어두우니 **어두울 회**

※ 세월이 빨라 자주 그믐이 돌아옴을, 또 그믐날 밤은 달도 없어 어두움을 생각하고 만든 글자.

晦朔(회삭), **晦日**(회일), **晦盲**(회맹), **晦冥**(회명)

誨

총 14획 1급 부수 言
- 영 instruct
- 중 huì
- 일 カイ

말(言)을 항상(每) 하며 가르치니
가르칠 회

※ 言(말씀 언)

誨言(회언), **誨諭**(회유), **誨化**(회화), **敎誨**(교회)

懷 怀

총 19획 3II급 부수 心
- 영 cherish, think
- 중 huái
- 일 カイ(ふところ)

마음(忄)에 품고(褱) 생각하니
품을 회, 생각할 회 약 怀

※ 褱 : 옷(衣)을 그물(罒)처럼 싸고 눈물(氺)을 흘리도록 사연을 품으니 '품을 회' - 裏는 '품을 회, 생각할 회(懷)'의 옛 글자(古字)로, 지금은 홀로 쓰이지 않고 다른 글자에 붙어 쓰이죠. ㈜ 襄(도울 양, 오를 양), 罒(그물 망, = 网, ⺲), 氺(물 수 발)

懷疑(회의), **懷抱**(회포), **懷古**(회고), **感懷**(감회)

灰

총 6획 4급 부수 火
- 영 ash
- 중 huī
- 일 カイ(はい)

많이(ナ) 불(火) 타고 남은 재니
재 회

※ ナ['열 십, 많을 십(十)'의 변형], 火(불 화)

灰色(회색), **石灰石**(석회석), **洋灰**(양회),
灰心(회심) - 재처럼 고요히 사그라져 외부의 유혹을 받지 아니하는 마음.

恢

총 9획 1급 부수 心
- 영 wide, great
- 중 huī
- 일 カイ

마음(忄)에 온갖 욕망이 재(灰)처럼 사그라지면 넓고 큰마음이 되니 **넓을 회, 클 회**

※ 마음속의 온갖 사물을 구분하고 집착하고 그래서 고통스러워하는 번뇌의 불, 욕망의 불이 꺼진 상태를 불교에서 '열반'이라 하지요.

恢宏(회굉), **恢弘**(회홍), **恢廓**(회확), **恢恢**(회회)

會 会

총 13획 6급 부수 曰
- 영 meet
- 중 huì
- 일 カイ(あう)

사람(人)이 하나(一)같이 마음의 창(罒)을 열고 말하기(曰) 위해 모이니 **모일 회** 약 会 : 사람(人)이 말하기(云) 위해 모이니 '모일 회'.

※ 罒(창문 창) 유 罒(그물 망, = 网, 罓), 曰(가로 왈), 云(말할 운)

會見(회견), **會談**(회담), **會食**(회식), **會議**(회의)

檜 桧

총 17획 2급 부수 木
- 영 fir, Japanese cypress
- 중 guì
- 일 カイ(ひのき)

나무(木) 중 모인(會) 것처럼 무성히 자라는 전나무나 노송나무니 **전나무 회, 노송나무 회** 약 桧

※ 木(나무 목), 전나무나 노송나무는 상록수로 무성히 우거져 자라지요.

檜皮(회피), **檜木**(회목)

繪 絵

총 19획 1급 부수 糸
- 영 picture
- 중 huì
- 일 カイ

여러 색실(糸)을 모아(會) 천에 수를 놓듯이 그린 그림이니 **그림 회** 약 絵

※ 糸(실 사, 실 사 변)

繪具(회구), **繪圖**(회도), **繪筆**(회필), **繪畫**(회화)

膾 脍

총 17획 1급 부수 肉
- 영 sliced raw fish
- 중 kuài
- 일 カイ(なます)

고기(月)를 잘게 썰어 모아(會) 놓은 회니 **회 회** 약 脍

※ 月(달 월, 육 달 월), 회는 잘게 썰어 모아 쭉 늘어 놓지요.

膾炙(회자), **生鮮膾**(생선회), **肉膾**(육회)

회

淮

총 11획 2급 부수 水
- 英 name of a river
- 中 huái
- 日 ワイ

물(氵) 중 새(隹)들이 많이 사는 곳의 물 이름이니
물 이름 회 ㊌ 准(승인할 준)

※ 회수(淮水)-중국 하남성(河南省) 동백산에서 발원하여 황하로 흘러드는 강.

淮南子(회남자), **淮陽郡**(회양군)

賄 贿

총 13획 1급 부수 貝
- 英 bribe, present
- 中 huì
- 日 ワイ(まかなう)

재물(貝)을 가지고(有) 사사로이 주는
뇌물이나 선물이니 **뇌물 회, 선물 회**

※ 貝(조개 패, 재물 패), 有(가질 유, 있을 유)

賄交(회교), **賄賂**(회뢰), **收賄**(수회)‥ **贈賄**(증회)

畵

그림 화, 그을 획 – 그림 화(756쪽) 참고 (= 畫)

劃 划

총 14획 3II급 부수 刀
- 英 partition, plan
- 中 huà
- 日 カク

그려서(畵) 칼(刂)로 나누듯이 긋고 계획하니
그을 획, 계획할 획 ㊚ 畵(그림 화, 그을 획, = 畫)

※ 원래는 그림 화, 그을 획(畵)으로 썼는데 칼로 긋고 계획한다는 데서 刂(칼 도 방)을 붙인 글자지요.

劃一(획일), **區劃**(구획), **計劃**(계획), **企劃**(기획)

獲 获

총 17획 3II급 부수 犬
- 英 obtain
- 中 huò
- 日 カク(える)

개(犭)가 풀(艹) 속에 있는 새(隹)를 또(又) 잡아와
얻으니 **얻을 획**

※ 犭(큰개 견, 개 사슴 록 변), 隹(새 추), 又(오른손 우, 또 우)
※ 사냥을 가거나 농사 일에 따라온 개가 짐승이나 꿩 같은 새를 잡아 온다는 글자네요.

獲得(획득), **濫獲**(남획), **虜獲**(노획), **漁獲**(어획)

橫 橫

총 16획 3II급 부수 木
- 英 crosswise, selfishly
- 中 héng, hèng
- 日 オウ(よこ)

나무(木)가 누렇게(黃) 죽어 가로로 제멋대로 쓰러지니 **가로 횡, 제멋대로 할 횡**

※ 黃(누를 황), 나쁜 방법으로 취득하는 것을 '가로채다'라고 하듯이 '가로 횡(橫)'에도 '제멋대로 할 횡'의 뜻이 있지요.

橫斷(횡단), 橫領(횡령), 橫厄(횡액), 橫財(횡재)

效

총 10획 5급 부수 攵
- 英 follow, effect
- 中 xiào
- 日 コウ(きく)

사귀어(交) 본받도록 치면(攵) 효험이 있으니 **본받을 효, 효험 효**

※ 交(사귈 교, 오고 갈 교), 攵(칠 복, = 攴)

效則(효칙), 效果(효과), 發效(발효), 有效(유효)

曉 晓

총 16획 3급 부수 日
- 英 dawn, realize
- 中 xiǎo
- 日 ギョウ(あかつき)

해(日)가 높이(堯) 떠오르는 새벽이니 **새벽 효**

또 해(日)처럼 높이(堯) 깨달으니 **깨달을 효**

※ 堯(높을 요, 요임금 요)

曉光(효광), 曉星(효성), 曉起(효기), 曉得(효득)

孝

총 7획 7급 부수 子
- 英 filial piety
- 中 xiào
- 日 コウ

노인(耂)을 아들(子)이 받들어 효도하니 **효도 효**

※ 耂 : '늙을 로(老)'가 부수로 쓰일 때의 모습으로 '늙을 로 엄'

孝道(효도), 孝誠(효성), 孝悌忠信(효제충신)

哮

총 10획 1급 부수 口
- 英 roar
- 中 xiào
- 日 コウ(たける)

입(口)으로만 효도(孝)하면 부모가 성내니 **성낼 효**

※ 실제로 행동하지 않고 입으로 말로만 효도한 척하면 부모님이 성내지요.

哮吼(효후), 咆哮(포효)

酵

총 14획 1급 부수 酉
- 英 ferment
- 中 jiào
- 日 コウ

술(酉)을 발효시킬 때 효자(孝) 노릇하는 효모니 **효모 효**

* 효모(酵母) – 식품 제조 시 발효와 부풀리기에 이용하는 것.
* 酉(술 그릇 유, 술 유, 닭 유, 열째 지지 유), 母(어미 모)

酵母菌(효모균), **酵素**(효소), **醱酵**(발효)

嚆

총 17획 1급 부수 口
- 英 cry
- 中 hāo
- 日 コウ

입(口)에 밥은 안주고 쑥(蒿)만 먹으라면 우니 **울 효**

* 蒿(쑥 호), 먹을 것이 없었던 옛날에는 쑥이나 소나무 껍질까지 먹었지요.

嚆矢(효시) – '우는 화살'로, 어떤 사물이나 현상이 시작되어 나온 맨 처음을 비유적으로 이르는 말.

爻

총 4획 1급 제부수
- 英 a divination sign, make friends with, model after a pattern
- 中 yáo
- 日 コウ

육효가 서로 엇갈린 점괘를 본떠서 **점괘 효**
또 서로 교차하여 사귀며 좋은 점을 본받으니
사귈 효, 본받을 효

* 육효(六爻) – 주역(周易)의 괘를 이루는 6개의 가로 그은 획.

數爻(수효) – 낱낱의 수.

厚

총 9획 4급 부수 厂
- 英 thick
- 中 hòu
- 日 コウ(あつい)

굴 바위(厂) 같은 집에서도 날(日)마다 자식(子)을
돌보는 부모의 정성이 두터우니 **두터울 후**

* 두텁다 – 신의, 믿음, 관계, 인정 따위가 굳고 깊다.
* 厂(굴 바위 엄, 언덕 엄), 子(아들 자, 첫째 지지 자, 자네 자, 접미사 자)

厚待(후대), **厚德**(후덕), **厚賜**(후사), **濃厚**(농후)

侯

총 9획 3급 부수 人
- 英 target, feudal lord
- 中 hóu
- 日 コウ

사람(亻)이 만들어(그) 화살(矢)을 쏘는 과녁이니
과녁 후
또 과녁을 잘 맞힌 사람이 제후가 되었으니 **제후 후**

* 그[장인 공, 만들 공, 연장 공(工)의 변형], 矢(화살 시), 제후(諸侯) – 제왕으로부터 일정한 영토(領土)를 받아 영내의 백성을 다스렸던 영주.

侯鵠(후곡), **侯爵**(후작), **王侯將相**(왕후장상)

喉

총 12획 2급 부수 口
- 영 throat
- 중 hóu
- 일 コウ(のど)

입(口)안에 과녁(侯)처럼 둥근 목구멍이니
목구멍 후

※ 과녁의 둥근 구멍처럼 생긴 목구멍을 생각하고 만든 글자.

喉頭(후두), **咽喉**(인후), **耳鼻咽喉科**(이비인후과)

候

총 10획 4급 부수 人
- 영 weather, spy
- 중 hòu
- 일 コウ(そうろう)

바람에 날릴까 봐 과녁(侯)에 화살(丨)을 쏠 때는
기후를 염탐하니 **기후 후, 염탐할 후**

※ 염탐(廉探) - 몰래 남의 사정을 조사함.
※ 丨('뚫을 곤'이지만 여기서는 화살로 봄), 廉(청렴할 렴, 값쌀 렴, 살필 렴), 探(찾을 탐)

氣候(기후), **候鳥**(후조), **候補**(후보), **徵候**(징후)

後 后

총 9획 7급 부수 彳
- 영 after, back
- 중 hòu
- 일 コウ(のち)

조금씩 걷고(彳) 조금(幺)씩 뒤져서 걸으면(夂)
뒤지고 늦으니 **뒤 후, 늦을 후**

※ 彳(조금 걸을 척), 幺(작을 요, 어릴 요), 夂(천천히 걸을 쇠, 뒤져 올 치)

後繼(후계), **後光**(후광), **背後**(배후), **前後**(전후)

吼

총 7획 1급 부수 口
- 영 roar
- 중 hǒu
- 일 コウ(ほえる)

입(口)으로 새끼(子) 새(乚)가 울듯이 크게
울부짖으니 **울부짖을 후**

※ 子(아들 자, 첫째 지지 자, 자네 자, 접미사 자), 乚[새 을, 둘째 천간 을, 굽을 을(乙)의 변형]

叫吼(규후), **獅子吼**(사자후)

嗅

총 13획 1급 부수 口
- 영 smell
- 중 xiù
- 일 キュウ(かぐ)

콧구멍(口)으로 냄새(臭)를 맡으니
냄새 맡을 후

※ 口(입 구, 말할 구, 구멍 구), 臭(냄새 취)

嗅覺(후각), **嗅感**(후감), **嗅官**(후관), **嗅器**(후기)

朽

총 6획 1급 부수 木
- 英 rot
- 中 xiǔ
- 日 キュウ(くちる)

나무(木)도 다 크면(丂) 죽어 썩으니
썩을 후

※ 木(나무 목), 丂 : 큰 대(大)의 변형

朽落(후락), **朽**滅(후멸), 老**朽**(노후), 不**朽**(불후)

后

총 6획 2급 부수 口
- 英 empress
- 中 hòu
- 日 コウ(きさき)

몸(尸)이나 입(口)으로 지시하는 왕후니
왕후 후

※ 尸[주검 시, 몸 시(尸)의 변형]. 원래는 사람의 몸 뒤에 있는 똥구멍의 뜻이었는데, 음을 빌려 임금의 뜻(侯·皇)으로 쓰다가, 요즘에는 侯(과녁 후, 제후 후)를 남자 임금, 后를 왕후(王后)의 뜻으로 쓰지요.

后妃(후비), 王**后**(왕후), **后**蜂(후봉)

逅

총 10획 1급 부수 辶
- 英 drop across
- 中 hòu
- 日 コウ(であう)

만나기 어려운 왕후(后)를 만나듯 가다가(辶)
우연히 만나니 **우연히 만날 후**

※ 辶(뛸 착, 갈 착, = 辵)
※ 만날 확률이 적은 만남에 쓰이지요.

邂**逅**(해후), 邂**逅**相逢(해후상봉)

訓

총 10획 6급 부수 言
- 英 teach
- 中 xùn
- 日 クン(おしえる)

말(言)을 내(川)처럼 길게 하며 가르치니
가르칠 훈

※ 言(말씀 언), 川(내 천)

訓戒(훈계), **訓**練(훈련), **訓**手(훈수), **訓**話(훈화)

熏

총 14획 2급 부수 火
- 英 fumigate
- 中 xūn
- 日 クン(くすべる)

천(千) 갈래로 퍼지는 검은(黑) 연기가 끼어 그을리니
연기 낄 훈, 그을릴 훈, 향 피울 훈 (= 燻)

※ 千(일천 천, 많을 천), 黑(검을 흑)
※ 燻 : 불(火)로 연기 끼고(熏) 그을리니 '연기 낄 훈, 그을릴 훈'

熏製·**燻**製(훈제), **熏**肉(훈육), **熏**蒸(훈증), **熏**香(훈향)

壎 塤

총 17획 2급 부수 土
- 영 bugle
- 중 xūn
- 일 ケン

흙(土)으로 만들어 연기(熏)로 구워 만든 질 나팔이니 **질 나팔 훈**

※ 훈(壎) - 고대 중국에서 흙으로 빚어 구워 만든 악기의 하나로, 여섯 개나 여덟 개의 구멍이 뚫려 있는 계란 모양의 악기. 서양의 오카리나(ocarina)는 이를 모방한 것이라 하지요.
※ 질 - 질그릇을 만드는 흙.

勳 勋

총 16획 2급 부수 力
- 영 merits
- 중 xūn
- 일 クン(いさお)

연기(熏)처럼 솟아오르는 힘(力)으로 이룬 공이니 **공 훈** 참 功(공 공, 공로 공)

※ 力(힘 력), 공 - 힘들여 이루어 낸 결과.

勳舊(훈구), **勳章**(훈장), **功勳**(공훈), **報勳**(보훈)

薰

총 18획 2급 부수 艹
- 영 fragrance
- 중 xūn
- 일 クン(かおる)

풀(艹) 중 연기(熏)처럼 향기 나는 향풀이니 **향풀 훈**

薰氣(훈기), **薰風**(훈풍), **薰薰**(훈훈)

暈 晕

총 13획 1급 부수 日
- 영 halo
- 중 yùn
- 일 ウン(かさ)

해(日) 둘레에 군사(軍)처럼 둘러싼 무리니 **무리 훈** 참 暉(빛 휘)

※ 무리 - 구름이 태양이나 달의 표면을 가릴 때, 태양이나 달의 둘레에 생기는 불그스름한 빛의 둥근 테. 대기 가운데 떠 있는 물방울에 의한 빛의 굴절이나 반사 때문에 생김.
※ 軍(군사 군)

暈光(훈광), **暈輪**(훈륜), **暈圍**(훈위)

喧

총 12획 1급 부수 口
- 영 noisy
- 중 xuān
- 일 ケン(やかましい)

입(口)을 펴(宣) 떠드니 **떠들 훤**

※ 宣(펼 선, 베풀 선)

喧騷(훤소), **喧擾**(훤요), **喧爭**(훤쟁), **喧譁**(훤화)

毀

총 13획 3급 부수 殳
- 훈 ruin
- 중 huǐ
- 일 キ(こわす)

절구(臼)처럼 만들어(工) 넣고 치면(殳)
헐어지니 헐 훼 원 毀 : 절구(臼)에 흙(土)을 넣고 치면(殳) 헐어지니 '헐 훼'

※ 毀는 毁의 속자인데 속자를 많이 씁니다.
※ 臼(절구 구), 工(장인 공, 만들 공, 연장 공), 殳(칠 수, 창 수, 몽둥이 수)

毀棄(훼기), **毀謗**(훼방), **毀傷**(훼상), **毀損**(훼손)

卉

총 5획 1급 부수 十
- 훈 grass, numerous
- 중 huì
- 일 キ(くさ)

많은(十) 풀(艹)이니
많을 훼, 풀 훼

※ 十(열 십, 많을 십), 卄['받쳐 들 공'이나 여기서는 초 두(艹)의 약자로 봄]

卉服(훼복), **花卉**(화훼)

喙

총 12획 1급 부수 口
- 훈 bill
- 중 huì
- 일 カイ(くちばし)

입(口)에서 끊어(彖) 쪼아 먹는 부리나 주둥이니
부리 훼, 주둥이 훼

※ 彖(끊을 단)

喙息(훼식), **喙長三尺**(훼장삼척), **容喙**(용훼)

揮 挥

총 12획 4급 부수 手
- 훈 brandish, lead, scatter
- 중 huī
- 일 キ(ふるう)

손(扌)을 휘둘러 군사(軍)를 지휘하여 흩어지게 하니
휘두를 휘, 지휘할 휘, 흩어질 휘

※ 軍(군사 군), 군대는 흩어져 있어야 적의 공격에 견딜 수 있지요.

揮毫(휘호), **發揮**(발휘), **指揮**(지휘) **揮發**(휘발)

輝 辉

총 15획 3급 부수 車
- 훈 shine
- 중 huī
- 일 キ(かがやく)

빛(光)에 군사(軍)의 계급장이 빛나니
빛날 휘

※ 光(빛 광), 한자가 만들어지던 옛날에는 종족과 나라 사이에 싸움이 많았기에 전쟁이나 군사, 무기와 관련된 글자도 많답니다.

輝光(휘광), **輝煌燦爛**(휘황찬란)

彙 汇

총 13획 1급 부수 ⇒
- 英 class, gather
- 中 huì
- 日 イ

엇갈리게(⇒) 하나(一)씩 묶어(冖) 과일(果)을 무리 지어 모으니 **무리 휘, 모을 휘**

※ 원래는 '고슴도치 머리(⇒)처럼 생긴 꼭지 부분을 묶어(冖) 과일(果)을 무리 지어 모으니 무리 휘, 모을 휘'이지요.
※ ⇒(고슴도치 머리 계, 머리 계, = 크), 冖(덮을 멱), 果(열매 과, 결과 과)

彙報(휘보), **萬彙群像**(만휘군상), **語彙**(어휘)

徽

총 17획 2급 부수 彳
- 英 beautiful, badge
- 中 huī
- 日 キ

작은(媺) 부분까지 실(糸)로 꾸며 아름다우니 **아름다울 휘**
또 아름답게 만든 표기니 **표기 휘**

※ 媺[작을 미(微)의 획 줄임]
※ 표기(標旗) - ㉠목표물로 세운 기. ㉡조선 시대에, 병조(兵曹)의 뜻이 되던 깃발. 標(표 표), 旗(기 기), 兵(군사 병), 曹(무리 조, 관청 조)

徽言(휘언), **徽章**(휘장), **徽旨**(휘지)

諱 讳

총 16획 1급 부수 言
- 英 avoid, shun
- 中 huì
- 日 キ(いみな)

말(言)을 어긋나게(韋) 하면 모두 꺼리니 **꺼릴 휘**
또 꺼리며 함부로 부르지 않는 휘자니 **휘자 휘**

※ 휘자(諱字) - 돌아가신 높은 어른의 생전의 이름자.
※ 言(말씀 언), 韋(가죽 위, 어긋날 위), 字(글자 자)

諱忌(휘기), **諱談**(휘담), **諱疾**(휘질)

麾

총 15획 1급 부수 麻
- 英 flag, lead
- 中 huī
- 日 キ(さしまねく)

삼(麻)베에 깃털(毛)을 장식한 대장기를 휘두르며 지휘하니 **대장기 휘, 지휘할 휘**

※ 麻(삼 마, 마약 마), 毛(털 모), 베가 귀하던 옛날에는 삼베가 여러 용도로 쓰였지요.

麾旗(휘기), **麾動**(휘동), **麾兵**(휘병), **麾下**(휘하)

休

총 6획 7급 부수 人
- 英 rest
- 中 xiū
- 日 キュウ(やすむ)

사람(亻)이 나무(木) 옆에서 쉬니 **쉴 휴** ㊌ 体[몸 체(體)의 약자]

※ 나무는 산소며 피톤치드(phytoncide)가 많이 나와 건강에 좋다지요. 나무 옆에서 쉬면 녹색 샤워를 한 셈이라네요.

休耕(휴경), **休息**(휴식), **休戰**(휴전), **連休**(연휴)

烋

총 10획 2급 부수 火
- 영 gentle, beautiful
- 중 xiū
- 일 キュウ

쉬면서(休) 따뜻한 불(灬)을 쬐듯 온화하고
아름다우니 **온화할 휴, 아름다울 휴** ㉺ 杰(뛰어날 걸)

※ 온화(溫和)하다 – ㉠날씨가 맑고 따뜻하여 바람이 부드럽다. ㉡성격, 태도 따위가 온순하고 부드럽다.
※ 灬(불 화 발), 溫(따뜻할 온, 익힐 온), 和(화목할 화)
※ 인·지명용 한자

携

총 13획 3급 부수 手
- 영 carry, draw
- 중 xié
- 일 ケイ(たずさえる)

손(扌)으로 새(隹)처럼 곧(乃) 끌어 가지니
끌 휴, 가질 휴

※ 扌(손 수 변), 隹(새 추), 乃(곧 내, 이에 내)

携帶(휴대), **携帶品**(휴대품), **携引**(휴인), **提携**(제휴)

虧

총 17획 특Ⅱ급 부수 虍
- 영 wane
- 중 kuī

범(虍)이 새(隹)를 쥐듯 크게(丂) 한(一) 번 쥐면
이지러지니 **이지러질 휴**

※ 虍(범 호 엄), 隹(새 추), 丂[큰 대(大)의 변형]

虧損(휴손), **虧失**(휴실), **虧月**(휴월)

恤

총 9획 1급 부수 心
- 영 pity
- 중 xù
- 일 ジュツ

마음(忄)으로 피(血)를 본 것처럼 불쌍히 여기니
불쌍히 여길 휼

※ 血(피 혈)

恤米(휼미), **救恤**(구휼), **患難相恤**(환난상휼)

凶

총 4획 5급 부수 凵
- 영 evil, a bad year
- 중 xiōng
- 일 キョウ

움푹 패이고(凵) 베인(乂) 모습이 흉하니
흉할 흉
또 먹을 것이 없어 흉하게 살아야 할 흉년이니 **흉년 흉**

※ 凵('입 벌릴 감, 그릇 감'이나 여기서는 움푹 패인 모습으로 봄), 乂(벨 예, 다스릴 예, 어질 예)

凶器(흉기), **吉凶禍福**(길흉화복), **凶年**(흉년)

총 10획 3II급 부수 肉
- 英 breast
- 中 xiōng
- 日 キョウ(むね)

몸(月)의 흉한(凶) 것을 감싼(勹) 가슴이니
가슴 흉

※ 月(달 월, 육 달 월), 勹(쌀 포), 가슴은 간, 심장, 허파 등 중요한 장기를 감싸 보호하지요.

胸膈(흉격), **胸襟**(흉금), **胸部**(흉부), **胸像**(흉상)

총 6획 1급 부수 儿
- 英 ruffian
- 中 xiōng
- 日 キョウ

흉하게(凶) 행동하는 사람(儿)은 흉악하니
흉악할 흉

※ 흉악(兇惡) - ㉠모습이 악하고 모짊. ㉡모습이 흉하고 고약함.
※ 儿(어진 사람 인, 사람 인 발), 惡(악할 악, 미워할 오)

兇計(흉계), **兇物**(흉물), **元兇**(원흉)

총 6획 2급 부수 勹
- 英 savage
- 中 xiōng
- 日 キョウ

싸듯(勹) 흉(凶)한 마음을 가진 오랑캐니
오랑캐 흉

※ 흉노(匈奴) - 중국 진·한대(秦·漢代)에 몽골 고원에서 활약한 유목 기마 민족.
※ 勹(쌀 포), 奴(종 노)

총 9획 1급 부수 水
- 英 spurt
- 中 xiōng
- 日 キョウ

물(氵)이 싸여(勹) 흉한(凶) 모습으로 용솟음치니
용솟음칠 흉

洶洶(흉흉), **洶急**(흉급), **洶湧**(흉용)

총 12획 5급 제부수
- 英 black, dark
- 中 hēi
- 日 コク(くろ)

굴뚝(里)처럼 불(灬)에 그을려 검으니
검을 흑

※ 里(구멍 뚫린 굴뚝의 모습), 灬(불 화 발)

黑白(흑백), **黑字**(흑자), **近墨者黑**(근묵자흑) - '먹을 가까이 하는 사람은 검어진다'로, 나쁜 사람과 가까이 지내면 나쁜 버릇에 물들기 쉬움을 비유적으로 이르는 말.

欣

- 총 8획 1급 부수 欠
- joy, like
- xīn
- キン(よろこぶ)

도끼(斤)로 자기의 흠(欠)을 끊음은 기쁘고 좋아할 일이니 **기쁠 흔, 좋아할 흔**

※ 斤(도끼 근, 저울 근), 欠(하품 흠, 모자랄 흠)

欣感(흔감), **欣求**(흔구), **欣快**(흔쾌), **欣然**(흔연)

欠

- 총 4획 1급 제부수
- yawn, not enough
- qiàn
- ケツ(かける)

사람(人)이 기지개를 켜며 하품하는 모습에서 **하품 흠** 또 하품하며 나태하면 능력이 모자라니 **모자랄 흠**

※ 흠(欠) – ㉠흠. ㉡물건이 이지러지거나 깨어진 자리. ㉢사물이 불완전하게 되어 잘못되거나 모자라는 부분. ㉣사물의 불충분하거나 불완전한 부분. ㉤사람의 언행이나 성격에 흠이 될 만한 점.

欠伸(흠신), **欠缺**(흠결), **欠席**(흠석), **欠乏**(흠핍)

歆

- 총 13획 1급 부수 欠
- enjoy, envy
- xīn
- キン

마음껏 소리(音) 지르고 하품하며(欠) 행복을 누리면 누구나 부러워하니 **누릴 흠, 부러워할 흠**

※ 音(소리 음)

歆感(흠감), **歆格**(흠격), **歆饗**(흠향)

欽 钦

- 총 12획 2급 부수 欠
- envy, respectful
- qīn
- キン

금(金)덩이를 보고 하품(欠)하듯 입 벌려 부러워하고 공경하니 **부러워할 흠, 공경할 흠**

※ 金(쇠 금, 금 금, 돈 금, 성씨 김)

欽求(흠구), **欽慕**(흠모), **欽敬**(흠경), **欽羨**(흠선)

痕

- 총 11획 1급 부수 疒
- scar, vestige
- hén
- コン(あと)

병(疒)이 그치고(艮) 나아도 남는 흉터니 **흉터 흔** 또 흉터처럼 남는 흔적이니 **흔적 흔**

※ 疒(병들 녁), 艮(멈출 간, 어긋날 간)

痕跡(흔적), **傷痕**(상흔), **戰痕**(전흔), **血痕**(혈흔)

吸

총 7획 4II급 부수 口
- 영 breath, swallow
- 중 xī
- 일 キュウ(すう)

입(口)으로 공기를 폐까지 이르도록(及) 들이쉬니
숨 들이쉴 흡, 마실 흡

※ 及(이를 급, 미칠 급)

吸力(흡력), **吸收**(흡수), **吸煙**(흡연), **吸着**(흡착)

恰

총 9획 1급 부수 心
- 영 similar
- 중 qià
- 일 コウ(あたかも)

마음(忄)이 맞으면(合) 보임도 흡사하니
흡사할 흡

※ 몸은 마음을 표현하는 현악기라 하니 마음이 같으면 표정도 비슷하겠지요.
※ 흡사(恰似) - '거의 같음'으로, 그럴 듯하게 비슷함의 뜻.
※ 合(합할 합, 맞을 합), 似(같을 사, 닮을 사)

洽

총 9획 1급 부수 水
- 영 enough, get wet
- 중 qià
- 일 エン(そう)

물(氵)에 합해지듯(合) 서로 화합이 되어 흡족하니
흡족할 흡
또 물(氵)에 합해지면(合) 젖으니 **젖을 흡**

※ 흡족(洽足) - 아쉽거나 모자람이 없음. 足(발 족, 넉넉할 족)

洽滿(흡만), **洽合**(흡합), **未洽**(미흡), **洽汗**(흡한)

興

총 16획 4II급 부수 臼
- 영 rise, delightful
- 중 xīng, xìng
- 일 コウ(おこる)

마주 들어(舁) 같이(同) 힘쓰면 흥하고 흥겨우니
흥할 흥, 흥겨울 흥   얙 兴 : 점점점(丷) 하나(一)같이 나누어
(八) 일하면 흥하고 흥겨우니 '흥할 흥, 흥겨울 흥'.

※ 舁(마주들 여), 同(같을 동), 八(여덟 팔, 나눌 팔)

復興(부흥), **振興**(진흥), **興味**(흥미), **遊興**(유흥)

希

총 7획 4II급 부수 巾
- 영 want
- 중 xī
- 일 キ(こいねがう)

찢어진(乂) 베(布)옷이면 새 옷을 바라니
바랄 희

※ 乂(벨 예, 다스릴 예, 어질 예), 布(베 포, 펼 포, 보시 보)

希求(희구), **希念**(희념), **希望**(희망), **希願**(희원)

稀

총 12획 3II급 부수 禾
- 英 rare, faint
- 中 xī
- 日 キ(まれ)

벼(禾)는 바라는(希) 만큼 수확하기가 드무니 **드물 희**
또 드물어 희미하니 **희미할 희**

※ 禾(벼 화)

稀貴(희귀), **稀薄**(희박), **稀釋**(희석), **稀罕**(희한)

姬

총 9획 2급 부수 女
- 英 woman, family name
- 中 jī
- 日 キ(ひめ)

여자(女) 중 신하(臣)처럼 활동하는 계집이니
계집 희, 성씨 희 원 姬 : 여자(女) 중 임금의 턱(臣: 턱 이) 밑에서 시중드는 계집이니 '계집 희, 성씨 희'.

※ 원자보다 속자로 많이 쓰이지요.

姬妾(희첩), **舞姬**(무희), **美姬**(미희)

熙

총 13획 2급 부수 火
- 英 bright
- 中 xī
- 日 キ

신하(臣)의 지혜가 뱀(巳)처럼 슬기롭고 불(灬)처럼 빛나니 **빛날 희** 원 熙 : 말을 잘하여 턱(匝: 턱 이) 부분이 뱀(巳)이나 불(灬)처럼 빛나니 '빛날 희'

※ 巳(뱀 사, 여섯째 지지 사), 灬(불 화 발)

熙光(희광), **熙隆**(희륭), **熙笑**(희소)

戲

총 16획 3II급 부수 戈
- 英 play, joke with
- 中 xì
- 日 ギ(たわむれる)

헛된(虛), 즉 거짓 창(戈)으로 놀라게 하며 놀고 희롱하니 **놀 희, 희롱할 희** 속 戯 약 戏

※ 虛(빌 허, 헛될 허), 戈(창 과)

戲曲(희곡), **戲劇**(희극), **戲弄**(희롱), **戲筆**(희필)

戯 戏

총 16획 특II급 부수 戈
- 英 play, joke with
- 中 xī

범(虍) 무늬를 제기(豆) 위에 놓고 창(戈)으로 찌르는 시늉을 하며 놀고 희롱하니 **놀 희, 희롱할 희**
원 戲 약 戏

※ 虍(범 호 엄), 豆(제기 두, 콩 두), 戈(창 과)

噫

총 16획 2급 부수 口
- sigh, belch
- yī
- アイ(ああ)

입(口)으로 어떤 뜻(意)에 사무쳐 탄식하니
탄식할 희
또 탄식하듯이 트림하니 **트림할 애**

* 탄식(歎息·嘆息) – 한탄하며 한숨을 쉼. 또는 그 한숨.
* 意(뜻 의), 歎(탄식할 탄, = 嘆)

噫嗚(희오), **噫氣**(애기)

喜

총 12획 4급 부수 口
- glad
- xǐ
- キ(よろこぶ)

좋은(吉) 채소(艹)를 입(口)으로 먹으면 기쁘니
기쁠 희 참 善(착할 선, 좋을 선, 잘할 선)

* 吉(길할 길, 상서로울 길), 艹[초 두(艹)의 약자]

喜悲(희비), **喜捨**(희사), **喜悅**(희열), **歡喜**(환희)

嬉

총 15획 2급 부수 女
- delight
- xī
- キ(うれしい)

여자(女)와 기쁘게(喜) 즐기니
즐길 희

嬉笑(희소), **嬉遊**(희유), **嬉戲**(희희)

禧

총 17획 2급 부수 示
- blessing
- xǐ
- キ

신(示)까지 기쁘게(喜) 행동하면 주는 복이니
복 희

* 示(보일 시, 신 시)

禧年(희년), **鴻禧**(홍희)

熹

총 16획 2급 부수 火
- lively, beautiful
- xī
- キ

기쁨(喜)이 불(灬)처럼 성하여 아름다우니
성할 희, 아름다울 희

* 灬(불 화 발)
* 인·지명용 한자.

朱熹(주희) – 남송(南宋)의 유학자(1130~1200).

희

憙

총 16획 2급 부수 心
- 영 be glad for
- 중 xǐ
- 일 キ

기쁜(喜) 마음(心)으로 기뻐하니
기뻐할 희

* 憘는 고자(古字)
* 心(마음 심, 중심 심), 古(오랠 고, 옛 고), 字(글자 자)
* 인·지명용 한자

羲

총 16획 2급 부수 羊
- 영 breath
- 중 xī
- 일 キ

양(羊)이 벼(禾)를 많이(丂) 먹고 창(戈)처럼 길게 쉬는 숨이니 **숨 희**
또 중국 전설상의 제왕 중 복희니 **복희 희**

* 羊(양 양), 禾(벼 화), 丂 [큰 대(大)의 변형], 戈(창 과)
* 복희씨(伏羲氏·伏犧氏) – 중국 고대 전설상의 제왕. (삼황오제의 우두머리이며, 팔괘를 처음으로 만들고 그물을 발명하여 고기잡이의 방법을 가르쳤다고 함)

羲皇上人(희황상인), **羲皇世界**(희황세계)

犧 牺

총 20획 1급 부수 牛
- 영 sacrifice
- 중 xī
- 일 ギ(いけにえ)

소(牛) 중 살아 숨(羲)쉬는 채로 바쳐지는 희생이니
희생 희 속 牺

* 犧 : 소(牛) 중 의로운(義) 일에 바쳐지는 희생이니 '희생 희'
* 牛(소 우 변), 義(옳을 의, 의로울 의)
* 희생(犧牲) – ㉠제사 지낼 때 제물로 바치는 산짐승. 주로 소·양·돼지 따위를 바침. ㉡다른 사람이나 어떤 목적을 위하여 자신의 목숨·재산·명예·이익 따위를 바치거나 버림. 또는 그것을 빼앗김.

犧牲物(희생물), **犧牲心**(희생심), **犧牲打**(희생타)

愾

성낼 개, 한숨 쉴 희 – 성낼 개(34쪽) 참고

詰 诘

총 13획 1급 부수 言
- 영 ask, call in question, dawn
- 중 jié
- 일 キツ(つめる)

말(言)로 좋게(吉) 묻고 따지다 보면 어느새 새벽이 되니 **물을 힐, 따질 힐, 새벽 힐**

* 좋은 말로 묻거나 따지려면 시간이 많이 걸리지요.
* 吉(길할 길, 상서로울 길), 길하다 – 운이 좋거나 일이 상서롭다. 상서롭다 – 복되고 좋은 일이 있을 듯하다.

詰問(힐문), **詰責**(힐책), **詰難**(힐난), **詰朝**(힐조)

〈한자의 장점과 새로운 한자 학습법〉

한자는 해석력(解釋力)이 뛰어나지요. 한자는 글자 하나하나에 뜻이 있는 뜻글자이기 때문에 한자로 된 단어는 그 단어를 구성하는 한자만 알면 사전 없이도 뜻을 바로 알 수 있어요. 그러니 단어 따로 뜻 따로 억지로 외는 시간에 그 단어에 쓰인 한자를 찾아 익힌다면 그 단어의 뜻은 물론 그 한자가 쓰인 수많은 단어들의 뜻까지도 저절로 알 수 있지요.

한자는 조어력(造語力)이 뛰어나지요. 한자는 글자의 형태 변화나 어미나 조사의 첨가 없이 홀로 분명한 뜻을 나타내기 때문에 복잡한 생각을 단 몇 글자만으로 명쾌하고도 쉽게 말을 만들어 표현할 수 있어요. 이렇게 한자의 뛰어난 해석력, 조어력은 정확하고 풍부한 어휘력을 향상시켜 글쓰기나 논술에도 특급 도우미 역할을 하지요.

한자는 글자의 모양과 뜻이 고금동일(古今同一)하지요. 지금 쓰고 있는 한자의 모양과 뜻이 수천 년 전에 만들어질 때와 대부분 똑같아요. 우리말은 고어와 현대어가 다른 경우도 많은데 한자는 그러지 않아 우리나라나 중국, 일본의 수천 년 된 고전도 쉽게 읽을 수 있지요.

한자는 어원(語源)이 분명하여 익히기가 쉽지요. 간혹 현대에 이해하기 어려운 어원도 있지만 이것도 조금만 생각하면 바로 이해할 수 있으니 이 어원을 이용하면 익히기가 쉽지요.

한자를 익히면 우리말과 우리 문화를 더 잘 알 수 있지요. 우리말의 대부분은 한자로 되어 있고 순우리말도 그 어원을 찾아보면 대부분 한자에서 유래되었음을 알게 되니 우리말을 더 잘 알기 위해서도 한자는 알아야 하고, 거의 모든 분야가 한자로 기록되어 있는 우리의 과거 문화를 알기 위해서도 한자를 익혀야 하지요.

한자를 익히면 국제화 시대에 가장 잘 대비한 것도 되지요. 한자는 세계에서 가장 많이 사용하고 있고, 한자만 알면 중국어나 일본어도 70% 이상은 한 셈이라니 급속히 세계의 중심이 되어 가고 있는 한자문화권의 주역이 되기 위해서도 한자를 배워야 하지요.

한자를 익히면 우리의 지식이 풍요로워지지요. 한자는 글자 하나하나마다 나타내고자 하는 대상의 가장 큰 특징을 뽑아 기발한 아이디어로 만들어졌으니 이런 아이디어를 익히면 일류 디자이너, 일류 화가도 될 수 있고, 글자 하나하나마다 만고불변의 진리를 꿰뚫어 만들었으니 일류 철학자도 될 수 있지요.

이렇게 수많은 장점을 가진 한자를 단순히 뜻과 음만을 무조건 외는 기존의 학습법을 개선하여 ㉠글자마다 그런 뜻이 붙게 된 어원을 생각해 보고, ㉡그 글자가 쓰인 단어들까지 알아보는 방법으로 한자를 익히면 한자의 장점을 고스란히 익힐 수 있게 되며, 또 한자에 담긴 세상의 진리와 번뜩이는 아이디어를 익혀 생활에 100배, 1000배 활용할 수도 있지요.

▶解(해부할 해, 풀 해), 釋(풀 석), 力(힘 력), 造(지을 조), 語(말씀 어), 古(오랠 고, 옛 고), 今(이제 금, 오늘 금), 同(같을 동), 語(말씀 어), 源(근원 원), 어원(語源)-말의 근원, 즉 그 말이 만들어진 유래.

총획수로 찾기

총1획

| 66
亅 101
丿 281
乙 502
一 516
丶 589

총2획

凵 27
冂 54
九 87
几 102
乃 131
刀 151
亠 163
力 182
了 196
冖 226
匚 268
卜 287
匕 307
厶 320
十 405
厂 431

乂 449
又 472
二 508
人 513
入 518
巳 555
丁 559
七 668
八 694
勹 702
匸 745

총3획

干 18
巾 37
乞 39
工 67
廾 69
口 86
久 92
弓 98
己 115
女 132
大 146
亡 219
宀 229

凡 275
士 318
巴 321
山 329
三 332
彡 333
上 334
夕 346
小 361
攵 372
尸 393
也 420
广 431
尢 460
幺 467
于 476
已 508
弋 512
刃 514
夂 516
廿 519
子 520
勺 526
丈 530
才 536
叉 611
彳 630

千 631
川 633
屮 644
寸 648
毛 674
土 685
下 715
丸 759

총4획

介 31
犬 44
公 68
孔 68
戈 70
仇 87
斤 108
今 111
及 113
气 116
內 131
丹 137
斗 163
屯 164
六 201
毛 233

木 237	元 481	幻 759	矛 233
母 242	月 485	爻 770	目 237
无 243	允 499	凶 776	卯 240
文 245	尹 499	欠 778	戊 241
勿 246	仁 513		未 247
反 257	引 515	**총5획**	民 251
方 263	日 516		半 256
卜 280	壬 517	可 12	友 261
攵 290	爿 530	加 13	癶 262
夫 293	切 554	刊 19	北 269
父 293	井 557	甘 24	白 272
不 304	弔 569	甲 27	氾 276
分 301	爪 575	去 35	犯 276
比 307	中 592	巨 36	弁 280
少 361	之 595	古 58	丙 283
手 373	支 596	叩 63	本 290
水 373	止 599	功 67	付 296
殳 382	什 609	瓜 70	弗 305
升 390	辶 614	巧 81	丕 313
心 403	尺 628	丘 86	氷 317
氏 405	天 631	句 88	史 318
牙 406	丑 655	叫 104	四 318
厄 419	夬 671	广 132	仕 319
予 432	太 681	奴 133	司 325
五 450	巴 691	尼 136	生 340
午 450	片 697	旦 137	石 346
曰 460	匹 713	代 147	仙 349
王 460	兂 725	冬 163	世 360
夭 464	兮 743	令 187	召 362
友 472	互 745	立 212	囚 373
尤 472	戶 745	末 218	市 392
牛 472	化 755	皿 232	矢 392
云 478	火 755	母 233	示 394

785

申 399	出 657	匡 78	死 319
失 402	充 657	交 82	寺 319
央 414	他 672	臼 93	糸 324
永 444	打 672	机 102	色 339
玉 453	它 673	圭 104	西 341
瓦 457	台 682	亘 115	先 349
外 462	平 699	企 116	舌 353
凹 464	布 701	肌 121	守 373
用 469	包 702	伎 122	收 374
右 475	皮 711	吉 126	成 379
处 484	必 713	年 132	夙 384
由 489	疋 713	多 137	旬 385
幼 490	乏 714	朶 160	戌 388
冉 497	玄 734	同 161	丞 391
以 508	穴 738	列 185	式 396
孕 519	兄 741	劣 185	臣 400
仔 520	乎 746	老 189	西 408
仗 530	弘 753	肋 204	安 410
氏 540	禾 756	吏 209	仰 415
田 547	卉 774	卍 216	艾 417
占 555		妄 220	羊 423
正 558	**총6획**	忙 220	汝 432
汀 559		网 221	如 433
左 582	各 16	名 231	亦 434
主 583	奸 19	牟 236	曳 448
汁 593	艮 21	米 248	污 449
只 596	江 28	朴 253	伍 450
叱 608	价 32	百 273	羽 473
且 611	件 38	伐 274	宇 477
札 617	考 62	帆 276	旭 477
册 627	曲 64	汎 276	危 485
斥 629	共 69	伏 287	有 490
凸 634	光 78	妃 309	肉 497

聿 499	舛 631	匡 28	技 122
戎 500	尖 636	改 32	岐 123
衣 505	艸 645	坑 35	沂 124
夷 509	忖 648	劫 41	那 127
而 509	虫 658	刲 41	男 130
伊 510	托 674	見 44	努 133
弛 510	宅 683	決 46	尿 135
耳 511	吐 685	巠 50	但 137
因 513	汗 718	更 53	禿 158
印 514	合 724	系 55	沌 159
任 518	亥 729	戒 57	豆 163
自 520	行 730	告 60	杜 164
字 520	向 731	谷 64	卵 170
束 521	血 738	困 65	亂 171
庄 535	劦 739	汨 66	冷 176
匠 536	刑 741	攻 67	良 177
再 537	好 745	串 76	呂 181
在 537	虍 749	狂 77	弄 193
全 547	回 765	宏 81	牢 195
早 569	灰 766	求 86	里 207
兆 570	后 772	究 87	利 208
存 578	朽 772	灸 93	李 209
州 584	休 775	玖 93	吝 210
舟 584	匈 777	局 95	忘 220
朱 586	兇 777	君 96	芒 220
竹 589		均 106	每 222
仲 592	**총7획**	克 107	呆 224
至 596		扱 113	免 227
池 597	伽 13	汲 113	沔 229
地 597	角 17	杞 115	牡 236
旨 598	却 17	忌 116	沐 237
次 611	肝 19	汽 116	沒 238
此 611	杆 19	妓 122	妙 240

787

巫	244	床	334	吟	502	肖	642
汶	246	抒	341	邑	503	初	643
尾	247	序	342	矣	505	抄	643
伴	257	戍	358	忍	514	村	648
孛	262	束	368	佚	517	冲	658
坊	264	宋	371	妊	518	吹	661
妨	264	秀	374	作	525	豸	666
防	264	巡	384	灼	526	沈	668
彷	265	豕	395	苟	526	快	671
龙	267	身	398	杖	530	安	672
邦	267	伸	399	壯	531	吞	678
伯	272	辛	401	材	537	汰	681
采	280	迅	402	災	537	兑	683
別	281	我	406	低	540	投	688
兵	281	扼	419	赤	543	把	692
步	284	冶	421	狄	547	判	693
甫	285	抑	428	甸	547	阪	693
扶	293	言	429	折	554	貝	694
孚	295	余	433	町	560	沛	695
否	300	役	435	呈	562	抛	702
吩	301	延	436	廷	563	构	709
扮	302	吾	450	弟	565	何	715
佛	305	吳	452	助	570	旱	719
批	307	沃	454	足	577	罕	719
妣	307	完	458	佐	582	含	722
庇	309	阮	458	坐	582	抗	726
似	319	汪	461	住	583	沆	726
沙	320	妖	465	走	585	肛	726
私	321	佑	475	志	597	杏	731
邪	324	迂	477	址	599	夾	739
伺	325	位	486	辰	604	形	741
些	328	酉	491	車	613	邢	741
删	331	攸	492	体	641	亨	743

孝 769	果 70	兩 178	昉 265
吼 771	官 75	戾 181	枋 265
吸 779	刮 76	囹 188	肪 265
希 779	卦 78	例 189	芳 265
	怪 79	彔 192	房 266
총8획	乖 80	侖 202	放 266
	拐 80	菱 205	杯 268
呵 12	肱 81	林 211	帛 273
佳 16	邱 86	抹 219	泛 275
刻 18	拘 88	沫 219	法 277
邯 24	狗 88	罔 221	幷 282
岬 27	具 89	妹 223	秉 284
岡 28	屈 97	枚 223	服 288
芥 32	穹 98	孟 225	奉 290
居 36	券 99	盲 225	芙 293
拒 36	卷 99	命 230	斧 294
杰 40	糾 104	明 230	附 296
怯 41	近 109	牧 237	咐 297
肩 44	肯 114	歿 238	府 297
京 48	其 117	杳 240	阜 300
庚 49	奇 123	武 241	忿 302
炅 49	金 112	拇 242	芬 302
季 55	奈 131	門 245	奔 303
屆 58	念 132	物 247	佛 305
姑 58	弩 133	味 247	拂 305
固 59	泥 136	旻 250	朋 306
孤 60	沓 144	昕 250	泌 309
呱 60	垈 147	玫 250	肥 309
股 63	到 151	拍 253	非 310
坤 65	毒 157	泊 254	卑 312
昆 65	東 160	拌 257	沸 313
空 67	拉 174	返 258	使 318
供 69	來 176	拔 261	泗 318

789

社 319	押 414	姊 521	昌 621
事 321	快 415	炙 524	采 625
舍 321	昂 416	戔 528	妻 628
祀 322	厓 416	長 533	拓 629
疝 330	夜 420	爭 539	姼 637
狀 335	於 427	抵 540	帖 638
尚 336	奄 431	邸 540	青 639
昔 347	易 434	咀 541	炒 643
析 348	沿 436	底 541	招 644
泄 354	炎 442	沮 541	抽 651
姓 357	泳 444	狙 541	帚 651
性 357	迎 444	的 543	佳 654
沼 362	咏 444	典 548	忠 657
邵 362	芮 449	店 556	取 661
所 364	臥 457	定 558	炊 661
松 370	玩 458	征 558	治 663
刷 371	宛 459	政 558	侈 664
受 374	旺 460	制 566	枕 668
垂 374	往 461	阻 571	陀 674
叔 383	枉 461	拙 578	卓 675
昇 390	拗 466	卒 579	坦 678
承 391	雨 473	宗 580	宕 680
侍 392	芸 479	注 583	兔 685
始 393	委 486	周 585	妬 689
呻 399	油 490	宙 585	坡 690
芽 406	乳 491	呪 588	波 691
亞 407	育 498	芝 595	爬 692
兒 407	泣 503	枝 597	芭 692
阿 408	依 505	肢 597	板 693
岳 408	宜 507	知 599	版 693
岸 411	怡 509	直 600	佩 695
軋 412	佾 517	帙 606	坪 699
岩 413	刺 521	刹 618	肺 699

怖 701	架 13	枸 88	柳 199
抱 702	迦 14	苟 89	律 203
咆 703	段 15	垢 91	俚 207
泡 703	恪 17	柩 93	昧 223
庖 704	珏 18	韭 95	勉 227
表 708	竿 19	軍 97	俛 227
彼 711	姦 20	軌 102	面 228
披 711	看 20	奎 105	昡 229
河 715	柬 22	尅 107	袂 232
函 723	曷 22	急 114	茅 233
劾 730	柑 24	矜 114	侮 234
幸 730	降 28	紀 115	某 235
享 731	姜 30	祈 124	冒 236
弦 735	皆 32	拮 126	苗 239
協 739	客 34	拏 127	昴 240
呼 746	建 38	南 130	茂 241
弧 749	勁 51	衲 130	美 247
昊 749	係 55	耐 131	眉 248
狐 749	界 55	怒 133	珉 251
虎 750	契 56	段 139	珀 253
或 751	癸 56	象 141	迫 254
昏 751	計 56	畓 144	叛 258
忽 753	故 59	待 148	勃 262
泓 754	枯 59	挑 150	背 269
和 756	苦 59	度 152	胚 269
花 756	拷 63	突 160	拜 271
況 762	拱 69	洞 161	柏 272
欣 778	科 71	洛 169	范 277
	冠 72	刺 173	昞 283
총9획	括 76	亮 177	炳 283
	咬 82	侶 181	柄 283
柯 12	狡 82	玲 187	昺 284
苛 12	郊 83	陋 199	保 286

洪 287	述 388	畏 462	点 556
封 293	拾 389	要 463	穽 557
計 294	柿 392	姚 465	訂 559
負 294	是 393	勇 471	亭 560
赴 294	屍 394	禹 473	酊 560
盆 302	施 394	禹 476	貞 561
毖 308	柴 395	昱 477	帝 569
毘 308	拭 396	郁 478	柱 584
砒 308	食 397	爰 481	洲 584
秕 308	信 400	怨 484	胄 586
飛 309	室 403	苑 484	奏 588
砂 320	甚 403	胃 486	紂 589
思 322	俄 407	威 487	俊 590
査 322	咢 409	韋 488	重 592
削 329	按 410	幽 490	卽 593
珊 331	殃 415	柚 490	咫 596
相 334	哀 416	宥 491	枳 596
庠 338	耶 420	柔 491	持 598
牲 341	若 422	兪 494	指 598
胥 345	約 423	臾 496	祉 600
宣 349	洋 423	胤 499	津 602
洩 354	易 424	垠 501	珍 603
星 357	彦 430	音 502	姪 605
省 358	匽 430	姨 510	迭 607
洗 359	疫 435	咽 513	昶 624
昭 362	姸 438	姻 513	柵 627
俗 368	衍 440	姿 522	泉 631
狩 373	染 442	者 524	穿 633
帥 375	映 445	昨 525	秒 643
首 375	盈 446	炸 525	促 647
洙 379	英 446	哉 538	秋 651
盾 384	屋 454	前 550	酋 652
洵 385	歪 461	窃 554	春 656

峙 664	哄 754	兼 47	娘 130
則 667	洪 754	耕 49	紐 135
勅 667	虹 754	徑 50	能 135
侵 669	紅 755	桂 56	茶 137
炭 676	宦 761	庫 61	疸 141
眈 679	活 762	高 61	唐 145
殆 682	皇 763	哭 64	桃 150
胎 682	恍 764	骨 66	逃 150
怠 683	廻 765	貢 67	倒 151
苔 683	徊 765	恐 68	徒 151
派 690	恢 767	恭 69	島 155
便 697	侯 770	胱 78	凍 160
扁 697	厚 770	校 83	桐 161
胞 702	後 771	俱 89	胴 161
匍 705	恤 776	矩 93	疼 163
品 710	洵 777	郡 96	烙 169
風 710	恰 779	宮 98	浪 175
虐 717	洽 779	躬 98	狼 175
恨 719	姬 780	倦 99	郞 175
限 719		拳 99	俩 178
咸 723	**총10획**	鬼 103	旅 179
巷 725		珪 104	烈 185
恒 725	哥 13	根 109	料 196
缸 726	家 14	衾 111	流 200
咳 729	疳 25	級 113	留 201
香 731	剛 29	記 115	倫 202
革 734	個 32	起 116	栗 204
炫 735	倨 37	豈 117	凌 205
頁 738	虔 39	氣 117	悧 208
俠 740	桀 39	耆 122	馬 213
型 742	格 42	拿 127	娩 216
烱 743	鬲 43	捏 129	挽 217
胡 747	缺 46	納 130	茫 220

埋 222	祕 314	徇 385	倭 462
脈 225	姿 320	純 386	窈 466
眠 228	紗 320	荀 386	辱 467
冥 231	唆 322	乘 390	浴 468
耗 233	射 323	時 392	容 468
畝 241	師 323	豺 395	茸 470
紊 246	祠 326	息 397	涌 471
紋 246	朔 329	神 399	祐 476
蚊 246	桑 336	娠 401	耘 478
迷 248	索 340	宸 401	院 481
剝 255	書 342	訊 402	原 482
畔 257	恕 342	晏 411	員 482
般 258	徐 343	案 411	袁 483
班 259	席 347	秧 415	冤 483
紡 264	扇 352	埃 417	恩 501
倣 266	屑 354	挪 421	殷 501
旁 266	閃 356	弱 422	珥 511
配 269	陝 356	恙 423	益 512
倍 270	涉 356	圂 428	蚓 515
俳 270	城 358	俺 432	茲 521
併 282	宵 363	晜 433	恣 522
竝 282	消 363	逆 434	疵 523
病 284	笑 363	宴 437	酌 526
俸 290	素 363	烟 439	蚕 529
峯 292	孫 369	娟 440	財 537
釜 294	悚 371	捐 440	宰 538
浮 295	送 371	悅 441	栽 538
剖 296	衰 372	涅 441	迹 543
俯 298	叟 375	悟 451	展 548
專 299	修 375	烏 451	栓 548
粉 301	殊 380	娛 452	悛 551
紛 301	袖 382	翁 455	釘 560
匪 311	殉 385	邑 456	庭 564

挺 564	差 612	鬥 688	浩 746
悌 566	捉 613	套 689	祜 750
除 566	窄 613	特 689	笏 753
祖 570	站 620	破 690	訌 755
租 570	倡 621	唄 694	桓 761
曹 574	倉 622	悖 695	晃 764
祚 575	凄 628	陛 701	荒 764
凋 576	隻 629	砲 703	悔 766
蚤 577	脊 630	袍 703	哮 769
座 582	陟 630	捕 704	效 769
挫 582	哲 635	浦 704	候 771
株 586	涕 642	疱 704	逅 772
珠 586	哨 642	哺 705	訓 772
酒 586	草 644	圃 706	烋 776
准 589	追 652	豹 709	胸 777
埈 590	芻 653	疲 712	
峻 591	畜 655	被 712	**총11획**
浚 591	祝 655	夏 716	
症 594	衷 658	悍 719	袈 14
脂 598	臭 660	航 726	假 15
紙 599	脆 662	害 727	脚 17
眞 602	値 663	海 727	紺 24
陣 603	恥 663	奚 729	勘 25
振 604	致 666	核 730	崗 29
疹 604	浸 669	軒 733	康 30
晋 605	砧 669	眩 736	健 38
晉 605	針 670	峴 737	乾 39
秦 605	秤 670	脅 739	偈 41
桎 606	託 674	峽 740	堅 44
秩 606	耽 679	挾 740	牽 45
疾 607	泰 681	狹 740	訣 46
朕 608	討 685	陜 740	頃 49
借 612	退 687	荊 742	脛 51

莖 51	捺 129	率 204	屛 283
竟 52	訥 135	勒 205	甸 290
梗 54	匡 136	陵 205	捧 291
悸 55	蛋 140	理 207	烽 291
啓 56	淡 141	梨 208	逢 292
械 57	堂 146	淋 212	婦 295
皐 62	袋 147	笠 212	部 295
袴 63	帶 148	粒 212	副 296
梏 64	途 151	麻 213	符 297
袞 66	掉 154	莫 214	埠 300
控 68	悼 154	晩 217	崩 306
郭 72	淘 156	曼 217	婢 312
貫 73	陶 156	望 221	貧 315
掛 78	豚 158	悗 221	彬 316
皎 83	悖 159	梅 223	捨 321
敎 84	動 162	麥 225	斜 324
球 86	兜 164	猛 226	蛇 324
救 87	得 165	覓 227	赦 324
區 89	朗 175	冕 227	徙 328
寇 92	略 176	務 242	産 330
國 95	掠 177	問 245	殺 332
掘 97	涼 177	敏 249	商 336
眷 99	梁 179	密 252	常 336
圈 100	連 184	粕 253	祥 337
捲 100	逞 189	舶 253	爽 339
硅 105	鹿 192	絆 257	庶 342
規 105	聊 197	訪 264	敍 343
旣 117	累 198	培 270	逝 344
淇 118	淚 199	陪 270	惜 347
基 119	琉 200	徘 271	旋 350
飢 121	陸 202	排 271	船 350
寄 124	崙 203	梵 276	設 353
崎 124	淪 203	瓶 282	雪 353

796

高 354	液 418	雀 527	族 578
晟 359	御 421	將 531	猝 579
細 360	野 421	莊 531	從 579
紹 362	魚 427	章 532	終 580
逍 363	御 428	帳 533	紬 585
掃 364	焉 430	張 534	晝 587
梳 364	掩 432	寂 544	做 588
巢 367	域 435	商 544	晙 591
速 368	研 437	笛 544	陳 603
訟 370	軟 437	專 549	窒 606
授 374	梧 451	剪 550	執 609
羞 381	訛 457	粘 556	着 613
孰 382	琓 458	接 557	參 618
淑 383	婉 459	頂 560	斬 619
宿 384	莞 459	停 561	唱 621
淳 386	欲 468	偵 561	娼 621
脣 386	庸 470	情 562	猖 621
術 388	偶 473	淨 563	窓 623
崇 389	郵 474	旌 564	埰 625
習 389	尉 487	珽 564	採 625
匙 393	偉 488	梯 566	彩 626
猜 395	唯 492	第 566	責 627
紳 399	悠 492	祭 567	悽 628
晨 402	惟 492	眺 570	處 628
悉 403	浬 502	措 571	戚 629
深 404	陰 503	粗 571	淺 632
訝 406	異 508	組 571	釧 634
啞 407	移 509	鳥 571	添 636
堊 409	痍 510	條 572	捷 637
眼 411	翊 512	釣 572	清 639
庵 413	翌 512	曹 574	梢 642
崖 416	寅 514	造 575	崔 650
涯 416	瓷 523	彫 576	推 654

797

逐 655	衙 736	傑 39	棋 118
悴 659	彗 744	揭 42	琪 118
娶 661	戽 745	結 47	朞 119
側 662	晧 747	景 48	期 119
痔 665	毫 748	卿 49	欺 119
敕 667	婚 752	痙 51	幾 120
唾 672	混 752	硬 54	琦 124
舵 673	惚 753	階 57	喫 126
脫 678	貨 756	辜 59	惱 135
探 679	患 759	雇 62	湍 138
貪 679	凰 763	棍 66	短 138
答 683	晦 766	菓 71	單 140
桶 685	淮 768	款 73	覃 143
通 686	痕 778	棺 75	答 144
堆 687		琯 75	棠 145
透 688	**총12획**	傀 79	貸 147
婆 691		絞 82	隊 148
販 693	軻 12	蛟 83	悳 149
敗 694	街 16	喬 84	渡 152
偏 697	殼 18	菊 95	盜 152
閉 700	間 20	窘 97	堵 154
脯 705	揀 22	厥 101	屠 155
逋 706	喝 23	貴 103	都 155
票 708	渴 23	達 105	萄 156
畢 712	堪 25	揆 106	敦 159
荷 715	敢 25	菌 106	棟 160
陷 722	減 26	戟 108	童 162
涵 723	强 28	棘 108	痘 164
盒 725	腔 30	筋 109	鈍 165
偕 728	開 33	董 109	等 165
許 732	凱 34	琴 111	登 166
絃 735	渠 36	給 114	絡 169
現 736	距 36	棄 117	萊 176

量 178	普 284	甥 341	惡 409
裂 185	補 285	舒 341	愕 409
勞 190	堡 286	堉 345	握 409
硫 200	報 286	棲 345	雁 411
隆 204	菩 287	犀 345	腋 419
菱 206	棒 291	黍 346	揶 421
裡 208	復 288	晳 348	陽 424
痢 209	富 296	善 351	揚 425
犇 210	腑 298	渫 354	堰 430
買 222	傅 299	盛 359	硯 437
寐 223	雰 302	稅 360	然 438
媒 224	貢 303	貫 360	淵 440
萌 226	焚 304	訴 364	焰 442
棉 228	棚 306	疏 365	詠 444
帽 236	琵 308	疎 365	渦 457
描 239	悲 310	甦 366	腕 459
猫 240	備 311	粟 368	猥 462
渺 241	扉 311	須 376	堯 465
貿 242	脾 312	隋 377	湧 471
無 243	費 313	菽 383	嵎 473
媚 248	馮 317	循 385	寓 474
悶 250	絲 325	筍 386	隅 474
閔 250	詐 325	舜 387	雲 479
博 254	詞 325	順 387	雄 480
斑 259	斯 326	勝 391	援 481
跋 261	奢 328	媤 394	媛 482
渤 262	傘 330	視 394	越 485
發 262	散 331	湜 397	萎 486
傍 266	森 332	植 398	渭 487
幇 268	挿 333	殖 398	爲 488
湃 272	喪 338	腎 400	圍 489
番 273	翔 338	尋 404	猶 491
筏 275	象 338	雅 406	游 493

799

裕 493	提 567	焦 645	蛤 724
喩 494	啼 569	最 650	港 725
愉 495	朝 572	椎 654	項 727
揄 495	棗 575	軸 655	虛 732
庾 497	詔 576	萃 659	絢 738
閏 498	尊 578	就 660	惠 744
鈗 499	琮 580	惻 662	皓 746
絨 500	註 584	測 662	湖 747
揖 504	週 585	惰 672	琥 750
椅 506	竣 591	琢 675	惑 751
貳 508	衆 593	湯 680	渾 752
湮 515	曾 594	跆 682	畫 756
靭 515	智 599	痛 686	華 757
壹 516	診 603	筒 686	喚 759
逸 517	進 603	統 686	換 760
剩 519	跌 607	跛 691	黃 762
滋 521	集 609	愎 692	徨 763
紫 523	菖 622	琶 692	惶 763
棧 528	創 623	彭 696	蛔 765
殘 528	敞 624	牌 696	喉 771
場 534	脹 625	貶 698	喧 773
掌 534	菜 626	萍 699	喙 774
粧 535	策 627	評 699	揮 774
裁 538	喘 633	敝 700	黑 777
觝 540	喆 636	幅 707	欽 778
詛 541	貼 638	筆 712	稀 780
貯 543	晴 639	弼 713	喜 781
奠 551	替 640	賀 716	
絶 555	逮 640	寒 720	총13획
幀 561	硝 642	閑 720	
程 562	稍 643	間 720	嫁 15
晶 565	貂 644	割 722	暇 15
堤 567	超 644	喊 723	賈 16

幹 20	僅 109	鈴 187	蜂 291
葛 24	勤 111	零 188	硼 306
感 26	禁 112	虜 191	碑 312
鉀 27	禽 112	路 191	裨 312
閘 27	嗜 122	碌 193	痹 313
罣 31	畸 123	祿 193	聘 317
塥 34	暖 129	雷 195	獅 323
慀 34	煖 129	賂 196	嗣 326
腱 38	農 134	溜 201	辭 327
隔 43	腦 134	慄 204	煞 332
絹 45	溺 136	楞 206	想 335
傾 50	亶 138	稜 206	詳 337
經 50	達 141	裏 207	傷 339
敬 53	痰 142	痲 214	嗇 340
溪 57	塘 145	萬 215	塞 340
痼 60	當 145	煤 224	暑 343
鼓 61	跳 150	貊 225	瑞 344
誇 71	塗 152	盟 226	鼠 346
過 71	滔 153	滅 230	瑄 350
罫 79	道 153	溟 231	腺 351
塊 79	搗 156	酩 231	羨 352
愧 79	督 157	募 235	聖 359
較 82	頓 159	睦 237	歲 361
鳩 87	董 162	微 249	勢 361
鉤 89	遁 165	黽 251	塑 366
溝 92	裸 168	搏 255	搔 366
舅 94	落 170	搬 258	損 369
群 96	酪 170	飯 258	頌 370
窟 97	亂 171	頒 260	睡 375
詭 102	廊 176	鉢 263	嫂 376
葵 106	梁 179	煩 274	搜 376
極 107	煉 183	辟 277	遂 376
隙 108	廉 186	腹 288	愁 377

801

竪 380	嗚 451	慈 522	斟 608
酬 382	傲 452	資 522	嗟 612
肅 384	奧 452	煮 524	搾 614
馴 388	鈺 453	盞 528	粲 616
瑟 389	溫 454	裝 531	愴 622
詩 393	雍 455	腸 534	滄 622
弑 396	頑 458	葬 534	債 627
試 396	矮 461	載 538	詹 636
軾 396	搖 463	滓 539	僉 636
慎 400	腰 463	著 542	牒 638
新 401	溶 469	跡 543	楚 646
蜃 402	傭 470	賊 544	蜀 647
衙 408	愚 474	傳 549	塚 649
暗 413	遇 474	殿 549	催 650
愛 417	虞 476	電 550	楸 651
隘 418	煜 478	煎 551	鄒 653
爺 421	頊 478	塡 552	椿 657
惹 422	隕 479	碇 559	置 663
葯 423	運 480	楨 561	稚 664
楊 425	圓 482	睛 563	雉 664
瘀 427	瑗 482	靖 563	嗤 665
業 432	源 483	艇 564	痴 666
罨 435	猿 483	鼎 565	馳 666
筵 436	園 484	稠 576	椹 673
鉛 437	違 489	照 577	塔 679
煙 438	遊 493	腫 581	搭 680
椽 439	楡 495	罪 583	稗 696
葉 443	愈 496	誅 587	遍 698
暎 445	飮 503	準 590	葡 705
瑛 446	意 505	葺 594	剽 709
預 447	義 506	稙 601	稟 710
裔 448	溢 516	嗔 602	楓 710
詣 449	貲 518	嫉 607	豊 711

逼 714	**총14획**	匱 103	漫 218
瑕 716		閨 105	鞁 219
遐 717	歌 13	兢 114	網 221
解 727	嘉 14	箕 118	綿 228
楷 728	閣 17	旗 120	鳴 230
該 729	竭 23	綺 123	銘 231
鄕 731	褐 23	緊 125	暝 232
歇 734	監 26	寧 133	摸 234
鉉 736	綱 29	團 138	貌 235
嫌 739	慷 30	端 138	夢 238
瑚 747	箇 33	遝 144	蒙 239
號 750	慨 33	對 148	墓 239
靴 755	蓋 33	臺 149	舞 244
畫 757	漑 34	嶋 155	誣 244
話 757	覡 43	圖 153	聞 245
煥 759	膈 44	睹 155	蜜 252
滑 761	遣 45	銅 161	箔 254
猾 762	甄 46	辣 173	膊 255
煌 763	輕 50	漣 184	駁 256
滉 764	境 52	領 188	槃 259
遑 764	敲 61	綠 193	榜 267
慌 765	膏 62	僚 196	膀 267
會 767	寡 71	寥 198	裵 271
賄 768	廓 72	屢 198	罰 275
嗅 771	慣 73	漏 199	閥 275
暈 773	管 75	綸 203	碧 277
毁 774	槐 80	綾 206	輔 285
彙 775	魁 80	漠 214	複 288
携 776	僑 84	寞 215	僕 289
歆 778	嘔 90	幕 215	福 289
熙 780	嶇 90	滿 215	鳳 292
詰 782	構 92	慢 217	孵 295
	廐 95	鞅 217	腐 298

803

緋 310	實 403	獎 532	暢 624
蜚 310	幹 412	獐 533	漲 625
翡 311	瘍 425	障 533	寨 626
鼻 313	漁 427	臧 535	滌 630
鄙 314	語 428	滴 544	綴 635
賓 315	與 434	嫡 545	遞 640
飼 326	演 439	摘 545	滯 641
蓑 328	鳶 440	銓 548	銃 648
算 330	厭 442	箋 553	槌 652
酸 331	榮 445	截 555	蕎 656
滲 333	睿 448	漸 557	翠 660
裳 336	寤 451	禎 562	聚 661
嘗 337	誤 452	精 562	漆 668
像 338	獄 454	製 567	寢 669
署 343	遙 464	際 568	稱 670
誓 344	僥 465	齊 568	誕 676
碩 347	熔 469	漕 574	嘆 677
銑 349	瑢 469	肇 577	綻 678
煽 352	蓉 469	趙 577	奪 678
說 353	踊 471	綜 580	態 681
誠 358	殞 479	種 581	颱 682
遡 367	熊 481	嗾 588	慟 686
遜 370	遠 484	蒸 595	腿 687
誦 371	僞 488	誌 598	頗 691
壽 377	維 493	塵 604	飽 703
需 377	誘 493	盡 604	蒲 706
粹 380	銀 500	察 618	慓 708
銖 380	疑 505	慴 619	漂 708
蒐 381	爾 510	塹 619	瘧 718
塾 383	認 515	慘 619	漢 720
僧 391	磁 522	槍 622	銜 724
飾 397	雌 523	蒼 623	赫 734
熄 398	綽 525	彰 624	豪 748

804

蒿 750	毆 91	劉 201	輩 271
酷 751	窮 98	瘤 201	魄 272
魂 752	潰 102	戮 202	範 277
禍 757	劇 108	輪 202	僻 278
誨 766	槿 110	凜 205	劈 278
劃 768	瑾 110	履 210	潸 285
醇 770	畿 121	隣 210	鋒 291
熏 772	駕 134	摩 213	蓬 292
	緞 140	膜 214	駙 297
총15획	談 142	蔓 218	膚 298
	潭 143	罵 222	賦 298
駕 14	踏 144	賣 222	敷 299
稼 15	撞 146	魅 224	噴 303
價 16	德 150	緬 228	墳 304
澗 20	稻 153	麵 229	憤 304
概 33	憧 162	蔑 230	誹 310
劍 40	鄧 166	瞑 232	寫 326
儉 40	諒 177	模 234	賜 327
潔 47	輛 178	慕 235	撒 331
憬 48	樑 179	暮 235	蔘 333
慶 52	慮 179	廟 239	澁 334
徹 53	閭 181	憮 243	箱 335
稿 61	黎 182	撫 243	賞 337
穀 64	憐 183	墨 245	緖 343
鞏 68	練 183	憫 251	奭 348
課 70	蓮 184	撲 256	潟 348
槨 72	輦 185	潘 259	璇 350
寬 73	撈 190	盤 259	線 351
廣 77	魯 191	髮 261	蔬 365
嬌 84	論 193	魃 261	瘙 366
膠 85	磊 195	撥 263	瘦 376
駒 88	寮 197	潑 263	數 378
歐 91	樓 198	賠 270	誰 379

805

熟 383	餌 511	徵 609	歎 677
醇 387	蔗 525	澄 610	撑 684
膝 389	暫 528	遮 611	褪 687
蝕 397	潛 529	撰 615	慝 689
審 404	箴 529	憖 619	播 690
鞍 410	漿 532	瘡 623	罷 690
樂 410	蔣 532	廠 624	澎 696
樣 424	璋 533	蔡 626	篇 698
養 424	箸 542	瘠 630	編 698
億 429	敵 545	賤 632	廢 700
撚 438	適 545	踐 632	弊 700
緣 439	箭 550	遷 632	幣 701
熱 441	麈 551	徹 634	鋪 705
閱 441	篆 553	撤 634	褒 706
瑩 445	節 554	澈 635	暴 706
影 446	蝶 557	諂 637	標 708
銳 447	鄭 565	請 639	蝦 716
蝸 457	嘲 572	締 641	緘 723
綏 459	潮 572	憔 645	噓 733
撓 465	槽 574	醋 646	墟 733
窯 467	遭 575	撮 650	賢 737
慾 468	調 576	墜 653	慧 744
憂 475	慫 579	樞 653	滸 746
蔚 480	踪 580	衝 658	糊 747
慰 488	駐 583	醉 660	嬋 757
緯 489	廚 588	趣 662	確 758
衛 489	增 594	層 663	輝 774
潤 498	憎 594	齒 664	麾 775
閒 501	摯 600	幟 665	嬉 781
蔭 503	稷 601	墮 673	
儀 506	震 605	駝 674	**총16획**
毅 507	腔 606	彈 677	
誼 507	質 608	憚 677	墾 22

諫 22	篤 157	德 311	擁 456
憾 26	獨 158	頻 316	鴛 485
鋼 29	燉 159	憑 317	謂 487
疆 31	頭 164	錫 348	蹂 492
據 37	橙 166	選 350	儒 494
劍 40	燈 166	膳 352	遺 494
憩 42	駱 170	暹 355	諭 495
激 43	曆 182	醒 358	踰 495
璟 48	歷 182	燒 365	諛 496
頸 51	濂 186	隨 377	融 500
磬 54	盧 190	樹 378	凝 504
錮 60	據 191	輸 378	諮 523
橋 84	錄 192	諡 395	墻 536
龜 91	賴 195	餓 407	錚 539
窺 106	燎 196	謁 412	豬 542
橘 107	遼 197	關 412	積 546
錦 112	龍 198	鴨 414	澱 549
擒 113	瞿 210	鴦 415	戰 550
機 120	燐 211	縊 418	錢 553
璣 120	磨 213	禦 428	霑 556
器 121	瞞 215	憶 429	整 558
冀 125	螟 232	諺 430	錠 559
諾 128	謀 236	餘 433	靜 563
濃 134	穆 238	燃 438	劑 568
壇 139	蕪 243	燕 439	諸 568
撻 141	默 244	閻 443	蹄 569
憺 142	縛 255	曄 443	操 573
擔 142	樸 256	豫 447	踵 581
曇 143	蕃 273	澠 448	鞔 589
澹 143	壁 278	隸 449	樽 590
糖 145	辨 279	墺 453	遵 590
導 154	輻 289	懊 453	遲 600
賭 154	奮 303	壅 456	輯 609

807

錯	612	憲	733	顆	70	糢	234
餐	616	險	734	館	75	彌	248
艙	623	縣	737	矯	85	薇	249
擅	633	頰	741	購	92	謐	251
諜	638	螢	742	鞠	96	薄	255
諦	641	衡	743	孺	127	磻	260
樵	645	樺	758	膿	134	謗	267
蕉	646	橫	769	檀	139	幫	268
錐	654	曉	769	鍛	140	繁	274
錘	654	勳	773	膽	142	擘	278
築	656	諱	775	螳	146	瞥	281
膵	660	興	779	戴	149	餠	282
熾	665	戱	780	撞	149	縫	292
緻	666	戲	780	鍍	152	賻	299
親	668	噫	781	蹈	153	糞	304
濁	675	熹	781	濤	156	繃	307
蕩	680	憙	782	瞳	162	臂	314
擇	684	羲	782	臀	165	嬪	315
澤	684			膽	166	濱	316
頹	687	**총17획**		螺	168	謝	323
辦	694			闌	171	霜	335
膨	696	懇	21	濫	173	償	337
蔽	700	癎	21	勵	180	嶼	345
鮑	704	艱	21	鍊	183	禪	351
諷	710	瞰	25	聯	184	鮮	351
學	717	講	29	斂	186	薛	355
謔	718	糠	30	殮	186	燮	357
澣	721	薑	31	嶺	188	聲	359
翰	721	鍵	38	儡	195	蕭	367
懈	727	檢	40	療	197	雖	379
諧	728	檄	42	瞭	197	穗	380
駭	729	擊	43	臨	212	瞬	387
骸	730	謙	47	邁	224	濕	390

薪 401	縱 579	闊 762	鬻 157
嶽 408	鍾 581	檜 767	瀆 158
癌 413	駿 591	膾 767	藍 173
闇 414	濬 592	獲 768	糧 178
壓 414	蹉 612	嚆 770	濾 180
曖 417	燦 616	燻 773	獵 187
襄 425	璨 617	徽 775	禮 189
臆 429	簒 617	虧 776	壘 199
輿 433	擦 618	禧 781	謬 200
營 445	薦 632		釐 208
嬰 446	礁 645	**총18획**	謨 234
謠 463	燭 647		蟠 260
邀 466	總 649	簡 21	璧 278
聳 471	聰 649	鞨 23	癖 279
優 475	醜 652	擧 37	馥 288
鍮 496	趨 653	鵑 45	覆 289
隱 501	縮 656	鵠 65	殯 315
應 504	黜 657	藿 74	瀉 327
膺 504	鍼 669	壙 77	薩 332
擬 506	蟄 670	謳 90	觴 339
翼 512	擢 675	軀 90	曙 344
檣 536	濯 675	瞿 94	薯 344
薔 536	避 712	舊 94	繕 352
齋 539	霞 716	闕 101	璿 353
績 546	壑 718	櫃 103	鎖 372
輾 548	韓 721	歸 103	燼 400
氈 552	轄 721	覲 110	瀋 404
餞 553	邂 728	謹 110	雙 405
點 556	壕 748	襟 112	顎 410
濟 568	濠 748	騏 119	顔 412
燥 573	鴻 754	騎 123	額 419
糟 574	環 760	斷 139	穢 448
簇 578	還 760	簞 140	甕 456

809

曜 464	瀅 742	壟 194	顚 552
擾 466	鎬 748	類 200	繰 573
鎔 468	擴 758	離 209	疇 587
魏 486	薰 773	霧 242	櫛 593
癒 496		靡 249	證 595
醫 507	**총19획**	攀 260	贈 595
鎰 517		醮 263	懲 610
藉 524	疆 31	龐 268	贊 615
爵 527	羹 35	藩 274	轍 635
簪 529	繭 46	邊 279	寵 649
雜 530	鯨 48	譜 285	蹴 656
醬 532	鏡 52	簿 299	癡 665
藏 535	瓊 54	鵬 306	覇 695
謫 545	繫 58	嚬 316	騙 698
蹟 546	關 73	瀕 316	曝 707
轉 549	曠 77	辭 327	爆 707
題 567	壞 80	璽 339	蟹 728
織 601	轎 85	蟾 356	嚮 732
職 601	蹶 101	簫 367	醯 744
鎭 602	麒 118	獸 379	穫 758
擲 629	譏 120	繡 381	懷 766
瞻 637	難 128	繩 391	繪 767
礎 646	譚 143	識 398	
叢 649	禱 157	礙 417	**총20획**
鎚 652	藤 167	藥 422	
蟲 659	懶 168	繹 436	覺 18
贅 659	羅 168	艶 443	醵 37
攄 684	臘 174	藝 447	競 52
鞭 697	廬 180	穩 455	警 53
斃 701	麗 180	鏞 470	繼 58
瀑 707	瀝 182	韻 479	藿 72
檻 722	簾 186	願 483	勸 100
爌 734	麓 192	鵲 527	饉 110

黨 146	籍 546	覽 174	鷗 91
騰 167	藻 573	蠟 175	權 100
瀾 172	躁 573	魔 214	囊 131
籃 174	鐘 581	飜 273	讀 158
礪 180	纂 617	闢 279	籠 194
礫 183	懺 620	辯 279	聾 194
齡 187	闡 633	麝 323	彎 216
醴 189	觸 647	殲 355	鰻 218
爐 190	鰍 651	攝 356	贖 369
蘆 190	鬪 688	屬 369	灑 372
露 191	飄 709	續 369	襲 390
瓏 194	艦 722	櫻 420	儼 431
饅 218	鹹 724	鶯 420	臟 535
襪 219	獻 733	躍 422	顫 552
麵 229	懸 737	譽 447	竊 554
礬 260	馨 743	巍 463	鑄 587
寶 286	犧 782	饒 466	疊 638
鰒 289		嚼 527	聽 640
譬 314	**총21획**	纏 551	灘 677
孀 335		躊 587	響 732
釋 347	譴 45	蠢 592	饗 732
蘇 365	鷄 57	饌 616	歡 761
騷 366	顧 62	鐵 635	
癢 424	灌 74	鐸 676	**총23획**
壤 425	轟 81	霸 695	
孃 426	驅 90	鶴 717	驚 53
攘 426	懼 94	護 749	鑛 77
嚴 431	饑 121	鰥 760	攪 85
譯 435	儺 127		邏 168
蘊 455	癩 169	**총22획**	戀 184
耀 464	欄 171		鷺 192
議 506	爛 172	鑑 26	鱗 211
躇 542	蘭 172	驕 85	麟 211

811

變 280
纖 355
體 378
鑵 381
巖 413
驛 436
瓚 615
籤 637
體 641
驗 734
顯 738

총24획

衢 94
羈 125
靈 188
靄 418
讓 426
釀 426
鹽 442
鷹 504
蠶 529
癲 552
讒 620
識 620
囑 647

총25획

觀 74
籬 209
灣 216

蠻 216
籮 281
廳 640

총26획

驥 125
讚 615

총27획

顴 74
躪 211
鑽 616

총28획

鑿 614
驪 761

총29획

驪 181
鬱 480

총30획

鸞 172